Quaderni di Dodis | 11

Josef Zwicker

Der Fall Charles Davis

Ein politisches Vergehen zwischen Polizeiraison und Strafverfolgung 1950–1951

Aus dem Nachlass herausgegeben von Sacha Zala

Diplomatische Dokumente der Schweiz

Die Quaderni di Dodis sind eine Publikationsreihe der Forschungsstelle Diplomatische Dokumente der Schweiz (Dodis). Weitere Informationen zur Reihe finden sich unter dodis.ch/quaderni.

Herausgeber der Reihe: Sacha Zala
Redaktion: Dominik Matter
Lektorat: Daniel Stalder und David Bisang pentaprim.ch
Grafisches Konzept & Layout: Erik Dettwiler dewil.ch

Diese Publikation ist Open Access online im Volltext verfügbar: dodis.ch/q11.

1. Auflage

Hallwylstrasse 4, 3003 Bern
Internet: www.dodis.ch
E-Mail: quaderni@dodis.ch

Institut der Schweizerischen Akademie
der Geistes- und Sozialwissenschaften
www.sagw.ch

ISBN 978-3-906051-55-0 (.pdf)
ISBN 978-3-906051-56-7 (Print)
ISBN 978-3-906051-57-4 (.epub)
ISBN 978-3-906051-58-1 (.mobi)
ISSN 2235-509X
DOI 10.5907/Q11

Titelbild: Der Angeklagte Charles Davis während der Verhandlung im Spionageprozess am Bundesgericht in Lausanne, 16. Oktober 1951 (Jean-Pierre Grisel, StAAG/RBA1-1-17959_6).

Vorwort des Herausgebers

Aussergewöhnlich ist dieses Buch in mindestens dreierlei Hinsicht. Zunächst ist die Spionagegeschichte um Charles Davis, welche die schweizerischen Behörden 1950–1951 auf Trab hielt, aussergewöhnlich. Der Bundesrat sowie die Justiz- und Strafverfolgungsbehörden mussten sich aus der starr determinierten Position eines antikommunistischen Konsenses heraus bewegen und politische gegen rechtsstaatliche Argumente abwägen.

Aussergewöhnlich ist dann zweitens die Persönlichkeit Josef Zwickers (1944–2017), des verstorbenen Autors dieser Studie. Ausgehend von einem Dokument, das er in Band 18 der Edition *Diplomatische Dokumente der Schweiz* gelesen hatte, entwickelte er für den «Fall Davis» eine regelrechte Passion, die seinen Alltag nach der Pensionierung als Staatsarchivar von Basel-Stadt prägte. Die Geschichte faszinierte ihn, ja fesselte ihn regelrecht, sodass ein breiter Familien- und Freundeskreis stets über die letzten Erkenntnisse auf dem Laufenden war: durch lebhafte Erzählungen über die Irrungen und Wirrungen der Geschichte selbst, nicht zuletzt aber auch über die Zugänglichkeit der Akten. Denn Josef, der in Basel-Stadt jahrelang «Herr der Akten» gewesen war, war nun plötzlich ein «normaler Forscher», der Aktenzugang erbeten und lange darauf warten musste. Als Josef noch im Amt war, hatten wir an Sitzungen und Anlässen der Schweizerischen Gesellschaft für Geschichte ausgiebig und genüsslich über viele Fragen der Archivierung und des Aktenzuganges gestritten. Aus der anfänglichen distanzierten Wertschätzung zwischen debattierfreudigen Kontrahenten entstand schliesslich eine Freundschaft und, angesichts des gemeinsamen Loses beim Zugang der Archive unverständlichen Behördenentscheiden ausgesetzt zu sein, gar eine komplizenhafte Solidarität unter Forschern.

So ist drittens auch die Genese dieses Buches aussergewöhnlich. Bei unserem letzten Treffen im Bundesarchiv hatte mir Josef in der für ihn typischen ansteckenden Begeisterung freudig mitgeteilt, dass das Manuskript grundsätzlich abgeschlossen sei und er noch an den Schlussbetrachtungen arbeite. Zwar fragte er sich noch, ob diese Spionagegeschichte eigentlich aus unterschiedlichen Perspektiven nicht auch ganz anders hätte erzählt werden können, aber wir begannen bereits zu überlegen, ob sich seine Studie für eine Publikation in der Reihe der *Quaderni di Dodis* eignen würde. Die Kunde seines Todes, die mich einige Wochen später ereilte, erfüllte mich mit grosser Traurigkeit. Nach der anfänglichen Lähmung begann alsbald unter Freundinnen und Freunden sowie Kolleginnen und Kollegen die Suche nach dem Verbleib des Manuskriptes zum «Fall», der die Gespräche und Kontakte mit Josef in den letzten Jahren so stark geprägt hatte. Das verschollene – oder besser gesagt: verwaiste – Manuskript war zum *lieux de*

Josef Zwicker (1944–2017)

mémoire geworden, welcher nebst mir unter anderen Esther Baur, Heiko Haumann, Charles Stirnimann und Hermann Wichers beschäftigte. Dank Esther, Josefs Nachfolgerin als Staatsarchivarin von Basel-Stadt, erfuhren wir im November 2017, dass das Manuskript von der Familie glücklicherweise aus Josefs Computer hatte geborgen werden können. Einige Wochen später schickte mir Thomas Schlepfer, ein Neffe von Josef, das «Manuskript in der uns letztbekannten Form und einige Zusatzdokumente, die im unmittelbaren Umfeld auf dem Computer gespeichert waren. Das Hauptdokument wurde gemäss Word-Dokumenteigenschaften am 24. April 2017, 16 Uhr 52, letztmals gespeichert. Im Dokument selber findet sich auf Seite 3 der Vermerk: ‹Version 20. April 2017 gegen Abend›».

Aus diesem Dokument entstand im Auftrag der Familie das vorliegende Buch. Nebst einigen unvollständigen Passagen, insbesondere bei der Einleitung, waren vor allem die Schlussbetrachtungen noch Fragment geblieben. Das Manuskript war nicht lektoriert und krankte hie und da an Wiederholungen. Insgesamt würde ich schätzen, dass der Text zu 90% fertig war. Als Herausgeber bin ich also in die Rolle des Autors geschlüpft und habe alle Fragen des Lektorats beantwortet sowie die Entscheide für die Schlussfassung des Manuskriptes getroffen. Es ist durchaus üblich, dass ein gutes und eingehendes Lektorat viele kleinere und grössere Eingriffe am ursprünglichen Text vornimmt und diese dem Autor zum Entscheid unterbreitet. Unüblich ist hier natürlich die Tatsache, dass ein Herausgeber in die Rolle des Autors schlüpfen musste. Ich habe dies mit grossem Respekt für den ursprünglichen Text gemacht, aber – mit Josefs Begeisterung für diese Geschichte vor Augen – auch ohne zu zögern Straffungen und Korrekturen vorgenommen, wenn mir schien, die Geschichte würde dadurch an Prägnanz gewinnen. Im Staatsarchiv Basel-Stadt ist sowohl eine Kopie des Originalmanuskriptes als auch eine Fassung, welche die Eingriffe des Lektorats dokumentiert, deponiert. Damit sind jegliche exegetischen Überprüfungen gewährleistet.

Josef hat das Buch mit grosser Freude und in grösster Freiheit verfasst. In weiter Ferne sind die Eigentümlichkeiten unpersönlicher und abstrakter Formulierungen der deutschen Wissenschaftssprache, von welchen es in universitären Qualifikationsarbeiten üblicherweise nur so wimmelt. Auf Schritt und Tritt trifft man hier auf das erzählende und reflektierende «Ich» des Autors, der, bisweilen mit entwaffnender Ehrlichkeit, explizit alle Fragen offenlässt, welche seine Quellen nicht zu beantworten vermögen. Für mich als Historiker der Zeitgeschichte war es stets sehr spannend auf den Stil – wenn nicht auf die Methode – und die Reflexionen des Mediävisten zu treffen, der Josef von seinem Studium her eigentlich war: Die Quellen werden minutiös analysiert, die Fragen, Hypothesen aber auch die Ungewissheiten des Historikers werden beinahe pedantisch reflektiert und den Leserinnen und Lesern präsentiert. Dadurch entsteht im Grunde eine meisterliche und grandiose Quellenkritik zum «Fall Davis». Manchmal schien es mir, Josef stünden die berühmten und aussergewöhnlichen *Exercices de style* von Raymond Queneau (Paris 1947) Modell, in welchen der französische Schriftsteller die gleiche Geschichte 99-mal in unterschiedlicher Art und Weise erzählt. Die Analyse der gleichen Geschichte durch die unterschiedlichen (Rechts-)Quellen wirft aber in der Tat Schlaglichter auf das mentale Universum schweizerischer Strafverfolgungsbehörden im Kalten Krieg.

Das vorliegende Buch konnte nur durch die Unterstützung Vieler erfolgreich abgeschlossen werden. Zunächst gilt mein Dank Thomas Schlepfer, welcher den Kontakt zu Josefs Geschwistern und zur Familie Zwicker sicherte und den Publikationsauftrag erteilte. Esther Baur danke ich für die Unterstützung des Staatsarchivs Basel-Stadt. Daniel Stalder hat ein eingehendes Lektorat durchgeführt und war für mich eine grosse Stütze für alle Entscheide über die Struktur und Straffung des Manuskriptes. Heiko Haumann hat eine kritische Lektüre des lektorierten Manuskriptes durchgeführt und für viele Verbesserungen und Korrekturen wertvolle Hinweise geliefert. Dominik Matter und das ganze Team von Dodis haben viel Zeit für die Normalisierung der Archivsignaturen nach aktuellen Konventionen investiert. Zudem haben sie für die digitale Publikation zahlreiche Dokumente auf Dodis online gestellt und dadurch die Vernetzung mit etlichen digitalen Ressourcen möglich gemacht. Allen sei an dieser Stelle herzlichst gedankt.

Dieses Buch ist das Zeugnis der Freundschaft vieler Menschen mit Josef Zwicker. Möge seine Lektüre dem Andenken an diesen aussergewöhnlichen Menschen dienen.

Sacha Zala

Redaktionelle Hinweise

- Statt der amtlichen Bezeichnung «Polizeidienst der Bundesanwaltschaft» verwendet der Autor den allgemeinen, auch von der Bundesanwaltschaft selbst verwendeten Begriff «Bundespolizei».
- Der Bundesanwalt hatte zwei Stellvertreter, für die Belange der politischen Polizei den Chef der Bundespolizei (zur Zeit des Falles Davis: Werner Balsiger), daneben den Chef des Rechtsdienstes, der in der Regel anstelle des Bundesanwaltes als Ankläger amtete. Dies war der «Substitut des Bundesanwaltes» (zur Zeit des Falles Davis: René Dubois). Der Autor verwendet für Dubois, dem im Fall Davis die Federführung oblag und der als Ankläger wirkte, diesen charakteristischen Titel: «Substitut».
- «Politische Polizei» ist eine Eigenbezeichnung der Bundesanwaltschaft für die Organe, die dem Staatsschutz dienten. In der politischen Diskussion wurde der Begriff mindestens bis Mitte der 1970er Jahre allgemein, neutral verwendet.
- Die Begriffe «Amerika» und «amerikanisch» sowie «Vereinigte Staaten von Amerika» verwendet der Autor dort, wo sie in den Quellen stehen. (Das gilt auch für die entsprechenden französischen Ausdrücke.) In den übrigen Fällen schreibt der Autor «USA» respektive «US-amerikanisch».
- «Genfer Polizei» oder ähnlich bedeutet stets Polizei des Kantons Genf.
- Der fortlaufende Text ist, von kleineren Ausnahmen abgesehen, in deutscher Sprache abgefasst. Bei der Handhabung fremdsprachiger

Zitate hielt sich der Autor an folgende Praxis: Im Text wurden englische Quellen nicht in der Originalsprache verwendet. Teilweise wurden diese paraphrasiert, teilweise wurden sie vom Autor übersetzt. In manchen Fällen stehen die Originalzitate in den Fussnoten, vor allem solche, denen der Autor besonderes Gewicht zugemessen hat oder solche, die ausgesprochen prägnant sind. Das gleiche gilt für Quellen in französischer Sprache.

- In den Polizeiakten sind Familiennamen meist ganz in Grossbuchstaben geschrieben, oft zusätzlich gesperrt oder/und unterstrichen. Bei der Wiedergabe von Zitaten wurden diese typografischen Auszeichnungen normalisiert, sofern in der Quelle nicht eine zusätzliche Angabe mit dem Namen verbunden und ebenfalls hervorgehoben wurde.
- Fernschreiben haben eine eigene Orthografie. Diese wurden, ohne das im Einzelnen zu vermerken, in die gewöhnliche Schreibweise überführt.
- In den Texten der Genfer Polizei fehlen gelegentlich die Umlaute bei Eigennamen. Wo aus anderen Quellen unzweifelhaft bekannt ist, dass der Eigenname den Umlaut enthält, wurde der Namen ohne weiteres mit Umlaut geschrieben.
- Hervorhebungen im Original sind in der Regel kursiv gesetzt. Stammt die Hervorhebung vom Autor, wird dies angegeben.
- Offensichtliche Fehler in der Rechtschreibung oder bei der Verwendung von Eigennamen (z. B. MacCarthy) sind ohne weiteres korrigiert. Es sei denn, der irrtümlichen Schreibweise komme eine besondere Bedeutung zu. Die Ergänzungen des Autors in Zitaten sind in eckige Klammern gesetzt.
- Gesetze und Verordnungen werden nach Text und Artikelnummer zitiert, wie sie zur Zeit des Falles Davis galten.

Inhaltsverzeichnis

Einleitung

«Explanation» is not just one sort of thing …[1]

Ein Dokument in Band 18 der *Diplomatischen Dokumenten der Schweiz*[2] regte mich dazu an, den Spionagefall Charles Davis näher zu betrachten und die zentralen Dossiers des Bundesgerichts, der Bundesanwaltschaft und der Genfer Polizei zu studieren. Das Strafverfolgungsverfahren verlief keineswegs linear. Dieser Verlauf erstaunte und irritierte mich. Wie kam es zu dem Umschwung, der sozusagen mit Händen zu greifen ist? Die prominente Rolle von Vertretern des *Federal Bureau of Investigation* (FBI) im Fall Davis ist in den Akten mannigfach belegt und wird im Antrag des zuständigen schweizerischen Regierungsmitgliedes für die Strafverfolgung von Davis hervorgehoben. Im Verlauf des Verfahrens «versickerte» die Verbindung zwischen dem FBI und Davis allmählich und Senator Joseph McCarthy, der fanatische «Kommunistenjäger», trat als Empfänger der Informationen, welche Davis im «linken» Milieu sammelte, quasi an die Stelle des FBI.

Das Staunen über diese Verschiebung führte, da sie nun unübersehbar war, zur Frage, auf welche Weise, vor welchem Hintergrund und mit welchen Mitteln sie geschah, wie sie hergestellt wurde. Obwohl sich einzelne Interessen im Verlauf des Verfahrens deutlich zeigen – etwa jene des Eidgenössischen Politischen Departementes (EPD, schweizerisches Aussenministerium) – und andere ohne allzu gewagte Annahmen erschlossen werden können – etwa angesichts der Interessenkollision der Bundesanwaltschaft als Strafverfolgungsorgan im Fall Davis einerseits und andererseits als natürlicher Partner des FBI in der internationalen Zusammenarbeit zwischen Polizeiorganen –, neige ich dazu, nicht von Manipulation zu sprechen. Ich denke eher an Handeln, das von unausgesprochenen und grossenteils nicht deutlich bewussten, vielmehr als selbstverständlich gegebenen, im Detail nicht rational hergeleiteten Handlungsmaximen wesentlich mitbestimmt war. «Hintergrund-Erwartungen» oder «untergründige Erwartungen» könnte man dies nennen, in Anlehnung an Aaron V. Cicourel, welcher in einer beeindruckenden Arbeit den Umgang von Jugendbehörden, Polizei und Gerichten mit Jugendlichen beschrieben hat.[3]

---

1 Wittgenstein, Ludwig, zit. nach Klagge, James C., Wittgenstein in Exile, Cambridge (Mass.) 2011, S. 199, Anm. 30.

2 Schreiben von Bundesrat Eduard von Steiger an Bundesrat Max Petitpierre vom 27. Dezember 1950, Diplomatische Dokumente der Schweiz (DDS), Bd. 18, Zürich 2001, Dok. 74, dodis.ch/7976. Luc Van Dongen, De la place de la Suisse dans la «guerre froide secrète» des Etats-Unies 1943–1975, in: Traverse 2 (2009), S. 55–71. Van Dongen erwähnt den Fall, ohne weiter darauf einzugehen, S. 67.

3 Cicourel, Aaron V., The Social Organization of Juvenile Justice, 2nd ed., New Brunswick and London 1995. Cicourel spricht von «background expectancies», etwa in der Passage, in der er sein Forschungsinteresse beschreibt (S. 15): «I assume the critical task of the researcher is to show the

Dass der Verlauf des Verfahrens Davis einer Verschiebung gleichkommt, bleibt eine Hypothese, eine wohl begründete, wie ich zu zeigen versuche. Aber: «Wir schreiben, um verifiziert oder falsifiziert zu werden.»[4] Ich habe die Angelegenheit ausschliesslich anhand von Dossiers untersucht, die in der Schweiz greifbar sind.[5] In den USA entstanden allerdings an mehreren Stellen auch Akten zu diesem Fall. Selbst wenn man unentschieden liesse, ob Davis als Informant für das FBI gearbeitet hat oder nicht, ist offensichtlich, dass dort Akten über ihn angelegt wurden, etwa über das Verhör, dem er unterzogen worden war nach seiner Rückkehr in die USA. Ferner ist anzunehmen, dass die Informationen über «linke» US-amerikanische Studierende, welche Davis US-amerikanischen Stellen zukommen liess, in den Datensammlungen des FBI dokumentiert sind.[6] Zudem haben sich die US-amerikanische Botschaft in Bern und das Konsulat in Genf mit dem Fall befasst. In den Beständen des Aussenministeriums der Vereinigten Staaten *(State Department)* haben diese Aktivitäten Spuren hinterlassen. Ausserdem hat sich ein Sprecher des *State Department* zumindest einmal explizit zum Fall Davis geäussert.

Was den Umgang mit Personendaten angeht, haben mich beim Verfassen dieser Arbeit neben der Datenschutzgesetzgebung folgende Überlegungen geleitet:

---

reader how the research materials are always understood by reference to unstated and seen (but unnoticed) background expectancies both members *and* observers *always* employ to recognize and to understand their activities.» Diese stummen Erwartungen erzeugen Interpretationen und sind in vielfältiger Weise wirksam, nicht zuletzt beim Verfassen von Aktennotizen oder anderen Dokumenten, mit denen ein Verfahren vorangebracht und gelenkt wird. Liest man sie, dann gilt (S. 256): «All such interpretations require some mention of the tacit knowledge the reader should take into account, and the background expectancies of the persons producing the reports.» In den Schlussbemerkungen rekapituliert Cicuorel (S. 328 f.): «The police, like all members of a society, operate with background expectancies and norms or a ‹sense of social structure› that enables them to transform an environment of objects into recognizable and intelligent displays making up everyday social organization. […] A researcher utilizing official materials cannot interpret them unless he possesses or invents a theory that includes how background expectancies render everyday activities recognizable and intelligible.» Im Übrigen sind die Folgen für jene Personen, welche impliziten Anschauungen in die Quere kommen, nicht weniger folgenreich, als wenn sie aufgrund expliziter Maximen beeinträchtigt würden. Anders jene, die sozusagen von den untergründigen Voraussetzungen profitieren: Würde das Implizite explizit gemacht, kämen diese Personen schlechter weg.

4 Pierre Bourdieu, Pierre Chartier, Le sociologue et l'historien, Paris 2010, S. 26: «Nous travaillons à être vérifiables ou falsifiables.»

5 Vorausgesetzt, die Materialien des FBI sind überliefert – was bei den besonderen Aktenführungsmethoden der zuständigen Stellen nicht ohne Weiteres angenommen werden kann –, ergäbe sich darauf gestützt eine reizvoll ergänzende Studie zum Fall Davis.

6 Elementar zum Thema der «Domestic Intelligence in the Cold War Era» der USA, d. h. zur Aktivität der verschiedenen Dienste gegen nach offizieller Ansicht politisch verdächtige Bürgerinnen und Bürger der USA und besonders auch gegen Studierende, ist der zweite Band des Berichtes des *Church-Committee,* genannt nach Frank Church, dem Vorsitzenden jener Senatskommission, welche die *Intelligence Activities* der US-Dienste im Ausland und im Inland gründlich und anhand von Fällen ins Einzelne gehend untersuchte: United States Senate, Report No. 94–755, (94th Congress, 2nd Session), Intelligence Activities and the Rights of Americans, Book II, Final Report of the Select Committee to Study Governemental Operations with Respect to Intelligence Activities, April 26 1976, U. S. Government Printing Office, 1976. Ich zitiere den Bericht im Folgenden als Church-Report II. Es liegt eine nicht durchwegs sorgfältig gemachte Ausgabe des Hauptteils des Berichts vor, mit speziellen Anhängen, die in der Senats-Ausgabe nicht publiziert sind: Intelligence Activities and Americans, 1976 US Senate Report on Illegal Wiretaps and Domestic Spying by the FBI, CIA and NSA. Church-Committee (US Senate Select Committee on Intelligence Activities Within the United States), St. Petersburg (Florida) 2007.

Ob Charles Davis, geboren am 10. November 1927, noch lebt, habe ich nicht abgeklärt. Über das Verfahren gegen ihn, vor allem über den Prozess vor dem Bundesstrafgericht, berichtete die Presse in der Schweiz und in den USA ausführlich. Davis wandte sich nach seiner Rückkehr in die USA zudem mehrmals selbst an die Presse. Nach dem Grad der veröffentlichten, teilweise von ihm selbst aktiv mitverursachten Aufmerksamkeit, die ihm angedieh, halte ich es für vertretbar, ihn als eine Person der Zeitgeschichte zu betrachten. Dies nicht zuletzt deshalb, weil sein Fall vor allem medial aber auch von ihm selbst durch öffentliche Äusserungen mit der Innenpolitik der USA und dem Streit um die Aktivitäten von Senator McCarthy verquickt wurde.

Bei drei Personen habe ich abgeklärt, ob sie noch leben oder tot sind. Dies schien mir – unabhängig von der gesetzlich legitimierten Zugänglichkeit der Quellen und dem Recht, personenbezogene Angaben unter bestimmten Voraussetzungen zu veröffentlichen – vor allem angebracht für Elisabeth Pfister, geschiedene Eggenschwyler. Sie kann als Opfer dieses Strafverfolgungsverfahrens betrachtet werden. Niemand wurde in dessen Verlauf durch beteiligte Personen und durch einzelne Presseorgane auf so widerliche Weise blossgestellt wie sie, da sie einerseits als Privatklägerin auftrat und andererseits kurzzeitig mit Davis liiert war.

In dieser Studie wird einerseits mehr oder weniger positivistisch der Verlauf des Strafverfahrens, soweit er in den schweizerischen Quellen fassbar ist, beschrieben. Zugleich stelle ich Fragen zu den Inhalten dieser Dokumente und verweise auf Lücken – dies betrifft weniger Dokumente, die zu fehlen scheinen, als vielmehr Fragen, die in auffallender Weise im Verfahren nicht gestellt wurden oder denen nicht weiter nachgegangen wurde.[7]

Ferner gilt es, Themen aufzugreifen, auf die ich in den Akten gestossen bin und deren Erörterung zum Verständnis des Falles und seines Verlaufs beiträgt. Zu diesen Themenkomplexen zählen – neben den Interferenzen zwischen der strafrechtlichen Angelegenheit Davis und den aussenpolitischen und aussenwirtschaftlichen Beziehungen zwischen der Schweiz und den USA – Aspekte des Kalten Krieges, der die schweizerische Innenpolitik im Allgemeinen und das Handeln einzelner Personen beeinflusst hat. Auch die Problematik der doppelten Rolle der Bundesanwaltschaft als Anklagebehörde einerseits und als politische und gerichtliche Polizei anderseits zeigt sich anhand des Falles – eine Problematik, die erst in jüngster Zeit entschärft worden ist. Ausserdem werden juristische Fragen aufgegriffen, um den Fall auch aus einer rechtlichen Perspektive zu beleuchten.

Was sich im Fall Davis abspielte, versuche ich anhand der überlieferten Dokumentation nachzuvollziehen. Nicht auf alle Fragen, die das Verfahren aufwirft, finden sich in den Akten Antworten. Beim Versuch, die Angelegenheit zu verstehen, sind daher Begriffe aus der alltagspsychologischen Sprache, wie zum Beispiel «Verdrängung» oder «unbewusst», nicht zu vermeiden.

7 «[T]hey could have asked», lautet eine gravierende Kritik des *Church-Committee* am Nicht-Hinsehen der parlamentarischen Kontrollgremien auf das Handeln der involvierten US-amerikanischen Organe, Church-Report II, S. 280. «They could have asked», ist man beim Studium der Dossiers zum Fall Davis an mancher Stelle anzumerken geneigt.

Als ehemaliger Archivar fielen mir Besonderheiten in den einschlägigen Dossiers auf, weshalb sie in einem gewissen Sinn selbst Gegenstand dieser Arbeit sind.[8]

Die Arbeit veröffentliche ich in der Absicht, «Material» bereitzustellen: Ein einzelner Fall, der Aspekte des Kalten Krieges illustriert oder auf Aspekte im Grenzbereich zwischen Justiz und Politik hinweist, ist in substanziellen und umfangreichen Dossiers dokumentiert, die in Musse zu studieren ich Gelegenheit hatte. Die in diesem Buch verwendeten Quellen können Forschende, die sich mit ähnlichen Fragen beschäftigen, als Grundlage für ihre Arbeit nutzen. In erster Linie habe ich meine Kräfte darauf gerichtet, Material zur Verfügung zu stellen; es geht mir also weniger darum, eine Übersicht über den Forschungsstand zu übergeordneten Themen zu präsentieren.

8 Dabei ergibt sich am Rande ein Nebeneffekt: Die Problematik der Staatsschutztätigkeit jener Jahrzehnte, exemplarisch fassbar anhand der sogenannten «Fichen», wird auf eine bisher weniger üblichen Weise betrachtet, nicht in institutionsgeschichtlicher Optik – den Blick auf das Ergebnis der politischen Polizeitätigkeit gerichtet – und auch nicht primär unter dem Gesichtspunkt der einzelnen betroffenen Person. Grundlegend sind einerseits Kreis, Georg; Delley, Jean-Daniel; Kaufmann, Otto K.; Wigger, Otmar, Staatsschutz in der Schweiz. Die Entwicklung von 1935–1990, eine multidisziplinäre Untersuchung im Auftrage des schweizerischen Bundesrates, Bern 1993, und Büschi, Markus, Fichiert und archiviert. Die Staatsschutz-Akten des Bundes 1960–1990, in: Studien und Quellen, Zeitschrift des Schweizerischen Bundesarchivs, 24 (1998), S. 319–380; andererseits Komitee Schluss mit dem Schnüffelstaat (Hg.), Hundert Jahre sind genug, Zürich 1990. Vgl. dazu den kurzen Exkurs über die Fichen im Kapitel I d, Abschnitt 6. In der hier vorgelegten Arbeit dominiert der Gesichtspunkt der *Genese* der gesammelten politisch-polizeilichen Informationen: wie ein Dossier, ein Fall zum Informationslieferant wird und welchen Niederschlag die politische Polizei durch den Gebrauch eines Falles als Informationenreservoir erzeugt.

I. Von den Adressfälschungen zur Strafverfolgung

a. Davis' illegale Postumleitung

Am 2. November 1950 erfuhr Elisabeth Pfister, geschiedene Eggenschwyler, dass ihre Post umgeleitet wurde. Ein Brief, den sie erwartet hatte, war nicht eingetroffen. Gemäss dem zuständigen Briefträger sei ihre Post umadressiert worden an *American Express* in Genf, ebenso jene ihres Exmannes Frédéric Eggenschwyler. Frau Pfister liess sich auf dem Postbüro die Adressänderungsformulare zeigen: Die Unterschriften waren gefälscht worden. Sie erkannte die Schrift von Charles Davis, einem US-Amerikaner, mit dem sie kurze Zeit liiert gewesen war. Bei *American Express* sagte man ihr, dass die Post, die auf ihren Namen lautete, vom «Neger» Davis abgeholt worden sei.[9] Eggenschwyler und Pfister waren Mitglieder der Partei der Arbeit (PdA). Sie erörterten die Angelegenheit mit Jean Vincent, Anwalt, Nationalrat und eine der führenden Personen der PdA in Genf. Eggenschwyler und Pfister reichten am 9. November formell Klage gegen Davis bei der Staatsanwaltschaft ein.[10]

Wenige Tage danach berichtete ein Inspektor der Genfer Polizei seinen Vorgesetzten über die Anhörung der beiden Kläger. Auf die Frage, warum Davis ihrer Ansicht nach die Post behändigen wollte, habe Frau Pfister geantwortet: «Ich glaube, weil wir Kommunisten sind.» Im Übrigen, so vermerkte der Inspektor, sei die Klage Eggenschwyler durch den Anwalt Jean Vincent redigiert worden. Unter diesen Umständen habe er die Sache auf sich beruhen lassen: «Angesichts dessen, was oben steht, habe ich angenommen, ich sollte die Sache nicht weiter untersuchen und habe ‹an nichts gerührt›.»[11]

Am 19. November 1950 bestätigten Eggenschwyler und Pfister die Klage mündlich bei der Polizei. Davis wurde am gleichen Tag eingehend befragt. Seine Aussagen sind in drei Dokumenten, zwei Erklärungen und einem Protokoll festgehalten.[12] Kopien der Formulare zur Adressänderung mit den gefälschten Unterschriften und dem Poststempel vom 31. Oktober 1950 liegen bei den Akten. Davis gestand die Fälschungen ohne weiteres. Hingegen blieb zunächst offen, in wessen

---

9 AEGE 16151, 14. November 1950: «que du courrier à son nom était pris par le nègre Davies (ou Davis).»

10 Die schriftliche Klage liegt undatiert im Dossier des Untersuchungsrichters (Nr. 3). Die Kopie in Jean Vincents Dossier trägt das Datum 6. November, vgl. CH-BAR#J1.217#1991/44#585*. Im Bericht des Eidgenössischen Justiz- und Polizeidepartements (EJPD) an den Bundesrat vom 11. Dezember 1950 steht, die Klage sei am 9. November eingereicht worden (dodis.ch/52799, S. 1).

11 «Je pense que c'est parce que nous sommes communistes. [...] Vu ce qui précède, j'ai estimé ne pas devoir aller plus avant dans cette enquête et n'ai ‹rien touché›.»

12 Eine der beiden Erklärungen ist unter dodis.ch/52765 einsehbar.

Auftrag er agiert hatte. Nicht eruiert wurde, wie viele Briefe Davis tatsächlich behändigt hatte. Er behauptete, nur einen einzigen Brief an sich genommen zu haben. Diesen habe er Elisabeth Pfister ungeöffnet übergeben, weil er den Absender auf dem Umschlag erkannt habe, einen Verwandten Pfisters. Pfister bestätigte die Richtigkeit von Davis' Aussage. Eggenschwyler sagte aus, dass der Chef des zuständigen Postbüros laut eigener Erklärung zwei Briefe, die an Frau Pfister gerichtet waren, an *American Express* umadressiert hatte. Die Angestellte von *American Express* äusserte gegenüber Frau Pfister, «dass der Neger Davies [...] Post an sich genommen hat, die an sie gerichtet war». Der Briefträger hatte ihr gesagt, «dass sie ihre Adresse geändert hat und dass die Post an American Express, rue Mont Blanc, zugestellt wird». Eggenschwyler meinte gegenüber der Polizei, er könne nicht sagen, wie viele seiner Briefe Davis behändigt habe, nehme aber an, es seien einige gewesen. «Nach Angaben der Post, sind auf jeden Fall zwei oder drei Briefe durch Davies umgeleitet und abgefangen worden», deponierten die Geschädigten in der Strafanzeige.[13]

Die Polizei unterliess es, die Angestellte von *American Express* und den Zustelldienst der Post zu befragen, um herauszufinden, um wie viele Briefe es sich handelte. Die Polizei nahm die Aussage von Davis, dass er lediglich ein einziges Stück an sich genommen habe, als Tatsache hin. Seine Darstellung setzte sich durch und gelangte über die Voruntersuchung bis in die Anklageschrift der Bundesanwaltschaft.[14]

---

13 Schriftliche Klage und Bestätigung der Strafanzeige vom 2. Dezember 1950. Vgl. auch Erklärung Eggenschwyler und Pfister gegenüber der Polizei vom 19. November 1950. Ich übersetze «détourné», wenn das Verb alleinsteht, mit «behändigt», im Sinn von «entführt», weil das der Sache näherkommt als «umgeleitet».

14 Ohne die Sprachanalyse forcieren zu wollen, sei notiert: Im Rapport, in dem die Inspektoren Chevalley und Gerbex berichten, dass Eggenschwyler und Pfister ihre Klage bestätigt haben (19. November 1950), werden die Feststellungen zur Anzahl der behändigten Briefe, was die Kläger angeht, als subjektive Äusserung behandelt: «Les plaignants déclarent que deux ou trois lettres ont été détournées par Davis». Davis' Version hingegen steht als Tatsache da: «De l'American Express, il a reçu un seul pli». Im Übrigen äusserte Frau Pfister der Polizei gegenüber, die Angestellte des *American Express* habe ihr eine Liste gezeigt mit Namen von Personen, deren Post Davis ebenfalls erhalten habe: «une liste de noms correspondant à des personnes dont Davis reçoit également le courrier». Diesem Hinweis gingen die Strafverfolgungsorgane nicht nach, zumindest ist in den Akten davon keine Spur zu finden. Das fällt auf angesichts der Entrüstung, welche das Behändigen der Post beobachteter Personen beim EJPD hervorgerufen hatte, Bericht vom 5. Januar 1951 zum Beschluss des Bundesrates für die Strafverfolgung Davis', aber auch angesichts der Eventualität, dass *American Express* an organisierter Verletzung des Postgeheimnisses beteiligt war. Dass die Aussagen nur in einem internen Rapport der Genfer Polizei festgehalten sind, erklärt den Verzicht auf Abklärung nicht: Andere Erkenntnisse der lokalen Polizei wurden ohne weiteres an die Bundesanwaltschaft weitergeleitet. Zudem hatte diese mit Inspektor Ritschard einen Vertreter vor Ort, der nicht nur bei der Genfer Polizei ein- und ausging, sondern vor Ort mit dem Fall betraut war. Im Übrigen hat Davis in Sachen *American Express* in Genf folgendes erzählt: «A Genève, seul l'American Express servait de boîte aux lettres pour nous, mais je ne crois pas que cela doit continuer maintenant et je ne vois pas quelle autre agence pourrait en être chargée pour le moment, car je suppose que le service F.B.I. doit tout d'abord pouvoir placer une personne de confiance dans ce service», Verhör vom 19./20. Dezember 1950, Schluss von Antwort 63. Davis' Äusserung ist nicht deswegen anzuführen, weil ihr überdurchschnittlicher Wahrheitsgehalt zuzuschreiben wäre, sondern weil René Dubois, Chef des Rechtsdienstes und Stellvertreter des Bundesanwalts, ihr seine besondere Aufmerksamkeit widmete: Er hat die Schlusspassage, die mit «car je suppose» beginnt, am Rande seines Exemplars mit drei Strichen markiert. Im Dossier Davis finden sich keine Spuren, welche zeigen würden, dass Dubois Aufmerksamkeit Folgen zeitigte.

19 Zwischen dem Zeitpunkt, da Davis auf der Post die gefälschten Adressänderungsformulare abgab, und dem Moment, da sich Frau Pfister dessen Machenschaften gewahr wurde, vergingen etwa zwei Tage mit drei oder vier Postzustellungen. Dass zur Klägerin und zum Kläger insgesamt nur ein einziger Brief unterwegs war, ist zwar nicht auszuschliessen, es ist aber auch nicht selbstverständlich, dies ohne weiteres als Tatsache hinzunehmen.

Die Bundesanwaltschaft betrachtete die Fälschung der Adressänderungen nur als Versuch der Verletzung des Briefgeheimnisses nach StBG Art. 179.[15] Dass es Davis gelungen wäre, sich eines Poststückes zu bemächtigen, das an Eggenschwyler adressiert gewesen wäre, war nach Auffassung der Bundesanwaltschaft nicht erwiesen. Nicht nur dies: Sie erklärte ausdrücklich, sie verzichte darauf, das Vergehen von Davis als Verletzung von persönlichen Geheimnissen von Eggenschwyler und Pfister zu betrachten.[16] Unter dem Gesichtspunkt der Urkundenfälschung wurde die Fälschung der Adressänderungen von den Strafverfolgungsbehörden nicht untersucht, obwohl im Bericht steht, den das Eidgenössische Justiz- und Polizeidepartement (EJPD) dem Bundesrat unterbreitete, um die Strafverfolgung gegen Davis einzuleiten, Davis habe Adressänderungsformulare mit falscher Unterschrift versehen, «und damit Urkundenfälschungen begangen»[17]. Im Schreiben, mit welchem die Bundesanwaltschaft einige Tage darauf dem Untersuchungsrichter das Dossier zustellte, wurde diese Feststellung immerhin noch als Möglichkeit erwähnt: Davis scheine Urkundenfälschung begangen zu haben. Näher geprüft wurde die Sache im weiteren Verlauf des Verfahrens allerdings nicht. Frau Pfister hatte ihre Klage schliesslich Anfang Februar 1951 zurückgezogen.

Die Art und Weise, wie die Polizei – dann der Untersuchungsrichter, später das Anklageorgan und zuletzt das Gericht – mit der Aussage von Davis über das Behändigen der Post umging, führt zu einer Frage, die sich beim Studium der Dossiers unweigerlich aufdrängt: Wie wurde der Fall gelenkt, der Prozess – im umgangssprachlichen Sinn – gesteuert durch Fragen oder durch das Auslassen von bestimmten Fragen? Was wurde als gegeben hingenommen, was überprüft? Was wurde als Tatsache hingenommen? Welche Widersprüche blieben ohne weiteres stehen und wo gab es Anstrengungen, sie zu klären?[18]

---

15 Der Versuch war nicht strafbar, vgl. Art. 101 und 104 StGB.

16 «Aussi le ministère public n'a-t-il pas retenu cette infraction au titre de violation de secrets privés.» Begleitschreiben der Bundesanwaltschaft vom 24. Juli 1951 zur Anklageschrift, dodis.ch/52783, Ziff. 4, S. 2. Vgl. auch die Anklageschrift vom 24. Juli 1951, dodis.ch/52784, S. 7, sowie den Abschlussbericht des Untersuchungsrichters vom 16. Mai 1951, S. 5.

17 Bericht des EJPD zuhanden des Bundesrates vom 5. Januar 1951: «Il est établi en outre que Davis a signé de faux noms, le 31 octobre 1950, des formules PTT pour changement de domicile, aux fins de s'emparer du courrier postal destiné aux ex-époux Eggenschwyler-Pfister commettant ainsi des faux dans les titres.» Begleitschreiben der Bundesanwaltschaft zur Überweisung der Akten an den Untersuchungsrichter vom 9. Januar 1951: «Davis […] paraît avoir commis en outre les crimes de faux dans les titres, en abusant de la signature d'autrui pour procéder frauduleusement au changement d'adresses de deux personnes qu'il surveillait pour le compte de ses mandants». Im weiteren Verlauf der Untersuchung folgten keinerlei weiteren Abklärungen in Sachen Unterschriftenfälschung. Es finden sich in den Akten keinerlei Erwägungen darüber, ob Urkundenfälschungen vorlagen oder nicht, keine Begründung, warum dieser Punkt, der im Bericht zuhanden der Entscheidungsbehörde als Tatsache festgestellt worden war, später als nicht existierend fallen gelassen wurde.

18 Dabei ist zu unterscheiden zwischen Aussagen, die ohne grossen Aufwand überprüfbar gewesen wären, und dennoch nicht verifiziert wurden, und solchen, deren Klärung nennenswerte Schwierigkeiten bereitet hätte.

Klar ist, dass die Ergebnisse selektiver Aufmerksamkeit, die in Berichten, Protokollen, Aktennotizen und Mitteilungen Eingang gefunden haben, sich darauf auswirken, wie die Adressaten die Geschehnisse und die «Fakten» wahrnehmen. Wenn die Polizei also von der Richtigkeit von Davis' Aussage ausgeht, dass er nur einen Brief behändigt habe, so beeinflusst dies auch die Meinung aller anderen Akteure, was wiederum hemmend auf weitere Untersuchungsschritte wirkt. Dass die Aufmerksamkeit selektiv ist, ist allgemeint bekannt. Schwieriger zu verstehen ist, welche Umstände und Faktoren die selektive Wahrnehmung bestimmen. Angesichts eines konkreten Falls, in einer konkreten gesellschaftlichen und politischen Konstellation, mit handelnden Personen und Korps, die über ein eigenes Selbstverständnis verfügen und über den «gesunden Menschenverstand», hier Rücksichten nehmen und sich dort freier fühlen im Handeln, sich nicht nur von Prinzipien und Verfahrensregeln lenken lassen, sondern vom Ende her denken, dem Resultat, das eine Untersuchung zeitigen oder nicht zeitigen sollte. Die Projektion, die latente Vorstellung dessen, was das Handeln der Behörde bewirken wird, ist ebenso wirksam, wie die Anwendung von Grundsätzen, Regeln und Erfahrungswissen.

Aaron V. Cicourel hat in seiner Arbeit über den Umgang des Justizsystems mit Jugendlichen detailliert und konkret gezeigt, wie diese Faktoren, Verhältnisse und Haltungen wirken, in der einzelnen Amtshandlung und über den Verlauf eines «Falles» hinweg.[19] Die Voraussetzungen für seine Analyse und seine Schlussfolgerungen schuf Cicourel durch eine vergleichende, sehr detaillierte Reihenuntersuchung. Da ich mich nur mit einem einzelnen Fall beschäftige, lassen sich berufsständische Interpretationsschemas, handlungsbestimmende Typisierungen, Hintergrunderwartungen, das Vorausahnen möglicher Ergebnisse, das Wirken normativer Kategorien des sogenannten gesunden Menschenverstandes, implizite Vorstellungen, was gesellschaftlich oder politisch «gut» und «schlecht» ist, beim Studium eines einzigen Dossiers nicht leicht fassen. Daran, dass diese Agenzien wirken, ändert diese Schwierigkeit nichts.[20]

Beim Betrachten des Falles Charles Davis, beim Studium der Dossiers und nicht zuletzt bei der Analyse der Anklagerede von René Dubois, dem Stellvertreter des Bundesanwalts, vor dem Gericht, stellte sich mir die Frage, worum es in diesem Verfahren eigentlich ging: ganz gewiss nicht nur um die Verfolgung der Straftat des unerlaubten politischen Nachrichtendienstes eines US-Amerikaners in der Schweiz. Was mit dem Verfahren erreicht werden und was dabei vermieden werden sollte, kommt gelegentlich explizit zum Ausdruck. Der Antikommunismus

19 Cicourel 1995. Die nachfolgenden Gedanken lehnen sich an Cicourel an, besonders an S. XII–XXII.

20 Diese Agenzien bilden nicht eine statische Matrix. Nicht alle, die am Verfahren beteiligt sind, haben die gleichen Interessen. Und die stummen Wirkfaktoren verändern sich im Lauf der Zeit, auch für die einzelnen Akteure. Das lässt sich im Fall Davis fast mit den Händen greifen, vor allem beim Verschieben der Aufmerksamkeit vom FBI, als Adressat der Informationen, weg hin zu Senator McCarthy. Cicourel (1995) spricht im Zusammenhang mit diesen Faktoren von «Kontingenzien» («contingencies in which the participants interpret what is going on»), von Wirkfaktoren also, die gerade nicht das Befolgen von formulierten Regeln bedeuten, geschweige denn die Anwendung juristischer Erlasse, sondern insofern zufällig, kontingent sind, als sie Einfluss ausüben, ohne als Wirkfaktoren wahrgenommen zu werden, da sie weitgehend unbewusst, als selbstverständlich einfach da sind.

etwa, als grundlegendes, das Handeln bestimmendes Prinzip der Weltanschauung fast aller Beteiligten – ausser jener der Kläger und der meisten Personen, welche Davis denunzierte – ist eine der Selbstverständlichkeiten, dessen Einfluss auf das Verfahren in verschiedenen Dokumenten greifbar wird. Im Grossen und Ganzen aber sind solche mitschwingenden Absichten nur implizit vorhanden.

Das Verfahren zeigt, dass nicht immer gleich mit Davis umgegangen wurde. Wie wurde er von den Strafverfolgungsorganen (und den involvierten Departementen) wahrgenommen, als Täter oder als wertvolle Informationsquelle im Kampf gegen «Linksextremisten»? Als Person, welche eine gravierende Straftat begangen hatte, oder als Verursacher eines lästigen Vorfalls, den es mit möglichst wenig Aufheben zu lösen galt? Oder sah man in diesem Fall eine Möglichkeit, um gegenüber den USA die Eigenständigkeit des Landes zu betonen, oder betrachtete man ihn als nebensächliche Angelegenheit, welche in einer Zeit, da zwischen der Schweiz und den USA manches pendent war, möglichst schonend erledigt werden sollte?

Die Art und Weise wie seine Gegenüber ihm Fragen stellten, der Grad der Intensität, mit der sie seine Aussagen überprüften oder die Bereitwilligkeit, sie ohne weiteres hinzunehmen einerseits und anderseits die Schlüsse, welche die Polizei, die Bundesanwaltschaft, der Bundesrat, der Untersuchungsrichter und das Gericht in den verschiedenen Phasen des Verfahrens aus seinen Aussagen zogen, hingen ab und veränderten sich mit der Rolle, die ihm die verschiedenen Instanzen in den unterschiedlichen Phasen der Strafverfolgung zuschrieben. Gewisse Umstände nicht gelten zu lassen, als nicht relevant zu betrachten, andere hingegen als Beleg zu sehen für eine bestimmte Charakterisierung der Person, ergibt sich quasi notwendigerweise, wenn man einen Beschuldigten in einen einschlägigen sozialen Typen verwandelt und ihn einer bestimmten Kategorie zuordnet, die es erlaubt, den weiteren Verlauf des Verfahrens in einer spezifischen Weise ins Auge zu fassen.[21] Es liegt auf der Hand, dass das Verfahren durch die Einordung von Davis als Straftäter, Störenfried oder wichtiger Informant im Kampf gegen den Kommunismus beeinflusst wurde.

Das Verhalten gegenüber den Klägern stellte die Behörden, was die impliziten Agenzien anging, vor weniger Probleme: Elisabeth Pfister und Frédéric Eggenschwyler waren, wie die meisten Personen, welche Davis bespitzelt hatte, Kommunisten. Sie galten also nach der damals in der Gesellschaft, den Behörden und der Presse dominierenden Ideologie als «böse». Eggenschwyler und Pfister wurden obendrein von einem prominenten Kommunisten als Anwalt vertreten.[22] In

21 Nach Cicourel 1995, S. 241: «The idea of transforming the juvenile into a relevant social type permitting placement in a category that allows for a concrete course of action ..., requires that the contingencies either be dropped as relevant data, or interpreted as evidence for a particular characterization of the object, and thus leading to a subsequent concrete decision or avoidance of decision.» Cicourel spricht an der gleichen Stelle von den unterschiedlichen Arten, auf welche «das Objekt» verwandelt werden kann: «The alternative ways in which the object can be transformed». Vgl. auch Cicourel 1995, S. 198, zur Tatsache, dass und zur Erklärung weshalb ein Jugendbeamter einen möglichen Sachverhalt nicht abgeklärt hat: «The officer has concluded a causal chain to his present satisfaction based upon his background expectancies.»

22 Darauf, dass Jean Vincent in dieser Sache der Anwalt von Eggenschwyler und Pfister war, hat schon jener Polizeiinspektor hingewiesen, welcher als erster damit zu tun hatte. Und im Schreiben der Bundesanwaltschaft an den Departementsvorsteher wird dies ebenfalls notiert, versehen mit

den Anhörungen und Zeugenvernehmungen gab es kaum Zweifel über ihre kommunistische Haltung.

Der sogenannte Untersuchungsgrundsatz von Strafprozessordnungen aber, das Gebot, «die Wahrheit» über einen konkreten Fall herauszufinden, nimmt sich etwas fremd aus bei der Betrachtung des Dossiers über Charles Davis.[23]

Im Übrigen: Die Art und Weise wie in der Anklage die Fälschungen der Adressänderungen beschrieben wurden, ist ein Beispiel dafür, wie das FBI von den schweizerischen Behörden als Mittäter ausgeblendet wurde. In den Notizen des Anklägers zur Vorbereitung der Anklageschrift ist ein Blatt überschrieben mit «Détournement du courrier Eggenschwyler-Pfister.» Darauf sind etwa sechs Stellen aufgeführt, in denen Davis, bei verschiedenen Befragungen, festhielt, dass er die Adressen nicht aus eigener Initiative, sondern auf Anweisung umgeleitet habe.[24] In der Anklageschrift hingegen ist der angebliche Anstifter verschwunden: «Davis unternahm es […], die Post umzuleiten».[25]

Ausrufezeichen (dodis.ch/52796, S. 3 f.). Ein Eintrag vom 8. Dezember 1950 lautet: «L'auteur de la plainte n'est autre que Me Jean Vincent. […] Jean Vincent se frotte les mains d'avoir ainsi permis l'ouverture d'une enquête qui compromet drôlement le consulat américain à Genève, et, en fin de compte, les Etats-Unis d'Amérique.» Sogar in den Protokollnotizen zur Sitzung des Bundesrates, an welcher der Bundesrat den Fall zum ersten Mal besprach, ist die Tatsache vermerkt: «Vincent C[onseil] N[ational] est au courant», Sitzung vom 11. Dezember 1959, CH-BAR#E1002#1970/215#10*. Im Schreiben der Bundesanwaltschaft, ist bei den Erwägungen für und wider die Strafverfolgung der Hinweis auf Anwalt Vincent mit einem Ausrufezeichen versehen: Falls es zum Prozess käme hätte «leur avocat [scil. l'avocat des plaignants], Me Jean Vincent, […] accès au dossier!»

23 Vgl. etwa die Botschaft 05.092 des Bundesrates zur Vereinheitlichung des Strafprozessrechtes vom 21. Dezember 2005: «Ziel des Strafverfahrens ist die Erforschung der materiellen (historischen) Wahrheit; die Strafbehörden dürfen sich folglich nicht mit den Erklärungen der Parteien zufrieden geben», BBl. 2006, S. 1130, zu Art. 6, Untersuchungsgrundsatz. Schon die Bundesstrafprozessordnung von 1934, wie sie in Kraft war zur Zeit des Falles Davis, stipuliert die Pflicht (des Gerichts) zur «Erforschung der Wahrheit» (Art. 147). Vgl. zum «Wahrheitsgrundsatz» unter andern Niklaus Schmid, Strafprozessrecht. Eine Einführung auf der Grundlage des Strafprozessrechtes des Kantons Zürich und des Bundes, 4. Aufl. Zürich 2004. Er spricht vom notwendigen Ziel der Strafrechtspflege, «ihren Entscheiden das grösstmögliche Mass an historisch gesicherten Sachverhalten zugrunde zu legen» (ebd., S. 90). Die Überlegungen, welche in diesem Kapitel I a im Abschnitt 3 angestellt werden, sind Teil einer Antwort auf die Frage, wodurch das grösstmögliche Mass an Wahrheit faktisch beschränkt werden kann, über das hinaus, was rechtlich legitimiert Grenzen setzt, wie etwa durch das Gebot der Beschleunigung des Verfahrens. Im Übrigen gilt nach Schmid (2004, S. 91) in Sachen Pflicht zur Wahrheit: «Diese Pflicht kann auch durch Unterlassungen verletzt werden, so etwa wenn ein Strafverfolgungsorgan passiv duldet, dass von Verfahrensbeteiligte falsche Zeugenaussagen […] verwendet werden.»

24 Es geht um den «legal attaché», um Jack West. Zu West unten passim, vor allem S. 53 f. und in der ersten Zwischenbetrachtung, ferner in Kapitel II a, Abschnitt 8 sowie im Unterkapitel IV e, Abschnitt 2.

25 «Davis entreprit […] de détourner les lettres destinées à ces deux personnes». Ein Schlaumeier mag sich darauf verlassen, dass mit dieser Formulierung die Anstiftung nicht geleugnet worden sei. Dass aber einerseits ein signifikanter Unterschied im Vergleich zur Version mit Auftraggeber besteht und andererseits die spätere Formulierung insinuiert, Davis habe die Sache von sich aus «unternommen», wird er nicht bestreiten. Übrigens, praktisch betrachtet: Wie soll Davis von sich aus darauf gekommen sein, die Formulare zu fälschen? Dass er ohne weiteres das Prozedere kannte, wusste, dass es dazu ein Formular gab und dass man dieses bei einer Poststelle besorgen und dort abstempeln lassen musste, das scheint eher unwahrscheinlich.

23

b. Davis' Äusserungen vor der Genfer Polizei

Dieses Unterkapitel ist nicht nur deswegen ausführlich gehalten, weil die detaillierte Darstellung für mich notwendig war, um den Inhalt von Davis' Erklärungen zu erfassen. Die Ausbreitung des Stoffes erlaubt es auch zu beurteilen, was die Strafverfolgungsorgane daraus machten: was sie auswählten und was sie wegliessen.

1. Aus dem Stoff, den Davis darbot, so wie er in den Dokumenten aus der Zeit vom 19. bis 27. November 1950 erscheint, bildeten die Polizei und die Bundesanwaltschaft ihre ersten Erklärungshypothesen. Diese waren angeregt durch das, was Davis sagte und schrieb, sowie durch Rücksichtsnahmen gegenüber Vertretern der USA geleitet. Zugleich waren die Polizei und die Bundesanwaltschaft in eine gewisse Verlegenheit geraten angesichts der Tatsache, dass die Rechte von Personen verletzt wurden, die als Staatsfeinde galten;[26] man liess nichts aus, um möglichst viel über diesen Feind zu erfahren.

In den späteren Phasen des Verfahrens wurde die Menge des Stoffs, den Davis ausbreitete, nur einmal substanziell erweitert, nämlich im einzigen wirklich gründlichen Verhör, dem er sich im Dezember während zwei ganzen Tagen zu stellen hatte.[27] Die Befragungen hingegen, welche der Untersuchungsrichter mit Davis im Januar und Februar 1951 durchführte, boten wenig Neues. Das Gleiche gilt für seine Einvernahme der etwa zwanzig Zeugen, ebenfalls im Februar 1951. Zumindest machten die Untersuchungsrichter und Ankläger von Zeugenaussagen, die Davis Behauptungen widersprachen, nur beschränkt Gebrauch.

2. Am Sonntag, dem 19. November 1950, dem gleichen Tag, als Eggenschwyler und Pfister ihre Klage bestätigt hatten, wurde Davis von der Polizei vorgeladen.[28] Von diesem Tag stammen drei seiner Erklärungen. Die Genfer Polizei gelangte durch sie zur Auffassung, Davis habe politischen Nachrichtendienst betrieben. Da sogenannte politische Vergehen in die Domäne der Bundesanwaltschaft fielen, ersuchten die Genfer Behörden die Bundesanwaltschaft um einen Haftbefehl.[29] Sie stellte ihn am 23. November 1950 aus. Der Verdacht lautete auf politischen Nachrichtendienst nach StGB Art. 272. Die Haft wurde aufgrund der Gefahr von Kollusion und von Flucht als notwendig erachtet.

---

26 Ich kann mich nicht erinnern, je in einer formellen Marginalie, welche den Betreff des Dokumentes bezeichnet, ein Ausrufezeichen gesehen zu haben. Die Inspektoren aber, welche den Rapport verfassten, nachdem Eggenschwyler und Pfister ihre Klage bestätigt hatten, fühlten sich dazu veranlasst, ein Ausrufezeichen setzen: «M. F. EGGENSCHWYLER et Mme PFISTER E. c/ DAVIS Charles, Détournement de courrier et tentative de violation de secrets privés (!).»

27 Siehe Kapitel I d, vor allem die Abschnitte 2 und 3.

28 Davis selbst berichtete, er sei am 20. November um 8.30 Uhr von der Polizei verhaftet worden (Erklärung 25. November 1950). Auf einem der Dokumente vom 19. November hielt die Polizei zu Davis fest: «[Davis]a été administrativement écroué, ce jour, à la Prison de St Antoine». Der Bundesanwalt teilte seinem Departementsvorsteher am 23. November mit, zum Zeitpunkt, da er den Haftbefehl erlassen hatte: «Davis avait déjà été appréhendé administrativement par la police genevoise». «Erkennungsdienstlich behandelt» wurde Davis am 20. November. Vgl. Karte Nr. 37575, AEGE 16151.

29 BStP 1934 Art. 105.

Am gleichen Tag stellte die Bundesanwaltschaft – einer Äusserung Davis' folgend – einen Hausdurchsuchungsbefehl gegen Frau Pfister aus. Auch für Davis' letztes Domizil, das Hôtel de l'Europe in Carouge, dessen Besitzerin Frau Portier-Legrand war, erfolgte ein solcher Befehl. Schon am Dienstag, 21. November 1950, hatte die Genfer Polizei einen Telex an den Nachrichtendienst der Kantonspolizei Zürich gesandt, mit dem Ersuchen, eine Auskunft über Otto Schneebeli zu erhalten, in dessen Wohnung sich Davis im Frühjahr 1950 einige Wochen aufgehalten hatte.

Die Parallelaktion,[30] die Vorbereitung der sofortigen Ausreise von Davis, begann ebenfalls in jenen Tagen, spätestens im Rahmen einer Besprechung zwischen dem Chef der Bundespolizei und dem Attaché der US-Gesandtschaft, der, entweder als Vertreter des Auslandnachrichtendienstes oder als «Attaché» des FBI in Bern domiziliert war.[31]

Am 23. November schrieb Davis im Untersuchungsgefängnis eine längere Erklärung auf Englisch, und am 27. November äusserte er sich zu 16 Fragen der Polizei.[32]

3. Die Akten, in denen Davis' Äusserungen aus den ersten Tagen seiner Vernehmung niedergelegt sind, entstanden in unterschiedlichen Situationen. Der Fragehorizont, vielleicht auch sein Gegenüber, aber sicher die Art und Weise, wie die Artikulationen Davis' in Gang gesetzt wurden sowie seine Neigung zum Schweigen oder zum Erzählen änderten sich. Es liegen zwei Arten von Dokumenten vor: Texte, in denen die Fragen integriert sind oder aus denen sich die Ausgangsfrage erschliessen lässt, welche den Anstoss für die Ausführungen von Davis gab. Dies gilt für drei der fünf Dokumente. Die beiden anderen Texte sind in Form einer Abfolge von Fragen und Antworten gefasst.[33]

Die erste Erklärung vom 19. November 1950, maschinengeschrieben und von Davis im Beisein von Inspektor Gerbex unterzeichnet, umfasst eine knappe Seite. Ich vermute, dass die Vernehmung auf Englisch erfolgte. Gerbex, der die Aussagen festhielt, beherrschte die Sprache sehr gut. Davis hingegen sprach wohl auch noch zu diesem Zeitpunkt nicht sehr gut Französisch. Die Polizei befragte Davis unmittelbar, das heisst höchstens einige Stunden nach der Bestätigung der Anzeige durch Eggenschwyler und Pfister. Davis gestand, die Adressen der beiden geändert zu haben, behauptete aber, nur einen einzigen Brief, adressiert an Frau Pfister, behändigt und ihr diesen ungeöffnet übergeben zu haben. Über seine Motive äusserte er sich noch nicht: «Ich kann Ihnen unmöglich sagen, welche Motive mich veranlassten, die Post der Kläger umzuleiten. Ich beschränke mich auf die Erklärung, dass es sich um politische Motive handelt.»

30 Vgl. dazu das nächste Kapitel.

31 Siehe Kapitel I c, Abschnitt 2.

32 Zusätzlich gab Davis noch im November auf konkrete Fragen der Polizei schriftlich Auskunft über zwei Personen, mit denen er Kontakt hatte (ohne Datum; vgl. Aktenverzeichnis zum Dossier des Untersuchungsrichters Nr. 21).

33 In seinem Aktenverzeichnis nennt der Untersuchungsrichter alle fünf Dokumente «déclaration», Inventaire des documents contenus dans le dossier Charles Davis, Dossier III, Nr. 2, Dossier I/II, Nr. 5, 9, 11 und 13.

Die zweite Erklärung, ein Dokument bestehend aus fünf maschinengeschriebenen Seiten, entstand ebenfalls am 19. November, jedoch in einer ganz anderen Situation. Es scheint, als ob es aus Davis nur so herausgesprudelt habe. Die Fragen sind nicht im Dokument enthalten, können jedoch aufgrund der Antworten vermutet werden. Ausgangspunkt ist wieder die Klage von Eggenschwyler und Pfister. Davis nimmt Kenntnis davon und dann spricht er darüber, wie er nach Genf kam, wie und über wen er Informationen sammelte und an wen er diese weiterleitete. Vor allem aber erzählte er ausführlich, welche Bedeutung Eggenschwyler und Pfister als Ziele seiner Nachforschungen zukam. Es sieht so aus, als ob die Polizisten ihm eine Eingangsfrage und vielleicht zusätzliche Fragen gestellt hätten – etwa in der Art: Mit wem hatten Sie zu tun und wen kennen Sie? Was wissen Sie über die Bekannten von Eggenschwyler und Pfister? – und dann gab Davis alles von sich, was ihm dazu einfiel. Vielleicht vermittelten die Polizisten, welche ihn zur zweiten Erklärung veranlassten, Davis den Eindruck, sein Wissen sei wichtig, er stünde der Polizei bei, wenn er über «Linke» erzähle (sie denunziere). Davis hätte zur Ansicht kommen können, er könne für sich daraus Nutzen ziehen, dass er einen Beitrag leiste zum Antikommunismus. Auch dieses Papier wurde von Davis unter den Augen von Inspektor Gerbex signiert. Der Kontrast zwischen der klaren ersten und der weitschweifigen zweiten Erklärung, vorgebracht am selben Tag und innerhalb weniger Stunden, ist frappant. Irgendetwas hat sich in kürzester Zeit verändert, sei es das Befragungsklima, der Gemütszustand oder das Kalkül von Davis. Aus den Akten lässt sich keine offensichtliche Ursache für die auffällige Differenz erkennen.[34] Vor Gericht sagte Inspektor Gerbex später als Zeuge, Davis sei bei den ersten Befragungen ziemlich verschlossen gewesen. Wenn man aber seiner Selbstgefälligkeit schmeichelte, sei er durchaus redselig geworden.[35] Durch diesen Aspekt können die Unterschiede teilweise erklärt werden, ob dies allerdings die einzige Ursache ist, bleibt unklar. Direkte Einwirkungen auf Davis' Aussagen durch Dritte, besonders durch Angehörige des US-Konsulats, können (anders als für die späteren Phasen der Untersuchung) bis zum 23. November wohl ausgeschlossen werden.

Der dritte Text, auch vom 19. November, enthält vier Fragen der Polizei und vier ausufernde Antworten von Davis. Zwei betreffen substanzielle Punkte, nämlich die Frage nach seinen Auftraggebern und seiner Beziehung zum FBI, die beiden anderen eher nebensächliche Einzelheiten. Das Dokument umfasst zwei Seiten und ist von Davis im Beisein von Inspektor Gerbex unterzeichnet worden.

Am 23. November verfasste Davis mit der Schreibmaschine im Gefängnis Saint-Antoine auf Englisch eine vierseitige Erklärung. Er erklärt zuerst, warum

34 Man könnte die beiden Erklärungen und ihre Verschiedenheit betrachten als Ausformung der beiden ersten Artikel des Kapitels, das die Genfer Strafprozessordnung über «L'interrogatoire de l'inculpé» enthält. Artikel 104 verlangt: «Tout inculpé doit rendre compte […] des faits qui lui sont reprochés.» Die erste Erklärung würde den Vollzug dieses Artikels beuten. Der folgende Artikel 105 ist konkreter und weiter ausgefächert. Der Beschuldigte sei zu befragen «sur toutes les circonstances qui ont précédé, accompagné et suivi le délit ou le crime; sur les motifs qui l'ont poussé à le commettre; sur ses relations avec la personne lésée, ansi que sur ses antécédents». In einem gewissen Sinn wird in der zweiten Erklärung dieser Artikel ausgeführt. (Code de procédure pénale vom 7. Dezember 1940, Art. 104 und 105, Genève, Recueuil des Lois 126, 1940, S. 262.)

35 «‹assez réticent à ses premiers interrogatoires mais bavard lorsqu'on flattait sa vanité›», Gerichtsberichterstattung der *Tribune de Genève* vom 16. Oktober 1951.

er in die Schweiz zurückgekehrt ist und die Adressen geändert hat.[36] Dann folgt, ähnlich wie beim zweiten Text vom 19. November, ein ganzer Strom von Angaben in einer ungeordneten Reihenfolge. Sie betreffen Einzelheiten zu seinen Schnüffeleien, seine Motive, das Verhältnis zu Eggenschwyler und Pfister – vor allem aber schreibt er darüber, wem er das, was er in Erfahrung bringen konnte, übergeben hat. Nicht ohne Erstaunen stellt man fest, wie detailliert Davis beschreibt, auf welche Weise er mit seinen Auftraggebern zusammengearbeitet hat. Im Übrigen ist der Text nicht nur sprachlich korrekt, sondern auch weitgehend frei von Tipp- und Orthografiefehlern.[37] Inspektor Gerbex übersetzte ihn vollständig und sorgfältig auf Französisch.[38] Ob Davis die Erklärung am 23. November niederschrieb, als der Haftbefehl der Bundesanwaltschaft schon vorlag und ob Inspektor Ritschard, der für Genf zuständige und in der Stadt domizilierte Inspektor der Bundespolizei, schon während deren Entstehung involviert war, ist offen. Was jedoch klar ist: Ritschard prägte das Handeln der Polizei im Fall Davis entscheidend.

Das fünfte Dokument der ersten Phase der Anhörung von Davis durch die Polizei, jenes vom 27. November, wirkt insofern professionell, als es durch 16 Fragen der Polizei strukturiert ist. Ritschard dürfte die Befragung beeinflusst haben, ob er anwesend war, ist jedoch nicht klar. Wer von der Polizei dabei war, ist, anders als bei den oben genannten Dokumenten, nicht vermerkt. Die wichtigste Frage zielt auf den Auftraggeber ab: «Wer hat Ihnen den Auftrag gegeben, in Europa Nachforschungen anzustellen über die kommunistischen Parteien?» Auch das Wissen von Davis über die lokalen Kommunisten und «Linksextremisten» bestimmt einen substanziellen Teil seiner Antworten. Ferner geht es um Einzelheiten seiner früheren beruflichen Tätigkeiten respektive Beschäftigungen. Einige der Fragen knüpfen an Material an, welches das US-Konsulat der Bundesanwaltschaft kurz nach der Verhaftung von Davis übergeben hatte. Darin sind die Kontakte des Konsulats und Gespräche zwischen Davis und Angehörigen des Konsulats dokumentiert.[39] Seine Antworten fallen in dieser Anhörung teilweise weniger weitschweifig aus als Bemerkungen zu gleichen Themen in früheren Erklärungen.

---

36 «Here is the reason why I returned to the state of Switzerland and was in the process to change the postal address» Von Zurückkehren ist wohl deswegen die Rede, weil Davis von Genf aus mehrmals ins Ausland reiste, ab Sommer 1950 sozusagen regelmässig nach Paris. Insofern kehrte er in die Schweiz zurück.

37 Dem Bild vom halbgebildeten, geistig nicht sehr regen Davis, das die Anklage vor dem Bundesstrafgericht zeichnete, widerspricht dieser Text ebenso wie seine Ausdrucksfähigkeit bei anderer Gelegenheit sowie die Art und Weise, wie Davis sich in den weiteren Befragungen verhalten hat.

38 Gerbex übersetzte mehrere Dokumente aus dem Genfer Dossiers über Davis auf Französisch. Die eine oder andere Ungenauigkeit in seinen Übersetzungen fällt meines Erachtens allerdings ins Gewicht, etwa bei folgender Passage in der Erklärung vom 23. November: «Before working with the legal attaché I was sent here to this country by the vice-consulate named Charles Larkin = then by Charles Gray = and then to Nice[,] Belgium and to Switzerland many times by the legal attaché[.] As to senator McCarthy in Washington = he was interested in the re=investigation of the man John Carter Vincent American minister in Bern.» Gerbex übersetzt dies: «puis à Nice et en Belgique ainsi qu'en Suisse par l'Attaché *comme par* [Hervorhebung J. Z.] le Sénateur McCarthy, de Washington.» Gerbex setzt also Larkin, Grey und den *legal attaché* einerseits und Senator McCarthy anderseits gleich, während Davis diese beiden Adressaten klar auseinanderhält und unterscheidet, wozu ihn die einen und wozu ihn der andere veranlasst habe.

39 Schreiben von Dubois an von Steiger, Vorsteher des EJPD, 8. Dezember 1950: «A la décharge du consulat américain à Genève.»

So erhellend es sein mag, Davis' Äusserungen vom November 1950 zunächst als «Rohmaterial» hinzunehmen, so schwierig ist es auszuwählen, was an dieser Stelle wiedergegeben werden soll. Schon die oberflächliche Kenntnis des Dossiers macht klar: Tatsachen stehen neben frei Erfundenem, flüchtig Beschriebenes neben bewusst Verfälschtem, naive Äusserungen neben Aufschneiderei und schmieriger Denunziation, Bericht neben Anbiederung und präzise Angaben (z. B. Daten und Adressen) neben freien Assoziationen.

4.1. Als Auftraggeber und Adressaten seiner Informationen nennt Davis in der zweiten Erklärung vom 19. November zuerst das FBI und dann das *House Un-American Activities Committee*.[40] Dazu kommt eine hochrangige amerikanische Persönlichkeit, die er nicht nennen dürfe, sowie eine Person der amerikanischen Botschaft in Paris. Nicht für sich selbst sei er aktiv gewesen, sondern für diese Instanzen und Personen.

Nach Europa sei er auf Anweisung einer amerikanischen Persönlichkeit gekommen, um die Kräfte und die Aktivität der amerikanischen Kommunistischen Partei zusammen mit der kommunistischen Bewegung in Europa zu beobachten. Seine Reise sei bezahlt worden.[41] Er sei im Herbst 1949 in Frankreich angekommen und habe sogleich Kontakt mit Kommunisten aufgenommen, mit Jean Codington, einem Amerikaner in Paris, der mit den Kulturabteilungen der französischen Kommunistischen Partei zusammengearbeitet habe. Er habe sich als glühender Kommunist vorgestellt und daraufhin von Codington eine Liste mit den Adressen von verschiedenen Stellen in Europa erhalten, mit denen Amerikaner in Verbindung stünden, welche aktive Kommunisten seien oder mit den Kommunisten sympathisierten.[42]

Seine Ziele seien Amerikaner gewesen, welche möglicherweise für Linksextremisten gearbeitet haben. Sein Antikommunismus habe ihn zum Handeln veranlasst,[43] so habe er auch sein Geld verdient.

4.2. Im dritten Dokument vom 19. November, dem Protokoll einer kurzen Befragung, berichtet Davis, er habe Herrn McCarthy, dem Senator von Wisconsin, geschrieben und ihm seine Dienste angeboten, da er in Europa mit vielen «Linksextremisten» in Kontakt gekommen sei.[44] Dieser habe ihm geantwortet, er solle ihm Informationen über alle Personen beschaffen, welche in den Auslandvertretungen der USA wirkten – besonders über den US-Gesandten in Bern, John

---

40 An dieser Stelle im Original: «On American Activities Commission».

41 Zweite Erklärung vom 19. November, S. 3: «Mon intention [...] était de réunir certaines observations sur les forces et les activités du Parti communiste américain en parallèle avec celles du mouvement communiste européen.»

42 «Jean Codington» in der zweiten Erklärung vom 19. November, S. 4. – Die Nachforschungen der Bundespolizei ergaben, dass John Codington, geboren am 9. Februar 1919 in Macon, USA, «président du Conseil d'administration de l'association ‹Les Américains pour les solutions pacifiques›» sei. Am 14. März 1950 habe er eine Versammlung geleitet in der Salle des Sociétés savantes, 8, rue Danton in Paris, welche die «progressistes américanis pour la mise hors la loi de la bombe atomique» organisiert hätten, vgl. dazu den Bericht an den Chef des eidgenössischen Polizeidienstes vom 15. Dezember 1950.

43 Zweite Erklärung vom 19. November, S. 3.

44 «j'ai une fois écrit à M. McCarthy, Sénateur du Wisconsin, pour lui offrir mes services».

Carter Vincent. Dieser gehöre zu den Personen, welche vom Senator beschuldigt wurden, zugunsten der Russen zu arbeiten. Bei seinen Nachforschungen über den Gesandten habe er bei Eggenschwyler oder bei Frau Pfister die Kopie eines Telegramms gesehen, das ein gewisser Staempfli, wohnhaft in Carouge, an John C. Vincent gesandt habe. Es habe sich wohl darum gehandelt, dass Vincent gebeten worden sei, über bestimmte Personen Auskunft zu geben.[45] McCarthy habe ihn im Übrigen angewiesen, mit seinem Mittelsmann in Paris, John E. Farrand, in Verbindung zu treten. Farrand habe ihm jeweils Geld an eine Deckadresse in Genf geschickt.[46]

Auf die Frage, ob er Kontakt gehabt habe mit dem FBI, antwortet Davis am 18. November, er hätte vom Wohnsitz seiner Bekannten aus per Telefon nachgefragt, wem er Informationen übergeben könne. Er erhielt die Antwort, es werde jemand mit ihm Kontakt aufnehmen und zu ihm kommen.[47] *En passant* hebt Davis ein weiteres Mal hervor, dass eine Frau seine «amie intime» geworden sei. Die betreffende Frau widerlegte später als Zeugin seine Darstellung.[48]

4.3. Nach den Angaben in der vierten Erklärung, die Davis am 23. November im Gefängnis verfasst hat, war der *legal attaché* bei der US-Botschaft in Paris – ihm sozusagen beigestellt als Mann des FBI, wie aus einem späteren Dokument im Dossier Davis der Bundesanwaltschaft hervorgeht – sein Hauptauftraggeber und der Hauptempfänger von Material, das Davis lieferte.[49] Dieser *legal attaché* habe ihn veranlasst, die Adressen von Eggenschwyler und Pfister zu ändern.[50] Er erteilte Davis – stets gemäss seiner eigenen Darstellung – weitere Aufträge, Informationen einzuholen. So habe er Davis gebeten, ein bestimmtes Treffen zu beobachten, und verlangte auch die Übergabe von Berichten und Material, z. B. Fotografien, deren sich Davis bei seinen Bekannten zu bemächtigen vermochte.[51] Er habe ihn

---

45 Antwort auf Fragen 1 und 2 in der dritten Erklärung vom 19. November. Der Name der Person, an den Vincent angeblich Informationen senden sollte, nämlich A. Jordan, war von Davis willkürlich gewählt.

46 Antwort auf Frage 1 in der dritten Erklärung vom 19. November. In den Akten nachgewiesen ist eine einzige Zahlung – in der Höhe von ganzen 20 Dollar. Briefumschlag bei den Akten, im Dossier Davis des Bundesgerichts, mit Poststempel vom 2. November 1950, Paris 74, Rue Bayen. Der Brief war an Davis' Alias-Namen adressiert: Mr. James Farrow 2 c/o American Express Geneva, Switzerland. Der Alias-Name wurde auch auf Davis' Fiche übertragen.

47 Frage und Antwort 3 in der dritten Erklärung vom 19. November.

48 Betreffend Frau W. in der Antwort auf Frage 4 in der dritten Erklärung vom 19. November: «C'est une femme que j'ai rencontré dans un restaurant et qui est rapidement devenue une amie intime.» Vgl. dazu die Stellungnahme von Frau W. in der Zeugenbefragung vom 20. Februar 1951: «Il n'y a jamais eu de liaison entre nous.» Sie hielt bei einer späteren Befragung auch fest, Davis habe, entgegen seiner Behauptung, nie ihr Telefon benützt. Vgl. Note à l'intention de M. Ritschard von Inspektor Gerbex, September 1951, Antwort 2.

49 Dabei handelte es sich im Jack West.

50 «I changed the address of the complaintents (sic!) under orders of the legal attaché in Paris […]. As to the changing of the addresses here that was asked of me by the legal attaché in the Paris office […]. The change of address was an order for me since I was in the service oft the legal attaché.» Diese Auszüge stammten aus der Erklärung von Davis vom 23. November 1950. Das Original in englischer Sprache ist nur im Dossier des Untersuchungsrichters zu finden, jetzt im Dossier Davis des Bundesgerichts. Im Dossier der Bundesanwaltschaft ist nur die französische Übersetzung überliefert.

51 Ein wesentlicher Teil der Aktivitäten, welche die Bundesanwaltschaft aufgrund der gerichtspolizeilichen Ermittlungen als Belege von Handlungen identifizierte, mittels derer Davis unerlaub-

nach Nizza, Belgien und mehrmals in die Schweiz geschickt. Zu einem bestimmten Zeitpunkt gebot er Davis, er solle in Genf bleiben und nicht nach Frankreich zurückkehren. So erscheint der *legal attaché* in der Schilderung von Davis als sein eigentlicher «Führungsoffizier». Bevor er für ihn gearbeitet habe, sei er zuerst durch den US-Vizekonsul in Paris, Charles Larkin, und danach durch Charles Grey in die Schweiz gesandt worden.[52] Vom 9. Juli 1950 an sei er von der US-Botschaft in Paris angestellt gewesen.[53] In der Botschaft habe er mitbekommen, dass Briefe mancher «Linker» aus Genf sich in den Händen des *legal attaché* befanden, unter anderem solche von Maurice Ducommun, eines Sekretärs der Genfer PdA.[54] Von Telefonaten mit dem FBI spricht Davis schon in diesen frühen Erklärungen.[55]

Zu seinen Reisen nach Paris nennt Davis ab und zu Daten, die sich teilweise anhand der Ein- und Ausreisevermerke in seinem Pass verifizieren lassen.[56] Für den 6. Juli 1950 etwa ist die Ausreise aus dem Bahnhof Genève-Cornavin nachgewiesen und für den 9. Juli 1950 die Einreise an gleicher Stelle.

An Senator McCarthy habe er sich von sich aus gewandt. Über einen Verbindungsmann des Senators, John Farrand, habe er McCarthy Informationen geliefert, vor allem über den US-Gesandten in Bern, John Carter Vincent, aber auch über Angestellte des Konsulats in Genf, die angeblich mit den Kommunisten sympathisierten. Farrand habe er in Paris getroffen und dieser habe ihm Geld für die Informationen gegeben oder – in einer anderen Version – Geld in Aussicht gestellt.[57]

Davis berichtete, er habe bei seinen Bekannten die Kopie eines Telegramms an den US-Gesandten Vincent gesehen, gesendet von einer Person, die er ausspionierte. Darin sei die Rede davon gewesen, dass Vincent einer bestimmten Person Informationen zustellen solle. Dieses Telegramm, dessen Kopie bei den Akten liegt, hatte Davis selbst mit gefälschter Unterschrift aufgegeben. Das spielt, so wie das Verfahren gegen Davis vom Untersuchungsrichter und von der Bun-

---

ten Nachrichtendienst betrieben habe, wurden nach Davis frühen Erklärungen ausgelöst durch Aufträge für den *legal attaché,* respektive durch Übergabe von Informationen an die «fonctionnaires du FBI attachés à l'ambassade américaine à Paris». Vgl. Bundesanwaltschaft an den Vorsteher des EJPD, 22. Dezember 1950, dodis.ch/52801, Bst. a, b, f und h.

52 Zu Grey und Larkin siehe Kapitel II a Abschnitt 8, S. 109 f.

53 «I was from the month of July 9 until the present date in the employ of the american embassy in the city of Paris.»

54 Aus der Erklärung vom 23. November: «There is many letters that end up in the embassy from here.» Nach Davis hätten neben ihm noch andere Personen in Genf nach seiner Art dazu beigetragen, Post für US-Stellen abzufangen. Betreffend Maurice Ducommun heisst es bei Davis: «All the time I know (sic!) that some of his letters were in the american embassy legal attachés office».

55 Dritte Erklärung vom 19. November, Frage und Antwort 3.

56 Eine Liste, datiert auf den 26. Januar 1951, findet sich im Dossier. Allerdings lässt sich nachweisen, dass nicht alle Grenzübertritte im Pass Spuren hinterlassen haben, etwa anhand der Aussagen des Zeugen Gurtner, eines Genfer Polizisten, der zum Bekanntenkreis von Davis zählte. Mit ihm war Davis gelegentlich nach Savoyen gefahren, ohne dass die Grenzübertritte im Pass vermerkt worden wären, Aussagen von Gurtner vom 10. Februar 1951. Zudem folgt in der Liste manchmal Ausreise auf Ausreise, ohne die zur ersten Ausreise gehörende Einreise.

57 Die Strafverfolgungsorgane gebrauchten Davis' Angaben über das Geld, das er von Farrand erhalten hat, auf ihre spezifische Weise. Über wieviel Geld Davis verfügt hat, von wem er Geld erhalten hat, zu welchen Zeitpunkten, «wovon er gelebt hat», ist eine der materiellen Fragen, welche die Strafverfolgungsorgane nicht sorgfältig untersucht haben. Auch die Einlassungen der Anklage zu diesem Punkt bilden einen der auffallenden Schwachpunkte der Requisition/Anklagerede.

desanwaltschaft geführt wurde, für die Art der Erledigung des Falles Davis eine entscheidende Rolle.[58]

Ins Auge gefasst habe Davis, auch dem *House Un-American Activities Committee* Informationen zu senden.[59] Vom November 1949, seiner Ankunft in Genf, bis zum 9. Juli 1950 habe er dem US-Konsulat in Genf Berichte angedient.[60] Und schliesslich brüstete er sich damit, er sei in jedem US-Konsulat in Europa gewesen. Die Konsulate hätten ihn mit Geld und Informationen versorgt.

En passant denunziert Davis in seinen Erklärungen diverse Personen als «Linksextremisten». Wie sich im Lauf des Verfahrens oder nach dessen Abschluss herausstellte, waren das auch Personen, die mit diesem Milieu nichts zu tun hatten. Neben Genfer und Lausanner «Linken» hatte Davis konsequent «linke» oder mit Kommunisten sympathisierende US-amerikanische Studierende im Auge. Ein ebenso konkretes, strukturelles Element seiner Beobachtungen sind die Beziehungen von italienischen Kommunisten mit Pfister und Eggenschwyler. Zu den am augenscheinlichsten von der Fantasie genährten Einlassungen zählt sein Satz, er sei mit Elisabeth Pfister verlobt gewesen und zwei Tage vor der Hochzeit weggegangen.[61] Eher unappetitlich wirken seine Versuche, sich bei der Polizei anzubiedern. Er bot den Polizisten an, Liebesbriefe auszuhändigen, die Frau Pfister ihm geschrieben habe. Er veranlasste die Polizei zu einer Hausdurchsuchung bei ihr, indem er angab, er habe in ihrer Wohnung wichtige Papiere liegen.

Nach dem Erwähnen der antikommunistischen Programme mancher US-Senatoren schreibt Davis: «Ihr Bedürfnis ist mein Bedürfnis.» An andere Stelle lässt er verlauten, «ich war nie Kommunist, und ich hasse sie.» Er billige die Haltung Hitlers gegenüber den Kommunisten.[62]

4.4. Das Protokoll zur Befragung von Davis vom 27. November ist das letzte der fünf Zeugnisse während der ersten Phase der Abklärungen der Genfer Polizei. Er habe von niemandem einen Auftrag erhalten, in Europa Nachforschungen über Kommunisten anzustellen, weder von einer staatlichen noch von einer privaten Stelle. Er sei von sich aus auf diesen Kontinent gekommen, um Informationen über Kommunisten zu sammeln und darüber ein Buch zu schreiben. Diese Art von Publikationen interessiere das amerikanische Publikum und damit liesse sich Geld verdienen. Die Reise habe er selber bezahlt und er habe nie für den kommunistischen *California Eagle* oder die *People's World* gearbeitet und ebenso wenig versucht, als Journalist dieser Zeitungen nach Europa zu

58 Siehe vor allem die sechste Zwischenbetrachtung.

59 Bei Davis, in der Erklärung vom 23. November 1950: «Un-American Activities Committee in Washington». Das HUAC, ein Ausschuss des US-Repräsentantenhauses, wird gelegentlich verwechselt mit dem *Permanent Subcommittee on Investigation,* dem McCarthy angehörte und das er 1953–1954 präsidierte.

60 Erklärung vom 23. November 1950. Zu diesen Berichten und zu den Beziehungen von Davis zum Konsulat bis Anfang November 1950 siehe vor allem die dritte Zwischenbetrachtung.

61 Erklärung vom 23. November 1950.

62 Alle Aussagen in der Erklärung vom 23. November 1950: «And their need is my need.» – «I have never been a communist an hate them. I approve of the Hitler men to the communist.»

gelangen. Die Namen der beiden Blätter habe er nur verwendet, um sich bei den kommunistischen Kreisen in Europa einzuführen.[63]

Dem Konsul in Genf habe er seine Kenntnisse über die schweizerische Kommunistische Partei zukommen lassen, weil er dachte, dies sei für den Konsul von Interesse. Er habe sich für sein Land nützlich erweisen wollen. Zugleich habe er «versucht, sich so bei den offiziellen Stellen in Washington bekannt zu machen und ihr Wohlwollen zu gewinnen, in der Hoffnung, in der Folge vielleicht offiziell für die Geheimdienste der USA arbeiten zu können.»[64] Bei den Kommunisten in der Schweiz sei er eingeführt worden durch Dr. Jeanneret, und zwar als kommunistischer Journalist aus Amerika, allerdings ohne einen Presseausweis vorzeigen zu können.[65] Mehrere Kommunisten hätten ihn nach der Parteikarte gefragt. Er habe jeweils geantwortet, in Amerika hätten die Kommunisten keine solche Karte und im Übrigen sei er ja schliesslich durch Dr. Jeanneret empfohlen worden.

Er habe die Liste der Genfer Parteimitglieder – etwa tausend Namen umfassend – nach Paris geliefert und es sei ihm gelungen, eine Liste der Namen der italienischen Kommunisten in der Schweiz zu kopieren.

Davis denunzierte ihm bekannte und unbekannte Personen – solche, nach denen er befragt wurde und andere. Dabei geriet er gelegentlich ins Fabulieren, etwa, wenn es um Edmond Hamel ging oder um Monique Didisheim, die in Genf wohnte.[66] Gerade bei solchen Passagen, die ungebührlich ausufernd erscheinen, frage ich mich nicht nur, was die Polizeiorgane veranlasst haben mag, die Fragen zu stellen – und sie im Fall Didisheim hartnäckig weiter zu verfolgen –, sondern auch warum sie sich seine Ausführungen bis zum Ende anhörten. Ob das Ziel

63 Dem US-Konsulat in Genf gegenüber hatte Davis das Gegenteil behauptet: Er habe im Sommer 1949 vergeblich einen Pass beantragt, um für die beiden Zeitungen nach Europa zu reisen. Sie wären dann auch bereit gewesen, für die Kosten der Reise aufzukommen. Vgl. Aktennotiz des Konsulats vom 16. Januar 1950.

64 «En même temps, j'ai essayé par là de me faire connaître aux instances officielles de Washington et d'entrer ainsi dans leurs bonnes vues pour me permettre, peut-être par la suite, de travailler officiellement pour les services secrets USA.» René Dubois hat in seinem Exemplar diese Passage markiert.

65 Dr. med. Maurice Jeanneret, Lausanne, von 1947 bis 1952 Nationalrat, Angehöriger der PdA-Fraktion, Präsident des POP vaudois von 1945 bis 1953 (†).

66 Zu Monique Didisheim siehe Kapitel III d, Abschnitt 3, S. 205–207. Hamel zählte nach Auskunft von Inspektor Gerbex zuhanden des Untersuchungsrichters zu den «personnes [...] connus de notre service politique pour être des éléments actifs des groupements d'extême gauche» (26. Januar 1951). Zu Hamel vgl. dessen Fiche, CH-BAR#E4320-01C#1990/134#62*. Die Denunziation Hamels durch Davis, Bst. h im Bericht der Bundesanwaltschaft vom 22. Dezember 1950 (dodis.ch/52801), ist die einzige Beschuldigung, die nicht übernommen wurde in den Bericht, der dem Bundesrat am 5. Januar 1951 zum Entscheid über die Strafverfolgung unterbreitet wurde. Der Grund für das Weglassen ist nicht ersichtlich. Es muss – wie andere, berücksichtigte Meldungen zeigen – nicht am Grad der Unwahrscheinlichkeit der Behauptungen Davis' in seinem Exemplar gelegen haben. Zum Ehepaar Hamel ferner: das Urteil des Militärgerichts im Herbst 1947 wegen Betreiben eines Geheimsenders während des Zweiten Weltkrieges, *Gazette de Lausanne* vom 1. November 1947. Edmond Hamel war in einem Verfahren, das gegen Alexander Rado und Alexander Foote geführt wurdet, verurteilt worden wegen des Verstosses gegen das Verbot des Einrichtens von Radiosendern, wegen militärischen Nachrichtendienstes zum Schaden eines fremden Staats, nämlich Deutschlands, und wegen Verletzung der Neutralitätsvorschriften. Vgl. auch die aufs Ganze gesehen dubiose Schilderung, welche der ehemalige Doppelagent Alexander Foote in den 1950er Jahren über sein Wirken publizierte, mit Angaben zur Tätigkeit der Hamels während des Krieges, in: *Der Spiegel* vom 3. März 1954, S. 75 f., vgl. auch die Dossiers Hamel CH-BAR#4320B#1974/40#498*, CH-BAR#4320B#1974/40#499* und CH-BAR#4320B#1974/40#500*.

war, möglichst viele Informationen zu sammeln, oder ob an einzelnen Stellen spezifische Spuren oder Ziele verfolgt wurden, ist teilweise kaum auszumachen. Die abschliessende Frage Nr. 16 zumindest kann man als Einladung zum «Auspacken» verstehen: «Kennen Sie neben den bereits genannten noch andere aktive Mitglieder der Kommunistischen Partei in Genf?»[67] Darauf sagte Davis unter anderem, Hubert Leuba – der Sohn von Frau Leuba, in deren Pension Davis etliche Wochen eine Bleibe gefunden hatte, ohne dass er dafür bezahlen musste – verfüge über viel kommunistische Literatur. Aus Moskau und Bukarest empfange er allerhand Post. Auch die Begründung der Bundesanwaltschaft dafür, dass eine Hausdurchsuchung bei Frau Pfister angebracht sei, weist darauf hin, dass Davis als Hinweisgeber der politischen Polizei benutzt wurde. Da Davis angab, in ihrer Wohnung interessante Papiere deponiert zu haben, wäre ein Hausdurchsuchungsbefehl «sehr nützlich für die Bedürfnisse der Untersuchung und, *bei der gleichen Gelegenheit*, könnten wir uns vielleicht Gewissheit verschaffen über *die politischen Aktivitäten von Frau Pfister*».[68] Die politische Polizei hat also nicht nur Befragungen gezielt beeinflusst, sondern die Strafverfolgung auch als günstige Gelegenheit genutzt, um beispielsweise Zwangsmassnahmen wie Hausdurchsuchungen anzuordnen.

Davis denunziert auch in dieser Befragung Elisabeth Pfister. Zunächst versucht er die Polizei abermals mit einer Bemerkung auf sie aufmerksam zu machen: Er glaube, die Liste mit den Namen der italienischen Kommunisten, die sich in der Schweiz aufhielten, bei ihr gesehen zu haben. Dann behauptete er, sie habe ihm Dokumente übergeben, Fotografien verschiedener Personen, und dafür von ihm 20 US-Dollar genommen.[69]

c. Die Parallelaktion

Die Parallelaktion war das Vorhaben der US-Behörden, die Ausschaffung von Davis über die Bühne zu bringen, als er noch inhaftiert war und die Möglichkeit einer Strafverfolgung durch die eidgenössischen Behörden bestand.

1. In den Genfer Akten, nicht aber im Dossier des Bundesstrafgerichts und auch nicht in jenem der Bundesanwaltschaft, findet sich eine weitere Erklärung von Davis, versehen mit seiner Unterschrift. Das Dokument ist nicht datiert, wur-

---

67 «Connaissez-vous d'autres membres actifs du Parti communiste à Genève que ceux déjà cités?»

68 «Un mandat de perquisition serait donc très utile pour les besoins de l'enquête et, *par la même occasion*, nous serions peut-être fixés sur *l'activité politique de dme Pfister*», Telex Bundesanwaltschaft an Ritschard, den in Genf stationierten Inspektor der Bundesanwaltschaft, 23. November 1950; Hervorhebungen J. Z.

69 Auch diese Behauptung von Davis nimmt ihren Lauf durch die Strafverfolgung. Noch während der Verhandlung vor dem Bundesstrafgericht wird sie vorgebracht. «20 Dollars» scheint in dem Verfahren etwas wie ein Topos geworden zu sein. Vgl. die 20 Dollarnote, die sich im Brief Farrands an Davis vom 2. November 1950 befand, später im Verfahren als sozusagen hochgejubelter Beweis dafür, dass Davis von Senator McCarthy bezahlt wurde. Bei den Akten findet sich eine Kopie der Note (Dossier Davis des Bundesgerichts). Der Geldschein war dem Pflichtverteidiger von Davis übergeben worden, der damit einen Teil der Schulden Davis' bei einer seiner Gläubigerinnen bezahlte. Und so leisteten die famosen 20 Dollars einen Beitrag dazu, dass eine der Zivilklagen gegen Davis, jene von Frau Ferrero wegen «filouterie d'auberge» im April 1951 zurückgezogen wurde.

de jedoch, wie aus dem Inhalt hervorgeht, einige Tage nach der Verhaftung abgefasst. Davis beschreibt seine Situation und hält fest, dass er während der letzten fünf Tage inhaftiert gewesen sei.[70] Die Erklärung diente dazu, Voraussetzungen für die rasche Ausreise zu schaffen. Diese Operation wurde in der Woche vom 4. Dezember 1950 in die Wege geleitet, beginnend mit der Besprechung zwischen dem Chef der Bundespolizei und James Speyer Kronthal, dem US-Vertreter für polizeiliche Angelegenheiten in Bern. In diesen Zusammenhang sei auch auf den Brief von Davis vom 5. Dezember an einen nicht genannten Adressaten verwiesen. Davis zeigte sich überrascht davon, dass er so unvermittelt gebeten wurde, dem Adressaten zu schreiben.[71]

Mit der Erklärung wandte sich Davis an einen nicht genannten Adressaten, wahrscheinlich an einen Vertreter der USA in der Schweiz, womöglich an das Konsulat in Genf, die Gesandtschaft in Bern oder an Kronthal selbst. Beim Dokument handelt es sich um eine Maschinentranskription von dritter Hand. Sie ist mit der Unterschrift von Davis versehen. Er widerruft darin, was er gegenüber der Genfer Polizei mündlich und schriftlich deponiert hatte: Es sei ihm im Lauf der Befragungen damit gedroht worden, dass sein Pass gesperrt und er ausgewiesen würde. Da habe er alles unterschrieben, was man ihm vorgelegt habe.[72] Er habe die drei bis vier Erklärungen «unter Druck abgegeben, gegen seinen Willen, unter Zwang», sie seien «in keiner Weise gültig», da sie in einer fremden Sprache erfolgten, in welcher er sich nicht so ausdrücken könne, wie in seiner Muttersprache.[73]

Der nicht klar strukturierte Text umfasst zweieinhalb Schreibmaschinenseiten und beginnt quasi formell: Er, Charles Davis, amerikanischer Bürger, gebe diese Erklärung im Wissen ab, dass er damit freigelassen und nach Italien gebracht oder in seine Heimat zurückgeschickt werde. Es sei ihm auch versichert worden, dass Kopien der Erklärung an gewisse Adressen in den USA und in Paris gesandt würden.[74] Dann berichtet er Ähnliches wie in den vorangehenden Erklärungen,

---

70 «that I have [been] imprisoned for the last 5 days under these conditions». Auf der Rückseite des Dokuments steht der Aktenvermerk «Double mis à l'inspecteur Gerbex le 10.9.51». Es folgt ein Kürzel des Absenders, eventuell von Inspektor Ritschard.

71 «Dear Sir. This is indeed a surprise to be asked to write you so suddenly. Allow me to say this will be a pleasure.» Das Original des Briefes liegt im Dossier der Bundesanwaltschaft. Es ist aber anzunehmen, dass der Inhalt dem Adressaten tatsächlich übermittelt wurde: So wie die Aufforderung an Davis im Dossier fehlt und ihm wohl mündlich mitgeteilt wurde, ebenso dürfte die Antwort mündlich oder in einer Abschrift übermittelt worden sein. Die Erklärung entspräche dann diese Bitte um einen schriftlichen Bericht. Vielleicht handelt es sich um den Brief von Davis, den Ritschard in seinem Telex vom 5. Dezember 1950 an Balsiger nennt: Er habe einen Brief, den Davis an die Gesandtschaft gerichtet habe, der Post übergeben, da darin nichts gestanden habe, was den Amerikanern nicht schon bekannt gewesen sei.

72 «Then the officer stated that they would cut off my passport and return me to the USA then I signed anything they placed before me».

73 «That the three or four statements made by me under pressure and against my will and which were forced from me and are not in any way valid since they were taken in a foreign language and that I cannot in any way express myself as clearly as one can in his native tongue.» Abgesehen davon, dass Davis nach einem Jahr in der Westschweiz nach Aussage von Bekannten (Zeugen) einigermassen gut Französisch verstand, war bei seinen Vernehmungen nicht nur der Polizeibeamte Gerbex beteiligt, der die englische Sprache beherrschte, sondern zumindest eine der Erklärungen, und zwar eine sehr ausführliche, verfasste Davis auf Englisch, sieheKapitel I b, Abschnitt 4.

74 Diese Aussagen setzen voraus, dass in der Schweiz domizilierte US-Stellen zum Zeitpunkt dieser Erklärung aktiv involviert waren in eine rasche Erledigung des Falles.

bietet aber auch Variationen: Er sei nicht angestellt von der amerikanischen Regierung und habe keinen offiziellen Status als Funktionär. Seine Reisen in Europa hätten ihn in Kontakt mit «linken» Gruppierungen in verschiedenen Ländern gebracht. Er habe «die Verbindung amerikanischer Kommunisten und der Kommunistischen Partei der USA mit linken Gruppierungen» im Auge gehabt. Er habe mit bestimmten Abteilungen der amerikanischen Regierung zusammengearbeitet und ihnen geholfen, die Aktivitäten amerikanischer Kommunisten in Europa zu erkennen.[75] Er habe aber keinen offiziellen Auftrag gehabt, all seine Aktivitäten seien privater Natur gewesen. Allerdings treffe es zu, dass er in Verbindung gestanden sei mit Personen, die einen offiziellen Status hätten, und dass die involvierten Personen ihm Geld gegeben hätten, damit er seine Nachforschungen anstellen konnte.[76] Er werde aber nicht verraten, wer diese Personen seien. Und dann erzählt Davis abermals, in leicht variierender Weise, wie er in der Schweiz angekommen und dann nach Genf gegangen sei. Ausserdem denunziert er in seiner Erklärung «Linke» namentlich und spricht abermals von Amerikanern, die hier in der Schweiz in der Bewegung mitmachen würden. Die Adressfälschungen gibt er zu. Der Name McCarthy kommt in der Erklärung nicht vor.[77]

2. Dass Davis gegen Gesetze verstossen hatte, erwies sich wenige Tage nach seiner Verhaftung als evident. Zwei völlig verschiedene Wege mit dem Fall umzugehen, standen zur Verfügung. Der Bundesrat hatte die Kompetenz, Davis nach Artikel 70 der Bundesverfassung als unerwünschten Ausländer des Landes zu verweisen, oder gegen ihn nach Artikel 105 der Bundesstrafprozessordnung eine Strafverfolgung anzuordnen.[78] Unter der Hand sozusagen wurde Davis' Ausweisung vorangetrieben, wenn nicht unter Regie des Vertreters der US-Gesandtschaft, James S. Kronthal, so zumindest unter dessen aktiver Mitwirkung. Die Polizei arbeitete unter der Aufsicht des Bundesanwalts und seines Stellvertreters und wurde vom lokalen Vertreter der Bundespolizei, Inspektor Ritschard, angeleitet. Gleichzeitig griff der Chef der Bundespolizei, Werner Balsiger, gemeinsam mit seinem US-Gesprächspartner und Kollegen in Sachen politische Polizei in den Fall ein. Kronthal wirkte mit Balsiger zusammen auf Davis' «Freilassung resp. Ausweisung» hin.[79] Balsiger und Kronthal hatten die «Lösung» der Auswei-

75 «noting the connection of this american citizens and the communist party of the USA with the left wing groups over here. [...] I have collaborated with certain agencies of the American government helping them to understand the communist activities of American communists here in Europe.»

76 «That I have had connection with some persons who hold an official status is in every way true, that the persons involved has (sic!) given me money to conduct my study has also been true.»

77 Eine Hypothese: Offenbar schien Davis der Hinweis auf McCarthy nicht zweckdienlich – Kronthal und eventuell auch dem Konsulat war ja die Zusammenarbeit von Davis mit dem FBI bekannt, sodass sich eine Deckgeschichte erübrigte.

78 Bundesverfassung Art. 70: «Dem Bunde steht das Recht zu, Fremde, die die innere oder äussere Sicherheit des Landes gefährden, aus dem schweizerischen Gebiete wegzuweisen.» BS 1, S. 29. Bundesgesetz über die Bundesstrafrechtspflege vom 15. Juni 1934 (BS 3, 323), Art. 105, erster Satz: «Über die gerichtliche Verfolgung politischer Vergehen entscheidet der Bundesrat.»

79 Handschriftliche Gesprächsnotiz Balsigers, durch ihn gekennzeichnet mit «24.11.50 Krth.»; im Dossier Davis der Bundesanwaltschaft abgelegt in einem Umschlag, der eben nicht enthält, was die vom aktenführenden Stellvertreter des Bundesanwaltes angebrachte Aufschrift besagte: «Confidentiel. Annexes 1 à 14, remis confidentiellement au JdJ [Juge d'instruction], puis restitués par ce magistrat».

sung in die Hand genommen, bevor die erste Runde der Befragungen von Davis durch die Polizei abgeschlossen war. Die beiden erörterten das Thema schon am 24. November 1950, wenige Tage nach der Festnahme Davis' und nur einen Tag, nachdem die Bundesanwaltschaft den Haftbefehl ausgestellt hatte. Davon zeugt nicht nur die oben genannte Gesprächsnotiz, sondern auch die Agenda Balsigers: «Kr'thal in S. Davis» ist am Freitag, dem 24. November 1950 eingetragen.[80]

James Speyer Kronthal, der als «Leiter des Schweizer CIA-Büros» bezeichnet wurde[81], war als Attaché der US-Gesandtschaft im Mai 1947 nach Bern gekommen. Er hielt seinen Posten auf der Gesandtschaft bi am 26. März 1952 inne.[82]

Balsiger traf sich regelmässig mit Kronthal seit seiner Ankunft in Bern 1947 bis zu seinem Weggang 1952. Allein in den Agenden Balsigers sind für diese Jahre über vierzig Termine mit Kronthal vermerkt.[83] Nachdem sich René Dubois, Bun-

80 AfZ: NL Werner Balsiger, in Schachtel 6, 4. Agenden.

81 In der Kritik an Allen W. Dulles als neuem Leiter des CIA wurde laut Tim Weiner auch die Frage gestellt: «Warum nahm sich der ehemalige Leiter des Schweizer CIA-Büros das Leben?» In der Fussnote ist zu lesen: «Der Leiter des Schweizer CIA-Büros, der sich das Leben nahm, war James Kronthal, ein ehemaliger OSS-Offizier, der in Bern die Nachfolge von Allen Dulles antrat und seit 1946 dort arbeitete. Er war homosexuell und stand im Verdacht, von den Sowjets erpresst zu werden. Bewiesen war die Sache nicht. Im März 1953, als Dulles erst wenige Tage Direktor war, beging er in Washington Selbstmord.» So Tim Weiner, CIA. Die ganze Geschichte, 4. dt. Aufl., Frankfurt a. M. 2009, S. 119 und 712. Weiner gibt keine Quellen an für seine Aussagen. Zu Kronthal vgl. auch Luc van Dongen 2009, S. 64. Die Literatur, auf die sich van Dongen mit seiner Behauptung, Kronthal sei ein US-amerikanisch-sowjetischer Doppelagent gewesen, habe ich nicht überprüft. Bei Weiner 2009, S. 712 heisst es: Kronthal «stand im Verdacht, von den Sowjets erpresst zu werden». Im Internet ist ein ganzer Wust von Texten zu Kronthal zu finden. Sie näher zu prüfen schien mir für mein Vorhaben nicht lohnend. Einige der Darstellungen betreffend Kronthal gehen offensichtlich zurück auf: William R. Corson, Susan B. Trento und Joseph J. Trento, Maulwürfe. Die geheimen Kriege des KGB gegen die USA, München 1989. Kronthal ist das erste Kapitel gewidmet: «Der erste Tote», S. 15–29 – ohne Angabe von Quellen, dafür mit dem blumigen Beisatz auf S. 28: «Die Akte Kronthal lagert tief in den Verliessen des CIA.» Die Jahresangabe «1946» ist bei Weiner wohl ein Fehler. Nach meiner Quelle, die in der nächsten Fussnote angeführt wird, kam Kronthal nach Bern mit einem Pass, ausgestellt vom State Department am 25. April 1947.

82 Quelle zu Anmeldung und Abmeldung, vgl. CH-BAR#E2001E#1969/121#1306*, Personal de Ambassade des Etats-Unis d'Amérique à Berne, Kronthal, James Speyer, Attaché. In den Akten der Bundesanwaltschaft findet sich der Telex, mit welchem die Stadtpolizei Bern am 30. Mai 1947 dem zuständigen Inspektor der Bundesanwalt die Personalien von Kronthal meldet: «Kronthal, James S, geb. 21.8.12, von New York, Attaché bei der US-Legation in Bern.» Am Kopf des Telex vermerkte der Sachbearbeiter der Bundesanwaltschaft: «Der nachgenannte Herr Kronthal ist der Nachfolger des Herrn *Blum* der USA-Gesandtschaft in Bern». Am Fuss des Telex steht: «Es ist ihm eine Fiche anzufertigen. Bern, den 13.6.1947». Vgl. E4320B#1990/266#835*. In der sogenannten Diplomatenkartei des Staatsschutzorgans (E4320-01C#1994/149#94*), findet sich jedoch, laut Auskunft des Bundesarchivs vom 8. Februar 2013, keine Karte zu James S. Kronthal. Und die einschlägigen Akten der Stadtpolizei Bern wurden nach dem Beschluss des Gemeinderates vom 7. März 1990 vernichtet (Antwort des Stadtarchivs Bern vom 13. August 2013 auf meine Anfrage).

83 Ich habe die Beziehungen zwischen Balsiger und Kronthal nicht weiter untersucht. Neben dem, was der Chef der Bundespolizei in einem anderen Zusammenhang allgemein äusserte zum Informationsaustausch zwischen der Bundespolizei und Vertretern befreundeter Staaten (vgl. Kapitel I d, Abschnitt 1), vermittelt ein Eintrag in der Agenda Balsigers aus den Wochen, da es um Davis ging, einen Hinweis auf konkrete Themen und auf die Art des Informationsaustausches. Der Eintrag vom 15. Dezember 1950 lautet: «Kr'thal: neue Direktive für kom[munistische] Parteien aller Länder: arbeitende[s] Volk für die Möglichkeit eines russ. Präventivkrieges vorzubereiten?» Der Eintrag vom 5. März 1951 sagt etwas zu den Prinzipien der Zusammenarbeit: «Kr'thal. Einführung seines Nachfolgers Pleasants. Grundlinien: Souveränität + Neutralität, Mitarbeit, soweit Interessen parallel laufen».

desanwalt seit Juli 1955, im Frühjahr 1957 umgebracht hatte, da er keinen Ausweg mehr sah aus der Verstrickung und Erpressbarkeit, in die er sich durch seine nachrichtendienstlichen Beziehungen zu einem französischen Attaché in Bern begeben hatte, wurden die einschlägigen Aktivitäten der Bundespolizei näher betrachtet. Kronthal steht auf einer Liste von Kontaktpersonen ausländischer Dienste, mit denen die Bundespolizei Informationen austauschte.[84]

In welcher Funktion Kronthal sich um den Fall Davis kümmerte, sei dahingestellt: ob als Vertreter des vorwiegend in Auslandangelegenheiten tätigen US-amerikanischen Geheimdienstes CIA beziehungsweise dessen Vorgängerorganisation, oder über ein Mandat bei der US-Bundespolizei FBI.[85]

Bereits in der oben erwähnten Besprechung vom 24. November 1950 gab Kronthal Anweisungen zum Umgang mit Davis. Balsiger notierte nach dem Gespräch: «Zuführung an amerikanisches Konsulat zwecks Abnahme oder Prüfung Ausweispapiere – *vor* Freilassung respektive Ausweisung».[86] Eine gute Woche nach der ersten Unterredung trafen sich Balsiger und Kronthal abermals. «Kr'thal i. S. Davis – Bewilligung des Besuches des Kons[uls]. – Mitteilung aller Tatsachen und Beurteilung», ist in der Agenda zu lesen.[87] Zumindest auf den ersten Blick mutet die quasi-kollegiale Kooperation etwas seltsam an. Denn zu diesem Zeitpunkt war klar bzw. bestand aufgrund der Äusserungen von Davis, die Balsiger kannte, hinreichend Grund zur Annahme, dass Davis die Vergehen, die ihm angelastet

84 Die Liste stammt von Inspektor Ulrich, der sich in der Affäre widerrechtlich verhalten hatte, vgl. Dokument D 20/3, Stempel 8. April 1958, CH-BAR#E4320B#1992/132#57*. Ulrich spricht dort von seinen «persönlichen» Kontakten. Die geschäftlichen jedoch, der eigentliche Informationsaustausch lief über seinen Vorgesetzten, den Chef der Bundespolizei, das bedeutet für die Jahre 1950 und 1951 Werner Balsiger. Im Lauf der Untersuchung im Jahr 1957 erklärte Balsiger, schriftlich seien die Regeln für den Informationsaustausch nicht fixiert gewesen. «Es war aber allen bekannt, dass Kontakte mit Vertretern des Auslandes über mich zu gehen hatten.» Ausnahmen hätte es nur gegeben für die Vertreter der Bundesanwaltschaft in den Grenzkantonen, vgl. CH-BAR#E4320B#192/132#57*, 15. April 1957, S. 4. Vgl. die gleichbedeutenden Aussagen von Ulrich über die Kompetenz der Angehörigen der Bundespolizei «mit den Vertretern des Auslandes oder mit ausländischen Dienststellen Informationen auszutauschen», CH-BAR#E4320B#192/132#57*, 19. Juni 1957, S. 2 f. Zum Fall Ulrich/Dubois vgl. neben dem umfangreichen Quellenmaterial im Bundesarchiv summarisch den Bericht des Bundesrates: zu 7622, Bericht des Bundesrates an die Bundesversammlung über die Vorkommnisse, die mit dem Hinschied von Bundesanwalt Dubois in Zusammenhang standen und zur Verurteilung des Bundespolizei-Inspektors Max Ulrich führten, 23. August 1958 (BBl 1958 II, 676–705). Zum Informationsaustausch mit «befreundeten Diensten» vgl. die bemerkenswerte Feststellung Balsigers: «Der korrespondierende Vertreter eines fremden Geheimdienstes ist an und für sich kein Unbefugter und stellt nach der Natur der Sache keine Öffentlichkeit dar.» (AfZ: NL Werner Balsiger, Schachtel 7, ohne Datum, lose im Faszikel Vorträge und Publikationen 1952–1953).

85 Eine seiner Notizen hat Balsiger mit «*Davis* F.B.I.» überschreiben. FBI bezeichnet an dieser Stelle wohl nicht die Beziehung zwischen Davis und dem FBI, sondern eher die Quelle für Informationen des FBI über Davis. Angaben wie «aucune hist. crim[inelle]», «aucune constatation cf. comm[unisme]», «petit parti au Californie socialist workers party (Trotzkist)», «Min[istère] Marine: demandé congé janvier 48 pour études université Paris – pas reçu» könnten ihrer Natur nach aus den Unterlagen des FBI stammen, von Kronthal abgefragt, Balsiger mitgeteilt. – Der Umgang der Bundesanwaltschaft sowie der übrigen Strafverfolgungsbehörden mit dem Komplex FBI/Davis ergab sich – aus den Akten, sozusagen von selbst – für die vorliegende Arbeit als ein zentrales Thema.

86 Die Ausreise Davis' wirkt ab dem 24. November als Handlungshorizont. Vgl. auch weiter unten zum Brief des US-Gesandten Vincent.

87 Agenda Balsiger, Eintrag vom Montag, dem 4. Dezember 1950.

wurden, im Auftrag oder zumindest in Zusammenarbeit mit staatlichen Organen der USA begangen hatte. Die betreffenden Personen waren Kronthal wahrscheinlich bekannt. Involviert war anfangs November 1950 neben dem FBI auch das US-Konsulat in Genf, und zwar als eine der Empfangsstationen der Ergebnisse von Davis' Schnüffeleien.[88] Mit Kronthal versuchte Balsiger die «Lösung» des Falles voranzubringen. Noch am Tag der zweiten Besprechung, am 4. Dezember, gab Balsiger dem Chef der Sicherheitspolizei des Kantons Genf die folgenden Anweisungen:[89]

- Der Bundesanwalt erteile dem US-Konsul in Genf die Erlaubnis, Davis im Gefängnis im Beisein des Genfer Inspektors Gerbex – der der englischen Sprache mächtig war – und des lokalen Vertreters der Bundespolizei, Inspektor Ritschard, zu besuchen.
- Nach Auffassung des Bundesanwalts solle Davis durch einen Psychiater untersucht werden, denn er scheine an geistiger Schwäche zu leiden. Der Versuch, den Fall zu «erledigen», indem Davis als geistig beeinträchtigt erklärt wurde, könnte von Kronthal stammen. In den Notizen der Anklagerede des Vertreters der Bundesanwaltschaft wird Ähnliches insinuiert.[90]
- Kronthal sei am Mittwoch, also am übernächsten Tag, in Genf. Er wünsche eine Unterredung mit Charles Knecht, dem Chef der Genfer Sicherheitspolizei, in Anwesenheit von Inspektor Ritschard. Kronthal werde am Dienstag noch anrufen, um genaueres mitzuteilen. Dieses Vorgehen lässt den Schluss zu, dass Kronthal Zugang zum Chef der Sicherheitspolizei des Kantons Genf hatte.

Am folgenden Tag besuchte der US-Konsul Robert E. Ward Davis im Gefängnis. Der Besuch habe 50 Minuten gedauert, im Beisein der Inspektoren Gerbex und Ritschard. Die Feststellung, der Konsul habe Davis lediglich die Möglichkeiten erläutert, welche das Konsulat habe, um sich für ihn einzusetzen, klingt etwas unglaubwürdig.[91] Einerseits, weil 50 Minuten etwas lange ist, nur um die Möglichkeiten des Konsulats darzulegen. Andererseits, weil Ward gerade in diesen Wochen mit einer zusätzlichen Aufgabe betraut und zum *Assistant to the Chief of the U.S. Resident Delegation to International Organizations* in Genf ernannt wurde.[92] Er erhielt diese Funktion wohl auch deshalb, weil er eine Ahnung vom Wirken der verschiedenen «Dienste» der USA hatte. Zudem kann man annehmen, dass die Besuche des US-Personals bei Davis nicht nur dem Verhör dienten, sondern auch Gelegenheit boten, ihm Ratschläge für sein Verhalten oder seine Aussagen zu geben.

88 Zum Komplex Davis/Konsulat respektive Beihilfe des US-Konsulat in Genf zu unerlaubtem politischem Nachrichtendienst vgl. die dritte Zwischenbetrachtung.

89 Aktennotiz vom 4. November von Inspektor Houlman; darauf auch Vollzugsmeldungen zu den drei Punkten. Das Stück befindet sich nur im Genfer Dossier zum Fall Davis.

90 «semble être atteint de déficience mentale». Zu den angeblichen geistigen Defiziten – inklusive «minus habens» – siehe unter anderem in der Anklagerede von René Dubois.

91 Telex Nr. 719, von Inspektor Ritschard am späten Dienstagnachmittag, 5. Dezember, an Werner Balsiger, den Chef der Bundespolizei. Der Telex ist im Original irrtümlich datiert auf den 5.11.50).

92 CH-BAR#E2001#1969/121#1995*, Dossier Ward, Robert E. jr.

Die Untersuchung Davis' durch einen Psychiater erfolgte am 5. Dezember 1950. Der Befund: Davis sei nicht geistesgestört und es sei nicht nötig ihn einzuweisen, auch nicht zur Beobachtung.[93]

Der Chef der Bundespolizei hatte in dieser Phase des Falles das Heft in der Hand. Von ihm kamen die Aufträge an die Genfer Polizei und ihm wurde Bericht erstattet.[94] Keines der drei Ereignisse – die Visite des Konsuls bei Davis, die psychiatrische Untersuchung und der bevorstehende Besuch Kronthals bei der Genfer Polizei – diente unmittelbar der gerichtspolizeilichen Untersuchung. Nicht der Wille zur weiteren gerichtspolizeilichen Klärung des Falles lenkte das Handeln, sondern das Streben nach seiner «Erledigung». Die strukturelle polizeiliche bzw. nachrichtendienstliche Zusammenarbeit mit einem in ideologischer Hinsicht verwandten Staat interferierte mit der Aufgabe der Bundesanwaltschaft, eine Straftat zu verfolgen.

Kronthal kam am Mittwoch, dem 6. Dezember, nach Genf. Ein Mitarbeiter des US-Konsulats in Genf, William G. Hughes, begleitete ihn.[95] Anstelle des Chefs der Sicherheitspolizei Genf, Knecht, der aus dienstlichen Gründen abwesend war, empfing Inspektor Jaquenoud die beiden. Auch Inspektor Ritschard nahm an der Besprechung teil.[96] Die US-Vertreter erklärten, die amerikanischen Behörden wären bereit, für die Kosten der Rückreise mit dem Flugzeug von Davis in die USA aufzukommen.[97] Voraussetzung sei jedoch, dass die Abreise sehr rasch erfolge. Kronthal führte zur Begründung ins Feld, die amerikanische Presse wisse, dass Davis in Genf verhaftet worden sei und sie kenne den Auftrag, mit dem Davis in Europa und besonders in der Schweiz betraut gewesen sei. Die US-Vertreter leg-

---

93 Telex Nr. 719.

94 Nach der Intervention Kronthals in Genf, wird der Stellvertreter des Bundesanwalts unterrichtet (Telex Ritschard, 6. Dezember 1950 22.45 Uhr). Zur raschen «Lösung» wird nun die Bundesanwaltschaft als Herrin des Verfahrens angefordert.

95 Name Hughes [William G.] gemäss der Personalliste des US-Konsulats in Genf, im Dossier Davis datiert auf den 20. Februar 1951; in den Akten kommen auch andere Schreibweisen vor: Huyghes, Huyges, Huyues. Eine Verwechslung mit John N. Hayes, dem Attaché des Konsuls, halte ich für wenig wahrscheinlich. Im Übrigen ist William G. Hughes nicht zu verwechseln mit Morris Nelson Hughes, Gesandtschaftsrat und im Frühjahr 1951 Chargé d'affaires der Gesandtschaft der USA in Bern. Die Teilnahme von Hughes bedeutet auch, dass das Konsulat – mitbeteiligt an den strafbaren Handlungen von Davis – orientiert war über die gerichtspolizeilichen Untersuchungen, über die Aussagen von Davis und darüber, welche Schlüsse die Genfer Polizei und die Bundespolizei daraus zogen. Anfangs Dezember zielte das Konsulat zusammen mit der Bundespolizei und dem FBI-Vertreter in Bern darauf ab, den Fall möglichst lautlos, ohne detaillierte Abklärung zu erledigen. Dass die Vertreter des Konsulats ihre späteren Besuche bei Davis dazu benützten, die grundlegenden Motive, welche sie Anfang Dezember 1950 auf die Ausschaffung hinwirken liessen, den veränderten Umständen – der Tatsache, dass die Untersuchungen der Polizei vertieft wurden –, angepasst möglichst wirkungsvoll weiter zu verfolgen, war eine Frage der Kohärenz des Handelns. Vgl. dazu auch den Hinweis der Bundesanwaltschaft im Schreiben an das EPD, 3. August 1951, dodis.ch/52781: «Le ministère public a de sérieux motifs de penser que le consulat de Genève a déjà exercé une certaine pression sur l'inculpé, au cours de l'enquête préparatoire.»

96 Vollzugsvermerk von Inspektor Jaquenoud vom 6. Dezember 1950, auf der Aktennotiz vom 4. November von Inspektor Houlman. Das Folgende über den Inhalt der Besprechung im zweiten Teil des Telex Nr. 722 von Inspektor Ritschard an Dubois vom 6. Dezember 1950.

97 Es ging darum, Davis nach Hause zu schaffen: «faire rapatrier». Dass sich Davis' Tun und Lassen bei dieser Art des Transports leichter unter Kontrolle halten liess als bei einer Bahn- und Schiffsreise, liegt auf der Hand. Unter anderen Umständen, unmittelbar nach Abschluss des Prozesses, wurde Davis dann wirklich in die USA zurückgeflogen. Vgl. Kapitel V a.

ten dar, Davis habe für Senator McCarthy gearbeitet und er hätte Auskünfte über gewisse amerikanische Diplomaten in der Schweiz beschaffen sollen. Die amerikanischen Behörden erklärten sich bereit, einerseits Davis so rasch als möglich nach Hause zu schaffen, «um Komplikationen zu vermeiden»,[98] und andererseits die ungefähr 75 Franken zu bezahlen, die Davis einer Frau Ferrero schuldete – wegen dieser Schulden hatte sie Anzeige erstattet.[99] Kronthal bat abschliessend, ob es möglich sei, so rasch als möglich die Ausreise Davis' in die USA zu prüfen.

Abgesehen davon, dass Kronthal die Rolle des FBI nicht thematisierte, sind seine Auslassungen über die US-innenpolitischen Aspekte des Falles hervorzuheben. In der US-Presse wurde der Fall Davis ab Februar 1951 zunehmend unter dem Gesichtspunkt des Streits um und mit Senator McCarthy dargestellt. Und in der Berichterstattung zum Prozess lauteten die Titel dann zum Beispiel: «McCarthys' Spy» oder ähnlich.[100] Im Grossen und Ganzen wurde die Verschiebung weg vom FBI als Anlaufstelle für Davis hin zu McCarthy in der US-Presse parallel zur gleichartigen Verschiebung im schweizerischen Strafverfahren vollzogen.

Ritschard folgte dem Wunsch nach dringlicher Prüfung der Sache: Das Fernschreiben und der Bericht über die Besprechung mit Kronthal wurden noch am Mittwochabend spät nach Bern mit dem Vermerk «important et urgent» gesandt.[101]

Als Einleitung zu seinem Bericht aus Genf am späten Abend des 6. Dezembers formuliert Ritschard eine Feststellung, die entscheidenden Einfluss ausüben sollte auf die Art und Weise, wie die involvierten Organe den Fall Davis behandelten: «Es ist hervorzuheben, dass Davis zweifellos auf dem Laufenden ist über vieles, was die Organisation und die Mitglieder der Kommunistischen Partei, im Besonderen in der Schweiz, angeht und im Allgemeinen in anderen europäischen Ländern.»[102] Davis als Quelle für Informationen über Kommunisten in der Schweiz zu betrachten, lud dazu ein, ihm eine völlig neue Rolle zuzuweisen. Im weiteren Verlauf des Verfahrens versäumten es die Strafverfolgungsorgane nicht, unter dem Gesichtspunkt der Wahrung der inneren Sicherheit respektive dem Kampf gegen den Kommunismus ausgiebig aus dieser Quelle zu schöpfen.[103]

---

98 «afin d'éviter des complications». Belege für eine Pressekampagne – Titel von Artikeln, Namen von Zeitungen mit Datum oder gar Zeitungsausschnitte – liegen für diese Phase des Falle Davis nicht bei den Akten und Ritschard erwähnt keinerlei Details. Möglicherweise hat Kronthal seine Behauptung nicht konkretisiert. Dubois, der dann die Anklage vertrat, hat in seinem Exemplar des Telex die Passage betreffend die «presse américaine» farbig unterstrichen. Sonst hob er darin neben Eigennamen nur noch den Abschnitt über Senator McCarthys politische Kampagne hervor. Ich nehme an, dass er den Text auswertete beim Vorbereiten der Anklageschrift, die am 24. Juli 1951 abgeschlossen wurde.

99 Im späteren Verlauf des Falles wurde die Klage von Frau Ferrero denn auch aussergerichtlich erledigt, indem der Pflichtverteidiger von Davis den Betrag beglich. Vgl. Kapitel II b, Abschnitt 4.

100 Zur US-Presse siehe Kapitel IV g. Die Rolle der US-Presse, als Agens und als Instrument im Fall Davis würde eine eigene Miniaturstudie rechtfertigen.

101 Telex Nr. 722.

102 «Il y lieu de relever que Davis est incontestablement au courant de beaucoup de faits concernant l'organisation et les membres du parti communiste en Suisse en particulier et d'autres pays européen en général.»

103 Zum «Abschöpfen» von Davis siehe Kapitel I c und d, ferner den Exkurs zum innenpolitischen Antikommunismus, die dritte Nebenbemerkungen betreffend die Doppelfunktion der Bundesanwaltschaft.

Ritschard meldete zudem, sicher sei auch, dass Davis von Senator McCarthy beauftragt worden sei, in der Schweiz Nachforschungen über die Kommunistische Partei und über Angehörige des US-amerikanischen diplomatischen Korps anzustellen.

Der Telex, den Inspektor Ritschard an den Stellvertreter des Bundesanwalts gesandt hatte, befindet sich nicht unter den Dokumenten des Dossiers der polizeilichen Erhebungen, welches die Bundesanwaltschaft nach der Eröffnung des Verfahrens dem Untersuchungsrichter zustellte, sondern im Paket mit jenen vierzehn Stücken, welches dem Untersuchungsrichter «persönlich» und «vertraulich» separat zugesandt wurden.[104]

Die hektisch anmutenden, in Wirklichkeit jedoch wohlkoordinierten Aktivitäten wurden ohne Pause fortgesetzt. Am Donnerstag, dem 7. Dezember, schrieb der US-Gesandte in Bern, John Carter Vincent, an den Bundesanwalt.[105] Er verlangte dringlich, dass Ward, der Konsul in Genf, Davis abermals besuchen könne, und zwar am kommenden Tag, dem 8. Dezember. Der Bundesanwalt bewilligt den Besuch unverzüglich.[106]

Als Gründe für die Notwendigkeit dieses Besuches führte der Gesandte an, es gehe darum zu klären, wie es um einen Rechtsbeistand für Davis stehe. Ausserdem wolle der Konsul von Davis direkt einen Bericht über dessen Lage erhalten. Was er zwei Tage zuvor, beim Besuch vom 5. Dezember gesagt habe, sei nicht erschöpfend gewesen. Diese Dinge mögen bei der Visite Wards am 8. Dezember thematisiert worden sein. Das Wesentliche aber war etwas anderes: die Vorbereitung der Ausreise. Davon zeugt der Brief an den Gesandten, in welchem Davis über den Besuch des Konsuls berichtet. Dort steht an erster Stelle, es sei festgesetzt worden, dass er, Davis, nach Amerika zurückgebracht werde oder zurückgebracht werden könnte, und zwar nach New York. Wenn er zurückgekehrt sei, müsse er den Vorschuss zurückerstatten, welcher ihm gewährt worden sei, um die Rückreise zu bezahlen. Davis meinte dazu, dass er in seine Heimat zurückkehren wolle, obwohl er sich nicht vorstellen könne, wie er das Geld ohne irgendwelche Mittel zurückbezahlen solle.[107]

Es ging bei der Visite darum, die Ausreise konkret vorzubereiten. Im Genfer Dossier liegen zwei Dokumente, die beim Besuch des Konsuls bei Davis erstellt wurden: ein «Gesuch um finanzielle Hilfe und Rückführung» sowie eine «Quit-

---

104 Beide Sendungen vom 10. Januar 1951. Der Telex ist auf der Liste der als «persönlich». Es handelt sich um die mit einer roten Ziffer markierte Nummer zwei auf der Liste der vierzehn vertraulich zugestellten Dokumente.

105 Schreiben von J. C. Vincent an Bundesanwalt W. Lüthi vom 7. Dezember 1950, dodis.ch/52797.

106 «I am therefore writing you now as a matter of urgency that Mr. Ward be again allowed to see Mr. Davis tomorrow, December 8th. … Let me repeat, as a matter of urgency, my request that Mr. Ward be allowed to see Davis at once and obtain directly from him a report as to his situation». Der Umschlag des Briefs des US-Gesandten befindet sich im Dossier Davis der Bundesanwaltschaft, der Brief dagegen in den Akten des Departementssekretariates des EJPD (CH-BAR#E4001C#1000/783#191*). Die Antwort des Bundesanwalts an den Gesandten vom 14. Dezember: «Déférant [«willfährig seiend»] votre désir, j'ai autorisé immédiatement la visite que vous sollicitiez.» Analoge Meldung gegen Ende des Schreibens des Bundesanwalts Lüthi an von Steiger, Vorsteher des EJPD, schon am 8. Dezember (dodis.ch/52796). Der Brief des Gesandten ging im Original als Anhang mit diesem Brief an den Departementsvorsteher.

107 Brief vom 13. Dezember 1950.

tung mit dem Versprechen, den Betrag zurückzuerstatten, der als Darlehen zur finanziellen Hilfe für Subsistenz und Rückführung gewährt wurde».[108] Auf beiden Dokumenten steht in Maschinenschrift Davis' Name, unterzeichnet sind sie jedoch nicht. Sie sollten sich als obsolet herausstellen.[109] Das mindert jedoch nicht ihre Beweiskraft dafür, wie konkret die Ausreise vorbereitet wurde: Man ging davon aus, dass sie unmittelbar bevorstand, das Flugbillett war beispielsweise bereits gekauft. Das Genfer Dossier enthält das Doppel der Rechnung der Fluggesellschaft TWA zulasten des US-Konsulats in Genf. Sie beträgt $ 413.90. Die Quittung, welche für Davis vorbereitet worden war, enthält genau diesen Betrag. Die Rechnung der TWA trägt das Datum vom 7. Dezember 1950. Mit Davis aber hatten die US-Stellen noch Formalitäten zu erledigen. Es erscheint ungewöhnlich, dass ein ausländischer Gesandter sich in dieser konkreten Strafsache direkt und nicht auf dem üblichen Weg über das EPD an den Bundesanwalt wandte.[110]

Die fordernde Intervention des US-Gesandten direkt beim Bundesanwalt mag erstaunen, aber sie entspricht bei näherem Hinsehen der Handlungslogik, die im Fall Davis in jenen Tagen angewandt wurde. Der Gesandte Vincent beruft sich in seinem Schreiben einleitend darauf, dass seine Gesandtschaft – in diesem Fall der Attaché Kronthal – mit der Bundesanwaltschaft über Dr. Balsiger während der vergangenen zwei Wochen wegen des Falles Davis mehrmals Kontakt gehabt habe.[111] Den Brief des Gesandten an Bundesanwalt Lüthi nahm Balsiger, gewiss avisiert über das Eintreffen des Schreibens, am Abend des 7. Dezembers kurz nach 18 Uhr entgegen. Kronthal selbst hatte das Schreiben überbracht.[112] Die beiden nutzten auch diesen Schritt zur Beförderung der Ausreise von Davis, in logischer

---

108 «Application for financial assistance and repatriation» und «Receipt and promise to repay funds advanced as financial assistance, loans for subsistance and repatriation». Im Dossier liegen auch französische Übersetzungen der beiden Stücke. Dabei sticht eine Ungenauigkeit ins Auge. In seinem Gesuch nennt Davis unter den Quellen für den Lebensunterhalt, «indicating occupation, salary, when terminated, and name and address of last employer» unter andern «*Legal* [Hervorhebung J. Z.] Attaché's office, Paris (unofficial)». Inspektor Gerbex übersetzt nur «Attaché d'Ambassade à Paris (non.off.)», lässt also das «legal», die Identifikationsmarke für die Zugehörigkeit zum FBI, weg.

109 Das Gesuch hatte sozusagen die «Freilassung» von Davis antizipiert. Unter der Zeile, die für dessen Unterschrift freigelassen wurde, steht «Subscribed and declared in my presence at the American Consulate in Geneva, Switzerland this ____ day of ____ 1950. R.E. Ward Jr., American Consul». Auf der Quittung wurde in Maschinenschrift nachträglich eine 13 eingefügt, sodass dort steht: «Geneva, Switzerland, December 13». Auf dem Gesuch findet sich oben rechts in Handschrift «12/13/50». Dieses Datum bezeichnet nicht die Entstehungszeit der Papiere, sondern es zeigt, bis zu welchem Tag – mindestens – sie als operationabel betrachtet wurden.

110 Das Ungewöhnliche des Vorgehens mag den US-Stellen durchaus bewusst gewesen sein. Ward, der Konsul in Genf, verbrämt in einem Schreiben vom 24. Januar 1951 an den Untersuchungsrichter das Vorgehen: Die Visite bei Davis sei erfolgt «après qu'un arrangement fut intervenu à son sujet entre la Legation des Etats-Unis à Berne et *le Département Politique Suisse à Berne*» (Hervorhebung J. Z.). Das Politische Departement war, soweit die Akten es erkennen lassen, bis zum 7. Dezember 1950 nicht involviert.

111 Vincent schreibt – nur die Hülle bezeichnend, nicht den Inhalt –, dass es bei diesen Kontakten um das Begehren des Konsuls gegangen sei, Davis zu besuchen. Im Übrigen: Rechnet man vom 7. Dezember zwei Wochen zurück, so kommt man ziemlich genau zum 24. November, dem Tag, da sich Balsiger und Kronthal zum ersten Mal in Sachen Davis gesprochen hatten.

112 Balsigers Visum auf dem Briefumschlag: «erhalten 7.12.50 18.05». Eintrag in Balsigers Agenda, 7. Dezember: «605 Kr'thal i. S. Davis Brief v. Mr. Vincent».

Fortsetzung dessen, was Inspektor Ritschard am späten Abend des Vortags als Begehren Kronthals nach Bern weitergeleitet hatte.

3. So standen die Dinge am Freitag, dem 8. Dezember 1950: Das Flugbillett für Davis war gekauft und die Formalitäten, die er mit dem Konsulat zu erledigen hatte, waren bereinigt. Alles deutete auf eine Erledigung der Angelegenheit hin. Dem Bundesrat lag für seine Sitzung am Montag, dem 11. Dezember, ein Bericht mit dem Antrag vor, Davis sofort auszuweisen. Dazu kam es jedoch nicht.

Am 8. Dezember 1950 hatte Bundesanwalt Lüthi dem Vorsteher des Justiz- und Polizeidepartementes, Bundesrat von Steiger, zum ersten Mal schriftlich über den Fall berichtet. Am Montag übermittelte er ihm zur Vorbereitung der Bundesratssitzung zusätzliche Erwägungen.[113] Der Vergleich der drei Dokumente – erster Bericht, ergänzende Überlegungen sowie Bericht mit Antrag an den Gesamtbundesrat – zeigt kleine Unterschiede. Davis' Taten werden im ersten Bericht und im Antrag an den Bundesrat mehr oder weniger gleich dargestellt. Der Verdacht des politischen Nachrichtendienstes nach Strafgesetzbuch Art. 272 habe sich erhärtet. Durch detaillierte Schilderung mit suggestiv anmutenden Inhalten, wird Davis' Verbindung mit Senator McCarthy dargestellt – einschliesslich einer Charakterisierung von McCarthys Abneigung gegen Kommunisten und Angehörige des diplomatischen Korps der USA. Quasi *en passant* und ohne die Angabe irgendeiner Einzelheit wird auf wenigen Zeilen festgehalten, Davis habe in ähnlicher Weise, wie er McCarthy Informationen und Dokumente zukommen liess, auch für die US-Botschaft in Paris und das Konsulat in Genf politischen Nachrichtendienst betrieben. So steht es im Dokument vom 8. Dezember. In der gleichen Passage des Berichts zuhanden des Bundesrats wird das Konsulat nicht mehr erwähnt. Stattdessen folgt ein Abschnitt, in welchem das Konsulat in Schutz genommen wird: Nach der Verhaftung von Davis habe sich ein Angestellter des Konsulats spontan bei der Genfer Polizei gemeldet und dort Kopien der Notizen abgegeben, welche das Konsulat über die diversen Besuche Davis' angefertigt habe, bei denen er über die Kommunisten Informationen ablieferte. Das Konsulat habe damit wohl zeigen wollen, dass Davis auf eigene Initiative gehandelt habe, und nicht auf Anregung des Konsulats.

Diese protektiven Ausführungen gehen zurück auf Balsiger. Kaum hatte der Bundesanwalt am 8. Dezember an seinen Departementsvorsteher unter anderem von einer «Untersuchung, welche das amerikanische Konsulat in Genf auf merkwürdige Art kompromittiert», berichtet, fühlte sich Dubois als Stellvertreter des Bundesanwalts in Sachen Davis verpflichtet, eine kleine Ergänzung nachzureichen: Zur Entlastung des Konsulats in Genf müsse man wohl anfügen, dass sich ein Vertreter dieses Büros spontan bei der Genfer Polizei gemeldet habe.[114]

---

113 Schreiben des Bundesanwalts an E. von Steiger vom 8. und 11. Dezember 1950, dodis.ch/52796 und dodis.ch/52798; Antrag des EJPD an den Bundesrat vom 11. Dezember 1950, dodis.ch/52799. Laut Kürzel im Aktenzeichen wurden alle drei Stücke von René Dubois, dem Substitut des Bundesanwalts, verfasst.

114 Schreiben der Bundesanwaltschaft an E. von Steiger vom 8. Dezember 1950, dodis.ch/52796, S. 3 f.: «une enquête qui compromet drôlement le consulat américain à Genève». Schreiben von Dubois an E. von Steiger vom 8. Dezember 1950: «Faisant suite au rapport que M. le Procureur général vient de vous adresser concernant l'affaire du ressortissant américain Davis Charles, et

Das FBI kommt in der Schilderung des Sachverhalts durch den Bundesanwalt nicht vor; die Sigle steht in keinem der drei Dokumente. Selbst wenn man vor Augen hat, wie widersprüchlich Davis' Äusserungen nach seiner Verhaftung waren, ist es offensichtlich, dass das FBI etwas mit der Sache zu tun hatte. Möglicherweise ging es in den Dokumenten vom 8. und 11. Dezember darum, diese Verbindung nicht offenzulegen. Anders lagen die Dinge zu diesem Zeitpunkt für die Mitglieder des Bundesrates, vielleicht sogar für den Vorsteher des Justiz- und Polizeidepartementes. In ihrer Wahrnehmung ging es um McCarthy als Auftraggeber und Adressat des politischen Nachrichtendienstes von Davis.[115]

In zwei Punkten unterscheidet sich die Position des Berichtes vom 8. Dezember 1950 von jener im Antrag an den Bundesrat deutlich: hinsichtlich der rechtlichen Bewertung der Lage und der Beurteilung der Opportunität einer Strafverfolgung aus der Sicht der politischen Polizei. Am 8. Dezember schrieb der Bundesanwalt: «*Juristisch* ist die Sache völlig klar: Es steht ausser Zweifel, dass sich Davis des Vergehens schuldig gemacht hat, auf welches Artikel 272 des Strafgesetzes abzielt.» Im Bericht des EJPD an den Bundesrat dagegen steht: «Die Bundesanwaltschaft macht darauf aufmerksam, dass die Beschuldigung nach Artikel 272 StGB entgegen des ersten Eindrucks nicht auf einer in allen Punkten soliden Grundlage beruht. [...] Daraus ergibt sich, dass eine Strafverfolgung sich als ziemlich gewagt erweisen könnte.»[116] Am Freitag also war die Sachlage völlig klar und am Montag darauf wurde eine Strafverfolgung als ziemlich kühn dargestellt.

Am 8. Dezember hielt der Bundesanwalt die Sichtweise der politischen Polizei fest: Wenn man sich für die Strafverfolgung entscheide, werde die polizeiliche Untersuchung fortgesetzt. Das würde sich lohnen, denn man könne sich des

---

après en avoir discuté avec M. le Dr Balsiger, j'estime devoir apporter le petit complément suivant: *A la décharge du consulat américain à Genève* [Hervorhebung J. Z.], il me semble qu'il faille dire qu'un fonctionnaire de ce bureau s'est présenté spontanément dans les bureaux de la police genevoise» Zu Einzelheiten der Beteiligung Involvierung des Konsulats an den Tätigkeiten von Davis siehe dritte Zwischenbetrachtung.

115 Eine Inkohärenz dieser Darstellung in den Dokumenten vom 8. und 11. Dezember ist selbst bei einer Binnenbetrachtung offensichtlich: Geschildert wird, dass Davis verhaftet wurde wegen der Fälschung der Adressen von Eggenschwyler und Pfister, Fälschungen, die er vornahm, um ihre politischen Verbindungen zu erkunden. Damit war der Straftatbestand des politischen Nachrichtendienstes gegeben. Mit den Adressfälschungen aber hatte McCarthy nichts zu tun, und nirgends in den gennannten Dokumenten wird behauptet, er habe damit etwas zu tun. Das heisst, einerseits wird nicht erörtert und nicht wiedergegeben, wer die Adressfälschungen veranlasst hatte oder veranlasst haben könnte und anderseits wird McCarthy als alles überdeckender Verantwortlicher dargestellt. Die weiteren Abklärungen, jene nach dem 11. Dezember, sollten diese Darstellungsweise – zumindest vorübergehend – entscheidend ändern.

116 «*Juridiquement* l'affaire est très claire: il est incontestable que Charles Davis s'est rendu coupable de l'infraction visée à l'art. 272 du code pénal [...]. Le ministère public fait observer que l'inculpation fondée sur l'art. 272 CP [...] ne repose pas, malgré les apparences, sur une base à tous points solide. [...] Il s'en suit qu'une poursuite pénale pourrait paraître assez téméraire.» Die faktische Beschränkung der Nachrichtenempfänger auf McCarthy wirkte indirekt als zusätzliches Argument dafür, dass Davis sofort freigelassen und ausgewiesen werden sollte: Es sei ungewiss, dass eine Strafverfolgung erfolgreich sein, dass Davis verurteilt werden könne, weil zweifelhaft sei, ob Davis mit der Bedienung McCarthys «im Interesse eines fremden Staates oder einer ausländischen Partei oder einer andern Organisation des Auslandes» im Sinn von StGB Art. 272 gehandelt habe. Selbst wenn das Konsulat aus der Schusslinie genommen war und der FBI nicht als Nachrichtenempfänger behandelt wurde, sondern nur die US-Botschaft einbezogen worden wäre, hätte dieses Argument nicht ins Feld geführt werden können.

Eindrucks nicht erwehren, dass Davis das Treiben zahlreicher schweizerischer Kommunisten gut kenne. Es scheine sogar, dass er um ihre Beziehungen zu ausländischen Kommunisten wisse. Im Interesse der politischen Polizei sollen seine Aussagen überprüft werden.[117] Im Bericht, der dem Bundesrat vorgelegt wurde, fehlt dieser Aspekt gänzlich. Dort obsiegt das Drängen auf Ausweisung über die Perspektive, Davis als Informationsquelle zu benutzen.

Was im Unterschied zur rechtlichen Beurteilung zur Opportunität eines Strafverfahrens gegen Davis angeführt wurde, ist von der politischen Zugehörigkeit der Personen dominiert, welche Anzeige erstattet hatten: Frédéric Eggenschwyler und Elisabeth Pfister sowie ihr Anwalt.[118] Die Kläger seien aktive Mitglieder der Partei der Arbeit und die Anklage habe der Genfer Advikat Jean Vincent formuliert. Vincent sei also auf dem Laufenden, was das ungehörige Treiben von Davis angehe. Er reibe sich die Hände, da es ihm möglich geworden sei, eine Untersuchung zu veranlassen, welche das amerikanische Konsulat und letztlich auch die Vereinigten Staaten kompromittiere. Für ihn sei damit der Beweis für die amerikanischen Machenschaften in der Schweiz erbracht. Er sei gespannt darauf, wie die Behörden den Fall behandeln werden. Im Kapitel über die Opportunität eines Strafverfahrens gibt der Bundesanwalt zudem wieder, dass die amerikanischen Stellen bereit wären, Davis' Rücktransport zu bezahlen, falls die Ausreise so rasch als möglich erfolge. Für die schnelle Ausweisung spreche zudem, dass Davis' Treiben auch den amerikanischen Gesandten in der Schweiz betreffe. In einem allfälligen Prozess würde dies zur Sprache kommen. Es wäre wohl eine Geste der Höflichkeit, ein solches «Auspacken» zu vermeiden.

Der zusätzliche Bericht des Bundesanwalts kann im Grossen und Ganzen – mit Ausnahme des gravierenden Unterschieds bezüglich weiterer Abklärungen zum Nutzen der politischen Polizei – als Auslöser betrachtet werden, welcher die Inhalte des Berichts an den Bundesrat vom 8. Dezember in einem anderen Licht erscheinen lässt. Zunächst berichtete der Bundesanwalt von seinem Gespräch mit dem Staatsanwalt des Kantons Genf. Dieser habe sich damit einverstanden erklärt, dass Davis ausgewiesen werde – ungeachtet der Tatsache, dass gegen ihn auch eine Anzeige hängig war wegen eines Straftatbestandes, der in die kantonale Jurisdiktion fiel.[119] Der Staatsanwalt habe gesagt, er könne die Ausweisung nur empfehlen. Ein Prozess würde einen Skandal auslösen und Fluten von zusätzlichem Wasser auf die Mühlen der Partei der Arbeit leiten. Die Ausweisung sei der einzige Weg, um den Skandal zu vermeiden.[120]

Dann beschreibt der Bundesanwalt die drei Möglichkeiten, die im Moment zu erwägen seien: ein Strafprozess, die sofortige Ausweisung von Davis oder das Fortführen der Untersuchung, sodass die Polizei Nutzen von den Kenntnissen

---

117 «Si l'on opinait pour la poursuite pénale, l'enquête de police devrait se poursuivre. Cela en vaudrait la peine, car on ne peut se dégager de l'impression que Davis connaît fort bien les faits et gestes de nombreux communistes suisses. Il semble même connaître leurs relations avec ces communistes étrangers. Ses affirmations devraient être contrôlées *dans l'intérêt de la police politique* [Hervorhebung J. Z]».

118 Das Folgende im Bericht vom 8. Dezember 1950, dodis.ch/52796.

119 Anzeige von Frau Ferrero wegen «filouterie d'auberge» nach Art. 150. Die Anzeige von Frau Portier-Legrand wegen Erschleichen einer Leistung lag zu diesem Zeitpunkt noch nicht vor.

120 «que le seul moyen d'éviter un scandale est bien l'expulsion du sieur Davis».

des Beschuldigten über die schweizerischen «Extremisten» ziehen könne. Ferner könne man die genauen Beziehungen von Davis zum Konsulat eruieren, um mehr über McCarthy und dessen Mittelsmann zu erfahren. Somit könnte man den Entscheid des Bundesrates über Strafverfolgung oder Ausweisung noch aufschieben.

Im Fall der Strafverfolgung könne Davis entweder vor ein Gericht in Genf oder aber vor das Bundesgericht gestellt werden. Der Bundesanwalt bemerkt, Genf sei das Zentrum der Anhänger der Partei der Arbeit und stellt dann die rhetorische Frage, ob die Atmosphäre in Genf geeignet sei für einen Prozess, durch welchen die Öffentlichkeit erfahren würde, dass ein amerikanischer Senator einen Amerikaner benützt habe, um schweizerische Kommunisten und Angehörige des diplomatischen Korps seines eigenen Landes auszuspionieren. Auf jeden Fall aber würde ein Strafprozess erlauben, zu beweisen, dass die Schweiz jede Spionage und Spitzelei bekämpfe, «woher sie auch komme».[121] Vor dem Bundesstrafgericht dagegen wäre der Fall der «atmosphère particulière de Genève» entzogen und fände in einer ruhigeren und gelasseneren «Ambiance» statt. Aber die Verhandlungen wären dennoch öffentlich. So würde der angebliche Skandal, ausgeschlachtet durch die Presse der extremen Linken, zu einem allgemeinen Skandal. Wäre es wirklich angebracht vor unserem höchsten Gericht die «schmutzige Wäsche» von Politikern der Vereinigten Staaten zu waschen? Übrigens sei es nicht vollkommen sicher, dass Davis nach StBG Artikel 272 verurteilt werden könne, denn McCarthy sei nicht eine Partei im Sinn dieses Artikels. Dann folgt ein Argument gegen den Strafprozess, das eher wie ein Vorwand klingt: Das Bundesstrafgericht habe im kommenden Jahr viel zu tun, da zwei oder drei grosse Prozesse anstehen würden. Ausserdem sei es fraglich, ob der Fall Davis so gravierend sei, dass sich das Bundesgericht damit befassen solle. Was ganz allgemein die Frage der Opportunität angehe, so komme es darauf an, ob die Schweiz ein Interesse an der Ahndung der Straftaten habe, welche Davis zur Last gelegt werden. Dies sei nicht der Fall respektive sei dieses Interesse minim. Es bleibe also nur noch ein eigentlich politisches Interesse: Den Willen zu beweisen, dass gegen jeden vorgegangen werde, der die Souveränität verletze, um durch dieses Vorgehen die Politik der Ausgewogenheit zu verstärken.[122]

Die zweite Möglichkeit, Davis sofort auszuweisen, würde es erlauben, «diese unangenehme Geschichte abzuschliessen».[123] Ausserdem würde die Ausweisung «eine Geste internationaler Höflichkeit gegenüber der amerikanischen Regierung» bedeuten, deren Gesandtschaft um diese Massnahme ersuche. Die Affäre werde aber in jedem Fall Lärm verursachen. Die Angehörigen der Partei der Arbeit werden Krach schlagen, um den Bundesrat zu belasten. Beschliesse er die Ausweisung, werden sie schreien, er lasse den amerikanischen Agenten eine Vorzugsbehandlung angedeihen. Werde Davis vor Gericht gestellt, so würden «Vincent und Konsorten» die Enthüllungen des Prozesses benützen und behaupten,

121 «d'où qu'il vienne».

122 «Reste seul l'intérêt d'ordre essentiellement politique: la démonstration de notre volonté d'agir contre quiconque porte atteinte à notre souveraineté, et de manifester ainsi notre souci d'intensifier notre politique de balance.»

123 «de mettre le point final à cette désagréable affaire».

dass sie Recht gehabt hätten mit den Beschuldigungen, nach denen «Agenten im Sold der amerikanischen Imperialisten» in der Schweiz ihr Unwesen trieben.

Zur dritten Variante, Fortführen der Untersuchung und Verschieben des Entscheids über Ausweisung oder Strafverfolgung auf einen späteren Zeitpunkt, erläutert der Bundesanwalt in seinem Zusatzbericht nochmals die Möglichkeit und das Interesse der politischen Polizei, Davis angesichts seines Wissens über «unsere Linksextremisten» als Quelle abzuschöpfen. Eine gründlichere Befragung wäre «notwendig, ja von höchstem Interesse für meinen Polizeidienst».[124] Eine weitere Befragung könne innerhalb weniger Tage durchgeführt werden und der Bundesrat seinen Entscheid solange aufschieben. Würde Davis sofort ausgewiesen, würde man die Möglichkeit verpassen, ihn in dieser Absicht weiter zu befragen.

Der Bericht des EJPD an den Bundesrat endet wie folgt: Trotz der Ungewissheit darüber, ob Davis' Taten nach Artikel 272 StGB belangt werden können, stehe fest, dass er in der Schweiz Nachrichtendienst betrieben und damit nicht nur eine unerwünschte, sondern eine staatsgefährdende Tätigkeit ausgeübt habe. In diesen Zeiten beeinträchtige jeder Akt der Spionage die innere oder äussere Sicherheit des Landes.[125] Solche Machenschaften bedeuteten ohne Zweifel eine Verletzung der Souveränität und damit eine Gefährdung der Sicherheit des Landes. So wie die Dinge lägen, beantrage das EJPD also, Davis sofort auszuweisen.

Übrigens: Dass der Chef der Bundespolizei eines befreundeten Landes dem Chef der Bundespolizei Glückwünsche zu den Festtagen zukommen lässt, dürfte normal sein. Aus welchem Grund aber – sicher nicht wegen der Regeln ordentlicher Aktenführung – liegt ausgerechnet im Dossier Davis der Bundesanwaltschaft, chronologisch eingeordnet zwischen den Stücken, von denen eben die Rede war, in einem Briefumschlag des FBI eine Karte zu den Festtagen von «J. Edgar Hoover and Associates», adressiert an Dr. Werner Balsiger-Petermann, Chef der Bundespolizei?[126]

d. Die Exekutive und das grosse Verhör

1. Mit den Berichten des Bundesanwalts an seinen Departementsvorsteher und dem Antrag des EJPD an den Bundesrat standen die Informationen für den Entscheid der Exekutive bereit.[127] Dieser war ihr nach der Bundesstrafprozessordnung vorbehalten.[128] Zum ersten Mal befasste sich der Bundesrat am 11. Dezember 1950 mit dem Fall Davis. Dreieinhalb Wochen später, am 5. Januar 1951, beschloss er die Strafverfolgung und die Parallelaktion war gescheitert.[129]

---

124 «Il y aurait lieu de faire préciser à l'inculpé une foule de détails concernant nos extrémistes de gauche, avec lesquels il a eu des relations suivies. Un tour d'horizon serait nécessaire, voire *du plus haut intérêt pour mon service de police* [Hervorhebung J. Z.]».

125 «Il n'en reste pas moins qu'en pratiquant un service de renseignements sur notre territoire Charles Davis a exercé une activité non seulement indésirable, mais subversive. A l'époque actuelle, tout acte d'espionnage commis sur territoire suisse est de nature à compromettre la sûreté intérieure ou extérieure du pays.»

126 «Season's Greetings», Poststempel Washington DC 18, Dec. 9 12PM.

127 Schreiben des Bundesanwalts an E. von Steiger vom 8. und 11. Dezember 1950, dodis.ch/52796 und dodis.ch/52798; Antrag des EJPD an den Bundesrat vom 11. Dezember 1950, dodis.ch/52799.

128 BStP Art. 105.

129 In den Agenden Balsigers erscheint Kronthal mit dem Traktandum Davis erst wieder am 15. August 1951 und noch einmal am 5. Oktober 1951, AfZ: NL Werner Balsiger, Schachtel 6.

Ein Protokoll der Sitzung vom 11. Dezember, liegt nicht vor, jedoch ein kurzer Eintrag über die Äusserungen von Bundesrat von Steiger: Ein Senator der USA habe einen «Neger» beauftragt, in der Schweiz Kommunisten auszuspionieren und auch den US-Gesandten zu observieren. Der Bundesrat müsse prüfen, ob eine Strafuntersuchung notwendig sei, oder ob er sich mit der Ausweisung begnügen wolle. Das Politische Departement werde informiert. Es sei über diese Frage nachzudenken.[130] Der Vorsteher des EJPD hatte offenbar – entgegen dem schriftlich formulierten Antrag – nicht für die sofortige Ausweisung von Davis plädiert, sondern seine Kollegen gebeten, sich über die Sache Gedanken zu machen.

Vor der Sitzung schien alles auf die Ausweisung von Davis hinauszulaufen: Im umformulierten Bericht des Bundesanwalts vom 8 Dezember 1950 stand nicht mehr, dass Davis durch die politische Polizei befragt werden sollte. Auch weggelassen wurde eine klare Haltung darüber, ob eine Anklage juristisch eindeutig sei. Das zuständige Departement stellte einen formellen Antrag für die Ausweisung von Davis. Doch so weit kam es nicht, da der Departementsvorsteher seine Kollegen bat, die Angelegenheit nochmals zu überdenken.

Wie es dazu kam, ist nicht auszumachen. Klar dürfte sein, dass die involvierten Protagonisten – der Chef der Bundespolizei, der Bundesanwalt, sein Vertreter und der Vorsteher des EJPD – also Balsiger, Lüthi, Dubois und von Steiger – nicht identische Interessen und Erwartungen hatten.[131] Die Projektion dessen, was sich ergeben könnte, war zwischen den Protagonisten unterschiedlich und für diese nicht widerspruchsfrei. Es war für niemanden absehbar, was aus dem Fall im weiteren Verlauf werden sollte, welche neuen Probleme, manchmal beinahe Zwangssituationen, sich für die einzelnen Beteiligten und ihre «Mission» ergeben würden. So gesehen war die Parallelaktion der Versuch einer drastischen Vereinfachung.

Am eindeutigsten und entschiedensten scheint der Chef der Bundespolizei sein Ziel verfolgt zu haben: Er verlangte eine sofortige Ausweisung zwecks «Vermeidung von Komplikationen» – was auch immer damit gemeint gewesen sein mag. Es fällt auf, dass er offenbar bereit war, zum Nutzen der politischen Polizei, deren unmittelbarer Vorsteher er war, Davis weiter als Quelle abzuschöpfen. Es entsteht

130 «Un sénateur USA a chargé un nègre de faire espionnage en Suisse contre communistes et aussi d'observer le ministre USA. Le C[onseil] F[édéral] devra voir s'il faut une procédure pénale ou se contenter d'expulsion. Le dépt politique sera informé. Réfléchir à la question.» Zugleich machte er auf die innenpolitischen Implikationen aufmerksam: «C[onseil] N[ational] Vincent est au courant.» Verhandlungsprotokolle der Bundesratssitzungen vom 11. Dezember 1950, CH-BAR#E1003#1000/8#5*. In den Notizen des Vizekanzlers ist zusätzlich die Frage festgehalten, ob der allfällige Prozess einem Genfer Gericht oder dem Bundesgericht zugewiesen werden solle, vgl. CH-BAR#E1002#1970/215#10*.

131 Zur vertieften Analyse oder als Gedankenspiel könnte man eine Matrix erstellen: je eine Kolonne für Balsiger, Lüthi, Dubois, von Steiger und für Inspektor Ritschard, dazu je eine Zeile für Funktion der Bundesanwaltschaft als Anklagebehörde, als gerichtliche Polizei, als politische Polizei und als ziviler Auslandnachrichtendienst, und dann die Felder ausfüllen mit einer Ziffer, welche die Bedeutung der einzelnen Funktionen für die verschiedenen Personen ausdrücken würde. Zusätzlich könnte man die Matrix auf einer Zeitachse verschieben. Das ergäbe, je nach der Konstellation, welche einzelne Phasen des Falles Davis kennzeichnen – 1950 Ende November, Mitte Dezember, 1951 Anfang Januar, Ende Februar, Ende Juli, Mitte September oder beim Prozess Mitte Oktober – ein munteres Zahlenspiel.

der Eindruck, dass das Interesse und das Begehren des befreundeten Dienstes für den Chef der Bundespolizei alles andere dominiert hat.[132] Im Übrigen ist aktenkundig, dass der sogenannte «Informationsdienst», der nachrichtendienstliche Austausch mit Vertretern befreundeter Staaten – eine Domäne des Chefs der Bundespolizei –, in diesen Jahren ein gewisses Eigenleben führte, welches selbst innerhalb der Bundesanwaltschaft als problematisch betrachtet wurde.[133]

Vielleicht können Äusserungen, die Balsiger als Zeuge im Fall Ulrich/Dubois machte zur Interpretation seiner Haltung beitragen.[134] Zum Problemkreis «Kontakte mit Vertretern des Auslandes» erklärte er, Vertreter ausländischer Dienste, das heisst der westeuropäischen Staaten und der USA, bildeten eine wichtige Informationsquelle der Bundesanwaltschaft. Die Kontakte «dienten in allererster Linie dem Kampf gegen den internationalen Kommunismus». Es war Balsiger zwar klar, dass nach StGB Art. 272 ff. «jeder Einwohner der Schweiz vor politischem Nachrichtendienst geschützt wird». Dennoch wurden mit dem Ausland auch Informationen über Einwohnerinnen und Einwohner der Schweiz ausgetauscht. Balsiger sagte, dies sei «jedoch unter einem höheren Gesichtspunkt durchaus gerechtfertigt» gewesen. «Wenn es also die Aufgabe der Bundespolizei ist, den Staat vor gefährlichen Infiltrationen zu schützen, darf er sich auch der notwendigen Mittel der Bekämpfung solcher Infiltrationen bedienen.» Solche Gedanken und Leitlinien mögen erklären, warum Balsiger so sehr die Interessen Kronthals übernahm, einschliesslich des Ziels, zu vermeiden, dass die Tätigkeit des FBI Thema einer polizeilichen Untersuchung wird.

---

132 Dies würde sich einfügen in eine strategische Richtlinie des FBI: «protect the intelligence secrets oft the FBI from exposure by the court», Weiner, Tim, Enemies. A History of the FBI, New York 2012, S. 164. Zum Thema «Dienste» und Gerichte respektive Vermeidung von Gerichtsfällen siehe auch den Church-Report II, S. 6, in I C, Summary of the Main Problems: «Most domestic intelligence issues have not reached the courts, and in those cases when they have, the judiciary has been reluctant to grapple with them.»

133 Ulrich Vogel, ab 1945 Leiter des Sekretariats der Bundesanwaltschaft, stellte anlässlich der Untersuchungen zum Fall Ulrich/Dubois im Jahre 1957 fest, dass seit 1953 oder schon seit 1952 «René Dubois, damals Chef des Rechtdienstes der Bundesanwaltschaft und damit Dr. Balsiger gleichgestellt, gegen den Informationsaustausch des Chefs der Bundespolizei mit ausländischen Stellen opponierte. Ohne das Wort ‹Landesverrat› zu gebrauchen, sprach René Dubois dem Sinne nach davon, dass ein solcher Austausch von Informationen nicht nur unzulässig, sondern vielleicht sogar strafbar sei». Vogel selbst beanstandete, «dass Vertreter ausländischer Stellen in Büros der Registratur [der Bundesanwaltschaft] vorsprachen». Er protestierte gegenüber dem Chef der Bundespolizei: «Ich machte Dr. Balsiger darauf aufmerksam, dass ich Besuche durch Personen ausländischer Stellen in unserer Registratur als unhaltbar ansehe und nicht dulden könne. [...] Es sei mir schon früher aufgefallen, dass Vertreter des Auslandes bei ihm [Balsiger] und vor allem im Pikettzimmer [...] ein- und ausgingen. Angesichts unserer Neutralitätspolitik sei es jedenfalls zu gefährlich, einen derartigen, für jedermann feststellbaren Verkehr mit den Amerikanern, Engländern, Franzosen etc. zu pflegen». Protokoll der Aussagen von Ulrich Vogel vor Hans Walder, dem ausserordentlichen eidgenössischen Untersuchungsrichter in der Sache Ulrich/Dubois – einschliesslich Selbstmord von René Dubois Ende März 1957, Bundesanwalt seit Mitte 1955, CH-BAR#E4320B#1992/132#57*.

134 Aussagen 15. April 1957 gegenüber Hans Walder, ausserordentlicher eidgenössischer Untersuchungsrichter in der Sache Ulrich/Dubois, CH-BAR#E4320B#1992/132#57*. Vgl. auch: «Es war daher zweckmässig und notwendig, internationale informatorische Verbindungen in den Dienst der Bekämpfung des internationalen Kommunismus auf Schweizer Gebiet zu stellen», CH-BAR#E4320B#1992/132#28*. Balsiger war Chef der Bundespolizei bis zu seiner Pensionierung am 30. Juni 1955. Zur Problematik der Vermengung der Funktionen der Bundesanwaltschaft als Anklagebehörde, politische Polizei, einschliesslich Auslandnachrichtendienst, und als gerichtliche Polizei siehe dritte Nebenbemerkung.

Es sei also die folgende Hypothese aufgestellt: Balsiger war der gegenseitige Informationsaustausch zwischen den Staaten und mit Kronthal wichtiger als die Einvernahme von Einzelpersonen respektive Informanten wie Davis. Anfang Dezember 1950 war der Chef der Bundespolizei mit dem Forcieren der Ausreise von Davis bereit, in Kauf zu nehmen, dass weitere Untersuchungen über den politischen Nachrichtendienst zugunsten Amtsstellen der USA verhindert werden.[135]

Der Bundesanwalt und sein Stellvertreter scheinen sich in den Tagen, da der Fall Davis zum ersten Mal von der Exekutive behandelt wurde, der Haltung des Chefs der Bundespolizei eher gefügt, als sie sich zu eigen gemacht zu haben. Der Departementsvorsteher hingegen übernahm sie nicht. Wie es dazu kam, welche Motive ihn leiteten und wer ihn beeinflusste, ist aus den Dossiers nicht ersichtlich. Ob, oder in welchem Masse ihn die grundsätzlichen Argumente, die er am 28. Dezember 1950 vortrug, da der Fall zum zweiten Mal im Bundesrat traktandiert war, schon am 11. Dezember beseelten, bleibt offen.[136] Warum die «Lösung» des Falles, auf welche Balsiger und Kronthal hingearbeitet hatten, scheiterte, bleibt ebenfalls ungewiss.

Aber noch immer schien, wenn auch nicht die sofortige, eine rasche Ausweisung möglich. Die notwendigen Papiere für Davis lagen im Genfer Konsulat griffbereit. Der Weg vom Gefängnis Saint-Antoine über das Konsulat zum Flughafen in Genf wäre rasch zurückzulegen gewesen und die Angelegenheit wurde weiterhin mit Eile behandelt. Zwei Tage nach der Sitzung des Bundesrates stellte der Vorsteher des EJPD seinem Kollegen Max Petitpierre, Vorsteher des Eidgenössischen Politischen Departements, ein dringliches Schreiben zu, begleitet von den Berichten des Bundesanwalts, einschliesslich der kleinen Ergänzung zugunsten des US-Konsulats und des Berichts und des Antrags auf die sofortige Ausweisung von Davis.[137] Zugleich bat er darum, das Aussendepartement möge durch die Schweizer Gesandtschaft in Washington Auskünfte über Senator McCarthy und zur Frage einholen lassen, ob dieser im Auftrag einer Partei den Nachrichtendienst betreibe mit dem Ziel, den gegenwärtigen amerikanischen Präsidenten oder zumindest das Staatsdepartement in die Enge zu treiben, oder ob es sich um ein rein persönliches Manöver handle.[138] Das EPD beeilte sich: Abermals zwei Tage nach dem Ersuchen des EJPD sandte es dem Departement die Antwort, einschliesslich einer zweiseitigen Notiz der Gesandtschaft vom 14. Dezember 1950. Zunächst hielt der Vorsteher des EPD fest, er habe nichts einzuwenden dagegen, dass Davis sofort ausgewiesen werde.

---

135 Auch wenn die Anklage den Eindruck zu erwecken versuchte, Davis hätte nur für Senator McCarthy politischen Nachrichtendienst betrieben – der Bundesanwaltschaft und dem Bundesrat war und blieb klar, dass er auch für US-Amtsstellen spioniert hatte. Vgl. dazu auch Kapitel V b.

136 Offen bleibt nicht zuletzt, auch für die späteren Entscheide des Bundesrates vom 28. Dezember 1950 und 5. Januar 1951, welches Gewicht dem Argument beigemessen wurde, unerlaubter Nachrichtendienst sei zu ahnden, «d'où qu'il vienne».

137 Daraus könnte man schliessen, dass der Antrag den Mitgliedern des Bundesrates im Hinblick auf die Sitzung vom 11. Dezember nicht zugestellt worden ist. Das würde jedoch nichts an der Tatsache ändern, dass am 11. Dezember – bei wem auch immer – der feste Wille bestand, Davis sofort auszuweisen.

138 Schreiben von E. von Steiger an M. Petitpierre vom 13. Dezember 1950, dodis.ch/52795.

Dies scheine ihm, beim gegenwärtigen Stand der Dinge, die angemessenste Massnahme.[139]

Der Inhalt der Notiz betreffend McCarthy wird etwas ausführlicher beschrieben, da ihm im weiteren Verlauf der Strafverfolgung eine nicht zu unterschätzende Bedeutung zukam. Vor allem die Anklage machte davon Gebrauch, besonders von zwei Passagen: In einer wird McCarthy als Instrument der Republikanischen Partei bezeichnet, in der anderen werden Angaben zu seiner Person und Karriere gemacht.[140] Der Bericht der Gesandtschaft beschreibt die innenpolitische Lage der USA angesichts von Spionagefällen zugunsten der Sowjetunion. Dadurch sei eine Atmosphäre von Verdächtigungen und Verunsicherung erzeugt worden. Diese äussere sich auch im Streit um den Fernen Osten, in welchem sich Demokraten und Republikaner diametral gegenüberstünden.[141] Darum führe Senator McCarthy äusserst «gewalttätige Attacken» gegen das Aussenministerium und dessen Vorsteher Dean Acheson. Und er behaupte, das Ministerium sei ein Nest voll von kommunistischen Agenten. Die Schmähungen McCarthys, der auch General Marshall – seinerzeit US-Botschafter in China – angreife, beruhten auf dürftiger Grundlage. Es sei schwierig auszumachen, ob McCarthys Kampagne belege, dass das Aussenministerium kommunistisch infiltriert sei. Man könne nicht einmal behaupten, dass McCarthy vollständig in gutem Glauben handle. Er diene vielleicht nur als Sprachrohr einer Öffentlichkeit, welche eine Vertrauenskrise durchlebe, versehen mit hysterischen Zügen. Es scheine wahrscheinlicher, dass die Republikanische Partei von der Situation profitieren wolle und dass McCarthy als «ideales Instrument» betrachtet werde, um diese Kampagne zu führen. Dann folgt im Bericht die kurze Beschreibung von McCarthys Herkunft – Katholik und irische Abstammung –, seiner militärischen Karriere bei der Marine-Infanterie und des politischen Werdegangs. Abschliessend steht in der Notiz, die Affäre habe die politischen Leidenschaften geweckt. Darum sei es schwierig zu wissen, was eigentlich vor sich gehe, und die wirklichen Motive der Protagonisten zu verstehen. Mit diesem Bericht stellte das EPD dem Vorsteher des EJPD einen Artikel aus der

---

139 Schreiben von M. Petitpierre an E. von Steiger vom 15. Dezember 1950, dodis.ch/52800. Diese Note Nr. 9 ist Bestandteil des «persönlichen», nicht des offiziellen Dossiers, welches die Bundesanwaltschaft dem Untersuchungsrichter zustellte. An das Exemplar der Antwort, die bei den Akten des EPD liegt, ist eine Notiz vom 14. Dezember zuhanden von Bundesrat Petitpierre angeheftet, verfasst von Philippe Zutter, dem Chef der Direktion für Internationale Organisationen: «Je suis d'avis, ainsi que M. Micheli, que l'expulsion est indiqué.» Pierre-René Micheli war im EPD Stellvertreter des Chefs der Abteilung für Internationale Organisationen. In den Akten des EPD wurde das Dokument irrtümlich in einen falschen Faszikel als Teil der gleichen Obersignatur abgelegt: anstatt in den Faszikel Davis in den Faszikel «Meldung der Agentur ‹Telepress› über eine angebliche amerikanische Spionageschule in Genf».

140 Im Dossier Davis der Bundesanwaltschaft liegt das Exemplar des Berichts der Schweizer Gesandtschaft in Washington, welches Dubois benutzt hat. Stellen, die er darin mit Bleistift kennzeichnete, finden sich fast wörtlich in seiner Anklagerede im Prozess gegen Davis im Oktober 1951. Und weitere Bleistiftnotizen stellen Verbindungen her zwischen Aussagen des Berichts und Zeitungsartikeln, Aussagen, welche Dubois später verwendete, um seine Schilderung von McCarthys Persönlichkeit und Treiben zu illustrieren. Im Übrigen zählt auch dieses Dokument, rot markiert mit der Ziffer 9, zu den Stücken, welche dem Untersuchungsrichter am 10. Januar 1951 nicht als Bestandteil des offiziellen Dossiers zugestellt wurden, sondern als vertrauliche Dokumentation.

141 Es ging um den sogenannten «Verlust Chinas», da sich die kommunistische Seite im Laufe des Jahres 1950 endgültig gegen die nationalistische Sicht durchsetzte.

Zeitschrift *Newsweek* vom 3. April 1950 über die Anschuldigungen zu, welche McCarthy in einem Untersuchungsausschuss zum Staatsdepartement vorbrachte.[142]

Man kann ohne Übertreibung sagen, die zuständigen Organe arbeiteten in diesen Tagen auf Hochtouren daran, den Fall voranzubringen und zu Ende zu führen. Am Freitag, dem 15. Dezember 1950, lag auch die sehr umfangreiche Liste der Fragen vor – 63 Fragen auf achteinhalb Seiten –, mit denen Davis im kommenden grossen Verhör konfrontiert werden sollte. Sie beruhen augenscheinlich auf tagelangem Aktenstudium und wurden, dem Kürzel auf dem Dokumentkopf nach zu schliessen, von Stellvertreter Dubois verfasst, und nicht etwa von Balsiger, dem Chef der Bundespolizei. Dubois dürfte beim Formulieren der Fragen unbefangener gewesen sein, da er nicht das Ziel verfolgte, das FBI als möglichen Akteur auszuschliessen.[143]

Selbst am Sonntag ruhte die Arbeit nicht. Mit Schreiben vom 17. Dezember 1950 sandte der Bundesanwalt den umfangreichen Fragekatalog zusammen mit dem Dossier zum Fall Davis an Charles Knecht, den Chef der Sicherheitspolizei des Kantons Genf.[144] Er bat ihn, Davis auf der Basis dieses Katalogs zu verhören. Ritschard, der lokale Inspektor der Bundespolizei, werde an der Befragung teilnehmen. Der Bundesrat habe sich ein erstes Mal über den Fall orientieren lassen und dann die Bundesanwaltschaft gebeten, die Untersuchung fortzusetzen, das heisst: «die Rolle, die Davis gespielt hat, zu *vertiefen* und festzustellen, was er weiss über das Treiben der Linksextremisten».[145] Die Liste der Fragen beruhe im Wesentlichen auf den Dokumenten, die bereits Bestandteil des Dossiers seien.[146]

142 Auch dieser Artikel machte sozusagen «Karriere» im Dossier Davis, bis hin zu den Verhandlungen vor dem Bundesstrafgericht, da es im weiteren Verlauf der Sache Davis dazu kam, den Aspekt McCarthy als alles dominierend hinstellen zu wollen.

143 Das betrifft besonders die Fragen über Davis' Kontakte zur US-Botschaft in Paris, Kontakte, welche in den Berichten vom 8. bis 11. Dezember beinahe zum Verschwinden gebracht wurden unter der hypertrophen Wiedergabe der Kontakte zwischen Davis und McCarthy. In gewisser Hinsicht fiel, etwas salopp gesagt, diese Unbefangenheit Dubois später auf die Füsse. Er hatte mit seinen auf der Hand liegenden Fragen bewirkt, dass die Implikation des FBI in den Fall Davis unübersehbar wurde. Vgl. dazu seinen Bericht vom 22. Dezember 1950 (dodis.ch/52801), auf dem der Bericht zum Bundesratsbeschluss vom 5. Januar 1951 (dodis.ch/7880) gründete. Und später, als Verfasser der Anklageschrift und als Ankläger vor dem Bundesstrafgericht, wandte er allerhand Mühe auf, um diese Implikation wieder zu eliminieren.

144 Das Schreiben ist dem Kürzel Aktenzeichen nach zu schliessen ebenfalls von Dubois verfasst worden. Es gehört zu den Dokumenten, die später nicht im offiziellen Dossier dem Untersuchungsrichter übergeben wurden, sondern in dem vertraulichen Zusatzdossier, versehen mit der roten Ziffer 10.

145 «c.à.d. à approfondir le rôle de Davis et à établir *ce que celui-ci sait des menées des extrémistes de gauche*» (Unterstreichung im Original, Hervorhebung J. Z.).

146 Es ist nicht ganz klar, welchen Gebrauch die Strafverfolgungsorgane machten vom Telex, mit welchem Inspektor Ritschard am späten Abend des 6. Dezembers von Genf nach Bern berichtete. Unter den Stücken, welche die Bundesanwaltschaft dem Untersuchungsrichter als offizielles Dossier zustellte, figuriert als Nr. VIII ein «téléscripteur de l'inspecteur Ritschard», ohne Angabe eines Datums. Im Dossier, das ihm «persönlich» übermittelt wurde, ist Nr. 2 «un rapport de l'inspecteur Ritschard», ebenfalls ohne Angabe des Datums. Ich nehme an, dass Telex Nr. 722 Bestandteil des «persönlichen» Dossiers war, also eines jener Dokumente, welche der Untersuchungsrichter schon wenige Tage nachdem er sie erhalten hatte, wieder an die Bundesanwaltschaft zurücksandte, die also nicht eingingen in sein Dossier und demnach auch dem Gericht nicht bekannt wurden. Meine Annahme stützt sich darauf, dass das Telex-Exemplar, das sich im Dossier der Bundesanwaltschaft mit einer roten Zwei markiert ist, das heisst mit einer der Begleitliste zum «persönlichen» Dossier entsprechenden Markierung, wie sie sich auf andern Stücken des «persönlichen» Dossiers findet. Zudem vermag ich im Inventar zum Dossier des Untersuchungsrichters den Telex nicht zu erkennen.

Dazu zählten vor allem die diversen Erklärungen von Davis – mit Ausnahme der besonderen, die nie Bestandteil des Dossiers der Bundesanwaltschaft wurde – und weitere Polizeiberichte mit Aussagen von Frédéric Eggenschwyler und Elisabeth Pfister sowie die Materialien, welche das US-Konsulat der Genfer Polizei übergeben hatte. Der Bundesanwalt bat Knecht, das Verhör rasch durchführen zu lassen, sodass er dem Bundesrat so bald als möglich Bericht erstatten könne.

2. Hat man den Katalog mit den 63 Fragen und dem Hinweis auf etwa hundert Stellen im Polizeidossier vor Augen, so irritiert der folgende Umstand: Noch zu Beginn der Woche unterbreitete die federführende Stelle einen Antrag, all diese Fragen nicht zu stellen. Wie gross müssen die Kräfte und wie intensiv die Interessen gewesen sein, welche all dies verdeckt halten wollten. Gerade in einer Phase, in welcher man die innere Sicherheit durch kommunistische «Kräfte» bedroht sah, erstaunt die Haltung, nicht aufdecken zu wollen, was US-Stellen hätte kompromittieren können, und dass die Gelegenheit ausgelassen wurde, wichtige Erkenntnisse für die politische Polizei zu gewinnen. Dieses Verhalten mag der eine oder andere Beteiligte im Nachhinein als wenig ruhmreich empfunden haben. So jedenfalls könnte die Aktenpflege interpretiert werden: das Fernhalten der einschlägigen Stücke vom offiziellen Dossier der Strafverfolgung.

Der Fragekatalog orientiert sich – im Grossen und Ganzen – an der Abfolge der Dokumente des Dossiers, beginnend mit dem Dokument I.[147] Die Themenkreise sind: Davis' Lebenslauf und Lebensunterhalt; seine Verbindungen zur und seine Tätigkeit für die US-Botschaft in Paris; seine Verbindungen zum Konsulat in Genf; die Informationen und Dokumente, die er der Botschaft und dem Konsulat zukommen liess; die Beziehung zu Senator McCarthy; seine Aktivitäten gegen den US-Gesandten in Bern und gegen Angehörige des Konsulats in Genf. Viel Raum nehmen die Fragen zu den Personen ein, mit denen Davis Kontakt pflegte, besonders zu jenen, die er als «Linke» denunziert hatte oder deren Zugehörigkeit zu «linken Kreisen» sich aus dem Zusammenhang ohne Weiteres zu ergeben schien.[148] Das Interesse der befragenden Polizei an Frédéric Eggenschwyler und Elisabeth Pfister geht weit über die Umstände der Adressfälschungen hinaus. Es ist wohl so: Die Tatsache, dass Davis auf Eggenschwyler und Pfister angesetzt worden war, führte die Verfasser des Fragenkatalogs zum Schluss, die beiden seien lohnende Ziele für die Bundesanwaltschaft respektive die Bundespolizei. Im Grossen und Ganzen zielen die Fragen mehr auf die Aktivitäten von Davis und vor allem auf die Informationen ab, über welche er zu verfügen scheint, als auf die Empfänger des Materials. Das FBI kommt in keiner der Fragen vor.

Die drei letzten Fragen sind allgemeiner formuliert. Frage 61: Was Davis über den Nachrichtendienst von McCarthy wisse – ob es sich um dessen persönliche Angelegenheit handle oder ob er tätig für eine Organisation oder eine Partei sei.

147 Nummerierung des Dossiers, welches die Bundesanwaltschaft der Genfer Polizei mit den Fragen zustellte; Ziffern I–XII weitgehend identisch mit jenen des Dossiers, das die Bundesanwaltschaft nach der Eröffnung des Vorverfahrens dem Untersuchungsrichter übergab, vgl. Bordereau vom 10. Januar 1951.

148 Auf die eindeutig irreführenden Denunziationen z. B. von Harvey Adelson, Daniele Fuhrmann, Max Jub, Otto Schneebeli und Alexander Jordan wird weiter unten eingegangen.

Frage 62: Ob Davis zugebe, zunächst für eine kommunistische Organisation gearbeitet und dann politischen Nachrichtendienst für die US-Botschaft in Paris und das Konsulat in Genf sowie für Senator McCarthy betrieben zu haben. Frage 63: Ob er die Aussage aufrechterhalte, dass in Genf oder anderswo noch weitere Personen wie er selbst im Auftrag der Botschaft in Paris Adressfälschungen durchführten, um sich der Post von «Linksextremisten» zu bemächtigen. Ob es sich um eine weitverbreitete Praxis handle und *American Express* in Fällen der Adressfälschungen als Briefkasten diene.

Wenn ich im Folgenden die Antworten analysiere, so geschieht dies unter dem Eindruck, den ich durch das Studium der Dossiers gewonnen habe: Die Aussagen von Davis wurden durch die verschiedenen Akteure je nach Situation unterschiedlich ausgelegt – je nachdem, wie es die Akteure in ihrer Situation für zweckmässig erachteten. Gründe der Variabilität können die folgenden Zeitpunkte sein: Die mehr oder weniger spontanen Äusserungen von Davis ab dem 19. November; die Phase, als in der zweiten Dezemberwoche die sofortige Ausweisung von Davis vorbereitet wurde; der Beschluss des Bundesrats vom 5. Januar 1951, beruhend auf dem ausführlichen Verhör von Davis; der Stand der Dinge zur Zeit der ersten Pressemitteilung des Untersuchungsrichters Mitte Februar 1951; der Abschluss der Voruntersuchung Mitte Mai; die Präsentation der Anklageschrift Ende Juli; die Anklagerede von Stellvertreter Dubois im Prozess am 15. Oktober 1951; die Schlussfolgerungen des Gerichts. Als besonders eklatant erwies sich die Variabilität im Umgang mit dem Thema FBI.

Meines Erachtens handelt es sich bei den Befragungen von Davis vom 19. und 20. Dezember 1950 um die einzigen gründlichen Verhöre, denen er unterzogen wurde. Sie dauerten insgesamt fast 20 Stunden.[149] Die früheren Befragungen durch die Genfer Polizei machen einen etwas fahrigen Eindruck. Der Untersuchungsrichter verhörte Davis im Januar und Februar 1951 eher oberflächlich, die Bundesanwaltschaft nahm dies so hin.[150] Das Bundesstrafgericht bemühte sich im Prozess schliesslich kaum um präzisere Erkenntnisse. Und was Davis' Pflichtverteidiger im Lauf des Verfahrens und bei den Gerichtsverhandlungen alles unternahm, diente kaum der Klärung.

3. Die Befragung von Davis sollte dem Zweck dienen, Informationen über die politische Polizei und über Personen und Organisationen zu erfahren, die die innere und äussere Sicherheit der Schweiz gefährden könnten.

Interessant war, wie detailliert die Rolle des FBI zutage trat, einschliesslich der Funktion jener Person, die ich als «Führungsoffizier» von Davis zu betrachten

149 Für den Dienstag, den 19. Dezember ist im Protokoll kein Unterbruch zwischen 9.00 und 21.00 Uhr; für den Mittwoch, den 20. Dezember gelten folgende Befragungszeiten: 8.00–11.15 Uhr, 14.00–17.00 Uhr und 18.00–19.15 Uhr. Das Protokoll umfasst 30 Seiten, nämlich die Seiten 1–29, mit zwei Seiten 21. Das Verhör führten Inspektor Gerbex von der Genfer Polizei und der lokale Vertreter der Bundespolizei, Inspektor Ritschard. Davis hat jede einzelne Seite des Protokolls, das auf Französisch abgefasst wurde, mit einem Kürzel eigenhändig unterzeichnet. Ich nehme an, dass die Befragung im Wesentlichen auf Französisch erfolgte, gelegentlich mit sprachlichen Klärungen durch Inspektor Gerbex.

150 Unter anderem durch den Verzicht auf die Möglichkeit, zusätzliche Abklärungen zu verlangen. Rücksendung des Dossiers durch die Bundesanwaltschaft an den Untersuchungsrichter vom 19. März 1951: «le ministère public ne formule aucune demande en complément d'enquête».

geneigt bin: Jack West. Überrascht über die Rolle des FBI war auch der Bundesrat, wohl auch die Bundesanwaltschaft – zumindest Bundesanwalt Lüthi und sein Stellvertreter Dubois. Ihr Erstaunen fliesst in die Synthese des Verhörs ein, die sie zwei Tage danach in einem ausführlichen Bericht dem Vorsteher des EJPD unterbreiteten. Und die Verwunderung über die Aussagen, die nun Tatsachen bzw. gerichtspolizeiliche Erkenntnisse waren, zeigt sich in den Dokumenten deutlich. Aufgrund dieser «Tatsachen» beschloss der Bundesrat am 5. Januar 1951, gegen Davis ein Strafverfahren einzuleiten. Die Rolle des FBI scheint angesichts der Versuche, die Organisation aus den Akten rauszuhalten, und der neuen Erkenntnisse nicht stringent dokumentiert zu sein.

In den 63 Fragen, welche die Bundesanwaltschaft für das Verhör von Davis vorbereitet hatte, erschien das FBI nicht, trotz etlicher Äusserungen von Davis im Rahmen der ersten Befragungen. Davis kam im Verhör wiederholt und ausführlich darauf zu sprechen.[151]

Die offizielle, von der schweizerischen und der US-amerikanischen Presse bereitwillig weitergegebene Gesamtversion des Falles wirkt paradox angesichts der Tatsache, dass im späteren Verlauf des Verfahrens Senator McCarthy als massgeblicher Auftraggeber und Profiteur der Umtriebe Davis' dargestellt wurde: Bei drei Fragen nach seinen Diensten für McCarthy berichtete Davis über seine Kontakte mit und seine Arbeit für das FBI.[152] Gewiss sind nicht alle Details, welche Davis im Verhör über seine Verbindungen zum FBI nennt, ohne Weiteres als Tatsachen zu betrachten. Ob, wie er wiederholt darlegte, seine Aktivitäten für McCarthy dazu gedient hatten, sein Wirken für das FBI zu tarnen, sei dahingestellt. Evident bleibt, dass der Grund für Davis' Treiben das FBI war. Ausserdem nennt Davis Jack West im Lauf des Verhörs anhand konkreter Begebenheiten etwa zehnmal als seinen Auftraggeber oder als Empfänger des Materials, das er gesammelt hatte.[153]

151 Zum Komplex Davis/FBI, inklusive Jack West, siehe vor allem die erste Zwischenbetrachtung. Es geht einerseits um das, was sich anhand der Quellen (in schweizerischen Archiven) als Sachverhalt feststellen lässt, und andererseits, wie die Strafverfolgungsorgane mit dem Sachverhalt umgingen.

152 Frage 29: «Dans quelles circonstances exactes êtes-vous entré au service du sénateur Joseph McCarthy? Qui vous a enrôlé? A quelle époque et en quel lieu […]?» Antwort 29: «Je connaissais M. West de Washington où j'avais suivi avec lui des cours donnés par des membres du F.B.I. sur les façons de travailler dans un service de renseignements. West a été par la suite envoyé à Paris comme observateur politique pour le F.B.I. Moi-même, étant enrôlé dans ce service lorsque j'ai quitté la marine en 1948». Frage 34: «Qu'avez-vous écrit au sénateur Joseph McCarthy peu avant votre arrestation? Lui avez-vous proposé d'engager des 'investigateurs' supplémentaires? Lesquels […]? Pour quels motifs?» Antwort 34: «Ce n'est pas au sénateur McCarthy que j'ai écrit, mais au F.B.I.». Vgl. auch die Antwort auf Frage 62, ob Davis zugebe, zuerst für eine kommunistische Organisation gearbeitet und dann Nachrichtendienst betrieben zu haben für die US-Botschaft in Paris und das Konsulat in Genf einerseits und anderseits für McCarthy: «Je suis entré, comme je vous l'ai déjà dit, au service du F.B.I. lorsque j'ai quitté la marine américaine et depuis lors j'ai travaillé dans ce service tant pour *l'ambassade des USA à Paris, c'est-à-dire, je rectifie, pour le F.B.I.* mais les transmissions se faisaient par le service de l'ambassade aussi bien pour le F.B.I. que pour McCarthy, avec *la restriction à faire que les messages transmis à McCarthy étaient d'abord supervisés par le F.B.I.*» (Hervorhebung durch J. Z – aber auch durch den Stellvertreter des Bundesanwaltes: Im Original hat Dubois die Passage zur Supervison des Materials, das an McCarthy ging, am Rand mit Bleistift markiert, ebenso den Satz am Ende der Antwort auf Frage 61: «Nous ne lui [McCarthy] communiquions que les renseignements supervisés par le F.B.I.; et que ce dernier jugeait pouvoir faire parvenir à McCarthy.»)

153 Antworten 7, 8, 20, 29, 30, 36, 37, 63, 64.

Jack West war als *legal attaché* der US-Botschaft in Paris zugeordnet.[154] Im allerletzten Satz des Verhörs bemerkt Davis, dass das FBI, für das er auch Arbeiten verrichtet habe – und zwar im Büro von Jack West in der US-Botschaft in Paris –, ein Dienst sei, der nicht der Botschaft unterstellt sei, sondern die Anweisungen direkt aus Washington erhalte.[155]

Es mutet auf den ersten Blick seltsam an, dass sich das FBI, die Inland-Bundespolizei der USA, in der Schweiz betätigt. Betrachtet man die Ziele von Davis' Schnüffelei und Denunziation genauer, so weicht das Erstaunen: US-amerikanische Bürger, vor allem Studenten, mit «linker» Orientierung und mit Kontakten zu politisch als unzuverlässig geltenden Gruppierungen in der Schweiz. Und angesichts des Eifers – schuldig, solange nicht die Unschuld bewiesen ist –, mit welchem das FBI die die «subversiven Aktivitäten» des Kommunismus verdächtigter Personen und gesellschaftlicher Gruppierungen in jenen Jahren zu erfassen glaubte, schien auch deren Überwachung im Ausland geboten.[156]

Die Absicht des grossen Verhörs war es, festzustellen, wie Davis Nachrichtendienst betrieb und seine konkreten strafbaren Handlungen zu eruieren. Das Ziel wurde erreicht. Wie die Organe mit dem Ergebnis später umgingen, ist ein anderes

---

154 Vgl. Kapitel IV a, Abschnitt 3, Amstein an Dubois, 5. Oktober 1951.

155 Die Frage 64 lautete, ob er noch etwas anzufügen habe. Die referierte Feststellung ist der letzte Teil der Antworten darauf.

156 «[G]uilty until proven innocent»: vgl. Church-Report II u. a. S. 7. Abgesehen davon, dass viele Auslandstudenten sich nur vorübergehend im Ausland aufhielten, eruierte die politische Polizei auch die Kontakte jener, die sich im Ausland befanden, mit Bekannten und Gruppierungen in den USA. Vgl. unten zu den die Rückkehrern Tanner sowie Sylvia und Seymour Glagow. Zu Studierenden und Universitäten als Gegenstand des besonderen Interesses des FBI vgl. Church-Report II u. a. S. 9, 55 und 174 f. Auch wenn die hier genannten Stellen sich nicht alle eindeutig auf die Jahre um 1950 beziehen, können sie als Belege gelten, einerseits weil in Passagen, die sich mit späteren Jahren des Untersuchungszeitraums befassen davon die Rede ist, wie bestimmte, schon länger geübte Praktiken geändert oder zu intensiviert, respektive, dass einschlägige Verfahren während Jahrzehnten – «over the past decades» (S. 264) – oder seit dem Krieg angewendet wurden. Andererseits zählten Studierende und Universitäten nicht nur in den USA zu den Kreisen, die notorisch das Misstrauen der politischen Polizei erregten. Die Praktiken und die Mentalität der «Dienste», wie sie der Church-Report II beschreibt, zeigen das hinreichend. Vgl. dort u. a. die Kurzsynthese zu den Tätigkeiten der «Dienste», nicht zuletzt des FBI, in «Summary oft the main Problems», S. 6–9, und ausführlicher im Kapitel «II. The Growth of Domestic Intelligence, 1936 to 1976», das Unterkapitel «C. Domestic Intelligence in the Cold War Era: 1946–1963». Im Übrigen mögen Akademikerinnen und Akademiker von der politischen Polizei auch zu dieser Kategorie gezählt worden sein, die besonders zu beobachten sei: «other potentially influent persons on a local or national level» (ebd., S. 55). Der praktischen Vorbereitung der Machtübernahme durch die Kommunisten diente, wie der Chef der Bundespolizei im Frühjahr 1948 darlegte, vor allem die Infiltration. Und zu den Bereichen, dafür anfällig waren zählten «kulturelle Organisationen, wissenschaftl[iche], technische, *studentische*, gesellige Verbände», Notizen zum Referat von Werner Balsiger «über die Lehren aus den Ereignissen in der Tschechoslowakei», 18. März 1948; CH-BAR#E4001C#1000/783#174*; Hervorhebung J. Z. Das Gleiche findet sich im selben Zusammenhang schon in einem Schreiben des Bundesanwalts an die Herren Polizeikommandanten und Leiter der politischen Abteilungen, 3. März 1948 (CH-BAR#E4320#1992/61#52*, Hervorhebung J. Z.): Die Adressaten werden gehalten, besonders den Organisationen «Ihre volle Aufmerksamkeit zu schenken», «die nominell der PdA nicht angehören aber bekanntermassen Objekte ihrer Infiltration sind, wie die Freie Jugend, die Naturfreunde, *studentische Kreise*, gewisse Kulturvereinigungen, caritative Unternehmungen und gewisse Teile der Gewerkschaften». Ferner ist an das zu erinnern, was der Bundesanwalt 1951 schrieb: «Will man den politischen Nachrichtendienst richtig erfassen, so verhilft hierzu die Fragestellung: Interessiert die Nachricht über einen Bespitzelten politisch vom Standpunkt des Nachrichtenempfängers?» Vgl. dazu Lüthi 1951, S. 149.

Thema. Davis' Wissen für die Zwecke der politischen Polizei abzuschöpfen und festzustellen, was er über das Treiben der «Linksextremisten» weiss, war die zweite Aufgabe. Die Bundesanwaltschaft und die ihr hierzu beigeordnete Genfer Polizei agierten in zwei Funktionen: als gerichtliche respektive strafverfolgende Polizei und als politische Polizei, die Staatsschutz betrieb. Die beiden Funktionen – erst später kam die dritte Rolle zum Tragen: die Bundesanwaltschaft als Anklagebehörde – beeinträchtigten sich im Verhör wenig, weil es offen geführt wurde. Es war der Polizei wichtig, den Verdacht des strafbaren Handelns zu erhärten, ohne Rücksichten und ohne vermeiden zu wollen, dass die Aussenbeziehungen der Bundespolizei – gepflegt zum Schutz der inneren und äusseren Sicherheit – zur Sprache kommen.

Problematisch bleibt das Ausnützen eines gerichtspolizeilichen Verfahrens zu Zwecken des Staatsschutzes: Einerseits bestand die Gefahr, abgelenkt zu werden von der Hauptsache, nämlich von der Strafverfolgung. Anderseits ist jemand, der in Haft als Verdächtigter aussagt keine über alle Zweifel erhabene Quelle. Manche Aussagen lassen sich plausibilisieren, etwa anhand des Grades ihrer Kohärenz und Konkretheit. Wie aber steht es mit einer Behauptung der folgenden Art: Person A «ist eine Staatsangehörige Argentiniens, wo sie Mitglied der Jeunesses communistes war.»[157] Nach der Methode, die dem Zeitgeist entsprach, neigte die politische Polizei dazu, solche Angaben ungeprüft in ihre Akten und Karteien zu übernehmen.[158]

Das Festhalten und Verwenden von Davis' Einlassungen durch die Bundesanwaltschaft als Organ der politischen Polizei ist ferner problematisch, weil er das, was er deponierte, als Informant zusammengetragen hatte, der auf «Kommunisten» und «Linksextremisten» angesetzt war.[159] Dadurch waren seine Wahrnehmungen latent «verzerrt» – ganz abgesehen davon, dass Spitzel stets unter dem Druck stehen, möglichst viele Informationen zu liefern. Beauftragte Informanten des FBI waren dazu angehalten, über jede nur mögliche Facette der Tätigkeit einer angepeilten Gruppe oder Person zu berichten.[160] Und schliesslich: Ich nehme nicht an, dass zwischen der Bundesanwaltschaft und Davis irgendein Handel abgeschlossen wurde.[161] Aber Interferenzen, die sich aus dieser Konstellation ergeben, sind nicht auszuschliessen: Der Bundesanwaltschaft gegenüber ist Davis ein

157 Antwort auf Frage 53. Zur Problematik der unterschiedlichen, sich faktisch teilweise widersprechenden Funktionen der Bundesanwaltschaft siehe dritte Nebenbemerkung.

158 Exemplarisch innerhalb des Falles Davis: Carlyle Tanner, der in den Quellen auch als Tenner bezeichnet wird. Der Gebrauch, welcher von den Angaben zu Tanner gemacht wurde, ist zugleich der dokumentarische Beweis für etwas, was aufgrund von Allgemeinwissen angenommen werden kann: Dass die Aussenbeziehungen der Bundespolizei auch den Austausch von Informationen bedeutete über Personen, welche den befreundeten Dienst interessierten – wie dubios auch die Quelle gewesen sein mag, von der sie herrührten.

159 Für mich besteht kein Zweifel daran, dass Davis ein Informant des FBI war. Vgl. dazu insbesondere die erste Zwischenbetrachtung.

160 «[T]he FBI has used informants zu report on virtually every aspect of a targeted group or individual's activity», bzw. «Informants were instructed to report ‹everything› they knew about a group to the FBI.» Church-Report II, S. 186 und 194. Im gleichen Bericht steht das lakonische Resumee: «In short, the intelligence informant technique is not a precise instrument» (S. 194).

161 Für offen halte ich – besonders nach Betrachtung der Umstände der Besuche von Vertretern des Konsulats und angesichts der Kontakte des Untersuchungsrichters mit dem US-Konsul, respektive der Aktivitäten des Pflichtverteidigers – die Frage, inwiefern Vertreter von US-Stellen Davis' Äusserungen beeinflusst haben und inwiefern sie dabei mit seiner Nützlichkeit für die Staatschutzorgane der Schweiz operierten.

Beschuldigter. In ihrer Funktion als Staatschutzorgan aber ist er von Nutzen, weil er etwas zu bieten hat.

Im Übrigen kann man es als fragwürdig betrachten, wenn eine Person, die strafrechtlich verfolgt wird, weil sie Spitzeldienste leistete, von der politischen Polizei als Informant benützt wird in der Weise, dass die Polizei gerade über jene Personen – nicht zu deren Nutzen! – möglichst viele Informationen sammelt, die Ziel der widerrechtlichen Tätigkeit des Spitzels waren.[162]

Wesentliche Teile des Verhörs waren dem Abschöpfen von Informationen im Sinn der politischen Polizei gewidmet. Mindestens ein Viertel aller Fragen dienten ausschliesslich oder vorwiegend diesem Ziel.[163] Dort stand die Verfolgung der Strafsache nicht im Vordergrund, sondern Davis als Quelle für Auskünfte über Dritte, über Personen also, mit denen er selbst nicht oder nur oberflächlich in Verbindung stand: Personen, mit welchen seine Bekannten Kontakt pflegten oder gepflegt haben sollen. Solche unsoliden Angaben, oft auf Hörensagen beruhend, fanden ohne Weiteres Eingang in die Unterlagen der politischen Polizei. Das war eine der Facetten der «Staubsauger-Methode» solcher Dienste.[164]

An dieser Stelle führe ich zur Veranschaulichung einige Beispiele solcher Fragen auf, etwa Frage 39: Welche Beziehungen bestanden zwischen Frau Pfister und Otto Schneebeli? Antwort: Die Beziehungen zwischen Frau Pfister und Schneebeli seien politischer Art. Vor allem Eggenschwyler arbeite mit Schneebeli, aber es sei Frau Pfister, welche die Verbindung herstelle und die als Botin zwischen ihrem Ex-Mann und Schneebeli sowie Deutschland und Österreich fungiere. Dubois hat in seinem Exemplar des Protokolls diese Passage markiert – und in der Fiche von Elisabeth Pfister findet sich dann der folgende Eintrag: «Die E. leistet Kurierdienste zwischen ihrem abgesch. Ehegatten und Schneebeli Otto, sowie zwischen Dld. und Oesterreich.»[165]

162 1. Dass dies gängige Praxis einschlägiger Organe war, macht die Sache nicht unproblematischer, sondern illustriert die Blindheit der Prämissen des Staatsschutzes in jenen Jahren des «antikommunistischen Konsenses». (Den Begriff «Anti-communist-Consensus» entnehme ich dem Chruch-Report II, S. 40.). 2. Die Vermengung der unterschiedlichen Funktionen der Bundespolizei war schon in der zweiten Hälfte der 1950, in der Folge des Selbstmordes des Bundesanwalts 1957, nicht mehr unumstritten. Zum Thema «Entflechtung» der Funktionen der Bundesanwaltschaft siehe vor allem die dritte Nebenbemerkung. 3. Rückkoppelungseffekte waren nicht ausgeschlossen: Der Verdächtigte wird als interessant oder als nützlich wahrgenommen, und zwar je mehr er «liefert». Und je stärker andere Interferenzen, z. B. aussenpolitische Rücksichten oder andere Polizeiabsichten, etwa das Interesse am Austausch von Informationen mit befreundeten Diensten, auf das Verfahren einwirken, umso mehr können Äusserungen, die zunächst dem Ziel dienten, einen strafrechtlichen Sachverhalt zu klären, deformiert werden: aufgeblasen oder kleingeredet, wenn nicht ignoriert.

163 Vor allem der Teil zwischen den Fragen 39 und 56. Im Dossier Davis liegen in den «Notes personelles» Bruchstücke der Notizen, welche Dubois anfertigte zum Vorbereiten der Verhör-Fragen, so zu den Fragen 38 bis 43 und 44 bis 49. Sie stehen unter dem Titel «Contacts avec les communistes suisses».

164 Das Church-Committe benennt den «‹vacuum cleaner› approach» verschiedentlich, u. a. auf S. 165 des Church-Report II. Er entspricht den «excessively broad, ill-defined and open ended investigations shown to have been conducted over the past four decades» (ebd., S. 294).

165 Frage und Antwort 39: «Quels rapports dame Pfister entretient-elle avec Schneebeli?». «mais c'est dme Pfister qui fait la liaison et qui fonctionne comme courrier entre son ex-mari et Schneebeli, l'Allemagne et l'Autriche». Eintrag auf der Fiche vom 26. Dezember 1950, auf der zweiten von insgesamt drei grünen Karteikarten. Die Fiche ist angelegt und geführt unter dem Namen Eggenschwyler, geb. Pfister, Elisabeth (CH-BAR#E4320-01C#1996/203#137*).

Frage 41: Wer ist Max Jub und welcher Art sind seine Beziehungen zu Frau Pfister? Antwort: Max Jub sei ein Kinobesitzer in Wien. Er sei Schweizer und er habe während 15 Jahren mit Eggenschwyler in der Kommunistischen Partei gearbeitet. Er wisse nicht, ob Jub in der Partei eine Funktion habe, aber er wisse, dass Jub Beziehungen zu kommunistischen Amerikanern pflege, die in der Filmindustrie tätig seien.[166] Frage 43 greift die Annahme von Davis auf, dass Beamte des amerikanischen Konsulats in Genf Informationen an Grassi lieferten. Deshalb wird gefragt, von welcher Art diese Informationen seien und worauf die Annahmen gründeten. Antwort: Es handle sich um Crosley – Fräulein oder Frau –, eine Angestellte im amerikanischen Konsulat in Genf. Er habe Grund, sie zu verdächtigen, denn sie sei mit Grassi auf gutem Fuss gestanden.[167]

Frage 45 thematisiert, was Davis über eine gewisse Illia weiss. Antwort: Ilia sei eine 22-jährige Frau, welche früher in einem Büro der amerikanischen Verwaltung in Hamburg gearbeitet habe. Ein Angehöriger des Dienstes habe ihn auf sie aufmerksam gemacht, weil sie verdächtigt würde, militärische Informationen ins Ausland zu übermitteln.[168] Die Frage 28 bezieht sich auf die Aktivitäten von Carlyle Tenner. Antwort: Carlyle Tenner sei ein amerikanischer Kommunist, der in Paris wohne und der sich jetzt in den USA befinden müsse. Er sei Student in Paris und Mitglied der amerikanischen Kommunistischen Partei gewesen, aber ohne erkennbare Aktivitäten.[169] In Frage 22 verlangen die Befrager alle zweckdienli-

---

166 Frage 41: «Qui est Max Jub? […] De quelle nature sont ses relations avec Dme Pfister?» Im Protokoll-Exemplar von Dubois steht bei Jub keine Fichierungsmarke. Ob zu ihm eine Fiche vorhanden ist, habe ich nicht überprüft. Auffallend ist Folgendes: Davis sprach über Max Jub, wohnhaft in Zürich, in einer der ersten Befragungen im November. Die Bundesanwaltschaft wandte sich darauf an die einschlägige Stelle des Kantons Zürich: Davis habe erklärt, «es sei sehr auffallend, dass derselbe viel ins Ausland fahre, darunter nach Wien». Schon am 22. November 1950 ging bei Dubois die Antwort ein: «Ein Max Jub ist in Zürich nicht gemeldet und auch bei unserm Dienst bis dato nicht in Erscheinung getreten.» Und trotzdem ist Jub im grossen Verhör im Dezember nochmals Gegenstand von Nachforschungen. Was auch immer der Grund dafür gewesen sein mag: Die Verfolgung der Strafsache Davis erforderte dies nicht.

167 Frage 43: «Vous supposez que des fonctionnaires du consulat américain à Genève livraient des renseignements à Grassi; de quelle nature sont ces renseignements ? Sur quoi fondez-vous cette supposition […]?. Luigi Grassi ist nicht nur fichiert, sondern die Bundesanwaltschaft führte auch ein Dossier über ihn, dessen Inhalt jedoch unerheblich ist für den Fall Davis (Fiche: CH-BAR#E4320-01C#1996/203#193*; Dossier: CH-BAR#E4320B#1978/121#780*). Grassi war offensichtlich einer der italienischen Bekannten und Gesinnungsgenossen von Eggenschwyler. Der Name Crosley ist ebenfalls mit der Fichierungsmarke versehen. Die Fiche habe ich nicht eingesehen. Auf der Liste des Personals des Genfer US-Konsulats, die im einschlägigen Dossier Davis liegt und im Februar 1951 angefertigt wurde, findet sich keine Person dieses Namens.

168 Frage 45: «Que savez-vous de Ilia […]?» Die einschlägige Markierung im Exemplar Dubois zeigt: Auch diese Angabe wurde fichiert, unter dem Familiennamen von Ilia, den ich hier weglasse. Ich habe die Fiche nicht konsultiert. Davis betont immerhin, er habe nicht gesehen, dass Ilia an Eggenschwyler Dokumente übergeben hätte. Daher müsse er sich auf Vermutungen beschränken.

169 Frage 28: «Quelle est et quel fut l'activité des nommés Carlyle Tenner et […]? Quelle est leur mission? Où sont ils maintenant […]?» Die Frage nach Tenner (recte Tanner) geht von Bemerkungen aus, die Davis gegenüber dem Konsul in Genf gemacht hatte. Sie sind in einem der Dokumente enthalten, von denen das Konsulat der Bundesanwaltschaft nach Davis' Verhaftung Kopien zugestellt hatte: Aktennotiz zum 16. Januar 1950 von Konsul Tyler zuhanden seiner Vorgesetzten, betreffend «Kommunistische Verbindungen des Charles Davis» (Betreff zitiert nach der Übersetzung, die bei den Akten liegt). Davis äusserte, Tanner sei eine der Personen gewesen, in deren Gesellschaft er im Herbst 1949 auf dem Schiff nach Europa gereist sei. In Le Havre sei er mit Tanner an Land gegangen. Tanner habe vor, mit ihm in die USA zurückzukehren. Auch Tanner wurde fichiert.

chen Angaben über Henri Djament in Chicago und Eduard D. Moore in New York City. Antwort: Er versichere, dass er Henri Djament und Eduard Moore nicht kenne, dass er ihre Namen zum ersten Mal bei Leuba in Genf gehört habe. Leuba habe Djament in Jugoslawien kennengelernt und er habe erklärt, dass Djament ein Kommunist gewesen sei, der Jugoslawien verlassen habe und in die USA gezogen sei, als Tito gegen die Kominform Stellung bezogen habe. Was den Namen Eduard Moore angehe: Er habe ihn auf seiner Reise nach Holland mitgeteilt bekommen, wo man ihn als amerikanischen Kommunisten bezeichnet habe.[170]

Die Empfangsbereitschaft der politischen Polizei für Denunziationen, die in eine gewisse Richtung zielten, ist offensichtlich. Anhand von Frédéric Eggenschwyler tritt sie unübersehbar zutage: Im Dossier Davis finden sich zwei Genfer Polizeirapporte betreffend Eggenschwyler, die im Mai und Oktober 1950 verfasst wurden – also bevor Davis und die Beziehung zwischen Eggenschwyler und den italienischen Kommunisten Teil der Ermittlungen waren. Darin heisst es, Eggenschwyler sei bis 1944 aktiver Kommunist gewesen. Seither habe sich die politische Polizei nicht mehr mit ihm befasst, da er weder an Versammlungen teilgenommen habe noch von ihm irgendeine Aktivität für die Partei der Arbeit bekannt sei. Er scheine nicht mehr Mitglied der Partei zu sein und auch nicht Mitglied der Gesellschaft Schweiz-Sowjetunion. Im Betrieb sei Eggenschwyler als solider Arbeiter bekannt und es sei nie festgestellt worden, dass er Propaganda betreiben würde oder unter den Arbeitern politisch tätig gewesen wäre. Hingegen wisse die politische Polizei, dass er in der Schweiz italienische Presseerzeugnisse vertreibe, unter anderem die sozialistische Zeitung «Avanti!». Auch kümmere er sich um Kommunisten, die aus Italien in die Schweiz kämen. Soweit die Feststellungen der Polizei, bevor sich diese mit Davis befasste.[171]

Eggenschwyler geriet in die «Denunziationswolke», die Davis erzeugte und in welche die politische Polizei ebenfalls eingehüllt wurde. Es ergab eine Mischung von vager Denunziation und dem voreingenommenen Handeln der Polizei – das Ergebnis war die Deformation der Sachverhalte zulasten der betroffenen Person. Was Davis im grossen Verhör über Eggenschwyler und Elisabeth Pfister wiederholt sagte – dass sie sehr aktive Kommunisten seien, was er schon in den Befragungen vom November 1950 deponiert hatte: Eggenschwyler und Pfister seien Mitglieder der Partei der Arbeit, für welche sie sich auf verschiedenen Gebieten sehr einsetzten.[172] Davis liess sich aus über Eggenschwylers nachrichtendienstliche Tätigkeit und seine Verbindung zu italienischen Kommunisten. Schon im ersten Bericht der Bundesanwaltschaft an den Vorsteher des EJPD wird Eggenschwyler als militanter Kommunist bezeichnet. Und wie die Bundesanwaltschaft herausstreicht, hat die Klage von Eggenschwyler und Pfister betreffend die Adressfälschungen von

170 Frage 22: «Donnez tous renseignements utiles au sujet des nommés Henri Djamant à Chicago, et Eduard D. Moore à New York City […].» Die Frage geht von der Aktennotiz des Konsuls Tyler vom 16. Januar 1950 «Betreffend Kommunistische Verbindungen des Charles Davis» aus. Damals hatte Davis erzählt, er habe Djament und Moore vor seiner Abreise aus den USA besucht. Auch die Namen Djament und Moore sind im Protokoll-Exemplar Dubois' zum Fichieren markiert. Ich habe diese Fichen nicht konsultiert.

171 Genfer Polizeirapporte vom 25. Mai und 17. Oktober 1950.

172 Antwort 10 im Verhör vom 19./20. Dezember 1950 sowie zweite Erklärung vom 19. November 1950: «les époux Eggenschwyler: ce sont des communistes. Lui surtout est très actif.»

Davis Maître Jean Vincent formuliert, der kommunistische Nationalrat und eine der Personen, die unter dem «antikommunistischen Konsens» als Inbegriff des bedrohlichen Feindes der inneren Sicherheit galt. Die politische Polizei in Genf hat also einen Wechsel in Bezug auf Eggenschwyler vollzogen: Sie hielt ihn bis zu den Aussagen von Davis und die Vertretung durch Vincent als politisch nicht mehr aktiv. Davis Denunziation hatte Wirkung gezeigt.[173] Die Aktenbildung veranschaulicht dies: Polizeirapporte, die nichts mit dem Fall Davis zu tun hatten, und die ein «positives Bild» von Eggenschwyler zeichneten, wurden dem Dossier Davis zugeordnet. Dieser Inhalt ging in dem negativen Bild, das die Polizei und dann die übrigen Strafverfolgungsorgane vermittelten, unter.

Ein besonderes Beispiel des «Abschöpfens» zeigt Frage 44 und die dazugehörige Antwort. In einer seinen Erklärungen hatte Davis von einem Treffen am 28. August 1950 in der Wohnung von Otto Schneebeli in Zürich berichtet, bei welchem er, durch Vermittlung von Elisabeth Pfister, im Frühjahr 1950 während eines Monats untergekommen war. Er nannte die Namen der Personen, welche daran teilgenommen hätten, einschliesslich amerikanischer Bürger, welche der Kommunistischen Partei angehörten – Namen, die er an die Botschaft in Paris gemeldet hatte. Im Verhör kamen die Befrager auf diese Mitteilung zurück, um etwas über den Inhalt der Versammlung zu erfahren: Sie wollten wissen, welche Traktanden es gab und was beschlossen wurde. Davis antwortete: Es gebe ein Protokoll, das er jedoch nicht besitze. Thema sei gewesen, was die Kommunistische Partei der Schweiz im Hinblick auf eine Wirtschaftskrise zu tun habe. Es habe sich darum gehandelt, Betriebszellen nach dem italienischen Vorbild zu gründen. Sabotage in Rüstungsbetrieben sei ins Auge gefasst worden. Auch Leiter von Partisanengruppen seien zu suchen, welche in den jüngsten Konflikten bereits in Frankreich und Italien operiert hätten und die allenfalls in der Schweiz von Nutzen sein könnten.[174] Dubois verwendete und reproduzierte die Aussage von Davis über die Vorbereitung von Sabotage in der Anklageschrift. Er fügte die ganze Passage wörtlich und in Anführungszeichen gesetzt am Schluss der Synthese bei, welche die Bundesanwaltschaft nach dem Verhör dem Vorsteher des EJPD zukommen liess. Der Inhalt dieses Abschnittes trägt nichts bei zur Erhellung der Straftaten von Davis. Sie figuriert in der Synthese nicht unter den acht Punkten, welche als Beweise für die strafbaren Handlungen angeführt sind. Die Wiedergabe zuhanden der Exekutive diente ausschliesslich als Beleg für das Treiben der schweize-

---

173 Auf der Fiche Eggenschwylers (CH-BAR#E4320-01C#1996/203#137*) betreffen die nächsten Einträge nach Abschluss des Falles Davis 1952 die Teilnahme am schweizerischen Parteitag der PdA und dann erst wieder 1959 ebenfalls am schweizerischen Parteitag, allerdings als Übersetzer, so wie in den 1960er Jahren mehrmals die Tätigkeit als Übersetzer festgehalten ist für Versammlungen der Partei. Auf der fünften Karteikarte, die mit August 1964 beginnt, ist als Beruf «Übersetzer-Dolmetscher» angegeben, «bei Reuters Newagency (sic!) Genf». Ein Vermerk vom 25. Mai 1968 bezeichnet ihn als «responsable du bureau de bourse de l'Agence Reuter à Genève».

174 Frage 44: «Quels objets figuraient à l'ordre du jour de l'assemblée ou des assemblées qui se tinrent chez Schneebeli? Que fut-il décidé à cette occasion?» Im Verhör durch den Untersuchungsrichter vom 10. Februar 1951 gab Schneebeli zu Protokoll, er erinnere sich nicht, Davis an eine politische Versammlung mitgenommen zu haben. Einmal sei er mit ihm zu einer Versammlung der Jugendgruppe der Gewerkschaft Bekleidung und Leder gegangen. In der Gruppe habe es einige Kommunisten, aber die Mehrheit der Mitglieder seien nicht Kommunisten. Er habe auch Ende August 1950 nicht mit ihm an einer politischen Versammlung teilgenommen.

rischen Kommunisten: Davis' ungefilterte Erzählung zur Bestätigung der Gefährlichkeit der Kommunisten, ihrer subversiven Tätigkeit und deren Bedrohung für die innere Sicherheit.

Eine weitere Möglichkeit, wie die politische Polizei für ihre Zwecke Personen befragte, die mit Davis bekannt waren, zeigt der Fall Gurtner: Der Polizist Robert Gurtner zählte zu Davis' Bekanntenkreis. Er wurde gefragt, was er von Davis wisse und wie seine Beziehung zu Davis gewesen sei. Und dann folgten Fragen, die mit Davis nichts mehr zu tun hatten, sondern auf Gurtners Wissen über die Leuba, eine Familie aus seinem Bekanntenkreis, zielten. Sie waren Inhaber der Pension, in der Gurtner kurze und Davis längere Zeit logierten. Sie stellten die Frage nach der politischen Orientierung der Leuba. Antwort: Ihre politische Orientierung basiere auf dem Kommunismus. Die beiden Söhne, Gérald und Hubert, seien Mitglieder der *Jeunesse libre*. Weiter wurde gefragt, ob die Familie versucht habe, ihn zu beeinflussen. Antwort: Nein, aber sie hätte ihre Ansicht nicht verborgen, Sie würden jedem sagen, dass sie Kommunisten sind.[175]

Wenn Davis nach dem Inhalt der Berichte gefragt wurde, die er abgeliefert hatte, so diente dies dazu, seine Straftat aufzuklären und den Verdacht auf unerlaubten Nachrichtendienst zu erhärten. Die zusätzliche Frage nach den konkreten Namen lieferte nicht nur beiläufig Stoff für die politische Polizei, sondern es lag in ihrer Absicht, deren Zwecken zu dienen. So in Frage 48: Davis sagte, er habe aufgrund von Gesprächen mit Genfer Bekannten einen Bericht verfasst. Die Befrager wollten wissen, was dessen Gegenstand gewesen sei, und welche amerikanischen Staatsangehörigen in seinem Bericht genannt worden seien. Darauf antwortet Davis, er könne sich nicht mehr an alle erinnern, kenne aber acht Namen. Er habe zu jeder dieser Personen Informationen über deren Aktivität in der Kommunistischen Partei in Genf geliefert.[176]

Zur Beschaffung von Informationen der Bundesanwaltschaft äusserte sich der Chef der Bundespolizei, Balsiger, zwei Jahre nach seiner Pensionierung: «In erster Linie kommen als Nachrichtenquelle die Inspektoren der Bundesanwaltschaft in Betracht: Einvernahme von Informationspersonen usw.»[177] Darum ging es bei Davis Verhör – man nutzte die Gelegenheit, Informationen für die politische Polizei zu beschaffen.

4. US-amerikanische Staatsangehörige erscheinen häufig in Davis' Denunziationen, vor allem Studierende der Universität Genf, aber auch solche in Zürich. Meines Erachtens waren sie das erste Objekt, auf welches er angesetzt worden war. Einigen von ihnen ist Davis begegnet, von anderen hatte er gehört. Nach seiner

175 Erklärungen Gurtners gegenüber dem Service politique der Genfer Polizei vom 14. Februar 1951 (irrtümliches Datum im Original 1950), Fragen und Antworten 9 und 10.

176 In Frage 48: «quels étaient les ressortissants américains mentionnés dans votre rapport [...]?» Zu den hier Denunzierten zählten auch Alexander Jordan und Carlyle Tanner.

177 1. Aussage von Balsiger vom 15. April 1957 vor dem eidg. Untersuchungsrichter, der nach dem Selbstmord von Bundesanwalt Dubois eingesetzt worden war (CH-BAR#E4320B1992/132#57*). «Informationspersonen» bedeutet hier Personen, die im Verlauf von polizeilichen Untersuchungen zur Aussage gehalten sind. Die Tatsache, dass es um Nutzung der Quelle im Zusammenhang mit «Einvernahme» geht, deutet darauf hin, dass nicht oder zumindest nicht in erster Linie Informanten im alltagssprachlichen Sinn gemeint sind. 2. In dieser Deutlichkeit sind Einvernahmen nicht als Quelle für Informationen der politischen Polizei genannt bei Büschi 1998, S. 351.

Logik – und, wie die Geschichte gezeigt hat, waren auch politische Polizeien nicht gefeit gegen solche Denkmuster – galt es, Personen, die mit «Linksextremisten» verkehrten, als verdächtig zu registrieren – nach der stummen Theorie «*guilty until proven innocent*».

Der eine oder andere der denunzierten US-Amerikaner war wohl tatsächlich der sozialistischen Sache zugetan.[178] Von Seymour Glagow erzählte Davis, er habe eine Vereinigung amerikanischer Studierender der Medizin und der Sozialwissenschaften gegründet. Diese Vereinigung habe eine «kommunistische Tendenz». Das ergebe sich unter anderem daraus, da ihre Mitglieder ein Flugblatt gegen die Atombombe verteilt haben.[179] In seinem Protokoll-Exemplar markierte Dubois diese Passage am Rand und unterstrich «association d'étudiants américains» und «de tendance communiste». Das resultiert aus der «Fiche», welche auf die Akte Nummer 8.5653 verweist und die aufgrund der Denunziation durch Davis über Glagow (Glagowsky) angelegt wurde. In einem Eintrag heisst es: «Davis hat über G. und *andere amerik. Kommunisten* nach Washington einen Bericht gesandt. G. ist Präsident der Vereinigung amerik. Studenten in Genf. (linksgerichtet).»[180] Der erste Vermerk der Fiche geht zurück auf eine der Einvernahmen von Davis im November 1950: «Einvernahme Davis Charles [...] Stand mit G. in Verbindung. G. habe ihm Beweise für seine [Davis'] Zugehörigkeit zur amerikanischen KP verlangt.»

Davis hatte Glagow und dessen Ehefrau Sylvia Glagow-Held, für welche ebenfalls eine Fiche angelegt wurde, denunziert – und damit nahmen die Dinge ihren Lauf, nach der Art, wie die politische Polizei gearbeitet hatte. Aus einem Bericht vom Dezember 1950 über eine Person, die ebenfalls von Davis denunziert worden war und über die in einem anderen Zusammenhang ein Bericht erstellt wurden, ergab sich für die Fiche der Eintrag, dass diese Person eine Beziehung zum linksextrem gesinnten Paar Glagow hatte. 10 von 17 Personen, über welche die Genfer Polizei gestützt auf Angaben der politischen Abteilung am 26. Januar 1951 dem Untersuchungsrichter Auskunft erteilte, wurden als aktive Elemente linksextremer Gruppierungen bezeichnet. Seymour Glagow und seine Frau Sylvia wurden nicht dieser Kategorie zugeordnet. Vielmehr heisst es, sie seien bekannt dafür, dass sie an Versammlungen teilgenommen hätten und teilnehmen würden, welche Linksextremisten vereinigten, hauptsächlich in intellektuellen

---

178 Ich formuliere das deswegen zurückhaltend, weil in jener Zeit das dominierende Denkschema – nicht nur bei der politischen Polizei – darin bestand, Personen, welche in einem bestimmten Punkt eine Meinung vertraten, oder an einer Veranstaltung teilnahmen, die als sozialistisch galt oder sozialistisch war, gemäss diesem einen Punkt zu kategorisieren. (Das war nicht zuletzt eine der innen- und gesellschaftspolitischen Funktionen der Ideologie des «Kalten Krieges»: bestimmte, konkrete gesellschaftliche Forderungen mit dem Argument, sie seien «kommunistisch», als unberechtigt zu deklarieren. Die Forderungen wurden auf ihren Inhalt nicht geprüft, sondern «erledigt» mit der Parole, sie würden nur zu Zwecken der Propaganda erhoben, seien Propaganda für das feindliche Lager. Exemplarisch für dieses Urteilsschema ist die Darstellung des Chefs der Bundespolizei, der unter dem Gesichtspunkt der Bedrohung durch den Kommunismus «die Friedenskampagne» als die erste der latenten Gefahren bezeichnete. So Balsiger in seinem internen Referat vom 25. September 1950; CH-BAR#E4320B#1991/61/53*.)

179 In Antwort auf die Frage 48, welche amerikanischen Staatsangehörigen er in einem bestimmten Bericht «nach Washington» gemeldet habe.

180 Quelle der Information ist: der in Genf tätige Bundespolizei-Inspektor Ritschard (CH-BAR#E4320-01C#1996/203#183*).

 Kreisen (*Groupe d'Etudes Socialistes*).[181] Diese Feststellung führte zu keinem Eintrag in der «Fiche» von Seymour Glagow. Er blieb dort einer der «amerikanischen Kommunisten».

Im Juli 1951 teilte die Genfer Polizei mit, Glagow sei ein Mitglied der *Travail et Culture*, Sektion Genf.[182] Im November 1951 wurde festgehalten, dass die Namen des Ehepaars Glagow auf einer Kollektivreiseliste von Teilnehmenden am Weltjugendfestival figurieren, zusammen mit sechs weiteren USA-Bürgern, die in Genf wohnten. Alle acht Namen seien jedoch gestrichen worden. Es sollte in Genf nachgefragt werden, ob die acht Amerikaner in Berlin waren oder nicht. Die Praxis, alles über eine Person festzuhalten, wurde kaum mehr reflektiert und basierte auf vagen Prämissen, wie ein Beispiel am Ende des Berichts der Bundespolizei über das Paar Glagow zeigt: «Wenn auch aktenmässig nicht viel über das Paar Glagow vorliegt und vorläufig kaum Massnahmen gegen sie zu ergreifen am Platze sind (sic!), so dürfte es doch zu empfehlen sein, bei der Genfer Polizei Erkundigungen einzuholen».[183] Ein Eintrag von Anfang Mai 1952 hält als Tatsache fest, dass die Eheleute Glagow am Festival in Berlin teilgenommen haben. Ferner steht, dass bekannt sei, dass Glagow an verschiedenen Manifestationen der «Linksextremisten» teilgenommen habe. Im Polizeirapport ist ausserdem zu lesen: «Der schwarze Amerikaner Charles Davis hat ihn uns seinerzeit als ein kommunistisches Element gemeldet.»[184]

Offensichtlich wurden zwischen den einschlägigen Polizeidiensten der Schweiz und der USA gegenseitig Informationen über die Glagows ausgetauscht. Die letzte Adresse der Glagows, die in der Fiche eingetragen ist, ist eine Strasse in Chicago. Im Oktober 1959 vermerkte die Bundespolizei, gestützt auf Angaben des Kommissariats IV, dass den Eheleuten Glagow am 13. Juli 1959 Pässe für eine Reise nach Westeuropa ausgestellt worden waren.[185] Unter dem 24. Juni 1966 steht, dass die Glagows angeblich ab dem 8. August 1966 eine Europareise unternommen haben, auf der sie auch die Schweiz besuchten. Man bat um einen Bericht an das Kommissariat IV, falls die beiden in die Schweiz kommen sollten. Die Tatsache, dass Glagow mittels Davis' Denunziation Beobachtungsobjekt der beiden politischen Polizeidienste für anderthalb Jahrzehnte wurde, illustriert, welchen

---

181 *Glacow Seymour et sa femme Sylvia* sont connus pour avoir pris part et pour prendre part, à des réunions groupant des extrémistes des gauche, principalement dans les milieux intellectuels». Ein Exemplar des Berichts liegt bei den eigenen Akten der Bundesanwaltschaft. Im Übrigen finden sich auf den Fichen, die mit dem Fall Davis zu tun haben, durchaus auch Einträge, die aus den Akten des Untersuchungsrichters stammen: Seine Protokolle der Einvernahme der Zeugen gingen an die politische Polizei. Vgl. etwa auf der Fiche von Seymour Glagow, zum 5.2.51: «v.+UR Jeanprêtre: Kopie Zeugeneinvernahme G. i.S. Davis Charles 27».

182 Freundliche Mitteilung der Archives patrimoniales et administratives der Université de Genève vom18. Dezember 2015: «Seymour Glagow est inscrit en faculté de médecine du semestre d'hiver 1948/49 au semestre d'été 1953, année où il a obtenu son titre de docteur en médecine» Vgl. auch CH-BAR#E4320B#1980/77#25*, Dossier Seymour Glagow, 14. Oktober 1959, respektive 7. April 1952.

183 CH-BAR#E4320B#1980/77#25*, Dossier Seymour Glagow, 26. November 1951. Die politische Polizei mass Glagow eine so erhebliche Bedeutung zu, dass sie für ihn nicht nur eine Karteikarte anlegte, sondern ein eigenes Dossier – und das Dossier beginnt mit diesem Stück vom November 1951.

184 CH-BAR#E4320B#1980/77#25*, Dossier Seymour Glagow, 29. April 1952: «Le noir américain Charles Davis nous l'avait signalé en son temps comme étant un élément communiste.»

185 Das «Kommissariat IV, das ausschliesslich für die Zusammenarbeit mit anderen Nachrichtendiensten des Westens zuständig war»: Kreis et al. 1993, S. 219.

Nutzen die einschlägigen Dienste aus Davis' unerlaubtem politischen Nachrichtendienst gezogen haben.

Im Übrigen war Glagow Medizinstudent sowie mindestens zwei der US-Amerikaner, die Davis ausgehend von Glagow denunzierte – Adelson und Jordan. Es gab also um Glagow zwei Schnittmengen: «Linksextremist» sowie Medizinstudent. Davis hatte sie auf die ihm als Feindbild vertraute Optionen reduziert. Alexander Jordan ist in den Akten zum Fall Davis das dokumentarisch am klarsten fassbare Opfer dieser Denunziation.[186]

Seymour Glagow wurde vom Untersuchungsrichter als Zeuge einvernommen.[187] Der Vergleich zwischen dem, was er aussagte, und dem, was Davis über Glagow erzählte, vermittelt eine Ahnung von Davis' Arbeitsweise. Glagow sagte, er sei Davis im Spätherbst 1949 begegnet. 1950 hätte er ihn nicht mehr gesehen. Seine Frau, Sylvia Glagow-Held, hätte Davis an einer Studentenversammlung getroffen. Einmal sei er zu ihnen zu einem Musikabend gekommen. Sie hätte mit ihm über Jazz gesprochen. Davis habe behauptet, progressiv zu sein und die Absicht bekundet, mit progressiven Kreisen in verschiedenen Teilen Europas Kontakt aufzunehmen.

Glagow erhielt den Eindruck, Davis frage nach Adressen, um gratis Kost und Logis zu finden. Die Gespräche mit ihm seien uninteressant und von kurzer Dauer gewesen. Er glaube nicht, mit ihm über seine Kameraden Jordan oder Howard gesprochen zu haben. Möglicherweise habe er ihm gegenüber erwähnt, dass sich Adelson in Zürich aufhalte.[188]

Und das ist nun in den Unterlagen der Politischen Polizei zu finden. Über Adelson heisst es in dessen Fiche, gestützt auf Davis' Äusserungen im grossen Verhör: «Kommunist.»[189] Die Neigung, Adelson aufgrund der Äusserungen von Davis ohne Weiteres als Kommunisten zu bezeichnen, könnte dadurch gefördert worden sein, dass solche Hinweise als Tatsachen aufgefasst wurden: «A. war Teilnehmer an einer von Davis […] überwachten Versammlung von Kommunisten bei Schneebeli Otto in Zürich.»[190] Davis hatte weiter gemixt: Bei Glagow hat er den Namen Adelson aufgeschnappt, der in Zürich wohne. Und so machte er Adelson kurzerhand zu einem der Teilnehmer an einer «Versammlung von Kommunis-

---

186 Adelson studierte in Zürich Medizin (freundliche Mitteilungen des Staatsarchivs Zürich vom 18. Oktober 2012, bzw. des Stadtarchivs Zürich vom 12. September 2013). Akten der politischen Polizei sind im Staatsarchiv Zürich zu Adelson nicht vorhanden.

187 1. Februar 1951. Von der Anklagebehörde hingegen wurde Glagow nicht als Zeuge aufgeführt (vgl. Beilage zur Anklageschrift vom 24. Juli 1951, dodis.ch/52784). Das heisst, dass die Anklagebehörde dem Bundesstrafgericht niemanden aus der faktisch primären Zielgruppe von Davis' Spitzelei als Zeugen vorgeschlagen hat. Das liegt nicht auf der Hand, figurieren doch auf der Zeugenliste Personen, die mit Davis eher weniger Kontakt hatten als Glagow.

188 «Je ne crois pas lui avoir parlé de mes camarades Jordan, ou Howard. Il est possible que je lui aie signalé la présence d'Adelson à Zürich.»

189 Fiche Harvey Adelson (CH-BAR#E4320-01C#1990/134#1*) mit dem Eintrag: «v. Insp. Ritschard: Einvernahme Davis Charles 27. Hat über die polit. Tätigkeit des A. an das FBI in Paris berichtet. Kommunist.». Einzige Quelle für die beiden Einträge der Fiche Adelson ist Davis respektive das Dossier Davis der Bundesanwaltschaft. Zu Adelson findet sich in den Akten der Genfer Polizei ein kurzer Nachrichtenwechsel mit der Kantonspolizei Zürich. Im Staatsarchiv Zürich sind jedoch keine Staatsschutzakten zu Adelson vorhanden (freundliche Mitteilung Staatsarchiv Zürich vom 18. Oktober 2012).

190 Es fällt auf, dass der Verfasser des Eintrags in diesem Zusammenhang den Begriff «überwacht» verwendet, ein Ausdruck der eher dem Vokabular für ordentliche Polizeiarbeit entspricht und auf Davis' Treiben angewendet beinahe legitimierend wirkt.

ten» in Zürich bei Otto Schneebeli. Nach der scheinbar willkürlich kombinierten Erzählung von Davis waren dort auch die US-Bürger Harry und Dora Haywood sowie Dick Weintraub anwesend, deren Namen er irgendwo gehört hatte.[191]

Auch Alexander Jordan ist laut Eintrag in der Fiche und gestützt auf die Aussage von Davis ein Kommunist. Auch er wurde wahrscheinlich so kategorisiert, weil verschiedene Informationen zu einem Konglomerat kombiniert wurden. Von einem Bericht über Henri Noverraz, der einer nach damaliger Sicht unzuverlässigen Organisation angehörte und über den in einem anderen Zusammenhang von der Genfer Polizei im Dezember 1950 ein Bericht erstellt wurde, gelangte auf die Fiche von Jordan der Satz: «[Jordan] hat Beziehungen zu diesem [Noverraz]».[192]

Eine weitere Person, welche Davis in der Antwort auf die Frage nach Namen in einem seiner Berichte erwähnte, war Carlyle Tenner respektive Tanner. Dessen Fiche lautet auf den Namen Tanner und enthält einen einzigen Eintrag, der auf einem Aktenstück beruht, das im Dossier Davis abgelegt ist und auf diese Weise lässt sich nachvollziehen, wie Davis' Denunziationen benutzt wurden und gewirkt haben. Die Notiz vom 14. Juli 1952 lautet: «Von amerik. Seite werden wir um Auskunft ersucht über: Tanner, Carlyle Wesley, geb. [...] in Chicago, USA, zZt. Angestellter b/US Post Office Department, wohnhaft gewesen von Sept. 1949 – Januar 1951 in Paris. In Zusammenhang mit Informationen, welche von Charles Davis geliefert wurden, wurde zZt. gegen Tanner ein Ermittlungsverfahren durchgeführt. Davis sagte aus, er habe sZt. bei einem Carlyle W. Tanner in Paris, 61 Rue de Passy, gewohnt und *Tanner sei ein Kommunist* [...]. Davis sagte ebenfalls aus, dass er mit Tanner im Oktober oder November 1949 eine Reise in die Schweiz gemacht habe. Die Quelle ersucht um Mitteilung der Informationen, die wir evt. über Tanner besitzen.»[193]

Wie weit Davis beauftragt war, Sachen über italienische Kommunisten zusammenzutragen, ist anhand der einschlägigen Quellen nicht mit Bestimmtheit auszumachen.[194] Sie sind Gegenstand mehrerer Fragen und Antworten des

191 Siehe Kapitel I b, Abschnitt 4.3, die vierte Erklärung, jene, die er am 23. November auf Schreibmaschine im Gefängnis verfasst hat.

192 Fiche Jordan CH-BAR#E4320-01C#1990/134#74*. Zu Jordan vgl. Kapitel V d. Noverraz gehörte laut Fiche dem «Mouvement des intellectuels suisses pour la paix» an und er soll gemäss Eintrag auf der Fiche «Beziehungen zu ausl. Studenten und versch. Genfer Friedenspartisanen» gepflegt haben, vgl. Fiche Noverraz, CH-BAR#E4320-01C#1996/203#384*.

193 Fragen/Antworten betreffend Tanner im grossen Verhör Nr. 28 und 48, ausgehend von der Aktennotiz des US-Konsulats in Genf zuhanden der vorgesetzten Behörde, 16. Januar 1950 (Nr. 14 im Inventar des Untersuchungsrichters). Eine Kurzfassung dieser Aktennotiz bildet den einzigen Eintrag auf der Fiche Tanner vom24. Juli 1952, CH-BAR#E4320-01C#1990/134#164*. Als Wohnort ist auf der Fiche noch immer Paris notiert – wie Davis erzählt hatte. Es ist anzunehmen, dass Davis einen Teil von dem, was in der Notiz enthalten ist, gegenüber dem FBI geäussert hat, als er nach seiner Rückkehr einvernommen wurde.

194 In Antwort 9 erklärte Davis auf die Frage, worauf er seine Behauptung stütze, die Eggenschwylers würden einen Nachrichtendienst betreiben: In Pairs habe West gewusst, dass Eggenschwyler als Verbindungsmann zwischen den kommunistischen Parteien Italiens und der Schweiz fungiere und obendrein kommunistische Aktivisten bei sich aufnehme, wenn sie in die Schweiz kämen. Darum habe West ihm den Auftrag gegeben, möglichst viel über Eggenschwyler in Erfahrung zu bringen. Es sei an die sogenannte Extremistenkartei erinnert. «In der Frühzeit dieser Kartei, also in den fünfziger und sechziger Jahren, treten darin als einzige Ausländergruppe fast ausschliesslich italienische Fremdarbeiter auf, in denen man in erster Linie Sympathisanten der Kommunistischen Partei Italiens (KPI) zu erkennen glaubte.» Büschi 1998.

Verhörs. Davis' Aussagen über sie wurden ebenfalls «abgeschöpft», etwa durch die Frage 42, in der nach der Begründung gefragt wird, weshalb Davis anneh-me, dass Eggenschwyler Informationen von Grassi erhalten habe. Davis ant-wortete, er habe in der Botschaft in Paris Berichte über die Tätigkeit von Kai-ser und Grassi gesehen. Darin würden die beiden als kommunistische Agenten bezeichnet.[195]

5. Dass das «Abschöpfen» von Davis Stoff zuhanden eines befreundeten Staa-tes lieferte, ist offensichtlich. Unter den gegebenen Prämissen – und durch den Chef der Bundespolizei als Verantwortlicher für den Informationsaustausch – lag es auf der Hand, Informationen, die bei der gerichtspolizeilichen Arbeit gewonnen wurden, an Vertreter des befreundeten Staates weiterzugeben. Die Kontakte mit dem Ausland dienten in allererster Linie dem Kampf gegen den internationalen Kommunismus. Um aber gegenüber Agenten des internatio-nalen Kommunismus und verwandten Organisationen wirksam auftreten zu können, war ein gegenseitiger Informationsaustausch unerlässlich. Das gilt eingeschränkt auch für Informationen über Schweizerinnen und Schweizer. Hingegen war es zulässig, bei Ausländern etwas weniger zurückhaltend zu sein.[196]

---

195 «Vous croyez que Eggenschwyler obtenait des renseignements de Grassi; sur quoi fon-dez-vous cette supposition [...]?» Die Sammelfrage 47 nach den Kontakten mit diversen Personen und deren Verhaltensweise gegenüber Davis betraf auch Carlo Benocci, der in einem der Doku-mente genannt ist, auf welches sich die Frage bezieht. Zu Carlo Benocci ist gemäss der Auskunft des Bundesarchivs vom 17. April 2014 keine Fiche vorhanden. Hingegen befinden sich im Dossier Davis einzelne Aktenstücke, die unter anderem Benocci betreffen, jedoch nichts mit Davis zu tun haben.

196 So Werner Balsiger, Chef der Bundespolizei von ihrer Schaffung 1935/36 – ab 1. Januar 1936 als Adjunkt des Bundesanwalts und «Chef des Polizeidienstes», ab 1944 mit dem Titel «Chef der Bundespolizei» – bis 30. Juni 1955, am 15. April 1957 in der Vernehmung durch den ausseror-dentlichen eidgenössischen Untersuchungsrichter, der eingesetzt worden war, um – nach dem Selbstmord von Bundesanwalt Dubois im Frühjahr 1957 – den Fall Ulrich/Dubois aufzuhellen, in welchem es im Wesentlichen um die fragwürdigen Kontakte zu einem Vertreter des französischen Nachrichtendienstes ging. Ähnlich äusserte sich Balsiger in der Orientierung für die Inspektoren der Bundespolizei, 25. September 1950, CH-BAR#E4320B#1991/61#53*. Beim Nachdenken über die nachrichtendienstlichen Aussenbeziehungen der Bundesanwaltschaft zur Zeit des Falles Davis ist, neben der Berufung auf den famosen, allerlei legitimierenden «höheren Gesichtspunkt», die Hal-tung in Betracht zu ziehen, die sich in der folgenden Definition oder Sprachregelung des Chefs der Bundespolizei artikuliert: «Der korrespondierende Vertreter eines fremden Geheimdienstes ist an und für sich kein Unbefugter und stellt nach der Natur des Berufes und der Verbindung auch keine Öffentlichkeit dar.» Zum «höheren Gesichtspunkt», vgl. die Vernehmung vom 15. April 1957, S. 5; ferner: «Der korrespondierende Vertreter eines fremden Geheimdienstes», maschinengeschriebener Merkzettel zu verschiedenen Aspekten von Geheimnis im Nachlass Werner Balsiger, Schachtel 7, Faszikel Vorträge und Publikationen 1952–1953. Dort wird auch die Antwort auf die Frage gegeben «Warum sind ihm [dem korrespondierenden Vertreter eines fremden Geheimdienstes] Aktenstücke und Originale anderer Art vorzuenthalten? nicht wegen Wahrung eines Geheimnisses – sondern aus Pflicht, die eigenen Hoheitsrechte in voller Selbständigkeit auszuüben [...]; dagegen kann eine Mitteilung nach eigenem Gutdünken zubereitet und zugänglich gemacht werden, obwohl sie aus jene Sphäre stammt. Also: relatives Geheimnis, Widerhandlung ist eher Pflichtverletzung als Geheimnisverletzung.» Eine Synthese zur Praxis der Aussenbeziehungen, respektive des «Informa-tionsdienstes» bis Mitte der 1950er Jahre findet sich im Schlussbericht der Eidgenössischen Vorun-tersuchung «in Sachen gegen Max Ulrich und Unbekannt, betr. Politischen Nachrichtendienst etc.», 9. Juli 1957, S. 29–32, CH-BAR#E4320B#1992/132#28*.

Das Verhör war nicht darauf angelegt, Informationen für einen befreundeten Staat zu beschaffen.[197] Faktisch produzierte man jedoch Material, das unter den gegebenen ideologischen, politischen und strukturell-organisatorischen Bedingungen notwendigerweise in die Hände befreundeter ausländischer Stellen gelangte.

Das grosse Verhör führt eine Facette des «FBI-Paradoxes» im Fall Davis vor Augen: Einerseits offenbarte es, für Bundesanwaltschaft und Bundesrat unabweisbar, dass das FBI in die Straftat von Davis involviert war. Anderseits kam das FBI durch das Verhör zu Informationen, nach denen es suchte. Informationen, die Davis zum Nachteil bestimmter Personen illegal zusammengetragen und weitergegeben hatte, erreichten über die gerichtspolizeiliche Untersuchung und den Informationsaustausch mit befreundeten Nachrichtendiensten das FBI legal. Bemerkenswert dabei ist, dass sie durch diese Zusammenarbeit gerade an jene Stelle gelangten, welche zumindest für einen wesentlichen Teil der strafbaren Handlungen von Davis mitverantwortlich war.[198]

6. Wie sich die gerichtspolizeiliche Untersuchung in den Fichen der politischen Polizei niederschlug, wurde nicht systematisch untersucht. Ich habe nicht alle Fichen von Personen eingesehen, deren Namen in den Akten mit der Fichierungsmarke versehen sind. Und von den Fichen, die ich konsultiert habe, hielt ich nicht sämtliche Einträge fest, welche mit dem Fall Davis in Verbindung stehen.[199] Als Evidenz ergibt sich dennoch: Die politische Polizei erstellte nach Äusserungen von Davis zu mindestens einem Dutzend Personen eine neue Fiche. Auf diesen und auf Fichen von Personen, die schon früher und unabhängig vom Fall Davis registriert worden waren (z. B. Eggenschwyler, Schneebeli und Zurbrügg), finden sich mehrere Dutzend Einträge, die auf Davis zurückgehen.

Kurzer Exkurs zu den Fichen

Den Begriff «Fiche», der in der öffentlichen Diskussion gelegentlich als Synonym verwendet wurde für alle Unterlagen, welche die Staatsschutzorgane erzeugt und verwendet haben, das heisst für Findmittel und für Dossiers, gebrauche ich im strikten Sinne: Jene Karteikarten, an deren Kopf die Angaben zur Person oder Organisation stehen, unter denen sich die einzelnen Einträge finden, meist mit Angabe der Quelle respektive des Aktendossiers, aus denen sie stammen.[200] Alle

197 Die Federführung beim Formulieren der Fragen hatte Dubois, der Stellvertreter des Bundesanwalts, unterstützt vor allem von Ritschard, dem lokalen Vertreter der Bundespolizei in Genf. Balsiger, der Chef der Bundespolizei und damit des politischen nachrichtendienstlichen Austauschs mit dem Ausland, war daran kaum direkt beteiligt.

198 Sollte jemand in die Lage kommen, den Fall Davis' anhand von Quellenmaterial weiterzuverfolgen, das in den USA liegt, so wäre das Augenmerk nicht zuletzt darauf zu richten, welcher Stoff aus der schweizerischen Untersuchung des Falls sich in US-amerikanischen Dossiers wiederfindet.

199 In einem einzigen, allerdings sehr umfangreichen Dokument, dem Verhörprotokoll vom 19./20. Dezember 1950, finden sich etwa hundert Markierungen zu Dutzenden von Namen.

200 Fichen sind also mehr als nur Findmittel. Faktisch wurden sie oft als Akten verwendet, anstelle der Dossiers. Vgl. dazu Werner Balsiger, Chef der Bundespolizei, in einem undatierten Referat vor Vertretern der Fremdenpolizei: Die Fiche enthalte die Angaben «personeller Natur» und eine Dossiernummer. «Darüber hinaus aber [...] enthalten unsere Fichen in Kurzworten Angaben über Ein- und Ausgänge des betr. Namens. Werden wir also über einen bestimmten Namen telephonisch angefragt, so können wir an Hand der Fiche auch sofort sachliche Auskunft geben. [...] Das

Fichen, die ich konsultiert habe, sind grüne Fichen, gehören also zum sogenannten «Hauptfichier».[201] Beim Versuch zu verstehen, wie die politische Polizei die Informationen, den Davis offerierte, erfasst und verwertet hatte, waren die Arbeiten von Büschi (1998) sowie von Kreis, Delley, Kaufmann und Wigger (1993) hilfreich.[202] Doch die Geschichte des Staatsschutzes in der Schweiz der Nachkriegszeit ist noch nicht geschrieben, weder jene des Bundes noch jene der Kantone und der beiden grossen Städte Zürich und Bern mit je eigenen Diensten. Selbst das Sammeln und Verarbeiten von Informationen im engeren Sinn durch die politische Polizei bedarf weiterer Erhellung – ganz zu schweigen von den gesellschaftspolitischen Implikationen der Ideologie und der Praxis dieses Staatsschutzes. Die meisten gesammelten Informationen wurden von den Behörden als Tatsachen aufgefasst. Diese neigten offenbar dazu, differenzierte Einschätzungen der Inhalte hinsichtlich ihrer Richtigkeit zu vernachlässigen.[203] Auch der Gebrauch des Stempels «von der betroffenen Person bestritten», welcher neben einzelnen Einträgen steht, wäre anhand von Beispielen zu analysieren.[204] Im Übrigen wäre der Umgang mit dem «Fichenskandal» um 1990 in den einzelnen Kantonen und in den Städten Zürich und Bern eine eigene Studie wert, einschliesslich des Umgangs mit den Staatsschutzakten, der ja bekanntlich mit Vernichtungsaktionen – nicht selten im Namen des Schutzes der betroffenen Personen – in einigen Gemeinwesen die Erforschung der politischen Polizei der Nachkriegszeit und damit eines wesentlichen Elements dieser Epoche ganz erheblich einschränkt.[205]

Dossier selbst braucht in dringenden Fällen nicht erst konsultiert zu werden», AfZ: NL Werner Balsiger, Schachtel 7, Fasz. «Undatiert». Es ist anzunehmen, dass diese Art der Benutzung der Fiche anstelle des Dossiers der Einfachheit halber nicht nur in dringenden Fällen praktiziert wurde. Es wäre durchaus menschlich, wenn die Praxis umgekehrt gewesen wäre: im Normalfall die Fiche konsultieren, und nur in besonders wichtigen oder komplexen Situationen das Dossier beiziehen. Dass eine solche Praxis nicht ohne Einfluss geblieben wäre auf die Präzision der Erkenntnisse und Schlussfolgerungen der politischen Polizei, liegt auf der Hand. Zur Unterscheidung zwischen Fiche und Datei, Büschi 1998, S. 359, zu Einträgen ohne Hinweis auf Akten S. 361 f. und 351.

201 Vgl. dazu Büschi 1998, S. 364–366.

202 Vgl. ebd. und Kreis et al. 1993.

203 So war etwa der Unterschied zwischen «ist» und «soll … sein» den Bearbeitern bekannt. Beide Notierungen von Äusserungen kommen vor: gelegentlich als angegebener, also gegebenenfalls weiter zu verifizierender Sachverhalt, in den überwiegenden Fällen aber als Tatsache. Faktisch bestand augenscheinlich die Neigung, die Differenzierung zwischen «ist» und «soll … sein» zu vernachlässigen.

204 Beispiele auf der Fiche von Fédéric Eggenschwyler zu den Einträgen vom 16. Januar 1945 und vom 26. Dezember 1950, CH-BAR#E4320-01C#1996/203#137*. Es gälte, konkrete Fälle zu vergleichen mit den Akten, die Häufigkeit zu prüfen und nach Fällen zu suchen, wo der Stempel nicht angewendet wurde, obwohl eine Bestreitung nachweisbar wäre.

205 Tabellarische Übersicht zum Umgang der Kantone mit den Staatschutzakten nach 1990 bei Büschi 1998, S. 334–345. Die genannten Arbeiten von Kreis et al. 1993 und Büschi 1998 leiden etwas darunter, dass sie – unter den gegebenen Umständen wohl unvermeidlicherweise – stark abhängig sind von Aussagen der ehemaligen Mitarbeiter der einschlägigen Abteilungen oder den Eigendarstellungen der Staatschutzorgane. Unter anderem deshalb wirken sie an einigen Stellen etwas affirmativ, nachträglich legitimierend. So etwa wenn Büschi «die frappierende Harmlosigkeit eines wesentlichen Teils der gesammelten Informationen und des Umgangs mit ihnen» betont, oder wenn er schreibt, die Öffentlichkeit habe wegen der kuriosen Rezeption der Informationen durch den Staatsschutz «nicht nur mit Empörung, sondern zunehmend auch mit Belustigung die verschrobene Welt des Fichierens zur Kenntnis genommen» (S. 375 und 376). Natürlich gibt es Fichierungen, die ans Absurde grenzen, auch im Dossier Davis, z. B. wenn Davis in Antwort 3 vom 19./20. Dezember 1950 erzählt, er habe in Frankreich Kontakte gehabt mit Kommunisten, unter

7. Im grossen Verhör schildert Davis nochmals seinen Lebenslauf. Geboren wurde er in Dallas, Texas. Mit seiner Familie zog er im Alter von etwa 12 Jahren nach Pasadena, Kalifornien. Er habe während 14 Jahren die Schule besucht und an einem College in Pasadena ein Abschlusszeugnis als Journalist erhalten. Zeitweise habe er in Hollywood bei Filmen als Statist gearbeitet. 1947 sei er zur Marine gegangen und habe auf einem Versorgungsschiff gedient. 1948 sei er aus medizinischen, in Wirklichkeit aber aus sexuellen Gründen ausgemustert worden.[206] Auf dem Formular, das Davis zuhanden des Konsulats ausfüllte, da die sofortige Ausreise geplant war, ist zu lesen: Aufenthaltsorte: Dallas, Texas, 1917–1940; Pasadena, Kalifornien, 1940–1947; U. S. Navy 1947–1948; Pasadena 1948–1949; Europa: Frankreich, Belgien, Holland und Schweiz 1949 bis jetzt; Arbeitgeber: Filmindustrie Hollywood, Radio Pasadena, Büro des *legal attaché* in Paris (nicht offiziell), Senator McCarthy, für kurze Zeit.

Mehrere Zeugen sprachen von Davis' Interesse und Begabung für Musik, vor allem für Jazz. Er habe eine schöne Stimme gehabt und verschiedentlich öffentlich gesungen.[207] Davis spielte auch Schach und Rommé. Beim Erkennungsdienst nannte Davis als Beruf *acteur cinéma*. Gegenüber Bekannten gab er sich oft als Journalist aus. Laut den Angaben des Erkennungsdienstes war Davis – mit Schuhen – 185 cm gross. Er war schwarzer Amerikaner und sprach etwas Französisch. Wie es mit seinen Sprachkenntnissen stand, abgesehen von Englisch, ist nicht ganz klar. Fest steht, nach Angaben des Konsulats, dass sein Englisch gepflegt war.[208] Wahrscheinlich verstand und sprach er nach einiger Zeit, die er in Genf verbracht hatte, ganz ordentlich Französisch. Elisabeth Pfister, die einige Wochen mit Davis liiert war, schrieb ihm auf Deutsch. Als er danach gefragt wurde, welcher Sprache er sich im Umgang mit seinen verschiedenen Bekannten bedient habe, nannte Davis die Namen von einigen Personen, mit denen er sich ausschliesslich auf Englisch unterhalten habe, und von anderen, mit denen er auf Deutsch oder Französisch diskutiert habe.[209]

---

anderen mit Maurice Thorez, dem Generalsekretär der Kommunistischen Partei Frankreichs, und wenn dann Thorez Name im Exemplar des Verhörprotokolls von Dubois zum Fichieren markiert wird. Aber die Tatsache, dass es kuriose Einträge gibt, mindert nicht die gravierenden Folgen dieser Art von Registrierung für viele Personen und die kuriosen Einträge minderten ebenso wenig die gesellschaftspolitischen Wirkungen der Staatsschutzpraxis. Die Arbeit von Kreis et al. geht wenig auf die sogenannten Aussenbeziehungen der politischen Polizei ein, und die wenigen Angaben beruhen weitgehend auf Zitaten von Vertretern der Bundespolizei. Auch das Mitwirken Privater am Staatsschutz tritt selbst angesichts von Quellen, die beim Verfassen des Werks konsultiert wurden (Referate des Bundesanwalts und des Chefs der Bundespolizei), deutlicher hervor, als dies im Bericht zum Ausdruck kommt. Theoretisch betrachtet stellt sich die allgemeinere Frage, inwiefern ausgedehnte Zitate einer Seite faktisch affirmativ wirken, wenn sie ohne ebenso ausgedehnte und aussagekräftige, also gleichgewichtige Gegenzitate wiedergegeben werden.

206 Die Angaben in Antwort 3, einschliesslich: «En 1948 j'ai été renvoyé de la US Navy pour raisons sexuelles, bien que sur mon livret de service ‹raisons médicales› soient mentionnées.» Nach seinen Angaben war Davis Unteroffizier gewesen.

207 Vgl. u. a. die Aussagen von Zeuge Daniel Grin vom 8. Februar 1951 sowie von Zeugin Trudi Woodtli vom 20. Februar 1951.

208 Dossier Davis AEGE, auf der Rückseite des Rapports vom 6. Dezember 1950 betreffend die Anzeige von Frau Ferrero wegen «filouterie d'auberge»: «Il s'agit d'un noir (nègre) américain qui parle un peu français.» Er spreche «a cultured English», heisst es in der Aktennotiz, die das Konsulat am 16. Januar 1950 über ein Gespräch mit Daivs angefertigt hatte.

209 Befragung 27. November 1950, Frage und Antwort 6.

8. Zwei Tage hatte das Verhör gedauert, am 21. Dezember um 10.10 Uhr, stand – bildlich gesprochen – Herr Huyghes vom US-Konsulat vor der Tür der Genfer Polizei und teilte mit, dass Konsul Ward die Erlaubnis erhalten habe, Davis zu besuchen. Diese erteilte Balsiger, der Chef der Bundespolizei. Eine Viertelstunde nach Huyghes' Vorsprache erkundigte sich die Genfer Polizei bei der Bundesanwaltschaft und bat darum, dies zu bestätigen. Um 11.15 Uhr lag die Bestätigung und die Nachricht vor, dass beim Besuch ein Verteidiger bestimmt werden sollte.[210] Über den Besuch selbst lassen sich in den Akten, anders als zu den früheren Besuchen des Konsuls, keine Angaben finden. Es ist nicht festgehalten, ob jemand von der Genfer Polizei wie bei den Besuchen zuvor anwesend war. Auch zur Dauer steht nichts in den einschlägigen Dossiers. Die Begründung für die Visite wirkt vorgeschoben, zumal sie identisch schon am 8. Dezember 1950 als Motiv für den Besuch des Konsuls vorgebracht wurde.[211] Dass in den Akten jeder Hinweis auf den Verlauf des Besuchs fehlt, fällt auf, ebenso wie niedrig die Schwelle für die Visite des Konsuls gehalten wurde. Nicht zu vergessen: Das Konsulat war zu diesem Zeitpunkt den Untersuchungsorganen eindeutig bekannt als eine der US-Stellen, an die Davis Produkte seines unerlaubten Nachrichtendienstes geliefert hatte. Der Zweck der Visite scheint eher eine Art Debriefing gewesen zu sein. Die US-amerikanischen Stellen wollten sich so weit als möglich kundig machen über das Verhör.

Es handelte sich um ein hastig anberaumtes und eilig bewilligtes Treffen, veranlasst und organisiert – so meine Hypothese – über das Dreieck Kronthal-Balsiger-Ward: Kronthal als Zuständiger für US-Polizeisachen in der Schweiz, Balsiger als sein Kollege und Ward als jener US-Vertreter, der von Amtes wegen Kontakt hatte mit Davis.[212]

e. Die Wende: Strafverfolgung statt Ausweisung

1. Am 22. Dezember, zwei Tage nach der gründlichen Einvernahme, übermittelte die Bundesanwaltschaft dem Vorsteher des EJPD die Erkenntnisse, die sie gewonnen, und die Schlüsse, die sie aus dem Verhör gezogen hatte.[213]

---

210 «Informé qu'il s'agit d'une visite pour faire désigner un défenseur». Der Telex mit der Bestätigungsnotiz trägt nur das Kennungszeichen von Balsiger, jenes von Dubois, der die Federführung innehatte im Fall Davis, fehlt. Auf Davis Fiche ist diese Visite nicht vermerkt.

211 Manchmal wirken die Übernahme und Wiedergabe der Erklärungen der Vertreter des Konsulats durch die Genfer Polizei etwas blauäugig.

212 Balsiger war noch im Spiel, und zwar nicht nur als Auskunftgeber unter dem Gesichtspunkt der politischen Polizei bei Anfragen zu Personen, die von Davis denunziert oder auf andere Weise vom Fall berührt wurden. Balsigers Fungieren bei der Visite vom 21. Dezember 1950 ist einer der dokumentarischen Belege dafür, was sich aufgrund seiner Stellung in der Bundesanwaltschaft ohne Weiteres erschliessen lässt: Dass er, nachdem seiner ursprünglichen Absicht, den Fall durch die Abschiebung Davis' zu erledigen, kein Erfolg beschieden war, weiter Einfluss ausübte auf das Verfahren. Im Übrigen fehlt diese Visite in der Äusserung, welche die US-Behörden, Konsulat und State Department, im Februar 1951 der US-Presse gegenüber zum Fall Davis abgaben und zu den Bemühungen des Genfer Konsulats in dieser Angelegenheit.

213 Schreiben der Bundesanwaltschaft an E. von Steiger vom 22. Dezember 1950, dodis.ch/52801. Angefertigt hatte den fünf Seiten umfassenden Bericht laut Kürzel beim Aktenzeichen René Dubois. Das Dokument zählt zu jenen Stücken, welche die Bundesanwaltschaft dem Untersuchungsrichter «persönlich» zustellte, als Nr. 11 der Liste vom 10. Januar 1951. Es wurde nicht Teil des offiziellen Dossiers, figuriert nicht im einschlägigen Inventar des Untersuchungsrichters, lag dem Gericht also

Das entscheidende Ergebnis des Berichts lautete: Davis habe gestanden, im Auftrag des FBI gehandelt zu haben. Die FBI-Leute seien seine Auftraggeber gewesen, seine «patrons» und «employeurs». Er diente zwar auch Senator McCarthy zu, aber das sei zweitrangig gewesen. Aufseiten der Schweiz wurde man sich bewusst, dass die Lage wesentlich ernster war, als zunächst angenommen.[214]

Im Bericht wird Davis' Schilderung seines Werdegangs als Auftragnehmer des FBI und seines Weges nach Genf wiedergegeben. 1948 aus der Navy ausgeschlossen, sei er zunächst vom *comité politique* der Demokraten angeheuert und danach in Kursen des FBI ausgebildet worden. Im Laufe des Jahres 1949 habe ihn das FBI mit einer Mission in Europa betraut. Von da an sei er dem FBI-Büro in Paris zugeordnet gewesen, dessen Hauptquartier sich dort in der amerikanischen Botschaft befinde. Er habe den Auftrag gehabt, in Frankreich Versammlungen und Demonstrationen der Kommunisten zu beobachten und herauszufinden, ob amerikanische Staatsangehörige daran teilnehmen würden. Später sei er mit dem Auftrag in die Schweiz geschickt worden, in Genf Kontakte zu kommunistischen Kreisen zu knüpfen und dem Büro des FBI in der amerikanischen Botschaft in Paris darüber zu berichten. Darum sei er häufig zwischen Genf und Paris hin- und hergereist.[215]

Davis sei von seinen «patrons» grosszügig bezahlt worden. Er habe erklärt, vom FBI-Büro in Paris monatlich 700 Schweizerfranken erhalten zu haben für sich selbst und um seine Informanten zu bezahlen. Im Übrigen behaupte Davis, das amerikanische Konsulat in Genf sei auf dem Laufenden gewesen, was sein Treiben und die Identität seiner «Arbeitgeber» anging.[216]

Davis habe auch für Senator McCarthy «gearbeitet», aber unter einer Art Aufsicht des FBI. Er habe erklärt, der Senator habe im Grunde genommen höchstens als Deckmantel gedient und von ihm in Wirklichkeit nur unbedeutende Informationen erhalten: nämlich jene, die das FBI von Paris dem Senator zukommen las-

---

nicht vor. Die Diskrepanz zwischen der ursprünglichen, tatsächlichen Bedeutung der Feststellungen und der im späteren Verlauf des Verfahrens vermittelten, verdrängten Bedeutung kommt auch darin zum Ausdruck, dass das Dokument von der Bundesanwaltschaft aufgenommen wurde in ihre «Sammlung grundsätzlicher Fragen». CH-BAR#E4327#1991/237#35*, Vol. 10, Nr. 203; dort auch Nr. 206, das Schreiben des Vorstehers des EJPD an den Vorsteher EPD, 27. Dezember 1950.

214 «La situation s'est modifiée en ce sens que le rôle joué par le sénateur américain *McCarthy*, en tant que chef d'un réseau de renseignements politiques, apparaît aujourd'hui assez effacé, on serait tenté de dire secondaire. En revanche, l'affaire s'est sensiblement aggravée en ce qui concerne les *mandants* de l'inculpé. *Davis* avoue aujourd'hui avoir pratiqué un service de renseignements politiques pour le compte du *Federal Bureau of Investigation (FBI)*, donc pour le compte de la police américaine [sämtliche Hervorhebungen im Original].» Vgl. dodis./52801, S. 1.

215 «Il explique qu'après avoir été licencié de la US Navy, en 1948, il fut recruté tout d'abord par le comité politique du parti démocrate, puis suivit des cours au FBI, où il fur instruit dans l'art de pratiquer un service de renseignements. Dans le courant de l'année 1949, le FBI l'envoya en mission en Europe. Dès cet instant, il releva du bureau parisien du FBI, dont le quartier général se trouve à l'Ambassade des Etats-Unis à Paris. D'abord en œuvre en France, où il fut chargé de surveiller des assemblées et manifestations communistes, à l'effet d'y déceler la présence de citoyens américains, il ne tarda pas à être envoyé en Suisse, avec l'ordre de s'établir à Genève, de prendre contact chez nous avec les milieux communistes et de rapporter au fur et à mesure au FBI, par l'intermédiaire du bureau sis à l'ambassade américaine à Paris. Ce qui explique pourquoi il fit si souvent la navette, au cours de son séjour en Suisse, entre Genève et Paris.»

216 Im Original «employeurs» in Anführungszeichen.

sen wollte.[217] Was McCarthy angehe, habe Davis erläutert, der Senator verwende die Nachrichten, die er allenthalben sammle, für die Republikanische Partei. Er interessiere sich besonders für die Angehörigen des diplomatischen Korps. Darum habe Davis sich auch mit dem amerikanischen Gesandten in Bern befasst und seinen Auftraggebern die Kopie eines Telegramms übergeben, welches ein Emil Stämpfli an den Gesandten adressiert hatte.[218]

Die zusätzlichen Abklärungen hätten einen Sachverhalt zutage gefördert, der besonders gravierend sei: Die FBI-Stelle in Paris habe sich der Korrespondenz kommunistischer Aktivisten bemächtigt, welche in der Schweiz wohnten. Davis habe erklärt, das FBI schicke Vertrauensleute in die Schweiz, die sich in Postbüros meldeten und behaupteten, sie seien eine bestimmte Person – jene eben, die das FBI im Auge hatte –, eine Adressänderung beantragten (z. B. an American Express) und so der Briefe habhaft wurden, die an eben diese Person adressiert waren. Diese Briefe würden nach Paris gebracht, dort fotokopiert und anschliessend wieder in die Schweiz zurückgebracht werden. Davis behaupte, das FBI praktiziere dieses Vorgehen im grossen Stil. Er trage so Angaben über die Aktivitäten der aktiven Kommunisten im Allgemeinen und besonders über ihre Beziehungen zum Ausland zusammen. Davis lüge sicher nicht, denn er selbst sei so vorgegangen im Fall Eggenschwyler/Pfister, und zwar im Auftrag des Repräsentanten des FBI der amerikanischen Botschaft in Paris, Jack West.[219]

Im Allgemeinen sei die Sache strafrechtlich betrachtet ziemlich gravierend. Die Anschuldigung nach Artikel 272 des Strafgesetzbuches sei durch die Geständnisse von Davis reichlich bewiesen.[220] Besonders folgende Punkte könne man ihm unter Beizug der genannten Strafnorm zur Last legen:

Im Interesse einer fremden Behörde und einer fremden Partei zum Nachteil von Schweizerinnen und Schweizern sowie von Personen, die in der Schweiz wohnten, Nachrichtendienst betrieben zu haben über die politische Tätigkeit von Personen und von politischen Verbänden und zudem einen Nachrichtendienst organisiert und solchen Aktivitäten Vorschub geleistet zu haben,

a) indem er den Funktionären des FBI, welche der amerikanischen Botschaft in Paris zugeordnet waren (*attachés à l'ambassade*), amerikanische

217 «Davis a en outre 'travaillé' pour le compte du sénateur McCarthy, mais au su et au vu du FBI! Il explique que ledit Sénateur ne lui servait, au fond, que tout au plus de couverture et que ce personnage ne recevait en fait que des renseignements assez insignifiants: ceux que le FBI de Paris voulait bien consentir à lui soumettre.»

218 Das Telegramm wurde am 4. November 1950 aufgegeben. Am 22. Dezember verfügte die Bundesanwaltschaft noch nicht darüber. Erst am 21. Dezember ersuchte sie die PTT um dessen Aushändigung. Vgl. die Fiche von Emil Stämpfli, CH-BAR#E4320-01C#1996/203#513*. Am 10. Januar 1951 ist es Teil des offiziellen Dossiers, welches die Bundesanwaltschaft dem Untersuchungsrichter zustellte, immer noch als «télégramme adressé par Emile Stämpfli à M. John Carter Vincent». Im Lauf der Untersuchung stellte sich heraus, dass Davis selbst es aufgegeben hatte, mit der gefälschten Unterschrift Stämpflis. Zu diesem Telegramm siehe vor allem sechste Zwischenbetrachtung.

219 Zu dieser Praxis des FBI vgl. die Antwort 30 im Verhörprotokoll vom 19./20. Dezember 1950.

220 StGB Art. 272 Ziff. 1, in der zur Zeit des Prozesses Davis gültigen Fassung vom 29. Oktober 1948 (AS 1948, 1075): «Wer im Interesse eines fremden Staates oder einer ausländischen Partei oder einer andern Organisation des Auslandes zum Nachteil der Schweiz oder ihrer Angehörigen oder Einwohner politischen Nachrichtendienst betreibt oder einen solchen Dienst einrichtet, wer für solche Dienst anwirbt oder ihnen Vorschub leistet, wird mit Gefängnis bestraft.» Das Marginale zu Art. 272 lautet: «Politscher Nachrichtendienst».

Bürger, die in der Schweiz wohnten und mit Personen der extremen Linken verkehrten oder mit diesen sympathisierten (Partei der Arbeit, *Jeunesse libre*), denunziert habe,

b) indem er Schweizer, welche der Partei der Arbeit oder der *Jeunesse libre* angehörten, denunziert habe, vor allem indem er den FBI-Leuten die Liste der Mitglieder der *Parti ouvrier populaire* (POP) in Genf besorgte[221],

c) indem er Dritte anheuerte,

d) indem er dem amerikanischen Konsulat in Genf die Namen von schweizerischen und amerikanischen Kommunisten (Studenten) anzeigte, die 1949 am Kongress der Freien Jugend in Budapest teilgenommen hatten, und indem er dem Konsulat Informationen zukommen liess über die Aktivitäten amerikanischer Kommunisten, die in der Schweiz wohnten,

e) indem er versuchte, sich der Post von Frédéric Eggenschwyler und Elisabeth Pfister zu bemächtigen,

f) indem er seinen Auftraggebern über Zusammenkünfte berichtete, die Otto Schneebeli, Aktivist der extremen Linken, in Zürich organisiert hatte und an denen aktive schweizerische und amerikanische Kommunisten teilgenommen hätten[222],

g) indem er in Zürich Informationen gesammelt habe über die sozialdemokratische Partei und über Gewerkschaften,

h) indem er seinen Auftraggebern meldete, dass das Ehepaar Hamel noch immer heimliche Radiosendungen für die Staaten Osteuropas ausstrahlte.

Im Übrigen enthält der Bericht zwei Schlenker. Zum einen wird beiläufig festgehalten, auch die aktive Kommunistin Frau Pfister, welche mit Davis intim befreundet gewesen sei, bevor sie ihn bei der Polizei wegen der Behändigung ihrer Post angezeigt habe, hätte ihm Informationen geliefert, «und zwar gegen Bezahlung von 20 Dollar!»[223] Zum andern folgt am Schluss des Dokuments ein langes Zitat von Davis – das einzige im ganzen Bericht – über einen Gegenstand, der nicht als Beleg für die Strafbarkeit seiner Tätigkeiten wiedergegeben wird, sondern von der Bundesanwaltschaft wohl als Beleg des Treibens der «fünften Kolonne» angesehen wurde. Im Zitat von Davis ist die Rede von Betriebszellen in Fabriken und von Plänen zur Sabotage in Rüstungsfabriken. Der Topos «fünfte Kolonne» war allgegenwärtig im antikommunistischen Denken und Vokabular des Kalten Krieges. Für die Bundesanwaltschaft wurde diese Denkfigur durch die Aussagen von Davis Realität. Die Passagen über Frau Pfister und die Betriebszellen verweisen auf den impliziten Denkhorizont der Verfasser und auf jenen, den sie bei den Adressaten des Berichts voraussetzen. Und die Presse hat, wie

221 POP ist der Name der PdA in den Kantonen Waadt und Neuenburg, hier ausnahmsweise für Genf verwendet.

222 Im Handexemplar von Dubois ist «der extremen Linken»/»d'extrême gauche» handschriftlich ersetzt durch «der Partei der Arbeit»/»du parti du travail».

223 «ceci pour le prix de 20 dollars!» Frau Pfister bestreitet dies vor dem Untersuchungsrichter (Zeugeneinvernahme 1. Februar 1951); dennoch wird Davis' Denunziation weiterverbreitet, auch in der Presseberichterstattung über den Prozess.

die Prozessberichterstattung zeigt, den Hinweis «richtig» verstanden: Man war überzeugt von der Tätigkeit der fünften Kolonne, die aus Kommunistinnen und Kommunisten bestand, in denen man «Unmenschen» schlechthin erkannte.[224] Beide Schlenker fügen nichts zur Strafbarkeit von Davis' Handlungen bei.

2. Es stellt sich die Frage, welchen Wahrheitsgehalt die Bundesanwaltschaft und der Verfasser des Berichts vom 22. Dezember 1951 dem zumassen, was sie niederschrieben zuhanden des Vorstehers des EJPD und indirekt, gemäss dem intendierten Entscheid, zuhanden des Bundesrates. Angesichts der späteren Uminterpretation der Aussagen, die der Vertreter der Bundesanwaltschaft während des Prozesses gegen Davis im Oktober 1951 in der Anklageschrift festhielt, ist unklar, inwiefern die Antragssteller im Dezember 1950 von ihren Ansichten überzeugt waren.

Der Text zeigt, dass die aufgeführten Sachverhalte als gewiss galten. Explizite Zweifel werden nicht geäussert. Und die verbalen sprachlichen Unterschiede beim Wiedergeben relativieren – in der Wahrnehmung der Verfasser – keine Aussage. Die wesentlichen Punkte des Berichts werden ohne jegliche semantische «Zutat» als Tatsachen betrachtet. Man gelangte zur folgenden Erkenntnis: «[D]ie Situation hat sich deutlich verschlimmert, was die *Auftraggeber* des Beschuldigten angeht» und «der Fall ist nun deutlich gravierender». Davis gestehe heute, für das FBI politischen Nachrichtendienst betrieben zu haben. Durch seine Geständnisse sei die Beschuldigung nach Artikel 272 des Strafgesetzbuches zur Genüge bewiesen.[225]

Auch dort, wo sich Formulierungen finden wie Davis «legt dar» oder er «erklärt», werden sie vom Verfasser des Berichts nicht zur Relativierung verwendet. Die Aussagen, die solchen Wendungen unmittelbar vorangehen oder auf sie folgen, werden als Tatsachen festgehalten. Das lässt sich daran erkennen, dass die Äusserungen nicht in indirekter Rede wiedergegeben sind, sondern affirmativ im Indikativ.[226] Nur an einer Stelle klingt eine Unsicherheit an, allerdings relativiert durch unmittelbar vorangehende oder folgende Affirmativsätze: Die Passage, in

224 Und so gehen dann die Strafverfolgungsbehörden mit Frau Pfister um, ganz abgesehen davon, was sich der Pflichtverteidiger beim Prozess leistete und was mehrere Zeitungen genüsslich aufnahmen. Schon im Bericht der Bundesanwaltschaft vom 11. Dezember 1950 zuhanden des Vorstehers des EJPD (dodis.ch/52798) und im Entwurf zuhanden des Bundesrates wird bei der Beschreibung der Entstehungsgeschichte des Falles, ausgelöst durch die gemeinsame Anzeige von Eggenschwyler und Pfister darauf verwiesen, dass es sich bei den beiden um «militants du parti du travail à Genève» handle. Das spielte zwar insofern tatsächlich eine Rolle, als politische Auswirkungen der Sache in Betracht zu ziehen waren. Aber fraglos beutete es auch eine Brandmarkung – der Kläger! –, in einer Zeit, da «Kommunismus» für Polizei, Behörden und die Mehrzahl der Presseerzeugnisse sowie des weit überwiegenden Teils der Bevölkerung das schlechthin Böse verkörperte.

225 «La situation s'est modifiée» und «l'affaire s'est sensiblement aggravée en ce qui concerne les mandants de l'inculpé»; «Il *avoue* aujourd'hui» und «L'inculpation fondée sur l'article 272 CP est abondamment *prouvée par les aveux* de Charles Davis» (Hervorhebungen J. Z., Unterstreichungen im Original).

226 «Davis expose» oder «il explique». Vgl. folgende Beispiele: «Davis a été assez largement payé par ses patrons. Il explique qu'il recevait de 'l'ambassade', c.à.d. du bureau FBI établi à Paris, 700 fr. suisses par mois.» – «Il explique qu'après avoir été licencié de la US Navy, en 1948 [...] Dans le courant de l'année 1949, le FBI l'envoya en mission en Europe.» – «Toujours au sujet du sénateur McCarthy, Davis expose que ce personnage utilise les renseignements qu'il recueille un peu partout au profit du parti républicain. McCarthy s'intéresse spécialement au personnel diplomatique.»

welcher die Rede ist vom Wissen des Konsulats in Genf über das Treiben von Davis und von dessen «Auftraggebern», wird eingeleitet mit: «Im Übrigen *behauptet* Davis, dass […]».[227]

Die als besonders gravierend hervorgehobene Tatsache, dass das FBI sich mittels Adressfälschungen Zugang zu Postsendungen verschafft habe, die an Personen gerichtet gewesen seien, für die er sich interessiert habe, wird ausdrücklich als Faktum bezeichnet, das die zusätzlichen Abklärungen zutage gefördert hätte. Zweifel an dieser Praxis respektive an der Schilderung dieser Praxis durch Davis, schliesst der Bericht explizit aus: «Davis lügt sicher nicht, da er selbst so vorgegangen ist im Fall Eggenschwyler-Pfister, auf Anordnung von Herrn West, des Vertreters des FBI bei der amerikanischen Botschaft in Paris.»[228]

Der Vergleich mit dem, was die Bundesanwaltschaft kaum zwei Wochen zuvor am 8. und 11. Dezember formuliert hatte, zeigt erhebliche Diskrepanzen. In jenen Darstellungen kommt der Terminus «FBI» nicht vor, obwohl Davis in den Erklärungen und Befragungen im November, lange vor dem grossen Verhör, detailliert und wiederholt von seinem Verhältnis zum FBI gesprochen und auch den Namen von Jack West erwähnt hatte, der nun am 22. Dezember auch von der Bundesanwaltschaft niedergeschrieben wurde. Was sich innerhalb der Bundesanwaltschaft abgespielt hatte, bis es zu dieser neuen Sicht kam, ist im Einzelnen nicht zu erkennen. Kam es überhaupt zu Diskussionen über die neue Wertung der Dinge, welche der Bericht zum Ausdruck bringt, oder erschienen die Aussagen von Davis beim grossen Verhör im Wesentlichen einfach als selbstverständlich evident? Wurde Balsiger als Chef der Bundespolizei überhaupt einbezogen in das Verfassen des neuen Berichts oder blieb dies Sache des Bundesanwalts und seines Stellvertreters? Auf jeden Fall bedeutet das Dokument vom 22. Dezember, dass Balsigers Versuch, den Fall durch die Ausweisung von Davis zu erledigen und die Strafverfolgung zu vermeiden respektive zu verhindern, ohne Erfolg blieb.

Dubois, dem die Federführung oblag, und Bundesanwalt Lüthi, der verantwortlich unterzeichnete, markierten mit Worten und mit diakritischen Zeichen die Verschiebungen der Auffassungen: Am 8. Dezember figurierte Senator McCarthy an erster Stelle der Auftraggeber von Davis und danach folgte die Botschaft der Vereinigten Staaten in Paris, nicht wie vierzehn Tage später – alles dominierend – die Beamten des FBI, welche der amerikanischen Botschaft in Paris zugeordnet waren. Und anderswo wird im späteren Bericht explizit diese Ausdeutschung geliefert: «Davis erklärt, er habe *von ‹der Botschaft›, das heisst vom FBI-Büro in Paris*»[229] Anweisungen erhalten.

227 «Davis *affirme* d'autre part que le consulat américain de Genève était parfaitement au courant de ses faits et gestes, comme aussi de l'identité de ses ‹employeurs›» (Hervorhebung J. Z.).

228 «Davis ne dit certainement pas des mensonges puisqu'il a procédé ainsi dans le cas Eggenschwyler-Pfister, sur l'ordre de Mr. *West*, délégué du FBI à l'ambassade américaine à Paris» (Hervorhebung im Original.).

229 Schreiben der Bundesanwaltschaft an E. von Steiger vom 8. Dezember 1950, dodis.ch/52796, S. 2: Davis habe Nachrichtendienst betrieben «pour le compte de l'ambassade des Etats-Unis à Paris». 22. Dezember 1950, dodis.ch/52801, S. 2: Davis habe sich strafbar gemacht, «en denonçant aux fonctionnaires du FBI *attachés à l'ambassade américaine à Paris*». «Il explique qu'il recevait *de ‹l'ambassade›, c.à.d. du bureau FBI établi à Paris*» (Anführungsstriche bei l'ambassade am 22. Dezember im Original; Hervorhebungen J. Z.).

3. Am Freitag, dem 22. Dezember, hatte die Bundesanwaltschaft das Resümee des grossen Verhörs an Departementsvorsteher von Steiger gesandt. Dieser wandte sich am darauffolgenden Mittwoch, dem 27. Dezember, in einem als dringlich gekennzeichneten Schreiben – die Sache sollte tags darauf in der Sitzung des Bundesrates behandelt werden – an seinen Kollegen, den Vorsteher des Politischen Departements. Er liess dabei Einzelheiten des Berichts vom 22. Dezember weg, die Quintessenz hingegen hob er hervor. Und von Steiger machte nicht nur deutlich, was seiner Auffassung nach zu tun sei, er legte auch die politischen Gründe dar, die ihn zu seiner Schlussfolgerung veranlassten.[230]

Die zusätzliche Befragung habe die Situation ihrem Wesen nach verändert. Davis gestehe nun, dass er politischen Nachrichtendienst für die Bundespolizei der Vereinigten Staaten betrieben habe. Die Rolle, welche Senator McCarthy gespielt habe, trete in den Hintergrund. Der Fall erscheine heute viel schwerwiegender als zuvor, weil Davis ein Agent der politischen Polizei seines Landes sei, diese Polizei verfüge über eine Aussenstelle, die organisatorisch bei der amerikanischen Botschaft in Paris angesiedelt sei und deren Fühler bis in die Schweiz ausgestreckt seien. Die Methode, welche das FBI anwende, um sich auf dem Territorium der Schweiz der Post von Personen zu bemächtigen, welche es ausspioniere, zeige hinreichend, wie skrupellos der amerikanische Spionagedienst sei. Die Verletzung der schweizerisch-territorialen Souveränität sei flagrant.[231]

Nicht nur, was die Tatsachen angehe, welche die Untersuchung zutage gefördert habe, sehe die Situation nun anders aus, sondern auch in rechtlicher Hinsicht. Im Entwurf des Berichtes vom 11. Dezember zum Antrag, Davis sei auszuweisen, seien noch Zweifel formuliert worden, ob der Straftatbestand des politischen Nachrichtendienstes erfüllt sei, da Davis für einen Privatmann spioniert habe und nicht für eine Partei, wie es die Strafgesetznorm verlange. Im Bericht vom 22. Dezember führe die Bundesanwaltschaft nun die wichtigsten Anschuldigungen auf und sie sage, die Straftat sei nun soweit bewiesen, dass sie rechtliche Schritte ermögliche.

Von Steiger forderte den Bundesrat nun auf, zu entscheiden: Antrag auf Ausweisung nach Artikel 70 der Bundesverfassung oder Ermächtigung zur Strafverfolgung nach Artikel 105 der Bundesstrafprozessordnung. Er wies darauf hin, dass sich die Frage nach der Opportunität eines Strafprozesses stelle. Von Steiger trug seine Position in Form einer rhetorischen Frage vor, liess aber keinen Zweifel darüber offen, was zu tun sei. Man könne sich fragen, ob nicht der Moment gekommen sei, den amerikanischen Behörden zu zeigen, dass die Schweiz solche Machen-

---

230 Die Lektüre dieses Schreibens, publiziert in den Diplomatischen Dokumente der Schweiz einschliesslich der Anmerkungen dazu, bot mir Anlass, mich mit dem Fall Davis zu beschäftigen. Vgl. Schreiben von E. von Steiger an M. Petitpierre vom 27. Dezember 1950, Diplomatische Dokumente der Schweiz, Bd. 18, Dok. 74, dodis.ch/7976.

231 «ce complément d'enquête a essentiellement modifié la situation, en ce sens que Davis avoue aujourd'hui avoir pratiqué un service de renseignements politiques pour le compte de la police fédérale des Etats-Unis (FBI) [...] Davis étant l'agent de la police politique de son pays, et cette police disposant d'une succursale organisée à l'ambassade américaine à Paris, dont les antennes sont poussées jusque chez nous, l'affaire apparaît aujourd'hui sous un jour beaucoup plus grave que précédemment. La méthode appliquée par le FBI pour s'emparer sur territoire suisse du courrier destiné aux personnes espionnées [...] on dit long sur l'absence de scrupules du service d'espionnage américain. L'atteinte à notre souveraineté territoriale est flagrante.»

schaften auf ihrem Territorium nicht dulden würde. Und bei dieser Gelegenheit könne man gegenüber dem Ausland den festen Willen zum Ausdruck bringen, dass man um jeden Preis die Neutralität behaupten würde, indem gegen jegliche Spionage und jede Spitzelei vorgegangen würde, woher sie auch kommen möge.[232]

Die Bundesanwaltschaft habe dargelegt, welche Handlungen von Davis als Vergehen gegen Art. 272 StGB zu betrachten seien und eine strafrechtliche Untersuchung rechtfertigten. Der Departementsvorsteher betont in seiner Begründung für die Strafverfolgung den übergeordneten Zweck, dem der Artikel 272 dient: Dem Schutz der territorialen Souveränität des Landes, welche durch die amerikanischen Spionagedienste in flagranter Weise verletzt worden sei. Auch die Motivation, nicht aus Gründen der politischen Opportunität auf die Strafverfolgung zu verzichten, liege in der Verteidigung der Souveränität. Den amerikanischen Behörden sei zu zeigen, dass das inkriminierte Treiben auf dem schweizerischen Territorium nicht zugelassen werde.[233]

In der Bundesratssitzung des darauffolgenden Tages, dem Donnerstag, 28. Dezember stand die Angelegenheit auf der Traktandenliste und von Steiger referierte. Da Davis zunächst nicht im Dienst einer grösseren Organisation zu spionieren schien, wäre ein Strafverfahren nicht notwendig gewesen. Die Ausweisung hätte genügt. Aber man habe entdeckt, dass er einen offiziellen Auftrag gehabt habe, der wichtiger gewesen sei als der private. Die Voraussetzungen für die Strafverfolgung seien somit erfüllt. Er fragte, ob man aus rein politischen Gründen darauf verzichten solle. Seine Überzeugung und sein Pflichtbewusstsein würden verlangen, eine Strafverfolgung einzuberufen.[234]

Von Steigers Votum lässt Engagement, ja sogar ein gewisses Empfinden erkennen, das untypisch ist – zumal in der knappen Form, in welcher die Bundesratssitzungen jener Jahre überliefert sind. Der Protokollant gab das Kurzreferat des Departementsvorstehers in der Ich-Form wieder. Gemäss dem wenig umfangreichen Eintrag von 13 Zeilen sprach er von seiner «Pflicht» und von seiner «Überzeugung», dies zu tun oder jenes zu vermeiden. Im handschriftlichen Protokoll von Vizekanzler Oser wirkt die Emphase von Steigers noch stärker als in der eben zitierten maschinenschriftlichen Version. Oser notierte zusätzlich den Satz: «Es ist meine Pflicht festzustellen, dass eine Tätigkeit gegen die Kommunisten unzulässig ist.» Diese subjektivierenden Elemente können entweder ausdrücken, dass von Steiger innerlich mit sich gerungen hat, bis er zur festen Überzeugung gelangte, dass die Strafverfolgung notwendig sei, oder sie können anzeigen, dass er über das Verhalten der US-amerikanischen Dienste und deren Missachtung

232 «Ici se pose la question de l'opportunité d'un procès. On peut se demander si le moment n'est pas venu de *montrer aux autorités américaines que nous ne saurions tolérer pareils agissements sur notre territoire*, et de manifester par la même occasion, vis-à-vis de l'extérieur, notre volonté bien arrêtée de maintenir coûte que coûte notre statut d'Etat neutre en sévissant contre tout espionnage et mouchardage, *d'où qu'il vienne*» (Unterstreichung im Original, Hervorhebung J. Z.).

233 Vgl. auch die Passage im Bericht zur Begründung des Beschlussantrags vom 5. Januar 1951: «l'espionnage politique commis par le fait d'avoir, dans l'intérêt d'une autorité étrangère et au préjudice de la Suisse»

234 «Mais on a découvert ensuite avait aussi *un mandat officiel* plus important que mandat privé. [...] Y renoncer pour des raisons purement politiques ? Ma conviction et mon devoir, c'est qu'il faut poursuivre [Hervorhebung J. Z.]», Protokoll des Bundesrates, 92. Sitzung, 28. Dezember 1950, 9.00–12.25 Uhr CH-BAR#E1003#1000/8#5*.

der Souveränität der Schweiz empört war. Auf jeden Fall verleiht dieser Tonfall seinem Antrag, die Vergehen strafrechtlich zu verfolgen und die Sache nicht aus Gründen der Opportunität fallen zu lassen, deutlichen Nachdruck.[235]

Der Vorsteher des Politischen Departementes, Petitpierre, übernahm die Meinung seines Chefbeamten, eine Verfolgung sei angemessen, verlangte aber weitere Abklärungen.[236] Ein Beschluss wurde daher nicht gefasst. Dass Petitpierre sich veranlasst sah, Aufschub zu verlangen, lag wohl eher an Zeitknappheit als an ernsthaften Bedenken.[237]

Unklar ist, was den Vorsteher des EJPD bewogen hat, dem Bundesanwalt unmittelbar nach der Sitzung mitzuteilen, obwohl noch kein Entscheid gefallen sei, gehe er selbstverständlich davon aus, dass Davis in Haft bleibe.[238] Am ehesten lässt sich die Mahnung als Ausdruck des festen Willens zur Strafverfolgung interpretieren, des Willens, alle Eventualitäten auszuschliessen, welche diese verhindern oder beeinträchtigen könnten.

Einen Tag nach der Bundesratssitzung waren die Meinungen im EPD definitiv. Petitpierre sandte die Unterlagen zurück und liess den Vorsteher des EJPD wissen, dass er, nach Konsultation seiner Dienste, die Auffassung der Bundesanwaltschaft teile: Es handele sich zweifellos um Taten, welche strafrechtlich betrachtet von schwerwiegender Art seien.[239] Deswegen habe er keinerlei Einwand gegen die Eröffnung der Voruntersuchung. Es scheine auch zweckmässig, diese Gelegenheit zu benützen, um gegen aussen von Neuem den Willen zu beweisen, in der Schweiz gegen jegliche Spionage vorzugehen, wer auch immer deren Nutzniesser sei.

4. Am 5. Januar 1951, in der ersten Sitzung des neuen Jahres, beschloss der Bundesrat die Zulassung der Strafverfolgung wegen Vergehen gegen Artikel 272 des Strafgesetzbuches. Der Fall wurde dem Bundesstrafgericht zugewiesen.[240]

---

235 «J'ai le devoir de dire qu'une activité contre les com[mun]istes est inadmissible», Protokollhefte der Bundesratssitzungen von Vizekanzler Oser, CH-BAR#E1002#1970/215#10*. Ich sehe keine Alternative für die Ergänzung von «comistes» zu «communistes». Das mag angesichts des virulenten Antikommunismus jener Zeit aus dem Mund des Vorstehers des Justiz- und Polizeidepartementes seltsam klingen, kann aber interpretiert werden als unbedingter Wille zur Behauptung der Souveränität des Landes, als unmissverständlichen Ablehnung der Tätigkeit ausländischer Polizeiorgane auf dem Gebiet der Schweiz. Es ist zu erinnern an ein Votum von Steigers im Nationalrat bei der Diskussion über Artikel 272 in der Debatte zu Teilrevision des Strafrechts am 28. März 1950, und von Steiger mag sich angesichts des Falles Davis/FBI selbst daran erinnert haben: «Ich stelle mit Entschiedenheit fest, dass wir den Nachrichtendienst von Amerika und andern alliierten Staaten während des Krieges mit der gleichen Gewissenhaftigkeit beobachtet und, wo wir Gelegenheit hatten, verfolgt haben. Darüber ist kein Zweifel möglich. [...] Aber wir haben zufällig keinen Beweis von Nachrichtendienst gegen die Schweiz gehabt. Wo wir einen Fall entdecken, sind wir unnachsichtig», Bulletin NR 1950, S. 217.

236 Der Chef der Politischen Abteilung des EPD, Zehnder, liess das Schreiben des EJPD vom 27. Dezember dem Departementsvorsteher übermitteln mit der Begleitnotiz, prima vista scheine ihm, die Strafverfolgung sei angebracht, CH-BAR#E2001#1969/121#852*.

237 Mit dem Bericht vom 27. Dezember erhielt das EPD als Beilagen auch das 19-seitige Protokoll des grossen Verhörs und den fünfseitigen Bericht der Bundesanwaltschaft vom 22. Dezember (dodis.ch/52801) – einen Tag vor der Sitzung, die am 28. Dezember um 9.00 Uhr begann. Weder im Dossier Davis des EPD, noch in jenem des EJPD finden sich Spuren zusätzlicher Abklärungen.

238 CH-BAR#E4001C#1000/783#191*.

239 «Il s'agit sans doute d'actes présentant du point de vue pénal un caractère de gravité», CH-BAR#E2001#1969/121#852*.

240 «1. La poursuite fondée sur l'art. 272 CP [Code pénal/Strafgesetzbuch]. 2. Les procédures sont jointes devant la Cour pénale fédérale.» Nach Artikel 107 der Bundesstrafprozessordnung hat

79 Im Bericht, in welchem der Antrag zum Beschluss begründet wird, wird dargelegt, Davis habe zunächst widersprüchliche und variierende Angaben darüber gemacht, was er in der Schweiz getrieben habe, schliesslich aber eingestanden:

In Amerika einen Ausbildungskurs des FBI für Nachrichtendienst-Agenten absolviert zu haben,

a) nach Frankreich geschickt worden zu sein, wo er eine Zeit lang für die Dienststelle des FBI gearbeitet habe, die bei der amerikanischen Botschaft in Paris eingerichtet war,[241]

b) zuhanden des genannten Büros in der Schweiz die gleiche Tätigkeit ausgeübt zu haben.

Es folgt die Liste der Vergehen gegen Art. 272 StGB, die Davis gemäss den Abklärungen der Polizei begangen hatte. Sie ist beinahe identisch mit den Angaben, welche die Bundesanwaltschaft am 22. Dezember dem Departementsvorsteher vorgelegt hatte.[242] Am Kopf stand nach wie vor, dass Davis den Beamten des FBI, die der amerikanischen Botschaft in Paris angegliedert seien, Informationen geliefert habe, die amerikanische Staatsangehörigen, die in der Schweiz wohnten und mit linksextremen Kreisen (Partei der Arbeit, *Jeunesse libre*) verkehrten oder mit ihnen sympathisierten, denunzierte.[243] An zweiter Stelle figuriert, wie im Schreiben vom Dezember, die Denunziation – zuhanden der genannten Beamten von Schweizerinnen und Schweizern und von Ausländern, welche der Partei der Arbeit oder der *Jeunesse libre* angehörten. Erst als fünfter Punkt folgt – immer noch unter dem Gesichtspunkt der strafbaren Handlungen nach Art. 272 StGB – der Versuch (sic!), sich mittels der Fälschung von Adressänderungsformularen der Post von Frédéric Eggenschwyler und Elisabeth Pfister zu bemächtigen.

Nach der Aufzählung der Vergehen gegen Art. 272 werden weitere Vergehen genannt, die andere Straftatbestände betreffen, so die Adressänderungsfälschungen als «faux dans les titres» (Urkundenfälschung). Zudem sei eine Privatklage wegen Zechprellerei anhängig. Ferner scheine Davis betrügerisch gehandelt zu haben, indem er missbräuchlich das Telefon seiner Vermieterin für mehrere Anrufe in die Vereinigten Staaten benutzt habe.[244]

Am schwerwiegendsten sei der politischen Nachrichtendienst nach Art. 272 StGB, da Davis im Interesse einer fremden Macht und zum Nachteil der Schweiz, ihrer Staatsangehörigen und Einwohner während mehr als einem Jahr Anga-

---

der Bundesrat auch darüber zu entscheiden, ob ein Fall dem Kantonsgericht zugewiesen wird, in welchem die wichtigsten Straftaten begangen wurden, oder dem Strafgericht des Bundes. Vgl. auch Art. 344 StGB, «Gerichtsstand bei Zusammentreffen mehrerer strafbarer Handlungen».

241 «le bureau du FBI installé à l'ambassade américaine à Paris».

242 Warum der letzte Punkt jener Aufzählung vom 22. Dezember, Bst. h, nun weggelassen wurde, ist aus den Akten nicht ersichtlich. Es ging um Davis' Denunziation, das Ehepaar Hamel übermittle weiterhin geheime Radiosendungen in die osteuropäischen Staaten. Vgl. dodis.ch/52801, S. 5.

243 «aa) en dénonçant aux fonctionnaires du FBI attachés à l'ambassade américaine à Paris les citoyens américains résidant en Suisse et frayant ou sympathisant avec les milieux d'extrême gauche (parti du travail, jeunesse libre).»

244 Zur Klage von Nelly Ferrero, der Inhaberin des Hotel de Europe, wegen Zechprellerei respektive «filouterie d'auberge» (StGB Art. 150) siehe Kapitel II b, Abschnitt 4, zu jener von Angèle Portier-Legrand wegen Betrugs respektive Erschleichen einer Leistung, «obtention frauduleuse de prestations», nach Art. 151 StGB, ebenfalls Kapitel II b, Abschnitt 4.

ben über Personen und politische Vereinigungen gesammelt habe.[245] Da der Fall schwer wiege und es angebracht sei, ihn der besonderen Atmosphäre wegen, die in Genf herrsche, und aus Gründen, welche der Bundesrat kenne, beantrage das EJPD, die Untersuchung und das Urteil dem Bundesstrafgericht zu übertragen, zumal Straftaten berührt seien, welche sowohl der kantonalen als auch der eidgenössischen Rechtsprechung unterstünden.[246]

In der Disposition dieses Berichts fallen zwei Elemente auf. Zunächst: Die Aufzählungen von a bis c, welche den Aussagen zu den anderen strafbaren Handlungen vorangestellt sind. Dort werden Davis' strukturelle Beziehung zum FBI, unter besonderer Berücksichtigung der FBI-Dienststelle, die bei der amerikanischen Botschaft in Paris eingerichtet sei, beschrieben. Zum anderen wurde auch in diesem Dokument, wie im Bericht der Bundesanwaltschaft vom 22. Dezember, in der Aufzählung der Beschuldigungen an die erste Stelle gesetzt: die Denunziation amerikanischer Staatsbürger, die in der Schweiz wohnten. Was die Bundesanwaltschaft hervorhob, ist das Bespitzeln politisch verdächtiger US-Amerikaner in der Schweiz durch eine US-amerikanische Stelle. Dies wurde auch dem Gremium, das über die Strafverfolgung von Davis zu entscheiden hatte, mit Nachdruck vermittelt.

Die Souveränität des Landes – insbesondere das Selbstverständnis als neutraler Staat – war das grundlegende und ausschlaggebende Motiv des Bundesrates bei seinem Entscheid, die Strafverfolgung gegen Davis zu veranlassen. Die Verschiebung dieses Motivs im Lauf des Verfahrens respektive das Verschwinden des im Januar akuten Gefühls der Verletzung der Souveränität durch amtliche Stellen der USA im Verlauf und im Ergebnis des Verfahrens, ist nicht auf den Bundesrat zurückzuführen, sondern auf die Strafverfolgungsorgane.

Erste Zwischenbetrachtung: Das FBI war es

1. Die Behörde, der im Fall Davis die wichtigste Entscheidungskompetenz zukam, war der Bundesrat. Ohne dessen Beschluss hätte es keine Strafuntersuchung und keine Verurteilung geben können. Für den Bundesrat stand fest, dass das FBI der Auftraggeber von Davis war. Deshalb war auch der Entscheid, die Strafverfolgung einzuleiten, juristisch betrachtet unausweichlich. Und weil das FBI so dreist agierte, schob der Bundesrat Bedenken wegen der Inopportunität eines Verfahrens beiseite.

Die Quintessenz, zu Beginn des Bundesratsbeschlusses vom 5. Januar 1951 formuliert, wurde wiederholt: Davis habe politischen Nachrichtendienst im Auftrag der Bundespolizei der Vereinigten Staaten von Amerika betrieben. Ferner habe man festgestellt, dass Davis ein staatliches Mandat innehatte, das wichtiger als

---

245 «l'espionnage politique commis par le fait d'avoir, dans l'intérêt d'une autorité étrangère et au préjudice de la Suisse».

246 Was mit dieser «atmosphère particulière à Genève» präzis gemeint ist, war im Detail wohl auch dem Bundesrat nicht klar. Hinter der Charakterisierung stand eine eher diffuse Wahrnehmung: Die Bedeutung und das Verhalten der «linken» und vor allem der «linksextremen» Kräfte wurde als fundamental bedrohend empfunden. Wie sehr das Trauma der «Unruhen» von 1932, als Soldaten bei einer Kundgebung dreizehn Demonstranten erschossen und zahlreiche schwer verletzten, in bürgerlichen Kreisen nachwirkte, zeigt die Diskussion um die geheime Sicherheitsverordnung vom 12. Januar 1951, welche von der Wahrnehmung der Verhältnisse in Genf wesentlich beeinflusst war..

der private Auftrag gewesen sei. Die Feststellungen beruhen, wie oben dargelegt, auf der Synthese der Bundesanwaltschaft, in welcher sie die Erkenntnisse des grossen Verhörs zusammenfasste. Auf den ersten Seiten jenes Berichtes sind in einer geschlossenen Textfolge von drei Zeilen die Wörter «Auftraggeber», «Davis» und «Federal Bureau of Investigation (FBI)» unterstrichen hervorgehoben.

Eher als Kuriosität sei vermerkt, dass die Fiche, welche die schweizerische politische Polizei für das FBI angelegt hatte, mit einem Eintrag aus den Akten zum Fall Davis beginnt. Beruhend auf einer Mitteilung von Inspektor Ritschard über die Einvernahme von Davis wurde zum 26. Dezember 1950 notiert, dass Davis für das FBI in der Schweiz politischen Nachrichtendienst betreibe.[247]

Die Anklage, von René Dubois vertreten, hatte in der Gerichtsverhandlung ausgeschlossen, dass Davis im Auftrag des FBI agierte – das Gericht folgte dieser Interpretation. Und dennoch: Im Geschäftsbericht 1951 des Bundesrates steht, dass Davis für Amtsstellen und hochgestellte politische Persönlichkeiten des Auslandes in der Schweiz linksgerichtete Kreise bespitzelt habe.

Dubois, der das Dossier der Anklage führte, hielt das FBI aus seiner Anklageschrift vom 24. Juli 1951 heraus.[248] In einem Schreiben vom 3. August 1951 an das EPD aber hatte er noch unmissverständlich die Erkenntnisse vom Ende des Vorjahres präsentiert: Die USA seien mehr oder weniger direkt in die Sache verwickelt, da Davis gestanden habe, politischen Nachrichtendienst für die amerikanischen Behörden betrieben zu haben.[249]

Auch der Chef der Bundespolizei wusste nach dem Urteil, dass Davis nicht nur McCarthy zudiente: Davis habe politische Nachrichten, die er in der Schweiz in kommunistischen Kreisen gewonnen habe, *unter anderem* an den amerikanischen Senator McCarthy geliefert. In einem längeren Zitat aus der ausführlichen Urteilsbegründung, führte er an, inwiefern der Nachrichtendienst zugunsten McCarthys unter StGB 272 falle. Die Informationen, welche der Angeklagte dem Konsulat der Vereinigten Staaten in Genf und Personen geliefert habe, welche der amerikanischen Botschaft in Paris angegliedert seien, wären eindeutig für einen fremden Staat bestimmt gewesen. Am offenkundigsten formulierte er Davis' Zusammenarbeit mit dem FBI in einem Satz, der – flüchtig gelesen – den Sachverhalt verschleiert: Was den Straffall des amerikanischen «Negers» Davis anbelangen würde, so ergäbe sich, dass Davis nicht für eine amerikanische Nachrichtenstelle in der Schweiz gearbeitet habe. Das heisst konkret, dass er für eine amerikanische Nachrichtenstelle im Ausland tätig war – in Paris. Das FBI blieb also auch im Bewusstsein des Chefs der Bundespolizei nach der Gerichtsverhandlung noch immer Teil des unerlaubten Nachrichtendienstes. Das Gleiche galt für den Bundesanwalt, Werner Lüthi, der 1954 schrieb, Davis habe in der Schweiz für amerikanische Amtsstellen «Linksextremisten» bespitzelt und für Senator McCarthy die Verbindungen des amerikanischen diplomatischen und konsularischen Korps überwacht.[250]

247 Zur Fiche des FBI (verglichen mit jener von McCarthy) und zu jener von Jack West siehe fünfte Zwischenbetrachtung, Abschnitt 2.

248 Anklageschrift der Bundesanwaltschaft vom 24. Juli 1951, dodis.ch/52784.

249 Schreiben der Bundesanwaltschaft ans EPD vom 3. August 1951, dodis.ch/52781.

250 Quellennachweise in Kapitel V b.

2. René Dubois hatte im Sommer 1951 die Anklageschrift vorbereitet, indem er das Material – die Akten der Polizei und jene des Untersuchungsrichters – in einzelne Elemente zerlegte und diese nach den wichtigsten Gesichtspunkten ordnete. Die grösstenteils handschriftlichen Notizen sind in vier Faszikeln überliefert:

1. Notes personnelles
2. Pièces diverses de portée exclusivement interne
3. Sénateur McCarthy = organisation étrangère
4. Notes juridiques

Dazu kommt ein alphabetisches Namenregister zum umfangreichen Dossier des Untersuchungsrichters.

Der künftige Ankläger hatte das FBI als Bestandteil des Falles Davis mehrfach notiert und eine eigene Kategorie gebildet: «rens. ambassade ou agents à Paris». Darauf ist mit dem Verweis auf die Seitenzahlen des Dossiers des Untersuchungsrichters vermerkt, welche Informationen im Sinn des politischen Nachrichtendienstes Davis der FBI-Vertretung in Paris zukommen liess. Im gleichen Faszikel, «Notes personnelles», hat er auf etwa sieben Seiten Belege für «Espionnage politique» zusammengestellt, darunter etliche, in denen das FBI erscheint. Dubois hat die Notizen am Rande mit «rens[eignements]» versehen – er hat sie also als Belege für den unerlaubten Nachrichtendienst gekennzeichnet. Er notierte also, dass das FBI in die Straftaten nach StGB Artikel 272 involviert war.

Dubois vermerkte auch Davis' Widerruf: Er gebe alles zu, ausser was die Bestimmung der Informationen angehe, nämlich die amerikanischen Agenten, welche sie dann an Dienststellen in den USA übermittelten. Das änderte, wie die Darstellung unter «rens. ambassade ou agents à Paris» zeigt, nichts daran, dass Dubois die Komplizenschaft des FBI als gegeben betrachtete. Im Faszikel «Pieces diverses de portée exclusivement interne», der wie die bereits genannten Blätter zum Material für die Vorbereitung der Anklageschrift zählt, finden sich auf eineinhalb Seiten, die mit *Federal Bureau of Investigation* betitelt sind, etwa fünfzehn Einträge. Da sind explizite Aussagen zum FBI registriert, einschliesslich der vielfachen Nennung der Agenten, mit denen Davis in Paris verkehrte, allen voran Jack West, ferner Charles Grey sowie Richard Clyde Larkin. Larkin, Grey und West sind im alphabetischen Namenregister vertreten, mit drei, fünf und neun Verweisen.

Auch den Zweck der Aktivitäten von Davis hat Dubois in den Notizen eindeutig vermerkt. Auf der ersten Seite der Einträge unter «Espionnage politique» hat er am Rand neben die Notiz, Davis hätte besonders die amerikanischen Staatsbürger im Visier gehabt, um ihre allfälligen Verbindungen mit den Kommunisten festzustellen, den Vermerk platziert, dies sei Gegenstand der Aktivitäten von Davis gewesen. Dubois wusste, worum es dem FBI ging und warum es mittels Davis in Genf am Werk war.

Es sei nochmals hervorgehoben: All dies brachte Dubois im Sommer 1951 explizit zu Papier, so deutlich wie im Dezember 1950, als er zuhanden des Vorstehers des EJPD als Ergebnis der gerichtspolizeilichen Untersuchung das FBI als Auftraggeber identifizierte. Angesichts dieser Tatsache, sich diese Erkenntnisse einige Monate später nochmals ins Bewusstsein zu rufen, bekommt seine Anklagerede vom Oktober 1951, in welcher er ausschloss, dass Davis im Auftrag des FBI tätig war, einen etwas imaginären Charakter. Die Frage, wie Dubois diese Abspaltung schaffte oder wie sie zustande kam, ist, betrachtet auf der Basis des schweizerischen Quellenmaterials, in meinen Augen das einzige wirkliche Rätsel, welches der Fall Davis darbietet.

3. Manches, was Davis erzählt oder behauptet hat, ist inzwischen nachweislich falsch und etliche Aussagen sind unwahrscheinlich – viele können nicht überprüft werden. Das gilt auch für das, was er über die Zusammenarbeit mit dem FBI ausgebreitet hat. Doch losgelöst davon, was Dubois in seinen Notizen und in der Anklageschrift als gegeben angenommen hat, blieben genügenden Sachverhalte, die Davis' enges Verhältnis zu den FBI-Leuten in der Botschaft in Paris belegten. Dass Davis einem Bekannten riet, sich nicht mit Personen einzulassen, welche sich bei ihm in seinem Namen meldeten, ohne die FBI-Marke vorzuweisen, kann unberücksichtigt bleiben, ebenso, dass dieser Bekannte laut Davis seine Nachfolge als FBI-Agent in Genf antreten sollte.[251] Auch die verschiedenen Versionen, wie er vom FBI entlöhnt wurde, brauchen nicht weiter erörtert zu werden, ebenso die Darstellung, wie es zur Verbindung mit dem FBI kam und welche Schulung er durch die Organisation erhalten oder nicht erhalten hatte. Auch nicht, wie bedeutend oder unbedeutend seine Telefonate mit dem FBI in Washington waren, ob das Weiterleiten von dem FBI gelieferten Informationen an McCarthy nur dazu diente, die FBI-Zuträgerei zu tarnen oder nicht. Selbst ungeachtet dessen, was an gelieferten Informationen an das FBI durch Einträge auf Fichen zur «Tatsache» wurde – ohne Rücksicht auf den Grad der Unwahrscheinlichkeit oder Wahrscheinlichkeit des Zutreffens der einschlägigen Angaben, lassen sich anhand der Akten genügend Elemente anführen, welche das FBI als Auftraggeber von Davis nachweisen.

Unter den Erklärungen, welche Davis in den ersten Tagen nach seiner Verhaftung angab, zeichnet sich eine dadurch aus, dass sie von Davis *selbst* geschrieben wurde. Diese Schilderung sieht auf den ersten Blick aus wie ein Flickenteppich, zusammengesetzt aus einzelnen Aktivitäten seiner Informationsbeschaffung. Bei näherem Hinsehen ist eine leitende Verfahrensweise zu erkennen. Davis beschreibt, wem er das Material zugestellt und was er im Auftrag der Empfänger unternommen hat. Er stellt sein Verhältnis zu den Auftraggebern dar, indem er erzählt, was er geliefert hat und anführt, welche Anweisungen er befolgt hat. Dieser Aspekt hat als strukturbildendes Element der Erklärung Bestand, unabhängig davon, inwiefern die Behauptungen über den Inhalt einzelner Informationsübermittlungen zutreffen, und unabhängig davon, ob jede der erwähnten Sendungen erfolgte, ob seine Auftraggeber jede Anweisung, die er nannte, erteilt haben oder nicht. Etwa ein Dutzend Mal tritt der *legal attaché* respektive das *Paris office* oder die amerikanische Botschaft als Davis' Informationsempfänger oder als Auftraggeber auf.

Davis schreibt, seit dem 9. Juli sei er Angestellter der amerikanischen Botschaft in Paris gewesen. Die Aussage ist plausibel, weil er, wie die Passeintragungen zei-

251 Antworten 63 und 14 im Verhör vom 19. und 22. Dezember 1950 sowie Fiche Hedley Heaton, CH-BAR#E4320-01C#1990/134#64*.

gen, seit dieser Zeit mehrmals nach Paris reiste, einmal benütze der das Flugzeug. Soweit er im November Angaben zu den Daten seiner Reisen nach Paris machte, stimmen sie mit den Einträgen im Pass überein. Bekannte stellten fest, dass er im Herbst 1950 über einiges Geld verfügte und, anders als zuvor, gut gekleidet war. Im ersten Dreivierteljahr seines Aufenthaltes in der Schweiz nützte er das Wohlwollen von Bekannten aus, um bei ihnen zu wohnen, ohne dafür zu bezahlen. Vom Juli 1950 an logierte er in Hotels oder zur Untermiete, und zwar ab dem 9. Juli 1950, dem Tag seiner Rückkehr aus Paris.

Die Häufigkeit der Aufenthalte in Paris zeugt von einer strukturellen Beziehung zu den Personen, die ihn dort empfingen. Und in analoger Weise dokumentiert die Häufigkeit des Verkehrs – sei es das Befolgen von Anweisungen, sei es das Aushändigen von Material –, die Davis in der erwähnten Erklärung darlegt, eine Art organische Beziehung.

Davis nennt Jack West in der Erklärung zwar nicht namentlich, aber wenn er vom *legal attaché* spricht, ist dies für ihn synonym für West. Denn er hat ihn an anderen Stellen mehrfach als *legal attaché* identifiziert, etwa in einer Antwort des grossen Verhörs vom 19. und 20. Dezember 1950. Der Verhörende erinnerte Davis daran, dass er erklärt habe, er sei, bevor er durch Vizekonsul Larkin von Paris nach Genf geschickt wurde, für den *legal attaché* bei der Botschaft von Paris tätig gewesen. Auf die Frage, wer das sei, antwortete Davis: Jack West. Er habe in seinem Auftrag gehandelt.

Davis hat im Übrigen gegenüber dem Konsul in Genf nicht nur erklärt, er nehme an, der Vertreter der US-Behörde, mit dem er in Kontakt stehe, sei ein Angehöriger des Justizdepartementes. In den Papieren des Konsulats findet sich das Gesuch von Davis zur finanziellen Hilfe und Heimschaffung. Er musste als antragsstellende Person in einer der Rubriken angeben, wie er seinen Lebensunterhalt bestritt und wer die letzten Arbeitgeber gewesen waren. Da steht als einer von vier Einträgen: «Legal attachés' office Paris (unofficial)». Davis hatte also seine FBI-Verbindung zuhanden des Konsulats, der US-amerikanischen Behörden, deklariert.

Aus dem Polizei-Material zu Davis aus der Zeit vor dem grossen Verhör ist noch vermerkt: Bei seinem Aufenthalt in Paris, bevor er sich in die Schweiz aufmachte, hatte er sich gemäss eigenem Bekunden zu einem gewissen Herrn Codington begeben. Wie Bundespolizei-Inspektor Ritschard in Erfahrung brachte, wohnte der Amerikaner Codington seit März 1950 in der Cité Universitaire, studierte an der Medizinischen Fakultät, leitete am 14. März im Saal der Société savantes in Paris eine Versammlung, welche durch die progressiven Amerikaner für die Ächtung der Atombombe veranstaltet worden war. Jetzt sei Codington Präsident des Vorstandes der Vereinigung *Les Américains pour les solutions pacifiques.* Für mich steht ausser Zweifel, dass sich die politische Polizei der USA über eine solche Figur von der politischen Polizei Frankreichs nicht weniger orientieren liess als die schweizerische Bundespolizei, und dass sich der einschlägige Dienst seines Heimatlandes mit einem solchen Mann befasste. Klar ist auch, dass Davis nicht ohne Fingerzeig zum Kontakt mit einer Persönlichkeit gelangte, die in ausgeprägter Weise das repräsentierte, was die politische Polizei verfolgte: Die atomare Aufrüstung abzulehnen galt in jenen Jahren nicht nur der politischen Polizei der USA als untrüglicher Beweis dafür, dass jemand ein «Kommunist» war.

Im Übrigen hatte Davis durchaus eine Ahnung davon, wie das FBI funktionierte. Auf die letzte Frage im grossen Verhör, ob er noch etwas beizufügen habe, antwortete er, er möchte noch präzisieren, dass er für die FBI-Stelle in Wests Büro in der Botschaft in Paris arbeite, dass sie aber nicht den Anweisungen der Botschaft unterstünden. Es handle sich um eine unabhängige Stelle, welche direkt den Anweisungen aus Washington folge.

4. Die Grundzüge der Geschichte scheinen mir ab Juli 1950 klar. Vorher erweisen sich Davis Angaben allerdings als unvollständig und nicht kohärent, führen meines Erachtens nicht zu einem stichhaltigen Ergebnis. Und die Schlüsse, welche die Instanzen, die in den Fall Davis verwickelt waren – zum Beispiel das Konsulat –, oder jene, die sich mit ihm befassten – die gerichtliche Polizei, der Bundesrat, der Untersuchungsrichter, die Bundesanwaltschaft als Anklagebehörde sowie das Gericht –, aufgrund der Materialien hinsichtlich der Anfangsphase der Beziehung zwischen Davis und FBI zogen, hängen so sehr von Davis' Aussagen ab, dass sie mit Vorsicht zu betrachten sind.

Davis kam Anfang Oktober 1949 in Europa an. Auf dem Schiff lernte er unter andern Daniel Grin kennen, einen Studenten aus Lausanne, der von einem achtmonatigen USA-Aufenthalt zurückkehrte. Grin gab Davis seine Adresse in Lausanne. Davis erste Unterkunft in der Schweiz war, für einige Tage, bei Daniel Grins Bruder Jacques-Etienne.

Eine mögliche Hypothese lautet: Das FBI hatte Davis als mögliches «Werkzeug» seit dessen unehrenhafter Entlassung aus der Marine im Juli 1948 im Auge. Im Oktober 1949 kam Davis nach Frankreich, versehen mit einem gefälschten Empfehlungsschreiben zuhanden der Kommunistischen Partei Frankreichs, einem Einführungsschreiben, das Davis wahrscheinlich nicht selbst hergestellt hat. Der US-Vizekonsul in Paris, Richard Clyde Larkin, fungierte als seine Anlaufstelle. Er schickte ihn in die Schweiz. Daniel Grin diente als Anknüpfungspunkt. Durch ihn und dessen Bruder Jacque-Etienne kam er in Verbindung mit politisch links orientierten Kreisen in Lausanne, unter anderem mit Maurice Jeanneret, Nationalrat der Partei der Arbeit. Dieser vermittelte ihn an Parteigenossen in Genf, nicht ohne ihn mit etwas Geld zu versehen. In Genf kam er zunächst bei einer bekannten PdA-Politikerin unter und logierte schliesslich, ohne dafür zu bezahlen, während einiger Monate bei der Familie Leuba, welche eine Pension führte.

Der Kern meiner Hypothese ist: Davis war angesetzt auf US-amerikanische Staatsangehörige, die in Genf studierten. Alles, was später dazukam, beruhte auf Beifang, war Ergebnis der «Staubsauger-Methode» der politischen Polizei der USA, einschliesslich des Weiterverfolgens mehr oder weniger zufällig aufgefundener «Spuren».

5. Das Bespitzeln US-amerikanischer Studenten durch Davis hat Spuren hinterlassen und seinen Zweck respektive seine Funktion erfüllt. Das lässt sich anhand der Quellen belegen, die in der Schweiz liegen.

Sylvia und Seymour Glagow, von Davis denunziert und von der schweizerischen Polizei deshalb registriert, wurden von der politischen Polizei der USA über Jahre überwacht, bis hin zum Ersuchen an die schweizerischen Instanzen, zu melden, falls unter den Gesichtspunkten der politischen Polizei anlässlich ihrer Reise nach Europa etwas festgestellt werden könnte – 1959, neun Jahre nachdem die Bundespolizei der Schweiz ein Dossier angelegt hatte, gestützt auf Davis' Denunziation.

Die Angaben von Davis' betreffend Carlyle Wesley Tenner [Tanner], gehören zur Gruppe seiner überdurchschnittlich «windigen» Darbietungen. Er sei mit Tenner in Le Havre an Land gegangen. Dieser sei Student und Mitglied der «Parti communiste américain». Zwei Jahre später ersuchte die US-Polizei ihr schweizerisches Pendant im Zusammenhang mit einem Ermittlungsverfahren gegen Tanner, der zu dieser Zeit beim *US-Post-Office* angestellt war, um Auskunft über ihn.

Frédéric Eggenschwyler äusserte bei der Zeugenbefragung, er habe gehört, dass ein amerikanischer Student, der in Genf mit linksorientierten Kreisen verkehrte hätte, nach seiner Rückkehr in die USA verhaftet worden sei. Er konnte dies aber nicht belegen. Zudem sagte er, er habe erfahren, dass sich die amerikanischen Studenten in Genf vor Davis in Acht nähmen.

Davis hat beispielsweise Alexander Jordan als Kommunisten hingestellt. Darauf reagierte dieser heftig, dennoch wurde er in der Anklageschrift und in den US-amerikanischen Zeitungen als solcher bezeichnet. Seine vehemente Reaktion zeigt, wie bedrohlich ein Betroffener eine solche Denunziation empfand. Als Umkehrschluss: Das Gewicht der befürchteten und als existenzbedrohend wahrgenommenen Sanktion macht anschaulich, welche Bedeutung die Polizei den Mitteln zumass, die dazu beitragen sollten, die inkriminierten Taten – und Gesinnungen – aufzudecken und welche Beeinträchtigungen sie in Kauf nahm, um solche Handlungen oder Gesinnungen «unschädlich» zu machen. Deren Gefährlichkeit, weil sie unter dem Gesichtspunkt des strafrechtlichen Staatsschutzes als so gravierend erachtet werden, erfordert aus dieser Sicht die einschlägigen Verfahrensweisen und lässt fatale Nebenwirkungen als erträglich erscheinen, gibt ihnen Sinn und Legitimation.

Da Davis so oft in verschiedenen Zusammenhängen über amerikanische Studenten gesprochen und berichtet hat, sei es, dass er einzelne namentlich nannte oder auf sie als Gruppe hinwies, ist offensichtlich, dass sie Objekte seiner Aufmerksamkeit waren. So wie das FBI in jenen Jahren agierte, ist dies wenig überraschend. An der Universität Genf waren vom Wintersemester 1948/1949 bis zum Wintersemester 1950 jeweils etwa 250 bis 300 US-amerikanische Studierende immatrikuliert, davon zwischen knapp 90 und gut 120 an der medizinischen Fakultät.[252]

Alle Aussagen von Davis sind mit Vorbehalt zu betrachten. Dennoch eine seiner Antworten auf die Frage des Untersuchungsrichters aufgreifen. Es ist nämlich eine derjenigen Äusserungen, die es so schwierig machen, zu verstehen, wie das FBI im Lauf des Verfahrens «weggewischt» werden konnte. Ausserdem halte ich sie im Kern für zutreffend. Auf die allgemein gehaltene Frage des Untersuchungsrichters, was er in der Schweiz getan habe, antwortete Davis, er sei vom

252 Freundliche Mitteilung der Archives administatives et patrimoniales de l'Université de Genève vom 5. Februar 2016.

FBI beauftragt worden, Informationen über die Aktivitäten der Kommunisten in der Schweiz zu sammeln, besonders über die Aktivitäten der amerikanischen Kommunisten.

Der Bundesrat entschied sich für die Strafverfolgung aufgrund eines Berichtes, in welchem die Denunziation amerikanischer Bürger, die in der Schweiz wohnten und mit der «extremistischen Linken» sympathisierten, an prominenter Stelle genannt wurde. In den Handakten des Anklägers Dubois finden sich etwa zehn Einträge, welche ganz oder in wesentlichen Teilen amerikanische Studenten betreffen, einer davon am Rande ausgezeichnet durch «Object de son activité». Seine Anklageschrift enthält etwa ein Dutzend Passagen, die sich auf amerikanischen Studenten beziehen. Ähnliches gilt für die kurze Erläuterung des Urteils und für dessen ausführliche Begründung. Dort ist zudem zu lesen, wie Davis in mehreren mündlichen oder schriftlichen Berichten behauptet habe, dass etliche Personen, besonders amerikanische Studenten, Kommunisten seien oder solchen nahe stünden. Im Übrigen wies der Ankläger auf die Opfer von Davis' Treiben noch in einem anderen Zusammenhang hin: Beim Aufzählen der subjektiven Defekte des Angeklagten fand er, dass gerade die Denunziation eigener Landsleute eine überaus verachtenswerte Handlungsweise sei.

6. Zum Weiterverfolgen mehr oder weniger zufällig entdeckter Anhaltspunkte zählen meines Erachtens die italienischen Kommunisten, von denen Davis über Frédéric Eggenschwyler und Elisabeth Pfister erfuhr und wohl auch von den Leubas, bei denen unter anderem Grassi verkehrte. Davis hatte die Verbindung gesehen, seinen Auftraggebern gemeldet und diese gaben ihm die Weisung, möglichst viel darüber in Erfahrung zu bringen. Das wäre dann eine zweite Phase der Tätigkeit von Davis und unterscheidet sich von der ersten durch den Schwerpunkt der Beobachtung, nicht durch seinen Status.

Seltsam genug: Das allererste Dokument im bundesanwaltschaftlichen Dossier über Davis ist das Original eines Rapports zuhanden der politischen Polizei des Kantons Genf von Mai 1950 – ein halbes Jahr also bevor Davis für die Polizei zum Fall wurde: Anfrage zur Identifikation eines Mitglieds der Kommunistischen Partei Italiens. Die Auskunft der Polizei betrifft einerseits Carlo Benocci und andererseits Frédéric Eggenschwyler, der sich um italienische Kommunisten kümmere, die aus Italien kommen würden. Die Erklärungen von Davis im Herbst 1950 haben einen Sog erzeugt, welcher dieses Papier in sein Dossier «spülte».[253] Die Tatsache, dass das Dokument, welches direkt nichts mit Davis zu tun hatte, zu seinen Akten gelegt worden ist, kann für das Interesse der Mandanten des Spitzels für italienische Angelegenheiten als Beleg betrachtet werden. Diese Aufmerksamkeit übertrug sich auf die Bundesanwaltschaft. Ihre nicht entflochtene Doppelfunktion als Gerichtspolizei und als politische Polizei im Fall Davis veranlasste sie dazu, das Papier dem Fall zuzuordnen.

253 Weiteres Material, aus der Tätigkeit der politischen Polizei betreffend Eggenschwyler, das nichts mit dem Fall Davis zu tun hatte, aber im Dossier Davis der Bundesanwaltschaft abgelegt wurde: Kopien von offensichtlich durch die politische Polizei geöffneten Sendungen an Eggenschwyler, nämlich Begleitschreiben des Verlags des «Avanti! Organo des Partito Socialista Italiano», Milano, Juni und Juli 1950, für Sendung von einigen Exemplaren der «Vie Nuove», welche Eggenschwyler offenbar vertrieb.

Unter den Punkten, die Davis vorgehalten wurden, ist der Bereich Italien nicht aufgeführt. Auch in der Anklageschrift fehlt dieses Tätigkeitsgebiet. Das fällt deswegen auf, weil nicht nur Davis mehrmals von den italienischen Verbindungen mit Eggenschwyler sprach, sondern weil die Genfer Polizei sich gerade wegen dessen Beziehungen zu italienischen Kommunisten in der Schweiz mit ihm befasste. Es steht im Übrigen ausser Zweifel, dass die Informationen, welche Davis über das Verhältnis von Eggenschwyler zu diesen Kommunisten und über die namentlich genannten Italiener weitergab, unerlaubten Nachrichtendienst im Sinn von StGB Artikel 272 bedeuten.

7. Der Church-Report II lässt es aus dem Blickwinkel der politischen Polizei als natürlich erscheinen, dass Studenten und Studentinnen eine der Zielgruppen bildeten, welcher eine besondere Aufmerksamkeit galt. Das mag einerseits daran liegen, dass sie als potenziell vergleichsweise einflussreiche Mitglieder der Gesellschaft angesehen wurden, anderseits damit, dass die relative Ungebundenheit, das Nicht-eingefügt-Sein in eine feste, leicht zu überwachende und zu lenkende Struktur die politische Polizei mit Misstrauen erfüllte, ganz abgesehen davon, dass zu Gesellschaften, die so eng ideologisch geprägt waren, wie zum Beispiel die US-amerikanische um 1950, ein Obskurantismus gehört, der nicht nur nonkonformistischem, sondern auch grundsätzlich kritischem Nachdenken über die Gegenwart abhold war.

Abschliessend möchte ich darauf hinweisen, dass sich Robert Griffith 1970 mit Davis befasst hat unter dem Gesichtspunkt McCarthy gegen John Carter Vincent, den US-Gesandten in der Schweiz. Er schrieb, wer seiner Ansicht nach die Abnehmer der Informationen waren, welche Davis anbot: Zu seinen Käufern hätten die Agenten des Nachrichtendienstes in Frankreich, das US-Konsulat in Genf und Senator Joe McCarthy gezählt. Zum Abschluss des Prozesses gegen Davis meint Griffith, der Senator habe den Fall einfach als ein gewagtes Unternehmen abgeschrieben, das schlecht ausging. Und das *State Department* und der amerikanische Nachrichtendienst, wären vielleicht etwas errötet im Gesicht gewesen wegen ihrer Unterstützung eines im Rampenlicht stehenden Informanten, der für den Papierkorb produzierte, – sie wären nur allzu froh, den Vorfall vergessen zu können.[254]

Erste Nebenbemerkung: Die US-Spionage in der Schweiz

Die US-Spionage in der Schweiz war nicht nur für den in dieser Hinsicht zur Denunziation neigenden Redaktor des Vorwärts, Emil Arnold, eine Tatsache. Auch die Bundesanwaltschaft war davon überzeugt und führte ein Dossier mit der Bezeichnung «Amerikanische Spionage 1946–1959».[255] Die Bundespolizei befasste sich mit diesem Thema, in der Regel ernstnehmend, gelegentlich bagatellisierend.

---

254 Griffith, Robert, The politics of Fear. Joseph R. McCarthy and the Senate, Lexington (Kentucky), 1970, S. 135.

255 CH-BAR#E4320B#1984/29#330*. Das Dossier ist etwa fünf Zentimeter dick, die übergeordnete Signatur lautet «Spionage». Einzelne Vorgänge zum Thema US-Spionage sind im Dossier der Bundesanwaltschaft betreffend die US-amerikanischen Gesandtschaft abgelegt.

89 Der gravierendste Fall betraf Willy Gerber, Mechaniker in der Eidgenössischen Konstruktionswerkstätte, der bundeseigenen Waffenfabrik. Er hatte für Frankreich und England sowie für weitere Staaten spioniert, vor allem aber zugunsten und teilweise im Auftrag von US-Stellen militärischen Nachrichtendienst betrieben und dabei in grossem Stil militärische Geheimnisse verraten.[256] Er stand zunächst mit dem US-Konsul in Bern in Verbindung, später mit dem jeweiligen Adjunkten des US-amerikanischen Militärattachés. Die Bundespolizei hält dazu fest: «Nach dem bis jetzt gesichteten Material hat Gerber dem amerikanischen Nachrichtendienst seit 1942 ca. 110 Berichte übergeben.»[257]

Am 25. Februar 1950 wurde Gerber für schuldig erklärt: Wegen der verräterischen Verletzung militärischer Geheimnisse und wegen militärischen sowie wirtschaftlichen Nachrichtendienstes. Dank der Tatsache, dass ihm das Gericht verminderte Zurechnungsfähigkeit zugestand – wohl deshalb, weil er, wie sein Verteidiger meinte, einen absonderlichen Charakter aufweise –, wurde er zu einer Zuchthausstrafe von 20 Jahren verurteilt und nicht zu einer lebenslangen Zuchthausstrafe, wobei das Gericht anfügte, im Aktivdienst wäre er zum Tod verurteilt wurden.[258]

Der Adjunkt des US-amerikanischen Militärattachés, mit welchem Gerber bis zu seiner Verhaftung in Verbindung stand, musste die Schweiz verlassen.[259] Der Fall führte unter anderem dazu, dass die Bundesanwaltschaft begann, sich intensiver um die Zahl der Beschäftigten der ausländischen Vertretungen zu kümmern.[260]

256 Dossier Willy Gerber der Bundesanwaltschaft C.12.4814, CH-BAR#E4320B#1990/133#1754* und CH-BAR#E4320B#1990/133#1755*; Fiche Willy Gerber, *1903, Bürger von Aarwangen, CH-BAR#E4320-01C#1996/203#177*. In einem bestimmten Zusammenhang wurde zwischen dem Fall Davis, obwohl von viel geringerer Bedeutung – ersichtlich unter anderem am Strafmass – und dem Fall Gerber eine Parallele hergestellt: Die Behörden führten die beiden Verfahren als Beweis dafür an, dass in Sachen Nachrichtendienst auch Strenge walte, wenn es um Nachrichtendienst zugunsten der USA ging. Vgl. Antwort des Bundesrates vom 24. November 1953 auf die Kleine Anfrage Grütter vom 15. September 1953, dodis.ch/9546: «Der Bundesrat schreitet jedes Mal energisch ein und trifft die nötigen Massnahmen, wenn diese Grenzen [= der zulässigen Informationstätigkeit] überschritten, d.h. wenn durch irgendwelche Personen nach schweizerischem Recht strafbare Handlungen begangen werden. Wie die abgeurteilten Fälle Gerber und Davis zeigen, geschieht dies ohne Rücksicht auf die ausländischen Nutzniesser einer verbotenen nachrichtendienstlichen Tätigkeit.» In der «Statistik Spionage Abwehr – aufgedeckte Fälle 1948–1949» von Kreis et al. (1993, S. 660) finden sich, was die USA angeht, für die Jahre 1948–1969 keine Einträge, weder für in die Spionagefälle verwickelten «Personen aus folgenden Staaten», noch in der Untergruppe «Unter diesen Personen befanden sich Diplomaten, Funktionäre und Beamte aus folgenden Staaten». Weder Davis wurde hier erfasst, noch der Adjunkt des US-amerikanischen Militärattachés, der nach Aufdeckung des Falles Gerber die Schweiz verliess.

257 Monatsbericht der Bundespolizei Nr. 106, vom August 1949, in den Handakten von Adjunkt Adrian Florian, CH-BAR#E4800.7#2002/52#7*. Zum Material, welches Gerber den US-Funktionären lieferte, zählten unter anderem «Berichte und Planskizzen zu den Befestigungsanlagen im Réduit, der Grenzgebiete von Sargans, Jura etc., Flugplätze, Produktionsstätten usw.», vgl.«Resumé i.S Alliierte Spionage, per 1949, I. USA, a) Militärspionage», CH-BAR#E4320B#1984/29#330*.

258 Berner Tagblatt vom 27. Februar 1952, Nr. 57.

259 In der Presse wird der «attaché militaire adjoint», der den Rang eines Majors bekleidete, einer Verlautbarung des Bundesrates folgend zum «Gehilfen des amerikanischen Militärattachés», SDA-Meldung vom 28. Oktober 1949 über «Kleine Anfrage betr. Spionageaffäre Gerber».

260 Bericht des Chefs der Bundespolizei an den Bundesanwalt vom 24. August 1949, S. 4: «die Mittel und Wege zu prüfen, wie die stets zunehmende Zahl des diplomatischen und halbdiplomatischen Personals der ausländischen Gesandtschaften und Konsulate, insbesondre der Militärbure-

Ein Sachverhalt, der nicht im Rampenlicht stand und der nicht im besagten Dossier der Bundesanwaltschaft dokumentiert ist, sondern im Dossier «Amerikanische Gesandtschaft»: Im Übrigen hätte man allen Grund anzunehmen, dass die amerikanische Gesandtschaft vollkommen informiert sei über bestimmte kommunistische und parakommunistische Vereinigungen in der Schweiz, besonders über die Namen der Mitglieder. Das folgende Beispiel belege dies: Es sei nicht ausgeschlossen, dass die Amerikaner über Informanten in gewissen schweizerischen linken Vereinigungen verfügten; man denke besonders an einige Studenten mit amerikanischer Nationalität, die in universitären Kreisen aktiv seien oder gewesen wären – oder sogar in Gruppierungen der Linken, wie die Gesellschaft Schweiz-Sowjetunion, *Jeunesse libre* und *Groupe d'études sociales*.[261]

Westliche Spionage respektive Spionage der USA als Teil von «alliierter Spionage» war um 1950 ein Thema für die Bundesanwaltschaft, auch unabhängig von den Anschuldigungen der kommunistischen Presse. Bei den Akten liegt ein «Résumé i. S. Alliierter Spionage I. USA: a) Militärspionage», mit der Schilderung des Falles Gerber.[262] Der Bericht des Chefs der Bundespolizei zuhanden des Bundesanwalts vom August 1954 über Vorschläge betreffend die Organisation der Spionageabwehr befasst sich im Abschnitt «Westliche Spionage» mit dem Fall Gerber und einem analogen Fall von Spionage zugunsten Frankreichs mit der Tatsache, «dass die USA auf wirtschaftlichem Gebiet sich für die Schweiz interessieren.» Der Bericht bezieht sich dabei auf konkrete Vorgänge der damals vorangegangenen Jahre.[263]

---

aux eingeschränkt werden könnte», CH-BAR#E4001C#1000/783#275*. Vgl. auch Bericht des EPD an die Bundesanwaltschaft vom 3. Dezember 1949 zur Frage, «ob der Empfangsstaat vom Sendestaat die Einschränkung des Personals seiner diplomatischen Vertretungen verlangen könne», CH-BAR#E4320B#1991/61#52*. Laut Monatsbericht der Bundespolizei vom Januar 1950 (S. 18) verfügte die US-Gesandtschaft in Bern über mehr als doppelt so viele akkreditierte Personen, wie die englische, französische oder die russische diplomatische Vertretung, vgl. CH-BAR#E4800.7#2002/52#7*. Laut dem eben genannten Bericht des EPD an die Bundesanwaltschaft verhielt es sich, was die Anzahl der «Angehörigen der Gesandtschaften» anging, wie folgt: Frankreich, England, Italien und Argentinien zwischen 43 und 59, «bei der Amerikanischen Vertretung […] 120». Ähnlich stand es um die Zahlen des diplomatischen Personals im engeren Sinn. Gemäss dem «Etat numérique du personnel *diplomatique* des Missions» lauteten die entsprechenden Angaben um die Jahreswende 1949/1950 für die Diplomaten in der Schweiz: USA 22, Grossbritannien 14, Frankreich 15, UdSSR 9, vgl. CH-BAR#E4320B#1991/61#53*. Unter dem diplomatischen Personal der US-Gesandtschaft in Bern figurierte z. B. nicht nur ein «Attaché pour les questions navales», sondern auch ein «Attaché adjoint pour les questions navales», vgl. das Verzeichnis des ausländischen diplomatischen Personals, Dezember 1950.

261 Canton de Vaud, Police de sureté, Rapport vom 26. September 1952: «D'autre part, nous avons toutes raisons de penser que la légation américaine est parfaitement renseignée sur certains associations communistes et paracommunistes de Suisse, notamment sur les noms de leur membres. A ce propos, nous citons un exemple […]» Der Fall, der dann geschildert wird, erstreckt sich über die Jahre 1949–1952, vgl. CH-BAR#E4320B#1990/266#835*. «et il n'est pas impossible que les Américains aient des informateurs au sein même de certaines de nos associations de gauche; nous pensons à quelques étudiants en particulier, de nationalité américaine, lesquels militent ou militaient dans les milieux universitaires et même dans les groupements de gauche, tels l'association Suisse-USSR ou *Jeunesse libre* et Groupe d'études sociales», CH-BAR#E4320B#1990/266#835*. Später auf den Fall zurückkommend wird festgehalten: «cela démontre que la légation des USA a obtenu ce renseignement de source privée». Die Angelegenheit wurde der Bundesanwaltschaft zur Kenntnis gebracht

262 CH-BAR#E4320B#1984/29#330*. Unter b) folgen knapp drei Seiten zum Thema «Wirtschaftsspionage».

263 AfZ: NL Werner Balsiger, Schachtel 7, Vorträge und Publikationen 1954–1956.

In diesen Zusammenhang gehört die «Verteidigung gegen den Amerikanismus», welche der Chef der Bundespolizei in seinem internen Referat vom Herbst 1950 forderte: «Die Verteidigung gegen den Amerikanismus in wirtschaftlicher Hinsicht ist notwendig geworden, weil die USA dank ihrer wirtschaftlich starken Führung im Wiederaufbau der darniederliegenden europäischen Länder einen Expansions- und Dominationsdrang entfalten, der vor unseren Grenzen und unserer Selbständigkeit kaum halt macht.»[264] Im Frühjahr 1952 kam Balsiger auf das Thema zurück: «Die Verteidigung gegen den Amerikanismus – unter Amerikanismus verstehe ich gewisse Merkmale der Suprematie der Vereinigten Staaten von N-Amerika als Folge ihres Sieges und ihrer Verpflichtungen gegenüber ihren schwächeren Verbündeten – in wirtschaftlicher Hinsicht ist notwendig geworden». Das möge daran liegen, «dass man sich dort nicht genügend Rechenschaft gibt, dass die Schweiz zwar ein europäisches, aber in jeder Hinsicht selbständiges Land ist, sei es vielleicht gar, dass man die wirtschaftliche Kapazität unseres Landes den USA-Interessen in Europa dienstbar machen will».[265]

Auf der einen Seite wurde die Spionage der USA, vor allem die Wirtschaftsspionage, von der Bundesanwaltschaft ernst genommen, bis hin zur in Klammern gesetzten, angesichts des Falles Gerbers aufscheinenden Erkenntnis über die eventuelle Einseitigkeit der Blickrichtung in Sachen Überwachung des diplomatischen Personals: «[W]as vielleicht seit Kriegsende vorwiegend in einer geographischen Richtung und zu wenig nach allen Seiten geschehen ist».[266]

Andererseits finden sich allerlei Hinweise darauf, dass die Behörden den Nachrichtendienst, der zugunsten der USA betrieben wurde, herunterspielten.[267] In den gleichen Monaten, in welchen der Fall Gerber die Strafverfolgungsbehörden, die Öffentlichkeit und die Politik beschäftigte, ging es auch um den Fall Steiner, einen Telegrafenbeamten, der über lange Zeit intensiv für Frankreich Nachrichtendienst betrieb. Der Vorsteher des EJPD, Eduard von Steiger, betrachtete die beiden Fälle nicht isoliert. Im Sommer 1950 wandte er sich an den obersten Strafverfolger der Armee, den Oberauditor Eugster: «Es würde mich interessieren zu vernehmen, inwieweit der Spionagedienst Steiner PTT dem amerikanischen Nachrichtendienst zugutekam. Wenn auch in der Hauptsache an französische Agenten Nachrichten abgeliefert worden sind, so muss doch nach allem angenommen werden, dass auch England und die USA von diesen Verratshandlungen vernommen und daraus Nutzen gezogen haben.» In ähnlichem Sinne befragt er die Bundesanwaltschaft: «Es wäre noch festzustellen, wie weit bei der Spionage Steiners PTT, auch die USA profitiert haben. [...] Ich habe gestern mit Oberstbrigadier Eugster die Sache besprochen; offenbar sind alle Mitteilungen an Beamte

---

264 Orientierung für die Inspektoren der Bundespolizei, Rapport vom 25. September 1950, CH-BAR#E4320B#1991/61#53*.

265 Referat Balsiger vom 22. April 1952, AfZ: NL Werner Balsiger, Schachtel 7, Vorträge und Publikationen 1952–1953. Balsiger verweist auf konkrete Vorgänge und auf «Tendenzen [...], den Handel West-Ost unter amerikanische Kontrolle zu bekommen». Mit «Service de Renseignements USA» befasste sich auch der Bundesrat, in seiner Sitzung vom 18. Dezember 1950. Es ging dabei um Anzeichen von Wirtschaftsspionage, CH-BAR#E1003*1000/8#5*.

266 Chef der Bundespolizei an Bundesanwalt, 24. August 1949, CH-BAR#E4001C#1000/783#275*.

267 Vgl. dazu auch Kapitel V b, Abschnitt 1, die rückblickende Bewertung des Falles Davis durch die Bundesanwaltschaft.

oder Angestellte der französischen Botschaft ausgehändigt worden und erst von da an die Alliierten weitergegeben [worden].» Die Bundesanwaltschaft respektive der Chef der Bundespolizei antwortete: «Weder die polizeilichen Ermittlungen noch die Gerichtsverhandlungen haben irgendwelche Anhaltspunkte dafür ergeben, dass bei der Spionage Steiners auch die USA profitiert haben. Es entzieht sich vollständig unserer Kenntnis, ob und wie die Franzosen das Nachrichtenmaterial Steiners weiter verwendet haben.»[268] Der Oberauditor äusserte sich ähnlich, aber nicht so apodiktisch wie die Bundesanwaltschaft: «[D]ass Akten und Urteil im Falle Steiner nicht entnommen werden kann», ob und inwieweit «die von ihm an französische Agenten abgelieferte[n] Telegrammabschriften dem amerikanischen Nachrichtendienst zu Gute gekommen sind».

Im Bericht des Chefs der Bundespolizei «über angebliche amerikanische Spionagetätigkeit in der Schweiz» vom Herbst 1951 wird der Fall Gerber als «ein trauriger Sonderfall» bezeichnet. Und: «Die Spionagetätigkeit Gerbers ist überhaupt nicht einmal auf Antreiben von amerikanischer Seite zustande gekommen, sie ist von den genannten amerikanischen Funktionären nur ausgenützt worden.» Ferner: «Aus den Strafakten Gerber ist nicht ersichtlich, dass die s. Zt. in der Schweiz tätigen Auftraggeber des Gerber ihrerseits im Auftrag des Office of Strategic Service[s] gehandelt haben oder mit diesem Dienste in Verbindung standen.»[269] Eine ähnliche Formulierung wählte der Chef der Bundespolizei in seinem Bericht zu einem parlamentarischen Vorstoss nach den Spionagefällen Gerber und Steiner: «Hinsichtlich der amerikanischen Spionage, die in der kommunistischen Presse der Schweiz immer wieder [...] gebrandmarkt wird, stellen wir fest, dass ausser im Fall Gerber, bis jetzt (d. h. seit Kriegsende) keine strafbaren Handlungen im Interesse der USA ermittelt werden konnten.» Um Nicht-Wissen geht es auch in der Antwort des Bundesrates auf die einfache Anfrage von Nationalrat Nicole: Es treffe zu, dass Gerber «mit dem Gehilfen des amerikanischen Militärattachés in Verbindung stand, welcher auf diese Weise, ohne Wissen des Militärattachés und des Ministers der Vereinigten Staaten in Bern, eine Spionagekette aufgriff, die während des Krieges bestanden hatte». In der Stellungnahme zu einer weiteren parlamentarischen Anfrage zum gleichen Gegenstand hielt der Chef der Bundespolizei fest: «Weder der Konsulatsbeamte noch die Beamten des Militärbüros hatten aber, soviel wir wissen, mit dem Büro des s. Zt. von Generalmajor Donovan geleiteten Office of Strategic Services etwas zu tun. Wie die von Gerber gelieferten Berichten von Bern aus weiter tradiert wurden und wo sie schliesslich landeten, entzieht sich unserer Kenntnis wie auch der Kenntnis des urteilenden Gerichts.»[270]

---

268 Alles im Juni 1950, CH-BAR#E4001C#1000/783#275*. Bei Wendungen wie «so viel wir wissen» oder die Ermittlungen haben «keine Anhaltspunkte ergeben» oder ähnlichen, liegt die Frage nahe, wie gross die Anstrengungen waren, um zum Wissen zu gelangen. Es ist nicht zu vermeiden, dass man sich angesichts dieser sich auf das Nicht-Wissen berufenden Äusserungen an die handliche, oft angewandte Maxime der «plausible deniability» erinnert fühlt.

269 Bericht vom 24. November 1951, CH-BAR#E4320B#1992/132#330*. Zum Kontext des Berichtes siehe auch die Stellungnahme Bundesanwaltschaft in Sachen Interpellation Freimüller, 25. Oktober 1949, CH-BAR#E4001C#1000/783#275*.

270 Antwort des Bundesrates auf die Einfache Anfrage Nicole, gemäss Meldung der SDA vom 18. Oktober 1949. Stellungnahme Bundesanwaltschaft zur Einfachen Anfrage Woog, 25. Juni 1959, CH-BAR#E4001C#1000/783#275*.

93 Der Oberauditor schloss seine oben zitierte Antwort an den Vorsteher des EJPD mit dem Satz: «Nach den Gepflogenheiten der Nachrichtendienste ist kaum anzunehmen, dass der oberste Chef des Nachrichtendienstes in Washington Kenntnis von der genauen Provenienz der einzelnen Nachrichten erhalten hat, besonders dann nicht, wenn sie auf an sich zu beanstandenden Wegen erlangt wurden.» Der Chef der Politischen Abteilung des EPD, Alfred Zehnder, erscheint da realitätsnaher, wenn er gegenüber der Nachrichtensektion des Eidgenössischen Militärdepartementes zu einer osteuropäischen Zeitungsmeldung Stellung nimmt, nach welcher die Vereinigten Staaten in der Schweiz ein Spionagezentrum eröffneten. Er habe den US-Gesandten darauf angesprochen und dieser habe entgegnet, das Gerücht sei eine «Erfindung von kranken Leuten». Dazu meinte Zehnder: «Ich gebe mir vollkommen Rechenschaft, dass wenn die Einrichtung eines solchen Zentrums ernstlich geplant wäre, die amerikanische Gesandtschaft in Bern wahrscheinlich die letzte sein würde, die Washington darüber orientiert hätte.»[271]

271 Oberauditor an von Steiger, 17. Juni 1950, E4001C#1000/783#275*. Zehnder an Schafroth, 30. August 1950, CH-BAR#E2001E#1969/121#852*. Zehnder fährt fort: «Dieses Dementi braucht also nicht unbedingt ernst genommen zu werden. Immerhin glaube ich doch, dass es als ein Hinweis dafür dienen kann, dass die amerikanische Regierung die allfälligen Vorarbeiten noch nicht an die Hand genommen hat.»

II. Voruntersuchung und Anklage

a. Der erste Teil der Voruntersuchung

1. Nachdem der Bundesrat gemäss Bundesstrafprozessordnung beschlossen hatte, der Strafverfolgung stattzugeben, beantragte der Bundesanwalt beim zuständigen eidgenössischen Untersuchungsrichter die Voruntersuchung.[272] Als zuständig bezeichnete die Bundesanwaltschaft Raymond Jeanprêtre, Präsident des Bezirksgerichts Neuenburg, einer der beiden Ersatzmänner des eidgenössischen Untersuchungsrichters für die französischsprachige Schweiz. Er machte sich daran, den Sachverhalt soweit abzuklären, dass der Bundesanwalt entscheiden konnte, ob Anklage zu erheben sei oder nicht. Dazu hatte er Beweismittel für die Hauptverhandlung zu sammeln.[273] Jeanprêtre verhörte den Beschuldigten, befragte Zeugen und besorgte sich weitere Auskünfte. Anfang März 1951 war er der Ansicht, dass der Zweck der Voruntersuchung erreicht sei, sodass er den Parteien die Gelegenheit geben konnte, Ergänzungen zu den Akten zu beantragen.[274] Aber erst gut zwei Monate später, nachdem die Frist verstrichen war, während der Ergänzungen hätten beantragt werden können, legte er am 16. Mai 1951den Untersuchungsbericht vor.

Zur Bestimmung des Untersuchungsrichters finden sich in den einschlägigen Dossiers keine Angaben. Auf Jeanprêtre fiel die Wahl wohl in erster Linie wegen seiner Sprachkenntnisse. Als ehemaliger Student der Universitäten Exeter und Harvard vermochte er sich mühelos im englischsprachig geprägten Fall Davis zu bewegen.[275] Für die Art, wie er die Untersuchung führte, scheint mir in mehr als einer Hinsicht nicht ganz unerheblich, dass er mitten in der Untersuchung, am 30. März 1951, zum ausserordentlichen Professor der Universität Neuenburg ernannt wurde und seit Frühling 1949 als Mitglied der Rekurskommission zum Washingtoner Abkommen über die Liquidation der deutschen Vermögen in der Schweiz fungierte. Schon zuvor hatte er der schweizerischen Dele-

---

272 Da es galt, ein «politisches Vergehen» zu untersuchen, war der Beschluss der Exekutive zur Eröffnung des Verfahrens verbindlich, und der Entscheid des Untersuchungsrichters, ob eine Untersuchung durchzuführen sei oder nicht, entfiel (BStP Art. 105 in Verbindung mit Art. 110 Abs. 2, bzw. Art 109). Im Übrigen vgl. das ganze Kapitel II der BStP, «Voruntersuchung», Art 108–124.

273 BStP Art. 113.

274 BStP Art. 119 Abs. 1.

275 Sein juristisches Fachgebiet hingegen, das Obligationenrecht, qualifizierte ihn nicht in besonderer Weise für diesen Fall. Biografisches zu Jeanprêtre in: Hommage à Raymond Jeanprêtre. Recueil de travaux offert par la Faculté de droit et des sciences économiques de l'Université de Neuchâtel (Collection de travaux publiés par la Faculté de droit et des sciences économiques de l'Université de Neuchâtel, Série juridique no. 16), Neuchâtel 1982, S. 5 f. und 177, mit einer Liste der Publikationen, S. 179–181.

gation bei Besprechungen in Washington als Rechtskonsulent «wertvolle Dienste geleistet».[276]

Um den Sachverhalt zu klären, sollten in erste Linie drei Verhöre mit dem Beschuldigten und etliche Zeugeneinvernahmen sowie das Ersuchen um Auskünfte, vor allem beim Politischen Departement und bei der Bundespolizei, dienen. Er begab sich auf einen «Nebenweg», indem er sich offiziös mit dem US-amerikanischen Konsul in Genf, Robert E. Ward, austauschte. Mitte Februar orientierte er die Öffentlichkeit mit einer wenig aussagekräftigen Pressemitteilung über den Fall. In diese Zeit scheint auch der Beginn der Wende des ganzen Verfahrens zu fallen, weg vom FBI und hin zu McCarthy.

2. In drei Einheiten sandte die Bundesanwaltschaft am 10. Januar 1951 dem Untersuchungsrichter die notwendige Dokumentation: das offizielle Polizeidossier, ein Dossier zum persönlichen Gebrauch und einen Nachtrag mit vereinzelten Stücken zur Ergänzung des Polizeidossiers, einschliesslich des Berichts des Psychiaters, der Davis Anfang Dezember untersucht und dabei festgestellt hatte, dass er «normal» sei. Das erste, offizielle Paket, erläutert in einem kurzen Begleitschreiben und versehen mit einer Liste der einzelnen Dokumente, enthielt die Unterlagen aus der Untersuchung der Genfer Polizei, zusammen mit den gefälschten Formularen zur Adressänderung und dem gefälschten Telegramm an Vincent, den US-Gesandten in Bern. Darin enthalten waren auch die Berichte über Davis, welche das Konsulat nach dessen Verhaftung der Polizei übergeben hatte, insgesamt etwa drei Dutzend. Vor allem das Fehlen von zwei Papieren, die sich im archivierten Genfer Dossier befinden, fällt auf: Die Erklärung von Davis gegenüber Konsul (respektive die Abmachung mit ihm) vor der Ausreise, die in der ersten Dezemberhälfte 1950 in die Wege geleitet worden war, sowie die Stellungnahme, welche Davis etwa am 27. November zuhanden US-amerikanischer Stellen abgefasst hatte.

Das zweite Paket erhielt eine besondere Behandlung sowohl durch die Bundesanwaltschaft wie auch durch den Untersuchungsrichter. Es ist als persönlich gekennzeichnet. Am Beginn der beigefügten Liste verweist Dubois darauf, dass er Jeanprêtre die Sache telefonisch erklärt habe.[277] Dieser sandte die fraglichen Unterlagen schon nach gut zehn Tagen zurück. Die besondere Aufmerksamkeit,

---

276 Zu Jeanprêtre und den Verhandlungen über das Abkommen von Washington siehe Kapitel II c, Abschnitt 3.2. Ernennung zum Mitglied der Rekurskommission: Protokoll des Bundesrats vom 11. April 1949, CH-BAR#E1004.1#1000/9#505* und CH-BAR#E1002#1970/215#8*. Einschlägig zum Abkommen von Washington: Von Calstelmur, Linus, Schweizerisch-alliierte Finanzbeziehungen im Übergang vom Zweiten Weltkrieg zum Kalten Krieg (2. Aufl.), Zürich 1997 (zu Jeanprêtre vgl. S. 281); noch immer anregend: Foto eines Teils der schweizerischen Verhandlungsdelegation zum Washingtoner Abkommen, wohl anlässlich der Wiederaufnahme der Verhandlungen vom 5. März 1951 mit Jeanprêtre zur Rechten des Leiters der Schweizer Delegation, in: Stamm, Konrad, Der «grosse Stucki». Eine schweizerische Karriere von weltmännischem Format. Minister Walter Stucki (1888–1963), Zürich 2013, S. 333.

277 Einschliesslich der Bitte, die Sachen umgehend zu retournieren? Im Begleitschreiben vermerkte Dubois: «Vous voudrez bien me retourner ces pièces lorsque vous n'en aurez plus l'emploi.» Einzeln auf das Dossier der Bundesanwaltschaft verteilt sind die Stücke erkennbar an der handschriftlichen Nummerierung mit roten Ziffern, gemäss der Liste zur «persönlichen» Sendung vom 10. Januar 1951.

Wachsamkeit könnte man auch sagen, zeigt sich auch bei der Aktenbildung. Im Dossier der Bundesanwaltschaft fehlt eine Kopie des ausgehenden Schreibens. Und der Untersuchungsrichter legte das Original sowie die Kopie, welche seine Rücksendung begleitete, in jenem Ordner ab, den er erst einige Jahre nach Abschluss des Falles der Bundesanwaltschaft zukommen liess.[278]

Nicht integriert also wurde der Inhalt des zweiten Pakets in Jeanprêtres offizielles Dossier, das er der Bundesanwaltschaft im Mai 1951 mit seinem Untersuchungsbericht übergab und das dann dem Bundesgericht zugeleitet wurde. Das Gericht kannte den Inhalt dieser Dokumente nicht. Da Jeanprêtre seine Tätigkeit kaum begonnen hatte, als er die an ihn persönlich adressierten Schriftstücke zurücksandte, konnte er sie nicht mehr benützen, um widersprüchlichen Aussagen von Davis nachzugehen oder Zeugen nach Sachverhalten zu befragen, welche ausschliesslich im Sonderdossier erwähnt wurden. Der exklusive Charakter der Unterlagen schränkte nicht nur die Basis der Erkenntnis des Gerichts ein, sondern der Untersuchungsrichter selbst, dem sie zugedacht waren, machte in seiner Arbeit davon nur beschränkt Gebrauch.

Vierzehn Nummern umfasst das Verzeichnis. Betrachtet man sie näher, so kann man einen formalen Unterschied zum offiziellen Dossier erkennen. In diesem liegen die Nachweise, welche durch die Genfer Polizei erstellt wurden oder durch ihre Hände gegangen sind. Jene im Spezialpaket stammen, mit Ausnahme der Fotografie des Beschuldigten, von anderen Stellen, vorwiegend von der Bundesanwaltschaft. Sie umfassen auch den Briefwechsel zwischen dem Justizdepartement und dem Politischen Departement, einschliesslich eines Dokuments aus EPD-interner Korrespondenz. Inhaltlich fällt auf, dass sämtliche Dokumente zur «Parallelaktion» – gemeint ist der Versuch, den Fall in der ersten Hälfte des Monats Dezember 1950 durch die Ausweisung von Davis zu beenden – dem Spezialbündel zugeordnet wurden. Auch der Auftrag an die Genfer Polizei, Davis weiter zu verhören, um festzustellen, was er über das Treiben der «Linksextremisten» wusste, wurde dem Untersuchungsrichter auf offiziöse Art mitgeteilt.[279] Nicht ohne signifikante Auswirkungen dürfte geblieben sein, dass der grosse Bericht der Bundesanwaltschaft nicht weitergelangte, in welchem sie am 22. Dezember 1950 das 19-stündige Verhör von Davis zusammenfasste und die Schlüsse darlegte, welche sie daraus zog – inklusive der als unabweisbar erkannten Evidenz der entscheidenden Rolle des FBI.[280] Oder ein Gedankenexperiment: Was wäre

278 Rücksendung der Dokumente des «persönlichen» Pakets am 22. Januar 1951. Dubois hat die zurückerhaltenen Stücke zunächst in seinen Handakten abgelegt, und zwar bei den besonders separierten, innerhalb des Faszikels «Pièces diverses de portée exclusivement interne» im Sub-Faszikel «Annexes 1 à 14 remis confidentiellement au JdJ [Juge d'instruction], puis retournées par ce magistrat». Einzelne Stücke, die eine handschriftliche Nummerierung mit rotem Farbstift entsprechend der Liste des Begleitschreibens vom 10. Januar aufweisen, hat Dubois später dem Dossier Davis einverleibt.

279 Die Fotografie behielt Jeanprêtre zurück, als er das Spezialdossier am 23. Januar zurücksandte. In den Dossiers Davis befinden sich keine Polizeifotos des Beschuldigten; abgebildet ist er in Zeitungsartikeln zum Prozess. Der Briefwechsel zwischen dem EJPD und dem EPD widerspiegelt die schriftlichen Kontakte der beiden Departemente, welche dem Entscheid vom 5. Januar vorangingen.

280 Der Bericht des EJPD zur Begründung des Beschlussantrags vom 5. Januar 1951 gelangte ebenfalls in das Nebenbündel. Im Hauptdossier liegt nur der Beschlussantrag inklusive des Ingresses. Im Schreiben, mit welchem die Bundesanwaltschaft Jeanprêtre die Eröffnung des Verfahrens

anders geworden, wenn dieses Dokument, das die Wende vom Vorschlag, Davis auszuweisen, hin zum Antrag auf Strafverfolgung *dokumentiert* und, was das Entscheidungsgremium angeht, die Wende *bewirkt*, allen am Verfahren beteiligten Instanzen vorgelegen wäre?[281]

Das offizielle Dossier entsprach wohl Artikel 108 BStP: Der Bundesanwalt soll dem Untersuchungsrichter die Akten über die Ermittlungen und die Beweisgegenstände zustellen. Es stellt sich jedoch die Frage nach der Funktion und, prozessrechtlich betrachtet, der Natur des offiziösen Dossiers. Warum sollten dem Untersuchungsrichter die entscheidenden Erkenntnisse zur Verfügung gestellt werden, wenn er diese dann doch nicht nutzen sollte? Weshalb sollte den offiziellen Papieren entzogen sein, wie und aufgrund welcher Materialien die entscheidende Behörde ihren Beschluss herleitete? Warum sollte dort die Begründung für die Strafverfolgung nicht fassbar sein, wie der Bundesrat dazu kam, diese anzuordnen?[282]

3. Die Verhöre, welche Jeanprêtre mit Davis führte, gleichen eher Anhörungen als Vernehmungen, eher einem Ersuchen um Auskunft als einer Untersuchung. Formal lässt sich Folgendes festhalten: Neun Fragen stellte er an den ersten beiden Terminen am 18. und 23. Januar 1951, und nur bei einer einzigen verlangte er eine Ja- oder Nein-Antwort.[283] Alle übrigen liefen auf offene Antworten hinaus, oft eingeleitet mit «Beschreiben Sie» beziehungsweise mit den einschlägigen W-Wörtern: wann, wo, welche Personen und ähnlichen Fragewörter. Er fragte Davis nach seiner Tätigkeit in der Schweiz oder danach, welche Informationen er besorgt habe und wer seine Informanten in der Schweiz waren.[284] Die erste Anhörung galt nur der «Frage» nach dem Lebenslauf bis zur Abreise nach Europa. Davies erzählte, gut eine Protokollseite lang, ohne dass es irgendeine Intervention des Untersuchungsrichters, eine Bitte um Präzisierung oder einen Hinweis auf Widersprüche zu den Aussagen, die in den Akten der polizeilichen Untersuchung festgehalten sind, gegeben hätte. Selbst wenn man vieles, was Davis bei verschiedenen Gelegenheiten unterschiedlich darstellte unbeachtet lässt, besonders Ein-

---

mitteilte, waren nach BStP Art. 108 Abs. 1 die strafbaren Handlungen beschrieben, welche Davis vorgeworfen wurden (9. Januar 1951). Die Liste ist weitgehend identisch mit jener im Bericht zum genannten Bundesratsbeschluss bzw. mit der Verhör-Synthese vom 22. Dezember 1950 (dodis.ch/52801). Was dieser listenförmigen Art der Darstellung abgeht, ist die Konkretheit und Plastizität, die Unmittelbarkeit sowie der Zusammenhang, in welchem die einzelnen Verfehlungen zustande kamen.

281 Die Aussage sei gewagt: Hätte Jeanprêtre beim Verfassen seines Berichts dieses Stück nochmals betrachtet, wäre er kaum so behände zu seinem apodiktischen Schluss gekommen: «Il est exclu que la police américaine l'ait engagé et envoyé en Suisse» (16. Mai 1951).

282 Der Laie fragt sich, ob dieser Umgang mit Materialien allenfalls das Recht der Parteien auf Akteneinsicht tangiert, angesichts u. a. von BStP Art. 119 Abs. 2: «Die Parteien haben das Recht, die Akten vollständig einzusehen, der Beschuldigte allenfalls unter Aufsicht.»

283 Von den insgesamt 12 Punkten der Verhöre vom 18. und 23. Januar dienten die ersten drei der formalen Orientierung des Beschuldigten.

284 Vgl. die Unterscheidung zwischen «tag-questions» auf der einen Seite, die mit einem Anhängsel schliessen in der Art von «Trifft das zu?» oder «Sie haben [das und das getan], nicht wahr?», und auf der anderen Seite «WH questions», nämlich «the open-ended why, where, when, which, who, what, how question» bei Conley, John M. and O'Barr, William M., Just Words. Law, Language and Power (2nd ed.), Chicago 2005, S. 24, hier bezogen auf die Techniken von Strafverteidigern.

zelheiten seiner Kontakte mit dem FBI, einschliesslich seiner «Mission», fallen bei einem Vergleich Ungereimtheiten auf; so etwa bei den Erklärungen seines Ausscheidens aus der Marine oder des Ursprungs seiner Beziehung zum FBI.

Solche Diskrepanzen hätten ohne Weiteres Anlass zu Ja- oder Nein-Fragen geben können. Unverständlich ist das Stummbleiben des Untersuchungsrichters vor allem im folgenden Beispiel: In der Erzählung über seinen Auftrag, angekommen bei der Behauptung, Paris sollte das Zentrum seiner Tätigkeit und Beamte der amerikanischen Botschaft seine Kontaktleute sein, fügt er – dem Protokoll nach zu schliessen – ungefragt, sozusagen aus heiterem Himmel bei: Diese Beamten hätten nicht West, Larkin und Greys (sic!) geheissen. Er habe diese Namen erfunden, weil er die Namen derer, für die er arbeiten würde, nicht preisgeben dürfe.[285] Und diesen ersten kleinen Widerruf, im Vergleich zum dritten Verhör, nahm Jeanprêtre ohne Weiteres hin, obwohl die drei genannten Personen, vor allem Jack West, von Davis laut den Polizeiakten mehrfach in konkreten Zusammenhängen erwähnt worden waren.

Wie gesagt: Es sei dahingestellt, wie wirklichkeitsnahe weitere Einzelheiten der Erzählung von Davis vom 18. Januar waren. Plausibel scheint, dass die Begegnung mit Daniel Grin an Bord des Schiffes, das ihn nach Europa brachte, durch das FBI zustande kam. Grin sollte Davis als Anknüpfungspunkt für Kontakte in der Schweiz dienen.[286] Grin hatte kurze Zeit in den USA studiert. Unabhängig von der Funktion des FBI als politische Polizei besteht kein Zweifel, dass Grin dort registriert war, allein schon wegen der Ein- und Ausreiseformalitäten.

Im zweiten Verhör, am 23. Januar, forderte Jeanprêtre Davis zunächst auf, seine Reisen und Aufenthalte in Europa zu beschreiben. Darauf folgten sechs weitere offene Fragen und am Schluss die einzige Ja-/Nein-Frage: Ob er versucht habe, sich der Post der Ex-Eheleute Eggenschwyler-Pfister zu bemächtigen. Davis bestätigte dies, indem er seine Version darstellte. Er habe nur einen einzigen Brief behändigt, ihn geöffnet und Frau Pfister übergeben, da der Inhalt ohne Bedeutung gewesen sei. Der Untersuchungsrichter liess die Aussage so stehen. Er wollte nicht nur nicht mehr wissen, sondern hatte mit seiner Frage die frühere Darstellung von Davis übernommen, indem er sich erkundigte, ob Davis *versucht* habe, die Post zu erhalten. Im Grunde genommen war schon damit entschieden, dass

285 «J'ai inventé ces noms, parce que je ne dois pas révéler les noms de ceux pour qui je travaille.»
286 Das heisst nicht, dass alles, was Davis zur Kontaktempfehlung äusserte, zutreffen muss, etwa: «On savait que sa [Daniel Grins] famille était de tendance communiste.» Ich habe nicht überprüft, wie die schweizerische politische Polizei die Grins beurteilte, das heisst ich habe die einschlägigen Staatschutzakten nicht konsultiert. Zum Dossier Davis gehört ein Bericht der politischen Polizei des Kantons Waadt vom 10. Februar 1951 über den Medizinstudenten (Jean-) Daniel Grin und über einen Théophile-Octave Grin. Zu Daniel Grin heisst es: «Rien de défavorable es connu à son sujet.» Und was Théophile angeht, Pastor in Lausanne, geboren 1900 (jedoch nicht Vater von Daniel), wird vermerkt: «Il fut un temps, où Grin Théophile passait pour s'intéresser pour tout ce qui était nouveau, même révolutionnaire. [...] Il a cependant changé d'idées par la suite et, à l'heure actuelle, nous n'avons pas connaissance qu'il ait une orientation politique quelconque.» Der Rapport schliesst mit der Feststellung: «Les intéressés n'ont pas occupé les services de la police cantonale de façon défavorable.» Fichiert jedoch wurden die genannten Einschätzungen (vgl. die Bearbeitungszeichen am Rand des Dokuments). Als Zeuge bemerkte Daniel Grin vor dem Untersuchungsrichter am 8. Februar 1951 *en passant*, sein Bruder Jacques-Etienne Grin, bei welchem Davis im Spätherbst während einiger Tage logierte, habe zu jener Zeit linke Ideen vertreten: «professait des idées de gauche».

die Fälschung der Unterschriften auf den Adressänderungsformularen nicht als Urkundenfälschung bewertet würde, und dies obwohl die Bundesanwaltschaft im Brief vom 9. Januar Urkundenfälschung immerhin noch als möglicherweise in Betracht zu ziehendes Vergehen bezeichnet hatte und im Bericht des EJPD zum Beschluss vom 5. Januar Urkundenfälschung als Tatbestand angenommen worden war.[287] Im April 1951 teilte Ritschard, der Genf zugeordnete Inspektor der Bundespolizei, dem Untersuchungsrichter mit, er habe mit *American Express* zu tun gehabt und die Gelegenheit benutzt, um weitere Details zum Fall Davis zu erfahren. Was Ritschard erfahren hatte, fand in den Akten keinen Niederschlag und Jeanprêtre hatte sich nicht darum bemüht, von diesen Einzelheiten Kenntnis zu erhalten.[288]

Alle anderen Erkundigungen von Jeanprêtre am 23. Januar waren eingeleitet durch W-Fragen. Sie betrafen die Finanzierung der Reise, die Aktivitäten in der Schweiz, die Beziehungen zu Senator McCarthy, die Art, wie Davis den amerikanischen Stellen die Informationen zukommen liess, den Inhalt seines Materials und den Kreis seiner Informanten. Der Untersuchungsrichter begnügte sich damit, die Antworten ohne Weiteres entgegenzunehmen. Was Davis über seinen Kontakt zu McCarthy sagte, war konsistent mit früheren Ausführungen: Er habe ihm Informationen erst zukommen lassen, nachdem er sie zuvor dem FBI unterbreitet habe. Auch was er zum Kreis seiner Beobachtungsobjekte bereits gemeldet hatte, wiederholte er: die Aktivitäten der Kommunisten in der Schweiz und besonders der amerikanischen Kommunisten. Er nannte abermals die Namen der «kommunistischen» oder mit dem Kommunismus sympathisierenden Studenten amerikanischer Nationalität. In der Antwort auf die Frage, in welcher Form er die Informationen den amerikanischen Stellen übergab, liess er die Namen wie West weg, nannte aber unmissverständlich das FBI bei der Botschaft in Paris.[289]

Ungewöhnlich wirkt, dass er auf die Frage, welche Informationen er geliefert habe, ein gutes Dutzend Punkte detailliert beschrieb, die sich über zwei Seiten des Protokolls erstrecken. Es scheint, Davis hatte zumindest für diese Ausführungen schriftliche Unterlagen zur Hand gehabt.

Insgesamt lassen sich diverse Angaben als zutreffend erkennen wie beispielsweise diejenigen zu den Reisen, nachvollziehbar anhand der Einträge in seinem Pass. Etliche sind, zumindest ausgehend vom Material in den schweizerischen Archiven, nicht verifizierbar, so – wie schon oben festgestellt – die Details zu seinem Verhältnis zum und seinem Verkehr mit dem FBI. Manches, das er ausführte,

---

287 Allerdings war dieser Bericht nur Bestandteil des offiziösen Untersuchungsrichterdossiers. Die Aussagen von Pfister und Eggenschwyler zu den Umständen und Auswirkungen der Adressfälschungen vom 28. November und 2. Dezember 1950 hatte der Untersuchungsrichter zur Hand (Nr. 6 und 7 in seinem Aktenverzeichnis). Anlass zu weiteren Fragen an Davis gaben sie ihm nicht.

288 Ritschard an Jeanprêtre 19. April 1951. (Nr. 107 im Aktenverzeichnis des Untersuchungsrichters). Angesichts der Rolle, welche den Akten nach zu schliessen *American Express* in Genf nicht nur im Fall Davis spielte, sondern auch für das Abfangen von Post durch das FBI, hätte es von Interesse sein können, diese Details zu kennen. Ritschard berichtete auch, der Direktor von *American Express* habe ihm einen Brief übergeben, der an Davis adressiert und nachträglich eingetroffen sei. Ritschard stellte den Brief Jeanprêtre zu, «à tout fin utile». Bei den Akten findet sich der Brief nicht, sondern nur ein Begleitschreiben, mit welchem der Untersuchungsrichter ihn an das Genfer Kantonsspital weiterleitete, ohne eine Angabe zum Inhalt.

289 «Le FBI à l'ambassade de Paris».

war eindeutig unzutreffend. Das lässt sich etwa anhand diverser Aussagen von Zeugen nachweisen.[290]

Abschliessend zum Interview vom 23. Januar steht auf der Seite 3 des Handexemplars von Dubois, der bei der Bundesanwaltschaft die Federführung im Fall Davis innehatte, eine Randnotiz von Balsiger, dem Chef der Bundespolizei: «Zeitpunkt?». Für den Fall Davis ist der Sachverhalt, den sie betrifft, ohne Bedeutung. Sie ist jedoch ein materieller Beleg dafür, dass Balsiger den Fall weiterhin genau verfolgte.[291]

Den Höhepunkt erreicht Jeanprêtres Abnicken dessen, was der Beschuldigte darstellte, im dritten und letzten Verhör. Bei der Frage 11 erkundigte Jeanprêtre sich nach der Bestätigung über die Angaben der Situation von Davis' Ankunft in Europa. Antwort: Nein. Er sei nach Europa mit einem Auftrag von Senator McCarthy gekommen. Er habe in New York keine Schulung erhalten durch das FBI; er sei nicht vom FBI beauftragt worden. Frage 14: Was hat es auf sich mit Ihren Beziehungen zum FBI? Antwort: Er halte fest, dass er nie ein Agent des FBI gewesen sei. Die Informationen, welche er aus der Schweiz nach Paris gebracht hätte, hätte er an Beamte übergeben, deren Namen er nicht kenne. Abschliessend, unter Ziffer 20, konfrontierte der Untersuchungsrichter Davis mit dem, was er ihm zur Last legte: politischen Nachrichtendienst, Adressfälschungen, Zechprellerei und Erschleichen einer Leistung.[292] Den Hauptpunkt fasste er juristisch präzis und formalisiert, angelehnt an den Wortlaut von StGB Art. 272, zusammen. Davis werde beschuldigt, im Interesse eines fremden Staates oder einer anderen Organisation des Auslandes, nämlich für die Polizei der Vereinigten Staaten, den Nachrichtendienst der Vereinigten Staaten oder für eine Kommission des amerikanischen Parlaments, Informationen über die politische Tätigkeit mehrerer Personen schweizerischer Nationalität oder in der Schweiz wohnhafter Personen, die der Kommunistischen Partei oder linksextremen Organisationen angehören würden, gesammelt zu haben. Darauf erwiderte Davis: Er bestätige die Fakten, ausser was die Adressaten der gesammelten Informationen angehe. Er habe sie amerikanischen Agenten zukommen lassen, welche sie den Nachrichtendiensten der Vereinigten Staaten übermittelten. Er halte fest, dass er die Personen, mit denen er in Paris zu tun gehabt hätte, nie genau gefragt habe, für welche Dienste sie arbeiten würden.

Die Antworten auf die Fragen 11 und 14 nahm der Untersuchungsrichter ohne Widerspruch hin. Und mit der Entgegnung zu Punkt 20 a) überliess er Davis die abschliessende Aussage zum Thema Auftraggeber/Adressaten der Nachrichten. Das war, was das FBI betrifft, das Ende der Negationskaskade, die am 18. Januar

---

290 Besonders dreist war die Denunziation von Frank Butterige, eines Zufallsbekannten im Flug von Paris nach Genf, den er mit Senator McCarthy in Verbindung brachte (23. Januar 1951, Antwort auf Frage 10 Bst. h; Widerruf in der Befragung vom 20. Februar 1951; Zeugenaussage Butterige 20. Februar 1951).

291 Und natürlich auch dafür, dass die Bundespolizei in ihrer Funktion als politische Polizei alle irgendwie greifbaren Quellen ausschöpfte. Davis hatte *en passant* einen Vortrag Ilja Ehrenburgs erwähnt.

292 Zechprellerei zulasten von N. Ferrero, Erschleichen einer Leistung zulasten von A. Portier-Legrand.

begonnen hatte – fraglos hingenommen vom Untersuchungsrichter und im Abschlussbericht vom 16. Mai 1951 sanktioniert.[293]

Diese stillschweigende Akzeptanz von Davis' Präsentation ist nicht zuletzt deshalb verwunderlich, weil dieser am 20. Februar durch sein Abstreiten selbst die Bestätigung dafür lieferte, dass er das FBI bediente: Wenn er sagte, er habe die Informationen an amerikanische Agenten in Paris geliefert, die nicht Bestandteil der Botschaft der Vereinigten Staaten in Paris waren, dann verwendete er eine Umschreibung, die er bei anderer Gelegenheit als Synonym für die FBI-Stelle bei der Botschaft in Paris benutzt hatte.[294] Seltsam mutet auch an, dass der Untersuchungsrichter die Dementis akzeptierte, obwohl er am 23. Januar nach den ersten beiden Einvernahmen der Anklagekammer des Bundesgerichts mitgeteilt hatte, Davis anerkenne im Grossen und Ganzen die Sachverhalte, wie sie im Schreiben vom 9. Januar enthalten seien. Es handelt sich dabei um das gleiche Schreiben, in welchem an prominenter Stelle steht, er habe bei den Beamten des FBI, welche der amerikanischen Botschaft in Paris angegliedert seien, amerikanische Staatsangehörige denunziert.

Im Übrigen widerrief respektive korrigierte Davis am 20. Februar zwei seiner früheren konkreten Behauptungen. Noch am 23. Januar gab er vor, vom Telegramm an den Gesandten Vincent eine Kopie bei Frau Pfister gefunden zu haben. Jetzt erst gestand er, das Telegramm gefälscht zu haben.

Schliesslich wäre an die zahlreichen Fragen zu erinnern, welche der Untersuchungsrichter Davis gar nicht gestellt hat. Angesichts des breiten Raums, den die finanziellen Verhältnisse des Beschuldigten in den Zeugenaussagen einnahmen, fällt auf, wie wenig sich Jeanprêtre bemühte, darüber genaueres zu erfahren.[295] Besonders eine Frage hätte sich aufdrängen können: Wie kam Davis dazu, für eine seiner Reisen nach Paris das Flugzeug zu benutzen? Und vor allem: Woher hatte er das Geld dazu? Nirgends im ganzen Strafverfahren wurde danach gefragt, weder von der Polizei, vom Untersuchungsrichter, von der Bundesanwaltschaft oder vom Gericht.[296] Mit welchen Mitteln er seine Hotelrechnungen bezahl-

---

293 Fast könnte man meinen, Jeanprêtre habe als Untersuchungsrichter Gebrauch gemacht von dem, was Art. 156 der Bundesstrafprozessordnung dem Gericht erlaubte: «Gesteht der Angeklagte die ihm in der Anklage zur Last gelegte Tat zu und ist das Geständnis glaubwürdig, so kann das Gericht mit Zustimmung des Bundesanwalts und des Angeklagten von einem Beweisverfahren absehen.» Tatsächlich hat er ja nicht nur nicht weiter nachgefragt, sondern zudem die Version mit McCarthy als glaubwürdig behandelt. Aber abgesehen davon, dass Untersuchungsrichter und Gericht im Strafprozess grundverschiedene Funktionen zugedacht waren: Was hielt Jeanprêtre von der Glaubwürdigkeit Davis? Zwar hat er die kühnen Negationen hingenommen, im Abschlussbericht schrieb er jedoch, die Untersuchung sei schwierig gewesen, da der Beschuldigte sich als wenig wahrhaftig, ungenau und prahlerisch erwiesen habe. Vgl. auch das Schreiben von Jeanprêtre an das EPD vom 22. Februar 1951, wo er die Phantasie und die Zungenfertigkeit des Beschuldigten beklagt: «imagination et la volubilité du prévenu».

294 «à des agents américains à Paris, agents qui ne faisaient pas partie de l'Ambassade à Paris», Antwort auf Frage 13 vom 20. Februar.

295 Seine Frage 18 ist ein Musterbeispiel einer alles zulassenden W-Frage: «Qu'en est-il de vos ressources?» Und die Antwort Davis fiel entsprechend nichtssagend aus.

296 Man vergleiche dazu die Entrüstung von Frau Ferrero, der Inhaberin des Hôtel de l'Europe in Carouge (Genf), die Davis angezeigt hatte, weil er aus dem Hotel verschwunden war, ohne die Rechnung zu begleichen und ohne eine Adresse zu hinterlassen. Gegenüber der Polizei sagte sie: «D'autre part il ne paye pas sa pension et sa chambre, mais prend l'avion pour se rendra 3 ou 4 jours à Paris», Aussage vom 11. November 1950. Die Bundesanwaltschaft, die es unterlassen hatte, die Frage im grossen Verhör vom 19. Und 20. Dezember 1950 zu stellen, hätte, wie sie dies in ante, blieb ebenfalls unerforscht. Ungeachtet dieser vergleichsweisen kostspieligen Aufenthalte wurde seine Mittellosigkeit im weiteren Verfahren klischeehaft hervorgehoben.

4. In einem gewissen Kontrast zur Nonchalance des Untersuchungsrichters im Umgang mit den Angaben des Beschuldigten steht Folgendes: Am 20. Februar, am gleichen Tag als er dessen Erzählung mit Schweigen sanktionierte, ordnete er eine Hausdurchsuchung bei Frau Pfister an, die zweite nach jener, welche die Bundesanwaltschaft im November 1950 gefordert hatte.[297] Sie verlief ergebnislos. Nachdem die Genfer Polizisten Frau Pfisters Wohnung, Keller und Estrich durchsucht hatten, meldeten sie das negative Ergebnis dem Untersuchungsrichter. Was – oder wer – diese Durchsuchung ausgelöst hat, ist nicht klar. Die Aufzeichnungen der drei Befragungen von Davis im Januar und Februar 1951 verweisen auf keine Sachverhalte, welche die Zwangsmassnahme angemessen oder gar notwendig erscheinen liessen. Möglicherweise nahm Jeanprêtre das Schreiben, welches Davis am 20. Februar an ihn gerichtet hatte, zum Anlass für diesen Schritt. Er fabulierte nochmals, in der Wohnung von Frau Pfister befänden sich wichtige, sehr kompromittierende Dokumente.[298] Er wäre ihm lieber, diese in den Händen des Untersuchungsrichters zu sehen anstatt in jenen von Frau Pfister. Nicht auszuschliessen ist, dass der Pflichtverteidiger Martin-Achard auf die Hausdurchsuchung hinwirkte.[299] Davis leitete die Behauptung über die wichtigen Papiere in der Wohnung Pfister nämlich mit dessen Erwähnung ein: «[W]ie Sie es durch Anwalt Martin-Achard erfahren haben».[300] Im Übrigen bleibt offen, ob auch diese zweite Aktion, wie die erste, dem Nebenzweck diente, bei dieser Gelegenheit mehr über die politische Tätigkeit von Frau Pfister zu erfahren.

Auf der einen Seite nachsichtiger Umgang mit dem Beschuldigten, bis hin zur erstaunlichen Anweisung an das Gefängnis in Genf: Der Beschuldigte Charles Davis beklage sich über seine Einsamkeit. Die Untersuchung sei nun so weit fortgeschritten, dass man keine nachteiligen Folgen mehr sehe, wenn er mit anderen Gefangenen Kontakt habe.[301] Hier also Empathie für Davis, egal ob wirkliche

---

deren Punkten tat, auch nach der Eröffnung der Voruntersuchung zu diesem auffälligen Vorgang zusätzliche Abklärungen veranlassen können.

297 In den Dossiers finden sich keine Dokumente über die formelle Anordnung der ersten Durchsuchung. Ich nehme an, dass sie durchgeführt wurde. Erstens wird sich die Genfer Polizei, zusammen mit dem lokalen Vertreter der Bundesanwaltschaft, deren dringendem Wunsch kaum entzogen haben. Zweitens beschwerte sich Frau Pfister in der Gerichtsverhandlung über Hausdurchsuchung*en* – «les perquisitions» – eben im Plural, in: *Le Démocrate* Nr. 240 vom 16. Oktober 1951.

298 Die Übersetzung entnehme ich den Papieren des amtlichen Übersetzers, welche sich im Dossier Davis des Bundesgerichts befindet. Im Original lese ich: «some very involving documents».

299 Schreiben von Davis vom 20. Februar 1951 im Aktenverzeichnis Nr. 78 des Untersuchungsrichters. Als Vertreter des Beschuldigten konnte Martin-Achard beim «Untersuchungsrichter Untersuchungshandlungen beantragen», BStP Art. 115 Abs. 1. Vgl. auch sein Gebaren während des Prozesses: Von der Gelegenheit Frau Pfister zu drangsalieren machte er ungeniert Gebrauch; siehe Kapitel IV d.

300 Zur Bestellung von Edmond Martin-Achard siehe Abschnitt 5 in diesem Kapitel.

301 «Le prévenu Charles Davis se plaint de sa solitude.» Jeanprêtre ordnete dies schon am 10. Februar an, vor den letzten Zeugeneinvernahmen und vor der letzten Einvernahme des Beschuldigten. Auch hier hat wohl der Pflichtverteidiger mitgewirkt. Die Kopie des ausgehenden Schreibens liegt nicht im offiziellen Dossier des Untersuchungsrichters, sondern bei jenen Akten, welche er der Bundesanwaltschaft einige Jahre nach Abschluss des Verfahrens zustellte.

oder scheinbare, sie wirkt sich auf jeden Fall günstig aus für ihn. Auf der anderen Seite eine weitere Zwangsmassnahme. Am Vormittag des 21. Februar standen die Polizisten vor Frau Pfisters Wohnungstür. Sie veranlassten sie, auf den Durchsuchungsbefehl hinzuschreiben, sie nehme von der Aufforderung zu dieser Untersuchung Kenntnis, einschliesslich der Erklärung, dass die Untersuchung freiwillig stattfinde. Hat man die unsichere Schrift vor Augen, in welcher diese Worte hingesetzt sind, so wird die Zwangssituation nicht nur juristisch abstrakt, sondern als Bedrängung einer Person wahrnehmbar.

5. Edmond Martin-Achard hiess der Pflichtverteidiger von Davis. Der Rührigkeit nach zu schliessen, die er im Lauf seines Mandats an den Tag legte, scheint es wahrscheinlich, dass er es war, der dem Untersuchungsrichter von Davis' Gefühl der Einsamkeit berichtete. Dass er mit der kritiklosen Übernahme und Übermittlung von Davis' Gerede betreffend wichtige, kompromittierende Papiere wesentlichen Anteil hatte am zweiten Hausdurchsuchungsbefehl gegen Frau Pfister, liegt meines Erachtens auf der Hand.

Martin-Achard, damals 39-jährig, Advokat in Genf, seit 1951 ausserordentlicher Professor an der Juristischen Fakultät der dortigen Universität, wurde vom Untersuchungsrichter am 3. Februar 1951 als Pflichtverteidiger eingesetzt.[302] Warum die Wahl auf ihn fiel, ist den Akten nicht zu entnehmen. Der amtliche Verteidiger wurde wohl auch in der Voruntersuchung «unter tunlichster Berücksichtigung seiner [des Beschuldigten] Wünsche» bestellt.[303] Interpret und Übermittler der Wünsche des Beschuldigten dürfte das US-Konsulat gewesen sein.[304] Mehr als einmal hatte es sich wegen eines Verteidigers zu Wort gemeldet. Jeanprêtre stand schon Ende Januar in engem Kontakt mit Konsul Ward. Am 24. Januar 1951 wandte sich dieser direkt an den Untersuchungsrichter mit der Bitte um einen Pflichtverteidiger für Davis. Das Konsulat habe leider kein Geld zur Verfügung, um ihm einen Anwalt zu bestellen oder die Kosten für einen Anwalt zu übernehmen. Schon die Visite Wards bei Davis am 21. Dezember 1950, dem Tag nach dem grossen Verhör, diente, nach Aussage des Konsuls, dem Zweck, einen Verteidiger zu bestellen.[305]

302 Zur Biografie von Martin-Achard vgl. diverse Zeitungsartikel, online greifbar in *Le Temps archives historiques,* konsultiert am 24. Januar 2016, besonders *Journal de Genève* vom 7. Juni 1990, 8. April 1987 und 20. Juni 1959; zu seiner Tätigkeit im Auftrag der *Commission Internationale des Juristes* u. a. *Journal de Genève* vom 1. April 1970. Vgl. auch das Curriculum vitae in den *Archives patrimoniales et administratives de l'Université de Genève,* Signatur IV/71, inklusive «1959–1961 Bâtonnier de l'Ordre des Avocats de Genève» und «Vice-Président de la Fédération Suisse des Avocats 1966–1969». Im vorgerückteren Alter veröffentlichte er unter dem Titel *L'avocat aujourd'hui* ein Buch über die Berufsethik seines Standes, vgl. *Journal de Genève* vom 7. Juni 1990. Ich habe das Werk nicht gelesen, zweifle jedoch, ob sein Verhalten als Strafverteidiger 1951 in allen Teilen den «règles déontologiques fondamentales de sa profession» entsprochen hat, etwa während der Gerichtsverhandlungen beim Umgang mit den Zivilklägern Eggenschwyler und Pfister sowie im September 1951 bei der Denunziation der Krankenschwester G.

303 So Bundesstrafprozessordnung Art. 36 betreffend Bestellung des amtlichen Verteidigers durch den Richter, Art. 37 Abs. 1 analog zur Voruntersuchung.

304 Eine Kopie der Bestimmung Martin-Achards zum Pflichtverteidiger ging auch an das Konsulat, wohl nicht zuletzt deswegen, weil sich dieses in Sachen Anwalt für Davis schon im Dezember erkundigt hatte.

305 Zur Visite vom 21. Dezember siehe Kapitel I e.

Leider liessen sich keine Hinweise zu irgendwelchen Eigenschaften oder Beziehungen finden, die Aufschluss darüber geben könnten, wieso und wie das Konsulat auf Martin-Achard gekommen war. Ein objektiver Faktor mag bei seiner Benennung eine Rolle gespielt haben: Der späteren internationalen Tätigkeit nach zu schliessen, dürfte er die englische Sprache beherrscht haben.

Dass der Pflichtverteidiger als Mittelsmann zwischen dem US-Bürger Davis und dem Konsulat fungierte, zu dessen Aufgaben das Vertreten der Interessen seiner Staatsangehörigen zählte, liegt in der Natur der Sache. Wie weit dies bedeutete, legitime Interessen von Davis wahrzunehmen und wie weit der Konditionierung des Beschuldigten durch das Konsulat Vorschub zu leisten, bleibt offen. Das Konsulat war nicht nur als «fürsorgende Stelle» zugunsten des Bürgers Davis involviert, sondern auch an dessen unerlaubtem Nachrichtendienst beteiligt.[306]

6. Die Zeugenaussagen lenken den Blick auf Jeanprêtres Passivität angesichts der Bekundungen von Davis. Am 1., 8., 10. und 20. Februar hörte er über 20 Zeugen an. Diese Anhörungen waren teilweise länger, teilweise sehr kurz. Die Zeuginnen und Zeugen beschrieben konkret, wie sie mit Davis in Kontakt kamen, was sie mit ihm zu tun hatten und von ihm hielten.[307] Vor allem aber widersprachen sie etlichen seiner Behauptungen – Jeanprêtre hatte sich nicht bemüht, die Diskrepanzen zu erhellen. So hatte Davis den Studenten M. als einen der Informanten bezeichnet, den er für Auskünfte bezahlt habe. Laut dem wenige Zeilen umfassenden Bericht über die Äusserungen dieses Zeugen bestritt dieser, jemals Informationen über Meinungen oder die politische Tätigkeit von Studenten geliefert zu haben. In der Befragung vom 20. Februar konfrontierte der Untersuchungsrichter Davis nicht mit diesem Widerspruch. Das Gleiche gilt für die Einlassung des Zeugen H., den Davis ebenfalls als einen seiner bezahlten Informationslieferanten bezeichnet hatte. H. erklärte, Davis habe ihn über einen Angestellten des Konsulats ausgefragt, den H. selbst nicht kannte, und über die politischen Ansichten eines Kollegen.[308] Auch in diesem Punkt folgte kein weiteres Nachfragen. Die – unter Nennung von etwa einem Dutzend Namen angeblicher Teilnehmer – von Davis frei erfundene Versammlung im August 1950 bei Otto Schneebeli in Zürich, schaffte es nicht nur bis in die Anklageschrift, sondern bis in die ausführliche Begründung des Urteils vom 16. Oktober 1951.[309] Der Untersuchungsrichter hatte es unterlassen, die Behauptung zu falsifizieren. Schneebeli wurde nicht gefragt, ob dieses Treffen stattgefunden habe. Er hielt aber fest, dass er sich nicht erinnere, Davis an eine politische Versammlung mitgenommen zu haben. Einmal habe er mit ihm einen Anlass der Jugendgruppe des Verbandes der Bekleidungs- und Lederar-

306 Die enge Verbindung zwischen dem Pflichtverteidiger und dem Konsulat illustriert unter anderem dieser Vorgang: An einem Samstagnachmittag erschien Konsul Ward in der Gefangenenabteilung des Kantonsspitals Genf, um Davis zu sprechen. Der Pflichtverteidiger habe den Untersuchungsrichter um die Bewilligung des Besuchs gebeten. Dieser habe Ward am Samstagvormittag dazu telefonisch die Erlaubnis erteilt. Die Genfer Polizei war über den Vorgang nicht unterrichtet worden, vgl. dazu den Rapport der Genfer Polizei vom 16. April 1951.

307 Die Zeugenaussagen sind nicht in Protokollen überliefert, sondern in zusammenfassenden Berichten, also ohne die Fragen des Untersuchungsrichters. Diese lassen sich erschliessen aus dem, was als Aussage der Zeugen niedergeschrieben wurde.

308 Aussage von M. vom 1. Februar 1951, Aussage von H. vom 20. Februar 1951.

309 Urteil des Bundesgerichts vom 16. Oktober 1951, dodis.ch/52771, S. 4.

beitnehmer besucht. Zu dieser Gruppe gehörten auch einige Kommunisten, die Mehrzahl sei aber nicht kommunistisch gewesen.[310]

Im Übrigen betrifft das «Sich-Arrangieren» mit Aussagen auch den Umgang mit Zeugenaussagen, bei denen die Nachfrage ausblieb. Was Davis über die Personen M. und H. erzählt hatte, war nicht weniger unwahrscheinlich als andere seiner Erzählungen, die unverzagt weiterverfolgt wurden. Was die beiden anging, hatte Davis Ende November 1950 einen ausführlichen schriftlichen Bericht geliefert. M. etwa hat er in Verbindung gebracht mit Forschungsspionage. Und die angeblichen Geheimdienstaktivitäten von H. reicherte er an mit allerlei Details. Fragen an die beiden Zeugen zu diesen Behauptungen unterblieben.[311] Für die Belange des Staatsschutzes allerdings wurden die Aussagen von Zeugen, welche dieser im Blickfeld hatte, berücksichtigt.[312]

7. Am 6. Februar 1951 hatte Jeanprêtre mit Konsul Ward über den Fall Davis ein langes Gespräch geführt, «offiziös», wie er selbst schreibt. Eine Aktennotiz über das Treffen existiert nicht, zumindest nicht im Dossier Davis der Bundesanwaltschaft. Nur über einen Umweg erfahren wir davon. Das EPD, das heisst Zehnder, der Chef der Abteilung für Politische Angelegenheiten, hatte dem Untersuchungsrichter die Kopie einer Note der US-amerikanischen Gesandtschaft vom 16. Februar zukommen lassen. Hughes, der *Chargé d'affaires* der USA, habe dazu erklärt, die Regierung der USA kümmere sich um den amerikanischen Staatsbürger Davis, der seit mehreren Monaten inhaftiert und noch nicht vor Gericht gebracht worden sei. Davis sei ein kommunistischer amerikanischer «Neger». Es sei

---

310 Aussage von Schneebeli vom 10. Februar 1951. Zwei der Personen, welche nach Davis zum Treffen bei Schneebeli gekommen sein sollen, waren – aus anderem Anlass – als Zeugen aufgeboten. Jeanprêtre hat laut den Zeugenberichten keine der beiden Personen gefragt, ob Davis' Behauptung zutreffe. Unabhängig von der Aussage Schneebelis, hätte auch das genaue Studium der Akten zum Nachweis führen können, dass mit dieser Episode in der Erzählung Davis etwas nicht stimmte. Davis hat als Teilnehmender an diesem angeblichen Treffen in Zürich Personen genannt, deren Namen er nur kannte, weil sie in Genf mit Personen aus seinem Bekanntenkreis verkehrten. Er hat Namen wie Grassi, Kaiser oder Mages «recycelt». Grassi kommt in den Akten an etlichen Stellen vor, Kaiser ist unter anderem im Verhör vom 19. und 20. Dezember 1950 Frage und Antwort 46 gewidmet, Mages Frage und Antwort 53. Ich habe diese ominöse Liste der Namen nicht weiter überprüft. Wahrscheinlich verweist sie nicht nur auf soeben genannten drei Personen, sondern grösserenteils auf Personen, deren Namen Davis aufgeschnappt, die er aber nie gesehen hat. Das verhinderte nicht, dass z. B. Harvey Adelson, einer der Denunzierten, in den Staatschutzakten zum realen und zudem kommunistischen Teilnehmer der angeblichen Veranstaltung wurde: «A. war Teilnehmer an einer von Davis am 28.8.50 überwachten Versammlung von Kommunisten bei Schneebeli Otto […] in Zürich», Fiche Adelson, CH-BAR#E4320-01C#1996/203#1*. Das Nicht-Nachforschen des Untersuchungsrichters bei Widersprüchen und Unklarheiten reduzierte also nicht nur den Grad an «Wahrheit» im Fall Davis, sondern beeinträchtigte auch den Ruf von Personen: Falsche Aussagen wurden in den Unterlagen der politischen Polizei leichter zu Tatsachen.

311 Bericht bzw. schriftliche Antwort auf Fragen betreffend M. und H. Ende November oder Anfang Dezember 1950, undatiert, Nr. 21 im Aktenverzeichnis des Untersuchungsrichters. Welche Sachverhalte zu klären die Bundesanwaltschaft und das Gericht unterliessen, steht auf einem anderen Blatt. Zum Beispiel: Auf der Fiche des H. findet sich zum 21. November 1950 die ungewöhnliche Formulierung: «*Nebensächlich* erwähnt in Abhörung Davis [Hervorhebung J. Z.]». Eine solche den Betroffenen beinahe schon in Schutz nehmende Relativierung einer Denunziation Davis' ist mir in keinem der sehr zahlreichen Ficheneinträge begegnet, welche Davis' Erzählung entsprangen.

312 Vgl. z. B. die Einträge auf den Fichen von Frédéric Eggenschwyler und Elisabeth Pfister vom 5. Februar 1951: «v. UR Jeanprêtre […]».

zu befürchten, dass die kommunistische amerikanische Presse zugunsten dieses amerikanischen Staatsbürgers eine Kampagne starte, da sich die Haft in die Länge ziehe.[313] Zehnder bat den Untersuchungsrichter, er möge zu der Note Stellung beziehen und mitteilen, wann die Voruntersuchung beendet werden könne. Jeanprêtre antwortete umgehend. Er zeigte sich überrascht von der Behauptung der Gesandtschaft, Davis sei Kommunist. Nicht der Spionage zugunsten des Kommunismus werde er beschuldigt, sondern zugunsten des Antikommunismus: Herr Hughes könne für Auskünfte an Herrn Ward, Konsul der USA in Genf, verwiesen werden. Jeanprêtre habe mit ihm – offiziös – ein langes Gespräch geführt.[314] Er fühlte sich genötigt, sich gegenüber dem EPD zu verteidigen. Zu diesem Zweck, im Gefühl bedrängt zu werden, offenbarte er das Gespräch mit Ward.

Nebenbei erfahren wir damit von dieser Unterredung, die nicht ohne Wirkung auf den weiteren Verlauf der Untersuchung, die Anklage und letztlich den Prozess geblieben sein dürfte. Ward hat am 6. Februar Jeanprêtre gewiss nicht nur zugehört, sondern ihm auch einiges erklärt und anderes nahegelegt oder suggeriert.[315] Diese Hinweise oder Andeutungen mögen dazu beigetragen haben, dass der Untersuchungsrichter zwei Wochen nach dieser offiziösen Besprechung das Dementi des Beschuldigten in Sachen FBI widerstandslos entgegennahm. Auf der Hand liegt: Dieser Verkehr hat die Neigung Jeanprêtres nicht verstärkt, der Tatsache ins Auge zu sehen, dass das Konsulat Beihilfe geleistet hat zum unerlaubten politischen Nachrichtendienst von Davis.

Dem Termin vom 6. Februar war ein Briefwechsel zwischen Ward und Jeanprêtre vorangegangen. Auffallend ist die Promptheit, mit welcher dieser dem Konsul antwortete und die Tatsache, dass er sowohl die Originale der Schreiben Wards als auch die Kopie seiner Antwort bei den Materialien ablegte, welche er der Bundesanwaltschaft erst einige Jahre nach dem Prozess zukommen liess. Dass der Untersuchungsrichter einen Brief des Konsuls an Davis ohne Weiteres und umgehend an den Direktor des Genfer Gefängnisses weiterleitete, d. h. ohne

---

313 Eine analoge Begründung, die Presse sei auf den Fall aufmerksam geworden, hatte auch Kronthal Anfang Dezember 1950 angeführt, als Motiv dafür, Davis möglichst rasch auszuweisen, vgl. Kapitel I c.

314 «M. Ward, Consul des Etats-Unis à Genève. J'ai eu avec lui – officieusement – une longue conversation le 6 février dernier.» Schreiben von Jeanprêtre an die Abteilung für Politische Angelegenheiten des EPD vom 22. Februar 1951. Die Kopie des ausgehenden Schreibens, d. h. der Antwort des Untersuchungsrichters, befindet sich nicht in seinem offiziellen Dossier, sondern im Faszikel, den er der Bundesanwaltschaft einige Jahre nach Abschluss des Verfahrens zusandte. Das Schreiben des EPD vom 20. Januar 1951, das die Antwort Jeanprêtres ausgelöst hatte, ordnete dieser seinem offiziellen Dossier zu. In der Antwort auf die US-amerikanische Note vom 16. Februar verwies das EPD die Gesandtschaft getreulich auf die Unterredung zwischen Jeanprêtre und Ward. Der Konsul sei daher in der Lage, «de fournir à la Légation des informations détaillées à ce sujet», Schreiben vom 28. Februar 1951, CH-BAR#E2001E#1969/121#852*.

315 Es sei erinnert an die Äusserung der Bundesanwaltschaft (Dubois) betreffend den Einfluss des Konsulats auf das Verhalten Davis': «Le ministère publique a de sérieux motifs de penser que le consulat de Genève a déjà exercé une certaine pression sur l'inculpé, au cours de l'enquête préparatoire. Cette pression n'est pas restée sans effets, l'inculpé ayant, en fin d'instruction, battu en retraite sur tout ce qui aurait pu compromettre les autorités américaines», Schreiben der Bundesanwaltschaft (gezeichnet Bundesanwalt, Verfasser Dubois) an das EPD vom 3. August 1951, dodis.ch/52781.

Kontrolle und Dokumentation des Inhalts, war angesichts der Verwicklung des Konsulats in die Straftat ebenfalls nicht selbstverständlich.[316]

In den Schreiben Wards an Jeanprêtre sind im Übrigen Ungenauigkeiten festzustellen. Er gibt an, Davis im vergangenen Dezember besucht zu haben, aufgrund einer Vereinbarung zwischen der Gesandtschaft und dem EPD. Das trifft nicht zu. Das EPD war nicht involviert in die Besuche.[317] Im zweiten Brief vermerkt Ward, er habe Davis mitgeteilt, es gäbe für ihn nun keinerlei Anlass mehr, sich während der Dauer der Haft in den Fall einzumischen. Nicht nur das Treffen vom 6. Februar mit dem Untersuchungsrichter steht in einem gewissen Gegensatz zu dieser Ankündigung, sondern auch die Presseerklärung von Mitte Februar, die offensichtlich nicht nur der Orientierung der Öffentlichkeit diente, sondern auch auf die Instanzen einwirken sollte, die mit dem Fall betraut waren.

8.1. Am 22. Januar 1951 ersuchte der Untersuchungsrichter das EPD um Dokumentation und Auskünfte. Unter Punkt 2 wird gefragt, ob es bei der Botschaft der Vereinigten Staaten in Paris Beamte mit folgenden Namen gab (in der Zeit von November 1949 bis November 1950): Larkin, Charles (oder Richard Clyde); Grey (oder Greys), Charles; West, Jack. Er fragte auch danach, welche Funktionen diese Personen bei der Botschaft innegehabt hätten.[318] Er bat zudem um eine Liste des Personals des Konsulats der Vereinigten Staaten in Genf, erkundigte sich nach den Inhabern der Telefonnummern in den USA, welche Davis zulasten seiner letzten Vermieterin, Frau Portier-Legrand, gewählt hatte, und wollte wissen, wie umzugehen sei mit zwei Personen, welche laut Davis bei internationalen Organisationen in Genf arbeiten würden und als Zeugen oder allenfalls als Beschuldigte zu vernehmen seien. Zu dieser Frage erhielt er nach drei Wochen Bescheid. Nach vier Wochen wurde eine weitere Teilantwort übermittelt, mit der Liste der Beamten sowie des übrigen Personals des Konsulats.[319] Jeanprêtre rekapitulierte darauf sein Ersuchen um Auskünfte. Was Larkin, Grey und West betraf, äusserte er sich etwas ungehalten: Ob es nicht möglich wäre, von der schweizerischen Gesandtschaft in Paris die Angaben zu erhalten, um die er gebeten habe betreffend die drei Beamten der Botschaft der Vereinigten Staaten in Paris. Es gäbe in Paris gewiss ein Verzeichnis der ausländischen Diplomaten. Ein Telefonanruf bei der Gesandtschaft würde genügen, um sich der Sache zu vergewissern. Weitere Informationen erhielt er mit Schreiben vom 22. Februar. Am 28. Februar schliesslich

316 Was den Inhalt des Briefes anging, begnügte sich Jeanprêtre mit dessen Beschreibung durch den Konsul im Schreiben vom 26. Januar; Weiterleitung des Briefs an Davis durch Jeanprêtre am 27. Januar 1951. Auch die Kopie dieses Begleitschreibens vom 27. Januar hat der Untersuchungsrichter in seinem Separatfaszikel abgelegt.

317 Weder im Dossier Davis der Bundesanwaltschaft noch in jenem des EPD findet sich für diese Periode die Spur eines Kontakts zwischen EPD und US-Gesandtschaft. Dokumentiert ist hingegen die Intervention des Gesandten direkt beim Bundesanwalt, Schreiben vom 7. Dezember 1950 (dodis.ch/52797), unter Berufung auf die Kontakte mit Balsiger, dem Chef der Bundespolizei.

318 «Existait-il, à l'ambassade des Etats-Unis à Paris, des fonctionnaires portant les noms suivants (période: octobre 1949 à novembre 1950) Larkin, Charles (ou Richard Clyde); Grey (ou Greys), Charles ; West, Jack [?] Quelles étaient les fonctions de ces personnes à l'Ambassade?»

319 Sie umfasste die stattliche Anzahl von gut 20 Personen, exklusive des Dutzends schweizerischer Staatsangehöriger, die für das Konsulat arbeiteten. Liste als Beilage des Schreibens des EPD vom 20. Februar 1951.

 folgte die Antwort zu den drei Personen bei der US-amerikanischen Botschaft in Paris. Das EPD unterrichtete Jeanprêtre darüber, dass die Herren Charles Grey und Jack West gegenwärtig die Funktion von Attachés bei der Botschaft der Vereinigten Staaten in Paris ausüben würden. Richard Clyde Larkin sei im vergangen November zum Konsul des Generalkonsulats der Vereinigten Staaten in der französischen Hauptstadt ernannt worden.[320]

Eine Woche nach dem Dementi von Davis, dass er die Namen der Personen nicht kenne, denen er die Informationen überbracht habe, erhielt der Untersuchungsrichter die formelle Bestätigung dessen, was Davis früher ausgesagt hatte und was in den Akten hinreichend dokumentiert war: Die Namen der Personen bei der Botschaft in Paris, mit welchen er in Verbindung gestanden hatte. Dies veranlasste Jeanprêtre nicht, sein Urteil über die Beziehung zwischen Davis und dem FBI kritisch zu überprüfen. Er blieb dabei: Es sei ausgeschlossen, dass die amerikanische Polizei ihn angeheuert und in die Schweiz geschickt hätte. Nichts deute darauf hin, dass amerikanische Beamte ihm beauftragt hätten, die Berichte zu erstellen. Sie hätten nur entgegengenommen, was Davis ihnen von sich aus zugetragen habe.[321]

8.2. Bei der Auskunft des EPD zu Larkin, Grey und West taucht angesichts dieses Aktenstücks ein Rätsel auf, für welches ich nur eine mögliche, aber nicht zwingende Lösung gefunden habe. Folgende Überraschung erlebte ich: Ganz am Ende der ersten Durchsicht des Dossiers Davis der Bundesanwaltschaft machte ich mich an das Studium des Sonderfaszikels des Untersuchungsrichters, jenes schmalen Ordners, welchen er der Bundesanwaltschaft erst einige Jahre nach Abschluss des Verfahrens zustellte und in welchen er Aktenstücke seiner Wahl abgelegt hatte. Hier lag das Original dieses Stücks, präpariert in der Weise, wie die einzelnen Dokumente jenes Dossiers, das der Untersuchungsrichter mit seinem Schlussbericht der Bundesanwaltschaft übergab, rot gestempelt als Nummer 92 und mit einer Stempelmaschine, paginiert als Seite 383. So ist sein ganzes Dossier, das später mit der Anklageschrift an das Bundesgericht ging, Stück für Stück und Blatt für Blatt fortlaufend gekennzeichnet: die einzelnen Dokumente rot durchnummeriert und das ganze Dossier mit einer Stempelmaschine durchpaginiert.[322] Dazu erstellte er ein Aktenverzeichnis anhand der fortlaufenden Dokumentnummern. Die Überraschung ergab sich deswegen, weil im endgültigen Dossier des Untersuchungsrichters ebenfalls eine rot gestempelte Nummer 92 figuriert, keineswegs identisch mit der oben genannten, mit anderem Datum und völlig anderem Inhalt. Zur Veranschaulichung möchte ich dies einander gegenüberstellen:

Nummer 92 original: S. 383 maschinell paginiert 28. Februar 1951, Auskunft EPD betr. Larkin, Gray und West

---

320 «[…] nous avons l'honneur de vous faire savoir que MM. Charles Grey et Jack West revêtent actuellement les fonctions d'attachés *près* l'Ambassade des Etats-Unis à Paris».

321 Vgl. Kapitel II c, Abschnitt 2 die Analyse des Schlussberichts des Untersuchungsrichters vom 16. Mai 1951.

322 Der Untersuchungsrichter hat zwei Dossiers gebildet, eines für die strafrechtlichen und eines für die zivilrechtlichen Belange. Sie sind je mit einem Verzeichnis versehen. Die doppelte Nummer 92 betrifft den strafrechtlichen Teil.

Nummer 92 später: S. 379 handpaginiert 3. Februar 1951, Auskunft Bundesanwaltschaft u. a. betr. Passeinträge Davis.[323]

Inhaltlich ist folgendes zu bemerken: Die originäre Nummer 92 ist das oben erwähnte Schreiben des EPD an den Untersuchungsrichter vom 22. Februar, in welchem Gray und West als Attachés bei der US-amerikanischen Botschaft in Paris identifiziert wurden. Die andere Nummer 92 enthält mehr oder weniger technische Auskünfte, um welche Jeanprêtre die Bundesanwaltschaft ersucht hatte, einschliesslich einer Liste der Grenzpassagen von Davis gemäss den Einträgen in seinem Pass.

In die Augen springt der Unterschied der Paginierung: maschinell im ersten, originären Fall – so wie das ganze Untersuchungsrichterdossier paginiert ist –, manuell im zweiten, was nur bei ganz wenigen der über 400 Seiten vorkommt. Die Pointe liegt darin: Bestandteil des definitiven Dossiers, wie es schliesslich an das Bundesgericht gelangte, ist jene Nummer 92, die spätere, welche von Hand paginiert ist, während jene, die sozusagen ordentlich mit der Stempelmaschine gekennzeichnet ist, bei den Handakten des Untersuchungsrichters endete, in seinem Separatfaszikel. Dazu kommt, dass die nicht-maschinelle Seitenbezeichnung 379 der späteren Nummer 92 von Dubois stammt, der in der Bundesanwaltschaft mit dem Fall betraut war.

Auf welche Weise kam es dazu, dass zwei verschiedene Dokumente unterschiedlichen Inhalts und, was die Paginierung angeht, unterschiedlicher äusserer Form zu Nummer 92 gemacht wurden? In welcher Absicht erfolgt dieser «Kunstgriff»? Jemand hat da Hand angelegt: Das ursprüngliche, maschinell paginierte Dokument wurde entfernt. Es wurde wohl entfernt, bevor der Untersuchungsrichter sein Aktenverzeichnis erstellte, denn dort ist das andere, von Hand mit der Seitenzahl versehene Dokument als Nummer 92 verzeichnet. Die erste Nummer 92 hatte er weggelegt, in seinen Separatfaszikel. Ersetzte er das eine durch das andere Stück von sich aus? Das ist schwierig zu sagen. Einiges deutet darauf hin, dass dies in Anwesenheit von Dubois, der federführenden Person bei der Bundesanwaltschaft, geschah. Neben der Tatsache, dass die manuelle Seitenbezeichnung von Dubois stammt, deuten auch die Unregelmässigkeiten bei der Paginierung um die Seite 383 darauf hin. Dass Dokumente, welche dem Dossier des Untersuchungsrichters beigefügt wurden, nachdem er seinen Bericht verfertigt und das Dossier geschlossen hatte, von Hand mit Seitenzahlen versehen wurden, leuchtet ein.[324] Dass aber im endgültigen Dossier überhaupt keine maschinengestempelte Seite 383 vorhanden ist, dafür ein Artikel aus der *Newsweek*, der keine Dokumentennummer aufweist, nicht im Aktenverzeichnis des Untersuchungsrichters erscheint und sich über drei Seiten erstreckt – drei Seiten, jede handschriftlich mit 383 bezeichnet, das fällt aus dem Rahmen.

Berichtet wird in diesem Artikel über die Sitzung eines Unterausschusses des Senats, der sich mit den Anschuldigungen befasste, welche McCarthy gegen An-

323 Als Seite 379 handpaginiert in der Kopie des Dossiers des Untersuchungsrichters, die in den Akten der Bundesanwaltschaft überliefert ist, im Originaldossier im Archiv des Bundesgerichts anders handpaginiert.

324 Es handelte sich in erster Linie um vereinzelte Stücke, welche die Bundesanwaltschaft ihrem Dossier nachträglich hinzugefügt hatte. Vgl. dazu die vierte Zwischenbetrachtung: Das «behandelte» Dossier.

gehörige des *State Department* erhoben hatte. Für jemanden, der mit der US-amerikanischen Innenpolitik nicht vertraut war, sagte der Artikel wenig aus.[325] Die Bundesanwaltschaft hatte eine Kopie dieses Artikels aus der *Newsweek*-Nummer vom 3. April 1950 im Dezember 1950 vom EPD erhalten, nachdem sie um Angaben zu Senator McCarthy gebeten hatte. Der Bericht figurierte unter den Stücken, welche die Bundesanwaltschaft dem Untersuchungsrichter am 10. Januar 1951 als offizielles Aktenpaket zukommen liess. Dieser fügte ihn jedoch nicht seinem Dossier bei. Vielmehr sandte er ihn zurück an die Bundesanwaltschaft mit anderen Dokumenten, von denen es ihm unnötig schien, sie dem offiziellen Dossier des Falls beizufügen.[326] Wie gesagt: Er figuriert jetzt dennoch darin, aber er trägt keine Nummer und ist nicht maschinengestempelt.

Das Dossier mit der ursprünglichen Nummer 92, jener vom 28. Februar 1951, erwies sich also als provisorisch, da an ihm die oben beschriebenen Änderungen vorgenommen wurden. Ich vermute, dass Jeanprêtre das provisorische Dossier der Bundesanwaltschaft respektive Dubois vorgelegt hatte, dass sie einvernehmlich die ursprüngliche Nummer 92 durch die neue, jene vom 3. Februar ersetzten, dass der Untersuchungsrichter darauf das definitive Aktenverzeichnis erstellte und dass Dubois dann, sei es im Einvernehmen mit Jeanprêtre oder nicht, dem Dossier den *Newsweek*-Artikel beifügte und von Hand die Paginierung änderte.[327]

Wozu die ganze Operation? Wohl kaum, um die Verbindung zwischen Davis mit den drei in Paris identifizierten Männern zu verdecken. Denn der Inhalt der originalen Nummer 92 figuriert ja unter der Nummer 90 im Dossier, wenn auch weniger plastisch hervortretend.[328] Dubois ging es wohl eher darum, das Dossier anzureichern mit «Stoff» über McCarthy. Auch das von Dubois mit der Seitenzahl 384 gekennzeichnete Stück weist darauf hin. Es handelt sich um die Kopie eines Berichts, den der in Genf wirkende Inspektor der Bundespolizei Ritschard am 15. Dezember 1950 seinem Chef übermittelte. Er enthält Angaben über zwei in Paris domizilierte Personen, welche Davis in seinen Erklärungen im November 1950 erwähnt hatte, John Codington und John Farrand. Codington war ein US-amerikanischer Student, den Davis nach seinen eigenen Angaben in Paris kontaktiert hatte.[329] John Farrand aber fungierte als der ominöse, wenn auch ephemere Verbindungsmann McCarthys zu Davis. Da die US-amerikanische Presse die Beziehung von Davis zu McCarthy nicht erst in der Prozessberichterstattung übertrieben dargestellt hatte, sondern schon in den ersten Berichten Mitte Februar 1951 den Aspekt «McCarthy» heraushob, erhielt Farrand im Fall Davis eine

325 «Trap for McCarthy», Newsweek vom 3. April 1950, S. 7–9. Dubois' Exemplar weist denn auch nur ganz wenige Bearbeitungsspuren auf.

326 16. Mai 1951, in separatem Schreiben an den Bundesanwalt, Nr. 2 des Verzeichnisses der «documents qu'il m'a paru inutile de verser au dossier officiel de l'affaire».

327 Es war Dubois, der das Dossier des Untersuchungsrichters dem Bundesgericht am 25. Juli 1951 zuleitete. Theoretisch hätte die ursprüngliche Nummer 92 auch später als im Mai ersetzt werden können. Ich halte das nicht für wahrscheinlich. Dann hätte Jeanprêtre das Aktenverzeichnis neu schreiben müssen. Und zudem hatte r ja das ursprüngliche Dokument bei sich in seinem Separatfaszikel abgelegt.

328 Nr. 90: «Extrait réponse du DPF au juge, du 28 févr. 1951».

329 Kurios bleibt, dass Dubois diesen Rapport nochmals einfügte, obwohl er im offiziellen Dossier schon vorhanden war, als Nummer 23 des Aktenverzeichnisses, mit den gestempelten Seitenzahlen 133 und 135 versehen.

entsprechend übertriebene Rolle zugewiesen. Das Einfügen des Rapports steht daher nach meiner Auffassung in der Reihe der Elemente, denen zugedacht war, den Fall auf McCarthy hinzulenken. Der Frage, wie die Umpolung weg vom FBI hin zu Senator McCarthy begann, wie sie sich entwickelte und welches Ergebnis sie zeitigte, gehe ich weiter unten nach.[330]

9. Was den Umgang mit der Presse anging, erwiesen sich die beteiligten Organe als etwas unbeholfen, obwohl der Untersuchungsrichter sich schon früh mit der Frage befasst hatte. Nach dem zweiten Verhör von Davis schickte er sich an, Zeugen zu verhören. Auf seiner Liste standen auch Politiker, die landesweit bekannt waren, wie Léon Nicole, der – je nach politischem Standpunkt – berüchtigte oder berühmte Exponent der Genfer Linken sowie Maurice Jeanneret aus Lausanne, in jenen Jahren als Angehöriger und Nationalrat der Fraktion der Partei der Arbeit. Jeanprêtre nahm an, dass der Fall wohl nicht mehr geheim gehalten werden könne, da solche Personen befragt würden. Es sei denkbar, dass die Presse darüber berichten werde. Er wandte sich daher an seine vorgesetzte Behörde, die Anklagekammer des Bundesgerichts, mit der Frage, ob er ein Pressecommuniqué herausgeben solle. Ob nur der elementare Sachverhalt des politischen Nachrichtendienstes zu erwähnen oder auch der Name und die Staatsangehörigkeit des Beschuldigten, der Kreis der Personen, die ausgespäht worden seien, und die fremde Macht, für die der Beschuldigte gearbeitet habe. Eine Antwort liegt nicht bei den Akten.

Als Nächstes folgt dort eine Aktennotiz von Dubois vom Nachmittag des 13. Februar. Er war von Journalisten und von der Abteilung Information und Presse des EPD unter Verweis auf eine Meldung der *Chicago Daily News* betreffend Davis angefragt worden.[331] Dieser sei in der Schweiz verhaftet und ins Gefängnis gebracht worden wegen des Verdachts auf politischen Nachrichtendienst. Es handle sich um einen ehemaligen Kommunisten, der sich inzwischen vom Kommunismus abgewendet habe. Die Vertreter zweier amerikanischer Nachrichtenagenturen hätten versucht, bei den erwähnten Journalisten eine Bestätigung des Inhalts dieser Meldung zu erlangen. Dubois fährt fort, da sich der Fall zurzeit nicht in den Händen der Bundesanwaltschaft, sondern in jenen des Untersuchungsrichters befänden, habe er seine Gesprächspartner an diesen verwiesen.

In der Folge rief Jeanprêtre Dubois an, er habe den Fragenden mitgeteilt, sie mögen den Präsidenten der Anklagekammer bemühen. Dieser habe dann den Untersuchungsrichter gebeten, eine minimale Mitteilung zu veröffentlichen. Darauf wandte sich Jeanprêtre abermals an Dubois: Auf welche Weise er die Sache der Presse vermitteln solle. Dubois riet ihm, die beiden wichtigen schweizerischen

---

330 Siehe vor allem im weiter unten folgenden Text die Passagen betreffend die US-amerikanische Presse und der Fall Davis Mitte Februar sowie im und August betreffend McCarthy gegen John Carter Vincent und auch im August das Haschen des Anklägers nach Stoff, um sich der Verbindung McCarthy-Davis zu versichern (Kapitel III b) und schliesslich die Beschreibung der Gerichtsverhandlung, vor allem des Vortrags des Anklägers sowie die Rezeption des Prozesses in der US-amerikanischen Presse (Kapitel IV e und Kapitel IV g).

331 Der Artikel im *Washington Evening Star* ist identisch mit jenem in den *Chicago Daily News*. Der Autor Weller war Auslandkorrespondent für beide Blätter, «Foreign Correspondent of The Star and the Chicago Daily News».

Nachrichtenagenturen zu bedienen. Am Schluss notierte Dubois, einer der Journalisten, die ihn am Vormittag kontaktiert hätten, habe ihm mitgeteilt, eine Genfer Zeitung werde noch an diesem Abend über den Fall Davis berichten. Auch das US-amerikanische Konsulat beabsichtige, eine Presseerklärung herauszugeben. Drei Wochen nachdem der Untersuchungsrichter begonnen hatte, sich zu erkundigen, wie mit der Presse umzugehen sei, herrschte in dieser Hinsicht offensichtliche Konfusion.

Dubois schreibt, er habe Jeanprêtre beraten bei der Frage, wie er die Presse erreichen solle.[332] Angesichts der Unsicherheit des Untersuchungsrichters über den Inhalt, wie er sie im Schreiben an die Anklagekammer zum Ausdruck gebracht hatte, dürften er und Dubois sich nicht nur über den Kommunikationsweg unterhalten respektive abgesprochen haben, sondern auch darüber, was zu sagen sei.

Der Text der Presseerklärung, noch am Tag von Dubois' Aktennotiz veröffentlicht, schliesst mit den Worten: «Der gegenwärtige Stand der Untersuchung gestattet es nicht, weitere Mitteilungen zu veröffentlichen, ausser, dass es sich bei erster Prüfung *nicht um eine Angelegenheit von grosser Wichtigkeit* [Hervorhebung J. Z.] zu handeln scheint.»[333] Das schreibt der Untersuchungsrichter im Einvernehmen mit der Bundesanwaltschaft. Er gibt meines Erachtens für die am Verfahren Beteiligten und zuhanden der Öffentlichkeit eine erste interne und öffentliche Wertung des Falles von sich. Und zwar indem er die Bedeutung herabminderte, vor der Befragung der letzten Zeugen und vor der letzten Anhörung des Beschuldigten mit dessen ominöser Negation der Beziehung zum FBI, allerdings auch bevor er die amtliche Identifikation von Larkin, Grey und West in den Händen hatte.

Der Wandel in der Wertung des Falles von der Synthese des grossen Verhörs im Bericht der Bundesanwaltschaft, vor allem aber vom Urteil der Exekutive, welche die Strafverfolgung anordnete, zu dieser Pressemeldung ist augenfällig. Und es liegen keinerlei Fakten vor, welche die Umwertung erklären. Sie beruht allein auf der «Wahrnehmung» der Personen, welche sie vorgenommen und der Öffentlichkeit präsentiert haben.[334] Auch der übrige Text der Mitteilung ist insofern «schonend» verfasst, als er das Land, aus welchem die Auftraggeber stammen, nicht nennt. Stattdessen steht da, Davis habe Nachrichtendienst betrieben für ein überseeisches Land oder eine überseeische politische Organisation.[335]

Ich will aus dieser eher voluntaristisch als analytisch anmutenden Herabminderung nicht eine Disponiertheit des Untersuchungsrichters herauslesen, alles willkommen zu heissen, was in diese den Fall minimierende Richtung läuft, alles was als Argument ergriffen werden kann, um die Sache kleinzureden. Aber offensichtlich war das stumme Entgegennehmen von Davis' Dementis in Sachen

332 Betreffend «la façon de procéder pour toucher la presse».

333 Ich zitiere die deutsche Fassung der SDA vom 13. Februar 1951, übersetzte aber «sinon» mit «ausser, dass» anstatt mit «obwohl».

334 Ich werde bis über den Schluss dieser Arbeit hinaus zu verstehen versuchen, was die Akteure die Transformation vornehmen lässt, und wohl kaum je zu einer richtig befriedigenden Antwort gelangen.

335 «au profit d'un ètat ou d'une organisation politique d'outre-mer», deutsche SDA-Version von mir ergänzt. Diese Zurückhaltung wirkt nicht zuletzt deshalb kurios, weil das Konsulat die Presse gleichentags wissen liess, ein Afroamerikaner werde der Spionage beschuldigt.

FBI nicht die Folge momentaner Sprachlosigkeit, sondern es passte zu einem eingeschlagenen Pfad. Davis' Leugnungen trafen auf eine Person, die dazu neigte, sie zu akzeptieren. Es fällt auch schwer anzunehmen, dass dass das «Schöner-Reden» der Angelegenheit nichts zu tun hatte mit der langen offiziösen Unterredung, welche der Untersuchungsrichter Konsul Ward gewährt hatte – genau eine Woche vor der Veröffentlichung des Pressecommuniqués.

Die SDA veröffentlichte am 13. Februar die Meldung des Untersuchungsrichters unter der Überschrift «Verhaftung eines amerikanischen Schwarzen» mit einem Communiqué des Konsuls in Genf. Er teilte mit, Davis, ein amerikanischer Schwarzer, werde der politischen Spionage beschuldigt und befinde sich in Genf im Gefängnis. Der Konsul richtete sich an die US-amerikanische Öffentlichkeit, indem er seine Bemühungen für Davis hervorhob. Die schweizerischen Behörden hätten ihm zweimal gestattet, Davis im Gefängnis zu besuchen. Der Konsul liess das Publikum wissen, wenn Davis ihn erneut zu sehen wünsche, könne er dies den Behörden mitteilen. Sich selbst ins richtige Licht rückend vermerkte er: Auf Betreiben des amerikanischen Konsulats in Genf hätten die schweizerischen Behörden dem Angeklagten die unentgeltliche Betreuung durch einen Anwalt zugesagt. Das erweckte einen falschen Eindruck, da nicht nur die Strafprozessordnung das Recht des Beschuldigten auf einen amtlichen Verteidiger festhält, sondern der Untersuchungsrichter Davis schon bei dessen erster Einvernahme auf dieses Recht aufmerksam gemacht hatte.[336]

Die Koppelung der Mitteilung des Untersuchungsrichters mit jener des Konsulats führt zur Frage, wer im Fall Davis in Sachen Pressearbeit das Heft in der Hand hatte, die schweizerischen oder die US-amerikanischen Stellen. Die Frage stellt sich umso mehr, als die allererste Meldung über Davis von Amerika in die Schweiz gelangte: Einen Tag vor dem Communiqué des Untersuchungsrichters, bereits am 12. Februar, erschien im *Washington Evening Star* respektive in der *Chicago Daily News* der Artikel von George Weller, unter dem in mehr als einer Hinsicht signifikanten Titel und Untertitel: «US. Ex-Red Held by SWISS. Says He Dealt with McCarthy Agent. Confessed Courier for Party Abroad. Detained Despite State Departement's Efforts».[337] Auch das *State Department* äusserte sich schon am 12. Februar und liess es nicht bei einer Meldung bewenden, denn der Pressesprecher erläuterte die Angelegenheit vor Journalisten. Das *State Department* habe die Schweizer Regierung gebeten, den verhafteten Amerikaner rasch vor Gericht zu bringen. Davis sei verhaftet worden wegen strafbaren Umgangs mit Briefpost. Der Vertreter des *State Department* beschrieb Davis als jemanden, der zugegeben habe, Kommunist zu sein.[338]

Wellers Artikel ist ein Machwerk, welches die Schweizer Gesandtschaft in Washington mit Fug und Recht als «Elaborat» bezeichnete. Würde man ihn ge-

---

336 BStP Art. 35 und 36; Verhör Davis vom 18. Januar 1951, Punkt2: «Je vous informe que vous avez le droit de vous pourvoir d'un défenseur.» Darauf Davis: «Je prie le Juge de m'en désigner un.»

337 Der Artikel ist identisch mit jenem in den *Chicago Daily News,* auf den sich Dubois in seiner Aktennotiz bezog.

338 State Department in Sachen Davis: New York Times vom13. Februar 1951, aus «Washington, Feb. 12», unter dem Titel «Swiss Asked to Try or Free U. S. Citizen». Der Pressesprecher «described Mr. Davis as ‹an admitted Communist›».

 nauer analysieren, gewinnt man eher Erkenntnisse über eine Sorte US-amerikanischer Auslandberichterstattung während des Kalten Krieges als über den Fall Davis oder wie versucht wurde, die Sache mittels der Presse zu manipulieren. Immerhin sei vermerkt, dass Weller es schaffte, eine Verbindung herzustellen zwischen dem Fall Davis – wie er ihn auffasste – und der Weigerung der Schweiz, der NATO beizutreten, sowie dem schweizerischen profitablen Ost-West-Handel mit strategischem Material, das mit einem Embargo belegt war.[339]

Hinsichtlich der Sache Davis fallen mehrere Punkte ins Auge: Weller lieferte Informationen, die nur aus den Polizeiakten stammen konnten, etwa dass Davis die letzte Miete nicht bezahlt habe, oder wenn Weller Davis zitiert, der behauptete von *The People's World*, einer kommunistischen Tageszeitung der Westküste, nach Europa geschickt worden zu sein. Dann: Der Artikel streicht bereits im Titel den McCarthy-Aspekt der Angelegenheit heraus, und zwar in einer Weise, die sich ihren Weg bahnen sollte bis hin zum Urteil, das FBI aus der «Beobachtungslinie» nehmend: Davis habe State-Department-Beamten in Paris und Genf über seine Kontakte in Genf und Frankreich berichtet. Die Botschaft in Paris und das Konsulat in Genf hätten sorgfältig notiert, was er ihnen gestanden habe. Sie hätten ihm aber keine permanente Stelle als Horcher zugestanden. Vom State Department abgelehnt und gebrochen, aber noch immer glühender Antikommunist, hätte er Ausschau nach inoffizieller Arbeit auf dem gleichen Gebiet gehalten. So sei es zum Kontakt mit McCarthy gekommen. Weller verbreitete ausführlich die Mär von Davis als Kommunist, der sich erst vor Kurzem bekehrt habe.[340] Zudem: Davis sei kein Spion im Namen Amerikas, sondern ein ehemaliges Parteimitglied, das seine Kontakte mit den «Roten» zu Geld machen wolle. Im Übrigen bemühte sich auch Weller, das Eingreifen des Konsulats ins richtige Licht zu rücken: Der Konsul habe Davis zweimal besucht, den Rückflug mit einer Maschine der TWA in die Vereinigten Staaten vorbereitet, sogar einen Arzt auf Pikett organisiert, um Davis auf dem Flughafen Genf die notwendige ärztliche Hilfe zukommen zu lassen – dies alles für den Fall, dass die Schweizer sich erweichen liessen.

Der erste Teil der abschliessenden Bemerkungen besteht aus einer abstrusen, für jemanden der Wellers Weltbild nicht teilte, unverständlichen Schlussfolgerung: Davis' Aussagen dürften die Kommunisten erröten lassen. Und ganz am Schluss verkündigte er, für jene, die bei der Lektüre des Titels und des Textes noch nicht darauf gekommen sein sollten, die zweite Stossrichtung seines Arti-

339 Die Schweizer Gesandtschaft in Washington hatte den Artikel aus dem *Washington Evening Star* an das EPD geschickt und festgestellt, Weller habe «im vorliegenden Artikel wiederum gewisse für unser Land unerfreuliche Bemerkungen betreffend den Westosthandel und Waffenlieferungen ins Ausland gemacht», Schreiben vom 12. Februar 1951, CH-BAR#E2001E#1967/113#223*. Weller ist ein Beispiel dafür, dass hohes Ansehen als Journalist nicht in jedem Fall einhergeht mit besonderer Sachlichkeit. Er war wohl das, was man heutzutage einen *embedded journalist* nennen würde. Zu dieser Art Journalismus gehört auch ein Satz wie: «Davis is small and physically frail.» Davis war aber gemäss Karteikarte der Genfer Polizei 1.85 Meter gross. Die Gesundheit respektive Gebrechlichkeit von Davis wurde zu einem Topos der US-amerikanischen Berichterstattung über den Fall.

340 Zur Rede von Davis als Kommunist vgl. unten die zweite Zwischenbetrachtung. Zur erdichteten Mitarbeit bei *Daily People's World* siehe Kapitel V c, Abschnitt 2. Das ist eine der Behauptungen, die ohne grossen Aufwand zu falsifizieren gewesen wäre. Stattdessen wurde sie mittels Anklageschrift weiterverbreitet.

kels: Davis' Aussagen werden wohl auch die Namen von McCarthys Helfern im Ausland und in Washington ans Licht bringen.

In der *Newsweek*-Nummer vom 19. März 1951 erschien unter der Rubrik «People» und dem Titel «The ‹American Spy›» ein nicht gezeichneter Artikel. Der «Gedankenführung»– wenn man an dieser Stelle von so etwas sprechen kann – und auch dem Vokabular nach ist Weller der Autor.[341] Er malte die Geschichte von Davis angeblicher Agententätigkeit für die Kommunisten ebenso aus wie das Drängen der «Roten» auf einen Schauprozess. Der Schluss widerspiegelt die blühende Phantasie und zügellose Projektion einer Person, deren Weltbild im Kalten Krieges verwurzelt ist: Käme Davis je vor ein Gericht, würde er viel über das Treiben des kommunistischen Spionageapparats sagen können. Und viele Arbeiter im Roten Weinberg würden nach Moskau zurückgerufen, um ihre Ungeschicklichkeit zu erklären. Die Rezeption dieses Artikels ist insofern ungewöhnlich, als er – nur in der übersetzten deutschen Fassung – in das Dossier Davis gelangte. Dubois erhielt den Artikel von Bühlmann, einem Mitarbeiter der Bundesanwaltschaft, im «Pikettzimmer», wohl eine Art «Triagestelle». Wer Bühlmann den Artikel zum Weiterleiten übergab, wer also Interesse bekundete, Dubois mit «McCarthy-Stoff» zu versorgen, ist anhand der Akten nicht auszumachen.[342]

Das Konsulat und das *State Department* richteten sich also *vor* dem Untersuchungsrichter an die Öffentlichkeit und ein US-amerikanischer Journalist ebenso, unmittelbar vor der schweizerischen Mitteilung. In einer zweiten Fassung seines Beitrags, am 13. Februar, einen Tag nach seinem in gewissem Sinn wegweisenden Artikel, fügte Weller herablassend bei: Die Schweizer Regierung habe heute das Geheimnis um die Verhaftung von Davis gelüftet und mitgeteilt, er werde des politischen Nachrichtendienstes beschuldigt.[343]

Die Verlautbarungen der US-amerikanischen Behörden bestimmten die öffentliche Wahrnehmung und den Verlauf der Diskussion. Offenbar hatten sie Wind bekommen von der Absicht der schweizerischen Stellen, die Presse zu orientieren. Sie liessen es sich nicht nehmen, die Tonlage und die Atmosphäre zu bestimmen, in welcher der Fall Davis wahrgenommen werden sollte. Der Journalist Weller wirkte verstärkend an dieser Konditionierung mit.

Interessanter ist die Frage, wer Weller mit Details versorgt hatte, die aus den Polizeiakten stammten. Ich tippe trotz der diversen Besuche des Konsuls bei

341 Vgl. z. B. den Anfang des Artikels: «A *small, frail* Negro […] Charles Davis was a *courier* for the Communist underground apparatus [Hevorhebungen J. Z.]».

342 Auf dem Text findet sich das Visum von Dubois. Markiert ist er mit weiteren Kürzeln, unter anderem mit «B» für Balsiger, den Chef der Bundespolizei. Identifikation von Bühlmann anhand des Eintrags auf der Fiche Davis vom 12. Mai 1951, CH-BAR#E4320-01C#1996/203#116*; zur Identifikation von Bühlmann als Mitarbeiter im Pikettzimmer vgl. Einvernahme Ulrich Vogel, Leiter des Sekretariats der Bundesanwaltschaft, in der Sache Ulrich/Dubois vom 13. Juni 1957, CH-BAR#E4320B#1992/132#57*. Nicht auszuschliessen ist, dass die Originalfassung des *Newsweek*-Artikels Bühlmann von einer US-Stelle zugeleitet wurde. Vogel schilderte bei seiner Einvernahme im Juni 1957, wie er sich als Leiter des Sekretariats der Bundesanwaltschaft dagegen gewehrt habe, «dass Vertreter ausländischer Stellen in Büros der Registratur vorsprachen» respektive «Vertreter des Auslandes bei ihm [Balsiger, Chef der Bundespolizei] und vor allem im Pikettzimmer, d. h. bei Erst Bühlmann, ein- und ausgingen». Bühlmann leitete 1952 auch die Anfrage eines US-amerikanischen Dienstes in Sachen Tanner (Tenner) an Dubois weiter.

343 *Buffalo News* vom 13. Februar 1951.

Davis und trotz seiner offiziösen Unterrichtung durch den Untersuchungsrichter weniger auf das Konsulat als vielmehr auf Kronthal, den FBI-Mann bei der Gesandtschaft in Bern. Er war aufgrund der intensiven Beschäftigung mit dem Fall in den Wochen von Ende November und Anfang Dezember gut informiert, besser als das Konsulat. Die routinemässigen Unterredungen mit seinem schweizerischen Ansprechpartner, Bundespolizeichef Balsiger, sind auch für das erste Quartal 1951 nachgewiesen.[344] Angesichts der Anstrengungen, welche die beiden Ende 1950 unternommen hatten, um den Fall auf ihre Weise zu beenden, darf man annehmen, sie verfolgten die Sache auch nach der Eröffnung der Strafverfolgung mit grosser Aufmerksamkeit. Spezielle Beziehungen zwischen «Diensten» und einzelnen Medienleuten mag man als gängige Praxis betrachten.[345] Zu bedenken bleibt, dass sie im Fall Davis in erster Linie dazu dienten, den Lauf der Dinge zu beeinflussen. Die Hinlenkung auf McCarthy und das gleichzeitige Weglenken vom FBI ist angesichts der Aktenlage offensichtlich. Das Publikum jedoch, das beeinflusst werden sollte, kannte die Akten nicht, bekam sie nicht zu Gesicht und war der konditionierenden Pressearbeit ausgesetzt. Nur die unmittelbar involvierten Stellen waren auf dem Laufenden.[346]

Wellers Artikel, die Stellungnahme des *State Department* und die Verlautbarung des Konsuls lösten bei der US-amerikanischen Presse eine Vielzahl von Meldungen und Artikeln aus, manche auf der ersten Seite, einzelne als Leitartikel.[347] Auf das Communiqué des Untersuchungsrichters griffen sie kaum zurück, und wenn, dann unterliessen sie es nicht zu melden, dass der Untersuchungsrichter sagte, der Fall scheine auf den ersten Blick nicht wichtig zu sein.[348] Manche Zeitung übernahm den Artikel Wellers leicht verändert. Charakteristisch sind die Titel. Sie verweisen darauf, dass es um einen «ehemaligen Roten» gehe, dass McCarthy im Spiel sei oder sie heben die Bemühungen der US-amerikanischen Behörden um ihren Staatsbürger Davis hervor.[349]

---

344 Agenda Balsiger, Einträge vom 16. Januar, 27. Februar, 5. und 30. März sowie 23. April 1951, AfZ: NL Werner Balsiger, in Schachtel 6, 4. Agenden.

345 «Spezielle» Beziehungen zwischen den «Diensten» und ausgewählten Presseleuten waren Teil des Geschäfts. Wer daran zweifelt, möge bspw. die einschlägigen Passagen des Berichts des *Church Committees* lesen, einschliesslich dessen Empfehlungen für die Zukunft; Church-Report II, v. a. S. 242 f. inklusive «‹confidential sources› in the news media» alias «‹press friends›», ferner u. a. S. 15 f., 266 und 317, Empfehlung 40a.

346 Ich versuche unverdrossen zu verstehen, wie der Ankläger von der Evidenz, die er Ende Dezember zu Papier brachte, und wie der Untersuchungsrichter, in dessen Akten, die ihm die Bundesanwaltschaft zur Verfügung gestellt hatte, der elementare Sachverhalt zu Tage lag, wie diese beiden Personen von der ursprünglichen Evidenz übergehen konnten zu einer Alternative, die sie auf ziemlich dürftiger Grundlage ergriffen – McCarthy statt FBI. Manchmal frage ich mich, ob die beiden am Ende nicht auch aufsaugten, was die US-amerikanische Presse verbreitete, wohlversorgt von amtlichen Stellen.

347 Bei den Akten im Bundesarchiv liegen etwa 20 Zeitungsausschnitte.

348 *New York Times* vom 14. Februar 1951.

349 Beispiele: «Swiss Arrest U.S. Ex-Red on Spy Charges», auf der ersten Seite der *Oakland [Calif.] Tribune* vom 12. Februar 1951; «McCarthy Linked to Swiss Captive», Leitartikel in der *Oklahoma City Times* vom 13. Februar 1951; «U. S. Presses Action on Jailed American», *Providence [R. I.] Journal* vom 13. Februar. Die *Buffalo News* vom 13. Februar 1951 verstiegen sich in ihrer Fassung von Wellers Artikel dazu, Davis als Pfand der schweizerischen Kommunisten zu bezeichnen, bei ihrem Versuch, die Schweizer Gerichte zu einem antiamerikanischen Gerichtsverfahren zu zwingen, welches die jüngsten Anti-kominform-Fälle in den Schatten stellen sollte – dies alles unter dem phantasie-

Der Überlieferung in den einschlägigen Dossiers nach zu schliessen, fand die Angelegenheit in der Schweizer Presse ein geringes Echo. Etwa ein halbes Dutzend Zeitungsausschnitte wurden aufgehoben. Die *Tribune de Genève* ergänzte ihre erste Meldung, wohl mit Zutun von Martin-Achard, um die Information, dieser sei zum Pflichtverteidiger von Davis bestimmt worden. Im Übrigen tappe man im Dunkeln. Die einen würden sagen, Davis sei von McCarthy beauftragt gewesen, die anderen, er habe sich näher interessiert für gewisse Aktivitäten der «extremen Linken» in der Westschweiz. Letztere Bemerkung dürfte zurückgehen auf die *La Voix ouvrière,* das französischsprachige Organ der PdA. Ihr Beitrag gliedert sich in drei Teile: Der in Genf verhaftete amerikanische Spion soll für Senator McCarthy gearbeitet haben; er interessierte sich für die schweizerischen progressiven Organisationen; das Communiqué des amerikanischen Konsulats in Genf. *La Voix ouvrière* äusserte sich übrigens zu diesem Zeitpunkt des Verfahrens zurückhaltend, räumte der US-amerikanischen Sicht der Dinge viel Raum ein, inklusive des Aspekts McCarthy. Das «Aushorchen» der Linken wurde nicht besonders betont.[350] Die sozialdemokratische Arbeiter-Zeitung resümiert die Mitteilungen des Konsulats und des Untersuchungsrichters, nicht ohne diffuse Insinuationen anzufügen: «Wie man noch erfährt, soll der verhaftete Amerikaner in Genf mit einer bestimmten Partei in Verbindung gestanden haben. Wir hoffen, dass die Untersuchungsbehörden über *diesen* Punkt der schweizerischen Öffentlichkeit reinen Wein einschenken und nicht versuchen [werden], die ganze Sache zu verharmlosen. Es stimmt auch, dass die Organisation, für die der Verhaftete arbeitete, in Übersee liegt, aber die Grossmacht, welche diese Organisation finanziert, scheint sich auf dem europäischen Festland zu befinden.»[351]

Zweite Zwischenbetrachtung: Davis ein Kommunist?

1. Am 16. Januar 1950 besuchte Davis das US-amerikanische Konsulat in Genf. Der Konsulatsmitarbeiter, der über den Besuch einen Bericht zuhanden der vorgesetzten Behörde, dem *State Department,* verfasste, nahm an, er sei wohl gekommen, um zu erfahren, welche Massnahmen die amerikanischen Behörden gegen ihn wegen seiner kommunistischen Verbindungen zu ergreifen beabsichtigen.[352]

---

vollen Titel «U. S. Ex-Red Held by Swiss Is Pawn in Anti-U.S. Plot», inklusive Untertitel «Worked as Agent in Europe For Senator McCarthy». Im Übrigen gelangte der Fall über die Agentur Reuter wohl in die ganze Welt. In den Akten des EPD befindet sich eine Meldung aus einer chilenischen Zeitung. Die Vereinigten Staaten hätten die Schweiz gebeten, Davis freizulassen oder sofort vor Gericht zu stellen, vgl. *El Mercuiro* vom 14. Februar 1951, in: CH-BARE2001E#1969/121#852*.

350 *La Voix ouvrière* vom 14. Februar 1951; die erste Passage als Bericht aus Washington respektive Meldung der Agentur UP, ausgehend von der Äusserung des *State Department* sowie gestützt auf den Artikeln von Weller. In späteren Artikeln, ab dem 23. Februar, sollte sich die Tonlage dann gründlich ändern.

351 *Tribune de Genève* vom 14. Februar 1951. *Arbeiter-Zeitung* vom 15. Februar 1951, Nr.39. Aufs Ganze gesehen beeinflussen die US-amerikanischen Quellen auch die schweizerische Presse wesentlich.

352 Vertraulicher Bericht des Konsulats betreffend «Communist affiliations of Charles Davis», Aktenzeichen 350.21, gezeichnet vom «Consul in Charge» SRTyler (Robert E. Ward Jr. fungierte erst ab Anfang Februar als US-amerikanischer Konsul in Genf); Nr. 14 im Aktenverzeichnis des Untersuchungsrichters. Was Davis erzählte, ist im Bericht teilweise als Faktum formuliert, teilweise explizit als Aussage von Davis: «He stated [...]», «has expressed himself as [...]», «he says [...]» etc. Ich übersetze alles in die indirekte Rede, Hervorhebungen J. Z.

Davis habe sich enttäuscht gezeigt von der Kommunistischen Partei, obwohl er ohne Weiteres zugebe, dass er Mitglied sei. Er gebe an, seine Reise nach Europa sei von zwei Zeitungen bezahlt worden, dem *California Eagle* und der *People's World*. Beide habe er als stalinistisch bezeichnet. Sein Lebensunterhalt in Europa werde von der Kommunistischen Partei bezahlt. Er habe hier aber viel gesehen und gehört, was ihm «die Augen geöffnet» habe, und er wolle die amerikanischen Behörden aufmerksam machen auf das, was er gesehen und gehört habe.

Der Verfasser des Berichts mutmasst, Davis sei vielleicht zum Konsulat *geschickt* worden, um einiges aufzudecken und herauszufinden, ob das Konsulat im Sinn habe, kommunistische Aktivitäten zu untersuchen. Andererseits habe Davis als anscheinenden Beweis seiner Aufrichtigkeit seine Tätigkeit in der Kommunistischen Partei kurz beschrieben, samt gewissen Namen und Adressen. Das hätte er wohl nicht getan, wenn er immer noch ein glühender Anhänger des Kommunismus wäre.

Gemäss dem Bericht gab Davis auch extravagante Dinge von sich, etwa: Er habe zu einer Gruppe gehört, die in der US Navy kommunistische Propaganda zu verbreiten versucht habe. Jeden Morgen hätte ein Mitglied der Gruppe vor der Tagwache per Telefon Instruktionen von der Kommunistischen Partei erhalten. 1949 habe er ein Gesuch für einen Pass gestellt, um als Journalist des *California Eagle* und der *People's World* ins Ausland zu gehen.

Der Verfasser des Berichts merkt an: Es scheine, Davis sei – wenn es zutreffe, was er über Papiere der Partei sage, zu denen er Zugang hätte – ohne weitere Fragen von der Kommunistischen Partei der Schweiz akzeptiert worden. Dann habe Davis die Namen einiger dem Konsulat wohlbekannter Kommunisten genannt. Er habe gesagt, er wisse nicht, wie oder wann er in die USA zurückkehre. Es scheine, er müsse offenbar weiterhin als guter Kommunist dastehen, damit seine Rückkehr bezahlt werde. Der Verfasser schätzte Davis so ein: Es sei offensichtlich, dass er eine Phase der Unentschiedenheit durchmache. Er sage, er wolle zurück in die USA und seine Informationen über die Kommunistische Partei und deren Methoden den zuständigen amerikanischen Behörden zukommen lassen. Der Verfasser fragte sich aber, wie glaubwürdig diese Aussage sei, da Davis nach wie vor eng mit kommunistischen Organisationen in Verbindung stehe.

Die Laufbahn von Davis als «Kommunist» beginnt hier, mit seiner Erzählung bei diesem Besuch auf dem Konsulat am 16. Januar 1950. Die Personen im Konsulat äussern im Bericht zwar Zweifel an einzelnen Facetten seiner Geschichte. In einer längeren Aktennotiz über ein anderes Gespräch, welches ein Mitarbeiter des Konsulats am 10. November 1950 mit Davis führte, sind die Zweifel deutlich artikuliert: Davis' Aussagen über die Art, wie er vorgehe, seien konfus, inkonsistent und der Ansicht des Verfassers nach nicht ganz wahrheitsgetreu. Die Bedenken beziehen sich aber nur auf Einzelnes, nicht darauf, dass Davis Kommunist war. Die Gesprächsnotiz nimmt Bezug auf den Bericht zum 16. Januar 1950: Wie in jener Mitteilung angegeben, sei er während einiger Jahre in kommunistische Aktivitäten involviert gewesen, behaupte aber, nun einen Sinneswandel durchgemacht zu haben und hauptsächlich daran interessiert zu sein, den amerikanischen Behörden Informationen über die kommunistische Tätigkeit in Europa zu liefern – gegen Geld. Das Konsulat zweifelte an Details, etwa an dem, was er über seine Vorgehensweise von sich gab, nicht aber an der Hauptsache, dass Davis ein Kommunist war. Weitere Bedenken über Davis werden formuliert: Es sei schwierig, seine Aktivitäten und seiner jetzigen Haltung auf den Grund zu kommen. Davis sei ein konfuses Individuum, vollkommen unzuverlässig, ohne Skrupel und Prinzipien.[353]

Trotz dieser Charakterisierung glaubte das Konsulat Davis' Bekenntnis, um das sich alles drehte. Seine Aussage wurde mit offensichtlicher Genugtuung zur Kenntnis genommen. Er gäbe in aller Unschuld zu, und er hätte freiwillig gestanden. Und was darauf folgt, wurde für das Konsulat zum Faktum: Dass er Mitglied der Partei war respektive dass er 1949 aktives Mitglied der Partei in der Schweiz gewesen war.[354] Selbst die Motive der Besuche von Davis beim Konsulat wurden zur Bestätigung seines Kommunismus gedeutet: Er sei gekommen oder gar geschickt worden, um herauszufinden, ob etwas gegen die Kommunisten getan werde.[355] Auch handgreifliche Widersprüche liessen die Angehörigen des Konsulats nicht an Davis' Behauptung zweifeln, er sei Kommunist.[356]

Die Wurzel dieser «Leichtgläubigkeit» zu erfassen, dürfte schwierig sein. Die Analyse müsste wohl von der in jenen Jahren in den einschlägigen Kreisen vorherrschenden Mentalität ausgehen, die nicht zuletzt etwas Missionarisches an sich hatte. Vielleicht waren die US-amerikanischen Beamten im Konsulat glücklich, einen «Bekehrten» gewonnen zu haben. Sowohl der Aktenlage wie auch seinem weiteren Verhalten nach zu schliessen, bemühte sich das Konsulat in keiner Weise darum, Davis «Kommunismus» zu verifizieren, als ob es befürchtete, die Sache könnte falsifiziert werden.[357]

2. In den einschlägigen Dossiers gibt es für Davis' angebliche Zugehörigkeit zur Kommunistischen Partei oder für seine angeblichen kommunistischen Überzeugungen keinerlei Belege. Hingegen finden sich einige Hinweise, dass er nicht Kommunist war. Seymour Glagow berichtete als Zeuge, im Gespräch mit Davis

353 «He is, in my opinion, a confused and completely unreliable individuum without scrupule or principle.» Confidential Memorandum of Conversation zum 10. November 1950; Aktenverzeichnis des Untersuchungsrichters Nr. 15.

354 Memorandum zum 16. Januar 1950 sowie in einem weiteren Memorandum of Conversation betreffend Unterredung vom 5. November, datiert am 10. November, Aktenverzeichnis des Untersuchungsrichters Nr. 17.

355 So im Memorandum zum 16. Januar 1950, ferner gegen Ende der Notiz zum Gespräch vom 10. November sowie im Memorandum zum 5. November 1950.

356 Am 5. November behauptete er, er verkehre mit den Kommunisten, um Informationen zu gewinnen. Später sagte er, bei der gleichen Gelegenheit, er frequentiere diese Leute nicht mehr.

357 Das Konsulat hätte Davis' Behauptung z. B. mittels einer Anfrage bei der eigenen politischen Polizei überprüfen können. Schon als Mitarbeiter «progressiver» oder gar kommunistischer US-amerikanischer Zeitungen, wäre Davis der Aufmerksamkeit des FBI kaum entgangen – und schon gar nicht als Mitglied der Partei. Am 5. November wurde Davis gefragt, was es auf sich habe mit den Berichten über Kommunisten zuhanden von Beamten der amerikanischen Regierung. Er antwortete, er nehme an, sein US-Kontakt sei ein Angehöriger des *Department of Justice,* der in Paris anasässig sei, vgl. Memorandum of Conversation vom 10. November zum 5. November 1951. Selbst dieser relativ konkreten Aussage ging das Konsulat nicht nach. Wie strikt auch die Trennung gewesen sein mag, zwischen den diplomatischen Stellen und den nachrichtendienstlichen Organen, das Konsulat hat sicher gewusst, was «Angehöriger des Justizdepartementes», tätig im Ausland, bedeutete, nämlich *legal attaché,* alias FBI-Vertreter. Es zeigte aber kein Interesse, Davis' Behauptung zu falsifizieren.

habe sich gezeigt, dass er keine Ahnung habe vom Marxismus. Zeuge Ducommun, einer der Sekretäre der PdA in Genf, gab zu Protokoll, Davis habe sich in Gesprächen völlig unwissend gezeigt, was die Theorie und die Prinzipien des Marxismus angehe.[358] Davis konnte keine Mitgliederkarte vorweisen, auch keinen Presseausweis als Beleg für seine angebliche Mitarbeit bei «linken» US-amerikanischen Zeitungen. Nach seiner Verhaftung hat Davis bei den Aussagen gegenüber der Genfer Polizei deutlich und wiederholt darauf bestanden, dass er kein Kommunist sei. Am 23. November 1950 sagte er, er sei nie Kommunist gewesen und dass er sie hasse. Er stimme, was Kommunisten angehe, Hitlers Leuten zu. Am 27. November sagte er die Zeitung *Daily Worker* betreffend: Es sei eine Zeitung, die es geben würde, für die er aber nie gearbeitet habe. Ferner habe er nie für den *California Eagle* gearbeitet. Er habe den Namen dieser Zeitung als scheinbaren Beleg für seine angebliche Zugehörigkeit zum Kommunismus verwendet. Und er sagte nochmals, dass er sich der Namen *California Eagle* und *The People's World* bedient habe, um sich bei den Kommunisten in Europa einzuführen – ohne jemals mit diesen Zeitungen zusammengearbeitet zu haben.

Im grossen Verhör vom 19. und 20. Dezember 1950 wurde Davis gebeten, seinen Lebenslauf vollständig zu beschreiben, vor allem die Motive und die Anweisungen, die ihn nach Europa geführt hätten. Ohne auf seine angebliche Zugehörigkeit zur Partei angesprochen worden zu sein, versuchte er klarzustellen, dass er nie Mitglied der Kommunistischen Partei in Amerika gewesen sei. Vielmehr sei er zu einem bestimmten Zeitpunkt beauftragt worden, in privaten und öffentlichen Betrieben der Südstaaten Aktionskomitees gegen den Kommunismus zu bilden. Das Empfehlungsschreiben zuhanden der Kommunistischen Partei, über das er bei seiner Ankunft in Frankreich verfügte, sei gefälscht gewesen. Auf die Frage, ob er zugebe, zunächst im Auftrag einer kommunistischen Organisation gearbeitet zu haben, antwortete Davis, er habe nie irgendeine Tätigkeit für eine kommunistische Organisation ausgeübt. Er sei, wie er bereits ausgeführt habe, nach der Entlassung aus der Navy in den Dienst des FBI getreten und arbeite seither für diesen Dienst. Davis wurde auch gefragt, warum er sich am 5. November 1950 ins Konsulat begeben habe. Er erklärte, aufgrund der Anzeige von Frau Ferrero, die ihm Zechprellerei vorgeworfen hätte, sei er von der Polizei einvernommen worden. Darüber habe er mit dem Konsul sprechen wollen. Und dann fügte er unmittelbar an, er sei nie Mitglied der Kommunistischen Partei in der Schweiz gewesen. Er habe in Genf Mitglied der Partei werden wollen, Sekretär Ducommun habe ihm dies jedoch verweigert.[359]

Im grossen Verhör lieferte Davis also keine Bestätigung dessen, was er dem Konsul erzählt hatte, aber hob hervor, dass er nicht für eine kommunistische Organisation wirkte, sondern gegen den Kommunismus.

3. Dass das Konsulat im November 1950 dem Glauben anhing, Davis sei ein Kommunist – inzwischen ein reuiger –, ist das eine. Dass es aber zusammen mit dem *State Department* diesen Glauben Mitte Februar 1951 für die Öffentlichkeit zur Tatsache erheben würde, ist angesichts der Aktenlage absurd und kann nur einem

358 Zeugenaussagen 1. Februar 1951.

359 Verhör vom 19. und 20. Dezember 1950. Fragen und Antworten 3, 23 und 63.

instrumentalisierenden Kalkül geschuldet sein. Im Communiqué des Konsulats ist von Davis' Kommunismus nicht die Rede. In die Öffentlichkeit getragen wurde der «Sachverhalt» durch das *State Department.* Der Pressesprecher beschrieb Herrn Davis als jemanden, der zugegeben hat, Kommunist zu sein. Die Beteuerung stützt sich auf die oben genannten Memoranden des Konsulats, beruht aber auf weiteren Kontakten zwischen der vorgesetzten Behörde und dem Konsulat.[360] Auch das *State Departement* unternahm keine weiteren Schritte, um die Sache zu verifizieren.

Dieses Behaupten ist nicht ohne Weiteres verständlich. Formalistisch betrachtet könnte eine Erklärung darin bestehen, dass es gepasst hat.[361] Dann wäre zu fragen, in was das Bild von Davis als Kommunist passte. Mein Versuch, das zu begreifen, sieht wie folgt aus: Zunächst wurde etwas als ein Problem empfunden. Ein Staatsangehöriger, für den man zuständig und in dessen Verhalten man von Amtes wegen involviert war, hatte sich fragwürdig verhalten und dieser Sachverhalt wurde öffentlich bekannt.[362] Dann bestand ein Ausweg darin, dass man den Fehlbaren als Mitglied einer Gruppe bezeichnete, die in der Öffentlichkeit stigmatisiert war.[363] Je passender diese Lösung schien, umso weniger wurde sie geprüft. Das Bedürfnis nach dieser Lösung war stark, da sie als viel angenehmer empfunden wurde, als die unangenehme Tatsache und ihre Wirkung auf die Öffentlichkeit. Der Ausweg lockte so sehr, dass sich die Transformation des Angenommenen in eine Tatsache einer Prüfung nach handwerklichen Regeln entzog. «[W]ie sie ‹wissen›, was sie zu ‹wissen› beanspruchen», ist keine Frage mehr für jene, die vom Wissen Gebrauch machen, weil «es passt», jene also, für die das Wissen Gültigkeit erlangt durch den Zweck, dem es dient.[364] Die offensichtliche Unwahrscheinlichkeit der Behauptung, verbunden mit dem Verzicht darauf, sie zu verifizieren, zeigt die Intensität des Bedürfnisses nach einer passenden Lösung.

Wie gut das «Rezept passt», hängt einerseits ab von der Schwierigkeit, die es zu überwinden gilt, und andererseits vom Weltbild jener, für welche die Lösung

360 «[...] described Mr. Davis as ‹an admitted Communist›», UP-Meldung vom 12. Februar 1951, wiedergegeben in etlichen Zeitungen, z. B. in der *New York Times* vom gleichen Tag. Dass das *State Department* und Konsulat die Sache miteinander erörterten, liegt auf der Hand und ist zudem daran erkennbar, dass der Pressesprecher auch Dinge erwähnte, von denen in den Memoranden nicht die Rede ist, etwa Angaben über die Bedeutung der Untersuchungshaft.

361 In Anlehnung an Aaron C. Cicourel: «The rationality is decided by consulting the ‹fit›.» Die sich folgenden Berichte über Einvernahmen «vereinfachen kontinuierlich, ‹runden auf›, abstrahieren und reinterpretieren das ursprüngliche Ereignis oder Faktum, so dass es in die Art von Logik ‹passt›, die [...]», Cicourel 1995, S. 47 und 27 f.

362 Betrachten wir hier das Konsulat nur als Organ, an welches sich die Staatsangehörigen im Ausland wenden können. Sehen wir an dieser Stelle davon ab, dass es beteiligt war an Davis' nach Artikel 272 StGB strafbaren Handlungen.

363 Die ablenkende Stigmatisierung von Davis ist dreifach: Mitte Februar dominiert das «kommunistische» Argument. Das zweite Stigma, McCarthy zuzugehören, ist im Februar schon präsent, aber eher nebenher. Auch wenn McCarthy in den USA nicht von allen Teilen der Gesellschaft und nicht von allen Presseorganen abgelehnt wurde, bedeutete es eine Stigmatisierung durch wichtige Teile der Presse, mit ihm in Verbindung gebracht zu werden. Unter veränderten Verhältnissen wurde der Aspekt McCarthy zum Hauptvehikel, mit dem Davis diskreditiert werden sollte. Vgl. dazu Kapitel III b, Abschnitt 1 und Kapitel IV g zum Prozess. Im Herbst 1951 fügte des *State Department* als drittes Stigma «homosexuell» bei.

364 Abermals in Anlehnung an Cicourel: «how members and researchers ‹know› ,what they claim to ‹know›», Cicouriel 1995, S. 331.

präsentiert wird. Es geht nicht um Analyse, sondern darum, die Öffentlichkeit zu «informieren». War jemand in den USA 1951 ein «Kommunist», dann war für die Öffentlichkeit alles klar und weitere Fragen erübrigten sich. Davis wurde als Kommunist bezeichnet – also wurde es so akzeptiert. Die auf Glauben beruhende, an Glaubende adressierte Deklaration ist als Schlusspunkt gedacht. Die Geschichte ist geklärt, beendigt.[365]

4. In den Befragungen des Untersuchungsrichters ist keine Rede von Davis' angeblichem Kommunismus. Davis stellte keine solche Behauptung auf. Und der Untersuchungsrichter sah keinen Anlass, dazu eine Frage zu stellen. Auch nach der Veröffentlichung der US-amerikanischen Darstellung unterliess er es, sich drüber zu erkundigen. Vielmehr wies er, der alle in dieser Zwischenbetrachtung bis anhin erwähnten Dokumente zur Hand hatte, in seinem Schreiben an das EPD vom 22. Februar die Geschichte von Davis als Kommunist entschieden zurück. In der Antwort auf einen Brief des EPD, der von einer Intervention des US-amerikanischen *Chargé d'Affaires* berichtete, zeigte sich Jeanprêtre überrascht von der Beschreibung von Davis als kommunistischem amerikanischem «Neger». Er erinnerte das EPD daran, dass Davis nicht beschuldigt werde, Spionage zugunsten des Kommunismus betrieben zu haben, sondern zugunsten des Anti-Kommunismus. Im Schlussbericht des Untersuchungsrichters findet sich keine Spur einer affirmativen Äusserung betreffend Davis' Kommunismus. Dass er sich als «Progressiver» ausgegeben habe, steht dort aber.

Die Anklageschrift äussert sich nicht zum Grad der Wahrscheinlichkeit von Davis' angeblichem Geständnis, Kommunist zu sein und sich nun vom Kommunismus abgewendet zu haben. Sie referiert, was Davis im Januar 1950 im Gespräch mit Konsul Tyler «ausgeführt», was er «beigefügt» und was er «erläutert» habe.[366]

In seiner Anklagerede lässt Dubois Davis' Behauptung unbeachtet. Er zählt Davis' variierende Angaben betreffend seine Mandanten auf und bewertet sie. Die Kommunismus-Variante bezieht er nicht in seine Erwägungen ein. Er referiert nur den Bericht über den Besuch im Konsulat mit der Selbstdarstellung von Davis als nun vom Kommunismus angewidertes Parteimitglied. Offensichtlich hielt Dubois diese Fassung der Geschichte für so abwegig, dass es sich für ihn erübrigte, darüber Worte zu verlieren.

Das Gericht zeigt sich in der Urteilsbegründung explizit skeptisch, was Davis' angeblichen Kommunismus angeht. Die Quintessenz von Davis' Besuch im Konsulat ist in der ausführlichen Begründung wiedergegeben als dessen Bericht, nicht als Faktum. Jede der einzelnen Passagen des Gesprächs wird ausdrücklich als Äusserung von Davis gekennzeichnet. Zudem nimmt das Gericht an, Davis habe Kommunisten und mit dem Kommunismus sympathisierende Personen nicht aufgrund tiefer Überzeugung ausspioniert. Er habe zwar behauptet, gewisse Beobachtungen in Europa hätten ihn vom Kommunismus abgebracht. Aber er

---

365 Nochmals in Anlehnung an Cicourel, der von «cut-off points used by members for terminating activities» spricht und meint, «[t]he officer has concluded a casual chain to his present satisfaction based on his background expectations.» Ders., S. 343 und 198.

366 Anklageschrift vom 24. Juli 1951, dodis.ch/52784, S. 2 f.

habe die Motive für diese angebliche Änderung seiner Haltung nicht präzisiert.[367] Viel wahrscheinlicher sei, dass er – da die Umstände es mit sich gebracht hätten, dass er mit Personen aus dem linksextremen Milieu in Kontakt gekommen sei – gehofft habe, er könne mit dem Weiterreichen von Informationen über diese Kreise Geld verdienen.

5. Die Definition von Davis als Kommunist zeitigte eine weitere Folge: Das FBI war aus dem Blickfeld verschwunden. Es wurde undenkbar, dass es aktiv beteiligt war im Fall Davis. Möglicherweise hatte der Untersuchungsrichter dem Konsul in der langen offiziösen Unterredung vom 6. Februar mitgeteilt, was die Akten über die Auftraggeber Davis aussagten.[368] Aber selbst dann, so nehme ich an, wäre die Neigung, Davis in Sachen Kommunismus Glauben zu schenken, kaum als bewusst benutzte Ablenkung zu begreifen. Vielmehr wäre daran zu denken, dass die Verbindung zwischen Davis und FBI als Tabu empfunden wurde und als solches wirksam war, das heisst, eine kritische Betrachtung des Sachverhalts behinderte. Trifft diese Hypothese zu, dann könnte man sagen, negative Erwartungen hätten ihre Wirkung entfaltet: Eine implizite Vorstellung von der Welt und von dem Feld der beruflichen Tätigkeit lässt eine in einer konkreten Situation handelnde Person nicht nur auf ein bestimmtes Ziel oder Ergebnis hin tendieren, sondern bringt sie auch dazu, bestimmte Ergebnisse auszuschliessen, zu verunmöglichen.

6. Und wie lautet der Titel des Dossiers, welches das *State Department* über den Straftäter angelegt hat? «Switzerland – Davis Charles (Commie [Kommunist, J. Z.])». So steht es festgelegt für alle Zeiten im Verzeichnis des US-amerikanischen Nationalarchivs.[369] Hier also der bleibende Beleg für den Anteil des *State Department* an der Verbreitung der Mär von Davis als Kommunist, beruhend auf dem Unwillen, sie zu falsifizieren, zum Beispiel mittels einer Anfrage bei der eigenen Bundespolizei.

Dritte Zwischenbetrachtung: Die Beihilfe zu politischem Nachrichtendienst des US-Konsulats in Genf

Das US-Konsulat in Genf war faktisch und somit auch juristisch betrachtet in die Straftaten von Davis involviert – anerkannt durch Feststellungen der Bundesanwaltschaft, des Bundesrats und des Bundesstrafgerichts.

Juristisch betrachtet, weil nach Artikel 272 StGB nicht nur bestraft wird, «wer politischen Nachrichtendienst betreibt», sondern auch, «wer […] solche[n] Dienste[n] Vorschub leistet». Dies tat das Konsulat, indem es, was Davis verbotenerweise zusammengetragen hatte, an die vorgesetzte Behörde weiterleitete. Die Berichte, welche das Konsulat erstattete, enthalten Namen von Personen, welche

367 Ausführliche Urteilsbegründung, dodis.ch/52771, S. 1 f. und S. 11 f., hier: «les causes du changement d'attitude allégué».

368 Das ist in Analogie zur Deutlichkeit, mit welcher er gegenüber dem EPD die Mär von Davis als Kommunist richtigstellte, durchaus denkbar.

369 Vgl. https://catalog.archives.gov/id/4533024?q=Davis%20Charles (abgerufen am 20. November 2015).

Davis denunziert hatte.[370] Das Konsulat hat illegal erworbene Angaben weitergeleitet.[371]

Auch die Tatsache, dass Davis mehrmals vom Konsulat empfangen wurde und dass das Konsulat mehrere Meldungen von ihm entgegennahm mit Informationen, die er als Spitzel gesammelt hatte, überschritt die Grenzen «der erlaubten konsularischen Informationstätigkeit».[372] Man könnte sagen, es habe sich dabei um eine Art «Hehlerei» gehandelt: Die US-Stellen schlugen Kapital aus unrechtmässig erworbener Ware, in einer Dichte, die etwas Strukturelles an sich hatte.[373]

Die Feststellung des Konsulats – vom Pflichtverteidiger später zur Entlastung von Davis übernommen –, die meisten Informationen, welche Davis dem Konsulat übergeben habe, seien von der Art gewesen, die man in den Zeitungen auflesen könne, ist nicht nur juristisch unerheblich, sondern auch sachlich falsch.[374] Die Materialien des Konsulats enthalten viele Angaben von Davis – falsche oder zutreffende sei dahingestellt – die aus Versammlungen von Organisationen herrühren, von *Jeunesse libre*, von *Travail et Culture* oder aus seinen privaten Begegnungen. Von den Dutzenden Denunziationen, die auf privaten Beziehungen beruhten oder an solche anknüpften und ihren Niederschlag fanden in den Unterlagen des Konsulats, sei jene betreffend Carlyle Wesley Tanner geschildert, laut Davis Mit-

370 Vgl. z. B. den Bericht vom 16. Januar 1950 betreffend «Communist Affiliations of Charles Davis», Dokument Nr. 14 im Aktenverzeichnis zum Dossier des Untersuchungsrichters.

371 Dazu, was «Vorschub leisten»/«favoriser» und «weiterleiten»/«transmission» im Zusammenhang mit unerlaubtem politischem Nachrichtendienst bedeutet, finden sich in der Anklagerede Dubois' im Prozess gegen Davis erhellende Erläuterungen unter Ziff. 2 des juristischen Teils der Anklagerede.

372 Aktennotiz zuhanden von Herrn Bundesanwalt Lüthi betr. Zusammenstellung von Unterlagen für die Abgrenzung der erlaubten konsularischen Informationstätigkeit von verbotenem Nachrichtendienst vom 7. Februar 1949, CH-BAR#E4321A#1990/271#65*. Die Quintessenz der Aktennotiz kann so zusammengefasst werden: Was mit dem «Rechtsschutz der im Auslande niedergelassenen Angehörigen» zusammenhängt, was sich ergibt aus den administrativen Aufgaben in Sachen Pass- und Beglaubigungswesen, ist zulässig, ebenso «die Berichterstattung und Erteilung von Auskünften wirtschaftlicher und kommerzieller Art». Missbrauch wird betrieben, wenn der konsularische Informationsdienst «zum Betriebe eines politischen, wirtschaftlichen oder militärischen Nachrichtendienstes benützt wird».

373 Davis' Behauptung, das Konsulat sei sich vollständig im Klaren gewesen über sein Treiben und über die Identität seiner «Auftraggeber», lässt sich nicht belegen, vgl. den Bericht der Bundesanwaltschaft an den Vorsteher des EJPD vom 22. Dezember 1950, dodis.ch/52801. In einer Aktennotiz schreibt das Konsulat, es hätte ihm ab und zu kleinere Beträge zukommen lassen aus dem inoffiziellen Fonds für bedürftige Amerikaner, vgl. Memorandum of Conversation zum 10. November 1950 im Verzeichnis der Akten zum Untersuchungsbericht Nr. 15. Dubois hingegen hält die Behauptung fest, dass das Konsulat einmal für eine Reise nach Paris aufkam. In seinen Notizen zur Anklageschrift steht auf dem Blatt mit der Überschrift «Activités du Consulat»: «Le consulat m'a remis une fois 86 fr.s. pour me permettre de me rendre à Paris pour aller à l'ambassade.» Im Verhör vom 19. und 20. Dezember 1950 sagte Davis hingegen, das Konsulat habe ihm zweimal Geld gegeben für die Reise nach Paris, vgl. Antworten 5 und 6 im Verhörprotokoll. Diese nicht unbedeutenden Details wurden von den Strafverfolgungsorganen nicht weiter erörtert oder geklärt.

374 Memorandum of Conversation im Aktenverzeichnis des Untersuchungsrichters Dokument Nr. 15 (undatiert): «[M]ost of the information was of the type that can be gleaned from the newspapers». Während die Formulierung des Konsulats einräumt, dass ein Teil der Informationen nicht öffentlich zugänglich war, machte der Pflichtverteidiger aus jener relativierenden Behauptung eine apodiktische: «*Tous* [Hervorhebungen J. Z] les renseignements qu'il a fournies sont du genre de ceux que l'on trouve dans les journaux.» So steht es im Exzerpt von Dubois aus dem «Mémoire de défense du 14 août» 1951. Vgl. auch den Bericht über das Plädoyer des Pflichtverteidigers in *La Suisse* vom 17. Oktober 1951: «des renseignements qu'on pouvait trouver dans tous les journaux».

glied der Kommunistischen Partei der USA. Die Ersterwähnung Tanners findet sich im Material, welches das Konsulat von Davis entgegengenommen hatte[375] – und etwa zweieinhalb Jahre danach, Tanner war Angestellter beim *US Post Office Department,* ersuchten US-amerikanische Dienste die schweizerische Politische Polizei um Auskünfte über ihn.[376]. Eine Anfrage der US-amerikanischen Politischen Polizei von 1952 an die schweizerische Bundespolizei ging von einer Denunziation aus, welche Davis Anfang 1950 gegenüber dem US-Konsulat in Genf von sich gegeben hatte.

Einige der Angaben über Davis, manche der Fragen, die im Lauf der Untersuchung behandelt wurden, knüpften an Aussagen an, die Davis gegenüber den Vertretern des Konsulats gemacht hatte. Manche der Fragen, zu denen die Notizen auch Anlass hätten geben können, unterblieben.

Der ausgiebige Gebrauch, den die schweizerische Politische Polizei von Informationen machte, welche er beim Konsulat deponiert hatte, zeigt im Übrigen, dass ihnen faktisch ein politisch-polizeiliches Interesse zukam. Davon zeugen unter anderem die auf Personen zielenden Bearbeitungsspuren von Dubois in den Übersetzungen des Konsulatmaterials. Auch bildeten die Unterlagen aus dem Konsulat, d. h. die Informationen, die Davis zusammengetragen hatte, Teil jenes Dossiers, welches die Bundesanwaltschaft mit Schreiben vom 17. Dezember 1950 der Genfer Polizei als Grundlage für weitere Nachforschungen über die «Linksextremisten» übermittelte.

Das Konsulat stellte das Material, welches seine Kontakte mit Davis dokumentiert, der Bundesanwaltschaft zur Verfügung – allerdings erst nach der Verhaftung von Davis.[377] Und die Bundesanwaltschaft nahm das vom Konsulat ihr in Auswahl überlassene Material dankend entgegen.[378]

Zur tatsächlichen Beteiligung des Konsulats an Davis' Nachrichtendienst ist zusätzlich zu dem, was unter dem juristischen Aspekt dargelegt wurde, Folgendes anzufügen: Davis lieferte an das Konsulat einerseits in einer Art von Bericht ungefragt ein Sammelsurium von Angaben über «linke» Personen und Veranstaltungen, ungefähr von November bis Dezember 1950.[379] In diesem Dokument verweist er auf weitere Angaben, die er dem Konsulat bereits schriftlich überreicht habe, zuhanden der Instanzen in Paris.[380] Einen weiteren Bericht, offenbar von Davis selbst getippt, hat das Konsulat später entgegengenommen. Er weist Be-

375 Im Bericht des Konsulats (vgl. weiter oben) sowie in einem undatierten Stück (Nr. 18 im Verzeichnis des Untersuchungsrichters).

376 Aktennotiz im Dossier Davis der Bundesanwaltschaft vom 14. Juli 1952. Tanner wurde im Dossier Davis der Bundesanwaltschaft meist Tenner genannt.

377 Bericht des Bundesanwalts an den Vorsteher des EJPD vom 8. Dezember 1950, dodis.ch/52796.

378 Der Gedanke, beim Konsulat oder – über gegebene Kanäle – gar bei der US-amerikanischen Botschaft Erkundigungen einzuholen über ihre Kontakte mit Davis, lag für die Untersuchungsorgane und für die Bundesanwaltschaft offenbar, wenn nicht ausserhalb der Horizontes des Denkbaren, so doch ausserhalb der Usanzen. Die Organe gaben sich zufrieden mit dem, was das Konsulat von sich aus geliefert hatte. Der Untersuchungsrichter mochte sich zudem zufriedengestellt fühlen durch das lange Gespräch mit dem Konsul, dessen Inhalt zumindest in den schweizerischen Akten nicht dokumentiert ist.

379 Dokument Nr. 16 im Verzeichnis zum Dossier des Untersuchungsrichters.

380 «pour les autorités à Paris». Dieser frühere Bericht figuriert nicht unter den Dokumenten, welche die Bundesanwaltschaft vom Konsulat erhalten hatte.

 arbeitungsspuren in englischer Sprache auf, die wohl Mitarbeiter des Konsulats angebracht hatten.[381]

Davis sprach mehrere Male beim Konsulat vor, um über sein Leben und seine politische Haltung zu berichten, vor allem, dass er Kommunist gewesen sei und sich vor Kurzem vom Kommunismus losgesagt habe. Die Vertreter des Konsulats befragten Davis unter anderem zu seinem Lebenslauf, seiner politischen Haltung und zu seinen Plänen. Das kann man als den üblichen konsularischen Umgang einer Auslandvertretung mit einem eigenen Staatsbürger betrachten. In diesen Unterredungen denunzierte er aber zugleich Personen, US-amerikanische und schweizerische Staatsangehörige, hinsichtlich ihrer politischen Gesinnung oder wegen Handlungen, welche die Gesinnung belegen sollten.

Zu den Notizen, die Dubois beim Vorbereiten seiner Anklagerede erstellte, gehört ein Blatt mit der Überschrift «rens[eignements] au consulat». Darauf sind etwa ein Dutzend Namen von Personen mit verdächtiger Tendenz verzeichnet.[382] Ein weiteres Blatt der Notizen von Dubois ist überschrieben mit «Activités du Consulat». Und auf den Seiten, welche er zusammenstellte über das, was Davis über seinen politischen Nachrichtendienst aussagte, ist neben der Ziffer 61/63 vermerkt, gemäss Bericht des Konsulats vom 16. Januar 1950 habe Davis seine Kontakte mit folgenden amerikanischen Staatsangehörigen in der Schweiz erwähnt. In denselben Notizen ist neben Ziffer 153 zu lesen: «Konsul Tyler die Namen der schweizerischen und amerikanischen Kommunisten mitgeteilt, welche am Kongress der *Jeunesses Libres* 1949 in Budapest teilgenommen haben».[383] Dubois kennzeichnete in seinen Notizen diese und andere Mitteilungen von Davis an das Konsulat als «rens.». Dies steht für «renseignements politiques», also politischen Nachrichtendienst. «[S]ervice de renseignements» hatte Dubois in seinem Handexemplar des Verhörs vom 19/20. Dezember 1951 am Rand zu Davis' Antwort auf die Frage 16 notiert, in welcher dieser beschrieb, welche Informationen er Vizekonsul Tyler geleifert hatte. Nicht nur faktisch ist also klar, dass das Konsulat Empfänger war von Davis unerlaubtem politischen Nachrichtendienst, sondern der Vertreter der Anklage hatte dies in seinen Notizen auch so bewertet.

Dubois ordnete somit in seinen Handnotizen zur Anklageschrift das Konsulat der nachrichtendienstlichen Tätigkeit von Davis zu. Das Konsulat wird jedoch nicht erst ab dem ersten schriftlichen Bericht vom 8. Dezember 1950 des Bun-

381 Dokument Nr. 18 im Verzeichnis des Untersuchungsrichters. Zu den Randnotizen: Der Genfer Polizeiinspektor Gerbex (im Zeitungsbericht fälschlicherweise: Gervais) schloss bei der Vorlage von bestimmten Dokumenten während der Gerichtsverhandlung aus, dass die Anmerkungen von der Polizei stammten; «de cela le procureur général conclut qu'il s'agit de notes du consulat américain», in: *Journal de Genève* Nr. 243 vom 16. Oktober 1951.

382 Über etliche von ihnen finden sich im Dossier Davis Spuren polizeilicher Erkundigungen. Stichproben zeigen, dass Angaben über diese Personen – von Davis an das Konsulat übermittelt – in Karteikarten der politischen Polizei, die sogenannten «Fichen», übernommen wurden. So findet sich auf jener von Jacqueline Zurbrügg, einer prominenten Angerhörigen der Genfer Partei der Arbeit, der Eintrag: Davis «[l]ieferte Vizekonsul Tyler Auskünfte über die Z.» Eintrag vom 26. Dezember 1950, CH-BAR#E4320-01C#1996/203#599*.

383 «with the following American Citizens in Switzerland». Unter den Namen, die folgen, ist auch der einer Person, die Dubois in seiner Anklageschrift irrtümlich erwähnt respektive deren Zugehörigkeit zu politisch verdächtigen Kreisen später von der Polizei selbst falsifiziert wurde: Daniele Fuhrmann.

desanwaltschaft an den Vorsteher des EJPD als Empfänger der Nachrichten vermerkt, sondern die konkrete Übermittlung von Informationen durch Davis an das Konsulat wird von der Bundesanwaltschaft in ihrer detaillierten ersten Synthese als Beleg seiner unerlaubten Tätigkeit angeführt.[384] Am 8. Dezember sprach die Bundesanwaltschaft von einer Untersuchung, welche das amerikanische Konsulat in merkwürdiger Weise kompromittiere.[385] Im Bericht, mit welchem das EJPD seinen Antrag an den Bundesrat begründet, gegen Davis sei ein Strafverfahren zu eröffnen, wurden die Passagen des Dokuments vom 22. Dezember betreffend das Konsulat übernommen. Der Bundesrat fasste seinen Beschluss zur Strafverfolgung in Kenntnis der Rolle des Konsulats als Empfänger illegal gesammelter Informationen. Der Untersuchungsrichter berührte in seinem Abschlussbericht den Bezug zum Konsulat nur knapp.

Anders die Anklageschrift: Wie nach den akribischen Handnotizen von Dubois nicht anders zu erwarten ist, kommt das Konsulat als nachrichtenempfangende Stelle mehrfach vor, nicht nur im Text, sondern auch in den konkreten Anklagepunkten.[386] Während des Prozesses wurde Davis' Verbindung mit dem Konsulat festgestellt. Dies geht nicht nur aus einem Zeitungs-Zwischentitel hervor (z. B. «Data given Consulate»), sondern ist nachzulesen in weiteren Zeitungsartikeln, auffallend etwa in dieser Passage: Die amerikanischen Botschaft in Paris und das Generalkonsulat in Genf hätten alles, was Davis ihnen *eingestand,* sorgfältig festgehalten, weigerten sich aber, für ihn einen festen «Horchposten» einzurichten, wie er dies verlangt hätte.[387] In der Begründung des Urteils, welches das Bundesstrafgericht in der Sache Davis fällte, wurden seine Kontakte zum Konsulat, seine Berichte und deren Inhalt unter tatsächlichen und juristischen Gesichtspunkten dargestellt.[388]

Schliesslich sei daran erinnert: Wenn die Verantwortlichen im Lauf des Verfahrens und im Rückblick auf den Fall geschrieben haben, Empfänger der illegal gesammelten Informationen von Davis seien fremde respektive amerikanische Amtsstellen gewesen, so wussten sie, was sie damit meinten: die FBI-Agenten bei der amerikanischen Botschaft einerseits und das Konsulat in Genf andererseits.[389]

---

384 Vgl. Schreiben der Bundesanwaltschaft an E. von Steiger vom 22. Dezember 1950, dodis.ch/52801, S. 4 Bst. d.

385 «[…]une enquête qui compromet drôlement le consulat américain à Genève», dodis.ch/52796, S. 3 f.

386 Anklageschrift vom 24. Juli 1951, dodis.ch/52784, S. 2–4, einschliesslich «Davis adressa d'autres rapports encore au consulat américain […]» (S. 3); Anklagepunkt b) mit den Unterpunkten aa) bis ff).

387 Artikel «Data Given Consulate» in der *Chicago Tribune* vom 16. Oktober 1951. «The American Embassy in Pairs and the consulate general in Geneva noted carefully everything Davis *confessed* [Hervorhebung J. Z.] to them, but they refused to arrange any paid listening post for him, such as he requested […]». Dieser Satz aus den *Chicago News* vom 12. Februar 1951 soll der Entlastung der US-Stellen dienen – keine feste Anstellung für Davis – und bestätig zugleich die Aufnahme von Davis' Informationen durch die US-amerikanischen Stellen. Das Genfer Konsulat war am 2. April 1951 zum Generalkonsulat und Konsul Ward im Juli zum Generalkonsul erhoben worden, vgl. Dossier Ward, Robert E., CH-BAR#E2001E#1969/121#1995*. Für Griffith steht fest, dass das Konsulat Davis' Informationen entgegennahm, vgl. Griffith 1970, S. 135: «His [Davis'] buyers included American intelligence Agents in France, the United States consulate in Geneva, and Senator Joe McCarthy.»

388 Vgl. S. 2 f. und 8 ff. im Urteil vom 16. Oktober 1951, dodis.ch/52771.

389 Vgl. Kapitel V b.

129 Im Übrigen hat sich das Konsulat um Davis nicht nur fürsorglich gekümmert, wie es seine Pflicht gegenüber jedem seiner Staatsangehörigen war, sondern es hat auf das Verfahren Einfluss genommen: Die Bundesanwaltschaft habe gute Gründe anzunehmen, dass das Genfer Konsulat im Lauf der Voruntersuchung auf den Beschuldigten einen gewissen Druck ausgeübt habe. Dieser Druck sei nicht ohne Erfolg geblieben, da der Beschuldigte am Ende der Untersuchung zum Rückzug geblasen habe in allem, was die amerikanischen Behörden hätte kompromittieren können.[390] Die Hauptsache war, das Verfahren zu beeinflussen. Daneben unterliess es die US-Vertretung gewiss nicht, einzuwirken auf die Art, wie Davis die Rolle des Konsulats als nachrichtenempfangende Stelle beschrieb.

b. Der zweite Teil der Voruntersuchung

1. Die US-amerikanische Presse hat den Untersuchungsrichter und den künftigen Ankläger beschäftigt. Wie gesagt: Etwa zwanzig Zeitungsausschnitte betreffend diese Phase des Verfahrens liegen im Dossier Davis.[391] Dubois veranlasste die Übersetzung der wichtigsten Artikel, zentraler Passagen und sämtlicher Titel. Sie weist nur wenige, aber auffallende Spuren der Bearbeitung auf. Zwei Passagen sind rot markiert. Beide betreffen McCarthy, nämlich eine Zusatznotiz zum Artikel Wellers, mit dem Titel, dass McCarthy sage, er habe Angaben von einem ehemaligen «Roten» erhalten, der von den Schweizern festgehalten werde. Der Senator habe zugegeben, von Davis Informationen bekommen zu haben. Über einen Mittelsmann in Paris habe er Kontakt gehabt mit Davis und so Informationen erhalten, von denen er annehme, sie beträfen kommunistische Aktivitäten in der Schweiz. Davis sei aber nie von ihm angestellt gewesen.[392] In welcher Phase der Strafuntersuchung auch immer Dubois sich die beiden Passagen gemerkt hat – die Markierungen belegen seine besondere Aufmerksamkeit für den Aspekt McCarthy. Dass die ausländische Presse sein Interesse schon Mitte Februar beanspruchte, beim Erscheinen der einschlägigen Beiträge, geht hervor aus seiner Aktennotiz vom 13. Februar in Sachen Presseerklärung des Untersuchungsrichters. Die Tatsache, dass er die erste Serie von Zeitungsartikeln, die er über das EPD erhalten hatte, umgehend an den Untersuchungsrichter weiterleitete, belegt den Drang, den Inhalt, dem er so grosse Bedeutung zumass, weiter zu verbreiten. Diese Ausschnitte und ein weiterer vom 5. März 1951 betreffend den amerikanischen

390 Vgl. Schreiben der Bundesanwaltschaft an das EPD vom 3. August 1951, dodis.ch/52781.

391 In seinem Dossier hat Dubois einen eigenen kleinen Faszikel «Presse américaine» gebildet. Er enthält zusätzlich zu den Ausschnitten auf sieben Seiten ins Deutsche übersetzte Artikel oder Teile von Artikeln US-amerikanischer Zeitungen vom 12. bis 14. Februar 1951. Die Übersetzungen sind Ausdruck der Tatsache, dass dem Material Bedeutung zukommt. Material, das in eine vertraute Sprache übersetzt wird, entfaltet beim dem, der mit dem Material arbeitet, eine stärkere Wirkung, als es bei fremdsprachigem Stoff der Fall wäre. Sprachlich Vertrautes haftet besser. Dubois beherrschte die englische Sprache nicht sehr gut, diesen Schlusslassen die zahlreichen Übersetzungen im Dossier Davis zu.

392 Nachtrag zu Wellers Artikel in den *Buffalo News* vom 13. Februar 1951; ähnlich im *Toledo Blade* vom gleichen Tag. Ob McCarthy das schmückende Beiwort zu Davis, nämlich «former correspondent for a West Coast Communist newspaper», tatsächlich verwendet hat, bezweifle ich. Angesichts der tendenziösen Schreibweise in dieser Situation, die ohne viel Skrupel darauf hinzielt, ein passendes Bild zu erzeugen, nehme ich an, dieser Teil der Äusserung der US-Presse sei dem Senator in den Mund gelegt worden.

Gesandtenwechsel in Bern sind, den Akten nach zu schliessen, die einzigen Dokumente, welche die Bundesanwaltschaft dem Untersuchungsrichter nachreichte.[393]

Während des Prozesses im Oktober 1951 proklamierte der Ankläger seine spektakuläre Kehrtwende weg vom FBI hin zu McCarthy, die nicht nur der Aktenlage, sondern auch den eigenen Erkenntnissen vom Dezember 1950 widersprach und insofern rätselhaft ist. Natürlich besteht die Gefahr, angesichts dieser auffälligen, eigenwilligen Uminterpretation, Handlungen aus früheren Phasen des Verfahrens als Anzeichen für das Kommende zu deuten, das heisst, die deutlich manifestierte Aufmerksamkeit für McCarthy als Symptom und Neigung dafür, den Senator zur Hauptfigur zu erheben. Andererseits erheischt Dubois' «mysteriöse» Umdeutung eine Analyse und eine Erklärung. Das Markieren von Textpassagen und das unaufgeforderte Zusenden von Unterlagen sind konkrete Handlungen, ausgelöst in bestimmter, wenn auch nicht bewusster Absicht. Zudem liegt auf der Hand, dass die in der Gerichtsverhandlung artikulierte Entstellung der Verhältnisse nicht plötzlich in der Situation des Prozesses entstand. Sie ist Mitte Februar 1951 herangewachsen, wurde herangebildet.[394]

Dubois' Transformation der Verhältnisse und Jeanprêtres eigenwillige Wahrnehmung des Falles beruhen auf einer «Umlenkung» weg vom FBI hin zu McCarthy. Diese Ablenkung zeugt vom «Drang», etwas Unangenehmes aus der Welt zu schaffen, und führte im vorliegenden Fall zu einer übertriebenen Bedeutungszuschreibung. Irgendwelche Äusserungen, zum Beispiel in Zeitungsartikeln einschliesslich ihrer Überschriften, wurden dadurch, dass sie die latente Neigung bestätigten, zu möglichen, und am Ende durch Wiederholung sowie Erneuerung verstärkt, zu wirklichen Sachverhalten.

Die US-amerikanischen Pressemitteilungen, beruhend auf Verlautbarungen des Genfer Konsulats und des *State Departments* sowie angereichert durch typische Äusserungen für den Kalten Krieg bzw. die US-amerikanische Innenpolitik, blieben nicht ohne Wirkung auf den Untersuchungsrichter und den Ankläger.

---

393 Artikel in *Der Bund* Nr. 106 vom 5. März 1951 wurde dem Untersuchungsrichter am 8. März 1951 zugestellt. Darin wird über die Versetzung von John Carter Vincent nach Tanger berichtet. Diese Versetzung wurde interpretiert als «Weichen vor dem Druck» von Senator McCarthy, der Vincent als «linksstehenden» Diplomaten bezeichnet habe. Vgl. dazu May, Gary, China Scapegoat. The Diplomatic Ordeal of John Carter Vincent, Waveland Press, Prospect Heights, Illinois, 1983, S. 184–186; ferner Artikel aus folgenden Zeitungen: *New York Herald Tribune* vom 14. März 1951 (in den 12 Beilagen zum Schreiben von Dubois vom 2. Oktober 1951) und *National-Zeitung* vom 7. März 1951, Nr. 108 (in den Handnotizen Dubois', Faszikel «Sénateur McCarthy = organisation étrangère»). Irgendwann nach dem 10. Januar 1951 versorgte die Bundesanwaltschaft den Untersuchungsrichter zudem mit einem Artikel aus *Die Tat* vom 3. März 1950 (sic!): «Senator McCarthys Meisterspion». Es geht um die – aus der Luft gegriffene – Beschuldigung des Ostasienspezialisten Owen Lattimore, dem McCarthy andichtete, er habe, wie der amerikanische Gesandte in der Schweiz, ein «Spionagenetz über die Vereinigten Staaten geworfen». Der Artikel zählt zu den Dokumenten, welche der Untersuchungsrichter nach Abschluss der Tätigkeit nicht seinem offiziellen Dossier beifügte, sondern formlos an die Bundesanwaltschaft zurückschickte: «[…] documents qu'il ma paru inutile de verser au dossier officiel de l'affaire», Artikel vom 16. Mai 1951. Im Übrigen ist angesichts des Eifers, mit welchem Dubois den Untersuchungsrichter mit Zeitungsartikeln versorgte, an Folgendes zu erinnern: Als die Voruntersuchung provisorisch abgeschlossen war und die Parteien die Möglichkeit hatten, Ergänzungen zu den Akten zu beantragen, liess die Bundesanwaltschaft am 19. März 1951 verlauten, dass sie keine ergänzenden Abklärungen verlange.

394 Zum «Hin zu McCarthy-Syndrom» vgl. betreffend die famosen Nummern 92 des Aktenverzeichnisses des Untersuchungsrichters Kapitel II a, Abschnitt 8 sowie Kapitel III b, Abschnitt 1.

Natürlich folgten sie den abenteuerlichen Darstellungen nicht blind. Der Behauptung, Davis sei Kommunist gewesen und habe für die Kommunisten spioniert, trat der Untersuchungsrichter ausdrücklich entgegen. Und der Ankläger ignorierte sie. McCarthy als wesentlichen Faktor beim Handeln von Davis widmeten sie ihre gesammelte Aufmerksamkeit. Dubois hob die einschlägigen Passagen in den Unterlagen hervor und sendete die Zeitungsartikel, in denen McCarthy eine wichtige Rolle zugeschrieben wurde, dem Untersuchungsrichter zu. Dieser integrierte sie, einschliesslich des dubiosen Artikels von Weller, in sein Dossier.[395] Untersuchungsrichter und Ankläger widerstanden somit einem einzelnen, allerdings bedeutenden Aspekt der in den USA veröffentlichten manipulativen Deutung, gewährten aber einem anderen Element der Erklärung «Zutritt» zu ihrer Fallinterpretation.

2. Auch während der Zeit, da das Verfahren in den Händen des Untersuchungsrichters lag, war die Bundesanwaltschaft dabei, wirkte mit, nahm Einfluss. Formal betrachtet galt sie respektive der Bundesanwalt, als eine der Parteien des Verfahrens. Als solche konnte sie Untersuchungshandlungen beantragen und vom Untersuchungsrichter die Erlaubnis erlangen, bei Einvernahmen des Beschuldigten anwesend zu sein.[396] Aber schon formal betrachtet war sie insofern privilegiert, als der Bundesanwalt die Akten uneingeschränkt einsehen konnte. Diese in der Sache begründete Bevorzugung fällt aber weniger ins Gewicht als die faktische Dominanz. Als Organ, zu dessen elementaren Aufgaben die Strafverfolgung zählte, war sie in der Lage, ihre Rolle als Partei viel markanter zu spielen als der Beschuldigte oder die Geschädigten, mochten diese beiden Parteien auch von Anwälten unterstützt worden sein.

Verstärkt wurde die Position der Bundesanwaltschaft gegenüber dem Untersuchungsrichter durch dessen quasi gesellschaftliche-funktionale Nähe zur Bundesanwaltschaft. Diese fungierte zwar formal nicht als Auftraggeber, aber der Untersuchungsrichter bildete ein Kettenglied, im Verfahren folgend auf das Kettenglied Bundesanwaltschaft. Der Bundesanwalt beschrieb nach den gerichtspolizeilichen Untersuchungen zuhanden des Untersuchungsrichters die Tat. Er definierte und lieferte ihm zu Beginn der Voruntersuchung die Dokumentationsbasis.[397] Und er erweiterte sie im Lauf der Voruntersuchung nach eigenem Gutdünken, im vorliegenden Fall durch die Zusendung US-amerikanischer Zeitungsberichte. Im Übrigen amtete der Untersuchungsrichter auf Vorschlag der Bundesanwaltschaft. Trotz der formalen Unabhängigkeit war er ihr durch eine über die grundsätzliche Loyalität hinausgehende verbunden, wie sie zwischen Organen der Strafverfolgung bestand. Ferner ist zu bedenken: Formal wurde die Aufsicht über die Voruntersuchung durch die Anklagekammer des Bundesgerichts ausgeübt.[398] «In

395 Aktenverzeichnis Nr. 82 bis 87; Artikel des *Washington Evening Star* vom 12. Februar 1951 (= Nr. 82). Was Jeanprêtre veranlasste, diese Artikel seinem offiziellen Dossier einzuverleiben und damit letztlich dem Bundesgericht zuzuleiten, obwohl er am 22. Februar 1951 gegenüber dem EPD eine ihrer dominierenden Aussagen – Davis habe für die Kommunisten gearbeitet – explizit negiert hatte, ist nicht ohne weiteres nachzuvollziehen.

396 BStP Art. 34, 15 und 118.

397 BStP Art. 108 Abs. 1.

398 BStP Art 11.

Wirklichkeit ist es allerdings in vermehrtem Masse die BA [Bundesanwaltschaft, J.Z.] als die Anklagekammer, die mit dem Untersuchungsrichter Verbindung hat und den Gang der Untersuchung überblickt.»[399]

Die gesellschaftlich-funktionale Bindung des Untersuchungsrichters an die Bundesanwaltschaft erzeugte eine gewisse Nicht-Ebenbürtigkeit. Die strukturelle Asymmetrie zwischen den beiden Partnern war im vorliegenden Fall besonders ausgeprägt. Auf der einen Seite die Bundesanwaltschaft mit all ihrer Routine in Strafverfahren und mit ihrem Apparat, auf der anderen Seite Raymond Jeanprêtre, im Nebenamt tätig, mit seinem Gerichtsschreiber als Gehilfen. Als Bezirksrichter verfügte er wohl nicht über Erfahrung in Verfahren zu politischen Vergehen und sein juristisches Spezialgebiet war nicht das Strafrecht. Aber nicht nur das: Als eidgenössischer Untersuchungsrichter nur Ersatzmann, hatte er in Bundesstrafsachen kaum Erfahrung.[400]

Präsent war die Bundesanwaltschaft, qua Bundespolizei, während der Voruntersuchung als Auskunftstelle, etwa über die politische Zugehörigkeit von Personen, von denen Davis sagte, er habe mit ihnen verkehrt. Auch Jeanprêtres Anfragen über Telefonate und allfällige Telegramme von Davis gelangten via Bundesanwaltschaft an die zuständigen Stellen. Dass Einvernahmen von Zeugen durch den Untersuchungsrichter unmittelbar nach der Protokollierung als Quelle für die Politische Polizei genutzt wurden, mag nach damaliger Auffassung und in einer etwas eigenwilligen Interpretation des uneingeschränkten Rechts der Bundesanwaltschaft auf Akteneinsicht als normal betrachtet worden sein. Aus späterer Sicht wirft diese Praxis Fragen auf, nicht nur wegen der Vermischung der gerichtspolizeilichen mit der staatsschützerischen Funktion der Bundesanwaltschaft, sondern auch wegen der Vermengung der formal unabhängigen Tätigkeit des Untersuchungsrichters mit jener der Politischen Polizei.[401]

---

399 Was Peter 1972 in etwas holperigem Deutsch schrieb, lag mehr oder weniger in der Natur der Sache, zumal in einer Zeit, da auf diesem Gebiet dem Prinzip der Gewaltenteilung nicht allzu grosse Bedeutung zugemessen wurde. Vgl. dazu die dritte Nebenbemerkung: Das Janusgesicht der Bundesanwaltschaft. Daher dürfte die Aussage auch für frühere Zeiten gelten, vgl. Peter, Markus, Die Bundesanwaltschaft als Staatsanwaltschaft des Bundes, Diss. iur. Bern, Zürich 1972, S. 58.

400 Jeanprêtre war sich dieser Unterlegenheit bewusst. Er schrieb sich entschuldigend beim Überweisen des Schlussberichts zum Fall Pierre Nicole, der ihm Mitte März übertragen worden war: «J'ai dû sacrifier en particulier les développements juridiques. Dans ce dernier domaine, et s'agissant de délits politiques, je sais que vous pourrez facilement vous passer de mes lumières!» Schreiben von Jeanprêtre vom 4. Juni 1951; CH-BAR#E4320B#1975/40#275*.

401 Damals bestanden keine Schranken zwischen den einzelnen Tätigkeitsgebieten der Bundesanwaltschaft. So gesehen kann man annehmen, dass Art. 116 BStP, welcher der Bundesanwaltschaft das uneingeschränkte Akteneinsichtsrecht zugesteht, als Befugnis verstanden wurde, vom Inhalt der Akten der Voruntersuchung für all ihre Funktionen Gebrauch zu machen. Ähnlich könnte die Bundesanwaltschaft das Recht interpretiert haben, im Einverständnis mit dem Untersuchungsrichter «bei der Einvernahme des Beschuldigten anwesend zu sein»; BStP Art. 118. Unmittelbar nach den ersten beiden Einvernahmen sandte Jeanprêtre am 23. Januar 1951 der Bundesanwaltschaft Protokolle dieser Anhörungen. Laut Aussage des Chefs der Bundespolizei waren «die Inspektoren der Bundespolizei: Einvernahmen von Informationspersonen usw.» die wichtigste Nachrichtenquellen der politischen Polizei, die Einvernahmen von Zeugen durch einen eidgenössischen Untersuchungsrichter offenbar eingeschlossen (Balsiger, bis 30. Juni 1955 Chef der Bundespolizei, bei der Einvernahme im Fall Ulrich/Dubois, 15. April 1957, CH-BAR#E4320B#1992/132#57*). Im konkreten Fall wurden die Protokolle von «Div. Zeugeneinvernahmen in S. D. sowie Einvernahmen Eggenschwyler Fritz […] und Eggenschwyler Elisabeth […] als Kläger» von der politischen Polizei ausgewertet, vgl. Fiche von Davis 5. Februar 1951 sowie die Fichen von F. Eggenschwyler und

133 Natürlich kümmerte sich der Chef der Bundespolizei in dieser Phase des Verfahrens nach wie vor um die Sache. Sein Kürzel findet sich auch in dieser Zeit, da sich der Fall in den Händen des Untersuchungsrichters befand, auf etlichen Aktenstücken und bei Einträgen auf der Fiche Davis zu Schriftstücken, an deren Bearbeitung er nicht beteiligt war, sondern die ihm zur Kenntnis gebracht wurden. Für jene Personen, die in der Bundesanwaltschaft mit dem Fall direkt betraut waren, lag auf der Hand, dass der Chef der Bundespolizei die Sache mitverfolgte, dass es galt, ihn auf dem Laufenden zu halten.[402]

3. Am 7. März 1951 teilte der Untersuchungsrichter den Parteien mit, nach seiner Auffassung sei der Zweck der Voruntersuchung erreicht und er bestimme die Fristen, während denen sie eine Ergänzung der Akten beantragen könnten.[403] Sein Dossier war in zwei Teile gegliedert, nach den zwei Arten von Vergehen, welche Davis zur Last gelegt wurden: Jene, die von Staats wegen zu verfolgen waren, und jene, die auf Antrag von Zivilklägern und Zivilklägerinnen untersucht wurden – also unerlaubter politischer Nachrichtendienst einerseits und vor allem die Verletzung von Privatgeheimnissen zulasten von Frédéric Eggenschwyler und Elisabeth Pfister andererseits. Untergeordnete Antragsdelikte waren: Zechprellerei zum Schaden von Frau Nelly Ferrero und Erschleichen einer Leistung auf Kosten von Frau Angélique Portier-Legrand.[404] Nelly Ferrero, Inhaberin des Hotels de l'Europe in Carouge, hatte Ende Oktober gegen Davis Anzeige erstattet, weil er abgereist war, ohne den Schlüssel abzugeben und ohne die ausstehende Rechnung zu bezahlen. Angélique Portier-Legrand, bei der Davis zur Zeit seiner Verhaftung als Untermieter logierte, hatte ihn angezeigt, weil er ohne ihre Erlaubnis ihr Telefon benützt hatte für Auslandsgespräche, welche Kosten von etwa 500 Franken verursachten. Zudem hatte er die letzte Miete nicht bezahlt.[405]

E. Eggenschwyler-Pfister. Dabei ist zu bedenken, dass Eggenschwyler und Pfister im Fall Davis Privatkläger waren. Im Verfahren wurden die beiden von allem Anfang an als «militante Kommunisten» qualifiziert: «une certaine dame Pfister, [...] militante communiste devenue aussi sa [Davis'] maîtresse [...] l'ex-mari de celle-ci, le sieur Eggenschwyler Frédéric, également militant communiste [...]», vgl. Schreiben der Bundesanwaltschaft an den Vorsteher des EJPD vom 8. Dezember 1950, dodis.ch/52796. Dem Zeitgeist im Allgemeinen entsprechend und jenem der Organe des «strafrechtlichen Staatsschutzes» im Besondern, fühlte sich die Bundesanwaltschaft diesen «Elementen» gegenüber nicht zu schonungsvollem Umgang angehalten – deren Stellung als Privatkläger hin oder her. Zum Problemkomplex Bundesanwaltschaft und Voruntersuchung vergleiche auch Anklagekammer des Bundesgerichts. Ausgehend vom Thema «Veröffentlichungen von Tatsachen und Namen aus hängigen Verfahren» vertrat sie die Ansicht, «dass der Gebrauch der Aktenkenntnis des Bundesanwalts hier [in der Voruntersuchung] ausschliesslich auf die gesetzlichen Parteizwecke beschränkt sei [...]», Schreiben der Bundesanwaltschaft an den Vorsteher des EJPD vom 26. Januar 1951, CH-BAR#E4327#1991/237#35*.

402 Das ergab sich nicht nur aus der konkreten Geschichte des Falls, mit dem Versuch, die Strafverfolgung durch die Ausweisung Davis' zu vermeiden, und aus der Organisation der Bundesanwaltschaft mit Dubois als Leiter des Rechtdienstes und Balsiger als Chef der Bundespolizei, sondern auch dadurch, dass die beiden buchstäblich unter einem Dach arbeiteten, nämlich im Bundeshaus West, vgl. Staatskalender der Eidgenossenschaft 1950.

403 BStP Art. 119 Abs. 1.

404 StGB Art. 150 und 151.

405 Anzeige von Ferrero vom 29. Oktober, Bestätigung vom 4. Dezember 1950; Anzeige von Portier-Legrand vom 16. Dezember 1950, Bestätigung vom 17. Januar 1951, vgl. Verzeichnis der Dokumente der Zivilkläger und Zivilklägerinnen Nr. 34 und 36 respektive 19 und 23. Ich behandle die Verfolgung dieser beiden Delikte nicht im Einzelnen, sondern nur soweit sie ein Licht werfen auf den Verlauf des ganzen Verfahrens, einschliesslich des Wirkens des Pflichtverteidigers.

Zuerst unterbreitete Jeanprêtre die Dossiers der Bundesanwaltschaft. Diese teilte mit, sie verlange keinerlei ergänzende Untersuchung. Danach sandte er die Dossiers an das Untersuchungsrichteramt in Genf. Davis' Anwalt konnte die beiden Dossiers in sein Büro mitnehmen, die Zivilkläger konnten das Dossier zu diesen Delikten, die sie betrafen, im Amt einsehen. Unmittelbare Reaktionen des Pflichtverteidigers sowie von Frau Ferrero und Frau Portier-Legrand sind nicht überliefert. Jean Vincent, der Anwalt von Eggenschwyler und Pfister, auch Exponent der Genfer PdA, beantragte weitere Abklärungen, unter anderem zu folgenden Fragen: Hat Davis von jemandem einen Auftrag erhalten, Frédéric Eggenschwyler und seine Exfrau, Frau Pfister, zu überwachen? Welche Arten von Informationen hat er gesammelt betreffend Herrn Eggenschwyler und Frau Pfister? Hat er diese Informationen nach Washington dem FBI oder Senator McCarthy übermittelt? Ferner: Wie ihm die 400 Dollar übermittelt worden seien, die ihm laut Erklärung gegenüber der Genfer Polizei monatlich überwiesen worden seien. Wegen Krankheit antwortete Jeanprêtre etwas verspätet. Einleitend bemerkte er, Vincents Fragen hätten mit der Schuldhaftigkeit von Davis zu tun. Sie gingen daher nicht die Organe an, welche die Anklage vorbereiteten, sondern das Gericht, welches letztlich darüber zu entscheiden habe.[406] Die Fragen seien aber im Verlauf der Voruntersuchung wegen politischem Nachrichtendienst gestellt worden. Daher könne er Folgendes sagen: *Er denke nicht*, dass Davis von irgendjemandem den Auftrag erhalten habe, Herrn Eggenschwyler zu überwachen. Er sei mit Eggenschwyler und Frau Pfister zufällig bekannt geworden. Was die Empfänger seiner Informationen angehe, habe Davis variierende Angaben gemacht. Manchmal habe er vom FBI geredet, manchmal von Senator McCarthy. Die Erklärung von Davis, er habe von der amerikanischen Polizei monatlich 400 Dollar bekommen, betrachte er als Bluff. Viele Zeugen hätten ausgesagt, während des grössten Teils seines Aufenthalts in der Schweiz habe Davis über keinerlei Mittel verfügt. Der Untersuchungsrichter schliesst seine Antwort mit der Bemerkung: Aufgrund dessen, was er dargelegt habe, *glaube er*, dass kein Anlass besteht für eine Ergänzung der Untersuchung im Sinn des Schreibens vom 30. März 1951.

In dieser Antwort fällt zunächst die nicht bestimmte Annahme auf, dass Davis nicht im Auftrag vom FBI gehandelt habe. Im Abschlussbericht, den Jeanprêtre zehn Tage später übermittelte, schloss er das FBI als Auftraggeber kategorisch aus, und er sah keine Anzeichen dafür, dass amerikanische Stellen Davis beauftragt hätten, Informationen zu liefern. Hingegen treffe Davis Behauptung, er sei für Senator McCarthy tätig gewesen, teilweise zu. Jeanprêtre sah sich trotz der expliziten Nachfrage einer Partei nicht veranlasst, die Negation von Davis in Sachen FBI nochmals zu überprüfen. Das Bild, das sich der Untersuchungsrichter von der Sache machte, die Art, wie er sie wahrnahm, hatte sich so fest eingeprägt, dass er die Negation weiterhin hinnahm, dass er auch durch Fragen, welche für Aussenstehende auf der Hand lagen, in keiner Weise mehr berührt werden konnte.

---

406 Fragen von Jean Vincent vom 30. März 1951, dodis.ch/52766; Antwort von Jeanprêtre gut fünf Woche später am 7. Mai 1951, dodis.ch/52767. «[L]es questions posés par votre lettre ont trait au degré de culpabilité de Davis. C'est dire que ces questions intéressent le Tribunal chargé de statuer au fond et non pas les autorités chargées de la mise en accusation.»

 Anwalt Vincent insistierte nicht weiter. Erst im September, als er begründete, warum Eggenschwyler seine Klage nicht zurückziehe, sondern darauf bestehe, als Zivilpartei aufzutreten, führte er unter anderem an, dass der Untersuchungsrichter alle zusätzlichen Abklärungen abgelehnt habe.[407] In der *Voix ouvrière*, dem französischsprachigen Organ der PdA, war der Fall inzwischen parteiischer behandelt worden als ehedem. Nachdem die Einvernahme der Zeugen, unter ihnen viele Angehörige oder Sympathisanten «linksextremer» Organisationen, abgeschlossen war, erschien unter dem Titel «Der Fall Davis» eine Kolumne, die aufgrund einer Zeitungsmeldung mutmasste, die Sache werde im Sand verlaufen und Davis werde nie vor ein Gericht gestellt werden. Man könne sich vorstellen, was das gegeben hätte, wenn dieser «Schwarze» für eine Volksdemokratie tätig gewesen wäre: Schlagzeilen in der konformistischen Presse, Communiqués des Politischen Departements, diplomatische Schritte etc. Aber Davis habe für die USA operiert, die ihm vor allem den Auftrag gegeben hätten, die schweizerischen progressiven Organisationen auszuspionieren. Die Kolumne schliesst mit mehr oder weniger triftigen Fragen, die ganz offensichtlich auch dem Versuch dienten, etwas öffentlichen Druck auszuüben: Der politische Spion Davis, der verhaftet worden sei, weil es nicht mehr anders ging, habe er auch für die Bundespolizei gearbeitet? Oder werde der Bundesrat einmal mehr dem amerikanischen Druck nachgeben und die Freilassung dieses Spions ins Auge fassen?[408] Am 3. April, wenige Tage nachdem Jean Vincent als Vertreter einer der Zivilparteien das Dossier eingesehen hatte, publizierte die *Voix ouvrière* einen weiteren Artikel zum Fall Davis: Die Aussagen eines amerikanischen Spions in der Schweiz. Darin werden längere Passagen aus Davis' Erklärungen gegenüber der Genfer Polizei zitiert und – mit falschen Datumsangaben – wird detailliert von seinen Telefonaten in die USA berichtet. Für die *Voix ouvrière* belegen die Erklärungen, in welchem Ausmass die amerikanische Spionage in alle Kreise eindringen würde und wie notwendig es sei, dass man sich äusserst wachsam zeige gegenüber Spitzeln, Spionageagenten und Spionen des FBI.[409] Der Artikel diente einerseits dazu, der «Gegenseite» zu zeigen, dass man auf dem Laufenden war, und anderseits dazu, die eigenen Leute zur Vorsicht zu mahnen.

4. Direkte Reaktionen der Klägerinnen Ferrero und Portier-Legrand auf das Angebot, Ergänzungen zu den Akten zu beantragen, sind wie gesagt nicht überliefert. Hingegen teilte der Untersuchungsrichter dem amtlichen Verteidiger mit, er wäre froh, wenn er die Klage Ferrero erledigen könnte und wenn es dem Anwalt auch gelänge, die nötigen Mittel aufzutreiben, um die Klage Portier-Legrand zu erledigen. Der Verteidiger bemühte sich, die beiden von ihren Klagen abzubringen. Dem Untersuchungsrichter schrieb er, es sei wahrscheinlich möglich, das notwendige Geld aufzutreiben, um sie dazu zu bewegen, von einer Klage ab-

407 Schreiben von Vincent an den Präsidenten des Bundesstrafgerichts vom 28. September 1951, dodis.ch/52770.

408 *La Voix ouvrière* vom 23. Februar 1951.

409 *La Voix ouvrière* vom 3. April 1951. Der Zeitungsausschnitt im Dossier der Bundesanwaltschaft ist versehen mit dem handschriftlichen, wohl von Balsiger stammenden Vermerk: «Me Vincent ist Vertreter der Zivilpartei u. hatte Akteneinsicht!»

zusehen. Und er konnte Erfolge erzielen. Bei einer Besprechung mit dem Untersuchungsrichter übergab Martin-Achard Frau Ferrero eine 20 Dollar-Note. Darauf gab sie zu Protokoll, sie ziehe ihre Klage zurück. Der Straftatbestand der Zechprellerei, StGB Artikel 151, war damit hinfällig. Eine Kuriosität ist an dieser Stelle zu vermerken. Martin-Achard hielt es für notwendig zu erklären, woher die 20 Dollar kamen: Die Note hätte, wie aus dem Dossier ersichtlich sei, Davis gehört. In der Tat handelte es sich um genau jene Note, welche McCarthys Mitarbeiter mit dem Brief vom 2. November 1950 Davis zugestellt hatte. Die Polizei hatte die Note einem Brief entnommen, der an ihn adressiert war und der Untersuchungsrichter übergab sie dem Pflichtverteidiger.[410] Mit anderen Worten: Geld aus dem Umfeld von McCarthy – übrigens die einzige belegte Zahlung aus McCarthys Umkreis an Davis – diente dazu, eine Zivilklägerin im Verfahren gegen Davis zufriedenzustellen: von McCarthy sozusagen via Martin-Achard an die Inhaberin des Hotels de l'Europe in Carouge.[411] Um auch Angélique Portier-Legrand, die letzte Logisgeberin von Davis zum Rückzug ihrer Klage zu veranlassen, fehlte Martin-Achard – vorläufig noch – das Geld. Immerhin gab sie bei der Besprechung am 17. April 1951 gegenüber dem Untersuchungsrichter zu Protokoll: Wenn sie zur Begleichung der Schuld von Davis 500 Franken für die Telefonate in die USA und 50 Franken für Zimmer und Pension erhalten würde, erkläre sie bereits jetzt, dass ihre Klage als zurückgezogen betrachtet werden könne.

Der Bundesrat hatte bei seinem Beschluss zur Strafverfolgung entschieden, das ganze Verfahren, einschliesslich jener Delikte, welche in die kantonale Gerichtsbarkeit fielen, der eidgenössischen Gerichtsbarkeit zu unterstellen.[412] Mit dem Rückzug der Klage Ferrero war dieser Aspekt des Verfahrens, die Zechprellerei, für den Untersuchungsrichter definitiv erledigt, genauso wie der Aspekt der Erschleichen einer Leistung für das Bundesstrafgericht erledigt war, nachdem Frau Portier-Legrand vor Prozessbeginn von ihrer Klage absah.[413]

Klar ist, dass sich die Atmosphäre des Prozesses gegen Davis durch den Rückzug der Klagen Ferrero und Portier-Legrand änderte. Diese eingeschlossen war er «multipolar» – mögen die betreffenden Verfehlungen noch so geringfügig gewesen sein. Nach ihrem Wegfall wurde er «bipolar», reduziert auf Davis gegen Eggenschwyler, oder noch einfacher wahrgenommen: Davis auf der einen Seite, die «Kommunisten» auf der anderen.

5. Was den Gesundheitszustand des Beschuldigten angeht, bieten die Akten Material zur Betrachtung unter drei Gesichtspunkten. Erstens medizinisch: Was sagten die Ärzte? Zweitens die Strafverfolgungsorgane: Wozu liessen sie sich durch

410 14. Februar 1951. Als Beleg fügte Jeanprêtre dem Dossier Kopien bei «(recto et verso) […] du billet de 20 dollars J41032343 A», vgl. Aktenverzeichnis Nr. 8.

411 Schon Kronthal hatte beim Vorbereiten der Ausweisung Frau Ferrero kontaktiert und am 6. Dezember 1950 festgehalten: «Cette dame accepterait de retirer sa plainte si elle était dédommagée. Les autorités américaines seraient aussi disposé à payer cette note qui s'élève à fr. 75 environ».

412 Nach StGB Art. 344 Ziff. 1.

413 Zum Rückzug der Klage von Portier-Legrand vor Prozessbeginn siehe Kapitel III d, Abschnitt 5.

 Davis' Zustand animieren? Drittens die US-amerikanische Seite, der Gesandte und die Presse: Wie gingen sie damit um?

In der frühen Phase des Falles wurde Davis' psychischer Zustand infrage gestellt, ohne triftigen Grund und mit dem Ergebnis, dass er keinerlei psychiatrischer Behandlung bedürfe. Es war sein Anwalt, Ende März 1951, der die Gesundheit zum Thema machte. Dem Untersuchungsrichter schrieb er, sein Klient sei abgemagert und befinde sich in besorgniserregendem Zustand. Er habe die Sache mit dem Gefängnisarzt besprochen. Dieser habe empfohlen, Davis in die einschlägige medizinische Abteilung des Kantonsspitals Genf zu bringen. Es sei zu befürchten, dass er an Tuberkulose erkrankt sei.[414] Am 30. März, also am gleichen Tag, an welchem der Anwalt sein Schreiben an den Untersuchungsrichter versandt hatte, kam Davis aus dem Gefängnis ins Kantonsspital – und blieb dort bis zum Prozess Mitte Oktober 1951. Am 31. März sanktionierte der Untersuchungsrichter in einer Mitteilung an den Direktor des Kantonsspitals den Transfer. Zugleich bat er um Bericht über Davis' Gesundheitszustand. Einige Tage später gab der behandelnde Assistenzarzt Bescheid. Davis befinde sich in der medizinischen Klinik zur Beobachtung wegen eines fiebrigen Zustandes. Eine genaue Diagnose sei noch nicht möglich. Die Hospitalisierung werde voraussichtlich etwa einen Monat dauern. Es sei aber schon jetzt anzunehmen, dass danach eine längere Rekonvaleszenz notwendig sei. Zwei Wochen später erstattete der Assistenzarzt dem Gefängnisarzt ausführlich und detailliert Bericht über den Gesundheitszustand und über die Therapie. Beim Eintritt habe er konstant 39 bis 40 Grad Fieber gehabt. Aufgrund der Behandlung sei es zurückgegangen. Nun habe er leichte Temperatur. Der Arzt schrieb, er sehe vor, die Behandlung noch während etwa drei Wochen fortzusetzen. Davis litt tatsächlich an Tuberkulose.[415] Anfang Mai teilte der Gefängnisarzt dem Untersuchungsrichter mit, die Behandlung werde noch etwa einen Monat dauern. Eventuell sei dann ein Aufenthalt in einem Sanatorium angebracht. In fünf Wochen könne Davis das Bett verlassen.

In der Notiz vom 4. Mai an das EPD beschwerte sich die US-amerikanische Gesandtschaft über die lange Dauer des Verfahrens gegen Davis. Seit Ende Februar sei kein Vorankommen festzustellen, und während dieser Zeit sei Davis ernsthaft erkrankt. Das EPD sandte dem Untersuchungsrichter eine Kopie der Notiz und hob dabei die Bemerkung der Gesandtschaft betreffend Davis' Gesundheit hervor. Der Untersuchungsrichter lieferte dem EPD umgehend einen Kurzbericht über den aktuellen Gesundheitszustand. Davis sei auf dem Weg zur Besserung. Die Behandlung mit Antibiotika werde noch etwa drei Wochen weitergeführt. Danach könne er ohne Nachteile für seine Gesundheit den diversen juristischen Formalitäten unterzogen werden. Das Ende seiner Hospitalisierung werde für Anfang Juni ins Auge gefasst. Danach wäre es nützlich, wenn Davis sich in ei-

---

414 Martin-Achard schlug zugleich vor, zwecks Behandlung sei die Überführung Davis' nach Amerika zu prüfen – ein Ansinnen so kurios, dass der Untersuchungsrichter mit keinem Wort darauf einging.

415 Dank an Dr. med. Felix Zwicker für Interpretation des Berichts vom 18. April 1951 in der Nachricht vom 16. April 2016. Wie gravierend die Krankheit war, ist nicht ohne Weiteres ersichtlich. Klar ist hingegen, dass das Wort «Tuberkulose» bei Leserinnen und Leser das Gefühl hervorruft, es handle sich um etwas Schlimmes, wenn nicht Unheimliches.

nem Sanatorium erholen könne.[416] In der vorläufig letzten medizinischen Beurteilung hielt der Arzt fest, Davis' allgemeiner Gesundheitszustand sei nach längerer Behandlung mit Streptomycin zufriedenstellend. Er bleibe bei seiner Diagnose, es handle sich um Tuberkulose, obwohl keine Koch-Bazillen nachweisbar seien. Vom medizinischen Standpunkt aus halte er einen Aufenthalt im Sanatorium für unerlässlich, und zwar für mindestens drei Monate. Andererseits erlaube der Gesundheitszustand den Aufenthalt in der Gefängniszelle, damit die anstehenden juristischen Abklärungen vorgenommen werden könnten, unter der Voraussetzung, dass der Aufenthalt dort nicht länger als zehn Tage dauere.[417]

Angesichts dieses medizinischen Befundes ist es nicht selbstverständlich, dass sich Dubois Mitte Juni 1951 an das Justiz- und Polizeidepartement Genf in dessen Funktion als vorgesetzte Behörde der Gefängnisverwaltung mit der Bitte wandte, man wäre dankbar, wenn das Notwendige veranlasst würde, damit Davis seine Untersuchungshaft wie bis anhin im Kantonsspital verbringen könne Diese alles andere als imperative Formulierung lässt erkennen, dass die Bundesanwaltschaft mit diesem Ersuchen von ihrem Ermessensspielraum Gebrauch machte. In dem Schreiben ist nicht die Rede von der Notwendigkeit eines weiteren Spitalaufenthaltes, sondern von der Erlaubnis dazu: Das Spital gewährleiste die erforderliche Überwachung und Kontrolle. Nicht ein notwendiger Grund für das Verbleiben in Spital wird angeführt, nur ein hinreichender.[418]

Der Bundesanwalt selbst gab in einer Art Rechtfertigungsschreiben am 10. August 1951 den Hinweis, dass die Verlängerung des Aufenthalts im Spital als «Vergünstigung» verstanden werden könne. Nachdem Davis erkrankte, sei er sofort ins Kantonsspital Genf eingeliefert worden, wo er sich noch immer aufhalten würde, obwohl die Ärzte ihn schon seit mehreren Monaten für geheilt erklärten.[419]

---

416 Note der US-Gesandtschaft an das EPD vom 4. Mai 1951, dodis.ch/52794. Schreiben des EPD an Jeanprêtre vom 8. Mai 1951, dodis.ch/52793; dessen Antwort vom 9. Mai 1951, inkl. ärztlicher Bericht vom 8. Mai als Beilage (dodis.ch/52792); dort, nach Ende der Hospitalisierung Anfang Juni: «A partir de cette date il serait bien entendu utile que Monsieur Davis puisse faire une convalescence en sanatorium». Die Mitteilung des EPD an die Gesandtschaft der USA wiederholt diese Prognose, angepasst an die inzwischen verflossene Zeit: Am 18. Mai teilte das EPD mit, die Behandlung mit Antibiotika werde noch zwei Wochen dauern. Danach sei der Patient im Stand, sich den weiteren juristischen Formalitäten zu unterziehen, vgl. dodis.ch/52791.

417 Medizinische Beurteilung von Dr. E. Berthoud, Chef de clinique adjoint, vom 31. Mai 1951. Auf einen späteren Antrag für einen Sanatoriumsaufenthalt findet sich in den Akten kein Hinweis. Schon vorher war, wie oben beschrieben, von der Zweckmässigkeit des Sanatoriumsaufenthalts in unterschiedlichen Dringlichkeitsstufen die Rede, von «eventuell» – so auch in einer Zusatznotiz auf der *Déclaration médicale* des Gefängnisarztes vom 1. Mai 1951: «évent[uellement] séjour en montagne» – über «utile» bis «indispensable».

418 Nach Abschluss der Voruntersuchung Mitte Mai 1951 lag das Verfahren wieder in den Händen der Bundesanwaltschaft. Die Struktur des Schreibens der Bundesanwaltschaft deutet darauf hin, dass der weitere durch keinen Endtermin beschränkte Aufenthalt Davis' im Spital statt im Gefängnis eine Konzession darstellt. Anlass zum Schreiben bot das Ansuchen des Pflichtverteidigers, Davis aus der Haft zu entlassen. Der Untersuchungsrichter habe dies kategorisch ausgeschlossen und die Bundesanwaltschaft sehe keinen Anlass von dieser Haltung abzuweichen. Nach dieser Ablehnung folgt dann die höfliche Bitte, Davis weiterhin im Spital zu belassen, das heisst nicht in Gefängnis zurückzuverlegen.

419 «[...] il fut aussitôt transféré à l'Hôpital cantonal, à Genève, où il séjourne encore à l'heure actuelle, alors même que les médecins l'ont déclaré guéri depuis plusieurs mois», Schreiben der Bundesanwaltschaft an William E. Rappard vom 10. August 1951, dodis.ch/52778.

Nach Aussage des Spitalpersonals und nach dessen eigener Auflassung sei Davis bei sehr guter Gesundheit, notierte die Genfer Polizei Mitte September 1951 zuhanden des lokalen Vertreters der Bundespolizei.[420] Mitte Oktober, unmittelbar vor dem Transport von Davis zur Gerichtsverhandlung in Lausanne schrieb ein Arzt des Kantonspitals in einem Arztzeugnis, Davis werde weiterhin behandelt «à raison de 12 gr de PAS par jour».[421] Er wäre dem Empfänger dankbar, wenn er die Behandlung fortsetzen würde, falls die Verhandlung länger dauerte als bis zum 16. Oktober. Falls der Prozess länger dauere als 48 Stunden, sei Davis am Abend ins Spital Lausanne zu bringen, um seine Behandlung fortzuführen.[422] Im Übrigen: Nach dem Urteil wurde Davis aus der Schweiz ausgewiesen, mit einem Flug von Genf via Paris nach New York.[423] Bei dieser Gelegenheit war – den Akten nach zu schliessen – seine Gesundheit kein Thema mehr.

Die US-amerikanische Gesandtschaft hatte im amtlichen Verkehr die Krankheit von Davis mit dem Tadel an der Dauer des Verfahrens verbunden und das EPD hatten diesen Hinweis aufgenommen. Ende Juli teilte der Genfer Konsul der Presse unter anderem mit: Davis hätte sich im Gefängnis Tuberkulose zugezogen und befinde sich nun im Gefängnisflügel des Genfer Kantonsspitals. Dieser Wortlaut suggeriert, dass Davis zur Zeit der Verlautbarung noch immer ernsthaft tuberkulosekrank war. Wie oben dargelegt, sind daran Zweifel möglich.[424] Einige Schweizer Zeitungen haben die Äusserung des Konsuls zur Krankheit von Davis als tendenziös beurteilt. Sie vermittle den amerikanischen Lesern den Eindruck, «schweizerische Gefängnisse seien Ansteckungsherde für Tuberkulose».[425] Die Erzählung von Davis' endloser Tuberkulose fand ihre Fortsetzung in der Berichterstattung über den Prozess, allerdings in sehr abgeschwächter Form. Ein Zwischentitel, «In Tuberculosis Hospital», ist in den Ausschnitten, die sich im Dossier befinden, singulär. Und erwähnt wurde die Krankheit nur noch im einen oder andern Artikel.[426] Das lag nicht zuletzt daran, dass sich die Situation, in der das Thema Davis in der US-amerikanischen – und indirekt auch der schweizerischen – Öffentlichkeit präsentiert wurde, grundlegend verändert hatte. Im Sommer wurde die Krankheit als Vorwurf ausgebreitet, meines Erachtens

---

420 Inspektor Gerbex, Note à l'intention de M. Ritschard, Antwort 6 (nicht datiert), ungefähres Datum erschlossen aus Zusammenhang plus Lage im Dossier.

421 PAS: Para-amino-Salicylsäure, ein Wirkstoff zur Behandlung von Tuberkulose. Mein Dank geht an Dr. med. Felix Zwicker für Interpretation des Berichts vom 18. April 1951 in der Nachricht vom 30. April 2016.

422 Dr. M. Golay, Assistenzarzt in der Medizinischen Klinik, 13. Oktober 1951, Archiv des Bundesgerichts, C. 6164.

423 Linienflug ab Genf am 20. Oktober, 22.00 Uhr, vgl. Polizeirapport vom 21. Oktober 1951.

424 *Almeda Times-Star* vom 27. Juli 1951, nach einer UP-Meldung aus Genf, ähnlich in diversen anderen US-amerikanischen Zeitungen, einschliesslich *New York Herald Tribune* vom 27. Juli 1951.

425 *Berner Tagblatt* vom 30. Juli 1951, Nr. 207, unter Hinweis auf den Artikel in der *New York Herald Tribune;* ähnlich *Appenzeller Zeitung,* 28. Juli 1951. Die Passage in der *New York Herald Tribune* vom 27. Juli lautete: «Mr. Davis [...] is currently under guard in the prison wing of the Geneva cantonal hospital. He contracted tuberculosis in the jail here.» Schon der Untertitel des Artikels zeigt die publizistische Färbung, durchaus der amtlichen Stossrichtung entsprechend: «Charles Davis, 24, Held For 9 Months, Is Now in Jail Hospital With TB», Artikel abgelegt im Dossier CH-BAR#E2001E#1969/121#852*.

426 Zwischentitel im *Milwaukee Journal* vom 10. Oktober 1951; im Text erwähnt in der *Baltimore Sun* vom 15. Oktober 1951.

instrumentalisiert als Druckmittel und weniger zur Beschleunigung des Verfahrens gegen Davis, als vielmehr verwendet in den «multipolaren» Spannungen, die zwischen den USA und der Schweiz im Lauf des Jahres 1951 herrschten. Für diese spielte der Fall eine ganz nebensächliche Rolle. Da er aber, anders als andere Konflikte, die Öffentlichkeit beschäftigte, liess er sich publizistisch benutzen, um Druck auszuüben. Im Herbst dagegen wurde die Sache unter innenpolitischen Gesichtspunkten behandelt: Davis' Fall wurde verwertet im Kampf gegen Senator McCarthy.[427]

Während des Prozesses war zweimal kurz die Rede von Davis' Krankheit, einmal indirekt, aber unter ausdrücklichem Bezug auf den Umgang der US-amerikanischen Presse mit dem Thema. Der Genfer Polizeiinspektor Gerbex wurde vom Richter über die Behandlung des Angeklagten im Genfer Untersuchungsgefängnis befragt, worüber in der amerikanischen Presse wenig günstige Mitteilungen erschienen seien. Der Zeuge habe aber hierüber durchaus befriedigende Auskunft gegeben, und Präsident Rais bemerke dazu, dass das Genfer Gefängnis St. Antoine in der Tat keineswegs den Ruf einer Galeere geniesse. Und der Pflichtverteidiger, Davis als mitleiderregende Person darstellend, redete von seiner Gesundheit, die angeschlagen sei durch den Aufenthalt im Gefängnis, wo er sich Tuberkulose zugezogen habe.[428]

6. Das Eidgenössische Politische Departement (EPD) hatte im Fall Davis zwei Rollen: als Vermittler von Informationen, nach denen der Untersuchungsrichter fragte, und als Organ der Aussenpolitik, schweizerische und US-amerikanische Interessen abwägend, agierend und reagierend.

Kurz nachdem die Voruntersuchung Raymond Jeanprêtre übertragen worden war und nachdem er sich mit dem Dossier einigermassen vertraut gemacht hatte, bat er die Dienste des Departements in Bern oder im Ausland mit fünf Fragen um Angaben, auch über Larkin, Grey und West: ob Personen dieses Namens bei der Botschaft der USA in Paris existierten und welche Funktionen sie dort ausübten. Er ersuchte auch darum, zu bestätigen, ob bestimmte Telefonnummern tatsächlich den Personen oder Institutionen zuzuordnen seien, wie es Davis in einer seiner Erklärungen behauptet habe.[429]

---

427 Im Frühjahr und Sommer wurde die US-amerikanische Berichterstattung ausgelöst und gesteuert von Amtsstellen, vom Konsulat in Genf und vom *State Department.* Im Herbst spielte das Konsulat in dieser Hinsicht keine Rolle mehr und das *State Department* lenkte die Aufmerksamkeit betreffend Davis in Übereinstimmung mit dem publizistischen Trend der McCarthy-kritischen Presse um auf McCarthy.

428 Erstes Zitat: Meldung 19/3 der SDA vom 15. Oktober 1951 über den Prozess, der Inspektor wird dort irrtümlicherweise Gervais genannt. Zweites Zitat: *La Suisse* vom 17. Oktober 1951. Laut einem anderen Bericht habe Martin-Achard von «Lungentuberkulose, die er [Davis] sich möglicherweise im Genfer Untersuchungsgefängnis zugezogen habe», gesprochen, in: *Arbeiter-Zeitung* Nr. 242 vom 17. Oktober 1951.

429 Konfrontiert mit der Beschuldigung seiner ehemaligen Vermieterin Angélique Portier-Legrand, er habe unerlaubterweise ihr Telefon benützt, gab Davis Auskunft über sechs Telefonate, die er geführt habe: Am 12. November habe er die Nummer 9170 gewählt, «pour atteindre le Sénateur McCarthy à son bureau» und die Nummer der Eltern in Pasadena, am 17. November «quatre communications pour Washington», nämlich 9171, «adressée au Senateur McCarthy, à son appartement», sowie 7100, «à trois reprises différentes le F.B.I», so Davies in seiner Aussage vom 29. Dezember 1950. Ich lasse weitere Einzelheiten der Aussagen Davis' beiseite, die, was Nummern

141 Nach drei Wochen, Mitte Februar, erhielt Jeanprêtre Antwort auf eine seiner fünf Fragen, einige Tage später folgten weiter Auskünfte. Aber am 22. Februar, einen Monat nach seiner Bitte um Informationen, waren noch nicht alle Punkte geklärt. Er erkundigte sich nach dem Stand der Dinge – was Larkin, Grey und West anging in leicht ungeduldigem Tonfall. Erst am letzten Tag des Monats Februar erhielt er die Auskunft betreffend die drei Personen bei der US-amerikanischen Botschaft in Paris.[430]

Angesichts der aussenpolitischen Aspekte des Falles Davis hatte das Justiz- und Polizeidepartement das Politische Departement in die Vorbereitung des Beschlusses über die Strafverfolgung vom 5. Januar 1951 einbezogen. Am 20. Februar äusserte sich das EPD als Organ der Aussenpolitik zum Fall Davis. Der Chef der Abteilung für Politische Angelegenheiten des EPD, Alfred Zehnder, übermittelte dem Untersuchungsrichter die Kopie einer Notiz der US-amerikanischen Gesandtschaft zusammen mit den mündlichen Erläuterungen ihres Geschäftsträgers: Die amerikanische Regierung befasse sich mit dem Befinden des amerikanischen Staatsangehörigen Davis, der seit einigen Monaten in Haft gehalten werde, ohne dass bisher ein Urteil gefällt worden sei. Der Geschäftsträger habe gesagt, Davis sei ein «kommunistischer Neger». Und Zehnder leitete auch weiter, was schon einmal bei der Vorbereitung der Ausreise – zur Vermeidung der Strafverfolgung – kolportiert worden war: Es sei zu befürchten, dass die amerikanischen kommunistischen Zeitungen wegen der langen Dauer der Haft eine Kampagne beginnen würden. Zehnder schloss sein Schreiben mit der höflichen Bitte um Stellungnahme zu der Notiz, und er fügte die Frage an, wann Jeanprêtre die Untersuchung voraussichtlich abschliessen könne.[431]

Die US-amerikanische Gesandtschaft hatte in der Notiz einen eher forschen Ton angeschlagen. Sie erwarte, dass jede vertretbare Anstrengung unternommen

---

und Empfänger anging, von der Schweizer Botschaft in Washington im Wesentlichen bestätigt wurden, und ziehe keine substanziellen Schlüsse daraus, ausser einen indirekten: Davis war nicht so unbedarft, wie es die Anklage während des Prozesses aussehen lassen wollte. Nicht alles, was Davis erzählte, war aus der Luft gegriffen, oder anders gesagt: Von Interesse ist, welchen Angaben die Strafverfolgungsbehörden Glauben schenkten, welche sie weiterverfolgten, und welche nicht, obwohl der Grad der Wahrscheinlichkeit der akzeptierten Dinge nicht höher war als der Grad der ignorierten. Weiterreichende Schlussfolgerungen aus der Erklärung zu den Telefonaten sind aus mehreren Gründen nicht möglich. Es ist nicht mehr zu eruieren, wie die einzelnen Anrufe verteilt waren. Es wäre zum Beispiel denkbar, dass Davis relativ lange mit seinen Eltern gesprochen hätte und alles andere nur Anrufversuche gewesen wären. Zudem war die gesamte Dauer der sechs Telefonate eher kurz. Nach den Tarifen jener Jahre reichten die rund 500 Franken für sechs Anrufe von je etwa drei bis vier Minuten (ich danke dem PTT-Archiv für die Auskunft vom 20. November 2015). Und schliesslich ist nicht zu eruieren, ob Davis alle Telefonate getätigt hatte, die er anführte, und ob er alle anführte, die er getätigt hatte. Mit McCarthy scheint er tatsächlich telefonierte zu haben. Der Senator behauptet dies gegenüber der Presse, allerdings begleitet von einer fragwürdigen Zeitangabe und anderen nicht überprüfbaren Einzelheiten, vgl. *New York Times* vom 17. Oktober 1951: «Mr. McCarthy said that Davis telephoned him from Switzerland after his arrest and asked for 'a quartrer of a hundred dollars'. Mr. McCarthy said he did not pay Davis the requested sum.» Im Übrigen: Der Autor des Artikels «Les déclarations d'un espion américain en Suisse» in der *La Voix ouvrière* vom 3. April 1951 misst den Telefonanrufen bei McCarthy und FBI eine zu grosse Bedeutung zu.

430 Betreffend die drei Personen bei der US-amerikanischen Botschaft in Paris siehe Kapitel II a, Abschnitt 8.

431 Note der Gesandtschaft vom 16. Februar 1951.

werde, um den Fall beförderlich zu behandeln. Sie bat auch um eine rasche Antwort. Die Notiz war nicht einfach eine Reaktion auf einen Sachverhalt – Davis' vier Monate dauernde Untersuchungshaft –, sondern folgte drei Tage nach der ersten Pressemeldung des Untersuchungsrichters zum Fall respektive unmittelbar auf seine publizistische Bearbeitung in der US-amerikanischen Presse. Unter diesen Umständen musste die Gesandtschaft etwas unternehmen, sich äussern bzw. eine Handlung nachweisen können. Der Fall schien zu diesem Zeitpunkt noch nicht wie ein «Spielstein auf dem Brett» verwendet zu werden, auf dem zwischen den USA und der Schweiz in diesen Monaten eine komplexe, multipolare Partie ausgetragen wurde.

Jeanprêtre antwortete dem EPD zuhanden der US-amerikanischen Gesandtschaft, er führe die Untersuchung so zügig wie möglich durch. Und dann flocht er auch ein, es handle sich vielleicht um eine ziemlich unbedeutende Angelegenheit. Sie sei aber wegen der Phantasie und der Zungenfertigkeit des Beschuldigten verwickelt.[432] Im Übrigen könne das EPD der Gesandtschaft auch mitteilen, dass er, wie das Gesetz es vorsehe, das Notwendige getan habe, um die Verteidigung des Beschuldigten sicherzustellen. Jeanprêtre liess das EPD wissen, dass er, unter Vorbehalt der Auskünfte, die er vom EPD erwarte, der Ansicht sei, das Ziel der Voruntersuchung erreicht zu haben. In der kommenden Woche werde er den Parteien das Dossier zur Verfügung stellen. Schliesslich verwies er darauf, dass er die Sache mit Konsul Ward – offiziös – ausführlich besprochen habe. Im Übrigen könne das EPD dem Geschäftsträger selbstständig antworten. Es sei, soviel er wisse, vom EPD einbezogen worden, bevor der Bundesrat die Strafverfolgung beschlossen habe.

Die dann folgende Antwort des EPD an die Gesandtschaft der USA war in Absprache mit dem Untersuchungsrichter formuliert worden. Sie übernahm die besänftigende Wertung, welche der Untersuchungsrichter in seiner Pressemitteilung zwei Wochen zuvor ausgesprochen und in seinem Antwortschreiben an das EPD wiederholt hatte. Das EPD sprach von der Untersuchung dieses komplexen, wenn auch wahrscheinlich nur geringe Bedeutung aufweisenden Falles. Im Übrigen, so fügte das EPD bei, sei Konsul Ward in der Lage, die Gesandtschaft detailliert zu unterrichten. Der Untersuchungsrichter habe mit ihm über die Angelegenheit ein ausführliches Gespräch geführt.[433]

Am 4. Mai folgte in der Sache Davis die zweite Note der Gesandtschaft der USA. Seit der Antwort des EPD seien zwei Monate ohne sichtbaren Fortschritt im Verfahren gegen Davis vergangen. Während dieser Zeit sei Davis ernsthaft erkrankt. Die Gesandtschaft sehe sich genötigt, die Schweizer Behörden dringend anzuhalten, in dieser Angelegenheit unverzüglich zu handeln. Die Gesandtschaft sehe sich gezwungen, drauf aufmerksam zu machen, dass die lange Dauer, um zu einem Entscheid zu kommen, kaum vertretbar sei. Die Gesandtschaft hoffe, eine rasche Antwort zu erhalten mit dem Bescheid, dass die Schweizer die Absicht hätten, schnell zu

---

432 «une affaire assez peu importante, peut-être, mais embrouillée à cause de l'imagination et de la volubilité du prévenu».
433 Schreiben des EPD an die Gesandtschaft der USA vom 28. Februar 1951.

handeln.[434] Dieser harsche Ton hatte wohl, wie bereits gesagt, weniger mit der Sorge um Davis zu tun, als mit den diversen aktuellen Disputen zwischen den USA und der Schweiz. Die minimierende Wertung des Falles durch den Untersuchungsrichter und das EPD – die Rede von der Untersuchung dieses komplexen, wenn auch wahrscheinlich nur geringe Bedeutung aufweisenden Falle» – lieferte der Gesandtschaft allerdings einen Rechtfertigungsgrund, die lange Dauer der Haft zu beanstanden.

Das EPD übermittelte dem Untersuchungsrichter den Inhalt der Note, einschliesslich des Zitats der Bemerkung, dass die lange Dauer des Verfahrens kaum vertretbar sei und inklusive der Feststellung der Gesandtschaft, dass Davis ernsthaft erkrankt sei. Jeanprêtre liess sich vom zuständigen Arzt umgehend über Davis' Gesundheitszustand orientieren und leitete den Befund an das EPD weiter. Zugleich schrieb er, die Voruntersuchung sei abgeschlossen. Er sei daran, den Schlussbericht zu verfassen.[435] Das EPD antwortete der Gesandtschaft der USA am 18. Mai, die Voruntersuchung sei nun abgeschlossen und der Untersuchungsrichter werde das Dossier unverzüglich der Bundesanwaltschaft für das weitere Verfahren zuleiten. Ein Absatz war Davis' Gesundheitszustand gewidmet. Er habe sich verbessert. Die Behandlung mit Antibiotika werde noch zwei Wochen fortgesetzt. Danach sei der Patient im Stand, sich den juristischen Formalitäten zu unterziehen.[436] Am gleichen Tag, zwei Tage nach Abschluss des Untersuchungsberichts, wandte sich Zehnder, der Chef der Abteilung für Politische Angelegenheiten, an den Bundesanwalt. Die Korrespondenz zwischen dem EPD und dem Untersuchungsrichter resümierend, stellte er fest, dass der Bericht, entgegen den Aussagen und Prognosen Jeanprêtres über den zeitlichen Verlauf seiner Tätigkeit, erst jetzt vorliege. Die Ungeduld der US-amerikanischen Gesandtschaft sei daher verständlich. Er bitte den Bundesanwalt, das Verfahren tatkräftig voranzubringen.

Wie gesagt: Das EPD spielte im Fall Davis zwei verschiedene Rollen, einerseits als Auskunftgeber, anderseits als einwirkender Akteur. Als solcher registrierte es die diplomatischen und die politisch-publizistischen Darstellungen des Falles und die Versuche, Einfluss zu nehmen, um dann zu reagieren – mehr oder weniger rational.[437] Das Heft in der Hand hatte die US-amerikanische Seite, solange bis der Fall aus ihrer Sicht zur primär innenpolitisch verwertbaren Angelegenheit wurde, das heisst bis Anfang August 1951. Die oben beschriebene Intervention des EPD zugunsten der US-amerikanischen Gesandtschaft und jene Schritte, die in den kommenden Wochen noch folgen sollten, stellten wohl den Versuch dar, die USA zumindest marginal günstiger zu stimmen angesichts der diversen Dispute, die zwischen den beiden Ländern in jener Zeit geführt wurden.

434 «The Legation is compelled to urge upon the Swiss authorities the importance of acting promptly in this matter. The Legation is constrained to point out that the long delay in reaching any decision is hardly defensible. It is hoped that the Legation will be accorded the courtesy of a prompt replay indicating that the Swiss authorities plan to take speedy action.»

435 Schreiben des EPD an Jeanprêtre vom 8. Mai 1951, dodis.ch/52793; Schreiben des Assistenzarztes Gailland an Jeanprêtre vom 8. Mai 1951, dodis.ch/52792; Schreiben von Jeanprêtre an das EPD vom 9. Mai 1951.

436 Note des EPD an die US-Gesandschaft vom 18. Mai 1951, dodis.ch/52791.

437 Die Frage, wie sachgerecht das EPD agierte, stellt sich vor allem angesichts seiner Interventionen im Juli 1951.

7. Besonders das Prozedere bei Visiten von Davis ruft nach einem hypothetischen Vergleich: Hätten die schweizerischen Behörden im Umgang, sagen wir mit bulgarischen Stellen respektive mit einem Beschuldigten aus Bulgarien, gleich entgegenkommend gehandelt? Schon bei früheren Besuchen war festzustellen, wie ungeniert die US-amerikanischen Vertreter auf Eile gedrängt haben und wie kulant die schweizerischen reagierten. Ein weiteres Beispiel: Am Samstagnachmittag des 14. April 1951 erschien Konsul Ward mit einem Gehilfen im Kantonsspital, um Davis zu besuchen. Ward erklärte, er käme, um Davis zu sehen. Dessen Anwalt habe beim Untersuchungsrichter für die Erlaubnis zur Visite nachgesucht. Von diesem habe er an diesem Morgen die Bewilligung erhalten. Das Personal des Kantonsspitals war darüber nicht unterrichtet worden und wandte sich deshalb an die zuständige politische Abteilung der Polizei. Diese kontaktierte den Untersuchungsrichter, welcher die Besuchserlaubnis bestätigte. Das Gespräch dauerte von 16.20 bis 16.35 Uhr und wurde auf Englisch geführt. Weiteres betreffend den Inhalt der Unterredung oder den Grund der Dringlichkeit des Besuchs wurde in den Akten nicht festgehalten.[438]

Ein paar Wochen später erhielt der Konsul – jetzt, nach Abschluss der Voruntersuchung und wieder von der Bundesanwaltschaft – abermals die Erlaubnis, Davis zu besuchen, und zwar zusammen mit Martin-Achard, Davis' amtlichem Verteidiger.[439]

c. Der Schlussbericht

Zunächst gebe ich den Inhalt des Berichts wieder, kommentiere dann einzelne Feststellungen und analysiere schliesslich zusammenfassend die Tätigkeit des Untersuchungsrichters.

1. Der Schlussbericht umfasst fünf Seiten und trägt das Datum des 16. Mai 1951. Gleichentags sandte ihn Jeanprêtre an den Bundesanwalt. Einleitend hält er fest, die Persönlichkeit des Beschuldigten habe die Untersuchung schwierig gemacht. Dieser junge «Neger» habe sich als wenig wahrheitsliebend, ungenau und prahlerisch erwiesen. Sowohl bei den Abklärungen der Polizei als auch im Lauf der Voruntersuchung habe er Taten gestanden, die er nicht begangen hätte, oder er habe die Bedeutung seiner Machenschaften übertrieben. Im vorliegenden Fall bedeute ein Geständnis des Beschuldigten allein keinen hinreichenden Beweis eines

---

438 Wohlgemerkt: Es ging stets um Besuche des Konsuls, des Repräsentanten einer Stelle, deren Aufgabe es war, die Interessen ihrer Staatsbürger zu vertreten, eines Organs aber, das im Fall Davis zugleich an der inkriminierten Straftat beteiligt war, ganz abgesehen davon, dass das das Konsulat jenen Staat vertrat, der – der Aktenlage nach zu schliessen und nach Auffassung des Bundesrates im Januar 1951 – als Auftraggeber in die Tat involviert war. Die Bundesanwaltschaft verschloss sich dieser Problemantik nicht. Vgl. das Schreiben der Bundesanwaltschaft an das EPD vom 3. August 1951, dodis.ch/52781. In diesem Schreiben macht die Bundesanwaltschaft auch das Problem einer allfälligen Ungleichbehandlung zum Thema.

439 Telex vom 1. Juni 1951, unterzeichnet von Dubois, federführend im Fall Davis. Die gemeinsame Visite von Konsul und Anwalt ist ein äusseres Zeichen dafür, dass Martin-Achard sein Mandant im besten Einvernehmen mit dem Konsulat wahrnahm. Einen Monat vor dem Prozess erlaubte die Anklagekammer des Bundesgerichts dem Konsul weitere Besuche bei Davis.

Sachverhalts. Um als Beweis anerkannt zu werden, müsse der Sachverhalt wahrscheinlich oder durch andere Beweise untermauert sein.[440]

Danach beschreibt der Bericht in drei kurzen Sätzen Davis' Herkunft und Leben in den USA, insbesondere seine Schulbildung: Er soll eine weiterführende Schule und dann ein College besucht haben, bis zum Alter von 20 Jahren. Es folgt die Beschreibung der Stationen von Davis in der Schweiz. Anknüpfend an Daniel Grin, einen Studenten aus Lausanne, den er auf der Überfahrt nach Europa kennengelernt habe, sei er zunächst in Lausanne untergekommen. Dort habe er unter anderem bei Maurice Jeanneret verkehrt, dem PdA-Nationalrat. Mit dessen Empfehlungsschreiben habe er sich beim Sekretariat der PdA in Genf gemeldet. Dieses habe ihn für kurze Zeit bei einer bekannten PdA-Frau untergebracht. Schliesslich habe er bei den Brüdern Gérald und Hubert Leuba logiert.[441] Dort sei er fünf Monate lang geblieben, von Dezember 1949 bis April 1950. Er lernte Stämpfli kennen, den Onkel der Brüder Leuba, und über diesen Frau Pfister, deren Geliebter er geworden sei. Ausserdem habe er auch Frédéric Eggenschwyler kennengelernt. Während diese Zeit habe er verschiedene Veranstaltungen linksextremer Organisationen besucht *(Groupe d'Etudes socialistes, Jeunesse libre, Travail et Culture)*. Danach habe er sich einen Monat in Zürich bei Otto Schneebeli aufgehalten.[442] Im Juni 1950 schliesslich sei er wieder in Genf untergekommen, bei Hedley Heaton, einem Beamten einer der internationalen Organisationen. Während dieser ganzen Zeit, von November 1949 bis Ende Juni 1950, habe Davis keinerlei berufliche Tätigkeit ausgeübt.

Jeanprêtre betont dann in einem neuen Absatz die Veränderung, die sich zu Beginn der zweiten Hälfte des Jahres vollzogen habe: Ab Juli 1950 habe sich Davis' Lebensweise geändert.[443] Siebenmal habe er sich nach Paris begeben, wo er sich mehr oder weniger lang aufgehalten habe. Einmal sei er mit dem Flugzeug gereist. In Paris und in Genf habe er im Hotel logiert. Seine Bekannten hätten gemeint, er sei besser gekleidet als zuvor. Er scheine über etwas Geld verfügt zu haben (1).[444]

Am 31. Oktober 1950 habe Davis die Post des Ex-Ehepaares Eggenschwyler-Pfister an eine Reiseagentur in Genf umleiten lassen.[445] Auf die Anzeige der Geschädigten hin sei er am 19. November verhaftet worden. Zur gleichen Zeit habe die Genfer Staatsanwaltschaft zwei Anzeigen erhalten, eine wegen Zechprellerei, die andere wegen Erschleichens einer Leistung.[446]

Davis habe von der ersten Einvernahme an für sein Tun politische Gründe angegeben. So hätten die Genfer Behörden den Fall der Bundesanwaltschaft unterbreitet. Davis habe seit seiner Ankunft in der Schweiz beständig in linksextremen Kreisen verkehrt. Er habe sich als «progressiv» ausgegeben. Und die schweizeri-

---

440 «Dans la présente affaire, un aveu du prévenu ne constitue pas la preuve suffisante d'un fait. Il faut encore que ce fait soit vraisemblable ou qu'il soit établi par d'autres preuves.»

441 Das heisst, er kam unter in der Pension, welche Yvonne Leuba-Stämpfli führte, die Mutter der beiden Brüder.

442 Schneebeli war ein Bekannter von Elisabeth Pfister.

443 «A partir de juillet 1950, le mode de vie de Davis change.»

444 Die Ziffern in Klammern (x) verweisen auf meine Kommentare im Abschnitt 2.

445 Es handelte sich um *American Express.*

446 Anzeigen von Ferrero und Portier-Legrand.

schen «Kommunisten», hätten ihn als einen Schwarzen betrachtet, der sich gegen die Rassendiskriminierung in seinem Land auflehnte. Während sieben Monaten habe er ausschliesslich auf ihre Kosten gelebt, sich von ihnen ernährt, bei ihnen logiert und sich kleinere Geldbeträge geben lassen.

Jeanprêtre stellte danach die Frage, weshalb Davis in die Schweiz gekommen sei. Denn er verfüge nicht über die Schulung, die Kenntnisse und die Intelligenz, die man von einem professionellen Spion erwarten würde (2). Es sei ausgeschlossen, dass die amerikanische Polizei ihn in den Dienst genommen und in die Schweiz geschickt habe.[447] Er scheine nicht fähig zu sein, einen Zeitungsartikel zu schreiben. Es sei zu bezweifeln, dass ihn eine amerikanische Zeitung nach Europa geschickt habe. Man müsse also annehmen, dass Davis aus eigener Initiative gekommen sei. Die Untersuchung habe aber nicht mit Sicherheit feststellen können, warum Davis die Reise unternommen habe (3).

Für wen waren die Informationen bestimmt? Man wisse, dass er dem Konsulat der USA in Genf einen langen Bericht über schweizerische kommunistische Kreise zukommen liess. Er behaupte, ähnliche Berichte der Botschaft der USA in Paris übergeben zu haben (4). Nichts deute darauf hin, dass amerikanische Beamte ihm den Auftrag gegeben hätten, diese Berichte zu erstellen und dass sie ihn dazu in Dienst genommen hätten. Hätten sie sich über den Kommunismus in der Schweiz kundig machen wollen, so hätten sie eine Person ausgewählt, die besser qualifiziert gewesen sei als Davis (5). Sie hätten aber die Berichte entgegengenommen, die Davis ihnen aus eigener Initiative übermittelt habe (6). Kleine Geldsummen hätten sie ihm zukommen lassen, aus den Mitteln, die ihnen zur Verfügung für Landsleute standen, die in materielle Verlegenheit geraten waren (7). Einmal habe Davis behauptet, regulärer Agent des FBI mit einem Salär von 400 Dollar pro Monat zu sein. Diese Behauptung sei unwahrscheinlich.

Es folgt der Teil, welcher sich mit Davis und Senator McCarthy beschäftigt, er umfasst fünf kürzere Absätze. Davis habe vorgegeben, Agent von Senator McCarthy gewesen zu sein. Diese Aussage sei teilweise wahr. McCarthy habe gegenüber der Presse geäussert, Davis hätte ihm geschrieben, er verfüge über eine Menge Informationen betreffend die Kommunisten. Der Senator habe ihn durch einen seiner Männer nach Paris beordert. Er hätte die Informationen, die Davis geliefert habe, dem FBI übermittelt (8). McCarthys Mann in Paris heisse John Farrand. Bei den Akten befinde sich ein Brief Farrands an Davis. Darin habe er ihm Geld geschickt (9) und ihn um Auskünfte über den amerikanischen Gesandten in Bern ersucht, einen der Diplomaten, hinter denen McCarthy her gewesen sei.

Es sei aber nicht nötig, sich weiter bei der Beziehung zwischen Davis und McCarthy aufzuhalten. Dieser sei weder ein Staat, noch eine Partei oder eine Organisation im Sinn von Artikel 272 StGB. Davis' politischer Nachrichtendienst für McCarthy falle daher nicht unter das Gesetz (10), müsse aber dennoch erwähnt werden. Es sei nämlich wahrscheinlich, dass Davis die zahlreichen Reisen nach Paris während der zweiten Hälfte seines Aufenthalts in Genf in erste Linie im Auftrag McCarthys unternommen habe (11).

447 «Il n'a pas l'entrainement, les connaissances et l'intelligence qu'on peut attendre d'un *espion professionnel* [Hervorhebungen J. Z.]. Il est exclu que la police américaine l'ait engagé et envoyé en Suisse».

147 Jeanprêtre schreibt dann, dass Davis seines Erachtens politischen Nachrichtendienst durch folgende Machenschaften betrieben habe:

1. Er habe dem Konsulat der USA in Genf und der Botschaft der USA in Paris verschiedene Angaben zu Personen übergeben, die in «linksextremen Bewegungen» in der Schweiz aktiv seien.
2. Er habe Eggenschwyler die Fotos eines Treffens von Kommunisten in Rom entwendet und nach Paris übermittelt. Er behaupte, Eggenschwyler noch weitere Dokumente abgenommen zu haben, was dieser bestreite.
3. Er behaupte, bei Eggenschwyler eine Liste der Mitglieder der PdA behändigt und nach Paris übermittelt zu haben. Eggenschwyler bestreite diesen Diebstahl, wie die Brüder Leuba, dass Davis ihnen eine Liste der Mitglieder von *Travail et Culture* entwendet habe.
4. Davis habe konsularischen und diplomatischen Beamten Angaben geliefert über amerikanische Studenten in der Schweiz, die zum Kommunismus neigten (12).
5. Davis habe behauptet, Informationen erhalten zu haben über das kommunistische Treiben verschiedener Personen in den internationalen Organisationen, nämlich betreffend H. Heaton, F. Gutteridge und M. Didisheim. Die Untersuchung erlaube es nicht, diese Behauptungen zu bestätigen (13).
6. Davis habe dem amerikanischen Konsulat in Genf und der amerikanischen Botschaft in Genf Informationen übergeben, die er während seines Aufenthalts bei Schneebeli gesammelt habe. Aufgrund der Anhörung Schneebelis schienen diese Angaben unwichtig zu sein (14).
7. Wie oben dargelegt, habe Davis versucht, sich der Post des Ex-Ehepaares Eggenschwyler-Pfister zu bemächtigen, um Informationen über sie zu gewinnen.

Zusammenfassend sei er der Auffassung, Davis habe politischen Nachrichtendienst zulasten von Schweizer Staatsangehörigen und von Ausländern betrieben, die in der Schweiz wohnten. Er habe nicht im Auftrag eines fremden Staates, sondern im Interesse eines fremden Staates gehandelt, dessen Beamten er Informationen übergab, die er gesammelt habe.[448] Die Sachverhalte von Art. 272 StGB schienen im vorliegenden Fall gegeben zu sein.

Im letzten Kapitel handelt der Untersuchungsrichter die zivilrechtlichen Vergehen ab, die Davis zur Last gelegt werden. Er werde beschuldigt, Zechprellerei begangen zu haben zu Lasten von Frau Ferrero vom Hôtel de l'Europe in Carouge. Sie habe die Klage zurückgezogen und dadurch die Strafverfolgung hinfällig gemacht (Art. 150 StGB).[449]

448 «Im Auftrag eines fremden Staates» entspricht StGB Art. 271, «im Interesse eines fremden Staates» entspricht Art. 272.

449 Art. 150 mit der Marginalie «Zechprellerei». Zum Rückzug der Klage von Ferrero siehe Kapitel II a, Abschnitt 4, S. 136 f.

Zur Klage der Ex-Eheleute Eggenschwyler-Pfister gegen Davis, der versucht habe, sich ihrer Post zu bemächtigen, komme ein Vergehen nach Art. 179 StGB in Frage, eventuell der Versuch zu diesem Vergehen. Frau Pfister habe ihre Klage zurückgezogen. Damit sei die Klage, was sie betreffe, erledigt.[450] Was Eggenschwyler angehe, müsse man feststellen: Der Beweis, dass Davis tatsächlich einen an Eggenschwyler gerichteten Brief geöffnet habe, sei nicht erbracht worden (15). Bei Vergehen gegen Art. 179 sei der Versuch aber nicht strafbar.[451] Wenn nicht irgendein anderes Gesetz greife, entfalle daher die Strafbarkeit der «Umleitung der Post» durch Davis.[452]

Schliesslich zum Erschleichen einer Leistung: Im November 1950 sei Davis in der Pension von Frau Portier gewesen. Ohne deren Wissen und ohne etwas zu bezahlen, habe er ihr Telefon für mehrere Gespräche mit den USA benützt. Frau Portier müsse der PTT dafür rund 500 Franken bezahlen. Davis Vergehen scheine unter Art. 151 StGB zu fallen. Dann folgt die Schlussfolgerung, dass er beantrage, Davis an das Bundesstrafgericht als Beschuldigten der Vergehen gegen Artikel 272 und 151 StGB zu überweisen.[453]

2. Kommentare zum Untersuchungsbericht: Nach einigen allgemeineren Feststellungen füge ich Bemerkungen zu den einzelnen Punkten an, die im vorangehenden Abschnitt mit Ziffern in Klammern von 1–15 gekennzeichnet sind.

Jeanprêtre beschreibt ein elementares Problem jeder strafrechtlichen Untersuchung, das im Fall Davis deutlich zutage tritt: die Verifizierbarkeit oder Falsifizierbarkeit von Aussagen, insbesondere von denjenigen des Beschuldigten. Als Hilfsmittel zur Prüfung nennt er einerseits die Wahrscheinlichkeit und andererseits die Beweisbarkeit anhand zusätzlicher Quellen. Die Beweisbarkeit oder Widerlegbarkeit mittels Belegen aus anderen Quellen ist im Fall Davis vergleichsweise selten gegeben, kommt aber durchaus vor, etwa mittels der gefälschten Formulare zur Adressänderung, des gefälschten Telegramms, der Passeinträge, der Berichte an das Konsulat, Bruchstücken von Zeugenaussagen oder Informationen, welche das EPD auf Wunsch des Untersuchungsrichters einholte. Für wesentliche Teile der Aussagen des Beschuldigten beziehungsweise dessen Handelns bleibt von den Beurteilungsmassstäben, die Jeanprêtre nennt, nur die Wahrscheinlichkeit. Aber wie und gestützt auf was misst er den Grad der Wahrscheinlichkeit? Dazu liefert er – nicht nur im Schlussbericht – keine Kriterien. Seine Anwendung des Hilfsmittels erweckt in einzelnen Punkten den Eindruck von Willkür. Dass der Untersuchungsrichter es nicht für wahrscheinlich hält, Davis habe – wie er einmal

450 Vgl. Schluss von Art. 179 StGB: Die Verletzung des Schriftgeheimnisses «wird auf Antrag bestraft».

451 Jeanprêtre verweist auf Art. 101 und 104 StGB, welche Übertretungen betreffen: «Versuch und Gehilfenschaft werden nur in den vom Gesetz ausdrücklich bestimmten Fällen bestraft.» Die Verletzung des Schriftgeheimnisses zählt nicht zu diesen Fällen.

452 Dubois notiert am Rand: «272 CP». Er nimmt den Versuch, «sich der Post der Ex-Eheleute Eggenschwyler Pfister zu bemächtigen, um Informationen über ihr Aktivitäten und ihre politischen Beziehungen zu erlangen», in seine Anklageschrift als eines der Elemente auf, welche zu Davis' Handeln gegen Art. 272 StGB zählen (Bst. e). Anders als bei der Verletzung des Schriftgeheimnisses ist beim politischen Nachrichtendienst auch der Versuch strafbar.

453 «En conclusion, je propose que Davis soit renvoyé devant la Cour pénale fédérale comme prévenu d'infraction aux articles 272 et 151 CPS.»

behauptete – monatlich 400 Dollar für seine Tätigkeit erhalten, mag man angesichts seines Lebenswandels von November 1949 bis Juni 1950 für wahrscheinlich halten. Dass er aber kategorisch ausschliesst, Davis habe im Auftrag der amerikanischen Polizei gehandelt, mutet eher wie ein Willensentscheid an, angesichts der zahlreichen Hinweise in den Akten, nicht zuletzt wegen des Berichts der Bundesanwaltschaft vom 22. Dezember 1950, von welchem der Bundesrat seinen Beschluss zur Strafverfolgung ableitete. Hier ein Entscheid gegen Anzeichen, welche das Gegenteil der dezidierten Negation zumindest nicht ausschliessen lassen. Dort eine Wahrscheinlichkeitsangabe ohne jeglichen Anhaltspunkt, aber als wahrscheinlich angenommen, weil sie in die «Gesamtwahrnehmung» passte, nämlich McCarthy als eine zentrale Figur darzustellen: Dass Davis die zahlreichen Reisen nach Paris während der zweiten Hälfte seines Aufenthaltes in Genf «hauptsächlich im Auftrage McCarthys» unternommen habe, dafür fehlt in den Akten jeglicher Anhaltspunkt.[454]

Ich kenne die stilistischen Gebräuche nicht, denen Berichte von Untersuchungsrichtern damals folgten und weiss daher nicht, ob der subjektivierende Tonfall, den Jeanprêtre anschlägt, üblich war oder nicht. Er scheint mir aber nicht selbstverständlich zu sein. Die Aufzählung der Aktivtäten von Davis, welche unter politischen Nachrichtendienst fallen, leitet Jeanprêtre ein mit «meiner Auffassung nach hat Davis». Und am Schluss der Aufzählung schreibt er, dass er zusammenfassend annehme, dass Davis politischen Nachrichtendienst betrieben habe. Die Straftatbestände von Artikel 272 Ziffer 1 StGB schienen ihm im vorliegenden Fall gegeben zu sein.[455] Wieso diese Subjektivierung, wenn die Schlussfolgerung klar ist, nämlich dass Davis an das Bundesstrafgericht zu überweisen sei wegen Vergehen gegen Artikel 272 und 151 StGB? Es ist nicht auszuschliessen, dass Jeanprêtres subjektivierende Formulierungen eine Unsicherheit ausdrücken, die er beim Behandeln des Falles empfand, eine Unsicherheit, welche sich letztlich auch auf seine apodiktische Negation der Beziehung zwischen dem FBI und Davis bezog. Im Übrigen unterschied Jeanprêtre bei der Aufzählung der Taten, welche Davis nachrichtendienstliche Tätigkeit belegen, durchaus zwischen Feststellungen als Tatsache und Beschreibungen als Aussage von Davis.[456]

Einzelne Punkte des Schlussberichts halte ich an dieser Stelle kommentierend fest:

Zu Punkt 1: Davis scheine während der zweiten Hälfte seines Aufenthaltes in Genf über *etwas Geld* verfügt zu haben.[457] Davis hat im Sommer und Herbst nicht nur über etwas Geld verfügt, sondern er besass genügend Mittel, um beispielsweise ein Zimmer zu mieten für monatlich 80 Franken, ein für jene Jahre alles andere als niedriger Preis. Jeanprêtre hat nicht nachgeforscht, woher Davis ab

---

454 «En effet, il est vraisemblable que les nombreux voyages de Davis à Paris, pendant la seconde période de son séjour à Genève, ont été faits principalement pour le compte de McCarthy.»

455 «*A mon avis,* Davis a pratiqué un service de renseignements politiques par les agissements ci-après: […] En résumé, *j'estime que* Davis a pratiqué un service de renseignements politiques […] Les éléments de l'article 272 ch.1 CPS *me paraissent* réunis en l'espèce [Hervorhebungen J. Z.].»

456 Über die Tatsächlichkeit selbst ist damit nicht schon entschieden. Zumindest an einer Stelle gibt Jeanprêtre etwas als Sachverhalt wieder, was unklar ist, nämlich das, was Davis bei Schneebeli erfahren haben will.

457 «[…] il paraît disposer *d'un peu d'argent* [Hervorhebung j. Z.]».

Juli 1950 die ansehnlichen Mittel zur Verfügung standen – nicht nur für Kleidung und Unterkunft, sondern auch für die Reisen nach Paris, einmal sogar mit dem Flugzeug. Stattdessen verbrämte er Davis' materielles Wohlergehen. Auch der Frage, wie es zum Umschwung in den Lebensverhältnissen des Beschuldigten kam, ging er nicht auf den Grund. Dubois markierte am Rand seines Exemplars den Abschnitt betreffend die Veränderung von Davis' Lebensstil ab Juli 1950, zog im weiteren Verlauf des Verfahrens daraus jedoch keine Schlüsse.

Zu Punkt 2: Es sei ausgeschlossen, dass die amerikanische Polizei Davis in Dienst genommen und in die Schweiz geschickt habe. Er habe weder über die Ausbildung, die Kenntnisse, noch über die Intelligenz verfügt, die von einem professionellen Spion zu erwarten seien. Diese Behauptung steht ganz am Anfang der Überlegungen zum möglichen Motiv von Davis. Auch deswegen haftet ihr etwas Bekenntnishaftes an, nicht nur weil sie etliche anderslautende Hinweise einfach «beiseiteschiebt». Dass Polizeidienste wie das FBI um 1950 nicht nur mit professionellen Spionen gearbeitet haben, sondern sich auch auf Informanten stützten, könnte auch Jeanprêtre gewusst haben.[458] Und die Diskreditierung von Davis als Person von mangelnder Intelligenz wird im Verfahren zu einer Art Topos.[459] Es gibt nicht nur keinerlei Anhaltspunkte dafür, dass es Davis an Intelligenz gemangelt hätte, sondern sein Vermögen, Dinge zu formulieren – und sei es Erfundenes –, zeugt davon, dass er keineswegs geistig unbeholfen war.

Zu Punkt 3: Es sei anzunehmen, Davis sei aus eigenem Antrieb nach Europa gekommen. Aber während der Untersuchung habe nicht mit Sicherheit festgestellt werden können, wozu Davis diese Reise unternommen habe. Die Untersuchung hat dies jedoch mit Sicherheit feststellen können, und Jeanprêtre bot nach seiner Annahme, Davis hätte auf eigene Initiative den Atlantik überquert, keine Erklärung, warum er dies getan hatte. Er hat keine ernsthafte Anstrengung unternommen, herauszufinden, was Davis veranlasste, nach Europa zu fahren. Aber dass er dies aus eigenem Antrieb tat, hat der Untersuchungsrichter einfach angenommen. Was aber in aller Welt soll eine Person, die sich offenbar mit Gelegenheitsarbeiten an der Westküste der USA durchgeschlagen hat, dazu bewegt haben, nach Europa zu fahren und dann, in Genf angekommen, sich mit grossem Eifer daran zu machen, angeblich oder wirklich der Linken zuneigende US-amerikanische Studenten zu registrieren und alle möglichen Informationen zusammenzutragen über die Kreise, in welchen diese verkehrten? Diese Grundfrage erledigt sich für den Untersuchungsrichter mit seinem apodiktischen Urteil, es sei nicht das FBI gewesen, das am Werk gewesen sei, ergänzt durch die Feststellung, man wisse eben nicht warum.

Zu Punkt 4: Davis habe dem Konsulat in Genf einen langen Bericht über kommunistische Kreise in der Schweiz übermittelt. Davis behaupte, ähnliche Berichte der Botschaft der USA in Paris abgeliefert zu haben. Das sei wahrscheinlich.

---

458 Vgl. die einschlägige Feststellung im Church-Report II: «The paid and directed informant has been the most extensively used technique in FBI domestic intelligence investigations» (S. 184). Dass es sich bei Davis' primärer Mission um «domestic intelligence investigations» gehandelt hat, habe ich in der ersten Zwischenbetrachtung im Abschnitt 5 dargelegt.

459 Vgl. dazu weiter unten die Anklagerede Dubois' und das Plädoyer des Verteidigers. Zuschreibung geistiger Beschränktheit oder mangelnder Intelligenz kann verwendet werden als Mittel zur Verharmlosung oder als eine Art von Entschuldigung.

151 Nichts weise darauf hin, dass amerikanische Beamte den Auftrag erteilt hätten, diese Berichte zu verfassen und dass sie ihn zu diesem Zweck engagiert hätten. Angenommen, sie hätten sich unterrichten wollen über den Kommunismus in der Schweiz, dann hätten sie sich dazu an eine Person gewendet, die besser qualifiziert gewesen wäre als Davis. Sie hätten jedoch die Informationen entgegengenommen, welche Davis ihnen zugetragen zu haben scheine. Klar ist, dass Davis dem Konsulat mehr als einen Bericht zukommen liess und dass er einschlägige Informationen bei seinen Besuchen auf dem Konsulat auch mündlich deponiert hat – das ist aktenkundig. Der Unterschied zwischen «der Botschaft» und «Personen, die der Botschaft zugeordnet waren» ist in den Akten deutlich wahrzunehmen.[460] Jeanprêtre überging ihn. Im Übrigen ging es ja nicht darum, sich über den Kommunismus in der Schweiz kundig zu machen – das war bei der angewendeten «Staubsauger-Methode» ein Nebenprodukt. Primäres Beobachtungsobjekt waren die US-amerikanischen Studenten im Ausland. Warum aber hat Davis Material nach Paris geliefert und weshalb ist er mehrmals dorthin gereist? Wie kommt er dazu, seine Funde in Paris zu deponieren und nicht in Genf? Wozu denn nach Paris fahren oder gar fliegen, wenn es doch in Genf eine Deponierstelle gab? Es sind zwar nur die Aussagen von Davis, welche darauf hinweisen, dass er im Auftrag US-amerikanischer Stellen gehandelt hat, aber das ist nicht «nichts», zumal sich Davis dazu bei verschiedenen Gelegenheiten und in unterschiedlichen Formulierungen dazu geäussert hatte. Andere Aussagen von Davis, für die keine Bestätigung durch eine weitere Quelle vorlag, hat der Untersuchungsrichter zumindest ernsthaft geprüft, gelegentlich für voll genommen. Und wie bereits gesagt – oben zu Punkt 2: Angesichts des «Heeres» von Informanten, welche das FBI beschäftigte, ist das Argument, Davis sei zu wenig qualifiziert, um als Spitzel zu fungieren, unbeholfen. Kam man denn einfach so über die Schwelle der US-amerikanischen Botschaft in Paris und in Kontakt mit Personen treten, die dort tätig waren? Nahmen die Beamten, die ihr angegliedert waren, so ohne Weiteres Berichte von einem x-beliebigen Landsmann entgegen?

Zu Punkt 6: Der Hinweis darauf, dass Davis von amerikanischen Beamten Geld erhalten habe aus der Nothilfekasse des Konsulats, wirkte wie ein Ablenkungsversuch von der drängenden, auf der Hand liegenden Frage, wer Davis die Mittel zukommen liess, die ihm ab Sommer 1950 einen ganz ordentlichen Lebensstil erlaubten. Dazu reichte das Geld, das Konsulate ihren in finanzielle Verlegenheit geratenen Bürgern lieh, nicht aus. Und aus der Nothilfekasse wurden an eine Person auch nicht über Monate hinweg Beträge ausbezahlt. Schliesslich erhielt Davis Geld aus diesem Fonds, weil er bedürftig erschien, nicht weil er politische Informationen über bestimmte Personen lieferte.

Zu Punkt 7: Davis' Behauptung, er hätte als regulärer Agent des FBI monatlich 400 Dollar erhalten, sei unwahrscheinlich. Manches deutet darauf hin, dass

460 Die Auskunft, welche das EPD Jeanprêtre vom EPD über Grey und West erteilte, lautete, sie übten die Funktion aus von «attachés *près* l'Ambassade des Etats-Unis», Schreiben des EPD an Jeanprêtre vom 28. Februar 1950. Die Unterscheidung zwischen «ambasssade» und «Personen, verbunden mit der Botschaft» oder ähnlich bleibt von Anfang an bestehen, so z. B. im Bericht zum BRB vom 5. Januar 1951: «le bureau du FBI *installé à* l'ambassade américaine à Paris» und im weiteren Verlauf des Verfahrens explizit, bis hin zur ausführlichen Begründung des Urteils: «des personnes liées à l'ambassade des Etats-Unis» (dodis.ch/52771, S. 4).

die Behauptung unwahrscheinlich ist, vor allem insofern, als Davis gesagt hatte, er hätte diese Summe ab Beginn seiner Tätigkeit bezogen. Aber mit der Zurückweisung dieser Behauptung ist die Frage nicht erledigt: Woher kam das Geld ab Sommer 1950?

Zu Punkt 8: McCarthy habe in einer Presseerklärung dies und das gesagt. Jeanprêtre übernimmt zwar nicht alles, was der Senator, laut Presse, deponiert haben soll. Aber er gibt seine Aussage wieder, wenn auch im Konjunktiv, McCarthy hätte die Informationen, welch Davis ihm habe zukommen lassen, dem FBI übergeben. Der Untersuchungsrichter stellte diese Beteuerung ins Rampenlicht und verschwieg, dass Davis das Gegenteil behauptet hatte: Das FBI hätte bestimmt, welche der von Davis zusammengetragenen Angaben an McCarthy gingen. Etwas ironisierend könnte man sagen: Vor der Wahl zwischen den Aussagen zweier in ganz unterschiedlicher Weise dubiosen Personen – allerdings nicht zu vergleichen in der Fatalität, was ihre Wirkung anging – gab der Untersuchungsrichter McCarthy den Vorzug. Das lag nicht nur an der Lektüre der US-amerikanischen Zeitungsartikel, sondern entsprach dem unbewusst eingeschlagenen «Ausweg» hin zu McCarthy. Und auch hier die Umkehrung: Jetzt befindet sich McCarthy oben, dem FBI nachgeordnet.

Dubois, der künftige Ankläger, markierte in seinem Handexemplar des Schlussberichts keine Stelle so auffällig, wie «déclaration à la presse», verbunden mit McCarthy. Diese Stelle unterstrich er vierfach und dazu markierte er die Stelle mit einem Kreuz am Rand.[461]

Zu Punkt 9: McCarthys Verbindungsmann zu Davis heisse John Farrand. Bei den Akten liege ein Brief, mit welchem dieser Davis Geld gesandt habe. Dies ist eine weitere Suggestion in Sachen Geld: Die Mittel für Davis stammten von McCarthy. Im Brief lag eine 20-Dollarnote, die einzige Zahlung, die Davis aus dem Kreis um McCarthy erhielt, keineswegs genügend, um Davis' Lebenswandel und Reisen ab Sommer 1950 zu ermöglichen. Also abermals eine Ablenkung, abermals das Schweigen über das Problem, wer Davis finanzierte.

Zu Punkt 10: Dass Davis' politischer Nachrichtendienst zugunsten von McCarthy nicht unter Artikel 272 StGB falle, da dieser weder ein Staat, noch eine Partei oder eine Organisation im Sinne jenes Artikels sei, versah Dubois in seinem Handexemplar des Berichts mit einem Frage- und mit einem Ausrufezeichen.

Zu Punkt 11: Die Vermutung, Davis habe seine Reisen nach Paris ab Sommer 1950 hauptsächlich im Dienst von McCarthy unternommen, ist wohl die abenteuerlichste Annahme, welche der Untersuchungsrichter zu Papier gebracht hat. Nicht der geringste Anhaltspunkt findet sich in den Akten für dieses «hauptsächlich», sondern es liegen allerhand Hinweise vor, dass Davis in Paris mit Personen zu tun hatte, die bei der Botschaft domiziliert waren. Auch diese Spekulati-

461 Mir scheint, Dubois' Spannung oder Erregtheit beim Auftauchen des Faktors McCarthy manifestiert sich hier optisch (auch in der Strichführung: unordentliches Hin- und Her). Und Dubois wird ja bei der Vorbereitung der Gerichtsverhandlung und in seiner Anklagerede einen wesentlichen Teil der Anstrengungen darauf verwenden, McCarthy als erstrangigen Adressaten von Davis Dienstleistungen darzustellen und nachzuweisen zu versuchen, dass der Senator durchaus als Partei im Sinn von Art. 272 StGB zu betrachten sei.

on dient dazu, das weitere Erörtern der Frage zu vermeiden, wer das alles bezahlt hat. Oben – zu Punkt 9 – heisst es, McCarthys Mann habe Davis Geld geschickt, hier steht, Davis habe seine Reisen nach Paris hauptsächlich im Auftrag von McCarthy unternommen. Eine ungenaue Feststellung addiert mit einer diffusen Vermutung bietet eine Scheinlösung für die Bezahl-Frage.

Zu Punkt 12: Dass Davis amerikanischen konsularischen und diplomatischen Vertretern Angaben über amerikanische Studenten in der Schweiz mit kommunistischen Tendenzen übergab, nannte der Untersuchungsrichter zwar als einen der Belege für Davis' politischen Nachrichtendienst. Aber weder der Schlussbericht noch irgendein Aktenstück in Jeanprêtres Dossier lässt erkennen, dass ihn diese Tatsache zu Nachfragen über diesen Sachverhalt veranlasst hätte: Ein junger Schwarzer reiste aus den USA in die Schweiz und sammelte dort Informationen, nicht zuletzt über US-amerikanische Studenten mit kommunistischer Tendenz.[462]

Zu Punkt 13: Die Befragung des Zeugen Heaton war nicht sehr tiefgreifend. Die Behauptung betreffend Gutteridge war nach seiner Aussage als Zeuge als widerlegt zu betrachten; später hat Davis sie selbst widerrufen. Die Abklärungen betreffend Didisheim erfolgten – wegen Ortsabwesenheit der Person im Frühjahr 1951 – erst später durch die Bundesanwaltschaft.

Zu Punkt 14 Die Wiedergabe dessen, was Davis während seines Aufenthaltes bei Schneebeli in Zürich gesammelt habe, sei diffus. Jeanprêtre schrieb, wenn man Schneebeli zugehört habe, gewinne man den Eindruck, die Informationen, die Davis damals zusammengetragen habe, seien wenig bedeutend gewesen. Schneebeli selbst aber hatte keine Wertung vorgenommen, hingegen festgehalten, dass seiner Erinnerung nach nicht zutreffe, was Davis als wesentlichen Ertrag seiner Spitzeleien in Zürich präsentierte: die Namen der Personen, welche an einem Treffen von «Linksextremen» bei Schneebeli teilgenommen haben sollen, die überwiegende Zahl von ihnen amerikanische Studenten.

Zu Punkt 15: Wie lückenhaft die Abklärung in Sachen abgefangener Post war – keine detaillierte Nachfrage bei der zuständigen Poststelle und keine Nachfrage bei *American Express*, der Agentur, an die Davis die Post umleiten liess –, habe ich oben in Kapitel 1 beschrieben.

3.1. Den Schlussbericht, welchen Jeanprêtre Bundesanwalt Lüthi zustellte, versah er mit einer Entschuldigung. Es liege ihm daran, ihm persönlich zu schreiben, um sich für den summarischen und unvollständigen Charakter dieses Berichts zu entschuldigen. Er leide an hartnäckigen Ischiasschmerzen und müsse deswegen seit vier Wochen das Bett hüten. Er habe den Bericht diktiert, ohne das Dossier studieren und ohne die gewünschten juristischen Abklärungen vornehmen zu

462 So entfällt auch das Nachdenken über die Frage, warum sich die US-amerikanische Bundespolizei um Dinge in Genf gekümmert hat. Unter den Vergehen gegen Art. 272, welche der Untersuchungsrichter Davis zur Last legte, kam das Schädigen amerikanischer Studenten ebenfalls vor. Es war inbegriffen in einer Passage des Resümees: Davis habe politischen Nachrichtendienst betreiben zum Nachteil von Schweizer Staatsangehörigen «et d'étrangers habitant en Suisse». Jeanprêtre ist sich bewusst, dass sich Davis' Spitzeleien auch gegen diese Gruppe von Personen richteten, zieht daraus aber keinen Schluss.

können. Er müsse wohl noch längere Zeit das Bett hüten und er habe die Erledigung des Falles nicht länger aufschieben wollen.[463] Es sei dahingestellt, in welchem Umfang Jeanprêtre beim Verfassen des Berichts das Dossier benutzte – es scheint mir nicht möglich, dass er ihn zu Papier brachte, ohne irgendwelche Akten zur Hand zu haben: Tatsache ist, dass er sein eigenes Untersuchungsergebnis und damit seine eigene Tätigkeit als Untersuchungsrichter in Frage stellte. Meines Erachtens drückt diese Abschwächung eine elementare Unsicherheit aus. Er war sich dessen, was er niederschrieb, nicht gewiss. Weil die Aussagen aber in seinen Gesamthorizont passten und in denjenigen, die sich nach ihm mit der Angelegenheit befassten, zeitigte die Unsicherheit keine Folgen, wurde, was durch den Autor selbst relativiert worden war, als gegeben angenommen und als gegeben weiterverarbeitet.[464]

Was der Untersuchungsrichter genau meinte, als er schrieb, er habe das Dossier nicht studieren können, ist unklar. Fest steht hingegen, dass die Fragwürdigkeit seiner Untersuchung nicht beim Abfassen des Berichts begann. Unter dem «Dossier» verstehe ich nicht nur die Akten, welche er als Dokumentation mit dem Bericht der Bundesanwaltschaft zuleitete, sondern auch die Unterlagen, welche ihm die Bundesanwaltschaft zukommen liess, nachdem sie ihm das Mandat im Fall Davis übertragen hatte. Jeanprêtre hat die Akten, welche er für den Fall zur Hand hatte, nicht sehr gründlich studiert oder er hat Probleme, die angesichts der Aktenlage offensichtlich auftraten, nicht erkannt oder ignoriert.[465]

Die Schwächen des Berichts bestehen nicht darin, dass Jeanprêtre nicht die gewünschten juristischen Abklärungen machen konnte. Das Problem besteht, darin, dass – wie die oben angeführten Punkte zeigen – seine Anstrengungen, den Sachverhalt zu klären und Beweismittel zu sammeln, unzureichend waren.

Was führte zu den – *ex post* betrachtet – offensichtlichen Unzulänglichkeiten des Berichts? Die Krankheit des Untersuchungsrichters mag eine Rolle gespielt haben. Sie begann jedoch erst Wochen, nachdem er die Voruntersuchung als im Wesentlichen abgeschlossen betrachtet und den Parteien die Akten mit der Aufforderung zugestellt hatte, ihm allfällige Ergänzungen zu beantragen.[466] Die Ursachen sind zu suchen in seiner Tätigkeit zuvor.

3.2. Auch die Arbeitslast mag die Qualität von Jeanprêtres Bericht geschmälert haben. In welchem Mass er während des Mandats im Fall Davis durch seine beruflichen Verpflichtungen am Bezirksgericht Neuenburg und als Dozent an der

---

463 Begleitschreiben von Jeanprêtre an Lüthi vom 16. Mai 1951: «Je me permets de vous écrire à titre personnel pour m'excuser du caractère sommaire et incomplet de ce rapport. […] J'ai dicté ce rapport sans pouvoir étudier le dossier ni faire des recherches juridiques comme je l'aurais voulu.»
464 Das schliesst nicht aus, dass Einzelnes kritisch geprüft wurde, etwa die Frage, ob McCarthy tatsächlich nicht eine Partei oder eine Organisation sei im Sinn von Artikel 272 StGB.
465 Die Akten, welche ihm die Bundesanwaltschaft am 10. Januar 1951 im offiziellen Paket zugestellt hatten, übernahm er zum grossen Teil in das Untersuchungsdossier. Jene, die er inoffiziell erhielt, sandte er vorzeitig zurück. Sie erscheinen aber nicht nur nicht in seinem Dossier, sondern er hatte sie nach wenigen Tagen zurückspediert, hatte sie also nicht mehr zur Hand während des wesentlichen Teils seiner Untersuchung, zum Beispiel, um die Protokolle der Verhöre Davis' kritisch zu verarbeiten.
466 Dies geschah am 7. März 1951. Bettlägerig war er dem Schreiben an den Bundesanwalt nach zu schliessen etwa ab Mitte April.

 Universität absorbiert war, habe ich nicht untersucht. Im Frühjahr 1951 war er aber vor allem ab März ein vielbeschäftigter Mann.

Jeanprêtre als eidgenössischer Untersuchungsrichter im Fall Pierre Nicole: Am 16. März 1951, am gleichen Tag, an welchem der Bundesrat die Ermächtigung zur Strafverfolgung erteilt hatte, beantragte die Bundesanwaltschaft bei Jeanprêtre, dem stellvertretenden eidgenössischen Untersuchungsrichter für die französischsprachige Schweiz, die Voruntersuchung gegen Pierre Nicole aufzunehmen, und zwar wegen Delikten gegen den Staat und Verleumdung der Mitglieder des Bundesrates.[467] Jeanprêtre machte sich an die Arbeit und schloss sein Verfahren, auf dessen zügige Behandlung der Bundesrat drängte, schon am 29. Mai ab, also nur knapp zwei Wochen nach der Vollendung des Schlussberichts zum Fall Davis . Am 4. Juni stellte er dem Bundesanwalt den Schlussbericht zu. Allerdings entschuldigte er sich auch hier, wie im Fall Davis, und gab zu bedenken, der Bericht sei ein wenig summarisch. Vor allem die juristischen Überlegungen habe er opfern müssen.[468] Die Krankheit dürfte die Erfüllung seines Auftrages nicht allzu sehr beeinträchtigt haben. Die Erledigung des Falles Davis wurde durch die Untersuchung über Nicole wohl wenig beeinträchtigt. Möglicherweise hat das Nicole-Mandat aber dazu geführt, dass es länger gedauert hat, bis Jeanprêtre den Bericht über Davis formuliert hatte. Darauf aber, wie intensiv er die Sachverhalte des Falles Davis untersuchte, hat die Tätigkeit in Sachen Pierre Nicole kaum Einfluss gehabt. Sie begann nämlich erst, nachdem die Voruntersuchung zu Davis im Wesentlichen abgeschlossen war. Vor allem aber wurden die Weichen betreffend Gründlichkeit sowie Offenheit oder Beschränkung der Nachforschungen über Davis bereits im Lauf vom Februar 1951 gestellt.

Nach allerhand Wirren wurden am 5. März 1951 die Viermächte-Verhandlungen über die Verwirklichung des Abkommens von Washington wieder aufgenommen, und zwar in Bern.[469] Raymond Jeanprêtre war als Rechtsexperte Mitglied der hochkarätigen schweizerischen Verhandlungsdelegation und gehörte dem Expertenausschuss an, welcher die Hauptprobleme analysierte und dem Plenum der

---

467 Die nachfolgenden Angaben stammen aus dem Dossier des Generalsekretariats des EJPD (CH-BAR#E4001C#1000/783#2090*) und aus dem Dossier der Bundesanwaltschaft (CH-BAR#E4320B#1985/40#275*). Das Bundesstrafgericht fällte das Urteil am 1. Dezember 1951. Das Strafverfahren gegen Pierre Nicole, Redaktor der Zeitung *La Voix ouvrière*, wegen «politischer Vergehen» würde eine eigene Studie rechtfertigen.

468 «A propos de mon rapport de clôture je dois m'excuser comme je l'ai fait dans l'affaire Davis, de son Caractère un peu sommaire. Je suis toujours retenu par la maladie. J'ai dû sacrifier en particulier les développements juridiques.»

469 Einschlägig zur Verwirklichung des Abkommens von Washington vgl. von Calstelmur, Linus, Schweizerisch-alliierte Finanzbeziehungen im Übergang vom Zweiten Weltkrieg zum Kalten Krieg (2. Aufl.), Zürich 1997; noch immer anregend ist auch Frei, Daniel, Das Washingtoner Abkommen von 1946. Ein Beitrag zur schweizerischen Aussenpolitik zwischen dem Zweiten Weltkrieg und dem Kalten Krieg, in: Schweizerische Zeitschrift für Geschichte, 19 (1969), S. 567–619. Zu den Verhandlungen im Frühjahr 1951 vgl. von Castelmur 1997, S. 281–299; explizit Jeanprêtre betreffend vgl. S. 281, 283 und 295. Im Folgenden stütze ich mich im Wesentlichen auf von Castelmur. Einen ganz geringen Teil der sehr umfangreichen Akten, die im Bundesarchiv zum Komplex Abkommen von Washington überliefert sind, habe ich zusätzlich konsultiert. Soweit die folgenden Angaben nicht von von Castelmur entnommen sind, stammen sie aus CH-BAR#E2810#1968/84#171*, CH-BAR#E2810#1968/84#172* und CH-BAR#E2810#1968/84#2217*.

vier Parteien zudiente. Er war intensiv, zeitlich und inhaltlich, an den Verhandlungen beteiligt.[470] Zwischen dem 5. März und 19. April fanden nicht weniger als neun Plenarsitzungen statt, also Sitzungen der Delegationen der Schweiz, der USA – unter der Leitung des Gesandten in Bern, John Carter Vincent –, Grossbritanniens und Frankreichs. Dazu kamen vom 6. März bis 17. April etwa sieben Sitzungen der Experten und mehr als ein Dutzend interner Besprechungen, an denen Jeanprêtre beteiligt war.[471] Dabei spielte er eine aktive Rolle, vertrat auch Standpunkte, die nicht jenen des Leiters der schweizerischen Delegation entsprachen. Auch an den beiden Sitzungen der Aufsichtskommission, die im März und April 1951 abgehalten wurden, nahm er teil.

Trotz des hohen Rhythmus all dieser Sitzungen nehme ich nicht an, dass die zeitliche Beanspruchung und die Beanspruchung der Konzentration durch die Verhandlungen zum Abkommen von Washington die Schwächen von Jeanprêtres Untersuchung des Falles Davis bedingt haben. Die Voruntersuchung war zu Beginn der Verhandlungen nach seiner Auffassung so gut wie abgeschlossen.[472] Es ist aber denkbar, dass das bevorstehende starke Engagement in den Viermächte-Verhandlungen ihn veranlasste, die Voruntersuchung des Falles Davis beschleunigt abzuschliessen.

Wenn die zeitliche Beanspruchung durch die Verhandlungen ohne bedeutenden Einfluss blieb, so bedeutet dies nicht, dass dieses Mandat nicht auf die Arbeit am Fall Davis einwirkte. Mental und was den «Energiehaushalt» anging sowie in gewissem Sinn gesellschaftlich stand die anforderungsreiche, intensive juristisch-diplomatische und zugleich attraktive Beschäftigung mit den Problemen, welche das Abkommen von Washington im Frühjahr 1951 mit sich brachte, einer strengen, gegebenenfalls auf gewisse Aspekte des Falles zurückkommenden Behandlung des Falles Davis entgegen.

---

470 Jeanprêtre gehörte als Rechtskonsulent schon der schweizerischen Verhandlungsdelegation zu den Viermächte-Gesprächen an, die im Mai und Juni 1949 in Washington über die Umsetzung des Abkommens geführt wurden. Vgl. dazu von Castelmur 1997, S. 214–229. Betreffend Stuckis Vorschlag, die Gespräche zu unterbrechen: «Dagegen kritisierte Jeanprêtre den Schweizer Delegationschef offen. Er fragte, […]». Der Bundesrat hatte ihn als Mitglied der Delegation bestimmt, nachdem das EPD ihn vorgeschlagen hatte «als Rechtskonsulenten einen Juristen französischer Sprache, der nicht nur die englische Sprache, sondern auch das internationale und das amerikanische Recht kennt», 8. April, BRB 13. April 1949, CH-BAR#E1001#1000/6#87*. Er war weiterhin mit der Angelegenheit befasst. Im August 1949 wurde er eingeladen zur Sitzung der «Aufsichtskommission zur Durchführung des Abkommens von Washington» mit der Bitte um Ausführungen zu den sogenannten Sequesterkonflikten, dem Haupttraktandum der Sitzung vom 26. August 1949. Zur Problematik dieser Konflikte vgl. von Castelmur 1997, S. 231 f.). Die Protokolle der Aufsichtskommission wurden ihm in der Folge regelmässig zugestellt, mindestens bis zur 44. Sitzung im Herbst 1951. Im Oktober 1949 war Jeanprêtre auch zum Ersatzmann der Rekurskommission zu den Abmachungen von Washington ernannt worden, im November 1950 zum Vollmitglied, vgl. den Notizzettel (wohl von Stucki stammend) im Dossier CH-BAR#E2810#1968/84#171*. Als Detail sei erwähnt: Auf einer Fotografie, welche wohl aufgenommen wurde bei der Wiedereröffnung der Viermächte-Verhandlungen am 5. März 1951, nimmt Jeanprêtre Platz zur Rechten des Leiters der schweizerischen Delegation, Minister Walter Stucki, «Delegierter des Bundesrates für Spezialmissionen», auch Präsident der Aufsichtskommission für die Durchführung des Abkommens von Washington, vgl. Stamm 2013, S. 333.

471 Ich stütze mich bei dieser Zählung auf die Angaben bei von Castelmur 1997, S. 281–299. Wenn Jeanprêtre infolge seiner Krankheit gegen Ende dieser Periode an der einen oder andern Sitzung fehlte, so ändert das nichts an der insgesamt sehr starken Beanspruchung.

472 Zustellung der Akten an die Parteien nach Art. 119 BStP am 7. März 1951.

157 Jeanprêtre arbeitete in einem gewissermassen auserlesenen Gremium, das eine politisch, rechtlich und wirtschaftlich bedeutsame Angelegenheit behandelte. Er war hier gefragt, beansprucht und geschätzt als Fachmann mit seinen spezifischen Kenntnissen des internationalen Privatrechts, speziell des US-amerikanischen Rechts.[473] Im Vergleich dazu der Fall Davis: Da war er dienstverpflichtet worden, als eidgenössischer Ersatz-Untersuchungsrichter für die französischsprachige Schweiz, auf fremdem Terrain, ohne jeden Bezug zum Gegenstand und zudem in einer im Vergleich zum Washingtoner Abkommen unbedeutenden Angelegenheit. Dass sich Jeanprêtre in dieser Lage – nach den Unterlassungen in der mittleren Phase der Voruntersuchung – nicht der Mühe unterwarf, die Mängel in der Schlussphase noch zu korrigieren, das heisst seine bisherige Tätigkeit in gewissem Masse einer Revision zu unterziehen – das darf man annehmen, ohne ihn als Person oder als Juristen zu diskreditieren. Dass sich eine Person einer Haupt- und einer Nebensache von so unterschiedlicher Bedeutung mit unterschiedlicher Präsenz, unterschiedlicher Intensität, auch unterschiedlicher Konfliktfreudigkeit widmet, ist menschlich, zumal die Person in der Hauptsache mit all ihren Fähigkeiten begehrt ist und die Nebensache fast nur die Erfüllung einer Amtspflicht bedeutete.

Es ging noch um etwas anderes: Jeanprêtre sass als Mitglied der schweizerischen Delegation Anfang März 1951 an einem Tisch mit John Carter Vincent, dem Gesandten der USA in Bern und Leiter des US-amerikanischen Delegation. Im Ausschuss der Experten erörterte er entscheidende Detailfragen unter anderem mit Charles H. Owsley, dem ersten Sekretär der Gesandtschaft. Diese Personen, mit denen er in mehr oder weniger täglichem Verkehr stand, waren nicht «Feinde», sondern sie repräsentierten die Gegenseite in Verhandlungen, welche bei allen Unterschieden der jeweiligen Interessen im Bewusstsein geführt wurden, dass es galt, zu einem Ergebnis zu kommen, zu Kompromissen, welche für alle Beteiligten zumutbar waren. Wäre Jeanprêtre nun im April, nach den Unterlassungen – die nicht zuletzt durch den Einfluss des Konsuls Ward bedingt waren – in der mittleren Phase der Untersuchungen zurückgekommen auf die Negation von Davis bezüglich dem FBI, so hätte dies bedeutet, dass er gegen den Staat beziehungsweise gegen ein wichtiges Organ des Staates ermittelt hätte, mit dessen Vertretern in der Schweiz er fast täglich verhandelte, in politisch-gesellschaftlichem Verkehr stand. Die Schwelle zur Überprüfung war aufgrund dessen und durch Zweifeln, die er meines Erachtens gegenüber seiner eigenen Arbeit im Fall Davis hegte, zu hoch.[474]

In dieser Situation und angesichts der übrigen Hemmungen, welche dazu führten, dass er ab der zweiten Hälfte des Monats Februar die FBI-Verbindungen nicht mehr weiterverfolgte, erscheint es unmöglich, dass er den FBI-Aspekt nochmals ernsthaft prüfte. Eher das Gegenteil dürfte der Fall gewesen sein: Die

473 Der Titel seiner Doktorarbeit lautete: «Les conflits de lois en matière d'obligations contractuelles, selon la jurisprudence et la doctrine aux Etats-Unis» (Hommage à Raymond Jeanprêtre 1982, S. 181).

474 Ganz abgesehen von der grundsätzlichen, übergreifenden ideologischen Affinität der beiden Parteien.

Konstellation während der Monate März und April hat seine Neigung zur konformistischen These, McCarthy sei der entscheidende Faktor gewesen, bestärkt.

Jeanprêtres Arbeitslast, verteilt auf sehr unterschiedliche Aufgabengebiete, in den Monaten März und April 1951, war also recht gross.[475] Aber sie war nicht ausschlaggebend für die Defizite des Schlussberichts zu Davis. Massgeblich wurden diese verursacht durch diverse Einflüsse, die während der Untersuchung auf Jeanprêtre einwirkten. Einflüsse, denen er unterlag, oder genauer gesagt: Faktoren, die er auf sich Einfluss nehmen liess, denen er nicht widerstand. In den ersten Wochen, nachdem er den Auftrag erhalten hatte, hatte er die Untersuchung tatkräftig angegangen, mit Bitten um Auskünfte an das EPD, die Genfer Polizei, die Bundespolizei sowie mit den Verhören von Davis am 18. und 23. Januar 1951. Ab Mitte Februar aber liessen seine Anstrengungen nach. Die detaillierten Angaben, welche ihm das EPD zu den Telefonnummern besorgt hatte, welche Davis im November 1950 in den USA angerufen hatte – inklusive FBI und McCarthy – legte er zu den Akten, ohne Davis mit diesen Fakten zu konfrontieren oder zu befragen.[476] Er benutzte diese Informationen nicht dazu, auf Davis' kategorische Negation einer Beziehung zum FBI zurückzukommen und den Versuch zu machen, diesbezüglich klarer zu sehen. Ähnliches gilt für die Auskünfte zu Larkin, Grey und West, welche ihm das EPD Ende Februar endlich übermittelt hatte: Die Herren Charles Grey und Jack West würden zurzeit die Funktion von Attachés bei der Botschaft der Vereinigten Staaten in Paris bekleiden. Richard Clyde Larkin sei im November 1950 Konsul im Generalkonsulat der Vereinigten Staaten in der französischen Hauptstadt geworden.[477] Jeanprêtre hat damit nichts angefangen, obwohl die Beschreibung der Funktionen der drei Personen zumindest bestätigte, dass Davis sich die zahlreiche Äusserungen, die sie betrafen, nicht aus den Fingern gesogen hatte, obwohl diese Auskünfte des EPD es dringend geboten erscheinen liessen, den Komplex Davis und FBI nochmals gründlicher zu betrachten.

Angesichts solcher und ähnlicher Unterlassungen einerseits und angesichts der offenkundigen Überbewertung der Rolle McCarthy in der Sache Davis andererseits, stellt sich mit einiger Dringlichkeit die Frage: Was war die Triebkraft bzw. das eigentliche Motiv für dieses Verhalten? Und wenn darauf keine lückenlos ableitbare Antwort möglich ist, so kann dies nicht als Ausrede dafür dienen, nicht den Versuch zu unternehmen, zu verstehen, welchen Faktoren Jeanprêtre bei seiner Untersuchung gestattete, Einfluss auf sich zu nehmen.

4. Nochmals die wichtigsten Merkwürdigkeiten und Unterlassungen der Voruntersuchung:

Die ausführliche Unterredung des Untersuchungsrichters mit dem US-amerikanischen Konsul ist im Dossier nicht im Einzelnen dokumentiert. Es existiert keine Aktennotiz. Man weiss nur, dass sie stattfand. Der Untersuchungsrichter

---

475 Sie lässt auf eine nicht nur vielfältig interessierte, sondern auch initiative, zupackende Persönlichkeit schliessen. Der Fall Davis, mit dem er – als *stellvertretender* Untersuchungsrichter für die französischsprachige Schweiz – in erster Linie betraut worden war wegen seiner Englischkenntnisse, lag einerseits nicht im Zentrum seiner Interessen und war anderseits mit allerhand ausserjuristischen Komplikationen behaftet.

476 Schreiben des EPD an Jeanprêtre vom 22. Februar 1951.

477 Zu diesem Dokument Nr. 92 siehe Kapitel II a, Abschnitt 8.2.

 weist auf sie hin, und zwar in einem Rechtfertigungsschreiben, verfasst als Replik auf Kritik der US-Stellen an seiner Arbeit, eine Kritik, welche das EPD an ihn weitergeleitet hatte.

Wesentliche Teile der Korrespondenz zwischen Konsul Ward und dem Untersuchungsrichter, auch Originale, hat dieser nicht in sein offizielles Dossier integriert, sondern in einem separaten Faszikel für sich abgelegt, den er erst Jahre nach dem Prozess gegen Davis der Bundesanwaltschaft zustellte.

Das «famose» Dokument Nummer 92, die ursprüngliche Nummer 92 mit den Angaben zu Larkin sowie Gray und West, den beiden Attachés bei der Botschaft der Vereinigten Staaten in Paris, liegt nicht im offiziellen Dossier des Untersuchungsrichters, sondern ebenfalls in Jeanprêtres quasi persönlichem Faszikel.

Wesentliche Teile der Unterlagen, welche ihm die Bundesanwaltschaft «persönlich» zugestellt hatte, sandte Jeanprêtre nach wenigen Tagen zurück. Schon zwei Wochen nach Beginn der Untersuchung, das heisst ab dem letzten Viertel des Monats Januar, hatte er sie nicht mehr zur Hand.

Davis' Leugnung der Zusammenarbeit mit dem FBI hat der Untersuchungsrichter, im letzten Verhör, ohne Weiteres hingenommen. Trotz etlicher Hinweise auf eine Kooperation und obwohl der Bundesrat im Ingress zum Beschluss für die Strafverfolgung, gestützt auf die Angaben der gerichtlichen Polizei, zusammengefasst im Bericht der Bundesanwaltschaft, dies als Sachverhalt eindeutig benannte.

Nach dem Eingang der Informationen über Larkin, Grey und West konfrontierte der Untersuchungsrichter den Beschuldigten nicht mit den neuen Erkenntnissen und überprüfte seine eigenen vorläufigen Schlussfolgerungen nicht.

Nach dem Eingang der Informationen mit den Details zu den Telefonaten von Davis in die USA konfrontierte er ihn nicht mit diesen Angaben, verlangte keine Erklärung über Einzelheiten wie die Dauer und der Zweck der Anrufe.

Der Untersuchungsrichter hat nicht ernsthaft herauszufinden versucht, wie Davis zu dem Geld kam, das ihm erlaubte, mehrmals nach Paris zu reisen. Stattdessen finden sich im Schlussbericht allerhand unbeholfene Suggestionen zu Davis' Geldquellen.

In seiner Pressemitteilung vom 13. Februar 1951 benannte der Untersuchungsrichter nicht das Land, aus welchem der Beschuldigte stammte und in dessen Interesse er Nachrichtendienst betrieb. Er hat den Fall auch im Voraus kleingeredet. Mit dem FBI als beteiligte Instanz wäre es nicht möglich gewesen, die Angelegenheit als unbedeutend zu deklarieren. Die Entrüstung, welche in den Materialien zum Bundesratsbeschluss für die Strafverfolgung zum Ausdruck kommt, zeigt dies hinlänglich.[478]

All dies erlaubt davon zu sprechen, dass in der Untersuchung eine Tendenz zum Ausdruck kommt, eine Tendenz weg vom FBI, behelfsmässig gestützt durch eine Tendenz hin zu McCarthy.

Ich nehme an, zwei Wirkungskreise beeinflussten die Substanz von Jeanprêtres Voruntersuchung: eine Affinität zu den USA und ihren Vertretern einerseits und die Affinität zur Bundesanwaltschaft andererseits. Beide hatten Interesse daran, das FBI aus dem Blickfeld zu bringen – das Konsulat von Anfang an, die Bundes-

478 FBI-Beteiligung und die Sache als unbedeutend betrachten schliessen sich aus. Die Sache als unbedeutend betrachten, eliminiert den FBI aus dem Gesichtsfeld.

anwaltschaft von einer Zeit an, die nicht genau zu bestimmen ist – irgendwann zwischen Beginn der Voruntersuchung und Mitte Februar 1951.

Wie Davis dazu kam, am 20. Februar die FBI-Verbindung zu verneinen und wieso der Untersuchungsrichter dies einfach akzeptierte, ist nicht erkenntlich. Ich nehme nicht an, dass das jemand «orchestriert» hat. Ich stelle mir das eher so vor: Die Stimmung – weg vom FBI sowie den US-Stellen, um keine quasi kränkenden Vorwürfe zu machen und der Bundesanwaltschaft nicht mit der Behelligung eines ausländischen Partners lästig zu fallen – war stark und Davis' Negation passte «wunschgemäss» dazu, sodass das Gefälle zwischen den früheren Aussagen von Davis – Aktenlage inklusive – bezüglich dem «Verschwinden» des FBI der Wahrnehmung entglitt. Die Beseitigung des Unangenehmen wurde erleichtert, vielleicht sogar erst ermöglicht, dadurch dass – scheinbar – eine Alternative zur Verfügung stand, die grossgeredet wurde und die gewichtigen Indizien für die unerfreuliche, peinliche Version zu verdrängen vermochte.

Nach der Hypothese zur Art der Wirkung auf den Untersuchungsrichter hier noch einige zusätzliche Gedanken zum «Wie» dieses Wirkens. Was zwischen Jeanprêtre und Konsul Ward besprochen wurde, ist wie gesagt nicht überliefert. Ward wird den Untersuchungsrichter nicht direkt auf etwas hingelenkt haben. Es handelte sich gewiss eher um Konditionierung als um explizites Erwähnen dessen, was unwillkommen war, oder als um eine konkrete Bitte.[479] Fest steht: Jeanprêtre hat sich auf Ward eingelassen, gewährte im Einfluss. Die Nicht-Dokumentation des Gesprächs und die Sonderablage von Aktenstücken, welche den Verkehr mit dem Konsul illustrieren, belegen eine gewisse Befangenheit. Zumindest so viel Wirkung von Ward auf Jeanprêtre scheint mir nicht bestreitbar.[480]

Betrachtet man den Einfluss der Bundesanwaltschaft auf die Richtung der Voruntersuchung, so ist zunächst nochmals an den Chef der Bundespolizei zu erinnern, der zu Beginn des Verfahrens zusammen mit seinem in Bern domizilierten US-amerikanischen Partner Kronthal in ziemlich forscher Art versucht hatte, ein Strafverfahren gegen Davis zu vermeiden, indem er zusammen mit den US-amerikanischen Stellen eine Ausschaffung ausführungsreif vorbereitete. Ich halte es für ausgeschlossen, dass der entschiedene Wille, der damals zum Ausdruck kam, einfach verschwand, nachdem der Bundesrat die Strafuntersuchung beschlossen hatte. Balsiger war eine inner- und ausserhalb der Bundesanwaltschaft überaus einflussreiche Persönlichkeit und als Chef der Bundespolizei nicht nur Leiter der inländischen Politischen Polizei, sondern faktisch auch Haupt des zivilen Auslandnachrichtendienstes.[481] Dass er die Grundüberzeugung, welche sein Handeln Ende November/Anfang Dezember 1950 bestimmte, einfach beiseitelegte, ist kaum denkbar. Aber auch Balsiger wird weder innerhalb der Bundesanwaltschaft noch gegenüber dem Untersuchungsrichter explizit lenkend gewirkt haben, son-

479 Denkbar wäre, Davis' Aussagen insgesamt als Geschwätz abzutun.

480 Im Übrigen sei an dieser Stelle nochmals daran erinnert, dass die Bundesanwaltschaft explizit formulierte, was man auch ohne die Phantasie ins Kraut schiessen zu lassen annehmen konnte: Das Konsulat hat auf Davis' Verhalten während der Strafuntersuchung Einfluss genommen.

481 Vgl. dazu seine Aussagen und jene Ulrichs während der Untersuchung des Falles Ulrich/Dubois weiter oben.

dern ohne Worte zum Ausdruck gebracht haben, was zu vermeiden angebracht sei.

Greifbar sind ab Mitte Februar die Sendungen, mit denen die Bundesanwaltschaft, mit denen Dubois den Untersuchungsrichter bedachte. Einerseits handelte es sich um die Berichte der US-amerikanischen Presse von Mitte Februar, welche, vor allem gestützt auf Verlautbarungen des Konsuls und des *State Departments*, die US-amerikanische Sicht der Dinge verbreitete. Diese enthielt keinerlei prüfenswerte Hinweise auf die Zusammenarbeit des FBI mit Davis, beschäftigte sich aber schon ausführlich mit McCarthys Anteil am Fall. Später legte Dubois nach. Er liess Jeanprêtre Anfang März einen Zeitungsartikel zukommen über den amerikanischen Gesandtenwechsel in Bern, in welchem auch von McCarthys Kampagne gegen Angehörige des *State Departments* die Rede ist. Noch deutlicher ist die Hinlenkung auf McCarthy mit der Zusendung eines Artikels vom 30. März 1950, den die Bundesanwaltschaft inzwischen ausfindig gemacht hatte: McCarthy und sein Meisterspion. Er rückte den Senator ins Rampenlicht, hatte aber mit dem Fall Davis nichts zu tun.

Jeanprêtre ist diesen Suggestionen nur teilweise gefolgt. Während er die US-amerikanischen Presseausschnitte – sechs an der Zahl – und jene über den Gesandtenwechsel in Bern assimilierte und seinem offiziellen Dossier zuordnete, sandte er jenen vom 30. März 1950 an die Bundesanwaltschaft zurück, weil es ihm unnütz schien, ihn dem Dossier beizugeben. Mit der gleichen Post schickte er auch den Newsweek-Artikel vom April 1950 zurück, der ebenfalls McCarthy betraf und nichts mit dem Fall Davis zu tun hatte.[482] Die veröffentlichten Ansichten über den Fall Davis, in denen vom FBI, wenn überhaupt, nur ganz nebensächlich die Rede war, von McCarthy dafür umso mehr, hat er sich zumindest teilweise angeeignet. So «nährten» sie die Tendenz, der unwillkommenen Evidenz auszuweichen, dass das FBI ein Akteur war. Der *modus operandi*, dem er dabei – höchstens halbbewusst – folgte, lässt sich schematisch so beschreiben: Chaos (Uneindeutigkeit und Widersprüchlichkeit der Aussagen des Beschuldigten) und Tendenzen (Erwartungen und Befürchtungen dessen, der beauftragt ist, ausgehend von chaotischem Material Schlüsse zu ziehen; diffuses Bedürfnis, einen Ausweg zu finden aus einer faktisch konfliktgeladenen, aber nicht offen als solcher

---

482 Dass der Artikel am Ende doch im offiziellen Dossier des Untersuchungsrichters ankam – handpaginiert – ist eine andere Geschichte. Vgl. dazu die vierte Zwischenbetrachtung. Nicht eindeutig zu interpretieren scheint mir die Tatsache, dass er auch eine Meldung des in Genf domizilierten Vertreters der Bundespolizei an Balsiger, seinen Vorgesetzten in Bern, als für das Dossier «pas utile» zurückspedierte. Zumindest die Passage über den ersten Besuch des Konsuls beim Inhaftierten Davis vom 5. Dezember 1950 hätte das Gericht gewiss mit Interesse gelesen, vgl. dazu das Fernschreiben 719 vom 5. Dezember 1950; im Original irrtümlich «5.11.50»). Ungeklärt ist die Dokumentationsbasis Jeanprêtres in einem weiteren Punkt: Am gleichen Tag, an dem er den Schlussbericht versandte und die Stücke, welche er nicht für bedeutend genug hielt, um sie in das offizielle Dossier aufzunehmen, sandte er Inspektor Ritschard, dem in Genf domizilierten Vertreter der Bundesanwaltschaft, die Fotokopien – «sans intérêt pour la cause Davis proprement dite» – zurück, welche ihm dieser im Januar überlassen hatte. Wir wissen nicht, was deren Inhalt war und welchen Gebrauch der Untersuchungsrichter davon machte. Ritschard hatte sie Jeanprêtre wahrscheinlich überreicht, als sich dieser am 23. Januar 1951 zum zweiten Verhör von Davis in Genf aufhielt, vgl. das Schreiben von Jeanprêtre an Ritschard vom 16. Mai 1951 unter Bezugnahme auf den 23. Januar 1951.

anerkannten Situation) führten zusammen zur Möglichkeit, einzelne Aussagen selektiv zu bejahen oder zu verneinen.[483]

Dies war meines Erachtens der Konflikt, um den es ging – für die US-amerikanischen Stellen, für die Bundesanwaltschaft und für Jeanprêtre: Die US-amerikanische Bundespolizei sollte nicht in Zusammenhang mit einem unangenehmen Fall im Licht der Öffentlichkeit stehen, schon gar nicht durch ein Strafverfahren mit einigermassen strikten Regeln zum Erheben von Beweisen.[484] Analoges ist zur Bundesanwaltschaft zu sagen. Das FBI war eine Partnerorganisation für Polizeisachen allgemein und im Bereich der Politischen Polizei im Besonderen. Ich denke, dass Jeanprêtre diese Bedenken nachempfunden hat, dass die US-Stellen und die Bundesanwaltschaft diese Empfindung – und die Neigung zur scheinbar alternativen Lösung – mit Suggestionen und Insinuationen gefördert haben.

Es war nicht so, dass abrupt ein Schalter umgelegt wurde vom FBI auf McCarthy, dieser Prozess vollzog sich schleichend. Ich nehme also nicht an, dass Jeanprêtre im Bericht seine Erkenntnisse manipuliert hat, das heisst, ich bin der Ansicht, dass er ihn im guten Glauben an seine eigenen Einsichten verfasst hat. Bemerkenswert ist gerade, wie ein Verfahren aus der Form gebracht werden kann, durch Einflüsse diesseits dessen, was man als Manipulation bezeichnet. Aus der Form gebracht heisst, verformt im Vergleich zu einem Resultat, das erreichbar gewesen wäre mittels naheliegender zusätzlicher, mit vertretbarem Aufwand zu betreibender Nachforschung und mittels möglichst vorurteilsfreier Prüfung. Eine, welche auch den Versuch eingeschlossen hätte, die eigenen Erwartungen und Befürchtungen zu reflektieren und so in die Schranken zu weisen. Dass diese Art von «Krümmungen» schwieriger zu fassen sind als offensichtliche Bruchstellen, liegt auf der Hand, bedeutet aber nicht, dass man – angesichts erstaunlicher Richtungswechsel – den Versuch unterlassen darf, sie zu verstehen.

483 Die mühsame Alternative hätte darin bestanden, anstatt das Chaos im Ausgangsmaterial als Legitimation selektiver Bejahung oder Verneinung einzelner Sachverhalte zu gebrauchen, wäre jede einzelne der wichtigen Aussagen zu überprüfen gewesen. Der widersprüchliche Charakter von Davis' Aussageamalgam genügt nicht, um eine einzelne Aussage zu verwerfen oder eine Negation für wahr zu halten.

484 Es sei nochmals erinnert an das «protect the intelligence secrets oft he FBI from exposure to court», vgl. Weiner 2012, S. 164.

III. Vom Ende der Voruntersuchung zum Prozess

Die Anklageschrift ging am 24. Juli 1951 an die Anklagekammer des Bundesgerichts.[485] Sie prüfte anhand des Beschlusses des Bundesrats vom 5. Januar 1951, des Dossiers der Voruntersuchung, der Eingaben von Frau Portier-Legrand und der Ex-Eheleute Eggenschwyler und Pfister sowie des Pflichtverteidigers, ob die Anklage gerechtfertigt sei. Am 25. August entschied sie, dass die Anklage zugelassen und der Fall dem Bundesstrafgericht zugewiesen werde. Fünf Wochen später legte der Präsident des Bundesstrafgerichts den Beginn der Gerichtsverhandlung auf den 15. Oktober fest. Er bezeichnete die Beweismittel: die Zeugen und die Dokumente, all jene, welche im Dossier des Untersuchungsrichters enthalten seien. Zudem bestimmte er den Englischlehrer Pierre Piguet als Übersetzer.[486]

a. Die Anklageschrift

1. René Dubois war seit Dezember 1950 für die Bundesanwaltschaft federführend in der Sache Davis zuständig. Nach Abschluss der Voruntersuchung verfasste er die Anklageschrift. Im Oktober 1951 wirkte er als Ankläger vor dem Bundesstrafgericht.

Am 24. Juli stellte Dubois der Anklagekammer des Bundesgerichts die Anklageschrift zu. Er hat die Schrift und die spätere Anklagerede intensiv vorbereitet. Die handschriftlichen Notizen, Auszüge aus den Akten und dokumentarischen Stücke umfassen einige Dutzend Blätter.[487] Überliefert sind die Materialien in vier Faszikeln ausserhalb der chronologisch abgelegten Akten. Zusätzlich liess er zum offiziellen Dossier des Untersuchungsrichters ein Personenregister erstellen, welches etwa 75 Namen mit einigen hundert Seitenangaben umfasst. Während er mit «Notes juridiques» eine naheliegende Kategorie von Notizen bildete und mit «Notes personnelles» eine, deren Bezeichnung nichts über den Inhalt aussagt, erweckt der Faszikel «Pièces diverses de portée exclusivement interne» Aufmerksamkeit wegen des Hinweises auf die «Exklusivität» der Stücke und weil der Titel anzeigt, dass Dubois der Auffassung war, gewisse Aktenstücke oder Notizen seien ausser-

485 Anklageschrift der Bundesanwaltschaft vom 24. Juli 1951, dodis.ch/52784.

486 Vgl. Anordnung des Präsidenten des Strafgerichts vom 1. Oktober 1951, dodis.ch/52764. P. Piguet unterrichtete an der *Ecole supérieure de commerce* in Lausanne. Ich bedanke mich bei den *Archives de la Ville de Lausanne* für die freundliche Auskunft vom 14. Juli 2016.

487 Die im Folgenden beschrieben Materialien hat er im Wesentlichen zum Verfassen der Anklageschrift zusammengestellt, also in der Zeit von Ende Mai bis Mitte Juli. Er hat sie danach ergänzt; zumindest der Faszikel betreffend Senator McCarthy enthält etliche Stücke aus der Zeit nach dem Abschluss der Anklageschrift.

halb der Reihe zu behandeln.[488] Diese Art von Kategorisierung und Separierung bestimmter Zeugnisse amtlicher Tätigkeit mag der Alltagspraxis entsprochen haben. In der Art, wie überliefert wird, nehmen sie eine besondere Stellung ein.

Bezogen auf den ganzen Fall respektive auf die Art und Weise, mit welcher die Strafverfolgungsorgane den Fall behandelten, ist vor allem das vierte Dokumentationsbündel bemerkenswert: «Sénateur McCarthy = organisation étrangère».[489]

Der Faszikel enthält keine Notizen, sondern fast ausschliesslich Zeitungsartikel, etwa 15 an der Zahl, aus US-amerikanischen und schweizerischen Blättern, mit Übersetzungen der meisten US-amerikanischen Artikel.[490] Die Artikel wurden zwischen Juni 1949 und Mitte August 1951 verfasst. Sie befassen sich mit US-amerikanischer Innenpolitik, vor allem mit den Aktivitäten McCarthys, unter besonderer Berücksichtigung seines Treibens gegen John Carter Vincent. Die Stücke aus der Zeit vor den Ermittlungen gegen Davis wurden zu dokumentarischen Zwecken aus unterschiedlichen Dossiers der Bundesanwaltschaft herausgesucht und dem Komplex McCarthy im Strafverfahren gegen Davis beigefügt. Dubois hatte also seine Arbeitskollegen wissen lassen, dass er nach Unterlagen über McCarthy suchte. Auch die Übersetzungen der Artikel aus US-amerikanischen Presseerzeugnissen, die er anfertigen liess und die etliche Seiten umfassen, gehören zum Aufwand für die Dokumentation von McCarthys Aktivitäten.[491] Beinahe die Hälfte der Artikel stammt aus der Zeit um den 10. August 1951, nachdem McCarthy John Carter Vincent erneut scharf angegriffen hatte. Die Stücke belegen, wie Dubois die publizistische Reproduktion dieser Attacke aufgenommen hat. Seine übereilte Eingabe an das Bundesstrafgericht am 11. August 1951, von der weiter unten die Rede sein wird, lässt diesen Aspekt noch deutlicher zutage treten.

John Carter Vincent wurde als Bindeglied par excellence zwischen Davis und McCarthy betrachtet. Seine Bedeutung im Fall Davies wie auch hinsichtlich McCarthys Unternehmungen gegen ihn wurde durch die Anklage übertrieben ausgelegt und dramatisierend hervorgehoben. Nur ein einziges Stück betraf Davis direkt: Die Übersetzung des *Newsweek*-Artikels vom 19. März 1951 hat Dubois im Faszikel McCarthy abgelegt, denn er enthielt einen Absatz über die Verbindung zwischen Davis und einem Helfer des Senators.

Anders als bei den anderen Materialienbündeln, welche Dubois zur Vorbereitung der Anklage zusammenstellte, ist nicht die Art des Materials, sondern dessen Inhalt dossier- respektive faszikelbildend. Der Faszikel zu McCarthy manifestiert

---

488 «Stücke von ausschliesslich interner Bedeutung».

489 «Senator McCarthy = Organisation des Auslandes».

490 Bei den zwei Stücken, die nicht Zeitungsartikel sind, handelt es sich um zwei Notizen der Schweizer Gesandtschaft in Washington betreffend McCarthy, welche das EPD der Bundesanwaltschaft zugestellt hatte: die Notiz vom 14. Dezember 1950 sowie eine ausführliche Notiz als Antwort auf Fragen, die Dubois im August 1951 dem EPD formuliert hatte, nach der erneuten Attacke McCarthys auf John Carter Vincent (vgl. dazu Kapitel IIIb, Dubois' Aktivitäten). Während die Zeitungsartikel und die Übersetzungen im Faszikel wenig Spuren der Bearbeitung aufweisen, hat Dubois in der Note vom 14. Dezember etliche Stellen markiert, die er dann in der Anklagerede verwendet hatte.

491 Eine Kopie des *Newsweek*-Artikels vom 3. April 1950 betreffend McCarthy – mit Übersetzung – liegt ebenfalls in diesem Faszikel. Es handelt sich also um jenen Artikel, der auf unorthodoxem Weg schliesslich doch Bestandteil des offiziellen Dossiers des Untersuchungsrichters wurde.

das drängende Interesse des Anklägers zur Erklärung – einer Ersatzerklärung – des Falles Davis. McCarthy wird für die Lösung des Falles eine zentrale Figur. Da die Vorstellung, das FBI sei als Auftraggeber oder zumindest als Empfänger der Informationen von Davis in die Angelegenheit involviert gewesen, nach dem «Gefühl» der Strafverfolger nicht in Frage kommt, bietet sich der Senator als Alternative an – allerdings nur unter der Voraussetzung, dass der zweite Teil des Faszikeltitels gegeben ist: Dass es sich bei McCarthy um eine ausländische beziehungsweise fremde Organisation im Sinn von Artikel 272 Ziffer 1 StGB handelt.

Die Zusammenstellung dieses McCarthy-Faszikels zeigt, dass McCarthy selbst zu einem wesentlichen Faktor im Fall emporgehoben wurde. Der Faszikel ist Ausdruck dieses «Dranges», der in der Anklagerede seinen Höhepunkt und Abschluss fand. Man habe wählen müssen zwischen dem FBI oder McCarthy.[492] Und die Wahl fiel auf McCarthy. Das Herstellen dieses Bündels von Dokumenten unter diesem Titel ist ein Akt der Affirmation der eigenen Erwartungen respektive des latenten Willens, das Unangenehme zu vermeiden. Ein wesentliches Medium der diffusen Affirmation sind Zeitungsartikel. Sie wirkten als «Echo» – verstärkt durch Übersetzungen –, welches die eigenen Erwartungen wiedergab.

Wesentliche Teile der «Notes personnelles» habe ich bereits erläutert in der ersten Zwischenbetrachtung. Dubois wertete mit diesen Notizen vor allem das Dossier des Untersuchungsrichters aus. Den Kern bilden sechs dicht beschriebene Seiten unter dem Titel «Espionnage politique» sowie vier Seiten «renseignements transmis aux autorités américaines». Diese fasste Dubois auf einer separaten Liste unter dem Titel «rens[eignements] @ ambassade ou agents à Paris» zusammen und unterschied zwischen «renseignements sur personnes» und «documents remis».[493] Notizen, welche die Botschaft oder «agents» in Paris betrafen, kennzeichnete er am Rand mit einem «A», solche, die er als Beleg für Nachrichtendienst betrachtete, mit «rens[eignements]». Davis' Informationen zuhanden des Konsulats sammelte er unter «rens[eignements] au consulat».

Einige wenige Notizen fasste er zusammen unter «Détournement du courrier Eggenschwyler-Pfister», ebenso wenige unter «Télégramme Staempfli à John Carter Vincent». Im Vergleich zur Bedeutung der Adressfälschungen als Auslöser des Falles fand dieses Vergehen in den Notizen eher geringe Aufmerksamkeit. Und im Vergleich zur dramatischen Bedeutung, welche der Ankläger dem gefälschten Telegramm an John Carter Vincent im August 1951 und beim Prozess zuschrieb, wirkt die Aufzählung der einschlägigen Passagen im Dossier des Untersuchungsrichters, festgehalten in den Notizen von Dubois, nüchtern und unauffällig, auch im Vergleich zu den umfangreichen Teilen «Espionnage politique» und «renseignements transmis aux autorités américaines».

Weitere Stichworte, unter denen Dubois Einträge zusammengefasst hat, sind neben anderen «Curriculum vitae de l'inculpé» sowie «La mission de McCarthy»,

---

492 «En présence de versions aussi diverses, *il faut naturellement choisir,* dans la mesure où cela se révèle possible [Unterstreichung im Original, Hervorhebung J. Z.).», Dubois' Manuskript der Anklagerede, S. 4.

493 Man beachte die Unterscheidung zwischen «ambassade» und «agents»: Dubois war sich im Klaren darüber, dass die Botschaft als Vertretung des Aussenministeriums und die «Agenten» Funktionsträger unterschiedlicher Natur waren.

letzterer enthält nur einen Eintrag. Hinzuweisen ist auf ein weiteres Schriftzeichen, mit welchem Dubois einzelne Vermerke charakterisiert hatte, ein «C». Es steht neben Einträgen zu Personen oder Organisationen, die aufgrund der Aussagen von Davis oder nach Auffassung der Polizeiorgane als Kommunisten galten.[494]

Der Faszikel «Pièces diverses de portée exclusivement interne» trägt den Obertitel «Réponses Charles Davis» und enthält im Wesentlichen Notizen über Aussagen von Davis, vor allem Antworten vom grossen Verhör vom 19./20. Dezember 1950. Dazu kommt der Umschlag eines Subfaszikels «Annexes 1 à 14, remis confidentiellement au JdJ [Juge d'instruction, J.Z.] puis restitués par ce magistrat». Gemeint sind damit die 14 Stücke, welche der Stellvertreter des Bundesanwalts dem Untersuchungsrichter zu Beginn von dessen Tätigkeit am 10. Januar 1951 «persönlich», ausserhalb des offiziellen Dossiers zugestellt hatte, mit der Bitte, ihm diese Stücke zurückzusenden, wenn er dafür keine Verwendung mehr habe.[495] Aber nicht diese Dokument liegen in diesem Subfaszikel – Dubois hat sie später an verschiedenen Stellen des Dossiers einzeln abgelegt –, sondern etwas ganz anderes: Notizen, wahrscheinlich zu Telefonaten, welche Balsiger, der Chef der Bundespolizei, über Gespräche angefertigt hatte, die er ganz zu Beginn der gerichtspolizeilichen Untersuchungen geführt hatte.[496]

Die Auszüge zu den Erklärungen von Davis gruppierte Dubois vor allem nach den folgenden Stichworten: «Ambassade américaine», «Activités du Consulat», «Federal Bureau of Investigation», «SR [Senator] McCarthy» sowie «Procès verbaux du juge d'instruction». Darauf, wie präsent die Rolle des FBI für Dubois noch im Sommer 1951 bei der Vorbereitung der Anklageschrift war, habe ich bereits oben in der ersten Zwischenbetrachtung hingewiesen. Auch der Anteil des Konsulats mit seiner Entgegennahme der Spitzelergebnisse kommt deutlich zum Ausdruck, da hier von *Aktivitäten* des Konsulats die Rede ist, wie schon in den «Notes personnelles». In jener Notizensammlung wie in den «Pièces diverses ...» fehlt es also nicht an Hinweisen auf die Beteiligung US-amerikanischer Stellen am Fall Davis. Dubois, Verfasser der Anklageschrift und Ankläger vor Gericht, minimiert allerdings die Rolle der US-amerikanischen Stellen, insbesondere des FBI, in der Anklageschrift – wo er den Begriff umgeht – und negiert sie in der Anklagerede. Hingegen schrieb er McCarthy plötzlich eine Rolle zu, die er ihm in seinen vorbereitenden Materialien nicht zuwies.[497]

---

494 Bei den *Notes personnelles* liegt auch ein Blatt, mit durchgestrichenem Text unter dem Titel «Contacts avec des communistes suisses». Es enthält Fragen, die weniger das Verhältnis von Davis zu einzelnen Personen betreffen, sondern in erster Linie darauf abzielen, weitere Einzelheiten über die von Davis genannten, als Kommunisten geltenden Personen zu erfahren. Das heisst, sie entspringen der Absicht, Davis ‹abzuschöpfen›. Es handelt sich um Fragen, die Davis im grossen Verhör vom 19./20. Dezember 1950 gestellt worden waren (Fragen 38 bis 43).

495 «Beilagen 1 bis 14, dem Untersuchungsrichter vertraulich übergeben, dann von diesem Magistraten zurückgegeben».

496 Es handelt sich um ein Beispiel dafür, wie aussagekräftig solche Notizen sein können, die eher selten in amtlichen Dossiers aufgenommen werden.

497 Zur Ausnahme vgl. oben der Faszikel «Sénateur McCarthy = organisation étrangère», welcher McCarthys Rolle hervorhebt. Das dort zusammengetragene Material stammt jedoch grossenteils aus der Zeit nach dem Verfassen der Anklageschrift.

167 Der Unterschied ist beträchtlich zwischen der Kategorisierung von Aussagen einerseits und dem Hintanstellen von Informationen, die diesen Kategorien zugeordnet, aber beim weiteren Verarbeiten in der Anklageschrift nicht gleich gewichtet wurden wie noch in der vorbereitenden Phase. Die Differenz zwischen der – als Ausgangsbasis – vorhandenen Information und dem Gebrauch, den der Ankläger davon machte, ist offensichtlich. Auswirkungen dieser Differenzierung auf das Gericht konnten nicht ausbleiben. Im Übrigen dokumentiert auch das Namenregister diese Asymmetrie. Für Jack West etwa, Jurist bei der Botschaft, – und meines Erachtens so etwas wie Davis' «Führungsoffizier» –, sind etwa zehn Belegstellen verzeichnet. Sein Name erscheint nicht in der Anklageschrift und in der Anklagerede spricht Dubois den Namen nicht aus.[498]

Der Faszikel «Notes juridiques» enthält vor allem eine umfangreiche handschriftliche Materialsammlung zur Auslegung von Artikel 272 StGB.[499] Die wesentlichen Punkte, zu welchen er sich Gedanken machte, sind die folgenden:

1. Artikel 272 StGB dient dem Schutz des Staates, seiner Souveränität, seiner territorialen Integrität, nicht dem Schutz des Individuums. Das ergibt sich nicht zuletzt aus der Platzierung des Artikels unter dem Dreizehnten Titel des StGB (Verbrechen und Vergehen gegen den Staat und die Landesverteidigung).
2. Breiten Raum nehmen die Notizen zur Frage ein, was unter politischem Nachrichtendienst respektive ausspionierender politischer Tätigkeit zu verstehen sei. Es gehe nicht mehr nur um das Sammeln von Informationen mit dem Ziel, auf Angelegenheiten der Staatsführung Einfluss zu nehmen, sondern auch um das Sammeln von Angaben über die politische Tätigkeit und die politische Orientierung von Personen und Organisationen, einschliesslich der Angabe darüber, dass jemand Jude sei oder einer Freimaurerloge angehöre. Es seien alles politische Nachrichten, was der fremde Staat als politisch bedeutsam betrachte und in Erfahrung zu bringen versuche über die Schweiz, deren Organisationen und Einwohner.
3. Politischen Nachrichtendienst betreibe auch, wer nur als einzelnes Glied in der Beschaffung und Übermittlung der Informationen fungiere. Dazu zählten auch Vorbereitungshandlungen und der Versuch zur Tat. Ein Auftrag dazu müsse nicht vorliegen.

498 Vgl. dazu weiter unten die Anklagerede von Dubois.
499 Der Titel des Faszikels lautet: «*Notes juridiques* ad art. 272 C[ode] P[énal]». Dubois hat die einschlägigen Urteile des Bundesgerichts beziehungsweise des Bundesstrafgerichts und des Kassationshofs sowie die Botschaft des Bundesrates zum Bundesbeschluss betreffend den Schutz und die Sicherheit der Eidgenossenschaft vom 29. April 1935 ausgewertet, vgl. Botschaft des Bundesrates Nr. 3253; betr. «politischen Nachrichtendienst» bzw. «service de renseignements politiques» siehe Feuille fédérale 1935, S. 748. Ausserdem berücksichtigte er die Arbeiten der Expertenkommission zur Revision 1949–1950 der einschlägigen Artikel des Strafgesetzes. Auch die Publikation seines Vorgesetzten, Bundesanwalt Lüthi, wertete er aus. Für den juristischen Teil seiner Anklagerede verwendete er einen grossen Teil dieses Materials, ergänzt durch weitere Erwägungen, vor allem zur Argumentation, nach welcher Davis' Informationen zuhanden von Senator McCarthy als politischer Nachrichtendienst zu betrachten seien.

4. Es sei unerheblich, ob die Informationen «wahr» oder «falsch» seien, zumal sich die Übermittlung falscher Angaben besonders nachteilig auswirken könne.
5. Im Unterschied zu den Strafnormen bezüglich militärischem und wirtschaftlichem Nachrichtendienst gehe es beim politischen Nachrichtendienst nicht um den Schutz von Geheimnissen. Es genüge, dass die Tatsachen nicht allgemein bekannt seien, dass also Anstrengungen notwendig seien, um an die Informationen zu gelangen.

Neben den erwähnten Auszügen aus den Materialien über den politischen Nachrichtendienst enthält der Faszikel «Notes juridiques» ein Blatt, ebenfalls von Dubois. Darauf hält er Argumente fest, welche Davis entlasten: Wenn Davis nicht geredet hätte, würde man heute absolut nichts wissen; Vincent habe es nicht persönlich genommen, was man ihm angetan habe; McCarthy sei in seinem eigenen Land sehr umstritten; es sei unklar, ob McCarthy überhaupt eine Organisation im Sinn von Artikel 272 sei; die Angelegenheit führte zu keinem Schaden, zu nichts Schlimmem.[500] Der Pressberichterstattung nach zu schliessen hat der Pflichtverteidiger Mitte Oktober einige dieser Argumente verwendet, um Davis zu entlasten. Wann Dubois von diesen Überlegungen Kenntnis erhielt, ist nicht auszumachen, ebenso wenig, wie sie auf ihn wirkten und welchen Gebrauch er davon machte.[501]

2. Einzelheiten der Anklageschrift habe ich bereits erwähnt, besonders in der ersten Zwischenbetrachtung betreffend das FBI. Hier folgt eine kurze Beschreibung ihrer Struktur samt einem zusammenfassenden Kommentar.

Dubois sandte die Anklageschrift am 24. Juli 1951, etwa zehn Wochen nach Abschluss der Voruntersuchung, an die Anklagekammer des Bundesgerichts, begleitet von einem kurzen erläuternden Bericht.[502] Tags darauf schickte er dem Präsidenten der Kammer den Schlussbericht des Untersuchungsrichters und dessen offizielles Dossier einschliesslich Aktenverzeichnis.[503] Die Liste der Beweismittel für die Hauptverhandlung führt die Zeugen auf, die angehört werden sollen, und verweist im Übrigen auf alle Dokumente im Dossier des Untersuchungsrichters. Was die Zeugen angeht, ist zu bemerken, dass kein einziger US-Amerikaner benannt wird. Insbesondere fehlen die Aussagen von Seymour Glagow, dessen Einvernahme durch den Untersuchungsrichter alles andere als nebensächlich war. Seine Stellungnahmen waren in der Angelegenheit ebenso ergiebig, wie jene von

500 «Si D[avis] n'avait pas parlé, on ne saurait absolument rien aujourd'hui […]. Aucun préjudice, aucun mal.»

501 Das «Mémoire de défense» von Dubois figuriert zwar im Aktenverzeichnis zum Dossier Davis des Bundesgerichts, ist aber nicht überliefert. Sein Inhalt ist nur bekannt, soweit sich der Ankläger daraus Notizen gemacht hat.

502 Anklageschrift der Bundesanwaltschaft vom 24. Juli 1951, dodis.ch/52784; Schreiben von Dubois an die Anklagekammer des Bundesgerichts vom 24. Juli 1951, dodis.ch/52783.

503 Zum Paket vom 25. Juli zählte auch «le procès-verbal des opérations d'instruction, établi par M. Jeanprêtre». Ich bin weder im Dossier des Bundesgerichts auf das Original einer solche Liste der Untersuchungsaktivitäten gestossen noch in jenem der Bundesanwaltschaft auf eine Kopie des versandten Stücks.

 schweizerischen Staatsangehörigen, welche von der Bundesanwaltschaft als Zeugen gelistet wurden.[504]

Im erläuternden Bericht gibt Dubois den Verlauf des Falles in groben Zügen von der Verhaftung bis zur Eröffnung der Voruntersuchung wieder. Allerdings erwähnt er den Anlass für die Verhaftung – die Adressfälschungen zwecks Umleitung der Post von Eggenschwyler und Pfister – nicht. Dann erwähnt er die Etappe bis zum Schlussbericht Jeanprêtres. Unter Ziffer 3 begründet er, warum der Beschuldigte weiterhin in Untersuchungshaft gehalten werde. Darauf folgt, wie eine Entschuldigung anmutend, die Rechtfertigung dafür, weshalb Davis die Untersuchungshaft weiterhin im Kantonsspital Genf verbringen könne: Davis sei während der Untersuchungshaft krank gewesen und nun, da der Fall wieder in den Händen der Bundesanwaltschaft liege, rekonvaleszent. Daher sei das Justiz- und Polizeidepartement des Kantons Genf gebeten worden, dafür zu sorgen, dass der Beschuldigte zur Untersuchungshaft wie bisher im Kantonsspital bleiben könne.[505]

Punkt vier behandelt die Tatbestände des gemeinen Strafrechts. Hier ist die Rede von der Anzeige, die Eggenschwyler und Pfister wegen der Fälschung der Adressänderungsformulare gegen Davis erstattet hatten. Frau Pfister habe ihre Klage zurückgezogen und es habe sich nicht feststellen lassen, dass es Davis gelungen sei, sich einer Postsendung an Eggenschwyler zu bemächtigen. Deswegen falle die Verletzung des Briefgeheimnisses ausser Betracht. Und die Bundesanwaltschaft habe die Adressfälschungen nicht als Verletzung des Privatgeheimnisses festgehalten. Dagegen betrachte sie den Sachverhalt als Element des politischen Nachrichtendienstes. Eine Begründung, warum er die Adressfälschungen nicht als Verletzung des Privatgeheimnisses ansah, führte Dubois nicht an.[506] Die Argumentation, aufgrund derer sie als Element der Verletzung von Artikel 272 StGB galt, findet sich in der Anklageschrift.

Die Anklageschrift selbst umfasst zwölf Seiten und gliedert sich in drei Teile mit einem abschliessenden Paragrafen über die Zuständigkeit des Bundesgerichts. Gestützt auf das Dossier des Untersuchungsrichters schildert Dubois im

504 Dabei kümmerte sich die Bundesanwaltschaft noch im September um Glagow und andere US-amerikanische Studierende. Geradezu krass erscheint mir das Nicht-Berücksichtigen von Alexander Jordan als Zeugen, jenem US-amerikanischen Medizinstudenten, welcher aus der Zeitung erfuhr, dass er laut Aussagen vor Gericht Kommunist sei. Vgl. dazu weiter unten die sechste Zwischenbetrachtung: Das Telegramm. Dass hingegen Monique Didisheim, geboren am 18. Mai 1928, als Zeugin aufgeboten wurde, obwohl sie der Aktenlage nach für den Fall Davis unbedeutend war – sie traf Davis ein einziges Mal, zufällig, bei Dritten –, zeigt, dass die Bestimmung der Zeugen nach Kriterien erfolgte, die nicht ohne weiteres ersichtlich sind. Zu Didisheim vgl. Kapitel III d.
505 Vgl. das Schreiben der Bundesanwaltschaft vom 15. Juni 1951. Ist die Tatsache, dass Davis seine Untersuchungshaft im Kantonsspital verbringt, so wichtig, dass ihr im kurzen erläuternden Bericht, der insgesamt gut zwei Seiten umfasst, ein Absatz gewidmet werden muss? Das Ganze klingt wie eine Rechtfertigung, eine Rechtfertigung nicht vor der Anklagekammer, sondern der Bundesanwaltschaft vor sich selbst. Der Absatz folgt auf die Begründung der weiteren Untersuchungshaft Davis' und wird eingeleitet durch «En revanche […]». Die passive Formulierung verstärkt den Eindruck einer gewissen Gehemmtheit. Es heisst nicht «wir» oder «die Bundesanwaltschaft haben/hat gebeten», sondern subjektlos das Genfer Justiz- und Polizeidepartement «wurde gebeten».
506 Für den Entscheid, die Fälschung der Adressänderungsformulare nicht als Verletzung des Privatgeheimnisses zu betrachten, fehlt eine Argumentation nicht nur in diesem erläuternden Bericht, sondern auch in der Anklageschrift und in der Anklagerede.

 ersten, etwa zwei Drittel des Textes beanspruchenden Teil den Weg von Davis aus den USA über Frankreich nach Lausanne und dann nach Genf, einschliesslich einer Art Chronik seiner Aktivitäten. Seit seiner Ankunft in Lausanne habe er immer in «linksextremen» Kreisen verkehrt. Das heisst konkret: Er hat sich systematisch an sein «Hauptobjekt» geklammert, an «Kommunisten» oder «Linksextreme», einschliesslich US-amerikanische Staatsangehörige. Davis habe sich als «progressiven» amerikanischen Journalisten ausgegeben, der vor allem den Rassismus in seinem Heimatland kritisierte. Sehr viel Raum widmet Dubois den mündlichen und schriftlichen Berichten, welche Davis dem Konsulat erstattete – Berichte, welche das Konsulat in manchen Fällen in Form von Aktennotizen an die vorgesetzte Stelle weiterleitete. Dubois referiert Davis' Schilderung seiner Bekehrung vom Kommunismus, wie ihm die Augen aufgegangen seien, und er nennt die zahlreichen von Davis denunzierten Personen. Im Grossen und Ganzen verwendet Dubois dabei subjektivierende Verben: z. B. «erklärte», «fügte bei», «behauptete», «denunzierte» oder «machte darauf aufmerksam». Dubois spricht auch von vorgeblichen Feststellungen oder er vermerkt Aussagen mit der Notiz «laut Davis». Gelegentlich kommen jedoch Wendungen vor, welche Davis' Bekundungen wie Tatsachen erscheinen lassen: Er habe beim Konsul auch die Zugehörigkeit der amerikanischen Studierenden Seymour und Sylvia Glagow zu kommunistischen Kreisen in Genf und von Harvey Adelson in Zürich angegeben. Oder: Er mache das Konsulat zudem darauf aufmerksam, dass sich der Schweizer Kommunist Hubert Leuba 1949 auf dem Balkan aufgehalten habe und dass er sich anschicke, über Havanna in die Vereinigten Staaten zu reisen.[507] Die subjektivierenden Formulierungen sind gewiss bewusst gewählt. Dennoch ist unklar, wo Dubois für sich die Grenzen gezogen hat zwischen Aussagen von Davis einerseits und Fakten andererseits. Das ergibt sich nicht nur aus den beiden zitierten Sätzen betreffend die Glagows, Adelson und Hubert Leuba, sondern auch daraus, dass er, was er im ersten Teil der Anklageschrift subjektivierend darstellt, im dritten Teil als gegeben anführt.[508] Natürlich ist nicht zu erwarten, dass ein Repräsentant der Strafverfolgungsorgane zu jedem Satz, den ein Beschuldigter äussert, einen stillschweigenden Entscheid fällt. Aber das wohl unvermeidliche «Unentschieden-Lassen» führte, zumindest bei Dubois, in manchen Fällen dazu, dass der Realitätsgrad für die unentschiedene Person selbst schwankend wurde und dies zu Interpretationen führte. Und durch das, was Davis alles erzählte, entstand eine Art Chaos, das die Versuchung mit sich brachte, zwischen «wahr» und «falsch» nicht nach bestimmten Kriterien zu unterscheiden. Mit anderen Worten: Chaotisches Ausgangsmaterial begünstigte das Einwirken nicht ausdrücklich bewusster Erwartungen und Befürchtungen auf Entscheide über «wahr» oder «falsch».[509]

---

507 «[I]l déclara», «ajouta-t-il», «prétendit», «dénonça», «signala»; «ses prétendus constatations», «selon Davis». «Il dénonça en outre *l'appartenance* aux milieux communistes des étudiants américains Seymour et Sylvia Glagow à Genève, et Harvey Adelson à Zurich [Hervorherbung J. Z.]». «Il signala d'autre part au consulat que le communiste suisse Hubert Leuba avait séjourné en 1949 dans les Balkans et qu'il s'apprêtait à partir pour les Etats-Unis en passant par la Havane.»

508 Im Übrigen ist daran zu erinnern, dass subjektivierende Formulierungen aus Dokumenten durchaus zu Tatsachen werden konnten, vor allem auf den Staatsschutz-Fichen.

509 Diese Art von Variationen für den Fall Davis im Detail zu untersuchen, würde eine eigene Arbeit erfordern, die auch sprachwissenschaftliche Gesichtspunkte berücksichtigt. Der Fall Davis

171 Mit Ziffer 2 des ersten Teils der Anklageschrift markiert Dubois eine Zäsur, beginnend im Mai 1950 und dem Aufenthalt von Davis bei Otto Schneebeli in Zürich.[510] Dann folgt ein längerer Textabschnitt, den ich in zweierlei Hinsicht als Schlüsselpassage betrachte: einerseits als Dokumentation der Zusammenarbeit des Beschuldigten mit den «amerikanischen Agenten, die in Frankreich niedergelassen waren», mit dem FBI also, und andererseits als Ausdruck von Dubois' angestrengtem Vermeiden der Bezeichnung des «FBI». Der Anfang der Passage lautet: «Zur gleichen Zeit, nämlich im Sommer 1950, nahm Davis Kontakt auf mit amerikanischen Agenten, die in Frankreich niedergelassen waren und denen er seine Dienste anbot. Zu diesem Zweck begab er sich mehrmals nach Paris, wo er sich jeweils kürzer oder länger aufhielt.»[511] Weiter unten spricht Dubois von Davis' Kontaktleuten in Frankreich als von den «erwähnten Agenten», beziehungsweise von den «ausländischen Agenten». An einer Stelle bezeichnet er die Empfänger der Informationen und Dokumente als Davis' «Auftraggeber in Paris».[512] Beschrieben sind im Einzelnen die Personen, welche Davis – nach der Dubois' Darstellung – denunzierte, sowie andere Informationen und Dokumente, welche er diesen «ausländischen Agenten» lieferte. Dabei beschreibt Dubois das Treffen bei Schneebeli als Tatsache und die Namen der Personen, welche laut Davis daran teilgenommen haben, als tatsächlich Teilnehmende. In der Anklageschrift steht auch, Davis habe speziell auf Frédéric Eggenschwyler aufmerksam gemacht als einen besonders aktiven Kommunisten, der viele politische Freunde empfange, vor allem italienische Kommunisten. Dubois liess hingegen etwas weg, was Davis ausgesagt hatte: Es sei Jack West gewesen, sein Ansprechpartner bei der Botschaft in Paris, der gewusst habe, dass Eggenschwyler als Verbindungsmann zwischen der schweizerischen und der italienischen kommunistischen Partei gedient und viele italienische Kommunisten bei sich empfangen habe. West habe ihm auch den Auftrag gegeben, über Eggenschwyler möglichst viele Informationen zu sammeln.[513] Ein eigener Absatz ist den zahlreichen amerikanischen Studenten gewidmet, über deren angeblichen oder tatsächlichen politischen Tendenzen er die «ausländischen Agenten» unterrichtete. Er beschrieb diese Studenten als kommu-

würde sich dazu besonders eignen, weil zu vielen «Feststellungen» nichts Anderes vorliegt als das, was Davis erzählte und weil – meines Erachtens – die Strafverfolgungsorgane weniger unternahmen, als mit vertretbarem Aufwand möglich gewesen wäre, um zumindest die wichtigsten Punkte zu klären.

510 Das Treffen hat meines Erachtens nicht stattgefunden. Vgl. dazu die Zeugenaussage von Schneebeli vom10. Februar 1951 und Zeugenaussage während des Prozesses.

511 «A la même époque, soit en été 1950, Davis entra en contact avec des agents américains installés en France, auxquels il offrit ses services. A cet effet, il se rendit à plusieurs reprises à Paris, où il fit des séjours plus ou moins prolongés.»

512 «[L]esdits agents», «agents étrangers»; «[...] des photographies [...] qu'il transmit à ses mandants à Paris [...]». In der formalen Aufzählung der Anklagepunkte ist zudem die Rede von «agents américains établis à Paris» (Bst. c). Dagegen kommt «ambassade» nicht vor, weder als empfangende Stelle noch als Arbeitsort der «agents».

513 Antwort 9 im grossen Verhör vom 19./20. Dezember 1950. Die Akten liefern keinen Anhaltspunkt dafür, dass die erste Behauptung Davis', er habe auf Eggenschwyler aufmerksam gemacht, wahrscheinlicher sei als die zweite, West habe Eggenschwyler seiner besonderen Aufmerksamkeit empfohlen. Es ist daran zu erinnern, dass Davis auch erzählt hatte, West «du service du F.B.I. de l'ambassade à Paris» habe ihm den Auftrag gegeben, die Adressen der Ex-Eheleute Eggenschwyler und Pfister zu «ändern».

nistische Aktivisten oder zumindest als Sympathisanten von Kommunisten. Der Passage über die ausländischen Agenten ordnet Dubois auch die Fälschung der Adressänderungsformulare von Eggenschwyler und Pfister zu. Dubois spricht nicht von Urkundenfälschung, sondern schreibt, Davis habe die Formulare «unter dem Namen der Genannten» ausgefüllt.

Dubois betont, dass Davis den «amerikanischen Agenten» seine Dienste offeriert habe. Das ist eine Interpretations- beziehungsweise Sprachregelung. Sie steht nicht nur in Widerspruch zu dem, womit der Bundesrat seinen Beschluss vom 5. Januar 1951 begründete, sondern auch in einem gewissen Gegensatz zu dem, was Dubois zwei Absätze weiter oben schrieb, wo er von den «Auftraggebern in Paris» sprach. Zu vermerken ist, dass unmittelbar auf die Feststellung vom «Offerieren seiner Dienste» die Aussage folgt, dass sich Davis «zu diesem Zweck mehrmals nach Paris begeben» habe. Damit wurde offen gelassen, wer die Reisen bezahlt hatte, das heisst es wurde nicht ausgeschlossen, dass Davis selbst dafür aufgekommen war.[514]

Verglichen mit der dramatisierten Bedeutung, welche die Anklage der Verbindung zwischen Davis und McCarthy im Spätsommer und Herbst zuweisen sollte, wird das Thema in der Anklageschrift ohne grosses Aufheben behandelt und zwar gegen Ende von Teil I, in einem Abschnitt, der die «ausländischen Agenten» in Paris betrifft.

Davis habe zu einem Zeitpunkt, «den die Voruntersuchung nicht feststellen konnte», Senator McCarthy geschrieben, und ihm «seine Dienste offeriert», politischen Nachrichtendienst zu betreiben.[515] Davis habe gewusst, dass dieser republikanische Senator gegen die Administration Truman und besonders gegen das *State Department* und dessen Chef, Dean Acheson, eine verbissene Kampagne führte. Er sei durch den Emissär McCarthys, John E. Farrand, nach Paris beordert worden. Dieser habe ihn beauftragt, die Beziehungen und Kontakte des amerikanischen diplomatischen und konsularischen Personals in der Schweiz zu überwachen, besonders jene des Gesandten in Bern, John Carter Vincent. Und dann fügt Dubois lakonisch den Satz an: «Davis wurde von Farrand bezahlt.»[516] Der Senator habe einen Teil der Angaben, welche ihm Davis zukommen liess, an das FBI weitergeleitet. Dubois macht aus McCarthys Behauptung eine Feststellung.[517]

514 Davon, dass Davis zumindest bis Juni 1950 kaum über Geld verfügte und seinen Bekannten auf der Tasche gelegen habe, ist in der Anklageschrift nicht die Rede, im Gegensatz zu den Feststellungen des Untersuchungsrichters, des Anklägers selbst in der Anklagerede und anders als in mancher Notiz der Bundesanwaltschaft. In der Reihe der während des ganzen Verfahrens nicht gestellten Fragen, kommt jener nach der Finanzierung der Reisen nach Paris ein besonderer Platz zu, weil sie sich so offensichtlich aufdrängte.

515 «[...] auquel il offrit ses services»: Dubois verwendet den gleichen Ausdruck wie für die Kontaktnahme Davis' mit den «agents étrangers».

516 «Davis fut retribué par Farrand.» Der Satz sagt nichts Bestimmtes aus, insinuiert aber allerhand. Es gibt jedoch keinerlei Anhaltspunkt dafür, dass Farrand Davis in nennenswertem Umfang mit Geld versorgte.

517 Vgl. Kapitel II a, Abschnitt 9. Dass das FBI von McCarthy Informationen entgegennahm, ist eine historische Binsenwahrheit. Dass darunter auch solche waren, die von Davis stammten, scheint mir eher unwahrscheinlich: Das FBI hat sich während der Kampagne McCarthys gegen John Carter Vincent aus eigenen Antrieb ebenfalls mit dem Gesandten in Bern befasst, und zwar mit aufwendigen Sonderermittlungen. Im Übrigen ist dies neben derjenigen Stelle, die die Telefonanrufe aufgreift, die einzige Stelle, an der das FBI in der Anklageschrift erscheint.

Um Vincent bei McCarthy zu diskreditieren, habe Davis dem Gesandten am 4. November 1950 das ominöse Telegramm gesandt, versehen mit der gefälschten Unterschrift von Emil Stämpfli, einem linksextremen Aktivisten. Eine Kopie des Telegramms habe er Farrand zukommen lassen.[518] Ausführlich berichtet Dubois über den einzigen handfesten Beleg der Beziehung zwischen Farrand und Davis. Es handelt sich dabei um einen Brief vom 2. November 1950, dem eine 20-Dollarnote beigelegt war, mit der Bitte versehen, Davis möge seine Informationen ergänzen.[519] Diese 20 Dollar waren wohl der einzige Betrag, der Davis vom Emissär des Senators in die Schweiz überwiesen wurde.[520] Alles in allem wird die Beziehung zwischen Davis und McCarthy in der Anklageschrift eher als Nebensache behandelt. Im Gegensatz zu den zahlreichen Details, welche Dubois über die Leistungen Davis' zuhanden der «Agenten» in Paris notierte, figurieren, was McCarthy angeht, neben dem allgemeinen Auftrag, das diplomatische und konsularische Personal zu «überwachen», hier nur der Bericht über das gefälschte Telegramm und den Brief von Farrand.

Am Schluss von Teil I der Schrift wird Davis' Erschleichen einer Leistung zulasten seiner letzten Vermieterin, Amélie Portier-Legrand geschildert. Es handelt sich dabei um die Telefonanrufe in die USA, an seine Eltern, das *Federal Bureau of Investigations* und an Senator McCarthy. Die Anrufe belasteten ihre Telefonrechnung mit rund 500 Schweizer Franken.

Teil II der Anklageschrift, die juristischen Erwägungen, ist kurzgehalten. Auf etwas mehr als einer Seite hält Dubois fest, dass Davis politischen Nachrichtendienst betrieben habe im Sinn von Artikel 272 Ziffer 1 StGB, indem er «das Tun und Lassen seiner Bekannten in der Schweiz ausspioniert, ihre politischen Sympathien und Beziehungen ausgeforscht und ausländische Agenten über seine Feststellungen – oder Schlussfolgerungen – informiert habe.»[521] Politischen Nachrichtendienst betreibe jemand schon, wenn er nur bruchstückhafte Angaben lie-

---

518 Davis erzählte im grossen Verhör, er habe das Telegramm in Paris an West übergeben und dieser habe darüber das FBI informiert, vgl. dazu das Protokoll des Verhörs vom 19./20 Dezember 1950, Antwort 30. Obwohl das FBI den Gesandten in Bern parallel zu McCarthy ausforschte, halte ich diese Version nicht für glaubwürdiger als jene mit Farrand als Empfänger. Vgl. dazu May, Gary, China scapegoat. The diplomatic ordeal of John Carter Vincent, Washington D. C, 1979.

519 «Dear Charlie, your letter arrived this morning and as per your request enclose $ 20 with which you will complete the information you are obtaining. I hope you will be prompt in letting me hear from you. – Furthermore, I am expecting that you will not restrict your information on the party in Berne only to the ‹Amerasia› case. Most of that material is now known, and it is other concrete information I am interested in.» «Amerasia» war eine US-amerikanische Publikation, welche im Rahmen der Angriffe auf John Carter Vincent ein Thema war, vgl. May 1979.

520 Es fehlt nicht nur an Belegen für andere Überweisungen, sondern Davis selbst sagte während der Gerichtsverhandlung, er habe für seinen Dienst zugunsten McCarthys nur einen geringen Betrag erhalten.

521 «En épiant les faits et gestes des personnes qu'il fréquentait en Suisse, en s'enquérant de leurs sympathies et de leurs relations politiques, en informant des agents étrangers des constatations – ou déductions – qu'il avait faites, Charles Davis a [...]». Anzuwenden war Art. 272 Ziff. 1 in der Fassung, welche der Bundesrat am 29. Oktober 1948 mit seinem Beschluss «betreffend Verstärkung des Staatsschutzes» statuiert hatte: «Wer im Interesse eines fremden Staates oder einer ausländischen Partei oder einer andern Organisation des Auslandes zum Nachteil der Schweiz oder ihrer Angehörigen oder Einwohner politischen Nachrichtendienst betreibt oder einen solchen Dienst einrichtet, wer für solche Dienste anwirbt oder ihnen Vorschub leistet, wird mit Gefängnis bestraft», AS 1948, S. 1075.

 fere, welche es erlaubten, Rückschlüsse zu ziehen auf die politischen Aktivitäten einer bestimmten Person. Es komme nicht darauf an, ob die Information zutreffend oder unzutreffend sei. Im Übrigen gelte dies auch für das Aushorchen von Personen, die in der Schweiz wohnten, unabhängig von ihrem festen Wohnsitz oder ihrem fremdenpolizeilichen Status.

Indem Davis dem Konsulat und «ausländischen Agenten» politische Informationen zukommen liess, habe er «im Interesse eines fremden Staates» gehandelt.[522] Zudem sei die Bundesanwaltschaft der Ansicht, Davis habe mit seinen Informationen zuhanden von Senator McCarthy im Interesse «einer andern vergleichbaren Organisation des Auslandes» gehandelt: McCarthy sei ja im Senat Sprecher oder Repräsentant der Opposition. Er habe an mancherlei Orten Material gesucht, um die Administration Truman zu behelligen und besonders das diplomatische und konsularische Personal nach Möglichkeit zu belasten. Zu diesem Zweck habe er Leute beschäftigt, die Nachforschungen anstellten. Angesichts der Absichten des Senators habe man es mit einer ausländischen politischen Organisation zu tun, deren Aktivität auf dem Territorium der Schweiz unvereinbar sei mit der Unabhängigkeit des Landes.

McCarthys Anteil am Fall Davis wurde hier an die richtige Stelle gerückt, auf Platz zwei, hinter jenem der «ausländischen Agenten». Diese wurden zwar weiterhin nicht mit Namen genannt und auch der Name des staatlichen Organs, für welches sie arbeiteten, blieb unerwähnt. Es liegt ab er auf der Hand, um welches Organ es sich handelt: das FBI. Auch der Verfasser der Anklageschrift wusste dies.

3. Laut Strafprozessordnung bezeichnet die Anklageschrift «das Vergehen, dessen er [der Angeklagte, Anm. d. Autors] beschuldigt wird, nach seinen tatsächlichen und gesetzlichen Merkmalen».[523] Angesichts dieser Vorschrift überrascht eine Gruppe von Vorhaltungen, welche Dubois in der formellen Aufzählung der Beschuldigungen anführt als Belege für Davis' politischen Nachrichtendienst. Davis hätte insbesondere behauptet:

- Im Falle von Unruhen, seien im Voraus bestimmte Aktivisten damit beauftragt, sich bestimmter Einrichtungen zu bemächtigen oder sie zu zerstören.
- Die Wohnung von J. C. Anex sei ein Ort, an welchem sich einheimische und ausländische Kommunisten treffen, um Befehle und Anweisungen der kommunistischen Führer und der Gesellschaft Schweiz-Sowjetunion entgegenzunehmen.
- Der Polizeidirektor von Lausanne, André Muret, würde sich ganz besonders um die amerikanischen Kommunisten in der Schweiz bemühen, welche sich in der Schweiz aufhalten.[524]

522 Es ist abermals an die Rolle des Konsulats zu erinnern, das auch in der Anklageschrift als Empfänger von Davis' Diensten und deshalb als an politischem Nachrichtendienst beteiligte Institution benannt wird. Es repräsentiert den fremden Staat, in dessen Interesse Davis politischen Nachrichtendienst betrieb.

523 BStP Art. 126 Ziff. 2.

524 «[Q]ue le directeur de police de Lausanne, André Muret, s'occupait tout particulièrement des communistes américains séjournant en Suisse».

- Der Student Daniele Fuhrmann, wohnhaft in Zürich, lasse den Ostmächten Informationen zukommen über die militärischen Vorbereitungen der Westmächte.
- Der Kommunist Otto Schneebeli, wohnhaft in Zürich, sei in einer Organisation tätig, die dazu diene, bestimmte Aktivisten mit falschen Papieren auszustatten.[525]

Davis hat ja allerhand Aussagen gemacht, deren Richtigkeit angezweifelt werden müssen. Die eben zitierten Äusserungen gehören zu jenen, denen meines Erachtens der höchste Grad an Unwahrscheinlichkeit zukommt. Sie stammen hauptsächlich aus dem Material, welches das Konsulat der Bundesanwaltschaft nach der Verhaftung von Davis zukommen liess. Es handelt sich um singuläre, nie weiter überprüfte Behauptungen. Und die fünf zitierten Denunziationen, welche Dubois in der Anklageschrift fixierte und verbreitete, beschreiben Untaten der von Davis bespitzelten Personen. Liest man die Beschuldigungen in diesem Dokument, entsteht der Eindruck, die Bespitzelten seien im Grunde genommen doch Täter. Die fünf angeblichen Sachverhalte legen alle irgendwie subversive Tätigkeit nahe.[526]

Es gibt einen konkreten Anhaltspunkt für die Annahme, dass Dubois die Sachverhalte für zutreffend hielt. Im Verhör vom 19./20. Dezember 1950 antwortete Davis auf die Frage, was bei den Treffen bei Schneebeli diskutiert worden sei, unter anderem, dass es um das Verhalten bei einer industriellen Krise, um die Schaffung von Zellen in den Fabriken und um Sabotage gegangen sei. Dubois hat in seinem Handexemplar des Protokolls diese Passage mehrfach markiert und an den Rand geschrieben: «activités des communistes suisses!!»[527]

Das Gewicht, welches der Ankläger hier isolierten Aussagen des Beschuldigten zumisst (besonders solchen, die im Material des Konsulats überliefert sind), ist auch insofern unverhältnismässig, als dieser Stoff in der ganzen Strafverfolgung – der Aktenlage nach zu schliessen – eine ziemlich untergeordnete Rolle spielte. Zudem liegt es auf der Hand, dass sich Davis gegenüber dem Konsulat in einem günstigen Lichte darstellen wollte. Was er dem Konsul und dessen Leuten erzählte, war wohl durch diese Absicht geprägt gewesen. Es bleibt rätselhaft, was Dubois veranlasste, diese Behauptungen in einem der Hauptdokumente des Verfahrens zu deponieren.[528] Kaum zu verstehen ist insbesondere, dass er die denunziatorischen Angaben zu Daniele Fuhrman in die Anklageschrift übernahm. Am Mittwoch, dem 18. Juli, früh nachmittags, also einige Tage, bevor er die An-

525 Es handelt sich um das, was in der Anklageschrift auf S. 10 f. unter Bst. b) zu den Bst. aa) und cc) bis ff) steht.

526 Nicht zu vergessen: Dass Davis nicht einfach des Landes verwiesen, sondern schliesslich doch gründlich verhört wurde, hat seinen Grund nicht zuletzt darin, dass die Bundesanwaltschaft hoffte, von ihm mehr zu erfahren: «Davis est incontestablement au courant de beaucoup de *faits* concernant l'organisation et les membres du parti communiste en Suisse [Hervorhebung J. Z.]» meldete der zuständige Inspektor der Bundespolizei am 6. Dezember 1950 aus Genf, vgl. den Hinweis von Ritschard vom 6. Dezember 1950.

527 Verhör vom 19./20. Dezember 1950, Frage und Antwort 44.

528 Die Punkte wurden vom Gericht aufgenommen und in der ausführlichen Begründung des Urteils reproduziert (dodis.ch/52771, S. 3), und zwar im Kapitel, welches die Überschrift trägt: «Attendu que de l'enquête, de l'instruction et de débats, il ressort *en fait*: […]».

klageschrift versandte, schickte ihm die einschlägige Abteilung der Stadtpolizei Zürich ein Fernschreiben betreffend Fuhrman: «Mit Ausnahme des Polizeirichteramtes, wo er wegen Verstosses gegen die Verdunkelungsvorschriften als Gebüsster vermerkt ist, figuriert Fuhrmann in den hierorts geführten Registern nicht.» Spätestens am folgenden Tag hatte Dubois den Inhalt zur Kenntnis genommen. Mit einem Eintrag vom 19. Juli wurde die Staatsschutzfiche zu Fuhrmann eröffnet.[529] Allerdings steht dort nur eine Korrektur der Wohnadresse. Die entlastende Aussage der Stadtpolizei wurde nicht notiert.[530] Während der Gerichtsverhandlung Mitte Oktober 1951 nannte der Ankläger Fuhrmann dann doch als Beispiel für eine Person, welche von Davis zu Unrecht denunziert worden war. Die Zweideutigkeit im Umgang mit der Denunziation bleibt. Das zeigt sich in den Aufzeichnungen; in der ausführlichen Urteilsbegründung lebte sie weiter.[531]

Festzustellen ist nicht nur, dass Dubois in der Anklageschrift der überdurchschnittlich dubiosen Denunziation den Vorrang gab vor den entlastenden Auskünften der Zürcher Polizei.[532] Die Notiz im Material des Konsulats war so nebensächlich und unbedeutend, dass der Untersuchungsrichter mit keinem Wort auf sie einging. Zwei der Personen, welche Dubois in den hier erörterten Denunziationen nennt, hat der Untersuchungsrichter als Zeugen einvernommen: Anex und Schneebeli. Den Aufzeichnungen über diese Zeugenvernehmung nach zu schliessen, hat er sie nicht zu den Punkten befragt, welche Dubois anführte.[533] Was hingegen Muret und Fuhrmann angeht, brachte der Ankläger die Denunziationen zu Papier, ohne dass die beiden damit konfrontiert worden wären, ohne dass sie Gelegenheit hatten, zu Davis' Beschuldigungen Stellung zu nehmen. Im Übrigen wurde auch Davis nicht danach befragt, woher sein angebliches Wissen über Fuhrmanns und Murets Aktivitäten stamme.[534] Alles in allem zählt, was der

529 Fiche Fuhrmann, Daniele, geb. 27.11.1919, CH-BAR#E4320-01C#1990/134#51*.

530 Die Denunziation Fuhrmanns durch Davis, welche Dubois in die Anklageschrift übernommen hatte, führte zu keinem Eintrag auf der Fiche. Soweit ich es beurteilen kann, wurden Behauptungen von Davis, welche ausschliesslich im Material des Konsulats überliefert sind, nicht auf die Fichen übertragen. Unter dem 23. Juli 1951 steht auf der Fiche Fuhrmanns der zweite und letzte Eintrag. Er bezieht sich auf den detaillierten Bericht, welchen die Stadtpolizei Zürich im Fernschreiben am 18. Juli angekündigt hatte. Dieser Bericht war ebenfalls am 18. Juli verfasst worden, und zwar vom Polizeimann, der auch für das Fernschreiben verantwortlich war. Er wurde der Bundesanwaltschaft über den Nachrichtendienst des Kantons Zürich zugestellt. Der Inhalt ist identisch mit jenem des Fernschreibens. Nur werden die Register, in welchen Fuhrmann nicht figuriert, einzeln genannt. Ausserdem wird festgehalten, dass über ihn auch bei der Universität Zürich, an welcher Fuhrmann einige Semester studiert hatte, nichts Nachteiliges bekannt sei.

531 Man kann die späte explizite, öffentliche Bemerkung zu Fuhrmann als den Versuch betrachten, den Denunzierten irgendwann zu entlasten, indem die früh als unzutreffend erkannte Beschuldigung später doch als falsch bezeichnet wird. Die Auskünfte der Zürcher Polizei veranlassten Dubois auch zu einer Ausbuchtung des Dossiers des Untersuchungsrichters. Er fügte den ausführlichen Bericht vom 18. Juli 1951 dem Dossier zuhanden des Bundesstrafgerichts bei, von Hand als Seite 441 paginiert. Das Dossier, welches der Untersuchungsrichter der Bundesanwaltschaft übergeben hatte, endet auf der Seite 440.

532 Zeitdruck oder mangelnde Sorgfalt genügen nicht als Rechtfertigung für das Weiterverwenden der Denunziation.

533 Vgl. die Befragungen von Anex am 8. Februar und von Schneebeli am 20. Februar 1951.

534 Für André Muret, dessen Denunziation durch Davis unter Bst. b) dd) figuriert, gilt ähnliches wie für Fuhrmann: Der Untersuchungsrichter befasste sich nicht mit ihm. Er wurde nicht um Stellungnahme gebeten vor der Abfassung der Anklageschrift. Die nicht überprüfte Isoliertheit der Denunziationen zulasten Fuhrmanns und Murets lässt sich am Personenregister ablesen, welches der

Ankläger in seiner Schrift vom 24. Juli 1951 unter Buchstaben b) aa) und cc) bis ff) als Beleg für Davis' politischen Nachrichtendienst anführte, zu den ungewöhnlich eigenartigen Elementen, mit denen im Verfahren gegen Davis operiert wurde.[535]

Gemäss stichprobenartiger Überprüfung finden die genannten vermeintlich subversiven Taten der Denunzierten keinen weiteren Niederschlag in den Staatsschutzfichen – ein Zeichen dafür, dass die politische Polizei ihnen keine besondere Bedeutung zumass.[536]

Im Übrigen ist Teil III, die formale Anklage, wie folgt gegliedert: Der Ingress enthält die förmliche Beschuldigung des Vergehens nach Artikel 272 Ziffer 1 StGB (in der Fassung vom 29. Oktober 1948), einen politischen Nachrichtendienst betrieben zu haben zum Nachteil der Schweiz oder ihrer Staatsangehörigen oder Einwohner im Interesse eines fremden Staates, einer ausländischen Partei oder einer ähnlichen ausländischen Organisation. Den Nachrichtendienst habe er betrieben, indem er

a) die Aktivitäten und die Beziehungen der Kreise, zu denen er Zugang hatte, und die ihm bekannten Aktivisten der extremen Linken systematisch ausgekundschaftet habe,

b) dem Konsulat der Vereinigten Staaten in Genf in mündlichen und schriftlichen Berichten politische Informationen über linksextreme Organisationen und Aktivisten übermittelt habe,

c) ähnliche Informationen «amerikanischen Agenten, die in Paris niedergelassen» waren, übermittelt und besonders F. Eggenschwyler und O. Schneebeli denunziert und die Namen der Teilnehmer eines Treffens bei Schneebeli weitergegeben sowie «diese Agenten» über die politischen Tendenzen zahlreicher amerikanischer Studenten informiert habe,

d) «amerikanischen Agenten» Dokumente, die er F. Eggenschwyler entwendet hatte, als Original oder Kopie überlassen habe,

e) versucht habe, sich der Post der Ex-Eheleute Eggenschwyler und Pfister zu bemächtigen, um so Angaben über ihre politische Tätigkeit und über ihre politischen Beziehungen zu erlangen,

---

Ankläger zum Fall Davis hatte anfertigen lassen: Für Fuhrmann findet sich eine einzige Seitenzahl, eben jene, welche auf die Quelle verweist, aus welcher Dubois ungehemmt schöpft. Zu Muret gibt es zwei Ziffern. Die eine bezieht sich ebenfalls auf den Fundort der Denunziation, die andere auf die nicht weiter belegte oder erörterte Aussage Davis', er sei in Lausanne Muret begegnet. Im Übrigen ist die Denunziation Fuhrmanns durch Davis ein Beispiel dafür, wie dieser vorging: Es gibt keinen Beleg dafür, dass sich Fuhrmann je mit Davis unterhalten hatte. Entweder kannte ihn Davis nur vom Hörensagen, oder er hat ihn irgendwann beiläufig getroffen und Namen sowie Adresse notiert. Fuhrmann hatte sein Chemiestudium in Genf fortgeführt und im Dezember 1950 mit dem Diplom abgeschlossen.

535 Anklageschrift der Bundesanwaltschaft vom 24. Juli 1951, dodis.ch/52784.

536 Das ist ein weiteres Indiz dafür, dass diese «Feststellungen» ziemlich weit hergeholt sind. Auf den Fichen Fuhrmann bzw. Schneebeli ist von dem, was Dubois in den Anklagepunkten ee) respektive ff) deponiert, nicht die Rede. Die Fichen Anex und Muret habe ich nicht gesehen.

f) seine Dienste Senator McCarthy, «diesem Repräsentanten einer ausländischen politischen Partei», angeboten habe, «analoge Informationen zu liefern wie dem Konsulat und den oben genannten Agenten»,

g) den Auftrag angenommen habe, politische Informationen zu sammeln über den Gesandten der Vereinigten Staaten in Bern und indem er Farrand eine Kopie des Telegramms zukommen liess, das er mit gefälschter Unterschrift an den Gesandten geschickt habe.

Nach der Aufzählung der Vergehen, welche den Straftatbestand des politischen Nachrichtendienstes erfüllen, wird kurz der zweite Straftatbestand erläutert, das Erschleichen einer Leistung (gemäss Artikel 151 StGB) zulasten seiner letzten Vermieterin. Was die Aufzählung der konkreten Anklagepunkte angeht, bleibt neben der merkwürdigen Ausbreitung bestimmter Details aus dem Stoff, den Davis dem Konsulat zukommen liess,[537] im Folgenden festzustellen:

- Amerikanische Agenten, die in Paris niedergelassen waren, werden als Empfänger von Davis' Informationen und von ihm behändigter Dokumente deutlich benannt, allerdings unter Vermeidung der Bezeichnung «FBI» respektive «Federal Bureau of Investigation». Anders als im beschreibenden Text wird der Begriff «Auftraggeber» in der Liste der Anklagepunkte nicht verwendet.
- Was die Adressfälschungen angeht, wird der Versuch, mehr zu erfahren über das politische Leben der Personen, deren Adressen Davis gefälscht hatte, als unerlaubter Nachrichtendienst interpretiert.
- Die strafbaren Handlungen in Beziehung mit Senator McCarthy werden am Ende der Liste angeführt.
- Davis habe McCarthy «analoge Informationen» wie dem Konsulat und den «Agenten» besorgt.[538] Diese Feststellung ist ungenau und kann in die Irre führen. Dem Konsulat und den «Agenten» lieferte er Informationen entsprechend dem eigentlichen Beobachtungsziel: linksextreme Personen, US-amerikanische Studenten in der Schweiz und Organisationen. Diese Zielgruppe der Studenten interessierte McCarthy nicht. Es gibt keinen Anhaltspunkt dafür, dass ihm Davis dazu Angaben gemacht hätte. Die aufs Ganze gesehen ohnehin marginale Aktivität für McCarthy bezog sich ausschliesslich auf John Carter Vincent, eventuell auf das diplomatische Personal der USA in der Schweiz.[539] Die wesentliche Differenz zwischen den politischen Nachrichten zuhanden des Konsulats und der «Agenten» einerseits und Senator McCarthy andererseits bringt Dubois im beschreibenden Teil der Anklageschrift unübersehbar

537 Bst. b) mit den Bst. aa) und cc) bis ff).

538 Davis habe politischen Nachrichtendienst betrieben, «en livrant à ce représentant d'un parti politique étranger des *renseignements analogues à ceux* qu'il fournissait au consulat et aux agents étrangers [Hervorhebungen J. Z.]», Bst. f) in der Liste der Anklagepunkte.

539 Der angebliche Auftrag Farrands an Davis, «die Beziehungen und die Kontakte des amerikanischen diplomatischen und konsularischen Personals zu überwachen», wird in der Anklageschrift nicht problematisiert: Wie und mit welchen Mitteln soll denn Davis das diplomatische Personal beobachtet oder überwacht («surveiller») haben?

zum Ausdruck: Auf der einen Seite systematisch gesammelte Angaben über diverse Personen und mehrere Organisationen, auf der anderen Seite nur der Kontakt zu Farrand und das gefälschte Telegramm an John Carter Vincent – allerdings unter Überhöhung der finanziellen Bedeutung dieses Kontakts. Indem Dubois in der Liste der Anklagepunkte das Wort «analog» verwendet, verwischt er diesen grundlegenden Unterschied.

4. Der Unterschied zwischen der Liste der Anklagepunkte in der Anklageschrift und der Liste der Beschuldigungen im Bericht zum Bundesratsbeschluss vom 5. Januar 1951 ist erheblich: Das FBI wird als Empfänger von Davis' Material in der Anklageschrift nicht genannt.[540] Es ist zwar die Rede von seinen «Auftraggebern in Paris», von «amerikanischen Agenten, die in Paris niedergelassen sind», aber nicht vom FBI. Ganz anders im Bericht zum Beschluss des Bundesrates: Das FBI wird ausdrücklich genannt, und zwar in jedem der ersten drei Paragrafen mit den Beschuldigungen, welche Davis zur Last gelegt werden. Davis habe am Ende zugegeben,

- einen Kurs zur Ausbildung von Nachrichtendienstleuten besucht zu haben, organisiert vom «Federal Bureau of Investigation (FBI), das heisst der Bundespolizei der Vereinigten Staaten»,
- b) in Frankreich während einer gewissen Zeit gearbeitet zu haben «für das Büro des FBI, das bei der amerikanischen Botschaft in Paris eingerichtet ist»,
- c) in der Schweiz «im Auftrag des erwähnten Büros» eine ähnliche Tätigkeit ausgeübt zu haben.[541]

In der Anklageschrift hält Dubois die Detailbelege für den Nachrichtendienst hauptsächlich aufgrund von Meldungen von Davis zuhanden des Konsulats fest. In der Liste der Beschuldigungen im Bericht zum Beschluss vom 5. Januar 1951 wird das Konsulat nur nebensächlich als Empfänger der Informationen genannt. Und zwar werden dort nicht die kuriosen Denunziationen von Personen angeführt, sondern die Meldung von Davis über die schweizerischen und amerikanischen Teilnehmerinnen und Teilnehmer am Jugendfestival in Budapest. Ausserdem wurde festgehalten, dass Davis dem Konsulat über die Aktivitäten von amerikanischen Kommunisten, die in der Schweiz wohnen, berichtet habe.[542]

Im Bericht vom 5. Januar ist von Senator McCarthy überhaupt nicht die Rede, anders als in der Liste der Anklagepunkte vom 24. Juli, wo McCarthy zwei Paragrafen gewidmet sind. Allerdings wird er erst am Schluss und – verglichen mit

540 Wie oben dargelegt kommt im beschreibenden Teil der Anklageschrift insgesamt zweimal das *Federal Bureau of Investigation* vor – von Dubois in zwei verschiedenen Zusammenhängen mit Anführungszeichen versehen: einmal als Bestandteil einer von McCarthy übernommen Behauptung, einmal bei der Nennung der diversen Telefonanrufe Davis' in die USA.

541 Die drei Feststellungen werden zwar als Aussagen von Davis subjektiviert, jedoch als Geständnisse behandelt und als gegeben angenommen. Das ergibt sich aus der Formulierung im Begleitbericht zum Beschluss aus dessen Ingress: «vu les divers rapports […], d'où *il appert* que Charles Davis […] a pratiqué un service de renseignements pour le compte de la police fédérale des Etats-Unis d'Amérique [Hervorhebungen J. Z.]».

542 Anklageschrift Bst. aa) und cc) bis ff) von Bst. b), 5. Januar 1951 Bst. dd) von Bst. c).

der Darstellung während der Gerichtsverhandlung – in eher nüchternen Form erwähnt.

Schliesslich sei nochmals daran erinnert, dass im Bericht zuhanden des Bundesrates im Zusammenhang mit der Fälschung der Adressänderungsformulare auch die Urkundenfälschung festgehalten wird, und dass die Urkundenfälschung im Ingress zum Bundesratsbeschluss zumindest als Vergehen genannt wird, welches Davis möglicherweise begangen habe. Dieser Aspekt wird in der Anklageschrift nicht erwähnt.

Der Bericht zum Beschluss des Bundesrates beruht im Wesentlichen auf der Vorarbeit der gleichen Person, welche die Anklageschrift verfasst hat, nämlich auf der Synthese von René Dubois vom 22. Dezember 1950. Die deutlichen Unterschiede zwischen Ende Dezember 1950 und Ende Juli 1951 werfen Fragen auf, die nur annähernd beantwortet werden können. Was hat Dubois zu dieser Umgestaltung veranlasst, welche Einflüsse, Hintergrund-Erwartungen und Hintergrund-Befürchtungen waren dafür ausschlaggebend?[543] Dass Dubois die Rolle der «Agenten» im Fall Davis nicht nur beim Vorbereiten der Anklageschrift klar vor Augen hatte, wie seine Arbeitsnotizen belegen, sondern in der Anklageschrift selbst so deutlich zum Ausdruck brachte, ist bemerkenswert, nicht zuletzt angesichts seiner Negierung der Beteiligung des FBI. Für mich steht ausser Zweifel: Dubois' Umgang mit dem Wort «Agenten» belegt, dass er wusste, wovon er sprach. Der zweithöchste Funktionär der schweizerischen Bundesanwaltschaft muss gewusst haben, welche Funktion die «Agenten» ausübten, welchem Organ sie zuzuordnen waren.[544]

5. Ein Vergleich der Anklageschrift mit dem Schlussbericht des Untersuchungsrichters führt zur folgenden Erkenntnis: Dubois und Jeanprêtre waren sich darin einig, dass Davis seinen Stoff aus eigenem Antrieb den Leuten in Paris offeriert hatte. Einig waren sie sich auch beim Entscheid, den Begriff des «FBI» zu vermeiden, wenn es um die Empfänger der von Davis' übermittelten Informationen geht. Anders verhält es sich allerdings bei der Haltung des Untersuchungsrichters. Dieser vermied nicht nur den Begriff «FBI», sondern schloss ausdrücklich aus, «dass ihn die amerikanische Polizei engagiert und in die Schweiz geschickt hat».

Anders als Dubois umging Jeanprêtre auch den Ausdruck «Agent». Anstatt von «ausländischen Agenten» oder von «amerikanischen Agenten, die in Paris niedergelassen sind», sprach er von der «amerikanischen Botschaft in Paris», oder von «amerikanischen Beamten» respektive «amerikanischen konsularischen und diplomatischen Beamten». Dubois, der sogar von Davis' «Auftraggebern» schrieb, nannte die beteiligten Personen «Agenten», ohne sie in Beziehung zu set-

543 Die Differenz zwischen den beiden Darstellungen ist so markant, dass man versucht ist, zu fragen: Was ist mit Dubois geschehen, dass er zwei so divergierende Darstellungen in sich vereinigen zu können glaubte? Die Fragen stellen sich noch drängender angesichts seiner Interpretation des Falles in der Anklagerede.

544 Eine mögliche Erklärung für die Differenz zwischen der impliziten Benennung des FBI in der Anklageschrift und der expliziten Negation in der Anklagerede könnte darin zu finden sein, dass er unterschied zwischen dem, was intern und durch das Amtsgeheimnis geschützt bleiben sollte, und dem, was der Öffentlichkeit zugänglich gemacht werden darf.

zen zur Botschaft oder sie gar als Teil der Botschaft, als diplomatisches Personal auszugeben. Er unterschied klar zwischen «Agenten» und diplomatischem Personal beziehungsweise «Botschaft». Das Wort «ambassade» findet sich nicht in der Anklageschrift. Für Dubois gab es die zwei Empfängerkollektive: Konsulat und «ausländische Agenten», für Jeanprêtre Konsulat und «amerikanische Botschaft».[545] Im Übrigen findet sich bei Jeanprêtre nicht die kuriose Übernahme des Blocks von Denunziationen, welche Dubois aus jener Materialsammlung übernahm, die das Konsulat über Davis' Informationen angelegt hatte.

Demgegenüber ist in der Anklageschrift, anders als im Schlussbericht der Voruntersuchung, nicht die Rede von den prekären materiellen Verhältnissen, in welchen Davis bis zum Sommer 1950 gelebt haben soll. Damit entfällt bei Dubois auch der Hinweis auf den Umschwung der Gegebenheiten ab Sommer 1950.

Die Bedeutung der Beziehung von Davis und Senator McCarthy gewichteten Ankläger und Untersuchungsrichter etwa gleich. Juristisch beurteilte Dubois die Sache aber anders. Er betrachtete den Senator sehr wohl als Repräsentanten einer «ausländischen politischen Partei» im Sinn von Artikel 272 StGB. Sowohl Dubois als auch Jeanprêtre ergehen sich in Andeutungen über die Entlohnung von Davis durch McCarthys Mann in Paris. Beiden Dokumenten kann man die Tendenz entnehmen, die Bedeutung dieses Geldes zu übertreiben – ohne konkrete Angaben dafür vorzulegen, dass es sich um eine substanzielle Unterstützung handelte.

6. In der US-amerikanischen Presse wurde der Fall Davis im Zusammenhang mit der Anklageschrift wieder häufig behandelt. Konsul Ward orientierte zwei Tage nach dem Versand der Anklageschrift die Presse. Dass Ward auf dem Laufenden war, den Inhalt der Schrift kannte und umgehend verlauten liess, die Bundesanwaltschaft habe formell Anklage erhoben, ist nicht selbstverständlich.[546] Wer ihn kundig machte, ist den Akten nicht zu entnehmen. Der Pflichtverteidiger, der mit dem Konsul auf gutem Fuss stand, kommt als Quelle ebenso in Frage wie irgendein Angehöriger der Strafverfolgungsorgane.[547]

Zahlreiche US-amerikanische Zeitungen übernahmen den Bericht ihrer Presseagenturen aus Genf. Einzelne platzierten das Thema auf der ersten Seite oder verfassten dazu Leitartikel.[548] Getreulich meldeten sie, was der Konsul gesagt habe: Davis werde beschuldigt, für ein fremdes Land spioniert zu haben. Um welches

545 Es ist, als hätte man es, was das Faktum FBI angeht, bei Dubois und bei Jeanprêtre mit zwei verschiedenen, aber in die gleiche Richtung weisende Vermeidungshaltungen zu tun; eine diffusere, möglichst viel im Unklaren belassende beim Untersuchungsrichter und eine plastischere, das Objekt zwar verhüllende, aber deutlich darauf zeigende beim Ankläger.

546 Die Bundesanwaltschaft lehnte den Wunsch des EPD ab, der Gesandtschaft ein Exemplar der Anklageschrift zu überlassen. Vgl. das Schreiben der Bundesanwaltschaft an das EPD vom 3. August 1951, dodis.ch/52781.

547 Zum Verhältnis zwischen Konsul Ward und dem Anwalt Martin Achard vgl. u. a. Kapitel III d, Abschnitt 5. Die Verbindung zwischen Balsiger, dem Chef der Bundespolizei, und Kronthal, seinem US-amerikanischen Gesprächspartner in Bern, bestand weiter, vgl. dazu Kapitel III d, Abschnitt 4.

548 Das EPD übermittelte der Bundesanwaltschaft am 16. August 1951 16 Presseausschnitte, die meisten vom 27. Juli datiert. Die Titel lauteten «Swiss Holding An American for Espionnage», «Negro faces Swiss Trial» oder ähnlich. Bei den Akten liegen dreieinhalb Seiten ins Deutsche übersetzte Artikel respektive übersetzte Titel sowie die französische Übersetzung des Artikels aus der *New York Herald Tribune* vom 27. Juli 1951, angefertigt vom Genfer Polizeiinspektor Gerbex.

Land es sich handle, wisse er nicht. Ward behauptete laut den Zeitungsberichten zudem, nicht nur den amerikanischen Behörden, sondern auch Davis seien die Beschuldigungen bisher nicht mitgeteilt worden. Er liess die Presse abermals wissen, dass das Konsulat in der Sache Davis pflichtgemäss interveniert habe. Man habe auch erfahren, steht in der Presse zu lesen, «dass die amerikanische Gesandtschaft in Bern bei der schweizerischen Regierung verschiedentlich protestierte wegen des Aufschubs der Untersuchung gegen Davis».[549] Diese Bemerkung und der Hinweis auf Davis' Tuberkulose – er werde im Gefängnisspital wegen Tuberkulose behandelt beziehungsweise er sei im Gefängnis an Tuberkulose erkrankt – weisen darauf hin, dass die Pressearbeit den US-Stellen auch als Druckmittel gegen die Schweiz diente. Es ging nicht nur darum, die Öffentlichkeit zu orientieren, sondern auch darum, die schweizerischen Strafverfolgungsorgane und die Schweizer Behörden in ungünstigem Licht erscheinen zu lassen.[550] Im Übrigen meldete eine Zeitung, Davis habe zu unterschiedlichen Zeitpunkten behauptet, ein Kommunist oder ein Agent von Senator McCarthy, des FBI oder des *State Department* zu sein. Ward habe aber die Beteuerung von Davis, er sei von der amerikanischen Botschaft in Paris beschäftig worden, als unzutreffend zurückgewiesen. Schliesslich spielte McCarthy im Gegensatz zu den Veröffentlichungen im Februar und in den Artikeln im Herbst 1951 in der Berichterstattung von Ende Juli keine nennenswerte Rolle.[551]

Den US-amerikanischen Stellen lag daran, dass über die Sache berichtet wurde, den Schweizer Behörden nicht. Einzelne Schweizer Zeitungen berichteten darüber – ausgehend von dem, was in den US-amerikanischen Blättern stand. Unter dem Titel «Der Spionage angeklagt. Eine amerikanische Meldung» referierte das *Berner Tagblatt* was die *New York Herald Tribune* über den Fall Davis berichtete und fügt kommentierend bei:

> «Auf dem Umweg über das Ausland erhält die schweizerische Öffentlichkeit wieder einmal Kenntnis von schweizerischen Vorgängen. Die Meldung des angesehenen amerikanischen Blattes ist nicht dazu angetan, eine der Schweiz gegenüber freundliche Stimmung zu schaffen. Gewiss, ein Spion ist ein Spion – aber das muss erst bewiesen werden. Lange Untersuchungshaft verzögert die Gerichtsverhandlung und vermittelt zudem dem amerikanischen Leser, abgesehen von andern Eindrücken, die Meinung, schweizerische Gefängnisse seien Ansteckungsherde für Tuberkulose. Dass die US-Meldung in dem Augenblick gewisser Meinungsverschiedenheiten über *amerikanisch-schweizerische Wirtschaftsbeziehungen* mit gegebenen unterschiedlichen Auffassungen über das Ausmass unserer Neutralität veröffentlicht wurde, erscheint andererseits *kaum zufälliges Zusammentreffen* zu sein.»[552]

Ähnlich lautete der Tenor in der *Appenzeller Zeitung*. Sie übersetzte den Artikel der *New York Herald Tribune* schon am 28. Juli und vermerkte dazu:

> «Wie gewohnt, hat das Bundeshaus diesen Fall, der, wie es scheint, zu gewissen Meinungsverschiedenheiten zwischen dem Bundeshaus und der amerikanischen Botschaft geführt hat, totgeschwiegen, so dass die schweizerische Presse auf ausländische Meldungen angewiesen ist. Vielleicht täte Bern gut daran, eine zuverlässige Darstellung dieser Angelegenheit zu publizieren, so

549 Almeda (Cal.) *Times-Star* vom 27. Juli 1951, zitiert nach der Übersetzung, die bei den Akten liegt.

550 Vgl. dazu auch im Folgenden den Kommentar im *Berner Tagblatt* vom 30. Juli 1951.

551 Es bestand angesichts der Nachrichtenlage – und ihrer innenpolitischen Einbettung – in der US-amerikanischen Presse Ende Juli kein Anlass, den Namen des Senators auch nur in einem Zwischentitel zu verwenden.

552 *Berner Tagblatt* vom 30. Juli 1951, Nr. 207 (Hervorhebungen im Original).

> dass nicht die amerikanische Öffentlichkeit den Eindruck erhält, die schweizerischen Gefängnisse seien mit Tbc verseucht und die Verhafteten würden auf unbegrenzte Zeit in Untersuchungshaft gelassen.»[553]

Die offizielle Schweiz zeigte also kein Interesse daran, dass sich die schweizerische Öffentlichkeit Ende Juli 1951 mit dem Fall Davis beschäftigte.[554] Was immer die Gründe dafür gewesen sein mögen und wer immer dieses Beschweigen für gut befand, die Bundesanwaltschaft selbst oder das EPD: Wie schon im Februar erwiesen sich die schweizerischen Instanzen als eher unbeholfen in Sachen Pressearbeit. Abermals überliessen sie das Feld den US-amerikanischen Stellen, welche die Gelegenheit wieder benutzen, um Akzente zu setzen und der Öffentlichkeit ihre Version der Dinge nahezubringen.

Vierte Zwischenbetrachtung: Das «behandelte» Dossier

Dem Dossier des Untersuchungsrichters kam eine gewisse Autorität zu, insofern als es eine der wesentlichen Grundlagen des Gerichtsverfahrens bildete.[555] Aber das Dossier, welches die Bundesanwaltschaft mit der Anklageschrift dem Bundesgericht übermittelte, war nicht völlig identisch mit demjenigen, das sie vom Untersuchungsrichter entgegengenommen hatte. Sein Dossier betreffend den Aspekt des politischen Vergehens hatte 440, das definitive, das die Bundesanwaltschaft weiterleitete, 442 Seiten.[556] Und die Seiten von 381 bis 387 dieses Dossiers sind grossenteils von Hand mit Seitenzahlen versehen worden, während das Dossier sonst mit einem Zahlenstempel mechanisch paginiert wurde. Ein Vergleich mit dem Inventar, welches der Untersuchungsrichter seinem Dossier beigegeben hatte, zeigt: Die Stücke mit den handpaginierten Seiten sind nicht identisch mit jenen, welche der Untersuchungsrichter gleichenorts eingereiht hatte. Die Bundesanwaltschaft hat einzelne Stücke durch andere ersetzt, die sie offenbar für wichtiger hielt als die ersetzten respektive von denen sie annahm, sie seien notwendiger, um den Fall so zu dokumentieren, wie sie ihn interpretierte. Einzelne Stück hat Dubois als federführende Person am Schluss zusätzlich angefügt.[557]

553 *Appenzeller-Zeitung* vom 28. Juli 1951. Der Artikel aus dem *Berner Tagblatt* befindet sich im Dossier Davis der Bundesanwaltschaft, jener aus der *Appenzeller-Zeitung* im Dossier Davis des EPD (CH-BAR#E2001E#1969/121#852*). Bei den Akten liegen keine Ausschnitte aus den grösseren schweizerischen Presseorganen, weder aus jenen der Deutschschweiz noch aus der Romandie.
554 Dass es sich um einen bewussten Verzicht auf das Informieren gehandelt hat, belegt ein Hinweis im Schreiben der Bundesanwaltschaft, mit welchem sie dem EPD erklärt, warum sie der US-Gesandtschaft die Anklageschrift nicht aushändigen könne. Als einen der Gründe führt sie am 3. August 1951 an: «La presse suisse ignore tous des faits reprochés à l'inculpé.» Die schweizerische Presse hat keinerlei Kenntnis von den Taten, welche dem Beschuldigten zur Last gelegt werden. Vgl. das Schreiben der Bundesanwaltschaft an das EPD vom 3. August 1951, dodis.ch/52781.
555 Vgl. den Überweisungsbeschluss der Anklagekammer vom 25. August – «Vu le dossier de l'instruction préparatoire» –, die Anordnung des Bundesstrafgerichts vom 1. Oktober unter «Preuves par documents» und auch BStP Art. 119 Abs. 3 nebst Art. 127 Abs. 1.
556 Am 16. Mai 1951 übermittelte der Untersuchungsrichter mit dem Schlussbericht auch seine Dossiers: «le dossier de l'affaire Charles Davis (I et II – espionnage politique; III infractions de droit commun)». Das Material betreffend den politischen Nachrichtendienst, die Teile I und II, erstreckten sich von Seite 1 bis 440. In der Regel wurden nur die Vorderseiten von Blättern beschrieben, die leeren Rückseiten aber mitgezählt. Das heisst, normalerweise kommen nur ungerade Seitenzahlen paginiert vor. Gerade Seitenzahlen beuten ein Abweichen vom allgemeinen Zählsystem.
557 Die manuell eingetragenen Seitenzahlen 381 bis 386 stammen von Dubois, die Seitenzahlen 441 und 442 wohl von einer anderen Person.

Ein Blick auf die Details ist aufschlussreich. Die Tatsache, dass im Gesamtdossier der Bundesanwaltschaft zum Fall Davis mit dem Aktenzeichen C.12.5032 zwei Dokumente mot der Nummer 92 abgelegt sind, habe ich bereits geschildert und auch dargelegt, warum ich annehme, dass diese Doppelung vorgenommen wurde, bevor der Untersuchungsrichter sein Dossier der Bundesanwaltschaft ablieferte.[558] Die meines Erachtens originale Nummer 92, jene mit den Auskünften des EPD zu Grey, West und Larkin, bildet jedoch ein Bindeglied zu dem, was hier aufzuführen ist, nämlich zu den Änderungen, die zweifellos von der Bundesanwaltschaft stammen und zwischen Mitte Mai und dem 24. Juli vorgenommen wurden. Aus der originalen, mechanisch als Seite 383 paginierten Nummer 92 vom 28. Februar 1951 gelangte ein Auszug mit der Passage betreffend Grey, West und Larkin als Nummer 90 ins definitive Dossier, mechanisch bezifferte mit der Seitennummer 379. Die andere, zweite Nummer 92, jene vom 3. Februar 1951, liegt im definitiven Dossier und wurde von Hand mit der Seitenzahl 381 versehen.

Die Seitenzahl 383, frei geworden durch die Entfernung der ursprünglichen Nummer 92, verwendete Dubois für den *Newsweek*-Artikel «Trap for McCarthy» vom 3. April 1950. Dubois setzte auf jede der drei Seiten des Artikels von Hand die Ziffer 383.[559] Dass er es für geboten hielt, dieses Stück dem Dossier beizugeben, ist in meinen Augen ein weiterer Beleg für sein Bedürfnis, dem Aspekt McCarthy im Fall Davis möglichst grosses Gewicht zu verleihen. Der Untersuchungsrichter hatte den Artikel nach Abschluss seiner Arbeit an die Bundesanwaltschaft zurückgesandt, als eines der Dokumente, die ohne Nutzen seien für das Dossier.[560] Dubois hat das Dokument reintegriert.

Die handschriftlich paginierte Seite 384 ist Inspektor Ritschards Bericht vom 15. Dezember 1950 betreffend Farrand und Codington beigefügt.[561] Dazu drei Feststellungen:

1. Im Dossier des Untersuchungsrichters figurierte das Dokument bereits als Nummer 23.[562] Dubois hat dies wohl übersehen und das Stück ein zweites Mal ins Dossier aufgenommen.
2. Bei den Akten liegt eine jüngere Version dieses Berichts vom 26. Juni 1951, welche ergänzt war mit Bemerkungen über allfällige Beziehungen zwischen Davis und Farrand respektive Codington. Ein dritter Abschnitt betrifft West und Larkin. Dubois hat dem Dossier die ältere Version beigefügt, in welcher West und Larkin nicht vorkommen.

558 Siehe Kapitel II a, Abschnitt 8.

559 «Falle für McCarthy». Zusätzlich ist die Titelseite der *Newsweek*-Nummer, die als ganzes Heft beigefügt wurde, mit der Seitenzahl 383 versehen. Vgl. zu diesem ominös gehandhabten Artikel die vierte Zwischenbetrachtung: Das «behandelte» Dossier.

560 «[…] certains documents qu'il m'a paru inutile de verser au dossier officiel de l'affaire», Schreiben des Untersuchungsrichters vom 16. Mai 1951.

561 Der Bericht umfasst zwei Seiten. Beide sind mit der handgeschriebenen Ziffer 384 versehen. Im Übrigen wurde, wie aufgrund des von Hand beigefügten Kürzels ersichtlich ist, dieses Exemplar des Berichts auch dem Chef der Bundespolizei, Werner Balsiger, zur Kenntnis vorgelegt.

562 Im Dossier des Untersuchungsrichters die Seiten 133 und 135.

185 3. Die ausserordentliche Bedeutung, welche er diesem Bericht zumass, hängt wohl damit zusammen, dass hier McCarthys Gehilfe Farrand, mit dem Davis Kontakt hatte, als existierende Person beschrieben wird.

Zur Seite 385 wurde das Schreiben der Bundesanwaltschaft vom 15. Juni 1951 beigefügt, mit welchem sie das Genfer Justiz- und Polizeidepartement darum bat, dafür zu sorgen, dass Davis die Untersuchungshaft weiterhin im Kantonsspital verbringen könne.[563] Die Seitenzahl 386 wurde verwendet für die Materialien betreffend die beiden Personen mit dem Namen Monique Didisheim. Diese Ziffer findet sich jeweils auf der ersten Seite der Erklärung der «ersten» Monique Didisheim vom 30. Mai 1950 und des Berichts von Gerbex vom 4. Juni 1951 zur ganzen Angelegenheit.

Die Seitengebung ab Nr. 94 und Seite 387 ist wieder geordnet, bis zu den beiden handpaginierten Zusätzen am Ende des Dossiers. Auf der Seite 441 ist der Bericht der Stadtpolizei Zürich zuhanden der Bundesanwaltschaft in Sachen Daniele Fuhrmann und auf der Seite 442 das Begleitschreiben der Bundesanwaltschaft zur Sendung der Anklageschrift an den Pflichtverteidiger vom 24. Juli 1951.

Ein übergeordnetes Prinzip, das alle Änderungen begreifen liesse, welche die Bundesanwaltschaft am Dossier vorgenommen hat, vermag ich nicht zu erkennen. Die Auskünfte betreffend Fuhrmann und die beiden Monique Didisheim zu berücksichtigen, drängte sich meiner Ansicht nach zumindest unter dem Gesichtspunkt der Bedeutung der geschilderten Sachverhalte für den Fall Davis respektive für die Gerichtsverhandlung nicht auf.[564] Klar ist hingegen eine Teilabsicht der Hinzufügung, McCarthy solle stärker ins Bewusstsein gerückt werden. Das gilt für das Stück, welches wesentlich den Gehilfen Farrand betrifft, vor allem aber die für Reintegration des *Newsweek*-Artikels, den der Untersuchungsrichter ausdrücklich als «unnötig für das offizielle Dossier» bezeichnet hatte.

Bezieht man die Kuriosität der beiden Nummern 92 ein, so kann man darin die Bemühungen erkennen, statt der jüngeren Version des Farrand-Codington-Dokuments mit dem West-Larkin-Zusatz die Fassung ohne Hinweis auf diese Personen zu verwendet. Und statt der ursprünglichen, mechanisch mit 383 paginierten Nummer 92, welche Auskunft gab über Grey, West und Larkin gibt, findet sich im Dossier eine andere Nummer 92 mit einer relativ belanglosen Auskunft, die von der Telegrafenverwaltung herrührt.

b. Aktivitäten des Anklägers

1. Zwischen Abschluss der Anklageschrift und dem Auftritt vor dem Gericht entfaltete Substitut Dubois Aktivitäten, die es angebracht erscheinen lassen, sie in einem eigenen kleinen Kapitel zu behandeln.

Am 10./11. August liess sich der Ankläger zu einer ungewohnten, durch eine gewisse Hast und Intensität gekennzeichnete Aktivität anregen. McCarthy hatte,

563 Zusätzlich gibt es eine mechanisch paginierte Seite 385 – das Stück Nr. 93 laut Inventar des Untersuchungsrichters –, die von Hand zur Seite 385 a gemacht wurde. Sie betrifft eine meines Erachtens unbedeutende Nebenhandlung, die ich in der Darstellung des Falles Davis ausser Acht lasse.

564 Vielleicht diente die Integration ins Dossier nur dem Nachweis der zusätzlichen Abklärungen, welche die Bundesanwaltschaft nach Abschluss der Voruntersuchung getätigt hatte.

laut einem Bericht in *Der Bund* am 9. August im Senat behauptet, 26 namentlich genannte Beamte und Angestellte des *State Department,* darunter der ehemalige Gesandte der USA in der Schweiz, John Carter Vincent, seien «formell unter Anklage kommunistischer Umtriebe gestellt worden».[565] Vincent werde «offiziell beschuldigt, Mitglied der Kommunistischen Partei zu sein und *in der Schweiz Spionage getrieben zu haben*».[566] Dubois hielt die Beschuldigungen für bedeutsam, denn sie gaben seiner Ansicht nach den «Diensten», welche Davis dem Gehilfen McCarthys geleistet hatte, ein erhebliches Gewicht. Ganz einfach das Faktum, dass Davis in irgendeiner Beziehung zum Senator stand, der den ehemaligen US-Gesandten in der Schweiz attackierte, hielt Dubois für so wichtig, dass er sich zu umgehendem Handeln veranlasst sah.

Aber die Beschuldigungen McCarthys gegen Vincent beruhten nicht auf Davis' Informationen. Was dieser bot, war vollkommen unbedeutend verglichen mit dem Stoff, den – abgesehen von den haltlosen, aber wirksamen Denunziationen des Senators – das FBI und das *State Department* zusammengetragen hatten.[567]

Am Tag nach dem Erscheinen des Zeitungsberichts sandte der Ankläger die Zeitungsberichte mit folgender Begründung an die Anklagekammer des Bundesgerichts: In der Anklageschrift zum Fall Davis gehe es um den amerikanischen Senator McCarthy. Die Anklage werfe Davis vor, diesem Politiker Informationen übergeben zu haben. Die Bundesanwaltschaft sende der Anklagekammer die beiden Zeitungsberichte – aus dem *Bund* und der *Gazette de Lausanne* – mit der Bitte, sie dem Dossier beizufügen. Zehn Tage später spedierte der Präsident der Anklagekammer die beiden Zeitungsberichte zurück an Dubois.[568] Die beiden Artikel kämen nur in Frage als Beweismittel. Als solche hätten sie mit der Anklageschrift

---

565 *Der Bund* vom 10. August 1951, Nr. 370, gestützt auf die Agentur *United Press.* Der Titel des Artikels lautet: «Der frühere amerikanische Gesandte in Bern Vincent der Spionage beschuldigt». In der *New York Times* des gleichen Tags heisst es, wohl treffender: «Senator McCarthy said those named on the list faced ‹letters of charges› based upon information gathered by the Federal Bureau of Investigations [...] He defined ‹letters of charge› as similar to grand jury indictments or information filed by a prosecutor.» Vgl. auch die Übersetzung, die bei den Akten liegt, über welche der Ankläger aber zum Zeitpunkt seiner Aktivitäten noch nicht verfügte.

566 Hervorhebung im Original. Auch hier ist nicht klar, ob die Übersetzung oder die Meldung der Agentur ungenau war. Im erwähnten Artikel der *New York Times* ist nicht die Rede davon, dass McCarthy Vincent beschuldigt habe, in der Schweiz Spionage betrieben zu haben, sondern nur allgemein davon, dass ihm «Spionageaktivitäten» vorgeworfen würden. Im darauffolgenden Halbsatz kommt zwar die Schweiz vor. Aber zu schreiben, laut McCarthy habe Vincent in der Schweiz spioniert, ist eine Deduktion des Berichterstatters, nicht eine Tatsachenbehauptung. Der Bericht in der *Gazette de Lausanne,* hat, was die zitierten Stellen angeht, den gleichen Wortlaut wie jener im *Bund* vom 10. August 1951, Nr. 188, ebenfalls nach *United Press* unter dem Titel «McCarthy accuse l'ancien ministre américain à Berne d'être un agent communiste». Ich beschreibe dies detailliert, weil der Ankläger aus den Berichte im *Bund* und in der *Gazette de Lausanne* weitgehende Schlüsse zog – nicht nur im August, sondern auch im Oktober beim Prozess – und sich durch diese Lektüre der Artikel zu Aktivitäten anregen liess. Dubois sammelte weitere Artikel aus schweizerischen und US-amerikanischen Zeitungen über die genannten Anschuldigungen McCarthys. Sie machten den grössten Teil der zwölf Beilagen aus, die er Anfang Oktober dem Gericht zustellte. Das Gericht unterbreitete die zwölf zusätzlichen Beweisstücke am 3. Oktober dem Pflichtverteidiger, mit der Bitte, sie bis zum 6. Oktober zurückzusenden.

567 Vgl. etwa die Sammlung des FBI: «In February 1946, Vincent's FBI file contained barely two pages of information regarding his life and career; by August 1951, when the bureau completed its investigation, the file was filled with hundreds of pages», May 1983, S. 174.

568 Sendung von Dubois an Anklagekammer vom 11. August, Sendung der Anklagekammer an Dubois vom 20. August 1951.

eingereicht werden müssen, damit der Beschuldigte Gelegenheit gehabt hätte, sich in seiner Verteidigungsschrift dazu zu äussern, wie es Art. 127 Abs. 3 BStP fordere. Dubois könne die Stücke natürlich vor dem Bundestrafgericht präsentieren, falls er dies wünsche. Auf die Zurückweisung antwortete er dem Präsidenten der Anklagekammer eher kleinlaut: Er habe seine kritischen Bemerkungen zur Kenntnis genommen und werde die Beweistücke später vorlegen, gestützt auf BStP Art. 137 Abs. 2.Er habe sich die Freiheit genommen, der Kammer die Artikel über McCarthys Angriffe auf John Carter Vincent zuzustellen, damit die Anklagekammer in Kenntnis der Sachlage einen Entscheid treffen könne. Im Übrigen seien die Berichte noch nicht vorhanden gewesen, als die Anklageschrift deponiert worden sei. Der oberste Ankläger des Bundes hatte also eine Bestimmung der Strafprozessordnung vergessen und wurde von der Anklagekammer des Bundesgerichts an sie erinnert.[569]

Ich interpretiere das wie folgt: Dubois erblickte schwarz auf weiss gedruckt, dass John Carter Vincent als Kommunist beschuldigt wurde. Das löste einen Reiz aus, einen Reiz in einer angespannten Situation, die gekennzeichnet war durch die Neigung, einen Ausweg aus der Evidenz zu finden, eine Ersatzlösung.[570] Seit Mitte Februar hatte er geahnt, McCarthy könnte dazu dienen, diese Befürchtung zu eliminieren, das FBI könnte ins Rampenlicht geraten. Die These – McCarthy habe bei Davis' Spitzeldiensten den Brückenkopf gebildet –, welche eine so passende Lösung des FBI-Problems bilden würde, empfand Dubois selbst wohl bis über die Zeit hinaus, da er die Anklageschrift verfasste, als kaum gesichert. Das zeigt sich unter anderem einerseits an der vergleichsweisen bescheidenen Bedeutung, welche er der McCarthy-Linie in der Anklageschrift zuweist und andererseits in der Übertreibung der Bedeutung der Entlöhnung Davis' durch den Emissär des Senators.

Nun also las er in der Zeitung, McCarthy beschuldige Vincent, Kommunist zu sein. Da Davis das gefälscht Telegramm an den ehemalige Gesandten zugegebenermassen geschickt hatte, um ihn zu diskreditieren, indem er scheinbar Kontakte zwischen Linksextremisten respektive Personen, die dem Kommunismus nahe standen, und Vincent dokumentierte, löste die Zeitungslektüre den Reflex aus, McCarthys Attacke beruhe auf Davis' Zutun.[571] «Die Rolle, welche der be-

569 Nicht, dass dem Ankläger ein Fehler unterlief, ist erwähnenswert, sondern dass er gerade *diesen* Fehler gemacht hat, unter *diesen* Umständen.

570 Es mutet an wie Autosuggestion: Dubois arbeitet daran, sich von der gewünschten Lösung zu überzeugen. Die suggestive Kraft der aus den Zeitungsartikeln herausdestillierten Wunsch-Hypothese wurde dadurch verstärkt, dass Dubois sich die US-amerikanische Presse nicht primär auf Englisch aneignete – eine Sprache, die er wenig beherrschte –, sondern in deutscher Übersetzung. Schon zu den US-amerikanischen Zeitungsartikeln vom Februar liegen recht umfangreiche Übersetzungen vor.

571 Ob das ominöse Telegramm von McCarthy verwendet wurde, um Vincent zu belasten, oder ob das Telegramm Bestandteil des Materials war, welches das FBI über ihn zusammentrug, ist für mich offen. Vgl. dazu die ziemlich wirren Äusserungen in der Antwort 30 von Davis über das Telegramm im grossen Verhör vom 19./20. Dezember 1951 und die Behauptung, er habe das Telegramm zu West nach Paris gebracht. Die Frage bleibt ja ungeklärt: Hat McCarthy – wie er behauptete – den FBI den mit Informationen versorgt, die Davis ihm zutrug, oder hat das FBI – wie Davis erzählte – McCarthy ausgewählte Informationen aus Davis' Sammlung zukommen lassen? Oder lief der Verkehr in beide Richtungen, auch was Davis' Produkte angeht? Und wenn ja: Wieviel floss von hier nach dort, und wieviel von dort nach hier?

schuldigte Davis spielte, bekommt damit ein gewisses Gewicht.»[572] Dubois nahm die Presseberichte wahr als Wendepunkt, als den Nachweis dessen, was er bisher erahnt hatte. Dabei – das sei wiederholt – hatte McCarthy neben seinem eigenen Verleumdungsapparat Helfer, deren Zutun zu John Carter Vincents Fall substanziell und entscheidend waren: das FBI, das *State Department,* der Unterausschuss des Senats für innere Sicherheit geleitet vom Demokraten McCarran.[573]

Dass Davis bei den Feindseligkeiten gegen Vincent eine nennenswerte Rolle gespielt habe, ist angesichts dieser Feindschaften oder – was das *State Department* angeht – des an Feigheit grenzenden Opportunismus eine Konstruktion, welche eher einer herbeigesehnten Lösung entspricht als einer evidenzbasierten Erkenntnis. Die Hast, mit welcher der Ankläger auf die Zeitungsberichte reagierte, indem er wider die simple Norm der Strafprozessordnung handelte, weist darauf hin, dass die Interpretation dieser Angelegenheit zu nicht ganz rationalen Schritten führte. Meines Erachtens lassen sich Interpretation und Verhalten nur erklären durch den Wunsch, etwas Unangenehmes abzuwenden. Der Grad der Unangemessenheit der Reaktion ist direkt proportional zur Intensität des Bedürfnisses, etwas zu vermeiden, das – unter welchen Gesichtspunkten auch immer – als unzweckmässig empfunden wird – nämlich, dass das FBI im Gerichtssaal behandelt wird.

Dass offizielle Stellen der USA in den Fall Davis involviert waren, war den Vertretern der Bundesanwaltschaft durchaus bewusst. Nicht nur der ausgiebige Gebrauch, den Dubois in der Anklageschrift vom Ausdruck «amerikanische Agenten» machte, auch die in anderem Zusammenhang bereits zitierte Äusserung der Bundesanwaltschaft zuhanden des EPD zeigt dies. Als einen der Gründe, welche dagegensprachen, der US-Gesandtschaft ein Exemplar der Anklageschrift zu überlassen, wurde Folgendes ausgeführt: «Zurückhaltung ist umso mehr geboten, als die Vereinigten Staaten von Amerika mehr oder weniger direkt in die Sache verwickelt sind. Davis hat ja zugegeben, Nachrichtendienst zugunsten der amerikanischen Behörden betrieben zu haben.»[574]

2. Den zweiten Schritt, den Dubois am Tag nach dem Erscheinen der Berichte in der Schweizer Presse unternahm, erscheint solider und logischer als die Sendung an das Bundesgericht. Aber für das «Eilt/Urgent», mit welchem die Bundesanwaltschaft das folgende Schreiben versah, bestand kein äusserer Anlass. Nicht nur lag die Gerichtsverhandlung noch in weiter Ferne, sondern wesentliche formelle Schritte auf dem Weg zum Prozess standen noch aus; so die Überweisung an das Bundesstrafgericht durch Beschluss der Anklagekammer.

Das «Eilt/Urgent» weist auf den Reizzustand des Anklägers in diesen Tagen hin. Er setzte einen Brief an das EPD auf, der von seinem Vorgesetzten, Bundesanwalt Lüthi, unterzeichnet und versandt wurde. Er legte dem Brief eine Kopie

572 «Le rôle joué par l'inculpé Davis prend ainsi une certaine tournure de gravité.» Schreiben des Bundesanwalts an das EPD vom 11. August 1951, dodis.ch/52777.

573 Vgl. dazu May 1983. Vincent wurde nicht lediglich aufgrund seiner Nähe zum Kommunismus angegriffen, sondern wegen seiner angeblich massgebenden Mitschuld am «Verlust Chinas» an die Kommunisten. Dazu mehr weiter unten.

574 Schreiben der Bundesanwaltschaft an das EPD vom 3. August 1951, dodis.ch/52781.

189 des Schreibens des Anklägers an die Anklagekammer des Bundesgerichts bei.[575] Es scheine tatsächlich so, dass der ehemalige Gesandte der USA in der Schweiz in seinem Land wegen kommunistischer Machenschaften Gegenstand von Untersuchungen geworden sei. «Man soll ihm sogar vorwerfen, in der Schweiz für die Kommunisten spioniert zu haben!» Dass man ihm solche Vorwürfe mache, sei ziemlich wahrscheinlich, einerseits weil die Amerikaner mehr und mehr die Tendenz haben, überall scharlachrot zu sehen und andererseits, weil Davis dem Agenten von McCarthy fürchterlich falsche Angaben geliefert habe. Die Rolle, welche der Beschuldigte Davis gespielt habe, gewinne so ein neues Gewicht. Daher möchte die Bundesanwaltschaft möglichst schnell wissen,

- ob gegen John Carter Vincent eine *strafrechtliche* Untersuchung im Gang sei,
- ob die Presseberichte zuträfen, nach denen die Anschuldigungen gegen Vincent unter anderem auf Beweisen beruhten, welche das FBI zusammengetragen habe,
- worauf sich die Vorwürfe gegen den ehemaligen Gesandten gründeten.

Zudem bat die Bundesanwaltschaft um möglichst detaillierte Auskunft darüber, was man unter der *China-Lobby* verstehe, und sie ersuchte um ein Exemplar des Berichts, den der Unterausschuss für auswärtige Angelegenheit des Senats unter dem Vorsitz von Senator Tydings zu diesem Thema veröffentlicht habe.[576]

Die Bitte um diese Auskünfte ist nachvollziehbar. Allerdings erhebt sich die Frage, was den Ankläger veranlasst haben mag, sich zu erkundigen, ob die Anklage gegen Vincent unter anderem auf Beweisen beruhe, welche das FBI gesammelt habe. Ich betrachte das als Zeichen dafür, dass das FBI als beteiligte Instanz an Davis' Taten aus dem Gesichtsfeld des Anklägers noch nicht ganz verschwunden war.

Unpräzis scheint mir die Begründung, warum die erwähnten Vorwürfe wahrscheinlich seien: Einerseits, dass die Amerikaner die Tendenz hätten, überall rot zu sehen, und andererseits, dass Davis dem Agenten McCarthys fürchterlich falsche Angaben gemacht habe. Die Wirkkraft der beiden Elemente ist unvergleichbar. Im Gegensatz zur innenpolitischen, hemmungslos antikommunistischen Stimmung weiter Teile der Politik, der Bundespolizei, der Medien und der Bevölkerung sind Davis Auskünfte quasi unbedeutend. Sie auf die gleiche Ebene zu heben, wie die Wirkung der Kräfte, die in den USA am Werk waren, wäre unangebracht, da sie eine Überhöhung der Bedeutung von Davis in der Sache John Carter Vincent darstellen würden.

Nicht nur das Treiben von Davis, sondern die ganze Beschuldigung, Vincent habe in der Schweiz für die Kommunisten spioniert, ist nebensächlich im Kampf, den seine Gegner gegen ihn führten. Vorgeworfen wurde ihm, er sei wesentlich daran schuld, dass China an die Kommunisten verloren ging.[577] Mit zahlreichen Äusserungen, mit Denunziationen fragwürdiger «Zeugen», mit aufwendigen

575 Schreiben an die Anklagekammer vom 11. August 1951; die weiter unten folgende Hervorhebung findet sich im Original: «l'objet de poursuites pénales».

576 State Department Employee Loyalty Investigation. Report of the Committee on Foreign Relations, July 20 1950. Report No. 2108. Vorsitz Senator Millard Tydings. Auszüge aus dem Report sandte der Ankläger Anfang Oktober als einen der 12 Anhänge an das Bundesstrafgericht.

577 Vgl. den Haupttitel von Mays Buch über Vincent: «China Scapegoat» [Der China-Sündenbock].

Nachforschungen und einer selektiven Präsentation von Dokumenten versuchten seine Gegner ihn zu diskreditieren. Laut McCarthy und seinen Mitstreitern war Vincent einer der US-amerikanischen Hauptakteure, welche den Niedergang der Nationalchinesen und den Sieg der Kommunisten bewirkten. Vincent war seit 1941 massgeblich in die US-amerikanische Chinapolitik involviert, leitete ab 1946 im Staatsdepartement das Büro für Angelegenheiten des Fernen Ostens und wurde dann *Assistant secretary of State for East Asia and the Pacific.*[578] Für McCarthy und seine Unterstützer und Sympathisanten konnte Vincents angebliches Versagen in China nur eine Ursache haben: kommunistische Neigungen. Diese Beschuldigungen brachten ihn schliesslich zu Fall, führten dazu, dass sein Vorgesetzter, John Foster Dulles, dem Druck nachgab und ihn zum Ausscheiden aus dem Dienst des *State Department* zwang. Im Vergleich zu alldem ist das, was Davis dem Emissär McCarthys zukommen liess, einschliesslich des gefälschten Telegramms, völlig unbedeutend.[579]

Die Abteilung für Politische Angelegenheiten des EPD leitete die Fragen der Bundesanwaltschaft umgehend an die Schweizer Gesandtschaft in Washington weiter, mit dem Hinweis: «Davis hat *unter anderem* im Auftrag von Senator McCarthy gehandelt und den ehemaligen Gesandten in der Schweiz, John Carter Vincent, ausspioniert.» Zehn Tage später folgte die Antwort: John Carter Vincent sei nie strafrechtlich verfolgt worden und es sei ungenau zu sagen, dass die Anklage gegen ihn auf Beweisen des FBI beruhe. Dieser führe zwar Untersuchungen zu allen Personen, welche der Illoyalität gegenüber der Regierung verdächtigt werden. Aber er sei nicht der Kläger, er sammle nur die nötigen Informationen. Ferner heisst es in der Antwort: «Die Vorwürfe gegen Vincent sind vielfältig. McCarthy hat ihn unter anderem beschuldigt, die amerikanische China-Politik zu sabotieren, mit gewissen Mitliedern der chinesischen kommunistischen Regierung sympathisiert zu haben [...] Ich erinnere daran, dass Herr Vincent Chef der Ost-Asien Abteilung des State Department war, bevor er in die Schweiz kam.»[580]

Das entspricht dem, was der Verfasser der politischen Biografie John Carter Vincents schrieb: Der FBI ermittelte gegen Vincent und die massgeblichen Vorwürfe betrafen Vincents angeblichen Anteil an der China-Politik, welche nach

578 Vincent war seit seinem ersten Posten – 1924 in konsularischem Dienst in Changsha (heute Hauptstadt der Provinz Hunan) – fast immer mit China beschäftigt, unter anderem von 1941 bis 1943 als Erster Sekretär der amerikanischen Botschaft in Chongqing, das heisst in der Hauptstadt der damaligen, nationalchinesischen Regierung. Dass dieser bedeutende Diplomat 1947 Gesandter der Schweiz wurde, liegt daran, dass es gegen ihn wegen seiner angeblich nachteiligen Rolle in China schon damals erheblichen Widerstände gab und die Republikaner seine Ernennung zu einem Gesandten zunächst verhindern wollten. Sie stimmten seiner Ernennung zum Minister nur zu unter der Bedingung, dass er nicht auf einen wichtigen Posten im Fernen Osten oder in Europa gesandt werde, vgl. May 1983, S. 166.

579 May schreibt abschliessend zur Episode McCarthy/Davis, der er nicht mehr als gut vier Seiten widmet (S. 180–184): «Although McCarthy's accusations and the antics [Possen] of Davis and Farrand were exposed as a hoax, these attacks on Vincent were publicly embarassing, and they soon began to do serious damage to his career.» Aber May kommt im weiteren Verlauf seiner politischen Biografie Vincents nie mehr darauf zurück, auch nicht auf das ominöse Telegramm, welchem die Anklage – gefolgt von jenem Teil der US-amerikanischen Presse, welche McCarthy kritisch gegenüberstand – so immense Bedeutung zumass. Die Episode McCarthy/Davis hat zwar einige Spuren hinterlassen in den Akten des Senats, aber eher als Stoff im Streit über McCarthy als über John Carter Vincent. Vgl. dazu die Fussnoten bei May 1983 auf S. 340 f.

580 Schreiben des EPD an die Gesandtschaft vom 13. August 1951, dodis.ch/52776, Antwort der Gesandtschaft ans EPD vom 23. August 1951, dodis.ch/52775.

191 Ansicht McCarthys und seiner Umgebung zur Niederlage von Nationalchina geführt hatte.

c. Die Rolle des Eidgenössischen Politischen Departements

1. Die Sache Davis war in zweierlei Hinsicht ein *politischer* Fall: politisch im Sinn von *politischem Vergehen*, das heisst Vergehen gegen den Staat, also insbesondere die Straftatbestände, welche im dreizehnten Titel des Strafgesetzbuches aufgeführt sind wie Landesverrat und die verschiedenen Arten von Nachrichtendienst; politisch aber auch im Sinn von «die auswärtigen Angelegenheiten betreffend», so wie der Begriff im Eidgenössisches Politisches Departement verwendet wird. Darum hat sich das federführende EJPD bei der Vorbereitung des Bundesratsbeschlusses zu Strafverfolgung gegen Davis mit dem EPD Kontakt aufgenommen.

Nach Beginn der Voruntersuchung und während der Zeit, da die Bundesanwaltschaft den Prozess vorbereitete, erbrachte das EPD für das Verfahren Dienstleistungen, indem es über seine Gesandtschaften in Paris und Washington Auskünfte beschaffte und die Bundesanwaltschaft mit Presseausschnitten aus den USA versorgte.

Als zuständige Instanz für aussenpolitische Angelegenheiten trat es nach dem Beschluss des Bundesrates vom 5. Januar 1951 Ende Februar zum ersten Mal gegen aussen in Erscheinung, routinemässig nach der Pressemitteilung des Untersuchungsrichters zur Sache Davis hatte sich die US-Gesandtschaft mit einer Note beim EPD gemeldet und darum ersucht, der Fall möge möglichst speditiv behandelt werden. Das EPD antwortete kurz und eher formell, wahrscheinlich könne die Voruntersuchung «dieser komplexen Angelegenheit, welche aber möglicherweise nur von beschränkter Bedeutung ist, […] in naher Zukunft abgeschlossen werden».[581] Die zweite Note der US-Gesandtschaft zur Sache Davis folgte Anfang Mai und war in ziemlich forschem Ton gehalten. Die Gesandtschaft erwarte auf ihre Intervention «die umgehende Antwort, dass die Schweiz zügig zu handeln beabsichtige». Das EPD antwortete zwei Wochen darauf, die Voruntersuchung sei abgeschlossen und äusserte sich zum Gesundheitszustand des Beschuldigten.[582] Es wandte sich in der Person des Leiters der Abteilung für Politische Angelegenheiten, Alfred Zehnder, gleichentags an die Bundesanwaltschaft, beklagte die lange Dauer der Voruntersuchung und zeigte Verständnis für die Ungeduld der US-Gesandtschaft. René Dubois räumte ein, dass die Voruntersuchung lange gedauert habe. Die Krankheit von Herrn Jeanprêtre sei der Grund dafür. Selbstverständlich werde die Bundesanwaltschaft sich in der Sache beeilen. Sie behalte sich allerdings vor, den Entwurf der Anklageschrift dem Bundespräsidenten – dem Vorsteher des EJPD – zu unterbreiten.[583]

581 Note der US-Gesandtschaft vom 16. Februar, Antwort des EPD vom 28. Februar 1951.

582 Note des EPD an die US-Gesandschaft vom 18. Mai 1951, dodis.ch/52791.

583 In der Antwort von Zehnder von der Abteilung für Politische Angelegenheiten des EPD vom 4. Mai 1951, dodis.ch/52794: «The Legation is compelled to urge upon the Swiss authorities the importance of acting promptly in this matter. […] It is hoped that the Legation will be accorded the courtesy of a prompt reply indicating that the Swiss authorities plan to take speedy action.» In der Antwort von Zehnder von der politischen Abteilung des EPD vom 18. Mai 1951 an die Bundesanwaltschaft steht: «Nous comprenons que, dans ces conditions, la Légation des Etats-Unis manifeste quelque impatience.»

Der Ton wurde deutlicher mit der dritten Note der US-Gesandtschaft. Die Schweizer Behörden hätten der Gesandtschaft zwar erklärt, warum Davis in Haft sitze, dennoch sehe sie sich gezwungen, das EPD daran zu erinnern, dass Davis ohne formelle Anklage und ohne Urteil seit mehr als sechs Monaten in Haft gehalten werde. Eine Aussage des EPD in seiner Antwort vom 18. Mai ungenau interpretierend, beruft sich die Gesandtschaft darauf, dass dort gesagt worden sei, «der Prozess werde in zwei Wochen wieder aufgenommen». Die Gesandtschaft verlangte, beziehungsweise «drückte die Hoffnung aus, dass die Schweizer Behörden sofortige Schritte unternehmen, um den Fall abzuschliessen».[584]

Zehnder setzte die Bundesanwaltschaft über die Note in Kenntnis, begleitet von einem Schreiben in schroffem Ton, mehr oder weniger den Standpunkt der US-Gesandtschaft übernehmend und in der Wortwahl mit einer Tendenz zur Unsachlichkeit, wenn er von «Verschleppung» des Falles und von «Rechtsverweigerung» spricht: «Die ausserordentlich lange Verschleppung dieses Haftfalles setzt uns von amerikanischer Seite dem Vorwurfe der Rechtsverweigerung aus.» Zehnder wirft dem Untersuchungsrichter nicht nur vor, dass er «uns hingehalten hat und die Untersuchung über Gebühr verschleppt wurde», er erlaubte sich die Frage, «ob nicht die Aufsichtsbehörde des Untersuchungsrichters, nämlich die Anklagekammer des Bundesgerichts, hierauf aufmerksam gemacht werden sollte».[585] Das ist aus der Feder eines Mannes, der im EDA einen der wichtigsten Posten innehatte, ein Mass an Unsachlichkeit, das nicht ohne weiteres zu erwarten war. Der Bundesanwalt antwortete Zehnder auf seine Insinuationen betreffend den Untersuchungsrichter: Es stehe ihm, dem Bundesanwalt, nicht zu, die Arbeit des Untersuchungsrichters zu beurteilen. Wie Zehnder richtig geschrieben habe, sei dies Sache der Anklagekammer. Die Bundesanwaltschaft hätte ihm bereits früher mitgeteilt, der Untersuchrichter sei krank gewesen und noch immer krank. Die Untersuchung habe unter diesen widrigen Umständen gelitten. Die Bundesanwaltschaft wisse, wovon sie rede, denn sie selbst habe davon die Konsequenzen zu tragen. Einige Aspekte des Falles habe sie nach Abschluss der Voruntersuchung klären müssen. Originaldokumente seien aus dem Englischen zu übersetzen und ins Dossier zu integrieren gewesen. Einige Protokolle seien unvollständig, weil der Untersuchungsrichter wegen seiner Krankheit Befragungen nicht habe zu Ende führen können. Persönlich glaube er aber nicht, dass man dem Untersuchungsrichter den Vorwurf machen könne, zu langsam gearbeitet oder die in Frage stehenden Punkte ungenügend abgeklärt zu haben. Im Übrigen gingen die Verzögerungen in nicht geringem Masse auf den Beschuldigten zurück. Er habe im Verlauf des Verfahrens «fünf verschiedene Versionen seines schuldhaften Verhaltens» präsentiert und die Geduld des Untersuchungsrichters auf eine harte Probe gestellt. Diese Versionen zu prüfen, habe Zeit beansprucht.[586]

584 Schreiben der US-Gesandtschaft an das EPD vom 14. Juni 1951, dodis.ch/52790. Das EPD hatte sich im Mai zu Davis' Gesundheitszustand geäussert und, einen Bericht des zuständigen Arztes paraphrasierend, festgestellt, dass die Behandlung mit Antibiotika noch zwei Wochen fortgesetzt werde. Dann sei der Patient in der Lage, «de se prêter aux formalités judiciaires» (dodis.ch/52791).

585 Schreiben von Zehnder an die Bundesanwaltschaft vom 22. Juni 1951, dodis.ch/52789.

586 Das trifft gewiss zu. Aber der Untersuchungsrichter hat nicht versucht, alle Versionen zu verifizieren. Und die Nacharbeiten der Bundesanwaltschaft fielen geringer aus, als man dem Schreiben des Bundesanwalts nach annehmen könnte. Zudem waren sie zumindest in einer Frage weniger

193 Wie gesagt, sei die Anklagekammer zuständig für die Aufsicht über die Voruntersuchung. Er, der Bundesanwalt, habe, da diese abgeschlossen sei, «keinerlei Grund, sich an die Anklagekammer zu wenden». Zehner gestand in seiner Antwort ein, dass es unter den heutigen Umständen keinen Sinn mehr habe, gegen den Untersuchungsrichter Beschwerde zu führen. Zugleich wartete er mit einer neuen Demarche auf und regte an, «Davis provisorisch aus der Haft [zu] entlassen» und meinte, «[d]amit würde wohl dem hauptsächlichsten amerikanischen Begehren Rechnung getragen.»[587]

2. Die nächste Runde der Bemühungen des EPD, die Bundesanwaltschaft zu mehr Geneigtheit gegenüber der US-Gesandtschaft zu veranlassen, hatte mit der Anklageschrift zu tun. Die Bundesanwaltschaft sandte dem EPD ein Exemplar am gleichen Tag, an dem sie die Schrift der Anklagekammer des Bundesgerichts, dem Beschuldigten und seinem Verteidiger zuleitete. Als Antwort auf den Vorschlag Zehnders, Davis provisorisch aus der Haft zu entlassen, verwies sie auf die Ziffer 3 des Begleitberichts zur Anklageschrift. Der Untersuchungsrichter habe den Beschuldigten in Untersuchungshaft behalten. Die Bundesanwaltschaft sehe keinen Grund, eine andere Haltung einzunehmen. Davis habe nämlich keinen festen Wohnsitz in der Schweiz, und da er mit grosser Wahrscheinlichkeit schuldig sei, müsse mit seiner Flucht gerechnet werden. Ferner dürfe die Anklageschrift auf keinen Fall der Gesandtschaft der USA ausgehändigt werden.[588]

Diese klare Ansage hielt Zehnder nicht davon ab, das Gegenteil zu verlangen, es sei der Legation die Anklageschrift zu überlassen: «Es wäre dies ein Akt des Entgegenkommens zu dem wir uns umso mehr verpflichtet fühlen, als die Schweiz sich in der vorliegenden Angelegenheit weitgehend im Unrecht befindet und die amerikanischen Vorwürfe begründet sind».[589]

Vorausgegangen war diesen Antwortschreiben ein Besuch des neuen US-Gesandten, Richard C. Patterson, beim EPD.[590] Er hatte dort vorgesprochen und eine weitere Note übergeben.[591] Er «beklagte sich lebhaft über die Verzögerungen des Verfahrens». Tags darauf erschien Owsley, der erste Sekretär der Gesandtschaft,

---

der zusätzlichen Klärung des Falles Davis geschuldet als vielmehr den Zwecken der Bundesanwaltschaft in ihrer Funktion als politische Polizei. Auch die Ergänzungen des Dossiers dienten nicht, oder zumindest nicht ausschliesslich dazu, Lücken zu schliessen, welche der Untersuchungsrichter hinterlassen hatte. Vgl. dazu Kapitel II a, Abschnitt 8.2. Alles in allem mag die Argumentation der Bundesanwaltschaft triftig gewesen sein angesichts der Haltlosigkeit der Vorwürfe des EPD. Jene Defizite der Untersuchung, die meines Erachtens ins Gewicht fallen, erklärt sie jedoch nicht.

587 Schreiben des Bundesanwalts an Zehnder vom 4. Juli 1951, dodis.ch/52788 und Schreiben von Zehnder an die Bundesanwaltschaft vom 9. Juli 1951, dodis.ch/52787. Vgl. auch das Gesuch des Pflichtverteidigers um Haftentlassung seines Mandanten vom Juni 1951.

588 Schreiben der Bundesanwaltschaft an das EPD vom 24. Juli 1951: «J'ajoute que l'acte d'accusation ne saurait en aucun cas être remis à la Légation des Etats-Unis d'Amérique.»

589 Schreiben des EPD an die Bundesanwaltschaft vom 27. Juli 1951, dodis.ch/52785.

590 Patterson überreichte sein Beglaubigungsschreiben am 27. Juni 1951; Agreement durch den Bundesrat bereits am 9. Februar. Er war kein Karrierediplomat, anders als sein Vorgänger John Carter Vincent. Offenbar war er eine etwas merkwürdige und im *State Department* nicht unumstrittene Figur, die aufgrund grösserer Wahlkampfspenden für Präsident Truman zu Gesandtenposten kam. Vgl. sein Dossier bei den Personalakten des diplomatischen und konsularischen Personals ausländischer Vertretungen in der Schweiz, CH-BAR#E2001E#1969/121#1338*.

591 Note der US-Gesandtschaft an das EPD vom 24. Juli 1951, dodis.ch/52786.

bei Zehnder, dem dieser «nach Erhalt der Anklageschrift einige nähere Aufschlüsse» gab. Zehnder schreibt, er verstehe die Gründe, welche dagegensprächen, der Gesandtschaft die Anklageschrift auszuhändigen. «Auf der anderen Seite kann jedoch nicht verkannt werden, dass eine Gesandtschaft Anspruch hat, möglichst eingehend über die gegen einen ihrer Staatsangehörigen erhobenen Beschuldigungen orientiert zu werden.» Die Gesandtschaft könne übrigens die Anklageschrift ohne weiteres bei Davis oder bei seinem Verteidiger einsehen. Und zudem werde sie im Verlauf der Gerichtsverhandlung ohnehin bekannt gemacht. Darum bitte er, nochmals zu prüfen, ob die Schrift nicht doch ausgehändigt werden könne.

Die Bundesanwaltschaft lehnte das erneute Ersuchen ab. Sie verwies darauf, dass die Schweizer Presse über den Inhalt der Vorwürfe an den Beschuldigten nicht orientiert sei.[592] Im Prinzip sei das Verfahren bis zum Prozess geheim. Das gelte besonders für Fälle, in welchen es zur Hauptsache um eine Anklage in politischen Dingen gehe. Zurückhaltung sei umso mehr geboten, «als die Vereinigten Staaten von Amerika in die Sache mehr oder weniger direkt verstrickt sind. Davis hat nämlich gestanden, politischen Nachrichtendienst für amerikanische Behörden betrieben zu haben». Im Übrigen fordere auch die Neutralität eine gewisse Zurückhaltung: «Man kann sich doch nicht vorstellen, dass das EPD dem Leiter der Gesandtschaft eines osteuropäischen Staates die Anklageschrift übergibt, welche die Bundesanwaltschaft gegen eine Person verfasst hat, die beschuldigt wird, für einen dieser Staaten politischen Nachrichtendienst betrieben zu haben.» Allerdings gehe es nicht an, der Gesandtschaft jegliche Auskunft zu verweigern. Das EPD könne ihr aus der Anklageschrift *mündlich* bestimmte Angaben machen.[593] Es folgt in sieben Punkte die Substanz der Anklageschrift, einschliesslich des Hinweises auf die Lieferungen an die «agents américains établis à Paris».[594] Mehr mitzuteilen hiesse, so schreibt die Bundesanwaltschaft, den Ausgang des Prozesses ernsthaft zu kompromittieren. Sie habe Grund anzunehmen, dass das Konsulat während der Voruntersuchung auf den Beschuldigten bereits Duck ausgeübt habe, der nicht ohne Wirkung geblieben sei. Übrigens habe es auch Davis' Pflichtverteidiger abgelehnt, das Konsulat über Einzelheiten der Hauptanklagepunkte zu unterrichten. Wenige Tage später überreichte das EPD dem ersten Sekretär der US-Gesandtschaft die Informationen schriftlich in der Form eines Memorandums *(aide-mémoire)*.[595]

---

592 Für die Bundesanwaltschaft ging es um Grundsätzliches. Das Schreiben vom 3. August wurde registriert in ihrer «Sammlung grundsätzlicher Fragen» im Dossier CH-BAR#E4327#1991/237#35*. «[A]n Eidg, Polit. Dept. Angelegenheit Davis. Eine Strafsache dieser Art ist bis zu Beginn der Verhandlungen vor Bundesstrafger[icht] geheim. Anklageschrift darf somit der Gesandtschaft der USA nicht ausgeliefert werden; mündl[iche] Mitteilungen sind gestattet.» Eine Kopie des Schreibens vom 3. August findet sich, versehen mit Bearbeitungsspuren, auch im Nachlass des Chefs der Bundespolizei, AfZ: NL Werner Balsiger, Schachtel 4.

593 «[...] votre Département peut lui donner *oralement* les informations que voici, [...]».

594 Weggelassen sind vor allem die Namen der von Davis Denunzierten, also auch diejenigen der US-amerikanischen Staatsangehörigen, die er denunzierte.

595 Kopie des ausgehenden Memorandums mit der handschriftlichen Notiz «*Herrn Owsley heute übergeben* 8.8 [...] Bi[ndschedler]», dodis.ch/52780. Zehnder hatte die Bundesanwaltschaft als Antwort auf deren Schreiben vom 3. August wisssen lassen: «Es scheint uns jedoch nicht genügend, der Amerikanischen Gesandtschaft lediglich mündlich Auskünfte zu erteilen angesichts der Bedeutung, die die Sache heute bekommen hat. Wir haben deshalb Seite 2 Ihres Briefes in ein Aide-mémoire gekleidet, das wir der Vertretung der Vereinigten Staaten übergeben werden. Wir nehmen an, das Sie dagegen nichts mehr einzuwenden haben werden.»

195 3. Der Mann, der während dieser Monate im EPD zuständig war für die Sache Davis, übernahm die Linie der US-Gesandtschaft bis hin zu der unhaltbaren Behauptung des Gesandten Patterson, «dass Davis nun 8 Monate in Haft sei, ohne dass ihm je die Gründe für seine Festnahme bekannt gegeben worden seien».[596] Zehnder reagierte sich auf unsachliche Weise am Untersuchungsrichter ab, der mit dem Fall nichts mehr zu tun hatte und der sich nicht wehren konnte. Er sprach Zumutungen aus, deren Unzumutbarkeit er sich von der Bundesanwaltschaft erklären lassen musste. Und er setzte sich über das ausdrückliche Gebot hinweg, der Gesandtschaft die Anklage nur mündlich zu erläutern.[597]

Tonfall und Inhalt seiner Schreiben führen zur Frage, was mag einen Mann, der als Chef der Abteilung für Politische Angelegenheiten einen der wichtigsten Posten des EPD innehatte, zu diesem Verhalten veranlasst haben? Fühlte er sich unter Druck gesetzt, weil im Sommer die Klärung anderer, weit wichtigerer Fragen hängig waren – und hat er diesen Druck weitergegeben, in ungeeigneter Weise? War es Taktik? Etwa der Versuch, durch ein Entgegenkommen in der Angelegenheit Davis eine Kompensation in anderen Streitfragen zu erhalten? Oder dienten die Interventionen nur der allgemeinen Pflege der Beziehungen zur US-Gesandtschaft, vielleicht nur der Beziehung zum neuen Gesandten Patterson? Hat er mit seinem Angriff auf Jeanprêtre eigentlich auf einen anderen mächtigen Mann im EPD gezielt, nämlich auf Walter Stucki, den Delegierten des Bundesrates für Spezialmissionen?

Wenn Zehnders Verlautbarungen zum Fall Davis Produkt einer Wechselwirkung mit einem andern hängigen Disput war, so kommt als einwirkendes Element vor allem der Streit über die «Teilnahme der Schweiz am westlichen Embargo über sogenannt ‹strategische Güter› gegen die Oststaaten» in Betracht.[598] Die USA

596 Schreiben des EPD an die Bundesanwaltschaft vom 27. Juli 1951, dodis.ch/52785.

597 Zehnder bemühte die Bundesanwaltschaft noch über das Ende des Prozesses hinaus mit Einlassungen zugunsten US-amerikanischer Stellen und löste dadurch einen eher unfreundlichen, von heute aus betrachtet teilweise peinlich wirkenden Briefwechsel aus. Am 17. Dezember 1951 übermittelte er eine Note der Gesandtschaft, welche unter anderem «beglaubigte Kopien verschiedener Akten dieses Prozesses» wünschte. Er würde es begrüssen, wenn dem amerikanischen Ersuchen wenigstens teilweise entsprochen werden könnte. Der Bundesanwalt sandte Zehnder zuhanden der Gesandtschaft am 7. Januar 1952 das Urteil und wies darauf hin, dass Zehnder die Anklageschrift bereits erhalten habe, und zwar «à l'intention, précisement, de la dite légation». Auszüge aus den Protokollen könne die Bundesanwaltschaft nicht liefern, da das ganze Dossier jetzt Bestandteil des Archivs des Bundesgerichts sei. Zehnder erwiderte am 11. Januar 1952 (dodis.ch/52773), dass am vergangenen 24. Juli die Bundesanwaltschaft festgehalten habe, die Anklageschrift dürfe der US-Gesandtschaft auf keinen Fall ausgehändigt werden. Ihr Schreiben vom 7. Januar 1952 stehe im Widerspruch dazu. In der Replik, welche aus der Feder von Dubois stammte, hielt er Bundesanwalt Zehnder vor, «que ce document a été remis par mon substitut à un représentant de la légation des Etats-Unis d'Amérique quelque jours avant le début du procès, soit entre le 10 et le 15 octobre 1951, en présence de votre collaborateur M. Richard [Jean Richard, Gesandtschaftssekretär in der Abteilung für Politische Angelegenheiten]». Die Bundesanwaltschaft sandte Zehnder am 21. Januar 1952 gleich ein Exemplar als Beilage zu dieser Replik.

598 Andere wichtige Problemkomplexe im Sommer 1951 werden im Folgenden kurz aufgegriffen: Das Doppelbesteuerungsabkommen mit den USA war im Sommer 1951 nach langen Verhandlungen zwar unterzeichnet, aber noch nicht ratifiziert, vgl. dazu das Dossier CH-BAR#E2001E#1967/113#4620* sowie die Botschaft des Bundesrates Nr. 6073 vom 29. Mai 1951, dodis.ch/34617. Der Streit um die Kontrolle der «IG-Chemie» befand sich 1950/1951 in einer akuten Phase. Vgl. dazu König, Mario, Interhandel. Die schweizerische Holding der IG Farben und ihre Metamorphosen – eine Affäre um Eigentum und Interessen (1910–1999), Zürich 2001, S. 185–191 und 270. Die Nachverhandlungen zum Abkommen von Washington wurden im Frühjahr 1951 konstruktiv fortgesetzt, waren aber alles andere als abgeschlossen, vgl. dazu Kapitel II c, Abschnitt 3.2.

zwangen die Schweiz mittels massiven wirtschaftlichen Drucks, sich diesem Embargo weitgehend anzuschliessen. Sanktioniert wurde das Einlenken der Schweiz im geheimen sogenannten *Hotz-Linder-Agreement* vom 23. Juli 1951.[599] Dem vorausgegangen waren seit Anfang Juli Verhandlungen in Bern. Dort sassen sich Zehnder und der US-Gesandte Patterson gegenüber, der gleiche Patterson, der in Sachen Davis gegenüber dem EPD so forsch auftrat.[600] Es ist also nicht auszuschliessen, dass der Druck, den die US-amerikanischen Vertreter im Rahmen des Ost-Embargos ausübten, auf Zehnder abstrahlte und ihn zur Nachgiebigkeit im Fall Davis drängte. Dadurch wurde dem US-amerikanischen Standpunkt in der Angelegenheit Davis der Vorzug vor jenem der eigenen Strafverfolgungsorgane gegeben. Es sei daran erinnert, dass Ende Juli jene schweizerischen Presseorgane, die sich über das Schweigen der Schweizer Behörden nach dem Abschluss der Anklageschrift wunderten, einen Zusammenhang annahmen zwischen diesem Schweigen und den aktuellen Meinungsverschiedenheiten zwischen der Schweiz und den USA in wirtschaftlichen Dingen.[601]

Nach dem Erscheinen der Anklageschrift betrieben die US-amerikanischen Stellen anhand des Falles strategische Öffentlichkeitsarbeit, indem der Konsul in Genf gezielt die Presse orientierte. Diese diente gewiss dazu, hervorzuheben, wie sehr sich die Behörden um ihre Landsleute kümmerten, lässt aber im Tonfall auch die Absicht erkennen, Schweizer Behörden zu diskreditieren.[602] Es stellt sich die Frage, ob Zehnder im Sommer 1951 angemessen und zweckmässig mit dem von den Amerikanern ausgeübten Druck umgegangen ist.

4. Auch William E. Rappard, Vertrauter des Vorstehers des EPD, Max Petitpierre, und 1951 Direktor des Genfer *Institut universitaire de hautes études internationales*, liess sich durch den Gesandten Patterson zu einer Intervention in Sachen Davis

599 Vgl. die Aktennotiz von Alfred Zehnder vom 26. Juli 1951, DDS, Bd. 18, Dok. 105, dodis.ch/8820. Vgl. ferner Schaller, André, Schweizer Neutralität im Ost-West-Handel. Das Hotz-Linder Agreement vom 23. Juli 1951, Bern 1987. Nach Schallers Auffassung «verstiessen die Schweizer Behörden mit dem Hotz-Linder-Agreement nicht gegen Neutralitäts*recht*. In aussen*politischer* Sicht stellte es einen vertretbaren Kompromiss insbesondere zwischen den hier entgegengesetzten versorgungs- und neutralitätspolitischen Zielen dar», ebd., S. 2 f., vgl. auch S. 95 ff. sowie Teil III, S. 177 ff. Trachsler hingegen spricht von «dieser neutralitätspolitisch wohl heikelsten Konzession der Schweiz in dieser Phase [1950–1952]», Trachsler, Daniel, Bundesrat Petitpierre. Schweizerische Aussenpolitik im Kalten Krieg 1945–1961, Zürich 2011, S. 152. Gabriel formuliert etwas schärfer: «The Swiss restisted more successfully than the Swedes, but indirectly both became involved in Cocom. This was not necessarily a violation of international law, but it was certainly bad neutral politics», Gabriel, Jürg Martin, The American Conception of Neutrality After 1941. Updated and Revised edition, Basingstoke 2002, S. 119.

600 Zehnder war Mitglied der siebenköpfigen Schweizer Delegation, die angeführt wurde von Jean Hotz, Leiter der Handelsabteilung des Eidgenössischen Volkswirtschaftsdepartements. Zur US-amerikanischen Delegation, unter der Leitung von Harold Linder, Deputy Assistant Secretary of State for Economic Affairs, zählten auch Angehörige der Gesandtschaft in Bern, einschliesslich Patterson, vgl. Schaller 1987, S. 65 f. und 72. Zehnder war seit 1948 mit dem Problem befasst. An den Verhandlungen im Juli 1951 war er aktiv beteiligt. Die Gesandtschaft und Patterson nahmen ebenfalls Einfluss auf die Verhandlungen, vgl. ebd. S. 18–35, S. 61 Anm. 3, S. 72 und S. 86 f. sowie S. 71 Anm. 2 und S. 94 Anm. 1.

601 Zur Kritik einzelner Schweizer Zeitungen und zur US-amerikanischen Öffentlichkeitsarbeit Ende Juli 1951 vgl. Kapitel III a, Abschnitt 6.

602 Es ist müssig im Einzelnen über die Ziele der US-amerikanischen Öffentlichkeitsarbeit und von Pattersons Agieren im Fall Davis zu spekulieren. Faktisch aber führte das alles auch dazu, dass die FBI-Beteiligung am Fall in die Ferne rückte.

197 animieren, und zwar nur wegen der unerfreulichen Reaktionen, die sich in den Vereinigten Staaten ergeben könnten angesichts der sehr langen Zeit, die seit der Inhaftierung des Beschuldigten vergangen war. So zumindest begründete er seine Demarche.[603]

Er hatte sich Anfang August 1951 an den Vorsteher des EPD gewandt und über ein Mittagessen berichtet, das Patterson die Gelegenheit bot, in Anwesenheit von Vertretern der Gesandtschaft in Bern, des Konsulats in Genf und amerikanischer Journalisten «in völliger Offenheit drei Fragen zu erörtern, welche das schweizerisch-amerikanische Verhältnis etwas trübten».[604] Das unwichtigste der drei Probleme sei der Fall Davis, der aber nach Rappards Auffassung ein sofortiges Eingreifen der Schweizer Behörden erfordere. Dann trägt auch Rappard die Mär weiter, der Amerikaner sei in Genf seit mehreren Monaten inhaftiert, und weder er noch die diplomatischen und konsularischen Behörden seines Landes hätten etwas darüber erfahren können, was ihm vorgeworfen werde. Die Amerikaner kümmerten sich nicht aus Sympathie für dieses Individuum um den Fall, sondern – Rappard vemittelt selbst dies scheinbar gutgläubig weiter – befürchteten nur, es könnte in den USA zu einer Pressekampagne kommen, die dazu tendieren könnte, die Schweiz als ein Land hinzustellen, in welchem die Ausländer jeglicher Rechtsgarantie beraubt würden. In der gleichen Tonlage beschliesst er sein Schreiben: Patterson habe sich während des Essens «als wirklich aufrichtiger Freund unseres Landes erwiesen, dem es darum geht, der Schweiz Unannehmlichkeiten zu ersparen».[605]

Auf die Intervention Rappards antwortete die Bundesanwaltschaft, der das Schreiben zur direkten Erledigung zugestellt worden war.[606] Sie stellte Pattersons Falschbehauptung richtig, die von Rappard kolportiert wurde: Weder der Beschuldigte noch die US-amerikanischen diplomatischen und konsularischen Stellen seien je über den Haftgrund orientiert worden. Die Anklageschrift sei Davis am 24. Juli zur Kenntnis gebracht worden. Ferner hätten die Vertreter des Konsulats Davis mehrmals besucht. Das Genfer Konsulat sei zumindest, was die hauptsächlichen Beschuldigungen angehe, auf dem Laufenden. Die Voruntersuchung habe allerdings zu lange gedauert. Der Untersuchungsrichter habe sich aber keines Versäumnisses schuldig gemacht, sondern seine Krankheit habe zu der Verzögerung geführt. Das sei zwar bedauerlich, stelle aber nicht das korrekte Verhalten der Strafverfolgungsbehörde in Frage. Dann erwähnt die Bundesanwaltschaft die Vergünstigung, die Davis gewährt wurde, indem er die Haft weiterhin im Kantonsspital verbringen könne, «obwohl ihn die Ärzte schon vor mehreren Monaten für geheilt erklärt hatten».[607] Die Untersuchungshaft habe im Übrigen nicht

603 Schreiben von Rappard an Petitpierre vom 3. August 1951, dodis.ch/52782. Für die Begründung der Intervention siehe auch das Schreiben Rappards an die Bundesanwaltschaft vom 5. September 1951, dodis.ch/52774.

604 «Ce déjeuner [...] était destiné à fournir à M. Patterson l'occasion d'exposer en toute franchise trois questions qui troublaient quelque peu les relations suisses-américaines.»

605 «[...] M. Patterson s'est montré très sincèrement ami de notre pays et désireux de lui éviter des ennuis».

606 Schreiben des EPD an die Bundesanwaltschaft vom 6. August 1951, dodis.ch/52779 sowie Schreiben der Bundesanwaltschaft an Rappard vom 10. August 1951, dodis.ch/52778.

607 «[...] alors même que les médecins l'ont déclaré guéri depuis plusieurs mois», dodis.ch/52778.

aufgehoben werden können, da die Strafprozessordnung klar festhalte, dass bei jemandem, der in der Schweiz keinen Wohnsitz habe, dringender Fluchtverdacht anzunehmen sei (gemäss Art. 44 BStP).

Rappard verdankte die Antwort der Bundesanwaltschaft: Es sei ihm nur darum gegangen, mögliche negative Auswirkungen des Falles Davis auf die amerikanische öffentliche Meinung abzuwenden. Und der Gesandte Patterson, welcher der Schweiz besonders gut gesinnt sei, habe bei ihm am 5. September 1951 in der Sache insistiert.[608]

d. Varia: Gericht, Nachforschungen, Bundespolizei, Anwälte

Die Anklageschrift war das wichtigste operative Element zwischen Voruntersuchung und Prozess. Die Aktivitäten des Anklägers manifestieren sein Bedürfnis, den Fall definitiv an Senator McCarthy festzumachen. Das EPD versuchte das Verfahren auf seine Weise zu beeinflussen, indem es die Tendenz der US-Gesandtschaft und des Konsulats, den Fall Davis zu instrumentalisieren, aufnahm. Weitere Akteure respektive Handlungsfelder in der Phase zwischen Voruntersuchung und Prozess sind das Bundesgericht mit Anklagekammer und Bundesstrafgericht, die Bundesanwaltschaft mit ihren weiteren Nachforschungen, der Ankläger mit dem Nachversand von Beweismitteln, das Handeln des Chefs der Bundespolizei sowie die Aktionen des Pflichtverteidigers und die Einlassungen des Vertreters der Zivilpartei.

1. Die Anklagekammer des Bundesgerichts überwies Davis am 25. August 1951 formell an das Bundesstrafgericht, vor welchem er sich zu verantworten hätte für die Vergehen, welche ihm in der Anklageschrift vorgeworfen wurden.[609] Der Beschluss stützte sich auf den Entscheid des Bundesrates vom 5. Januar, das Dossier der Voruntersuchung, die Anklageschrift, die Klage von Frau Portier-Legrand, das Schreiben von Anwalt Jean Vincent, mit welchem er erklärte, dass sich die Ex-Eheleute Eggenschwyler als Zivilpartei konstituierten, sowie auf die Eingabe von Davis' Pflichtverteidiger Martin-Achard. Danach räumte das Bundesstrafgericht dem Angeklagten und den Ex-Eheleuten Eggenschwyler und Pfister eine Frist ein, um Beweiseingaben einzureichen. Weder der Vertreter der Anklage noch jener der Zivilpartei machte von dieser Möglichkeit Gebrauch.[610] Inzwischen hatte Frau Portier-Legrand ihre Klage zurückgezogen und der Anklagepunkt «Erschleichen einer Leistung nach StGB Artikel 151» war hinfällig. Der Bundesanwaltschaft gestand das Gericht eine Frist von wenigen Tagen zu, um die Beweismittel, welche in der Anklageschrift aufgeführt waren, zu ergänzen. Am 1. Oktober legte das Gericht den Beginn der Verhandlungen auf den 15. Oktober, 8.30 Uhr fest, fixierte die Reihenfolge der Zeugen, bestimmte, welche Dokumen-

608 Schreiben von W. Rappard an die Bundesanwaltschaft vom 5. September 1951, dodis.ch/52774.

609 Entscheid des Bundesgerichts vom 25. August 1951, dodis.ch/52768.

610 Der Präsident am 11. September 1951 an die genannten Parteien unter Verweis auf Art. 137 BStP. Frau Portier-Legrand wurde wohl nicht mehr einbezogen, weil sie im Begriff war, ihre Klage zurückzuziehen. Zum Verzicht auf Eingaben vgl. Kapitel III d. Abschnitt 6 und die Stellungnahme von Advokat Vincent vom 28. September 1951.

199 te Gegenstand der Verhandlung seien, und bot einen Lehrer der Handelsschule Lausanne als Übersetzer auf.[611]

2. Fristgemäss schickte der Ankläger dem Bundesstrafgericht zwölf Stücke als zusätzliche Beweismittel: neun Zeitungartikel aus schweizerischen und US-amerikanischen Blättern, zwei Dokumente des EPD sowie den Bericht des aussenpolitischen Ausschusses des US-amerikanischen Senats, der sich unter dem Vorsitz von Senator Tydings mit der Loyalität oder Illoyalität von Beamten des *State Department* befasste. Sämtliche Stücke handelten von Senator McCarthy, die meisten unter besonderer Berücksichtigung der Anschuldigungen gegen John Carter Vincent, einige hingegen ganz allgemein. Die Nachsendung entsprach dem Bedürfnis, McCarthy als den eigentlichen Akteur im Fall Davis herauszustellen. Sie lässt sich verstehen als Dubois' Bemühen, sich selbst von der Ersatz-Erklärung zu überzeugen.[612] Es handelt sich um eine weitere Etappe auf dem Weg weg vom FBI-Dilemma, weg von der Evidenz, welche er in seinem Bericht vom 22. Dezember 1951 niedergeschrieben hatte und welche dem Beschluss des Bundesrates zur Strafverfolgung zugrunde lag, hin zur amtlichen, quasi feierlichen Deklaration, nach welcher McCarthy – und nicht das FBI – Davis' Partner gewesen sei. Dubois' Begründung für den Nachtrag lautet:

> «In der Anklageschrift ist die Rede vom amerikanischen Senator Joseph *McCarthy*; die Bundesanwaltschaft wirft dem Beschuldigten vor, diesem Politiker und Repräsentanten der Republikanischen Partei im Senat politische Informationen übergeben zu haben, insbesondere solche über den ehemaligen amerikanischen Gesandten in Bern, John Carter Vincent, der inzwischen nach Tanger versetzt wurde […].»[613]

Er schickte nun die beiden Artikel, welche die Anklagekammer im August zurückgewiesen hatte, und dazu Dokumente mit ähnlichem Inhalt. Ferner fügte er sechs weitere Dokument bei, die ebenfalls McCarthy und seine Kampagne gegen das *State Department* im Allgemeinen und gegen John Carter Vincent im Besonderen betrafen. Zu diesen Stücken zählt auch Material aus der Zeit vor August 1951; neben dem Tydings-Report vom Juli 1950, den das EPD der Bundesanwaltschaft im August 1951 zugestellt hatte, zählen dazu auch zwei Artikel aus US-amerikanischen Zeitungen vom Frühjahr 1951.

Dubois' Sendung vom 2. Oktober war so überladen, dass sie wie eine Verirrung wirkt. Denn McCarthy war im Gegensatz zum FBI für den Fall – und das strich der Bundesrat in der Vorbereitung des Beschlusses zur Strafverfolgung deutlich hervor – von vergleichsweise geringer Bedeutung. Es drängen sich deshalb Fragen nach dem Motiv respektive dem Ziel dieser Sendung auf. Sie wirkt als fremdes,

---

611 Die Liste der Zeugen war identische mit jener der Anklageschrift, wies daher den gleichen Mangel auf: Keiner der von Davis bespitzelten US-amerikanischen Studenten war vom Gericht als Zeuge aufgeboten gewesen.

612 Der Eifer des Anklägers zeigte sich insbesondere in seinem Pochen auf die zentrale Beteiligung von McCarthy im Fall Davis und trieb insofern seltsame Blüten, als er den auf *United Press* beruhenden Artikel, der nicht nur im *Bund* erschienen war, sondern mit identischem Wortlaut in drei weiteren Blättern unterschiedlicher politischer Tendenz, dem Gericht insgesamt vierfach zustellte (alle vom 10. August 1951: *Der Bund,* Nr. 370; *Volksrecht,* Nr. 186; *National-Zeitung,* Nr. 364; *Basler Nachrichten,* Nr. 334).

613 Schreiben von Dubois an Albert Rais, Präsident des Bundesstrafgerichts, vom 1. Oktober 1951 (Hervorhebung im Original).

nicht als organisches Element des Verfahrens und lässt sich nur verstehen als Teil der Kette, in der sich der verschwommene Drang manifestiert, wegzulenken vom Kern des Falles: der Beteiligung US-amerikanischer Behörden an Davis' Treiben. Das ist – zum wiederholten Male sei es gesagt – angesichts der Aktenlage eine sonderbare Verschiebung.

3. Die Bundesanwaltschaft betrieb einen gewissen, allerdings selektiven Aufwand, um Fragen zu klären, mit denen sich der Untersuchungsrichter nicht oder nicht abschliessend befasst hatte. Es lässt sich jedoch nicht erkennen, worauf die Erhebungen im Einzelnen zielten und wie die Ergebnisse verwendet wurden. Die folgende Schilderung der nachträglichen Nachforschungen dient also einerseits als Beleg dafür, dass zusätzliche Aufklärungen angestrebt wurden. Zugleich zeigt sie auf, welche Probleme beiseitegelassen wurden.[614]

Das Informationsbedürfnis beruhte nicht ausschliesslich auf dem Willen, den Fall Davis zu präzisieren. In einem gewissen Mass war der Wunsch nach zusätzlichen Informationen tatsächlich gegeben, nämlich insofern, als der Untersuchungsrichter wegen äusserer Umstände – im Falle von Monique Didisheim wegen Ortsabwesenheit – eine Person nicht befragen konnte. Aber das Interesse der Bundesanwaltschaft an zusätzlichen Informationen beruhte hier gewiss auch darauf, dass Didisheim als «Kommunistin» mit angeblichen – dies behauptete Davis – Beziehungen zur lokalen Partei für die politische Polizei von Interesse war.[615] Die Bundesanwaltschaft handelte auch in ihrer Funktion als politische Polizei. Sie beschaffte sich Informationen, welche nach damaliger Auffassung dem Schutz des Staates dienten. Es waren dies Informationen über Personen, welche die Staatssicherheit gefährden könnten. Und es genügte bereits, von Davis als Kommunist oder als Sympathisant linksextremen Gedankenguts bezeichnet zu werden, um dem Kreis der möglicherweise die innere Sicherheit gefährdenden Personen zugeordnet zu werden. Zugleich bot die Befragung von verdächtigen Personen die Gelegenheit, Informationen über Dritte zu sammeln.

Besonderen Aufwand trieb die Bundesanwaltschaft, unter Mitwirkung des Chefs der Bundespolizei, um mehr über Monique Didisheim zu erfahren, welche der Untersuchungsrichter nicht anhören konnte, da sie längere Zeit im Ausland weilte. Davis hatte erzählt, ihr Onkel arbeite bei der UNO in Genf. Anlässlich

614 So unterblieb zum Beispiel der Versuch, die finanziellen Verhältnisse Davis', seine «Einkünfte» vor allem, genauer zu bestimmen oder mehr zu erfahren über seine Aufenthalte in Paris, obwohl er Namen von Hotels genannt hatte, in denen er logierte. Die Frage nach der Angemessenheit der Anstrengungen, mehr zu erfahren, stellt sich beim Studium des Falles Davis immer wieder angesichts der Unterlassung von Nachforschungen bei andern Punkten, die – nach Aktenlage – nicht weniger dringlich erscheinen.

615 Der selektive Charakter der Nachforschungen nach Abschluss der Voruntersuchung zeigt sich unter anderem daran, dass sich die Bundesanwaltschaft nicht darum bemühte, Jaqueline Zurbrügg zu befragen. Bei ihr wurde Davis am Anfang seines Aufenthalts in Genf untergebracht. Jeanprêtre hatte sie als eine der Personen bezeichnet, welche anzuhören sei. Zurzeit, da er die Zeugen befragte, hielt sie sich im Ausland auf. Möglicherweise war der besondere Eifer in Sachen Didisheim dadurch bedingt, dass es sich um eine Person handelte, die durch Davis neu ins Blickfeld der politischen Polizei geraten war, während Zurbrügg für die Bundespolizei eine alte Bekannte war. Ihre Staatsschutzfiche beginnt nicht wie jene von Didisheim mit dem Fall Davis, sondern bereits im Jahr 1938; CH-BAR#E4320-01C#1996/203#599*.

201 eines Besuchs bei Monique Didisheim, habe sie ihm Dokumente mit Instruktionen für die Chefbeamten der UNO gezeigt, welche Anweisungen enthielten über die Art, wie mit den Russen zu diskutieren sei. Er habe die Dokumente kopiert und dem Konsulat in Genf respektive der Gesandtschaft in Paris zugestellt. Diese Handlung wäre als Weitergabe politischer Information, also als Nachrichtendienst im Sinn des Strafgesetzes, zu verstehen gewesen und die Befragung von Didisheim konnte mit der Aufgabe der Anklage gerechtfertigt werden, das Vergehen des Beschuldigten im Detail belegen zu müssen. Zugleich ging es natürlich darum, Didisheim für die Interessen der politischen Polizei zu befragen.

Die erste Version von Davis' Aussage lautete, er habe Didisheim durch ein Parteimitglied in Genf kennengelernt. Es handle sich um eine Kommunistin, welche für eine französische Zeitschrift arbeite, deren Redaktion sich am Boulevard Charles de Gaulle befinde. Dann wiederholte er die Rede von den Dokumenten, die von ihrem Onkel stammten. Allerdings liess er nun verlauten, es habe sich um ein nicht öffentliches Papier über den amerikanischen Imperialismus gehandelt. Ähnliches sagte er vor dem Untersuchungsrichter aus.[616]

Der Bundesanwalt sandte also dem Chef der Genfer Polizei einen kleinen Katalog von Fragen, welche Monique Didisheim zu stellen seien. Sie drehten sich einerseits darum, wie sie mit Davis bekannt geworden sei und wovon die Gespräche mit ihm gehandelt haben. Andererseits interessierte sich die Bundesanwaltschaft dafür, ob einer ihrer Verwandten bei der UNO arbeiten würde und ob sie Davis irgendwelche Papiere überlassen habe, welche von der UNO herrührten. Auch nach allfälligen ausländischen Bekannten Davis' sollte Didisheim gefragt werden, besonders nach solchen in Frankreich.[617]

Es existierten aber zwei Personen mit Namen Monique Didisheim, die eine wohnte in Genf an der Route de Chêne, die Adresse ihrer gleichnamigen Mutter lautete Rue Toepffer 21. Die Polizei wandte sich zunächst an Monique Didisheim, wohnhaft an der Route de Chêne. Wie sich herausstellte, handelte es sich nicht um die Monique Didisheim, von welcher Davis geredet hatte. Aber welch ein Zufall: Auch diese Monique Didisheim war Davis einmal begegnet, im Sommer 1950 bei Bekannten. Sie habe mit ihm nicht über politische Themen gesprochen. Sie interessiere sich nicht für Politik. Ob Davis Bekannte habe in Frankreich, wisse sie nicht.[618]

616 «[...] elle est venue, un soir, sur ordre de quelqu'un du Parti, je pense, chez moi, pour me conduire dans un cercle privé», Erklärung von Davis vom 27. November 1950; Antwort 54 im Verhör vom 19./20. Dezember 1950; Antwort 10k im Protokoll des Untersuchungsrichters vom 23. Januar 1951. Auch die Staatsschutzfichen von beiden Personen mit dem Namen Monique Didisheim verdanken ihr Entstehen Charles Davis. Der erste Eintrag auf der Fiche jener Monique Didisheim, auf welche sich die erwähnten Erzählungen beziehen, datiert vom 29. November 1950: «Einvernahme Davis Charles [...] Hatte Verbindung mit der D. Die D. sei im Auftrage der Partei zu ihm gekommen, um ihn in einen engeren Kreis der Partei einzuführen.» Dieser Eintrag wurde auch dem Chef der Bundespolizei zur Kenntnis gebracht. In den Akten findet sich im Übrigen keine Spur davon, dass die Bundesanwaltschaft beim Konsulat nachgefragt hätte, ob Davis' Aussage, was das Konsulat angeht, zutrifft.

617 Schreiben des Bundesanwalts an den Chef der Genfer Polizei vom 26. Mai 1951.

618 Monique Didisheim, geb. 18.Mai 1928, wurde auf der Karte ihres Mannes, Fernand Boulenger, fichiert, von dem sie zur Zeit des Falles Davis geschieden wurde. Auf der Fiche finden sich auch Notizen zu ihrer Wiedereinbürgerung, CH-BAR#E4320-01C#1996/203#68*. Der Eintrag vom 6. Juni 1951 betrifft beide Personen mit dem Namen Monique Didisheim. Als Nebenprodukt der Erklä-

Das war also nicht die eigentlich gesuchte Monique Didisheim. Inspektor Gerbex begab sich nun an die Rue Toepffer. Diese Monique Didisheim war aber abwesend, sie war in Paris. Gerbex traf hingegen auf ihren Schwiegervater, einen Franzosen, der bei der UNO in einer englischsprachigen Abteilung arbeitete, die sich mit wirtschaftlichen Fragen befasste. Er sagte, er kenne Davis nicht und habe keine Ahnung von der Art der Beziehung seiner Schwiegertochter zu ihm. Die Broschüre, welche er ihr gezeigt habe, sei für die englischen UNO-Angestellten bestimmt gewesen und habe Ratschläge enthalten für den Umgang mit Russen oder Linksextremisten sowie zwingende Argumente, um die kommunistische Propaganda zu widerlegen. Monique Didisheim habe die Broschüre zwei Tage ausgeliehen. Im Übrigen verheimliche seine Schwiegertochter ihre Tätigkeit in französischen linksextremen Kreisen nicht. Inspektor Gerbex hielt in seinem Bericht abschliessend fest, der Befragte sei «unsern Polizeidiensten völlig unbekannt, sowohl unter politischen Gesichtspunkten wie unter Gesichtspunkten der Justiz.»

Den Bericht von Gerbex über die beiden Personen mit dem Namen Monique Didisheim und die Erklärung der erstgenannten Monique Didisheim sandte die Genfer Polizei nicht an den Bundesanwalt, der die Anfrage am 26. Mai unterzeichnet hatte, sondern an den Chef der Bundespolizei, Werner Balsiger, der die Materialien an den federführenden Dubois weiterleitete.[619] Dieser bat die Genfer Polizei, jene Monique Didisheim, die in Paris weilte, sobald sie wieder am Wohnort ihrer Eltern erscheine, sofort die Fragen vorzulegen, welche die Bundesanwaltschaft Ende Mai formuliert hatte. Daraus wurde aber nichts, obwohl die Sache bis im September 1951 hängig blieb. Dann endete Monique Didisheims Erscheinen im Dossier Davis. Dass über sie eine Staatsschutzfiche existiert, ist Davis' Äusserungen zuzuschreiben. Sie enthält fünf Einträge aus der Akte Davis, beginnend mit seiner Erzählung vom 27. November 1950 und endend mit dem Resümee des letzten Berichts zu diesem Gegenstand Mitte September 1951.[620] Zwei weitere Ein-

---

rung der Monique Didisheim, die an der Route de Chêne wohnhaft war, ergab sich für die politische Polizei, dass die beiden Töchter der Bekannten, bei welcher Didisheim Davis traf, an einer Veranstaltung der *Jeunesse libre* – einer der von der politischen Polizei beobachteten Organisationen – teilgenommen hatten. Die Familie, bei der sie auf Davis stiess, war jüdisch. Das geht nicht aus der Erklärung von Didisheim hervor, sondern aus dem Begleitbericht zu ihrer Erklärung, verfasst von Inspektor Gerbex: «Il est à remarquer à ce sujet que les milieux juifs auxquels Davis s'est adressé à Genève sont connus pour être communistes», Begleitbericht von Gerbex vom 4. Juni. Die Sendung von Inspektor Gerbex betreffend die beiden Personen mit dem Namen Monique Didisheim, insgesamt fünf Seiten umfassend, wurde nachträglich dem Dossier des Untersuchungsrichters beigefügt. Vgl. dazu den handschriftlichen Vermerk auf dem Begleitschreiben zu dieser Sendung vom 5. Juni 1951: «au dossier II/386».

619 Schreiben des Chefs der Genfer Polizei an Balsiger vom 5. Juni 1951. Möglicherweise war dies eine Routineverbindung: Was von der Bundesanwaltschaft vom Chef der Genfer Polizei erfragt wurde, ging als Antwort an den Chef der Bundespolizei und nicht an die spezielle Stelle, von welcher die Anfrage stammte. Wie dem auch sei: Balsiger befasste sich nach wie vor mit dem Fall. Davon zeugt bspw. sein Kürzel «B» am Ende des ersten Eintrages auf der Staatsschutzfiche von Monique Didisheim.

620 Vgl. dazu das Dossier CH-BAR#E4320-01C#1990/134#34*. Im Bericht vom 10. September 1951, den die Genfer Polizei dem Chef der Bundespolizei zustellte, hielt Inspektor Gerbex fest, er habe sich mehrfach bei der Mutter von Monique Didisheim erkundigt, ob diese anwesend sei. Gestern habe die Mutter der Polizei erklärt, die Tochter habe Ende Juli zwei oder drei Tage zu Hause verbracht, wohne seither wieder in Paris, von wo sie nicht vor Ende des Jahres zurückkehren werde.

203 träge aus den Jahren 1951 und 1953 belegen, dass die politische Polizei Didisheim nach Abschluss des Falles Davis weiterhin im Auge behielt.[621]

Noch Anfang September stellte die Bundesanwaltschaft der Genfer Polizei etliche Fragen.[622] Dabei ging es vor allem um die Adressen von Personen, welche Davis denunziert hatte, insbesondere um den Verbleib US-amerikanischer Studenten. Wozu die Bundesanwaltschaft die Angaben benötigte und verwendete, kann dem Dossier nicht entnommen werden. Zur Erhellung des Rechtsfalles wurden diese personenbezogenen Informationen offensichtlich nicht benützt.

Ende Juni 1951 erhielt der federführende Stellvertreter des Bundesanwalts von der Genfer Polizei nochmals eine Zusammenstellung von Auskünften, die offensichtlich von französischen Polizeistellen stammten. Es handelte sich einerseits um die mehr oder weniger wörtliche Wiederholung der Angaben betreffend John Farrand und John Codington, welche Inspektor Ritschard schon in seinem Bericht vom 15. Dezember 1950 zuhanden des Chefs der Bundespolizei geliefert hatte. Die neue Fassung enthielt zusätzlich eine Wertung: Die wiederholte Nachforschung habe keinen genauen Aufschluss über die Beziehungen von Farrand und Codington zu Davis gegeben. Dazu kam, als letzter Absatz der gleichen Aktennotiz – offensichtlich als Antwort auf eine erneute Anfrage der Bundesanwaltschaft – die folgende Information und Meinungsäusserung betreffend Larkin und West: «West, Jack (angestellt bei der Botschaft der USA in Paris) und Larkin, amerikanischer Vize-Konsul bei der Botschaft der USA, existieren tatsächlich, aber bei den Ermittlungen in Paris konnte nichts festgestellt werden, was annehmen lassen könnte, dass sie mit Davis in Verbindung standen.»[623] Diese vage Mitteilung bildet so etwas wie den aktenmässigen Schlusspunkt unter den Bemühungen, die Rolle des FBI im Fall Davis zu klären, einen Schlusspunkt, der die Negation der Beteiligung des FBI sanktioniert.

Die Angaben betreffend Farrand und Codington fügte die Bundesanwaltschaft dem Dossier des Untersuchungsrichters bei, allerdings nicht in der Form der Aktennotiz von Ende Juni 1951, sondern in jener vom Dezember 1950. Das heisst, dass nicht die ganze Notiz vom Juni 1951 zum Dossier kam: Die Passage betreffend West und Larkin wurde nicht weitergeleitet.[624]

---

621 Der zweite dieser späteren Einträge führt zur Annahme, dass Didisheim durch Davis' Denunziation über den Fall Davis hinaus zum Objekt der politischen Polizei wurde: «v. Insp[ektor]Humbert. Anlässlich einer Kontrolle der Ausreise der D. aus Frankreich am 8. 7. 53 wurde festgestellt, dass in ihrem Schweizerpass am 13. 8. 49 ein ungarisches Visum eingetragen wurde, das jedoch offenbar nicht benützt wurde.»

622 Vgl. die Antworten in der Note à l'intention de M. Ritschard, verfasst vom Genfer Polizeiinspektor Gerbex (undatiert). Sie lag in den Akten zwischen Stücken vom 11. und 12. September 1951. Keine Auskunft widerspricht einer Datierung auf diesen Zeitraum. Unmittelbar vor dem Prozess erkundigte sich die Genfer Polizei «dans l'intérêt d'une enquête par le M[inistère] p[ublique] f[édéral]» bei den Kollegen in Zürich nochmals nach zwei Personen, welche in der Note à l'intention de M. Ritschard genannt sind, AEGE 16151, 10. Oktober 1951. Der Zweck der Nachfrage ist aus den Akten nicht ersichtlich.

623 «West, Jack (employé à l'Ambassade des USA à Paris) et Larkin, vice-consul américain à l'ambassade des USA, existent bien, mais aucun élément permettant de penser qu'ils avaient des relations avec Davis n'a été recueilli au cours de l'enquête», Aktennotiz von Inspektor Humbert vom 26. Juni 1951, er unterzeichnete das Dokument unter dem Stempel der Bundespolizei: «Ministère public fédéral – Service de police».

624 Das ins Dossier des Untersuchungsrichters eingefügte Stück zählt zu den von Hand paginierten Dokumenten, vgl. die vierte Zwischenbetrachtung: Das «behandelte» Dossier.

4. Nicht nur eine naheliegende Annahme, sondern nachweisbares Faktum ist, dass sich Balsiger, der Chef der Schweizer Bundespolizei und faktisch oberster Herr des zivilen Auslandnachrichtendienstes, zusammen mit Kronthal, dem Vertreter des FBI bei der US-Gesandtschaft in Bern, weiterhin mit der Sache Davis befasste. In der Agenda Balsigers findet sich unter dem 15. August 1951 der Eintrag: «Kr[on]thal, Davies/Gen.Kons Genf – Akten!» Und in einem Eintrag am 5. Oktober, wenige Tage vor dem Prozess, ist zu lesen: «Kr[on]thal i.S. Davis vertrauliche Akten des am[erikanischen] Kons[uls]».[625]

5. Edmond Martin-Achard, Davis' amtlicher Verteidiger, war auch in der Zeit zwischen Ende der Voruntersuchung und Beginn des Prozesses recht aktiv. Sein taktisches Ziel bestand darin, den Fall als unbedeutend erscheinen zu lassen und damit auch die Straftat Spionage wegzuräumen. Damit wäre der Fall im Allgemeinen und der Aspekt Spionage im Besonderen aus dem Blickfeld der Öffentlichkeit entschwunden.[626] Sein Vorgehen war mit dem Konsulat, wenn nicht abgesprochen, so doch mehrheitlich koordiniert. Das kommt unmittelbar darin zum Ausdruck, dass er und Konsul Ward sich gemeinsam mit Davis unterhielten. Anfang Juni besuchten ihn die beiden im Kantonsspital Genf, versehen mit einer Bewilligung von Dubois.[627] Unmittelbar darauf beantragte der Anwalt beim Bundesanwalt, Davis sei «provisorisch oder definitiv» aus der Haft zu entlassen. Seit vielen Monaten sei er inhaftiert, ohne dass die Voruntersuchung ein Vergehen von irgendwelcher Bedeutung ergeben habe. Man könne sich fragen, ob man eine Verurteilung Davis' überhaupt ins Auge fassen solle. Die Bundesanwaltschaft lehnte Martin-Achards Gesuch ab. Die Schlussfolgerungen des Untersuchungsrichters seien unmissverständlich. Er habe die Freilassung abgelehnt. Die Bundesanwaltschaft sehe keinen Anlass, eine andere Haltung einzunehmen.[628] Darauf bemühte Martin-Achard den Vorgesetzten des Bundesanwalts, den Vorsteher des EJPD, Bundesrat von Steiger. Er habe schon den

625 AfZ: NL Nachlass Werner Balsiger, Schachtel 6. Dem Dossier Davis ist nicht zu entnehmen, um welche Akten es sich gehandelt hat. Es ist auch nicht klar, inwiefern der Ankläger in die Transaktion einbezogen war. Vor allem der zweite Termin, zehn Tage vor Beginn des Prozesses, legt die Vermutung nahe, dass es den US-amerikanischen Stellen nochmals darum ging, die Gerichtsverhandlung zu beeinflussen. Wenn dem so war, dann dürfte der Ankläger zumindest selektiv mit den Informationen vertraut gemacht worden sein.

626 Das strategische Ziel Martin-Achards lässt sich nicht erkennen. Warum hat er sich für diesen Fall als Pflichtverteidiger zur Verfügung gestellt? Und wer hat ihn auserkoren? Was erhoffte er für sich, durch die Übernahme dieses Mandats zu gewinnen? Den biografischen Angaben in den Zeitungen nach zu schliessen, war Martin-Achard kein routinierter Strafverteidiger.

627 Erlaubnis zur Visite mit Telex von Dubois vom 1. Juni 1951. Vgl. dazu auch den Besuch von Ward bei Davis am 16. April 1951, den Martin-Achard für den Konsul arrangierte. Am 11. September 1951 erteilte der Präsident des Bundesstrafgerichts Ward die Bewilligung für weitere Besuche.

628 Schreiben von Martin-Achard an die Bundesanwaltschaft vom 2. Juni 1951: «Mon client, Charles Davis, est incarcéré depuis de nombreux mois sans que l'instruction ait relevé des faits d'une gravité quelconque. On peut se demander, même, si on doit prévoir une condamnation de mon client.» Die Anweisung der Bundesanwaltschaft an die Genfer Behörden vom 15. Juni 1951, Davis seine Haft weiterhin im Spital anstatt im Gefängnis verbringen zu lassen, kann als Konzession gegenüber Martin-Achard betrachtet werden. Am 30. März hatte Martin-Achard den Untersuchungsrichter um nichts weniger gebeten, als die Überführung von Davis in die USA zu prüfen. Martin-Achard behauptet in der Gerichtsverhandlung, fünfmal die Haftentlassung von Davis beantragt zu haben, vgl. *Gazette de Lausanne* vom 17. Oktober 1951, Nr. 246.

205 Untersuchungsrichter gebeten, seinen Klienten wenigstens provisorisch aus der Haft zu entlassen. Was man Davis vorwerfe, sei von äusserst geringer Bedeutung, falls man ihm überhaupt etwas zur Last legen könne. Der Untersuchungsrichter habe die Freilassung abgelehnt und der Bundesanwalt halte an diesem Beschluss fest. Als Davis' Anwalt gebe er seinem Erstaunen und seinem Bedauern Ausdruck über die lange Haft, die zur Geringfügigkeit der Sache in keinem Verhältnis stehe. Wer das Dossier kenne, komme nicht zur Überzeugung, dass der Fall «ernst» sei. Darum dränge sich die provisorische oder definitive Freilassung auf.[629]

Bei den Akten liegt ein handschriftliches Exzerpt aus Martin-Achards Verteidigungsschrift. Es ist auf den 14. August datiert. Dubois hat es angefertigt.[630] Darin steht, es könne zum Vornherein ausgeschlossen werden, dass sich Davis der Spionage schuldig gemacht habe, denn seine Taten könnten nicht wirklich ernst genommen werden. Er sei ein prahlerisches, naives und unintelligentes Individuum. Dubois notierte in seinem Auszug das Beispiel, welches Martin-Achard für diese Charakterisierung anführte: Davis habe geprahlt mit der Behauptung, die Leute, die ihm bei einem Treffen zuhörten, hätten ihm gehorcht wie Marionetten, deren Fäden er in der Hand halte. Ähnlich habe er sich Taten gerühmt, deren Urheber er nicht gewesen sei. Im Übrigen seien alle Informationen, die er geliefert habe, von der Art gewesen, wie man sie in den Zeitungen finde. Aufs Ganze gesehen bedeuteten die Taten keine Beeinträchtigung der Schweiz, deren Einwohner oder deren Staatsangehörigen. Was er erklärt habe, vermochte weder eine ausländische Behörde noch eine ausländische Partei zu interessieren. Senator McCarthy stelle keine Partei dar. Es sei nicht nachgewiesen, dass er im Auftrag einer Partei oder irgendeiner anderen Organisation agiert habe. Im Übrigen könnten Davis' Taten nicht nur angesichts seiner Persönlichkeit nicht erstgenommen werden, sondern auch «weil sie eigentlich überhaupt nichts erbrachten».[631]

Es ist nicht ausgeschlossen, dass die Tendenz dieser Verteidigungsschrift Dubois' Wahrnehmung und seine Schilderung des Falles vor Gericht beeinflusst hat.

---

629 Schreiben von Martin-Achard an Bundesrat von Steiger vom 15. Juli 1951: «[…] vu la gravité extrêmement minime des faits reprochés à Davis (en admettant même, ce qui me paraît des plus discutable qu'on puisse sérieusement lui reprocher quoi que ce soit) […], une incarcération prolongée qui ne me paraît pas être en rapport avec l'importance minime de cette affaire. Ceux qui ont pris connaissance du dossier ne peuvent certainement pas se convaincre du ,sérieux' de cette affaire et de la gravité des faits reprochés à Davis.» Darauf folgte die Antwort der Bundesanwaltschaft an Martin-Achard im Auftrag von Bundesrat von Steiger am 25. Juli 1951 unter Verweis auf Ziffer 3 der Erläuterungen zur Anklageschrift: «Vous aurez trouvé au ch. 3 du rapport explicatif la raison pour laquelle il ne nous a pas été possible de mettre Davis provisoirement en liberté.» Wenige Tage vor der Intervention Martin-Achards bei Bundesrat von Steiger hatte auch das EPD der Bundesanwaltschaft am 9. Juli 1951 nahegelegt, Davis aus der Haft zu entlassen (dodis.ch/52787).

630 Wann Dubois die Verteidigungsschrift zu Gesicht bekommen hatte, ist nicht auszumachen. Sie ist angeführt unter den Materialien, auf der die Anklagekammer ihren Beschluss gründete, Davis an das Bundesstrafgericht zu überweisen (25. August 1951, dodis.ch/52768).

631 «Les actes de Davis ne tombent pas sous le coup de la loi, ne peuvent être véritablement pris au sérieux, vu la personnalité de leur auteur et leur *absolue inefficience intrinsèque* [Hervorhebung durch Dubois im Original]». Die Passage, welche Davis Informationen gleichstellte mit Informationen, die man in den Zeitungen findet, hat Dubois am Rand markiert.

Vor allem seine Argumentation, Davis sei zu wenig intelligent, um als Agent zu taugen, entspricht dem Verteidigungsschema von Martin-Achard.[632]

Eine konkrete Leistung erbrachte der Anwalt zugunsten seines Klienten und aller aus- und inländischen Behörden, die ein Interesse daran bekundeten, die Sache Davis nicht nur möglichst klein zu halten, sondern sie auch als eine Auseinandersetzung zu behandeln, in welcher es im Wesentlichen um «Kommunisten» ging. Martin-Achard konnte am 14. September 1951 den Rückzug der Klage von Amélie Portier-Legrand melden.[633] Er hatte ihrem Anwalt 505.75 Schweizer Franken ausgehändigt; Geld, das er, wie er schrieb, von Davis' Vater erhalten hatte. Damit konnten Portier-Legrand die Kosten beglichen werden für die Telefongespräche, welche Davis ohne ihre Erlaubnis von ihrem Apparat aus geführt hatte. Sie zog ihre Klage zurück und der Straftatbestand des Erschleichens einer Leistung war hinfällig. Als Zivilpartei blieb für den Prozess noch der «militante Kommunist» Eggenschwyler und seine ehemalige Ehefrau Elisabeth Pfister. Und die strafrechtlich relevanten Handlungen betrafen nur noch «Linksextreme» und «Kommunisten» – angebliche oder tatsächliche –, zwar Opfer von Davis' Spionage, als Personen in der damals dominierenden Wahrnehmung der Öffentlichkeit und der Behörden jedoch degradiert zu latent staatsfeindlichen subversiven «Elementen», wenn auch nicht als staatsgefährdend betrachtet. Die Konstellation bot die Gelegenheit, «Kommunisten» ins Zentrum der Gerichtsverhandlung zu rücken, eine Gelegenheit, welche sich der Pflichtverteidiger und ein nennenswerter Teil der Presse nicht entgehen liessen.

Auf entlegenes Gelände hat sich Martin-Achard unmittelbar vor dem Prozess mit einer Handlung begeben, die nur in den Genfer Akten, nicht in jenen der Bundesanwaltschaft dokumentiert ist. Davis hatte ihm gegenüber eine Hilfsschwester denunziert, die in der Gefängnisabteilung des Genfer Kantonsspitals angestellt war. Martin-Achard übernahm die Denunziation und übermittelte sie der Genfer Polizei. Die Krankenschwester versehe ihren Dienst nicht mit dem Ernst, der für ihre Tätigkeit notwendig sei. Sie helfe Gefangenen, mit der Aussenwelt zu kommunizieren und habe zudem von Davis dessen Anklageschrift ausgeliehen erhalten und während einer gewissen Zeit darüber verfügt. Die Polizei lud die Krankenschwester vor und sie wurde nicht nur aufgefordert, zur Denunziation Stellung zu nehmen, sondern ihren alles andere als unbeschwerten Lebenslauf der Polizei zu schildern. Was Martin-Achard mit dieser Denunziation bezweckte, bleibt offen. Zur Klärung des Falles diente sie nicht. Darum fehlt der Vorgang im Dossier der Bundesanwaltschaft.[634]

---

632 Dieser Gedankengang findet sich in der Anklageschrift von Ende Juli noch nicht. Zu den Dingen, die Davis entlaste, respektive seine Schuld minimieren konnten, vgl. das Blatt in den Arbeitsnotizen, mit denen Dubois die Anklageschrift und die Anklagerede vorbereitete. Dort hielt er Sachverhalte und Bewertungen fest, welche Davis anscheinend zugute zu halten waren, vgl. dazu auch Kaptiel III a. Herkunft und Zweck dieser anscheinend entlastenden Gedanken sind nicht eindeutig auszumachen. Sie entsprechen jedoch den Ausführungen des Verteidigers. Es ist jedoch denkbar, dass sie auf Dubois' Anklagerede einwirkten. Sie sind konkret, drücken quasi reale «Verdienste» von Davis aus. Im Gegensatz dazu wirken die Argumente, welche laut Martin-Achard gegen die Schuldhaftigkeit von Davis' Tun sprachen, abstrakt; sie betreffen allgemein den Wert seiner Informationen und seine Persönlichkeit.

633 Archiv des Bundesgerichts, Dossier Davis, Nr. 7–10.

634 Meldung von Martin-Achard an die Genfer Polizei vom 11. Oktober 1951. Die Anhörung der Hilfsschwester fand tags darauf am 12. Oktober 1951 statt, AEGE 16151.

207 6. Jean Vincent, der Anwalt von F. Eggenschwyler und E. Pfister erkundigte sich Mitte Juli nach dem Stand der Dinge. Seit der Antwort des Untersuchungsrichters auf die Fragen, die er ihm Ende März gestellt hatte, war er nicht mehr über das Verfahren orientiert worden. Nachdem ihm die Bundesanwaltschaft mitgeteilt hatte, die Anklageschrift sei dem Bundesgericht zugestellt worden, deponierte er, dass sich Eggenschwyler und Pfister als geschädigt betrachten und sich als Zivilpartei konstituieren würden.[635] Im Schreiben vom 28. September, mit dem er die Aufforderung des Gerichts beantwortete, allfällige Anträge für weitere Beweismittel zu stellen – eine Aufforderung, die explizit auch an Pfister gerichtet worden war –, antwortet er nur im Auftrag von Eggenschwyler. Er lässt das Bundesstrafgericht wissen, dass Eggenschwyler keine Beweiseingabe unterbreiten werde. Das bedeute keineswegs, dass er die Klage zurückziehe. Es bedeute nur, dass er davon absehe, seinen Anwalt vor Gericht auftreten zu lassen. Zwei Gründe führten seinen Mandanten zu diesem Entscheid: Anfang Mai habe der Untersuchungsrichter alle Untersuchungshandlungen abgelehnt, die er, Anwalt Vincent, Ende März vorgeschlagen habe. Dazu komme, dass die Zivilpartei ihre Beweismittel beschränken müsse auf Sachverhalte, die in der Anklageschrift aufgeführt seien.[636]

Fünfte Zwischenbetrachtung: Die Episode Charles Davis – Senator McCarthy

1. So, wie sich der Fall Davis in den schweizerischen Akten manifestiert, ist die Beziehung von Davis zu Senator McCarthy faktisch eine nebengeordnete Episo-

635 Anfrage von Vincent vom 16. Juli 1951; Antwort der Bundesanwaltschaft vom 25. Juli; Schreiben von Vincent an die Bundesanwaltschaft vom 26. Juli: «Je tiens à préciser que M. et Mme Eggenschwyler se considérant comme lésés, se portent partie civile sur la base de l'article 272, ch. 1. CP.» Dies scheint mir in Widerspruch zu stehen dazu, dass Frau Pfister ihre Klage am 1. Februar 1951 zurückgezogen hatte: «Est entendue comme plaignante Madame Elisabeth Pfister… Je retire la plainte que j'ai déposée contre Davis», Inventar zum Dossier des Untersuchungsrichters betreffend die Zivilparteien, Nr. 11. Aber im Überweisungsbeschluss vom 25. August 1951 (dodis.ch/52768) nahm die Anklagekammer Bezug auf das Schreiben von Vincent vom 26. Juli: «Vu […] la lettre du 26 juillet 1951 par laquelle les époux Eggenschwyler se sont portés partie civile par l'intermédiaire de Me Vincent, avocat». Und der Ingress der Causa lautete sowohl in der Aufforderung vom 11. September, allfällige Ergänzungen der Beweismittel vorzulegen, als auch in der Anordnung des Gerichtstermins vom 1. Oktober wie folgt: «Ministère public de la Confédération et 1) Fréderic Eggenschwyler 2) dame Elisabeth Pfister […], partie civile représentée par Me Jean Vincent […], contre Charles Davis […]». Im Schreiben vom 28. September dagegen spricht Advokat Vincent nur von «mon client, M. Frédéric Eggenschwyler». Und im Urteil vom 16. Oktober geht es ebenfalls nur um Eggenschwyler: «il est constaté que dame Pfister a retiré sa plainte et qu'elle n'a pas été lésée». Im Übrigen waren beide, Eggenschwyler und Pfister, auch als Zeugen für den Prozess aufgeboten. Die Sache war offensichtlich unklar. Vor Beginn des Prozesses pflegte der Präsident des Bundesstrafgerichts für den Fall Davis, A. Rais, mit Anwalt Vincent einen Gedankenaustausch über den Status von E. Pfister beim Prozess. Der Präsident stellte fest, Frau Pfister habe zwar ihre Klage gegen Davis zurückgezogen, das Vergehen sei aber als Offizialdelikt weiterverfolgt worden und der Ankläger habe das Vergehen in die Anklageschrift aufgenommen. Der Rückzug der Klage hindere seiner Ansicht nach Frau Pfister nicht, sich als Zivilpartei zu konstituieren. Er betrachte daher Anwalt Vincents Brief vom 28. September als sowohl im Namen von F. Eggenschwyler als auch im Namen von E. Pfister verfasst. Als Zeugen mussten auf jeden Fall beide vor Gericht erscheinen, vgl. das Schreiben von Rais an Vincent vom 1. Oktober 1951 im Dossier Davis des Bundesgerichts, Nr. 13.

636 Archiv des Bundesgerichts, Dossier Davis, Nr. 11. Beschränkung auf Sachverhalte, die in der Anlageschrift genannt sind, nach BStP Art. 137. Aufforderung zur Einreichung von Beweiseingaben vom 11. September 1951, dodis.ch/52769.

de, sowohl was die Spitzeltätigkeit Davis' im Ganzen betrifft, als auch hinsichtlich seiner Bedeutung im Ränkespiel zwischen McCarthys und John Carter Vincent. Keinesfalls spielte Davis eine bedeutende Rolle im Treiben gegen Vincent, das zunächst zu dessen Degradierung vom Gesandten in der Schweiz zum Generalkonsul in Tanger und zwei Jahre später zum erzwungenen Ausscheiden aus dem Dienst des amerikanischen Staatsdepartements führte.

Eine zufällige Konstellation wurde als Gelegenheit verwendet, der Beziehung von Davis und McCarthy eine irreale Bedeutung zuzuschreiben: McCarthys Treibjagd führte in den USA zu einem innenpolitischen Kampf und eine der Personen, auf die es McCarthy besonders abgesehen hatte, wurde auch durch Davis beeinträchtigt: John Carter Vincent. Zu dieser sachlichen Koinzidenz kommt die zeitliche: Der Fall Davis war hängig und wurde dem Gericht zugeführt in einer Zeit – Spätsommer und Herbst 1951 – akuter Angriffe McCarthys und akuter Gegenangriffe auf den Senator.

Aus unterschiedlichen Gründen haben sich der Vertreter der Anklage in der Schweiz, Dubois, und jener Teil der US-amerikanischen Presse, welcher gegen McCarthy anschrieb, auf die Verbindung zwischen Davis und dem Senator gestürzt und sie aufgebauscht.[637] Dabei griff der Ankläger beinahe gierig nach US-amerikanischem Material. Betrachtet man die Exzerpte, welche Dubois aus den Akten beim Vorbereiten der Anklageschrift anfertigte, so wird die Dominanz von Davis' Aktivitäten in Verbindung mit dem FBI, alias der US-amerikanischen Botschaft in Paris sowie mit dem Konsulat in Genf unmittelbar sichtbar.[638] Unter den Titeln «Espionnage politique», «rens[eignements] → ambassade ou agents à Paris» «Federal Bureau of Investigation», «Rens[eignements] transmis aux autorités américains» und «McCarthy S[ervice]R[enseignements]» finden sich sehr viele Einträge zu Nachrichtendienst in Verbindung mit US-Stellen und nur wenige zu Nachrichtendienst zuhanden McCarthys. Davis gab im Verhör an, die Informationen, die an McCarthy gingen, seien unvollständig und verstümmelt gewesen. McCarthy habe eher als Deckmantel für seine Zusammenarbeit mit dem FBI gedient, um dieses nicht direkt in die Schusslinie zu bringen.[639] Unabhängig davon, ob dies zutrifft oder nicht, springt beim Betrachten der einschlägigen Dossiers ins Auge, dass Davis den US-Stellen ungleich mehr zudiente als dem Senator.

---

637 Eine faktische Konvergenz lässt sich nur darin erkennen, dass die Darstellungsweisen von Dubois und der erwähnten Presse das FBI als Auftraggeber von Davis von der Bildfläche verschwinden liessen. Zum widersprüchlichen Weg des Anklägers Dubois von der unzweideutigen Erkenntnis aus dem grossen Verhör, dass Davis im Auftrag des FBI tätig gewesen sei, zur Negation dieser Feststellung in der Anklagerede mit der Alternativ-Behauptung, Davis habe seinen unerlaubten politischen Nachrichtendienst zugunsten von McCarthy betreiben, siehe unten die Passagen zur Anklagerede von Dubois.

638 Zwar registriert Dubois hier Aussagen von Davis, für die weitere Belege meist nicht gegeben sind, aber er schreibt sie eben nieder, und erklärt sie insofern für real. Sie finden auch Eingang in die Anklageschrift.

639 Verhör 19./20. Dezember 1950, Antwort 29 auf die Frage: «Dans quelles circonstances exactes êtes-vous entré au service du sénateur McCarthy?» McCarthy seinerseits erklärte, was von der US-amerikanischen Presse *telquel* reproduziert wurde: Er habe die Informationen, welche Davis ihm zukommen liess, dem FBI übergeben: «[McCarthy] said he did not consider the data ‹worth much› and turned it over to the FBI», Zeitungsartikel unbekannter Herkunft unter dem Titel «Sent Data to McCarthy» im Faszikel «Presse américaine» vom Februar 1951 im Dossier Davis der Bundesanwaltschaft.

Zumindest ab Juli 1950 wurde Davis vom FBI «geführt». Dem Konsulat hatte er seit Anfang des Jahres Informationen zukommen lassen, seine Spitzeltätigkeit im November 1949 begonnen und in der ersten Hälfte des Jahres 1950 weiter betrieben.[640] Daraus ergibt sich der erste, chronologische Beleg dafür, dass die Sache McCarthy nachgeordnet war: Kontakt mit ihm hatte Davis erst Anfang August 1950 gesucht, indem er ihm Informationen anbot. Einem einigermassen orientierten Zeitgenossen – dass Davis dazu zählte, zeigen seine zahlreichen Bezüge zu aktuellen politischen Sachverhalten – war McCarthys Treiben seit seinem lauten Auftritt vor dem Senat im Februar 1950 bekannt, als er behauptete, mit 81 Fällen belegen zu können, dass im *State Department* eine kommunistische fünfte Kolonne am Werk sei.[641] Wieso sich Davis an den Senator wandte, ob aus Eifer oder in der Hoffnung auf Einkünfte, bleibt offen.[642] Etwas Geld hat Davis von McCarthy respektive von dessen Pariser Emissär erhalten. Grosse Beträge waren es nicht. Wenn die Feststellung in der Anklageschrift «Davis wurde von Farrand bezahlt» nicht das Gegenteil insinuiert, so vermeidet sie doch klar zu machen, dass es um kleine Summen ging.[643]

Die telefonischen Kontakte oder Kontaktversuche zu McCarthy und dem FBI sagen nichts aus über allfällige Übermittlungen von Informationen. Den Schluss, dass er beiden Informationssammlern gleicherweise diente, lassen sie nicht zu. Das gefälschte Telegramm konnte für die Anklage als *Deus ex machina* dienen: ein dokumentarisches, physisch greifbares, vorzeigbares Beweisstück, um die Verbindung zwischen Davis und McCarthy zu belegen. Dass Davis Farrand, McCarthys Gehilfen, in Paris getroffen hatte, steht fest.[644] Zweifelhaft ist die Darstellung in

640 Unter anderem anlässlich eines Aufenthaltes bei Otto Schneebeli in Zürich.

641 Nach May hatten schon die Reden, welche dem Auftritt im Senat vom 20. Februar vorangegangen waren, McCarthy zu einer nationalen Berühmtheit gemacht, vgl. May 1983, S. 171.

642 Davis' Aussagen über seien Einnahmequellen im Lauf seines Aufenthaltes in der Schweiz sind nicht verifizierbar. Klar ist, dass er ab Juli 1950 über Geld verfügte. Vgl. das Itinerar von Davis mit Belegen für etliche Reisen nach Frankreich, ferner die Tatsache, dass Davis ab Juli 1950 in Genf in Hotels oder in Untermiete wohnte, während er zuvor meist bei Bekannten hauste. Die Kausalität, die in der US-amerikanischen Presse kolportiert wurde, Davis sei im Sommer 1950 mittellos gewesen und habe sich deshalb McCarthy zugewendet, ist nicht zu belegen, vgl. dazu auch May 1983, S. 182 f. Mays angesichts der schweizerischen Dossiers in diesem Punkt nicht überzeugende Interpretation, gestützt auf einen Untersuchungsbericht des *Office of Security Records* des *State Departements*, fällt dadurch auf, dass er davon spricht, das Konsulat sei offenbar nach dem Besuch von Davis am 16. Januar 1950, bei dem er seine kommunistischen Verbindungen gestanden und Information über seine Kontakte mit örtlichen Kommunisten offengelegt habe, von ihm beeindruckt gewesen. Er habe ihn in einen Zug nach Paris gesetzt, ihn der Botschaft empfohlen und ihm gesagt, er solle sich dort melden. Von offiziellen amerikanischen Stellen habe Davis dann während drei Monaten insgesamt 9000 Franken (sic!) erhalten, für Erkenntnisse, die er aus dem Umgang mit schweizerischen Kommunisten gewonnen habe. Danach sei er mittellos gewesen und habe sich deshalb McCarthy angedient, vgl. ebd.

643 Anklageschrift vom 24. Juli 1951, dodis.ch/52784, S. 7: «Davis fut rétribué par Farrand.» In der Einvernahme während des Prozesses sagte Davis, «that he received ‹certain funds form Farrow – a very small sum›», *Washington Star* vom 15. Oktober 1951. Der einzige Beleg für eine Zahlung stammt von Anfang November. Davis erhielt unter der Deckadresse «John Farrow c/o American Express» die famose 20-Dollar-Note. Beim damaligen Wechselkurs war diese gut 80 Schweizer Franken wert, gerade genügend, um für einen Monat die Miete zu bezahlen.

644 Dies sagte nicht nur Davis im Verhör vom 20. Februar 1951 in der Antwort 12 («de la main de Farrand»), sondern auch McCarthy.

der Presse, Farrand habe Davis den Auftrag gegeben, das gefälschte Telegramm zu senden, um John Carter Vincent zu diskreditieren.[645]

Zu beachten bleibt, dass Davis das Telegramm erst Anfang November 1950 fabrizierte, also etwa zweieinhalb Monate nach der Korrespondenz mit McCarthy.[646] Davis stand damals noch in Verbindung mit Farrand, der ihm mit einem Schreiben vom 2. November umgehend auf einen Brief antwortete und auf dessen Begehren 20 Dollar sandte mit der Bitte, seine Informationen zu vervollständigen. Ende November aber liess einer der engen Mitarbeiter McCarthys Davis wissen, der Senator habe ihm das Schreiben, welches ihm Davis unlängst gesandt habe, übergeben und ihn beauftragt, Davis mitzuteilen, der Senator sei an keinen weiteren Nachforschungen interessiert. Und nachdem im Februar 1951 der Fall Davis in den USA bekannt geworden war, meldete sich der Senator umgehend: Einer seiner «Agenten» habe in Paris Kontakt gehabt mit Davis und von ihm Informationen erhalten. Er sei aber der Auffassung gewesen, dass die Angaben nicht viel wert seien. Er habe sie dem FBI übergeben.[647]

Welch geringe Bedeutung dem Telegramm im Kampf McCarthys gegen John Carter Vincent zukam, ist evident bei einem Blick auf die «Quellen», welche der Senator gegen Vincent verwendete. Er glaubte, beweisen zu können, dass dieser als Spezialist für chinesische Angelegenheiten und als *Head of China Affairs* im *State Department* zusammen mit andern, die in die Chinapolitik involviert waren, einer «kommunistischen Linie» gefolgt sei. Im August 1951 wurde dieser Angriff durch die Beschuldigungen eines vom Kommunismus konvertierten Informanten des FBI scheinbar substanziell gestützt.[648] Im Vergleich zu diesen «Quellen» ist das gefälschte Telegramm ohne Belang. Die Bedeutung von Davis' Telegramm lag nicht in seiner faktischen Bedeutung, sondern es wurde bedeutend durch den Zeichencharakter der ihm zugeschrieben wurde: als Chiffre für die Verbindung von Davis zu McCarthy.

Nicht nur die Attacken McCarthys, sondern auch die Nachstellungen des FBI waren für John Carter Vincent ungleich gravierender als das gefälschte Telegramm.[649] Edgar Hoover, der Direktor des FBI, verdächtigte Vincent seit lan-

---

645 Vgl. sechste Zwischenbetrachtung: Das Telegramm.

646 Im Übrigen fallen die Fälschung des Telegramms und der Adressänderungsanträge von Eggenschwyler und Pfister in die gleiche Kalenderwoche: 30. Oktober und 4. November 1950.

647 Artikel, ohne Quellenbezeichnung, unter dem Titel «Sent Data to McCarthy» im Faszikel «Pressekommentare» des Dossiers Davis. Die 20-Dollar-Note ist der einzige Beleg für eine Zahlung von Seiten McCarthys an Davis.

648 Zu den Vorwürfen an Vincent wegen seines Anteils an der China-Politik der USA vgl. May 1983. Zu McCarthy als Teil der Politik der Republikaner vgl. Griffith 1970, u. a. S. 116: «McCarthy's own power and influence rested upon the twin issues of ‹communism-in-government› and American policy in the Far East. These were the two interrelated themes of the Republican attack of the late forties». Zur gravierenden, folgenreichen Denunziation durch Louis Budenz am 23. August 1951 vor dem *Senate Subcommittee on Internal Security*, vgl. May 1983, S. 190–193. Logischerweise spielt Davis in Mays Buch über die «Heimsuchung» Vincents aufs Ganze gesehen eine untergeordnete Rolle.

649 Auch der Opportunismus seiner Vorgesetzten im *State Department* und der antikommunistische Eifer des *Senate Subcommittee on Internal Security* unter dem Vorsitz McCarrans wirkten an der Niederlage in einem Mass mit, im Vergleich zu dem Davis' «Beitrag» nichts bedeutet.

gem.[650] Nach McCarthys Angriffen im Frühjahr 1950 ordnete er nicht nur an, dass sämtliche Distriktbüros des FBI Nachforschungen über Vincent anstellten, sondern er liess in elf Ländern, einschliesslich der Schweiz, Bekannte und Mitarbeiter befragen. Den Vertreter des FBI in Paris, den dortigen *legal attaché,* wies er im Mai 1950 an, Vincent selbst zu vernehmen. Hoover spannte also den Träger jener Funktion gegen John Carter Vincent ein, zu deren Aufgabe es gehörte, Davis als Informanten zu «führen».[651]

2. Die Fiche von Senator McCarthy beginnt mit einem Eintrag zum Fall Davis. Ihm verdankt sie ihre Entstehung. Er hat den Senator ins Blickfeld der politischen Polizei gerückt. Von den rund drei Dutzend Einträgen auf den vier Karteikartenseiten stammt etwa die Hälfte aus den Akten zum Fall Davis. Dazu zählen zahlreiche Vermerke über die Kenntnisnahme von oder Hinweise auf Presseartikel. Die nach Belegen für die Beziehung von Davis' zu McCarthy haschende Aufmerksamkeit der Strafverfolgungsorgane, die in den Akten greifbar ist, widerspiegelt sich auf der Fiche der politischen Polizei.[652] Auch nennt einer der Einträge die Aussage Davis' zur Unterordnung McCarthys unter das FBI: «Einvernahme Davis […], der in erster Linie für das FBI politischen Nachrichtendienst treibt. An C. hat er nur Nachrichten mit Einwilligung des FBI übermittelt. […] Der Nachrichtendienst des C. sei unbedeutend.» Ich bin nicht in der Lage, diese Äusserung zu verifizieren, und ziehe hier und an anderer Stelle keine signifikanten Schlussfolgerungen daraus. Festzuhalten bleibt aber, dass auf der Fiche die affirmative Formulierung fixiert wurde: Davis, «*der* […] für das FBI Nachrichtendienst *trieb*. An McCarthy *hat er* nur […] mit Einwilligung des FBI übermittelt.»[653]

Auch die FBI-Fiche verdankt ihr Entstehen Davis. Der erste Eintrag entspricht dem oben zitierten vierten Eintrag bei McCarthy: «Einvernahme Davis […], der für obiges Amt in der Schweiz politischen Nachrichtendienst betrieb». Der zweite Vermerk ist identisch mit dem fünften auf McCarthys Fiche.[654] Weitere Einträge mit Bezug auf Davis fehlen. Das liegt zunächst daran, dass in den Akten weniger vom FBI die Rede ist als von McCarthy, vor allem in der Zeit ab etwa Ende Februar 1951. Noch mehr aber kommt dies davon, dass wichtige Stellen, welche die Beziehung zwischen dem FBI und Davis betreffen, auf der Fiche des FBI keinen Niederschlag finden. Das gilt zum Beispiel für den Bericht der Bundesanwaltschaft vom 22. Dezember 1950, der den Bundesrat veranlasste, der Strafverfol-

650 Als Vincent im Herbst 1947 seinen Posten in der Schweiz antrat, gab Hoover dem Vertreter des FBI in London die Anweisung, Vincent sollte «‹not be contacted […] in connection with Russian or Communist matters›», May 1983, S. 174.

651 Ob Jack West, Davis' Führungsoffizier, den Posten des *legal attaché* in Paris im Mai 1950 bereits innehatte, habe ich nicht eruiert.

652 In beinahe grotesk anmutender Weise vermerkt wird in nicht weniger als fünf Einträgen von Januar bis Februar 1952, dass Davis den Senator auf 100 000 Dollar Schadenersatz verklagt habe, Fiche McCarthy: CH-BAR#E4320-01C#1990/134#103*.

653 Auf der Fiche finden sich an anderen Stellen Angaben in indirekter Rede oder auf andere Weise subjektivierende Einträge: Davis «*will* von C. beauftragt *sein* […], der Nachrichtendienst des C. *sei* unbedeutend [Hervorhebungen J. Z.]».

654 CH-BAR#E4320-01C#1996/203#151*, Fiche «Federal Bureau of Investigation», inkl. «Vorname: FBI (amerikanische Bupo)».

gung zuzustimmen. So fehlt auf der FBI-Fiche die Verbindung von Davis mit Jack West, den ich für den Führungsoffizier von Davis halte.[655]

Die quantitative Differenz der Einträge auf den beiden Fichen ist zugleich Ausdruck der fundamentalen Differenz der Aufmerksamkeit. Für die Öffentlichkeit und damit für die Presse ist der FBI als Akteur in Davis' unerlaubtem Nachrichtendienst ein Tabu. Der FBI kommt nicht vor. Umgekehrt liegen die Dinge bei McCarthy. Er ist prominenter Gegenstand der Berichterstattung. Für die gegenüber McCarthy kritisch eingestellte Presse ist seine – vergleichsweise unbedeutende – Verbindung mit Davis eine gerne ergriffene Gelegenheit zur Diskreditierung.

Der Umgang des Untersuchungsrichters, vor allem aber jener der Anklagebehörde mit dieser, was McCarthy und den FBI angeht, ausgesprochen asymmetrischen Ausgangslage, stellt die zweite Ebene dar, nämlich das Aufsaugen und Breitschlagen dessen, was veröffentlicht wurde bis hin zu einer Art Hypostasierung: Die Worte werden zur Wirklichkeit. Und umgekehrt: Was die Zeitungen tabuisieren und ignorieren, bringen sie zum Verschwinden. Die Realität wird ausgelöscht. Evidenz wird in Nicht-Evidenz umgewandelt, zumindest für die Öffentlichkeit.

Sechste Zwischenbetrachtung: Das Telegramm

Am 4. November 1951 hatte Davis am Nachmittag im Postbüro Rive, Genève 3, ein Telegramm aufgegeben an den Gesandten der USA in Bern, John Carter Vincent. Die Adresse hatte Davis mit der Schreibmaschine getippt, die er zu jener Zeit von einem Bekannten ausgeliehen hatte.[656] Der handschriftliche Text auf dem Telegrammformular lautete: «Envoyer renseignements sur Mr. Alex Jordan». Unterschrift und Adresse des Absenders fälschte Davis mit «Mr. Emile Stampfli 54, rue Ancienne Carouge».[657] Davis erklärte am 23. November, dass er eine Kopie dieses Telegramms bei Bekannten gefunden habe. Die Strafverfolgungsbehörden massen dieser Aussage keine besondere Bedeutung zu. Erst am 21. Dezember, nach dem grossen Verhör, ersuchte die Bundesanwaltschaft die PTT um das Dokument. Im Bericht vom 22. Dezember wird das Telegramm eher beiläufig erwähnt. Davis hätte McCarthys Nachforschungen über das diplomatische Personal im Allgemeinen und im Besonderen über den amerikanischen Gesandten in Bern unterstützt, indem er eine Kopie von Stämpflis Telegramm besorgt habe. Zu den Unterlagen, welche die Bundesanwaltschaft nach dem Beschluss über die

655 Weitere Beispiele nicht erfasster Erwähnungen des Zusammenwirkens von FBI und Davis sind die Äusserungen Davis' in den frühen Erklärungen vom November 1950. So fehlt auf der FBI-Fiche die Verbindung von Davis zu Jack West. Auch jene Stellen, die auf der Fiche von West das FBI implizieren, figurieren nicht auf der FBI-Fiche. Wests Fiche entspross, wie jene des FBI und jene McCarthys, dem Fall Davis. Wests Berufsbezeichnung lautet: «Jurist der USA-Gesandtschaft» mit Wohnort Paris, vgl. CH-BAR#E4320-01C#1990/134#180*, Fiche «West, Jack, 1950/51». Das Stück im Dossier Davis, welches West als FBI-Mann eindeutig identifiziert, ist nicht mit einem Fichierkürzel versehen und wird auf seiner Fiche nicht nachgewiesen, siehe auch unten Kapitel IV a, Abschnitt 3.

656 Zur Identifikation der Maschine vgl. die Notiz des Untersuchungsrichters vom 17. April 1951.

657 Das ist die richtige Adresse von Stämpfli, der zu Davis' «Bekanntenkreis» zählte und der der politischen Polizei wohlbekannt war als Kommunist. Vgl. den Bericht der Genfer Polizei vom 26. Januar 1951, in welchem er den «éléments actifs des groupements d'extrême gauche» zugeordnet ist.

Strafverfolgung dem Untersuchungsrichter übergab, zählte auch das ominöse Telegramm-Aufgabeformular.[658]

Im ersten Verhör von Davis am 23. Januar 1951 zeigte der Untersuchungsrichter ihm das Stück, worauf dieser sagte, es handle sich nicht um dieses, sondern um ein anderes Telegramm mit einem anderen Text und mehreren Namen. Im Schlussverhör vom 20. Februar gab Davis schliesslich zu Protokoll, dass das Telegramm eine Fälschung sei. Er habe die Adresse mit der Maschine geschrieben und die Absenderzeile handschriftlich gefälscht. Der übrige Text stamme von Farrand. Es sei darum gegangen, für Senator McCarthy ein Dokument zu schaffen, das Vincent belaste.[659] Davis behauptete, der Text des Telegramms stamme von Farrand selbst. Das kann insofern nicht zutreffen, als dieser keine Ahnung hatte von der Person, welche im Text genannt wird, Alexander Jordan, US-amerikanischer Medizinstudent in Genf. Davis hingegen kannte ihn oder hatte zumindest von ihm gehört. Vielleicht hat Farrand eine allgemeine Anregung gemacht, Vincent zu diskreditieren, möglicherweise auch das Fälschen eines Telegramms als Idee eingeworfen. Davis hat diese Anregung dann wohl selbständig realisiert.[660]

Wie gesagt, im Vergleich zu all den Nachstellungen, die John Carter Vincent bedrängten, war Davis' Telegramm nicht mehr als eine kleine Episode. In der Transformation gewann es an hypertropher Bedeutung für die Anklage in der Schweiz und für die US-amerikanische Presse im Streit um Senator McCarthy. Das Telegramm war unerheblich als Mittel im Kampf gegen John Carter Vincent. Zu Berühmtheit gelangte es erst durch die öffentliche Ausbreitung in einem Prozess, der ausserhalb der Schweiz deswegen Interesse fand, weil McCarthy als Partner von Davis moralisch mitangeklagt war. Das Telegramm war der handgreifliche Beleg für die Verbindung der beiden.

Im Übrigen bleibt festzuhalten, dass die Fälschung dieser Unterschrift auf dem ausgefüllten, von der PTT abgestempelten Telegrammformular ebenso wenig Gegenstand einer strafrechtlichen Prüfung wurde, wie die gefälschten Unterschriften auf den angeblichen Adressänderungsformularen von Eggenschwyler und Pfister.

Zweite Nebenbemerkung: Innenpolitische Betrachtungen im Zeichen des Kalten Krieges

Hinsichtlich des Kalten Kriegs liegen die nicht schweizerischen Aspekte des Falles Davis auf der Hand. Es sind dies einerseits die politische Überwachung

658 Nr. 25 im Dossier des Untersuchungsrichters.

659 Ein Vergleich der Handschrift im Textteil des Formulars mit diversen Dokumenten, welche Davis im Lauf der Untersuchung von Hand schrieb, lässt auch einen Laien erkennen, dass der Text «Envoyer […]» von Davis stammt.

660 Einen konkreten Plan hat Farrand nicht geliefert. Die Idee, Vincent zu beeinträchtigen, genügte nicht zur Realisierung des Telegramms. Dazu musste der Name eines in Genf einigermassen bekannten «Kommunisten» als Absender verwendet und im Text eine Person genannt werden, die – wenn auch einzig aufgrund einer Behauptung von Davis – ebenfalls politisch kompromittierende Auffassungen vertrat. Notwendig war also eine Art Komposition anhand der lokalen Gegebenheiten. Im Übrigen ist der Text «Envoyer renseignements sur Mr. Alex Jordan» nichtssagend. Und wegen der Bezogenheit auf unbekannte Figuren – Stämpfli und Jordan – ist es schwierig, sich vorzustellen, wie McCarthy diese Sache hätte breitschlagen können.

US-amerikanischer Studenten durch die US-amerikanische politische Polizei und andererseits der Zusammenhang dieses Falles mit Senator McCarthy, der von der Anklage übertrieben dargestellt und durch die Presse enorm verstärkt wurde. Eine Konvergenz zwischen den nicht schweizerischen und den schweizerischen Belangen der Sache bestand im «Kampf gegen den internationalen Kommunismus».[661] Die Verdrängung der Mittäterschaft des FBI durch die schweizerischen Strafverfolgungsorgane und die schweizerische Presse entspricht dem antikommunistischen Konsens. Es war «undenkbar», dass schweizerische Behörden, vor allem die Bundesanwaltschaft als politische Polizei, eine Instanz auf die Anklagebank setzte, die, weltweit betrachtet, als eine der wichtigsten Stützen galt im Kampf gegen den Kommunismus, gegen «Linksextreme» und gegen Subversion im Allgemeinen.

Darüber hinaus zeigt der Fall jedoch auch innenpolitische Ausprägungen des Kalten Krieges, die als Ergebnisse des antikommunistischen Konsenses zu verstehen sind – und zwar in zweifacher Hinsicht:[662]

1. Die Strafverfolgungsorgane nahmen Davis, der im Allgemeinen – auch von den Organen selbst – als Schwätzer und Lügner bezeichnet wurde, bereitwillig ab, was er an Diskreditierungen über angeblich respektive wirklich der «Linken» angehörige Personen von sich gab. Entsprechend extensiv nutzte die politische Polizei Davis' Erzählungen. Und dass die Anklage selbst zweifelhafte von Davis erfundene Geschichten in die Anklageschrift aufnahm und dadurch weiterverbreitete, ist nur verständlich als Zeugnis der Neigung, fast alles affirmativ zu übernehmen, was «Linken» von wem auch immer zugeschrieben wurde.

2. Auch wenn der einschlägige Artikel des Strafgesetzbuches betreffend unerlaubten politischen Nachrichtendienst primär der Souveränität des Landes diente und nicht dem Schutz der betroffenen, ausspionierten Personen – beeinträchtigt und geschädigt waren sie dennoch.[663] Durch das Verfahren aber – vor allem in der Gerichtsverhandlung inklusive der Einlassungen des Pflichtverteidigers und der Presseberichterstattung – wurden sie an den Pranger gestellt, eben weil sie «Kommunisten» oder «Linksextremisten» waren oder für solche gehalten wurden, da sie einer Kategorie von Personen zugeschrieben wurden, die landläufig als «böse» galten.

---

661 Vgl. die Aussage vom 15. April 1957 des ehemaligen Chefs der Bundespolizei, Werner Balsiger, vor dem ausserordentlichen eidgenössischen Untersuchungsrichter zur Sache Ulrich/Dubois, die Strategie der Beschaffung von Informationen respektive die Kontakte der Bundespolizei mit dem Ausland betreffend, CH-BAR#E4320B#1992/132#57*. Vgl. auch Balsigers Bericht «Orientierung für die Inspektoren der Bundespolizei» vom 25. September 1950, CH-BAR#E4320B#1991/61#53*: «Im Kampf gegen den Kommunismus ist die Gemeinsamkeit der Interessen aller westlicher Länder das hervorstechende Merkmal».

662 Den Begriff «antikommunistischer Konsens» entnehme ich dem Church-Report II, S. 40.

663 Dass StGB Artikel 272 nicht nur dem Schutz der territorialen Integrität des Landes diente, sondern auch dem Schutz der Personen, war der Bundespolizei durchaus bewusst. Bei der oben genannten Einvernahme vom 15. April 1957 hielt Balsiger zu diesem Artikel fest: «Es ist richtig, dass nach dieser Bestimmung jeder Einwohner der Schweiz vor politischem Nachrichtendienst geschützt wird.»

215 Es hat aus heutiger Sicht etwas sehr Irritierendes an sich: Wer in den Handlungsbereich von Davis geriet oder von ihm denunziert wurde, wurde für die Strafverfolgungsorgane zum «militanten» Linksextremisten. Wo Davis' Denunziation auf fruchtbaren Boden fiel, bestimmte sie, was Wirklichkeit war.

Die innenpolitische Ausformung des Kalten Krieges, der antikommunistischen Konsens, beeinflusste die Behandlung des Falles Davis sehr stark. Die innenpolitische Bedeutung des Kalten Krieges ist – abgesehen vielleicht von der «Fichenaffäre», die in den 1990er Jahren als solche wahrgenommen wurde – im allgemeinen und im historischen Bewusstsein erstaunlicherweise kaum präsent.[664] Darum sei es mir gestattet, in dieser Nebenbemerkung einige Gegebenheiten anzuführen, welche mir am Rande des Studiums des Falles Davis aufgefallen sind und die womöglich erahnen lassen, vor welchem Hintergrund der Fall abgewickelt wurde.[665]

Die Innenpolitik war im Verständnis der Behörden zu einem wesentlichen Teil eine kriegerische Auseinandersetzung; es ging um die «Verteidigung auf der inneren Front». Jene, die gegen die Kommunisten kämpften, hatten das Gefühl, die Bekämpften seien nicht Personen, sondern «Elemente», die sich selbst aus der Gesellschaft ausgeschlossen hätten. Dieser Krieg wurde gelegentlich auch als eigentlicher Bürgerkrieg betrachtet. Im April 1949 fand in Genf eine Sitzung statt «betreffend Fragen der inneren Sicherheit des Landes, in spezieller Berücksichtigung der Verhältnisse in Genf». Neben dem Vorsteher des EJPD, dem Vorsteher des Justiz- und Polizeidepartements des Kantons Genf, dem Chef der Genfer Polizei, dem Bundesanwalt und dem Chef der Bundespolizei nahmen daran auch der Oberauditor der Armee, der Chef der Sektion Nachrichtendienst des Eidgenössischen Militärdepartements sowie die zwei Obersten des Territorialdienstes teil. Zu klären war die Zusammenarbeit von zivilen und militärischen Stellen «im Fall von Unruhen in Genf».[666]

---

664 Meines Erachtens ist der Komplex «der Kalte Krieg innenpolitisch betrachtet» ein in erstaunlichem Mass gering erforschtes Kapitel der Geschichte der Schweiz im 20. Jahrhundert. Einerseits können die Bedeutung und die Auswirkungen nicht hoch genug eingeschätzt werden (das Buch von Thomas Buomberger, Die Schweiz im Kalten Krieg 1945–1980, Baden 2017, weist von neuem darauf hin). Aber nicht nur dies: Es liegt enorm viel Archivmaterial vor, das den innenpolitischen Kalten Krieg dokumentiert und noch nicht ausgewertet wurde.

665 Es ging mir im Lauf dieser Arbeit so, wie es oft geht: Was man zu wissen glaubt – hier: dass der Kalte Krieg die Innenpolitik geprägt hat –, sieht erheblich plastischer aus, wenn man genauer hinschaut, unter anderem auf den Umgang mit Personen, die in einem Strafverfahren wie Täter behandelt werden, obwohl sie juristisch betrachtet Opfer oder Zeugen waren. Und bei aller Nachvollziehbarkeit der Sorge, welche der sogenannte Putsch in der Tschechoslowakei vom Februar 1948 in der Schweiz bei den Behörden und in der Öffentlichkeit auslöste, mussten schon damals Fragen erlaubt gewesen sein zu den Massnahmen, welche die Behörden danach ergriffen. Mit etwas zeitlicher Distanz wäre auch zu beschreiben, welches Klima die Massnahmen nicht nur widerspiegelten, sondern auch schufen, etwa ihr «chilling-effect». Man könnte also danach fragen, inwiefern sie sie Bewohner dieses Landes veranlassten, auf das Recht zu verzichten, sich frei zu äussern und politisch zu betätigen. Vgl. dazu den Church-Report II, S. 17. Er nennt unter «The Adverse Impact of Improper Intelligence Activity» unter Buchstabe d) «‹Chilling› the First Amendments Rights», das heisst nicht zuletzt das Recht auf freie Meinungsäusserung. Der «chilling-effect» bedeutet nicht Abschreckung von illegalen Taten, sondern er bewirkt ein Sich-Fernhalten von legaler gesellschaftspolitischer Tätigkeit aus Angst, erzeugt durch die extensiven Aktivitäten der Polizei.

666 CH-BAR#E4320B#1991/61#52*.

Formaljuristisch betrachtet war das Vorgehen korrekt.[667] Die Präventivhaft respektive die Internierung verdächtigter Personen erhielt eine rechtliche Grundlage mit der geheimen Verordnung des Bundesrates «über die Wahrung der Sicherheit des Landes». Vorgesehen waren Zwangsmassnahmen, die von polizeilicher Meldepflicht bis Internierung reichten und zwar für diejenige Person, die «verdächtigt ist, eine der Pflichten verletzt zu haben, die ihm zum Schutz der Landessicherheit obliegen, oder wer durch sein Verhalten den Verdacht erregt, er wolle eine solche Pflicht verletzen». Die Verordnung enthielt auch Gebote, welche die Denunziation förderten: «Jedermann ist verpflichtet, die ihm zur Kenntnis gelangten Tatsachen, die die Landessicherheit berühren, der nächsten bürgerlichen Polizeistelle oder dem nächsten militärischen Kommando zu melden.»[668]

Zumindest nach heutiger Auffassung wurden die Grenzen der Rechtsstaatlichkeit mit einer Bestimmung jenes Erlasses überschritten, der als Grundlage für die «Säuberung in der Bundesverwaltung» diente. Durch den Erlass wurden Personen mit Sanktionen belegt, die ihre Unschuld nicht beweisen konnten:

> «3. Bundesbeamte, in deren Zuverlässigkeit Zweifel bestehen, ohne dass bereits genügende Gründe für eine Entlassung gemäss Ziffer 1 vorliegen, können in einem kündbaren Dienstverhältnis als Angestellte oder Arbeiter weiterbeschäftigt werden. - 4. Bundesbedienstete, bei denen die gleichen Voraussetzungen vorliegen, dürfen nicht befördert oder auf Posten gewählt oder versetzt werden, die erhöhtes Vertrauen bedingen. Inhaber solcher Vertrauensposten sind gegebenenfalls an geeignetere Stellen zu versetzen.»[669]

---

667 Was in Sachen strafrechtlicher Staatsschutz als Notrecht erlassen worden war, wurde, noch etwas verschärft, in ordentliches Recht überführt. Vgl. das als geheim klassifizierte Referat des Bundesanwalts Werner Lüthi vor der Polizeikommandanten-Konferenz vom 30. August 1949, CH-BAR#E4320#1991/61#52*. Vgl. auch Lüthi, Werner, Der Verstärkte Staatsschutz, in: Zeitschrift des Bernischen Juristenvereins, 1951, S. 137 f. Die erste Verschärfung des strafrechtlichen Staatschutzes beruhte 1948 noch auf dem Notrecht, da der Bundesrat weiterhin ermächtigt war, «ausnahmsweise zeitlich begrenzte Massnahmen zu treffen, die zur Sicherheit des Landes, zur Wahrung seines Kredites und seiner wirtschaftlichen Interessen [...] notwendig sind und wegen ihrer Dringlichkeit nicht auf dem Wege der ordentlichen Gesetzgebung getroffen werden können». Der Bundesratsbeschluss vom 29. Oktober 1948 betreffend «Verstärkung des Staatsschutzes» (AS 1948 II, S. 1075–1077) stützte sich auf den Bundesbeschluss vom 6. Dezember 1945 «über den Abbau der ausserordentlichen Vollmachten» (BS 1, S. 88 f.). In ordentliches Recht überführt wurden die Bestimmungen mit der Revision des Strafgesetzes vom 5. Oktober 1950. Anekdotisches Detail: Die verschärften Strafbestimmungen in Sachen Staatsschutz, das heisst das Strafgesetz in der revidierten Fassung vom 5. Oktober 1950, wurde vom Bundesrat in der gleichen Sitzung in Kraft gesetzt, in welcher er die Strafverfolgung von Davis beschloss, nämlich am 5. Januar 1951. Einzelne dringliche Staatsschutzerlasse aus der Zeit der späteren 1930er Jahre und des Zweiten Weltkrieges blieben mit geringfügigen Revisionen im Jahr 1948 jahrzehntelang in Kraft, so die Bestimmungen gegen «staatsgefährliches Propagandamaterial» und jene betreffend politische Reden von Ausländern. Vgl. Burri, Boris, Notrechtliches Vorgehen gegen die Kommunisten, in: Schweizerische Zeitschrift für Geschichte, 54 (2004), S. 158–172.

668 Verordnung vom 12. Januar 1951, Art. 12 und 9. Die Verordnung ist abgedruckt bei Kreis et al. 1993, S. 661–666. Vgl. dort auch das Kapitel «5.4.3.2 Die Sicherheitsverordnung vom 12. Januar 1951», das Kapitel «5.4.3.4 Die ‹Verdächtigen›-Listen» und «5.4.3.5 Die Internierungsvorbereitungen». Wesentliches dazu im Vortrag des Chefs der Bundespolizei an der Konferenz der kantonalen Polizeikommandanten und Chefs der kantonalen und städtischen politischen Abteilungen vom 8. Mai 1951, CH-BAR#E4320B#1991/61#53*.

669 Weisungen des Bundesrates über die Auflösung des Dienstverhältnisses vertrauensunwürdiger Beamter, Angestellter und Arbeiter des Bundes vom 5. September 1950, BBl 1950 II, S. 789. Von der «Säuberung in der Bundesverwaltung» spricht der Chef der Bundespolizei in seinem Referat vom September 1950. Zu den genannten Weisungen vgl. Kreis et al. 1993, S. 304–318.

217 Im Übrigen bildete die Bundesanwaltschaft eine Hauptsignatur mit der Bezeichnung «Gesetzgebung, politische Polizei», in welchem sie Material zur «politischen Gesetzgebung» abgelegt hat. Konkret ging es um das Schaffen von Grundlagen für den Umgang mit «Staatsfeinden», für die Wahrung der Sicherheit sowie für die «Intensivierung der politischen Staatsschutzmassnahmen».[670]

670 Was die Schweiz von 1948 bis 1953 betrifft, vgl. vor allem die Dossiers CH-BAR#E4320B#1991/61#52*und CH-BAR#E4320B#1991/61#53*.

IV. Der Prozess

a. Vor dem Prozess

1. Vor Beginn des Prozesses gegen Charles Davis, angeklagt wegen politischen Nachrichtendienstes im Sinn von Artikel 272 StGB, scheint sich die Schweizer Presse nur wenig mit der anstehenden Gerichtsverhandlung beschäftigt zu haben.[671] In den spärlichen Artikeln, die Anfang Oktober den Fall behandeln, geht es bezüglich Davis nicht um den Prozess, sondern um den Zusammenhang mit Senator McCarthy. Senator Benton habe seinem Kollegen McCarthy vorgeworfen, sich gewisser Spione bedient zu haben, um die Tätigkeit amerikanischer Diplomaten in Europa zu überwachen.[672] Die Beiträge schildern kurz, was Davis zur Last gelegt wurde: der Nachrichtendienst von Davis im Besonderen gegen John Carter Vincent, den früheren Gesandten der Vereinigten Staaten in Bern.

In dieser Zeit, da von der Zusammenarbeit zwischen Davis und dem FBI kaum mehr die Rede war – weder in den Akten, noch in der Presse –, räumte eine damals etwas ausserhalb des politischen Establishments stehende Zeitung nochmals dieser Feststellung Platz ein: Davis selbst habe in den polizeilichen Verhören erklärt, «offiziell vom Federal Board [sic!] of Investigation und von der Kommission für unamerikanische Umtriebe engagiert gewesen zu sein, denen er Auskünfte über das Treiben amerikanischer Staatsbürger habe geben müssen, welche verdächtigt waren, mit Kommunisten in Verbindung zu stehen».[673] Hier wird das FBI zur Erklärung des Falles angeführt, das sonst weitestgehend verdrängt worden war durch die Erzählung von Davis' Treiben in Verbindung mit McCarthy zum Schaden von John Carter Vincent. Einzigartig ist der Hinweis darauf, welche Personen Davis' hauptsächliche Zielgruppe bildeten, nämlich amerikanische Staatsbürgerinnen und -bürger.[674]

---

671 Das Dossier Davis der Bundesanwaltschaft enthält aus der Zeit unmittelbar vor dem Prozess nur vereinzelte Artikel aus Schweizer Zeitungen.

672 *National-Zeitung* vom 4. Oktober 1951, Nr. 457. Ähnliches steht gleichentags in *Der Bund* (Nr. 463) und tags darauf in *Die Tat* (Nr. 269). Zur US-amerikanischen Presse vor dem Prozess siehe Kapitel IV g, Abschnitt 2.

673 *Die Tat* vom 5. Oktober 1951, Nr. 269.

674 Soweit ich sehe, wird seine Zielgruppe in keiner anderen Zeitung in dieser Weise hervorgehoben. Gewöhnlich wird die Sache so dargestellt, als ob Davis (neben schweizerischen «Linksextremisten») betreffend US-Amerikaner nur «konsularisches und diplomatisches Personal» im Auge gehabt hätte. Die Darstellung im *Bund* kommt jener in der *Tat* nahe. Ausgehend von angeblichen Erklärungen Davis' lautet die Formulierung: «Der Zweck seines Aufenthaltes in der Schweiz habe darin bestanden, Nachrichten zu sammeln über Linksextremisten und insbesondere auch über Amerikaner, welche für die kommunistische Bewegung arbeiteten.» *Der Bund* vom 4. Oktober 1951.

Einzelnen Zeitungen war die Anklageschrift unmittelbar vor der Gerichtsverhandlung zugänglich. So berichtet die *Solothurner Zeitung* am Samstag vor dem Prozess detailliert über Davis' Herkunft, sein Treiben und über das, was ihm zur Last gelegt wurde. Auch die *Arbeiter-Zeitung* liefert diese Einzelheiten, basierend auf einem Bericht aus Genf, am Tag, an dem die Verhandlungen aufgenommen wurden.[675] Ausgebreitet wurden nicht zuletzt jene Behauptungen von Davis, welche die Kommunisten diskreditierten. Eingerückt und fett gedruckt wurde folgende Behauptung von Davis: Er habe von Dokumenten Kenntnis bekommen, welche sich mit den Plänen der Kommunisten in der Schweiz im Falle eines Krieges befassten. Mitglieder der Kommunistischen Partei hätten den Auftrag, in einem solchen Fall wichtige Einrichtungen zu zerstören. Das wird als Behauptung von Davis referiert, im anschliessenden Satz jedoch objektiviert: Es sei klar, dass diese *Enthüllungen* von Davis einen äusserst interessanten Gegenstand der kommenden Debatten in Lausanne bilden würden. Denn Davis denunziere auch einen kommunistenfreundlichen Schweizer Bürger. Und in weiteren Berichten an das Konsulat ist beispielsweise vom damaligen Lausanner Polizeidirektor Andre Muret die Rede. Er sei ein militantes Mitglied der PdA und nehme amerikanische Kommunisten unter seinen Schutz.[676]

Der Artikel kann so interpretiert werden, dass für den Verfasser des Artikels das Interesse des Prozesses in erster Linie darin lag, staatsgefährdende Aktivitäten der Kommunisten zu enthüllen, und es erst in zweiter Linie um die Erhellung von Davis' Taten ging. Davis Zusammenwirken mit McCarthy ist nachgeordnet. Es ging laut diesem Zeitungsbericht um den Auftrag, die Beziehungen zwischen dem diplomatischen und konsularischen Personal der USA mit den linksextremen Kreisen in der Schweiz zu überwachen. Am Schluss des Teils, der McCarthy gewidmet ist, steht, dass Davis in der Untersuchung auch erklärt habe, mit der amerikanischen Bundespolizei in Verbindung gestanden zu haben. Der Artikel schliesst mit Überlegungen, welche die Aufmerksamkeit nochmals auf die Kommunisten richtet und ihnen alles zutraut: Die Verhandlungen vor dem Bundesstrafgericht werden wohl erweisen, inwieweit Davis' *Nachrichten über die geheime Tätigkeit der Kommunisten* in der Schweiz den Tatsachen entsprechen würden; jedenfalls habe der amerikanische «Neger» seine guten Beziehungen mit der PdA und deren Unterorganisationen nach Kräften ausgebeutet. Dass Davis verhaftet wurde, weil er Adressänderungsformulare gefälscht hatte, wird im Bericht nicht angesprochen.

---

675 *Solothurner Zeitung* vom 13. Oktober 1951: «Vor einem interessanten Spionageprozess in Lausanne»; *Arbeiter-Zeitung* vom 15. Oktober 1951: «Das Treiben eines amerikanischen Spitzels in der Schweiz»; *Der Bund* mit im Wesentlichen gleich lautendem Artikel wie *Solothurner Zeitung*; im «Volksrecht» abgesehen von Details im Layout identischer Artikel wie «Arbeiter-Zeitung»; dazu im Faszikel «Pressekommentare» der Bundesanwaltschaft einige wenige weitere Berichte vor Beginn des Prozesses, die den Details nach zuschliessen ebenfalls auf Kenntnis der Anklageschrift beruhen. Deren Inhalt war, auf welchem Weg auch immer, etlichen Zeitungen vor Beginn des Prozesses zugänglich gemacht worden.

676 Es ist daran zu erinnern, dass Muret nicht nur nicht als Zeuge zum Prozess aufgeboten war, sondern auch vom Untersuchungsrichter nicht befragt wurde. Und der Ankläger verbreitete die Denunziation Murets durch Davis als «protecteur des communistes américains en Suisse» in der Anklageschrift weiter, ohne dass sich die Bundesanwaltschaft bei Muret erkundigt hatte.

221 Auch die sozialdemokratischen Blätter stimmten ähnlich wie die *Solothurner Zeitung* auf den Prozess ein. Man war sich einig, dass es ein brennendes Interesse an dieser Angelegenheit geben würde, wenn man erfahren würde, dass Davis vom amerikanischen Spionagedienst bezahlt wurde, gleichzeitig als Zuträger der privaten Spitzelorganisation des reaktionären Senators McCarthy geamtet und die verschiedenen Organisationen der schweizerischen Kommunisten ausspioniert hatte. Die Berichte zeigen, dass man den Kommunisten alles zugetraut hatte. Nicht zuletzt deshalb wurden Davis' Denunziationen als möglicherweise der Wirklichkeit entsprechend referiert: Was wahr und was falsch sei, werde man sehen. Besonders ob tatsächlich, wie behauptet, der frühere Polizeichef von Lausanne eine schützende Hand über amerikanische Studenten gehalten und ob tatsächlich der Zürcher Kommunist «S.» eine Fabrik für falsche Papiere unterhalten habe.

Entlarvt worden sei Davis vor allem wegen der teuren Telefonanrufe, welche er auf Kosten seiner Vermieterin getätigt habe. Von der Fälschung der Adressänderungsformulare mit dem Ziel, die Post von Frédéric Eggenschwyler und Elisabeth Pfister zu behändigen, ist auch in diesem Bericht nicht die Rede. Den Grund, wieso auch die amerikanische Presse denn Fall aufgriff, sah man darin, dass sich das amerikanische Volk offenbar sehr für die Privatspionage von McCarthy interessierte.

In der *Voix ouvrière*, dem französischsprachigen Organ der PdA, erschien zehn Tage vor dem Prozess der Artikel «Ein amerikanischer Spion wird abgeurteilt werden».[677] Er enthält etliche Angaben aus den Akten: Davis habe Verbindung zu McCarthy gehabt, er habe aber nach eigener Aussage auch Informationen über Mitglieder des PdA an das Konsulat in Genf und an die Botschaft in Paris geliefert. Hauptsächlich jedoch wird über die Aktivitäten von Jean Vincent als Anwalt zweier Kläger berichtet und es wird begründet, warum er nicht vor Gericht auftreten werde.[678] Man werde die Gerichtsverhandlung, die in Lausanne stattfände, dennoch mit einigem Interesse verfolgen.

Der McCarthy-Aspekt wurde durch den Untersuchungsrichter und durch den Ankläger forciert, durch die Presse verstärkt sowie in den USA durch den Streit nach McCarthys Attacken und deren medialer Reproduktion potenziert. Das verschaffte dem Prozess internationale Beachtung. In den Materialien des EPD zum Fall Davis findet sich ein Artikel aus *Le Soir,* der führenden französischsprachigen Zeitung Belgiens mit dem Titel: Ein aufsehenerregender Prozess in Lausanne. Dieser Prozess wäre keine Sensation, wenn Davis, ein unbedeutender Spion, nicht in den Dienst des bekannten rechtsextremen amerikanischen Senators getreten wäre, und wenn – wie behauptet werde – die Berichte über John Carter Vincent, den Gesandten der USA in Bern, welche Davis McCarthy geliefert habe, nicht dessen Abberufung zur Folge gehabt hätten. Anschliessend wird der Kontakt mit McCarthy respektive mit Farrand, detailliert beschrieben, einschliesslich der Behauptung, Davis habe von Farrand ein Bündel Dollarnoten

677 *Voix ouvrière* vom 5. Oktober 1951, Nr. 231: «Un espion américain va être jugé».
678 Die Passagen betreffend die Aktivitäten Vincents entsprechen weitgehend, teilweise wörtlich, seinem Schreiben vom 28. September an das Bundesgericht.

erhalten, welche ihm erlaubt hätten, seine Ausgaben zu bestreiten und in Wohlstand zu leben.[679]

2. Am 2. Oktober sandte Dubois dem Bundesstrafgericht ordnungsgemäss nach BStP Artikel 137 Absatz 2 weitere Beweismittel, nachdem seine überstürzte Sendung im August zurückgewiesen worden war.[680] Etwa die Hälfte der zwölf Stücke betreffen McCarthy und den McCarthyismus, die andere Hälfte die Anschuldigungen, mit welchen der Senator den ehemaligen US-Gesandten in Bern, John Carter Vincent, behelligte. Die Artikel schweizerischer Zeitungen vom 10. oder 11. August 1951 behandeln diesen Gegenstand. Sie knüpfen alle an eine Meldung der Agentur *United Press* an, haben also denselben Inhalt, teilweise sind die Texte identisch. Die Sendung enthält also inhaltlich redundante Stücke. Der Ankläger hat dem Gericht eine United-Press-Nachricht sechsfach zugestellt.

Zwei der Artikel bildeten die voreilige Sendung vom August. Seither hatte der Ankläger weitere, auf der gleichen Sendung beruhende Berichte gesammelt. Neben dem Material vom 10. und 11. August hatte Dubois beim Zusammenstellen der Nachsendung von Anfang Oktober auf Beiträge der *New York Times* vom Frühjahr 1951 hinzugefügt und einen weiteren, allgemein gehaltenen Zeitungsbeitrag von Mitte September. Und er hatte auf Auskünfte zurückgegriffen, welche die Bundesanwaltschaft über McCarthy und über die Anschuldigungen gegen John Carter Vincent eingeholt hatte. Selbst Auszüge aus dem Tydings-Report vom Sommer 1950, der McCarthy kritisiert, übermittelte er dem Gericht.

Der Ankläger hatte alles auf McCarthy konzentriert und es kann vermutet werden, dass er diesen Fokus auf das Gericht übertragen wollte. Angesichts dessen, was sich nach Aktenlage zur Klärung des Falles Davis als wichtig erweist, mutet die Anfang Oktober nachgereichte Dokumentation wie ein Wasserkopf an. Zugleich belegt sie die Auswirkung, welche McCarthy als Ersatzlösung auf den Ankläger ausübte.[681] Diese Lösung konnte nur wirksam werden unter der Vor-

679 *Le Soir* vom14. Oktober 1951, «Un procès retentissant à Lausanne» – unter der Rubrik «Espionnage et politique» im Dossier CH-BAR#E2001E#1969/121#852*. Im Artikel ist Folgendes zu lesen: «Mais ce qui sera remarquable dans ce procès, et ce qui explique que des envoyés spéciaux américains ont été délégués à Lausanne, c'est l'activité d'un sénateur américain qui sera mise à jour à cette occasion. Le fait que ce dernier emploie de tels moyens pour discréditer ses ennemis politiques […] suffit pour donner à ce procès un certain retentissement. […] Davis reçoit un joli paquet de dollars qui lui permettront non seulement de couvrir 'ses frais', mais de vivre aussi d'une façon très confortable.» Wie oben dargelegt, finden sich in den Akten keine Belege dafür, dass Davis von Farrand viel Geld erhalten hätte. Der «Wohlstand», in welchem Davis zumindest ab Juli 1951 lebte, beruhte nicht auf Zahlungen von Seiten McCarthys, sondern, meinen Schlussfolgerungen gemäss, auf Leistungen des FBI.

680 Begleitschreiben mit der Liste der zwölf Anhänge an den Präsidenten des Bundesstrafgerichts. In der allgemein gehaltenen Begründung ist zu vernehmen, dass in der Anklageschrift von Senator McCarthy die Rede sei. Die Bundesanwaltschaft werfe dem Angeklagten vor, diesem Politiker, «représentant du parti républicain au Sénat», politische Informationen geliefert zu haben, insbesondere über den ehemaligen amerikanischen Gesandten in Bern, John Carter Vincent, der in der Folge nach Tanger versetzt worden sei.

681 Etliche der zwölf Dokumente weisen Bearbeitungsspuren auf. Einige zitierte Dubois in der Anklagerede. Die englischsprachigen Texte wurden übersetzt. Viele der Stücke finden sich als Kopien im Faszikel «Sénateur McCarthy = organisation étrangère» der Materialsammlung zur Vorbereitung von Anklageschrift und Anklagerede.

 aussetzung, dass McCarthy eine ausländische Partei oder eine andere, ähnliche Organisation darstellte.

3. Am 5. Oktober, zehn Tage vor Beginn der Gerichtsverhandlung, sandte André Amstein, Leiter einer der Unterabteilungen des Rechtsdienstes der Bundesanwaltschaft, an René Dubois ein Schreiben mit folgendem Inhalt:

> «Anlässlich der IXX. Session der Internationalen Kriminalpolizeilichen Kommission, welche vom 19.–22. Juni 1950 im Haag stattfand und an welcher ich als Experte des Bundesrates teilnahm, wurde mir als Vertreter der USA an dieser Konferenz u. a. *Herr J. West*, Legal Attaché der American Embassy in Paris, vorgestellt. Der verstorbene Herr Oberst Müller, gewesener Chef der Sicherheits- und Kriminalpolizei der Stadt Bern, erklärte mir, Herr West sei auch für alle Belange des F.B.I. (Federal Bureau of Investigation) zuständig.»[682]

Unmittelbar vor dem Prozess taucht der Name West wieder auf. Zum vorletzten Mal war er in den Akten am 28. Februar 1951 erschienen, in jenem Dokument, das ursprünglich die Nummer 92 trug und dann zu einem unauffälligen Auszug aus dem Stück vom 28. Februar heruntergestuft wurde. Immerhin wurde darin West identifiziert, indem festgehalten wurde, dass er und Charles Grey zurzeit die Funktion von Attachés bei der Botschaft der Vereinigten Staaten in Paris innehätten.[683]

Zuletzt war Wests Name in der Notiz aufgeführt, welche der Genfer Polizeiinspektor Humbert im Dienst der Bundespolizei am 26. Juni anfertigte: Jack West und Larkin würden tatsächlich existieren. Danach ist in den Akten von West bis zum Schreiben von Amstein an Dubois nicht mehr die Rede. Dubois selbst berichtet in der Anklagerede zwar häufig von den «Agenten» bei der Botschaft in Paris, aber selbst das FBI nennt er nicht als handelnde Instanz.

Amsteins Schreiben belegt zweierlei: Dubois hatte den Namen und die Funktion von West präsent und beschäftigte sich mit ihm Anfang Oktober. Sonst hätte ihm Amstein diesen Brief nicht zehn Tage vor der Gerichtsverhandlung zugestellt. Amsteins Mitteilung ist eine Reaktion, ausgelöst durch Dubois' Aufmerksamkeit.[684] Und nicht nur Dubois war bekannt, was es mit West auf sich hatte, sondern auch der Bundesanwalt selbst wusste es.

Dass diese späte Bestätigung der Aussagen von Davis über den Pariser Partner seiner Spitzeltätigkeit keinen nennenswerten Einfluss mehr hatte auf die Interpretation des Falles durch die Anklage, kann angesichts der Ereignisse der vergangenen Monate erklärt werden.

4. Ebenfalls vor dem Prozess notiert Dubois am 3. Oktober, er habe Rais, den Präsidenten des Bundesstrafgerichts für den Fall Davis, ersucht, im Lauf der kommenden Woche in Lausanne nochmals das Dossier ansehen zu dürfen. Ich nehme an, dass dies auch geschah. Das Dossier war in den Händen des Präsidenten,

682 Amstein zeichnete das förmliche Schreiben – mit dem Briefkopf der Bundesanwaltschaft – mit «Schweizerische Bundesanwaltschaft, Polizeidienst, Der Adjunkt». Im Staatskalender der Schweizerischen Eidgenossenschaft vom Jahr 1951 figuriert er als «II. Adjunkt (Leiter der Zentralstelle für Falschgeldbekämpfung)».

683 «[N]ous avons l'honneur de vous faire savoir que MM. Charles Grey et Jack West revêtent actuellement les fonctions d'attachés près l'Ambassade des Etats-Unis à Paris».

684 Der klare Beleg dafür, dass Dubois West noch am Tag vor Augen hatte, an welchem das Urteil gefällt wurde, findet sich in Kapitel IV c.

eventuell lag es in seinem Büro. Es ist daher denkbar, dass sich der Ankläger und der Gerichtspräsident getroffen und ein paar Wort gewechselt hatten.

Zur Erinnerung: Der Chef der Bundespolizei tauschte sich mit dem Vertreter des FBI bei der US-Gesandtschaft in Bern aus – am gleichen Tag, da Amstein dem Ankläger sein Wissen über West mitteilte. Die Bundesanwaltschaft händigte der US-Gesandtschaft in Bern kurz vor dem Prozess ein Exemplar der Anklageschrift aus, was nicht ganz den Gepflogenheiten entsprach.[685]

b. Die Gerichtsverhandlung: Organisatorisches und Vorbereitung

1. Der Prozess gegen Davis vor dem Bundesstrafgericht in Lausanne begann am Montag, dem 15. Oktober 1951 und endete am 16. Oktober mit der Verkündigung des Urteils.[686] Die Sitzungen dauerten am Montag von 8.30 bis etwa 11.00 Uhr und am Nachmittag von 15.00 bis 17.30 Uhr. Die Verhandlungen waren am Dienstagvormittag etwa um 11.00 Uhr zu Ende.[687] Der Montagvormittag war dem Verlesen der Anklageschrift gewidmet und dem Verhör von Davis. Am Nachmittag wurden in zweieinhalb Stunden 16 Zeuginnen und Zeugen befragt und die Erklärungen von vier Zeugen verlesen, die nicht kommen konnten. Am Dienstagvormittag hielt Dubois seine Anklagerede und der Pflichtverteidiger Martin-Achard trug sein Plädoyer vor. Dann zog sich das Gericht zur Beratung zurück. Um 17.30 Uhr wurde das Urteil verkündet, einschliesslich der kurzen Begründung.

Inwiefern der vom Gericht aufgebotene Übersetzer beansprucht wurde, geht aus der Berichterstattung nicht hervor.[688] Davis sprach und verstand zu diesem Zeitpunkt einigermassen Französisch. Vielleicht stand es in seinem Belieben, den Übersetzer in Anspruch zu nehmen. Die Frage ist von einem gewissen Interesse, da die Zeit, die für die Übersetzung aufgewendet wurde, der eigentlichen Anhörung fehlte, was dazu führte, dass die Vernehmung des Angeklagten mehr oder weniger gründlich oder zumindest mehr oder weniger extensiv ausfiel.

2. Das Interesse am Prozess war gross, der McCarthy-Aspekt war vor allem von Interesse für die ausländischen Zeitungen und Presseagenturen. Angemeldet waren Vertreterinnen und Vertreter von *United Press Association of America*, die zugleich für *British United Press* berichteten, Reuter, *Associated Press* und *Agence France-Press*. Dabei war zudem das in Genf domizilierte *Central European Office* von *The Daily Express*.[689] Vor Ort war auch die Schweizerische Depeschenagentur und etliche Schweizer Zeitungen, vor allem französischsprachige, die ausführlich über den Prozess berichteten.

---

685 Zum Kontakt Balsigers mit Kronthal am 5. Oktober 1951 siehe Kapitel III d, Abschnitt 4, zur Aushändigung der Anklageschrift Kapitel III c, Abschnitt 3.

686 Vgl. das Urteil des Bundesgerichts unter dodis.ch/52771.

687 Zeitangaben nach dem Protokoll des Gerichts. In Zeitungsberichten weichen die Angaben leicht vom Gerichtsprotokoll ab.

688 In der Zeitung *La Suisse* heisst es, Davis sei befragt worden «avec l'aide d'un interprête». Die gleiche Formulierung findet sich im Kurzprotokoll des Bundesstrafgerichts.

689 Meldung der *Association des intérêts de Lausanne. Bureau officiel de renseignements* an den Präsidenten des Bundesstrafgericht vom 15. Oktober 1951 im Dossier Davis des Bundesgerichts. Dort finden sich auch einzelne Visitenkarten der Pressevertreter.

Auch die Tatsache, dass die Verhandlung im grossen Saal des Bundesgerichts stattfand, weist darauf hin, dass man für die Gerichtsverwaltung mit einem grösseren Andrang rechnete. Die Zuschauerbänke waren auch gut besetzt. Dass das US-amerikanische Konsulat im Publikum vertreten war, geht aus der Zeitungsberichterstattung hervor. Zum Publikum zählten linke Studierende, diplomatische Funktionäre und eine Vertretung der amerikanischen Kolonie.[690]

3. Ausführliche Protokolle wurden in jener Zeit über die Verhandlungen des Bundesstrafgerichts nicht geführt.[691] Bei den Akten liegt nur ein knappes, vierseitiges und von Hand geschriebenes Protokoll. Es enthält neben den elementaren Angaben – Ort und Zeit der Verhandlung, Anträge, richterlichen Entscheide – auch die Namen der an der Verhandlung mitwirkenden Personen, allerdings keine Dokumentation der Äusserungen.[692] Umso umfangreicher war die Berichterstattung in der Presse, und zwar in ganz unterschiedlichem Stil: Ausführliche, beinahe chronikalisch anmutende Schilderungen, zum Beispiel im *Journal de Genève*, und Darstellungen, welche den Prozess im Stil des Feuilletons behandelten, beispielweise in *La Suisse*. Einzelne Redaktionen nahmen den Stoff zum Anlass für polemische, parteipolitisch bedingte Ausfälle, so die deutschsprachige sozialdemokratische Presse, rechtsbürgerliche Blätter und die kommunistische *Voix ouvrière*. Im Dossier Davis der Bundesanwaltschaft liegt ein stattlicher Faszikel «Pressekommentare» mit etwa 60 aufgeklebten Artikeln aus Schweizer Zeitungen. Dazu kommt eine grosse Zahl von US-amerikanischen Zeitungsausschnitten.[693]

4. Wie sich das Gericht, der Präsident, welcher die Verhandlung leitete, und seine Mitrichter auf den Prozess vorbereiteten, ist nicht genau auszumachen.[694] Die Frage, welche im Wesentlichen nicht zu beantworten ist, lautet: Wie weit hat sich das Gericht eine authentische und eigene Wissensbasis geschaffen, anhand derer es seine Tätigkeit ausübte? Insbesondere interessieren die Fragen, welche der Präsident dem Beschuldigten stellte.

Dass das Gericht die Anklageschrift studiert hatte, zeigt sich an den Bearbeitungsspuren des Exemplars, das im archivierten Dossier Davis zu finden ist. Das Dossier des Untersuchungsrichters zählte zu den Beweismitteln, welche für die Verhandlung beigebracht wurden.[695] Was den Gebrauch des Dossiers angeht, liegt

690 *La Nouvelle Revue de Lausanne* vom 16. Oktober 1951.

691 Gemäss der freundlichen Auskunft von Christian Monn vom 19. November 2012, seinerzeit Präsidialsekretär der Strafgerichtsabteilung des Bundesgerichts.

692 Vgl. BStP Art. 33 Abs. 1.

693 Vereinzelte US-amerikanische Artikel gelangten in die «Pressekommentare»; die weit überwiegende Zahl sind als lose Zeitungsausschnitte in zwei Briefumschlägen abgelegt. Auf die US-amerikanische Berichterstattung gehe ich im Kapitel IV näher ein. Die schweizerische Berichterstattung benütze ich primär als Quelle, das heisst als Protokoll-Ersatz. Die Tendenz der Blätter, was sie aus dem Prozess machten, habe ich nicht systematisch untersucht. Einzelne Manifestationen der Tendenzen der Berichterstattung, die mir besonders offensichtlich erscheinen, streife ich kurz.

694 Präsident Albert Rais, ferner Carlo Pometta, Eduard Arnold und Fritz Häberlin.

695 Vgl. Anordnung des Präsidenten des Strafgerichts vom 1. Oktober 1951, dodis.ch/52764. Besonders hingewiesen wird dort auf die «procès-verbaux d'audition devant le juge d'instruction fédéral» als Bestandteile seines Dossiers. Das Studium der Verhöre von Davis durch den Untersuchungsrichter und der Aufzeichnungen über die Anhörung der Zeugen hätte meines Erachtens Widersprüche in Aussagen von Davis mit aller Deutlichkeit zu Tage treten lassen.

ein Beleg vor: französische Übersetzungen von mehreren in Englisch abgefassten Stücken.[696] Hinweise auf die Arbeit mit dem Dossier des Untersuchungsrichters liefert die Anklageschrift. Dort sind viele Belegstellen, die mit Faszikelnummer und Seitenzahl auf das Dossier verweisen, rot markiert. Bei einzelnen ist zudem vermerkt: «à lire».[697]

Wenn man annimmt, dass die Richter respektive ihre Hilfskräfte alle Belegstellen beigezogen haben, bleiben zwei Fragen: (1) Wie intensiv haben sie sie studiert? Dazu ist zu überlegen, ob sie sich bei der Konsultation des Dossiers auf Stücke beschränkt haben, die in den Belegstellen genannt sind – und damit auf Dokumente, auf welche die Anklage hinwies –, oder ob sie das in drei Faszikel aufgeteilte Dossier des Untersuchungsrichters weitergehend beizogen.[698] Mit anderen Worten: (2) Wie gross ist der eigene Anteil an der Urteilsbasis des Gerichts? Angesichts der Punkte, mit welchen der Angeklagte beim Verhör nicht konfrontiert wurde, stellt sich die Frage nach Umfang und Intensität des Studiums dieses Dossiers unter dem Gesichtspunkt, welchen Aufwand das Gericht betrieb, um die offensichtlichen Widersprüche aufzudecken.[699]

Im Übrigen scheint es nicht selbstverständlich, dass das Gericht die Liste der Zeugen, welche die Anklage unterbreitete, einfach übernommen hatte. Es erstaunt, dass zum Beispiel Alex Jordan nicht bestellt wurde, dem in der Angelegenheit des gefälschten Telegramms an John Carter Vincent nicht nur durch Davis, sondern auch durch die Anklage eine wesentliche Rolle zugeschrieben wurde. Er wurde nicht nur von Davis, sondern, gestützt auf die Anklageschrift, während der Verhandlung auch öffentlich als Kommunist bezeichnet.[700]

5. Das Exemplar der Anklageschrift, welches das Gericht benutzte, zeigt Bearbeitungsspuren, welche auf den Gebrauch des Dossiers durch den Untersuchungsrichter hinweisen. Dazu kommen wenige Markierungen im Text. Zwei davon werden im Folgenden erwähnt. Die Verbindung zwischen Davis und den «amerikanischen Agenten» beschrieb Dubois wie folgt: Im Sommer 1950 habe Davis Kon-

696 Auszüge aus den Berichten von Davis an das Konsulat, aber auch vergleichsweise unbedeutendes Sekundärmaterial, nämlich Artikel aus US-amerikanischen Zeitungen aus der Zeit vom 12. bis 15. Februar 1951. Übersetzt hat das Material der vom Gericht bestellte Übersetzer Pierre Piguet. Die Übersetzungen weisen keine Bearbeitungsspuren auf.

697 Etwa ein Viertel der Belegstellen sind rot markiert. Die Belegstellen haben folgende Form: D I 259 z. B. bedeutet: erster (der beiden) Teilfaszikel, welcher sich auf das politische Vergehen bezieht.

698 Aus dem Protokoll des wichtigen letzten Verhörs von Davis durch Jeanprêtre, Dossier II, S. 341–347, finden sich z. B. in der Anklageschrift nur zwei Belegstellen (S. 6).

699 BStP zur ersten Vernehmung: «Der Richter teilt dem Beschuldigten mit, welcher Tat er beschuldigt wird. Er veranlasst ihn, sich über die Beschuldigung auszusprechen [...]. Er stellt Fragen zur Ergänzung, Erläuterung oder Berichtigung der Aussage und zur Beseitigung von Widersprüchen (Art. 40 Abs. 2). Vgl. auch im Abschnitt «Die Hauptverhandlung vor dem Bundesstrafgericht» der BStP Art. 155 Abs. 2: «Setzt sich der Angeklagte mit früheren Aussagen in Widerspruch, so dürfen sie ihm vorgehalten werden.» Es liegt auf der Hand, dass das Erkennen von Widersprüchen abhängt vom Umfang und der Intensität der Prüfung der Beweismittel. Dass dem Aufwand dafür Grenzen gesetzt sind ist eine banale Erkenntnis. Die Frage lautet, wodurch die Beschränkung gelenkt wird. Denn der Zwang zur Beschränkung lässt immer noch den Entscheid zu, welche Aspekte man angesichts der begrenzten Mittel prüft und welche Fragen man beiseitelässt.

700 Zu Jordan vgl. Kapitel V d. Auch der Verzicht auf das Zeugnis von Jacqueline Zurbrügg, der ersten Logisgeberin von Davis in Genf, fällt auf.

takt mit amerikanischen Agenten aufgenommen, die in Paris installiert gewesen seien und ihnen seine Dienste angeboten. Unterstrichen ist im Exemplar des Bundesstrafgerichts die Textstelle «bot an».[701] Dass Davis von sich aus politische Informationen nach Paris lieferte und nicht im Auftrag von jemandem handelte, ist eine der elementaren Behauptungen der Anklage. Das Gericht setzte dazu kein Fragezeichen, sondern es unterstrich diese Interpretation des Handelns von Davis.[702]

Eine Passage ist durchgestrichen. Sie enthält die vom Senator selbst verbreitete Behauptung, McCarthy habe einen Teil der Informationen, welche Davis besorgt habe, an das FBI weitergeleitet.[703]

c. Das Verhör des Angeklagten

1. Der Prozess begann am Montag, den 15. Oktober, um 8.30 Uhr. Die Vormittagssitzung war den Formalitäten, der Verlesung der etwa elf Seiten umfassenden Anklageschrift sowie der Befragung von Davis gewidmet. Sie dauerte, unterbrochen von einer rund 20-minütigen Pause, zweieinhalb Stunden, bis etwa 11 Uhr.[704] Wenn man annimmt, dass die Formalitäten und das Verlesen der Anklageschrift etwa eine Dreiviertelstunde gedauert haben, so blieben für die Befragung von Davis noch anderthalb Stunden. Ein Teil der Zeit wurde durch die Übersetzung in Anspruch genommen; wie viel ist nicht zu eruieren. Für die Befragung dürfte nicht wesentlich mehr als eine Stunde für die Übersetzung aufgewendet worden sein. In der Berichterstattung stiess das Verhör auf weniger Interesse als die Vernehmung der Zeuginnen und Zeugen, welche sich besser eigneten zur feuilletonartigen Berichterstattung und zudem erlaubten, die «Kommunisten» zu denunzieren.

Die Befragung scheint den Zeitungsberichten nach zu schliessen eher extensiv als intensiv gewesen zu sein.[705] Das *Journal de Genève* beschreibt den Sachverhalt, ohne ins Einzelne zu gehen: Davis bestreite keinen der Punkte, die in der Anklageschrift genannt seien. Er habe aber grosse Mühe, präzis zu antworten. Man wisse nicht, ob es sich um eine Verteidigungstaktik handle oder ob er tatsächlich Sachverhalte vergessen habe, die ihm geringfügig schienen. In einem anderen

701 «[...] auxquels il *offrit* ses services».

702 Die Behauptung, Davis habe von sich aus Kontakt aufgenommen mit den amerikanischen Agenten in Paris respektive «mit der amerikanischen Botschaft», findet sich nicht im Schlussbericht der Voruntersuchung. Jeanprêtre begnügte sich mit der Negation eines Auftrags des FBI oder amerikanischer Funktionäre. Die Untersuchung habe es nicht erlaubt, mit Sicherheit zu sagen, wozu Davis nach Europa gekommen sei.

703 Es handelt sich um die einzige Streichung im Text, abgesehen von der Streichung jener Passagen, welche StGB Art. 151, das Erschleichen einer Leistung, betrafen und die nach dem Rückzug der Klage von Portier-Legrand hinfällig geworden waren. Der durchgestrichene Absatz fehlt in der ausführlichen Begründung des Urteils, in welchem der dem Absatz vorangehende und der auf ihn folgende Text mehr oder weniger wörtlich reproduziert wurde. Möglicherweise hat die Streichung nur etwas zu tun mit der Redaktion der Urteilsbegründung. Sie hat aber zur Folge, dass der Begriff «FBI» dort nicht vorkommt.

704 Die Anklageschrift umfasste ursprünglich 12 Seiten, nach der Streichung der Passagen betreffend das Erschleichen einer Leistung etwa eine Seite weniger.

705 Das lässt sich einigermassen zuverlässig annehmen, weil am 16. Oktober 1951 Blätter unterschiedlichster politischer Richtung diesen Eindruck erweckten, die feuilletonartig beschreibende *La Suisse* ebenso wie der bürgerliche *Bund* und die *Voix ouvrière*, das französischsprachige Organ der PdA.

Blatt ist zu lesen: Die Befragung verlaufe sehr mühsam, da Davis ein undeutliches Englisch sprechen würde und klaren Antworten auszuweichen versuche. Die Behauptung von *La Suisse*, der Gerichtspräsident habe Davis hart bedrängt, ist übertrieben, da er sich mit ziemlich bescheidenen Antworten auf seine Nachfragen hin zufrieden zeigte.[706] Er nahm nicht jede erste Antwort hin, aber bei manchen nicht vielsagenden zweiten Antworten liess er es dabei bewenden.[707] Zur Frage, ob er dem Konsul angeboten habe, über Kommunisten zu berichten, schreibt die Zeitung, dass sich Davis nicht mehr recht erinnern wolle oder könne. Eine Reihe von Aussagen, die Davis in dem polizeilichen Ermittlungsverfahren und der Voruntersuchung gemacht habe, scheine er auf Vorhalte des Präsidenten und von Dubois vergessen zu haben.[708] Und nirgends findet sich vom Gerichtspräsidenten oder vom Ankläger eine Nachfrage mit Bezug auf Ereignisse, die Davis in seinem Verhör zu Protokoll gegeben hat. Die Aussage von Davis, dass etwas möglich gewesen sei, scheint bei mehreren Fragen das abschliessende Wort gewesen zu sein.

Davis sagte aus, dass er von niemandem besonderen einen Auftrag erhalten habe. Das Geld für die Reise nach Europa habe er von verschiedenen Personen in den USA erhalten, die mehrheitlich der politischen Rechten angehörten. Er könne keine Namen nennen, mit Ausnahme von Senator McCarthy. Diese Aussage lässt der Gerichtspräsident stehen. Auch bei der Feststellung von Davis, er habe von McCarthy 20 Dollar erhalten, fragte er nicht weiter nach, sondern begnügte sich mit der Bemerkung, mit so wenig Geld hätte er nicht ein Jahr in der Schweiz leben können.[709] Nach anderen Geldquellen erkundigte er sich ebenso wenig wie danach, was ihm erlaubt habe, ab dem Sommer den in den Akten vermerkten anderen Lebensstil zu pflegen.

Besonders frageunwillig scheint der Gerichtspräsident in Bezug auf das gewesen zu sein, was Davis' Beziehung zu US-amerikanischen Funktionären in Paris betraf. Bei diesem Punkt der Befragung reagierte sogar der Ankläger, der sonst – laut der Zeitungsberichterstattung – sehr wenig von seinem Recht, selbst Fragen zu stellen, Gebrauch machte und kaum Widersprüche zwischen den Antworten von Davis bei diesem Verhör und früheren Äusserungen benannte und weiterverfolgte.[710] Dubois erkundigte sich offenbar, ob Davis nicht Geld erhalten habe von der amerikanischen Botschaft in Paris und vom Konsulat. Davis verneinte dies. Dubois sei von dieser «Zurückhaltung» nicht überzeugt gewesen: Davis habe in der Voruntersuchung das Verhältnis zu einigen Beamten der US-Botschaft in Paris als viel persönlicher beschrieben.[711] Am Ende der Befragung zu diesem Thema kam keine Frage dazu, wie er dazu gekommen ist, mehrmals nach Paris zu

706 *Journal de Genève* vom 16. Oktober 1951, Nr. 243; *Der Bund* vom 16. Oktober 1951, Nr. 483; *La Suisse* vom 16. Oktober 1951: «Talonné de près par les questions présidentielles [...]». Auch was die Aussage «l'accusé fut minutieusement questionné» (ebd.) angeht, ist meiner Ansicht nach Auffassungssache.

707 *La Suisse* vom 16. Oktober 1951.

708 *Der Bund* vom 16. Oktober 1951.

709 *Voix ouvrière* und *Journal de Genève*, beide vom 16. Oktober 1951.

710 Zum Recht des Anklägers auf Fragen an den Angeklagten vgl. den letzten Satz in BStP Art. 159 Abs. 1.

711 *Der Bund* vom 16. Oktober 1951.

229 reisen, und keine Frage nach Namen sowie keine Erkundigung, wie er denn in der Lage gewesen sei, ein Flugbillett von Paris nach Genf und zurückzubezahlen.

Den Gerichtspräsidenten kümmerten diese Fragen nicht.[712] Scheinbar war der Ankläger etwas mehr willens, bestimmte Sachverhalte aufzuklären. Er vermied es aber, Davis konkrete Fragen zu seinen Verbindungen mit Paris zu stellen. Hingegen fand er es unerlässlich – in welcher Absicht auch immer –, Davis zu fragen, ob Frau Pfister seine Mätresse gewesen sei.[713]

Das FBI wurde – den Zeitungsberichten nach zu schliessen – bei der Befragung weder vom Gerichtspräsidenten noch vom Ankläger thematisiert, trotz des Widerspruchs, der sich auftat zwischen elementaren Dokumenten des Dossiers, dem Beschluss des Bundesrates zur Strafverfolgung und der Negation des FBI-Bezugs im letzten Verhör von Davis durch den Untersuchungsrichter.[714]

Immerhin erhob der Ankläger einen Einwand gegen die Erklärung, welche Davis – offenbar ungefragt – gegen Schluss seines Verhörs abgab: Er stehe in keiner Weise mit der amerikanischen Regierung in Verbindung und niemand in der amerikanischen Botschaft sei befugt, ihn zu beschäftigen. Nichts von dem, was er getan habe, sei in Zusammenarbeit mit der Botschaft in Paris geschehen.[715]

Diese Erklärung erinnert in ihrer isolierten Abruptheit an die Negation der FBI-Beziehung im letzten Verhör des Untersuchungsrichters. Die Erklärung und vor allem die Reaktion des Anklägers auf sie wurde von den schweizerischen Verfassern jener Prozessberichte, die im Dossier der Bundesanwaltschaft abgelegt sind, nicht aufgenommen. Der Ankläger nahm Davis' Erklärung, in der er zwar die Botschaft in Paris, nicht aber das FBI nannte, nicht einfach hin. Das war auch kaum möglich, nachdem kurz zuvor die Anklageschrift verlesen worden war mit ihren Angaben über die Beziehungen von Davis zu Paris. Die US-amerikanischen Zeitungen gaben den Einwand von Dubois in unterschiedlicher Deutlichkeit wieder; diffus – Davis habe seine Aussagen oft variiert – oder explizit und präzis – der Ankläger habe gesagt, die Negation widerspreche der Aussage, welche Davis vor der Polizei gemacht habe, dass er für West spioniert habe, einen Attaché des FBI bei der Botschaft in Paris.[716] Aber dieser Einwurf hatte keine

712 Einerseits reagierte er ironisch darauf, dass Davis von McCarthys 20 Dollars erhalten habe, indem er festhielt, dass er davon ja nicht ein Jahr habe leben können. Anderseits blieb die Behauptung, dass die Kosten für die Hotels und die Reisen zwischen Genf und Paris von Farrand übernommen wurden, offenbar ohne Widerspruch stehen, vgl. *Gazette de Lausanne.*

713 *Der Bund* vom 16. Oktober 1951.

714 Ich nehme nicht an, dass die Berichterstatter das Fehlen des FBI bemerkten, es aber verschwiegen. Vielmehr ist daran zu denken, dass die Zeitungen, mit Ausnahme der *Voix ouvrière,* Anteil hatten am Gesamtkonsens, den ich unten beschreibe. Die im folgenden Absatz erörterte Passage, in der Dubois während des Verhörs von Davis auf den Widerspruch zu seiner früheren Aussage betreffend West etc. hinweist, ist den schweizerischen Journalisten, deren Berichte in der Pressedokumentation der Bundesanwaltschaft überliefert sind, entgangen.

715 *New York Times* vom 17. Oktober 1951: «‹I am not connected in any way with the American Government and nobody in the American Embassy in Paris has authority to employ me. Nothing I have done has been in collaboration with the embassy in Paris.›» Vgl. auch die *New York Post* und die *Capital Times Madison,* beide vom 15. Oktober 1951.

716 Diffus in der *New York Times* vom 17. Oktober 1951, präszis in der *Capital Times Madison* vom 15. Oktober 1951: «The prosecutor said the denial contradicted a statement Davis had made to police, that he had informed for West ‹an attaché of the Federal Bureau of Investigation at the Paris embassy.›»

Konsequenzen. Gleich zu Beginn seines Vortrages am kommenden Prozesstag hat der Ankläger darauf verzichtet, das FBI zu nennen. Der Ankläger machte den Widerspruch zwar sichtbar, aber nur oberflächlich und marginal, sodass der Einwand für seine Generalinterpretation des Falles keine Wirkung zeitigen konnte. Das ist insofern logisch, als seine dem Prozess vorangehenden und das Verfahren lenkenden Massnahmen geprägt waren vom Bedürfnis, das FBI nicht zu thematisieren.

Dass der Gerichtspräsident nicht auf die Klärung der Rolle des FBI drängte, lag möglicherweise daran, dass er die Akten nicht gründlich konsultierte, oder, dass er sich im Wesentlichen an die Tendenz hielt, welche sich in der Anklageschrift manifestierte. Unverständlich bleibt dennoch, weshalb er die zahlreichen Hinweise auf amerikanische Agenten in Paris, einschliesslich Davis' Reisen nach Paris, die sich in der Anklageschrift über zwei Seiten erstrecken, nicht zum Anlass nahm, mehr darüber zu erfahren. Es kann angenommen werden, dass sich der Präsident selbst bei einem nicht allzu detaillierten Aktenstudium den Beschluss des Bundesrates zu Gemüt geführt hatte, welcher das Strafverfahren in Gang setzte, jenes Dokument also, in welchem die Rolle des FBI prominent als Bestandteil der zu verfolgenden Straftat festgehalten wurde. Die Akten des Bundesgerichts geben keine Antwort, weshalb er sich nicht mit diesem Thema beschäftigte. Es können nur Hypothesen aufgestellt werden. Formal betrachtet kann der Artikel 156 der BStP eine Erklärung bieten:

> «Gesteht der Angeklagte die ihm in der Anklage zur Last gelegte Tat zu und ist das Geständnis glaubwürdig, so kann das Gericht mit Zustimmung des Bundesanwalts und des Angeklagten von einem Beweisverfahren ganz oder teilweise absehen.»

Im Kurzprotokoll der Gerichtsverhandlung findet sich zwar kein Hinweis auf einen expliziten Entscheid für diese Möglichkeit. Es ist jedoch nicht auszuschliessen, dass sie angewendet wurde. Und so wie die Gerichtsverhandlung ablief, wurde das, was Davis gestand – das McCarthy-Narrativ – für glaubwürdig erachtet. Glaubwürdig hätte dann bedeutet, dass das, was er gestand, akzeptabel war, auch wenn die verübte Tat weitere wesentliche Aspekte aufwies, die verschwiegen wurden. Eine andere Hypothese wäre diese: Als Pendant zum antikommunistischen Konsens der Behörden und weitester Kreise der Öffentlichkeit gab es einen bedingungslosen Konsens zugunsten von Strukturen und Organen, welche ihr Dasein und ihre Funktion dem Kampf gegen den Kommunismus als Bedrohung widmeten. Unter den geschilderten Umständen erstaunt die lakonische Bilanz zur Befragung Davis' nicht, dass das Verhör keine neuen Erkenntnisse bringe.[717]

2. Einen kuriosen Beitrag zu Davis' Befragung leistete sein Pflichtverteidiger. Davis hatte ohne Weiteres gestanden, das gefälschte Telegramm fabriziert und an John Carter Vincent mit der Absicht versandt zu haben, den Gesandten zu diskreditieren. Martin-Achard suggerierte beim Verhör, Davis habe den US-Gesandten in Bern mit Jean Vincent, dem prominenten Mitglied des Genfer PdT (und Anwalt

---

717 «L'interrogatoire n'amène aucune révélation nouvelle et prend fin après onze heures», *Journal de Genève* vom 16. Oktober 1951.

231 der Zivilpartei), verwechselt. Die Suggestion war offensichtlich so abwegig, dass sie im Saal Heiterkeit auslöste.[718]

d. Die Befragung der Zeugen

1. Beim Versuch, die Aussagen der Zeuginnen und Zeugen zu rekonstruieren, und der Art, wie sie befragt wurden, hat sich gezeigt, dass ein ausführliches Protokoll fehlte. Zeitungsartikel sind die einzige Quelle.[719] Wenige berichten einigermassen chronikalisch, die meisten sehr eklektisch, etliche mit dem Augenmerk auf Spektakuläres, begleitet von antikommunistischen Kommentaren. Allzu vertieft können die Befragungen nicht ausgefallen sein. Die Sitzung dauerte zweieinhalb Stunden. Zu befragen waren 15 Zeuginnen und Zeugen. Zudem wurden die Erklärungen von vier Personen verlesen, die verhindert waren.[720]

Das Gericht lud jene Personen als Zeugen vor, die von der Anklage ausgewählt wurden. Es mag dem allgemeinen Gebrauch entsprochen haben, dass das Gericht vom Aufgebot der Anklage nicht abwich. Dennoch ist nicht ohne Weiteres verständlich, dass etwa Alexander Jordan nicht angehört wurde. Sein Name stand auf dem Telegramm, welches Davis gefälscht und an den US-Gesandten in Bern gesandt hatte. Es wurde auch keiner der von Davis denunzierten und in der Anklageschrift genannten US-amerikanischen Staatsangehörigen angehört, auch jener Student nicht, dessen Vernehmung durch den Untersuchungsrichter in den Akten ausführlich dokumentiert ist. Selbst wenn die Dokumentationsbasis des Gerichts im Wesentlichen auf die Anklageschrift beschränkt gewesen wäre, hätte die Gruppe amerikanischer Staatsangehöriger als besonderes «Objekt» von Davis' Spitzeltätigkeiten auffallen können. Verwunderlich ist ferner, dass Jacqueline Zurbrügg, die prominente Angehörige des PdT, bei welcher Davis in den ersten beiden Wochen seines Aufenthalts in Genf untergekommen war, nicht als Zeugin vorgeladen wurde.[721] Ein Berichterstatter vermerkte zum Fehlen von Zeuginnen

---

718 Grotesk war Martin-Achards Einwurf nicht nur, weil Davis die Sache gestanden hatte, sondern auch wegen des Inhalts des Telegramms. Zudem war die Angelegenheit in der Anklageschrift unmissverständlich dargestellt. *Der Bund* berichtete über die Intervention des Pflichtverteidigers: «Auf eine Frage seines Rechtsbeistandes, ob er nicht Nationalrat Vincent in Genf und den Gesandten ‹Vincent› in Bern verwechselt habe, greift Davis schleunigst nach diesem Rettungsring und bestätigt es, was in dem würdigen Saale zum ersten Mal einiges Lachen erklingen lässt», *Der Bund* vom 16. Oktober 1951.

719 Zusätzlich zu den Artikeln, die in Anm. 755 genannt sind, habe ich neben der Meldung der SDA (S. 3–5 des ausführlichen Berichts über den Prozess) Ausschnitte aus folgenden Zeitungen beigezogen: *La Tribune de Genève, La Nouvelle Revue de Lausanne, La Gazette de Lausanne* und die *Arbeiter-Zeitung*, alle vom 16. Oktober 1951; *La Tribune de Genève* mit zwei Artikeln in der Nr. 242 vom 16. Oktober, der eine auf Seite 5 betreffend das Verhör der Zeugen, der andere unter den «Dernières nouvelles» auf S. 10 zur Anklagerede und zum Plädoyer des Verteidigers (ich bedanke mich an dieser Stelle bei Dorothee Scholian von der Nationalbibliothek für die genauen Angaben zu den Artikeln in der *Tribune de Genève*). Von mehr oder weniger identischen Aussagen, die in mehreren Zeitungen zu einem bestimmten Punkt festgehalten werden, führe ich meist nur eine Belegstelle an.

720 Angaben gemäss Kurzprotokoll des Bundesgerichts; betreffend Dauer der Sitzung und Anzahl der Zeugen in einzelnen Zeitungen leicht abweichende Angaben.

721 Dass der Untersuchungsrichter Jordan nicht anhörte, ist verständlich. Zurzeit seiner Befragungen, im Februar 1951, wurde dem Telegramm noch keine besondere Beachtung geschenkt. In der Anklageschrift hingegen war dem Gegenstand ein Absatz gewidmet, in welchem der Name Jordan erscheint. Was Zurbrügg angeht, ist aufgrund eines Eintrages in ihrer Staatsschutz-Fiche anzunehmen, dass der Untersuchungsrichter sie nicht vernahm, weil sie im Ausland weilte, vgl. Eintrag und Zeugen: Die Anhörung derselben sei beendet. Sie hätte keine sensationellen Enthüllungen geboten. Die Personen, die mit ihren Aussagen ein grosses Interesse zu wecken vermocht hätten, hätten sich nicht aus eigenem Antrieb gemeldet. Und das sei schade.[722] Der Verfasser wird möglicherweise an die McCarthy-Begründung gedacht haben, weniger an die Personen von der amerikanischen Botschaft in Paris, und wahrscheinlich gar nicht an Funktionäre des FBI.

Neues förderten die Äusserungen der Zeugen wohl tatsächlich nicht zutage. Das könnte an der Zurückhaltung der Zeugen gelegen haben.[723] Ausser den beiden Polizeiinspektoren handelte es sich ausschliesslich um Personen, die als linksextrem galten, oder um Personen, die von Davis als linksextrem denunziert oder auf andere Weise kompromittiert worden waren. Es lag möglicherweise auch am vorsitzenden Richter, der sich zurückhielt. Der Genfer Polizeiinspektor und der in Genf domizilierte Inspektor der Bundespolizei, beide an der Untersuchung des Falles intensiv beteiligt, wurden zu elementaren Sachverhalten nicht befragt, so zu Davis' Kontakten zur Botschaft in Paris oder zu seinen Reisen dorthin.

2. Die eine oder andere Erkenntnis, welche Davis' Tätigkeit betraf – nicht nur die Beziehungen der Zeuginnen und Zeugen zu ihm –, ergab sich dennoch. Die *Gazette de Lausanne* hebt die Aussagen von vier Zeugen hervor, darunter jene des Bundespolizeiinspektors von Genf. Man habe anfangs Zweifel gehabt an Davis' Geisteszustand und eine psychiatrische Untersuchung angeordnet. Im psychiatrischen Befund wird er als intelligent und verschlagen beschrieben. Dieser Befund ist die handgreiflichste Widerlegung des Versuchs, Davis' Handlungen herunterzuspielen mit dem Verweis auf seine geistige Beschränktheit.[724] Was die materiellen Verhältnisse angeht, ist in der Berichterstattung eine bezeichnende Differenz auszumachen. Einige Blätter heben den Unterschied zwischen den armseligen Verhältnissen während der ersten Periode seines Aufenthaltes in der Schweiz und dem Lebensstil zur Zeit seiner Verhaftung hervor. Etliche Berichte hingegen ignorieren diesen Unterschied und halten am Bild der armseligen Person fest. Besonderes Gewicht legen die Zeitungen auf Davis' Charakterisierung als «armer Teufel» durch Maurice Jeanneret, einen seiner ersten Gastgeber in Lausanne: Davis sei unglücklich wegen der schlechten Behandlung der Schwarzen in seinem Land, materiell schlecht gestellt, sich irgendwie durchschlagend, und so habe er irgendwann seine Seele dem Teufel verkauft.[725] Obwohl Jeanneret als einer der bedeutendsten «Linksextremen» unter den Zeugen galt – damals Präsident des *Parti Ouvrier Populaire* (POP) des Kantons Waadt und zur Zeit des Prozesses Nationalrat –, wurde seine Aussage über Davis in der Presse, die fast ausschliesslich bürgerlich oder sozialdemokratisch antikommunistisch gefärbt war, mit Wohlgefallen aufgenommen. Jeannerets Charakterisierung des Angeklagten passte

vom 31. Januar 1951, CH-BAR#E4320-01C#1996/203#599*. Es findet sich in den Akten aber kein Hinweis darauf, dass sich die Bundesanwaltschaft später darum bemühte, mit ihr Kontakt aufzunehmen.

722 *La Nouvelle Revue de Lausanne* vom 16. Oktober 1951.

723 «La plupart des témoins sont discrets, on les comprend fort bien d'ailleurs», La Nouvelle Revue de Lausanne vom 16. Oktober 1951. Die Zeitung spricht von «ces murmures circonspects».

724 «intélligent et rusé», *Gazette de Lausanne* vom 16. Oktober 1951.

725 Ebd.

233 zu deren Interpretation der Angelegenheit: Es war nichts wirklich Gravierendes, vielmehr die Straftat einer materiell armen Figur von zweifelhaftem Charakter. Dass US-amerikanische Stellen die Finger im Spiel hatten oder gar das FBI, war angesichts des gefälligen Bildes, welche durch diese Interpretation hergestellt und verbreitet wurde, in weite Ferne gerückt.

Der Zeuge Schneebeli sagte auch vor Gericht, dass bei ihm nie eine Versammlung von «Linksextremisten» stattgefunden habe, Davis habe diese frei erfunden. Obwohl diese Behauptung von Davis schon nach der Befragung Schneebelis durch den Untersuchungsrichter angezweifelt werden musste, nahm sie Dubois in die Anklageschrift auf. Auch einen der denunziatorisch anmutenden Punkte der Anklageschrift, Schneebeli sei an einer Organisation beteiligt, welche Aktivisten mit falschen Papieren versorge, bestritt dieser.[726]

Was die Adressfälschungen durch Davis angeht, behauptete der Zeuge und Zivilkläger Eggenschwyler, er habe drei Briefe nicht erhalten, von denen er wisse, dass sie an ihn gesendet worden seien. Er verlangte die Briefe zurück. Der Ankläger entgegnete darauf, es habe, anders als man glauben machen wolle, keinerlei Rechtsverweigerung gegeben, und man habe Eggenschwyler nach Abschluss der Voruntersuchung alles Notwendige erläutert.[727]

3. Die Darstellungen der Zeuginnen- und Zeugenaussagen zeigen, was Stil und Tonlage angeht, signifikante Unterschiede auf. Einzelne Journalisten thematisierten die «Affäre» zwischen Frau Pfister und Davis und schlugen diese breit. Andere Blätter, etwa das *Journal de Genève*, berichteten nicht darüber. Analoges ist festzustellen betreffend die Wiedergabe der Einvernahme der letzten Zeugin, der – gestützt auf Davis' Aussagen – fälschlicherweise ein Verhältnis mit ihm unterstellt wurde. Was sie sagte, hielten die meisten Blätter nicht für so wichtig, dass darüber zu berichten gewesen wäre. Anders jene Journalisten, welche der Gerichtsverhandlung «Pikantes» abzugewinnen versuchten.[728] In einer Zeitung ist von dieser Zeugin die Rede als «das junge Mädchen», in einer andern wird sie als «lieblich» bezeichnet.[729] *La Suisse* tat sich hervor mit einem Absatz unter dem Zwischentitel «Cherchez la femme […]». Da war unter anderem zu lesen, dass sich einige dieser «wild entschlossenen Aktivistinnen gefährlich in Rührung versetzen liessen durch seinen [Davis'] dunklen Charme, seine tiefe Stimme und sein strahlendes Lächeln». Und die brennenden Leidenschaften, welche er in den Herzen einiger Frauen zu wecken vermöge, scheinen nicht durch einen glänzenden Verstand oder sein politisches Verständnis hervorgerufen worden zu sein.

---

726 *Arbeiter-Zeitung* vom 16. Oktober 1951; *National-Zeitung* vom 16. Oktober 1951, Nr. 477. Zur abwegigen Behauptung, Schneebeli sei mit der Fälschung von Ausweispapieren befasst, vgl. die Anklageschrift unter III. Bst. b) ff).

727 *Tribune de Genève* und *La Nouvelle Revue de Lausanne*, beide vom 16. Oktober 1951.

728 *La Suisse* vom 16. Oktober 1951. Davis hatte in der gerichtspolizeilichen Untersuchung behauptet, die Zeugin sei seine «amie intime» gewesen. Sie hatte dies bei der Einvernahme durch den Untersuchungsrichter verneint. Pflichtverteidiger Martin-Achard und die Zeitungen übernahmen Davis' Behauptung auf Kosten der Zeugin.

729 *Der Bund* vom 16. Oktober 1951; *La Tribune de Genève* vom 16. Oktober 1951:«Assez suave, demoiselle W. s'intéressa à Davis».

Die deutschsprachige sozialdemokratische Presse berichtete, dass Davis mit seiner Spionagetätigkeit weniger Glück gehabt habe als bei den Exgattinnen einer ganzen Anzahl kommunistischer Grössen. Namen täten hier nichts zur Sache; es genüge zu erwähnen, dass diese Damen mit Davis zweifelhaft sehr nett gewesen seien, dass sie aber heute jede noch so diskrete Andeutung in dieser Beziehung mit Empörung von sich weisen würden. Ähnlich die *Tribune de Genève:* Es sei eine seltsame Anziehung festzustellen, welche der Angeklagte auf Personen des weiblichen Geschlechts ausübe, deren Missmut oder scheinbare Unparteilichkeit nur schlecht ein latentes Interesse verbergen würde.[730] In ähnlichem Stil die *Nouvelle Revue de Lausanne:* Es zeige sich, dass seine Gegenwart in Genf diesen Frauen der Partei nicht entgangen sei.

4. Zum Spiessrutenlaufen gemacht wurde das Verhör für Elisabeth Pfister, welche während einiger Wochen mit Davis liiert gewesen war. Die Liebesbriefe wurden anlässlich der Hausdurchsuchung in Davis' letzter Unterkunft beschlagnahmt. Sie befinden sich bis heute bei den Akten.[731] Der Ankläger kam schon bei Davis' Befragung auf die Briefe zu sprechen, als er ihn fragte, ob Frau Pfister seine Mätresse gewesen sei. Nun erkundigte sich Dubois wieder zu diesem Gegenstand. Auch das Gericht befragte sie dazu: Der Präsident und der Stellvertreter des Bundesanwaltes zeigten ihr die Briefe, die bei der Hausdurchsuchung gefunden worden seien. Man fände darin viel Kosenamen, die wohl als Decknamen gedient hätten.[732] Die *Tribune de Genève* berichtet, dass die zögerlichen, oft nicht verständlichen Äusserungen bei den Richtern ab und zu ein Lächeln ausgelöst hätten. Auch das Publikum hat über Frau Pfister gelacht.[733] Die Presse nahm viele von Davis' Erzählungen ernst und nahmen viele Gerüchte über Frau Pfister als bare Münze. Dann hätte sich aber plötzlich herausgestellt, dass Frau Pfister über Davis' Tätigkeit auf dem Laufenden gewesen sei. Gemäss Davis habe er ihr einmal ein Schweigegeld von 100 Dollar bezahlt.[734]

---

730 *Arbeiter-Zeitung* vom 16. Oktober 1951 und der mehr oder weniger identische Artikel im *Volksrecht* vom 16. Oktober 1951. Vgl. Dazu auch die Arbeiter-Zeitung vom 17. Oktober über die Naivität von Davis: «Bei verschiedenen Damenbekanntschaften hat er sich sogar damit gebrüstet, der Mann McCarthys zu sein (und diese flotten Kommunistinnen haben aus Liebe geschwiegen […]).» In der *Tribune de de Genève* vom 16. Oktober 1951 ist zu lesen: «Il est curieux de constater, en passant, l'attrait exercé par le Noir inculpé sur les personnes du sexe, dont le dépit ou l'apparente impartialité dissimulent mal un intérêt sous-jacent. Passons.» Den Protokollen der Telefonüberwachung von Jean Vincent ist zu entnehmen, dass auch seine ehemalige Ehefrau Jacqueline Zurbrügg sich darüber beklagte, dass sie während des Prozesses beschimpft worden sei. Sie fragte Anwalt Vincent, ob es eine Möglichkeit gebe, beim zuständigen Gericht zu protestieren, vgl. den Eintrag vom 30. Oktober 1951 auf der Staatsschutzfiche von Jacqueline Zurbrügg-Jörimann, CH-BAR#E4320-01C#1996/203#599*.

731 Originale im Dossier des Bundesgerichts, Kopien im Dossier der Bundesanwaltschaft.

732 *Der Bund* vom 16. Oktober 1951; *La Nouvelle Revue de Lausanne* vom 16 Oktober 1951: «Mais, le procureur insistant sur une certaine échange de correspondance […]».

733 *La Tribune de Genève* vom 16. Oktober 1951: «Ses réticences, souvent incompréhensibles, ont le don de faire parfois sourire la Cour.» *La Suisse* vom 16. Oktober 1951: «[…] une jeune femme ivre de colère, une jeune femme furieuse encore de savoir ses lettres d'amour aux mains de la justice […] Comme le public riait assez cruellement, c'est M. Eggenschwyler en personne qui se leva pour prendre sa défense».

734 *Der Bund* vom 16. Oktober 1951.

Hingegen haben es die Strafverfolgungsorgane unterlassen, die Briefe als Material zu untersuchen, welches dazu hätte dienen können, Beweise und Präzisierungen über Davis' Aufenthalte in Paris zu liefern. Die Polizei hatte nicht nur die Briefe in den Händen, sondern teilweise auch die Briefumschläge. Frau Pfister hatte Adressen angegeben, die tatsächlich Davis zugeordnet werden konnten. Deshalb hat er die dorthin gesendeten Briefe wahrscheinlich erhalten. Neben einer Hoteladresse findet sich auch die Anschrift «Charles Davis, Visitors Mail, American Embassy, Paris, France».[735]

5. Grosse Aufmerksamkeit fand die als Zwischenfall hervorgehobene Intervention des Pflichtverteidigers, die auf den Zivilkläger Eggenschwyler abzielte: Martin-Achard fragte die Zeugin Pfister, ob nicht ein Foto existiere, in welchem ihr Ex-Mann als faschistischer Offizier abgebildet sei. Eggenschwyler war wegen dieser Frage erzürnt. Der Präsident, welcher die Frage von Martin-Achard zugelassen hatte, beruhigte die Streitenden.[736] Tags darauf liess es sich der Pflichtverteidiger in seinem Plädoyer nicht entgehen, einen Kommentar über das seltsame Verhalten dieses geschiedenen Paares abzugeben.[737] Beim Verlassen des Gerichtssaals sagte die Zeugin Pfister an Martin-Achard gerichtet: «Sie Schwein!»[738]

6. Liest man die Zeitungsberichte über die Anhörung bzw. das Verhör der Zeuginnen und Zeugen, so kann man den Eindruck gewinnen, es sei unter anderem auch um deren Blossstellung gegangen. Das lag möglicherweise daran, dass die Zeuginnen und Zeugen grösstenteils als Linksextreme oder Kommunisten bezeichnet wurden.

Ein Beispiel: Davis hatte zugebenermassen ein gefälschtes Telegramm an den US-Gesandten in Bern gesendet und das Aufgabeformular mittels gefälschter Unterschrift und Adresse als «Emile Stampfli» unterzeichnet. Über die Befragung Stämpflis als Zeuge schreibt ein Blatt: Selbstverständlich bestreite der Zeuge Emil Stämpfli, etwas mit dem berühmten Telegramm an Minister John Carter Vincent zu tun gehabt zu haben. Ein anderes Blatt bemerkte, Stämpfli sei ein militanter Genfer Kommunist, wovon allerdings selbst nach den Kriterien der politischen Polizei keine Rede sein kann. Auf seiner Staatsschutzfiche finden sich denn auch ausschliesslich Einträge im Zusammenhang mit dem Fall Davis, nichts über an-

735 Brief vom 31. August 1951. Vgl. auch die Aussage der Zeugin Pfister, Davis habe sie vor seiner Abreise gebeten, ihm seine Post «à l'ambassade américaine à Paris» nachzusenden, *Journal de Genève* vom 16. Oktober 1951.

736 Es stellt sich die Frage, woher Martin-Achard die Foto kannte. Die Tatsache, dass ein Polizeinspektor unter den Zeugen, welcher mit dem Fall Davis befasst war, die Foto identifizierte – vgl. dazu das *Journal de Genève* vom 16. Oktober 1951 –, führt zur Annahme, dass es sich um eine jener Fotografien handelte, welch Davis bei Frau Pfister behändigt hatte. Vgl. ihre Aussage gegenüber dem Untersuchungsrichter vom 1. Februar 1951: «Une fois, j'ai montré à Davis une photo d'un congrès de partisans à Rome, et par la suite, cette photo a disparu. Davis a admis l'avoir prise.» Auf welchem Weg Martin-Achard von dem Bild Kenntnis erhielt, konnte ich nicht ermitteln.

737 *Feuille d'Avis de Lausanne* vom 17. Oktober 1951, Nr. 245.

738 *National-Zeitung* vom 16. Oktober 1951. Martin-Achard kam am folgenden Tag, zu Beginn seines Plädoyers, auf die Beschimpfung durch Pfister zurück mit der kuriosen Bemerkung: «Gestern hat die Zeugin Frau Pfister nach ihrem Verhör beim Verlassen des Saales einen unzulässigen Ausdruck gebraucht; hätte ich ihn auf mich beziehen müssen, hätte ich ihre sofortige Verhaftung beantragt», *National-Zeitung* vom 17. Oktober 1951, Nr. 479.

dere politische Aktivitäten.[739] Oder zur Aussage von Maurice Jeanneret wird geschrieben: Er würde zugeben, dass er viele amerikanische Studenten kenne, die ihn nicht nur für ärztliche Behandlungen aufsuchten, sondern auch aus Neugier sich politisch unterhalten wollten.[740] Der Sachverhalt wurde als einzugestehende Tat behandelt, Illegalität wurde nahelegt.

Die *Nouvelle Revue de Lausanne* bilanziert die Zeugeneinvernahmen idealisierend, von heute aus betrachtet eher euphemistisch: Man würde die Verhandlungen auf das enge Gebiet der Weitergabe politischer Informationen beschränken. Man liesse den Inhalt dieser Informationen und die Einstellung jener beiseite, welche Gegenstand der Informationen gewesen seien. So würde dieser Prozess wieder in seinen engeren Rahmen zurückgeführt. Wenn so die Sensation ausbliebe, würde dagegen das Recht strikt befolgt. Man müsse festhalten, mit welcher Sorgfalt die Justiz die Schweizer Bürgerinnen und Bürger schütze, selbst wenn es sich um erklärte Gegner der politischen Institutionen handle.

Eine andere Zeitung zieht das folgende Fazit des ersten Prozesstages: Die Zeugenaussagen brächten nichts wirklich Neues über die Sachverhalte im engeren Sinn zutage. Sie würden hingegen das Treiben des kommunistisch angehauchten Netzes erhellen, das in der Schweiz am Werk unter der zweckdienlichen Maske von risikolosen Begriffen sei: *Partisans de la Paix, Jeunesse libre, Travail et Culture.* Eine Zeitung bemerkt, es habe zwar keine sensationellen Enthüllungen gegeben, hingegen sei der Fall Davis für die Schweizer Justiz wie eine Alarmglocke. Man würde zwar den kommunistischen Komitees zu viel Ehre erweisen, wenn man sie mit Komplotten in Südamerika verdächtigen würde. Es sei jedoch daran zu erinnern, dass sich die Verräter stets aus den Versagern, den Schwächlingen und den verkrachten Existenzen rekrutieren würden. Die sozialdemokratische Presse bilanzierte betont antikommunistisch, um den Prozess gegen Davis umzufunktionieren und den Kommunistinnen und Kommunisten den Prozess zu machen:

> «Was interessanter ist als der eigentliche 'Fall Davis' ist das Bild, das sich aus den Verhandlungen über *Leben und Treiben in den kommunistischen Organisationen* ergibt. Man erhält einen Begriff von der eisernen Disziplin, die hier herrscht, wenn man sieht, wie selbstverständlich Weisungen der Sekretäre befolgt werden, aber auch, wie selbstverständlich man Opfer auf sich nimmt, um Gesinnungsgenossen, oder jene, die sich als solche ausgeben, zu unterstützen. Man erhält den Eindruck, dass der Kommunist wohl oder übel auf ein Privatleben verzichtet, wenn es die Partei verlangt. In mancher Beziehung könnte man davon lernen, in anderer Beziehung wiederum bedeutet das eine Demonstration der besonderen Gefährlichkeit dieser Organisation.»[741]

739 CH-BAR#E4320-01C#1996/203#513*.

740 *Der Bund* vom 16. Oktober 1951; *Berner-Tagwacht* vom 16. Oktober 1951, Nr. 242. Fiche Stämpfli Einträge vom 22. November 1950 bis 3. Februar 1951, CH-BAR#E4320-01C#1996/203#513*. Die Fiche ist unvollständig ausgefüllt. Es fehlt vor allem das Geburtsdatum. Hingegen ist von Hand hinzugefügt: «vielleicht identisch mit Stampfli Emile 07». Eine Fiche für einen E. Stampfli oder Stämpfli mit Jahrgang 1907 ist laut Angaben des Benützungsdienstes des Bundesarchivs vom 9. Februar 2017 nicht vorhanden. Hingegen findet sich dort eine Fiche von einem Emile Staempfli, geb. 18.7.1908, mit Einträgen von 1936, 1942 und 1958, die aber nichts zu tun haben mit «Linksextremismus» oder Ähnlichem.

741 *La Nouvelle Revue de Lausanne* vom 16. Oktober 1951; *Gazette de Lausanne* 16. Oktober 1951; *Curieux* vom 17. Oktober 1951, Nr. 42; *Arbeiter-Zeitung* vom 16. Oktober 1951.

237 Anhand des Umgangs mit den Zeuginnen und Zeugen bei deren Befragung, insbesondere durch die Berichterstattung, manifestiert sich ein ambivalentes Verhalten: Wenn eine Behauptung von Davis dem Ziel diente, eine Zeugin oder einen Zeugen in ein schiefes Licht zu rücken, so diente die Aussage in vielen Fällen als Ursprung der Diskreditierung. Kurioserweise haben dieselben Journalisten, wenn es um die allgemeine Bewertung von Davis' Taten ging, diesen als unglaubwürdig charakterisiert.

e. Die Anklagerede

Die Anklagerede von Dubois ist die abschliessende Manifestation der Verdrängung vorhandener, von ihm schriftlich selbst fixierter Evidenz. Das Verdrängen geschah schrittweise, besser gesagt: gleitend. Rudimentär hatte der Ankläger die Evidenz – dass der FBI im Fall Davis eine wesentliche Rolle spielte – noch bei seinem Auftritt am 16. Oktober vor den Augen – buchstäblich – allerdings ohne sie auszusprechen.[742]

1. Anders als für die Befragung der Zeuginnen und Zeugen – und anders als für das Plädoyer des Verteidigers – liegt für den Vortrag des Anklägers authentisches Quellenmaterial vor: 19 Seiten Notizen von Dubois.[743] Nicht nur die maschinengeschriebene Vorlage ist überliefert, sondern auch ein ausformulierter Vortragsentwurf mit Ad-hoc-Korrekturen und Streichungen, und zwar mit solchen, die verschiedene Überarbeitungsphasen sichtbar machen: eine mit Bleistift, eine mit rotem Farbstift für rhetorische Kennzeichnungen (Pausen und Hervorhebungen) sowie eine mit grüner Tinte. Die Korrekturen sind teilweise redaktioneller Art und lassen anhand der Umformulierungen erkennen, was den Ankläger bis unmittelbar vor der Anklagerede am 16. Oktober beschäftigte. Das Dokument zeigt, wie er die Akzente setzen und von was er die Aufmerksamkeit ablenken wollte.[744]

2. Im Einzelnen zur Vorlage von Dubois, und zwar zu dem, was meines Erachtens die Quintessenz bildet, nämlich die Verneinung des Auftrags des FBI an Davis. An der Formulierung des ersten Teils der Überlegungen zur Frage, wieso Davis nach Europa kam respektive, in wessen Auftrag er tätig war, hat der Ankläger bis kurz vor seiner Gerichtsrede gearbeitet. Im Gegensatz zum übrigen Manuskript sind, von einer einzigen Passage abgesehen, nur Stichworte überliefert. Und die

742 Vgl. Kapitel IV e, Abschnitt 3 und Kapitel IV a, Abschnitt 3. Zumindest laut einer US-amerikanischen Zeitung nahm Dubois den Namen West noch in den Mund in einem Einwurf auf die Deklaration Davis', er habe nichts mit der Botschaft in Paris zu tun gehabt.

743 «Réquisition, notes», «ad acta 21.11.51». Angesichts dieser Quellenlage behandle ich die Zeitungsberichte über die Anklagerede nur am Rand.

744 Das ist die Grobstruktur der Notizen: Inhaltlich: (I) Motive des Täters (inklusive Auftraggeber); (II) Juristische Erwägungen; (III) McCarthy im Allgemeinen und im Fall Davis; (IV) Die Schuld von Davis (mit Strafantrag). Das Manuskript: (A) vier Seiten mit grüner Tinte und von Hand geschriebene Notizen, Inhalt: erster Teil von I; B Seiten 4 bis 6, maschinengeschrieben, Inhalt: zweiter Teil von I; C Seiten –11a, Inhalt: Juristische Erwägungen; D Seiten 12 bis 17 oben: betreffend McCarthy; E Seiten 17–19, Erwägungen zur Schuld Davis' und Strafantrag. Die einzelnen Teile sind selbständig paginiert, jeweils mit 1 beginnend. Zudem ist das ganze Manuskript unabhängig von der Teilpaginierung durchgehend mit Seitenzahlen versehen (mit einzelnen Unregelmässigkeiten). Ich verwende hier die Ziffern der durchgehenden Paginierung.

Notizen sind von Hand geschrieben, anders als das maschinengeschriebene Manuskript.[745] Er hat also die ursprüngliche, maschinengeschriebene Fassung der ersten Seiten seiner Vorlage in der letzten Phase der Vorbereitung zur Seite gelegt und eine neue Fassung angefertigt.

Es lässt sich erahnen, warum dem Ankläger die Formulierung dieser Passagen nicht leichtgefallen ist. Er musste das «Kunststück» vollbringen, die verschiedenen Punkte, welche darauf hindeuteten, dass Davis für das FBI gearbeitet hatte, so zu präsentieren, dass er diese Hinweise zur Seite schieben und auf der ersten maschinengeschriebenen Seite scheinbar widerspruchslos feststellen konnte: Die Bundesanwaltschaft schliesse gleich zu Beginn die Möglichkeit aus, dass das FBI Davis einen Auftrag erteilt habe. Diese apodiktische Aussage war allerdings mit einem etwas spitzfindigen Zusatz versehen: Das FBI hätte ihm bereits in Washington keinen Auftrag erteilt.[746]

Laut den Notizen referierte Dubois folgende Versionen der Aussagen von Davis: Bei der ersten Befragung habe er behauptet, aus politischen Motiven tätig gewesen zu sein, auf Befehl einer amerikanischen Persönlichkeit. Die Überfahrt nach Europa sei ihm bezahlt worden. Später, am 27. November 1950 meinte er dann, dass ihn niemand nach Europa geschickt habe, sondern dass er aus eigenem Antrieb gekommen sei, um Informationen über die Kommunistische Partei zu sammeln und anhand der Dokumentation ein Buch zu schreiben. Dem amerikanischen Konsul gegenüber habe er im Januar 1950 erzählt, er sei Mitglied der Kommunistischen Partei gewesen und von progressiven Zeitungen nach Europa gesandt worden. Inzwischen stosse ihn das aber ab. Beim Verhör, einen Monat nach der Verhaftung, habe er gesagt, dass der politische Ausschuss der Demokratischen Partei ins Auge gefasst habe, ihn nach Europa zu schicken. Vor der Abreise habe er vom FBI 450 Dollar erhalten. Vor dem Untersuchungsrichter habe er gesagt: Nach der Entlassung aus der Marine sei er in den Dienst der politischen Sektion des FBI getreten und habe dort einen Kurs besucht. Das FBI habe entschieden, ihn nach Europa zu senden mit dem Gedanken, als «Neger» würde er leichter für einen Kommunisten gehalten. Die zweite Version vor dem Untersuchungsrichter lautete, dass er nach Europa gekommen sei im Auftrag von Senator McCarthy und nicht vom FBI. Und beim Verhör während der Gerichtsverhandlung meinte er dann, dass er nach Europa gereist sei, um Kontakt aufzunehmen mit Persönlichkeiten der Linken, um deren Aktivitäten zu erkunden und darüber ein Buch zu schreiben. Geld für die Reise habe er von Personen in Amerika erhalten, die der Rechten angehörten, unter anderem von Senator McCarthy.

Davis hat auch ausführlicher über McCarthy gesprochen und behauptet, er habe ihm seine Dienste angeboten. Schliesslich begann er, seine Aussagen zu

745 Grüne Tinte als Schreibstoff verwendete Dubois, soweit ich sehe, im Dossier Davis der Bundesanwaltschaft nur für drei Stücke: bei der Präparation des Manuskripts der Anklagerede, in seinem Auszug aus dem «Mémoire de défense» sowie in einem Antwortentwurf (betreffend eine telegrafische Anfrage aus Genf) vom 19. oder 20. Oktober für den Bundesanwalt. Es ist daher möglich, dass der Auszug aus dem «Mémoire de défense» in der gleichen Zeit entstand, wie die beiden andern genannten Stücke, d. h. unmittelbar vor dem Prozess.

746 «Le ministère public exclut d'emblée la possibilité d'une mission que le FBI aurait donné à Davis, à Washington déjà.»

239 vermischen: Das FBI habe die Aufsicht gehabt über die Informationen, welche an McCarthy gingen und festgelegt, welche Angaben dem Senator ausgehändigt werden sollten. McCarthy habe also unvollständiges oder gefälschtes Material erhalten.

Die Schilderung der Geschehnisse ist weniger objektiv, als sie auf den ersten Blick erscheint. Erstens traf der Ankläger eine Auswahl unter den zur Verfügung stehenden Dokumenten. So hat er zum Beispiel das bekenntnisartige Stück, welches Davis mit der Schreibmaschine auf Gefängnispapier geschrieben hatte, nicht beigezogen, obwohl darin mehrfach und in verschiedenen Zusammenhängen konkret, unter Nennung des Namens, von seinem Zusammenwirken mit der Person die Rede ist, die in den Räumen der US-amerikanischen Botschaft in Paris tätig war.[747] Aus den Stücken, welche Dubois beigezogen hatte, wählte er einzelne Informationen aus und liess andere weg, welche für die Interpretation des Falles ebenso erhellend gewesen wären wie jene, welche er vortrug. Die Aufreihung setzt Sachverhalte gleich, denen – je nach Aktenlage – eine recht unterschiedliche Bedeutung zukam. So schwierig es war, über einzelne Punkte Gewissheit zu erlangen, so evident war es, dass anhand der Akten einzelne Gegebenheiten für wahrscheinlicher gehalten werden konnten als andere.

Gestützt auf diese spezifische Vorbereitung gelingt dem Ankläger nach einer letzten, umfassenden Prüfung die Wende zum Ziel, das ihm vorschwebte. Nach der Wiedergabe der Aussage von Davis, er habe vom FBI einen klaren Auftrag erhalten und das FBI habe bestimmt, was an McCarthy ging, erwägt Dubois diese Deutung des Falles scheinbar ernsthaft: So erstaunlich diese Erklärung auf den ersten Blick aussehen möge, so erscheine sie erfahrenen Ermittlern, welche die besonderen Methoden gewisser Nachrichtendienste kennen würden, nicht allzu unwahrscheinlich. Alles in allem hätte diese Version Hand und Fuss. Man könne sich nämlich leicht vorstellen, dass die amerikanische Polizei die Informationen überprüft habe, welche für McCarthy bestimmt gewesen seien. Im Ausland gäbe es solche Praktiken in dieser besonderen Welt der politischen Polizei. Im vorliegenden Fall hätten die mit der Untersuchung betrauten Personen und die Bundesanwaltschaft diesen Erklärungen des Beschuldigten einstweilen einen gewissen Glauben geschenkt.[748]

Allerdings musste man bald zurückstecken, da Davis am Ende der Voruntersuchung eine neue Kehrtwende vollzog, indem er sagte, er habe nie für das FBI gearbeitet, sondern sei mit einem Auftrag von McCarthy nach Europa gekommen. Dubois meinte, dass man angesichts so verschiedener Versionen eine Wahl treffen müsse, soweit dies möglich sei. Er gebe ohne Weiteres zu, dass das nicht einfach sei. Es gäbe aber bestimmte Punkte, die Schlussfolgerungen zulassen würden.

---

747 Siehe oben Kapitel I b, Abschnitt 4.3. Die Erklärung, die sich nur im Genfer Dossier Davis befindet (vgl. Kapitel I c, Abschnitt 1) und dem in Genf domizilierten Inspektor der Bundespolizei zweifellos bekannt war, hatte Dubois möglicherweise nicht zur Hand.

748 «[…] pareille explication, pour *extraordinaire* qu'elle put sembler au premier abord, ne paraissait *pas* trop *invraisemblable* à des enquêteurs avisés qui connaissent [les] méthodes spéciales [de] certains s[ervices de] r[enseignements].»

Die Bundesanwaltschaft schloss vorab die Möglichkeit aus, dass das FBI Davis schon in Washington einen Auftrag gegeben hatte.[749] In welcher Absicht der Ankläger «schon in Washington» beifügte, ist nicht auszumachen. Eigentlich wusste er, dass es gar nicht so sicher war, dass Davis nicht im Auftrag des FBI gehandelt hatte. Darum fügte er «bereits in Washington» hinzu, was die Aussage «kein Auftrag» nicht im Widerspruch erscheinen liess. Denkbar ist auch, dass er ahnte, dass Davis seinen Auftrag in Paris bekommen hatte. Die zitierte Formulierung würde zwar in ihrer Hauptaussage immer noch den Auftrag des FBI verneinen, mit der Spezifikation versehen jedoch zulassen.

Die Wendung von der klaren Feststellung, Davis habe für das FBI gearbeitet, hin zur Verneinung dieses Sachverhaltes, ist erstaunlich und irritierend. Beinahe «verstörend» wirkt, wie der Ankläger diese Umwandlung zum Abschluss bringt: durch die Negation von Davis im letzten Verhör des Untersuchungsrichters. Eine Ungültigkeitserklärung, die nie auf ihre Stichhaltigkeit überprüft und nie mit zahlreichen Feststellungen konfrontiert worden war. Davis Behauptung wurde vom Untersuchungsrichter und im entscheidenden Vortrag vor Gericht auch vom Ankläger ohne Weiteres übernommen.[750]

Natürlich musste man angesichts der Menge von Davis' Aussagen entscheiden, was man als «Wahrheit» betrachten wollte. Sich zu entscheiden heisst, die Frage nach der Methode zu stellen, nach der Grundlage der Entscheidung. Und bei allen Schwierigkeiten, sich aus der Menge von Informationen, welche im Lauf der Strafverfolgung zusammengekommen waren, einen Reim zu machen, standen «solidere» Verfahrensweisen zur Verfügung als jene, die darin bestand, eine einzige, isolierte, mit etlichen anderen Aussagen in Widerspruch stehende Äusserung als Dreh- und Angelpunkt der endgültigen Antwort auf die Frage zu verwenden, ob das FBI involviert war oder nicht.

Dubois legte dar, was seiner Ansicht nach gegen einen Auftrag des FBI an Davis sprach. Er kam zum Schluss, dass Davis weder im Auftrag des FBI noch von McCarthys nach Europa gekommen sei,[751] sondern aus eigenem Antrieb. Der An-

---

749 «En présence de versions aussi diverses, il faut naturellement *choisir*, dans la mesure où cela se révèle possible. [...] a) Le ministère public exclut d'emblée la possibilité d'une mission que le FBI aurait donné à Davis, à Washington déjà.» Mit diesem Satz beginnt der maschinengeschriebene Teil des Manuskripts, der Teil, welcher *vor* dem vorangehenden, in grüner Tinte skizzierten Teil formuliert worden war.

750 Auf die Hinnahme der Verneinung durch den Untersuchungsrichter wurde bereits hingewiesen. In diesem Zusammenhang ist ein letztes Mal daran zu erinnern, dass die Bundesanwaltschaft annahm, Davis sei in seinen Aussagen durch das Konsulat beeinflusst worden, und dass sie diese Annahme auch schriftlich zum Ausdruck gebracht hat, allerdings nur intern am 3. August 1951.

751 Die Argumentation lautete: Wenn Davis während der ersten sechs Monate seines Aufenthaltes in der Schweiz für den Senator gearbeitet hätte, wäre er während dieser Zeit nicht seinen Bekannten auf der Tasche gelegen. Auch wenn es richtig ist, dass es, wie Dubois ausführte, keinerlei Hinweise darauf gibt, dass Davis während dieser Zeit mit McCarthy in Verbindung stand, ist seine Argumentation insofern deplatziert, als sie indirekt postuliert, was nicht der Fall war: dass Davis *je* von McCarthy in grossem Umfang entlohnt wurde. Im Übrigen erlaubt sich der Ankläger in diesem Zusammenhang eine Ungenauigkeit, die als Ablenkung gedeutet werden kann. Davis sei «mausarm» gewesen – bis zu seiner Beziehung zum Engländer Heaton. Davis war zwar im Juni 1950 für einige Tage bei Heaton untergekommen, dieser hat ihm aber nicht nur kein Geld geliehen – Davis habe seine Konsumation jeweils selbst bezahlt –, sondern ihn nach einigen Tagen vor die Türe gesetzt, vgl. dazu die Zeugenaussage von Heaton vor dem Untersuchungsrichter am 20. Februar 1951. Der Umschwung in Davis' Lebenshaltung hat mit der Beziehung zu Heaton nichts zu tun.

kläger meint, im Besonderen sei ausgeschlossen, dass Davis zuhause eine Schulung erhalten habe, wie man politische Nachrichten beschafft und übermittelt: Wie die Anwesenden feststellen könnten, habe Davis nichts, aber auch gar nichts von einem Spion oder von einem erfahrenen professionellen Spitzel an sich.[752] Als Beleg für diese Einschätzung dienen dem Ankläger die Berichte an das Konsulat, welche von Davis' Naivität zeugten, aber in keiner Weise das Werk eines zuvor instruierten Spions seien.

Ich nehme an, Dubois war als Stellvertreter der Bundesanwaltschaft und als Leiter des Rechtsdienstes vertraut gewesen mit den Praktiken der Bundespolizei. Dann hätte er gewusst, dass die politische Polizei nicht nur mit «erfahrenen professionellen Spitzeln» arbeitete, sondern auch mit Informanten mit den unterschiedlichsten Qualifikationen. Oder wie die Feststellung jenes US-amerikanischen Senatsausschusses lautete, welcher die Inland-Tätigkeit der Dienste untersuchte: «Der bezahlte und gelenkte Informant war das am häufigsten angewendete Mittel bei den inländischen Nachforschung des FBI.»[753] Amateurhaftes Vorgehen war kein Ausschlussgrund, wenn es darum ging, jemanden als Informanten ins Auge zu fassen, ganz abgesehen davon, dass die Fälschung von Adressänderungsformularen in einem fremden Land doch zumindest eine minimale handwerkliche Anleitung voraussetzte.

Dass Davis mit einem Auftrag von Senator McCarthy nach Europa gekommen sei, betrachtet der Ankläger als unwahrscheinlich. Die ganze Untersuchung habe keinerlei Hinweis zutage gefördert, dass Davis während der ersten sechs Monate seines Aufenthalts in der Schweiz für den Senator tätig gewesen sei. Im Übrigen seien auch weitere Erklärungen von Davis, warum er nach Europa gekommen sei, unwahrscheinlich. Gewiss nicht als Zeitungskorrespondent, er sei nicht einmal ein Schreiberling. Das zeigten handschriftliche Papiere, welche bei den Akten liegen würden.[754] Um die linksextremen Bewegungen in Europa zu studieren und darüber ein Buch zu schreiben, dafür reiche sein Verstand nicht aus.[755]

---

752 «Il est notamment exclu, à notre sens, que l'accusé ait suivi dans son pays un cours sur la manière de recueillir et de livrer des renseignements d'ordre politique [...]. Davis, vous vous en êtes rendu compte, n'a rien, absolument rien d'un espion ou d'un mouchard professionnel expérimenté [Unterstreichungen im Original]» («expérimenté» in der vorletzten Phase der Vortragsvorbereitung mit Bleistift angefügt).

753 «The paid and directed informant has been the most extensively used technique in FBI domestic intelligence investigation», Church-Report II, S. 184. Was die Methoden angeht, darf man für die Jahrzehnte nach dem Zweiten Weltkrieg wohl ohne weiteres eine Analogie herstellen zwischen der politischen Polizei der USA und jener der Schweiz. Und was der Rechtsdienst der Bundesanwaltschaft 1958 in einer Aktennotiz «Zum Begriff des Agenten im Sinne des StGB» formuliert hat, dürfte um gekehrt zu Beginn der 1950er Jahre auch für den FBI gegolten haben: «Die Erfahrung lehrt, dass heute z. B. für Überwachungs- oder Übermittlungsdienst Personen jeder Bildungsstufe und jeden Alters eingesetzt werden», CH-BAR#E4333-02#2004/269#2*, 16. Mai 1958. Im Übrigen halte ich den Auftrag an Davis, Informationen über US-amerikanische Staatsangehörige in der Schweiz zu beschaffen, vor allem über Studenten, für eine – in jenen Jahren – logische Erweiterung der Inland-Tätigkeit des FBI.

754 Solch wirre Stücke gibt es vereinzelt. Es liegen aber auch andere vor, die zwar nicht von journalistischen Fähigkeiten zeugen, aber doch von einer mehr als minimalen Ausdrucksfähigkeit. Zum Beispiel der Brief an John Carter Vincent vom 18. Dezember 1950 oder die verschiedenen Briefe an Untersuchungsrichter Jeanprêtre.

755 Ursprünglich figurierte an dieser Stelle und weiter unten im Text nochmals der Ausdruck «minus habens» («geistig minderbemittelt»). Dubois hat die Worte bei der Vorbereitung seiner An-

Was seine Reise nach Europa angehe, würden die Motive oder Anhaltspunkte fehlen, welche es erlaubten, auf irgendeinen Auftrag zu schliessen. Darum müsse man zum Schluss kommen, dass er aus eigenem Antrieb gekommen sei. Auf die Frage, die sich nach dieser Hypothese unausweichlich aufdrängte, worin die Ursache für diesen Antrieb liege, bot der Ankläger eine vage Antwort: Vielleicht habe er sich in seinem Land ausgebrannt gefühlt und einfach eine Luftveränderung gesucht.[756] Als Beleg für Davis' eigenständiges Handeln zitierte er eine seiner Antworten aus dem grossen Verhör: Er habe über Informationen betreffend die Kommunistische Partei verfügt und gedacht, diese seien nützlich für den Konsul in Genf. Er habe so versucht, sich den amtlichen Stellen in Washington bekannt zu machen, um später vielleicht offiziell für den Geheimdienst der USA arbeiten zu können.[757] Und Dubois schliesst: «Voilà, das ist meiner Meinung nach die einzig haltbare Erklärung.»[758] Da Davis einmal in linksextremen Kreisen eingeführt worden sei, habe er angenommen, er könnte sein Leben als Spitzel verdienen und versuchen, seine Informationen zu Geld zu machen. Darum habe er dem Konsulat Ende 1949 erste Besuche abgestattet.[759]

In diesem Zusammenhang folgt die Passage, welche der Ankläger bei der unmittelbaren Vorbereitung der Anklagerede entscheidend verändert hatte. Und das auf so augenfällige Weise, dass die Verdrängung der Involvierung des FBI deutlich zutage tritt. Der ursprüngliche, maschinengeschriebene Text lautet:

> «So erklärt sich auch seine Kontaktaufnahme mit gewissen Beamten der amerikanischen Botschaft in Paris. Die Namen, die er zu Beginn der Untersuchung preisgegeben hatte, erwiesen sich als richtig, und es besteht aller Grund anzunehmen, dass er seine Ware auch dort angeboten und dorthin geliefert hat.»

Am Rand notierte Dubois zudem mit Bleistift: «Mr. West». Nach Streichungen – auch «Mr. West» ist durchgestrichen – wurde daraus, jeglichen konkreten Anhaltspunkt eliminierend: «So erklärt sich auch sein Kontakt mit der *amerikanischen Botschaft in Paris*.»[760]

Die Modifikation belegt meines Erachtens, dass der Ankläger die Tatsache, dass Davis für das FBI arbeitete, noch bei der Gerichtsverhandlung «präsent» hatte.[761] Allerdings hat er versucht, Davis Verbindung zum FBI zu vertuschen. Die Präparierung des maschinengeschriebenen Textes für den Vortrag vor den

---

klagerede durchgestrichen – wohl weniger aus Respekt gegenüber dem Beschuldigten als vielmehr deshalb, weil nicht nur die Aussage des Polizeiinspektors über den psychiatrischen Befund – «intélligent et rusé» – gegen die Qualifikation als «minus habens» sprach, sondern auch die Performance von Davis im Gerichtsverhör. Im letzten Teil der Anklagerede, wo es um die Schuld geht, qualifiziert Dubois Davis, was die Intelligenz angeht, als immerhin «nicht strohdumm».

756 «Peut-être se sentait-il brûlé dans son pays et a-t-il voulu simplement changer d'air.»

757 Formalistisch betrachtet könnte man diese Wendung auch so deuten, dass Davis zum Zeitpunkt, da der dem Konsul die Informationen lieferte, bereits inoffiziell für die Dienste arbeitete.

758 «Voilà, à notre avis, la seule explication qui tienne debout.»

759 Im Text irrtümlich: «ses premières visites au consulat de Genève, à fin 1950».

760 «[A]mbassade américaine à Paris» vom Ankläger im Original bei der letzten Bearbeitung mit grüner Tinte unterstrichen. Was «die Botschaft» angeht, vgl. auch den Schluss der mit grüner Tinte geschrieben Notizen: Beim Verhör vor Gericht habe Davis zugegeben, seine Informationen seien bestimmt gewesen «au Consulat, à l'ambassade de Paris, à McCarthy».

761 Vgl. auch Kapitel IV a, Abschnitt 3, Schreiben von Amstein an Dubois vom 5. Oktober 1951.

243 Richtern, der Presse und dem Publikum ist der dokumentarisch fassbare Kulminationspunkt der Umgestaltung des Falles.[762]

Die Anklageschrift von Ende Juli stellt eine Zwischenetappe der «Verdrängung» dar. Zwar wird der Begriff FBI – als handelndes Element – vermieden. Aber unter der Chiffre «amerikanische Agenten in Paris» oder ähnlichen Ausdrücken hatte Dubois das FBI vor Augen. Und Leute vom Fach haben gewiss verstanden, was die Chiffre bedeutete. Aber die Anklageschrift war ein internes Dokument. Jetzt, in der abschliessenden Darstellung vor dem Gericht, vor den Gerichtsberichterstattern und vor dem Publikum, sozusagen vor der Öffentlichkeit, fehlen die Begriffe, welche in der Anklageschrift auf das FBI verwiesen.

Der Ankläger führt seine Interpretation, Davis habe aus eigenem Antrieb Nachrichtendienst betrieben, weiter und wendet sie auf die Beziehung zu McCarthy an, dem Davis seine Angebote gemacht habe. Dubois stützt sich bei seiner Argumentation auf McCarthy selbst, der gegenüber der Presse erklärt habe, Davis hätte ihn kontaktiert. «Wir stellen also fest, angesichts dessen, was wir wissen, dass Davis nicht angeheuert oder von amerikanischen Stellen rekrutiert worden ist, sondern dass er den ersten Schritt getan hat, indem er selbst seine Angebote gemacht hat. Das trifft auf jeden Fall zu für die Informationen, welche er dem Konsulat in Genf zukommen liess.» [763]

3. Die juristischen Erwägungen bilden den zweiten Teil der Anklagerede, und zwar weitestgehend in der Gedankenführung und im Wortlaut der vorbereitenden Notizen.[764] In Erinnerung zu rufen ist, was der Ankläger an erster Stelle nennt: StGB Artikel 272. Dieser diene vor allem dem Schutz des Staates, nicht des Individuums. Dass die amerikanische Bundespolizei die territoriale Souveränität der Schweiz verletzt habe, hätte den Bundesrat empört und ihn veranlasst, gegen Davis die Strafverfolgung zu veranlassen.[765] Dass diese als flagrante Verletzung der Souveränität des Landes am Schluss des Prozesses keine Rolle mehr spielte, macht den Fall so eigenartig.

Eine Ergänzung: Einen Absatz widmet der Ankläger der Feststellung, dass Nachrichtendienst strafbar sei, unabhängig davon, ob die gesammelten Informationen wahr oder falsch seien. Nur wenn diese Regel gelte, könne Spionage bekämpft werden. Und die Tat könne sich als umso verwerflicher erweisen, wenn die Angaben falsch seien. Am Rand hat Dubois mit Bleistift notiert: «Daniele Fuhrman, min[istre] Vincent». Den Zeitungsartikeln nach zu schliessen, hat er die beiden Namen im Prozess angesprochen. Die Erwähnung von John Carter Vincent bezieht sich auf das gefälschte Telegramm, das Davis ihm zusandte. Die

762 Ich nehme an, dass die Umgestaltung, mit dem Ziel, den FBI von der Bildfläche verschwinden zu lassen, dass dieses Vorgehen nicht einem Plan entsprach, sondern durch den Instinkt geleitet war.

763 Abermals eine Relativierung: Der Ankläger reduziert die Feststellung, soweit sie als sicher anzunehmen ist, auf die Lieferungen an das Konsulat.

764 Vgl. Kapitel III a, Schluss von Abschnitt 1. Wahrscheinlich hat Dubois die *notes juridiques* beim Vorbereiten der Anklageschrift zusammengestellt, und die juristischen Erwägungen in der Anklageschrift sind eine Synthese der Notizen. Im Manuskript der Anklagrede umfassen die Erwägungen viereinhalb Seiten.

765 Vgl. Kapitel I e, Abschnitt 3: «Die Verletzung unserer Souveränität ist flagrant.» Im gleichen Ton der BRB vom 5. Januar 1951 einschliesslich des begleitenden Berichts.

Hinweise auf Fuhrmann und Vincent erfassen im Übrigen bei Weitem nicht alle Personen, über die Davis falsche Angaben gemacht hatte, insbesondere indem er sie als kommunistisch oder linksextrem bezeichnete. Der Hinweis umfasst auch nicht alle Personen, die in der Anklageschrift angeführt werden, begleitet von belastenden Angaben. Das gilt unter anderem für Hamel und Adelson, vor allem aber für Alex Jordan.[766]

4. Das Scharnier zum dritten Teil der Anklagerede, der McCarthy betrifft, wird gebildet durch die Frage, ob das Handeln für McCarthy nach StGB Artikel 272 strafbar sei, ob Davis damit dem Interesse eines fremden Staates oder einer ausländischen Partei oder einer anderen Organisation des Auslandes gedient habe. Vergleichend bestätigt Dubois: Indem er politische Nachrichten dem Konsulat geliefert habe, hätte er zweifellos im Interesse eines fremden Staates gehandelt. Das Gleiche gelte für die Informationen, welche er der Botschaft in Paris geliefert habe.

4.1. Die Presse beschrieb Dubois' Vortrag über McCarthy als eine regelrechte Darbietung – dafür gibt es auch unabhängig von der Berichterstattung Anhaltspunkte. Nicht nur der kommunistischen *Voix ouvrière* fiel auf, wie viel Zeit der Ankläger McCarthy widmete. Zur Atmosphäre trug bei, dass der Ankläger nicht einfach Zitate aus Zeitungen vorlas, sondern mit den Zeitungsausschnitten hantierte.[767]

Die Intensität des Bedürfnisses, die ursprüngliche Involviertheit des FBI zu verdrängen, erzeugt die Energie und die Eindringlichkeit, mit welcher McCarty als Surrogat eingeführt und präsentiert wurde. Die übereilte Sendung von – teilweise redundanten – Zeitungsartikeln betreffend McCarthy, zu welcher sich der Ankläger Mitte August 1951 gedrängt fühlte, ist eine augenfällige Manifestation dieser Emphase. Die Sendung der 12 Beilagen am 2. Oktober zeigt den Drang, McCarthy in den Vordergrund zu stellen. Das Kapitel McCarthy der Anklagerede bildet den Höhepunkt und Abschluss dieses Vorgangs.

Die kommunistische *Voix ouvrière* berichtete ironisch über Dubois' Vortrag zum Thema McCarthy. Er habe während 35 Minuten glänzende Fähigkeiten der Mehrsprachigkeit gezeigt, indem er Zeitungsausschnitte betreffend McCarthy vorgelesen habe. *La Suisse* verwies auf die Disproportion zwischen dem, was vorangegangen war, und dem Kapitel McCarthy:

> «Nachdem Substitut Dubois eine knappe Viertelstunde seiner Anklagrede Davis gewidmet hatte, erging er sich in einer langen Exegese der Politik der Vereinigten Staaten. Anhand vieler Zitate aus Zeitungen erläuterte er die amerikanische Zwangsvorstellung vom Kommunismus und die Manie, welche zurzeit jenseits des Atlantiks grassiert: überall Spione zu sehen. Dann sprach er während gut 35 Minuten von einer famosen, sagenumworbenen und beunruhigenden Persönlichkeit, von Senator McCarthy, einem Republikaner, der in seiner Wut darüber, dass seine Partei nicht an der Macht ist, die Regierung und die Demokraten mit einer Hemmungslosigkeit herun-

766 Vgl. neben Adelson und Jordan u. a. die Reihe der von Davis als Teilnehmer des angeblichen Treffens von «Kommunisten» bei Schneebeli Denunzierten, an welchem laut Davis auch einige amerikanische Staatsangehörige teilgenommen hatten. Davis' Denunziation von Hamel im Lauf der Gerichtsverhandlung wiederholt und reproduziert in *Der Bund* vom 16. Oktober 1951, Nr. 483.

767 Im Manuskript stehen jeweils nur die Quellenangaben zu den Zitaten, nicht die Zitate selbst. Vgl. auch *Voix ouvrière* vom 17. Oktober 1951, Nr. 241: «[…] ce procureur un peu trop pressé de discuter sur la politique américaine à l'aide de coupures photocopiées».

termacht, von der unsere politischen Sitten nur einen abgeschwächten Eindruck vermitteln können. Sie werden mir sagen: ‹Aber was hat all das mit Davis zu tun? Macht man Herrn McCarthy den Prozess?›»

Dann bat Dubois das Publikum um etwas Geduld, er werde gleich auf Davis zurückkommen, im Schlussteil der Anklagerede, der sich mit der Schuld Davis' befasse.[768]

4.2. Auf gut fünf Seiten behandelte der Ankläger das Thema McCarthy, das er in sechs Punkte gegliederte. Die Erzählung beginnt mit der irischen Herkunft des Senators sowie mit einigen Elementen seines Lebenslaufes und seiner politischen Karriere. Es sollte belegt werden, dass McCarthy eine «Partei» im Sinn von StGB Artikel 272 war. Darum zog der Ankläger einen Artikel bei, welcher die blinde, an Wut grenzende Ungeduld im republikanischen Lager darauf zurückführte, dass die Partei seit 20 Jahren nicht mehr an der Macht war. McCarthy repräsentiere diese Partei, deren eigenes Verhalten – so berechtigt manche ihrer Vorwürfe an die Adresse der Administration Truman auch sein mögen – durchaus nicht untadelig sei. Sie scheue nicht vor zweifelhaften und sogar widerwärtigen Methoden zurück.[769]

Dann geht Dubois ein auf verschiedene Spionagefälle, welche die USA in jüngster Vergangenheit in Unruhe versetzt und zu einer Vertrauenskrise geführt hätten. Die Republikaner hätten sich das zunutze gemacht und eine Kampagne gegen die Regierung geführt. McCarthy stehe an der Spitze dieses Kampfes. Im Februar 1950 habe er erstmals das *State Department* und etliche seiner Spitzenbeamten beschuldigt, kommunistisch beeinflusst zu sein. Zu den angegriffenen Personen hätte auch John Carter Vincent gezählt, den McCarthy beschuldigte, im Dienst Moskaus zu stehen und mit gewissen Mitgliedern der kommunistischen Regierung Chinas sympathisiert zu haben. Anhand eines weiteren Zeitungsartikels referierte der Ankläger die in den Vereinigten Staaten zunehmende «Erregung der Öffentlichkeit».[770]

Einen längeren Abschnitt widmet Dubois der Untersuchung des aussenpolitischen Ausschusses des Senats über McCarthys Handlungen und zitiert aus dem Tydings-Report.[771] Dort heisst es, die Vorwürfe gegen John Carter Vincent seien absurd. Im Übrigen hob Dubois hervor – wieder auf den Begriff «Partei» im Sinn des einschlägigen StGB-Artikels abzielend–, dass der Bericht von «McCarthy und *McCarthyism*» spreche, also von einer Bewegung bzw. einer bestimmten po-

---

768 *Voix ouvrère* und *La Suisse*, beide vom 17. Oktober 1951.

769 *Gazette de Lausanne* vom 14. September 1951, Nr. 218; Obertitel: «Pour ou contre l'administration Truman», Haupttitel: «La campagne présidentielle a commencé aux Etats-Unis».

770 *Die Tat* vom 31. März 1950: «Senator McCarthys Meisterspion». Die Rede ist in erster Linie von Owen Lattimore, einem China-Experten, von dem McCarthy behauptete, er sei der Meisterpion der Sowjetunion. Der Artikel handelt von der politischen Atmosphäre im Allgemeinen und spricht u. a. von der «groben Lüge und Gewissenlosigkeit», welche dem Senator vorgeworfen werde. Das ist übrigens der Artikel, welcher der Untersuchungsrichter der Bundesanwaltschaft zurücksandte als eines der Dokumente, die seiner Ansicht nach nicht in das abschliessende Dossier gehörten. Ebenso allgemein gehalten ist ein weiterer Zeitungsbericht, aus welchem Dubois vorlas: «Staatssekretär Acheson, der ‹starke Mann›», im *Bund* vom 4. Oktober 1951, Nr. 462.

771 Zum Tydings-Report vgl. U.S. Senate, Committee on Foreign Relations, «State Department Employee Loyalty Investigation», July 20 1950, Senate Report No. 2108.

litischen Richtung, und davon, dass die vom fanatischen, von seinen politischen Freunden unterstützen Senator in Gang gesetzte Kampagne bereits teilweise Früchte trage.

Quasi als Gegenangriff habe McCarthy nach dem Erscheinen des Tydings-Reports seine Anstrengungen verdoppelt und versucht, Beweise zu beschaffen für seine Anschuldigungen. Er habe eine Art Stab eingerichtet, um seine Opfer, bestimmte Angehörige des diplomatischen Korps, auszuspionieren. Wie zwei Briefe von McCarthys Leuten an Davis zeigten, sei dieser einer der Auskundschafter gewesen.[772] Ob die Informationen, welche Davis gesammelt hatte, McCarthy die gewünschten Beweise lieferten, wisse man nicht. Auf jeden Fall habe dieser im August 1951 seine Vorwürfe gegen den ehemaligen US-Gesandten in Bern erneuert.[773]

Ob sich McCarthy auf das gefälschte Telegramm stütze, das Davis an John Carter Vincent gesandt habe, wisse man nicht. Man wisse nur, dass eine Kopie des verabscheuungswürdigen Telegramms dem Abgesandten McCarthys übergeben worden sei, in der Absicht, Verbindungen zwischen dem US-Gesandten und schweizerischen Linksextremisten zu belegen. Die Attacken des Senators seien nicht ohne Folgen geblieben. So sei Vincent wegen des zu erwartenden Widerstandes des Senats gegen seine Ernennung zum Botschafter in Costa Rica als Generalkonsul nach Tanger versetzt worden.[774]

Der Ankläger zog folgende Schlüsse aus dem, was er vorgetragen hatte:

1. Senator McCarthy praktiziere in seinem ganzen Verhalten eine Politik, welche der Politik einer Oppositionspartei entspreche. Diese habe nach Auffassung des Senators zum Zweck, dieser Partei zu dienen und ziele darauf ab, die Partei, die an der Macht sei, zu verdrängen. Das heisse, nach der Macht zu streben.
2. Der Senator werde dabei nicht nur von seiner Partei unterstützt, sondern auch von einem Teil der öffentlichen Meinung. Man spreche von McCarthyismus als einer Bewegung, einer bestimmten Richtung innerhalb der Opposition.
3. So gesehen sei der Nachrichtendienst, den der Senator organisiere, letztlich zum Nutzen und im Interesse der Partei ausgeübt worden.

Deshalb kam Dubois zum Schluss, «dass die Informationen, welche der Angeklagte McCarthy übergeben hat, besonders die Kopie des gefälschten Telegramms Stämpfli, welche er Farrand ausgehändigt hat, unter StGB Artikel 272 Ziffer 1 fallen, der damit anzuwenden ist auf die Gesamtheit der inkriminierten Sachverhalte.»

---

772 Der Ankläger behauptete zwar nicht, Davis sei ein «investigateur» gewesen, er suggerierte dies aber: McCarthy habe alles unternommen, um sich die Beweise zu verschaffen. «Il embaucha à cet effet des enquêteurs, des investigateurs, comme en fait foi la lettre que son secrétaire Surine adressa à Davis en novembre 1950, où il est bel et bien question d'investigateurs.»

773 Dubois verwies auf die Zeitungsartikel vom 10. und 11. August, welche an eine UP-Meldung anknüpften.

774 Es folgt die Zitierung eines weiteren Artikels über die innenpolitische Atmosphäre in den USA: «Verwirrung der Gefühle in Amerika. Auswüchse im Kampf gegen den inneren Feind», in der *Berner Tagwacht* vom 5. Juli 1951, Nr. 154.

247 4.3. Was die Interpretation von McCarthy als «Partei» angeht, hatte der Ankläger faktisch möglicherweise recht. Ohne das zumindest stillschweigende Einverständnis eines substanziellen Teils der republikanischen Kongressabgeordneten hätte McCarthy in den ersten Jahren seines Kampfes nicht so grob und ungehemmt agieren können.[775] Ob die Sichtweise auch formal zwingend war, ist ungewiss. So hatte Robert A. Taft, damals einer der massgebenden Republikaner im Senat, im Frühjahr 1950 erklärt, er habe zwar den Senator persönlich ermuntert, die Beschuldigungen aufrecht zu erhalten. Diese seien aber nicht Gegenstand der Politik der Partei. Aus taktischen Gründen mochten sich die Republikaner nicht ohne Weiteres mit McCarthys Treiben identifizieren.[776]

Die Argumentation, McCarthy sei es gewesen und folglich nicht das FBI, und die Interpretation, dass Davis die strafbaren Handlungen ausschliesslich im Dienst des Senators begangen habe, steht nicht nur faktisch, sondern auch gemessen an dem, was der Ankläger vortrug, auf schwachen Füssen. Ebenso schmal war die Basis für den Einfluss von Davis' Treiben auf die Karriere von John Carter Vincent, das er suggerierte. Die eher schwache Verbindung zwischen dem Schicksal des ehemaligen US-Gesandten in Bern und dem Agieren Davis' sowie sein Sammeln von Informationen für McCarthy hat Dubois anscheinend zu kompensieren versucht, indem er McCarthy einen so grossen Teil seiner Anklagerede widmete.

Was den Nachrichtendienst für McCarthy angeht, führte der Ankläger neben dem gefälschten Telegramm zwei Belege an: den Brief von Surine, einem wichtigen Mitarbeiter McCarthys, und die Mitteilung von Farrand, dem Gehilfen des Senators in Paris.[777] Die Nachricht von Surine an Davis umfasst fünf Zeilen: «Ihr neulich dem Senator geschriebenen Brief wurde mir zur Beantwortung übergeben. Der Senator erklärt mir, dass er zurzeit keine weiteren Investigatoren anstellen will.»[778]

---

775 Vgl. z. B. Griffith 1970, S. 320.

776 Bericht über die Konfrontation zwischen einem Vertreter des *State Department* und McCarthy vor dem Senate Foreign Relations Subcommittee investigating McCarthy's charges, in der *Newsweek* vom 3. April 1950: «The plain fact was that even a good many Republicans senators who thought McCarthy was right doubted that he could prove it. McCarthy's Wisconsin colleague, Sen. Alexander Wiley, had carefully dissociated himself from the charges [...] and [...] Sen. Robert A. Taft, chairman of the GOP [Grand Old Party = die Republikaner] policy committee in the upper house, announced that, although he personally was urging McCarthy to press the charges, they were ‹not a matter of party policy›. The GOP wanted to win with McCarthy, but it couldn't risk falling on its face with him». Vgl. auch *Gazette de Lausanne* vom 14. Semtember 1951: «Au sein même du parti [républicain], un certain nombre de modérés ont jugé necessaire de se désolidairiser publiquementr de leur collègue.» Diesen Artikel musste der Ankläger kennen. Er hat ihn Anfang Oktober als einen der 12 Annexes dem Bundesgericht zugestellt. Die Kopie aus der *Newsweek* einschliesslich deutscher Übersetzung liegt bei den Akten der Bundesanwaltschaft. Die Passage zählt zudem zu jenen Stücken, welche das Bundesstrafgericht vom amtlichen Übersetzer ins Französische übertragen liess.

777 Nicht zuletzt angesichts der Tatsache, dass sonst vieles nur ausgehend von Aussagen Davis erschlossen werden konnte, respektive angesichts des Eindrucks von Vagheit, den Davis im Gerichtsverhör hinterliess, mochten die dokumentartigen Angaben bedeutungsvoll erschienen sein.

778 «Brief» ist also etwas viel gesagt für dieses Stück. Das Schreiben war an Davis c/o American Express in Genf gerichtet. Von dort gelangte er in die Hände der Polizei. Davis sass schon zurzeit, da das Schreiben in Washington am 29. November 1950 aufgegeben wurde, in Untersuchungshaft.

Das bedeutet, dass Davis sicher nicht strukturell für McCarthy gearbeitet hat. Wahrscheinlich hat Davis den Senator angefragt, ob er ihm dienen könne. Vielleicht hat er ihm Proben seiner Sammlungstätigkeit zugesandt. Als nennenswerter Beleg für eine Investigatoren-Tätigkeit taugt die Mitteilung von Surine meines Erachtens nicht. Im Übrigen ist auf das Datum zu verweisen. Davis hat sich offenbar erst im Herbst 1950 als Investigator angeboten.

Auch der Brief von Farrand an Davis vom 2. November 1950 trägt wenig dazu bei, nachzuweisen, dass Davis McCarthy umfangreiche Dienste geleistet haben soll. Die 20 Dollar, welche dem Schreiben beigelegt waren, belegen eher die Geringfügigkeit seiner Leistungen. Davis hatte Farrand offenbar eine Probe seiner gesammelten Angaben zugestellt. Dieser antwortete am 2. November 1950: Er habe heute seinen Brief erhalten und schicke ihm wie verlangt 20 Dollar, um die Informationen zu vervollständigen, die er erhalten könne. Er hoffe aber, Davis werde seine Informationen über die Leute in Bern nicht auf den Amerasia-Fall beschränken. Der grösste Teil dieses Materials sei nun bekannt, und er (Farrand) sei mehr interessiert an anderen konkreten Informationen.[779] Viel Wichtiges hat Davis bis im Herbst 1950 offenbar nicht geliefert. Von einer substanziellen Zusammenarbeit von Davis mit dem Senator kann – diesen Mitteilungen nach zu schliessen – keine Rede sein.

Was als gewichtige Tatsache im Zusammenhang mit dem Senator bzw. in Absprache mit dessen Gehilfen in Paris bleibt, ist das gefälschte Telegramm, welches mit der Absicht produziert wurde, John Carter Vincent zu diskreditieren. Eine Aktion, die ebenfalls erst im November 1950 ausgeführt wurde.

Der Ankläger führt neben den beiden allgemein und sehr kurz gehaltenen Schreiben an Davis sowie dem gefälschten Telegramm nichts Zählbares an, dass Davis für McCarthy gearbeitet hat. So spricht er abschliessend nur von den Informationen, welche der Beschuldigte McCarthy übergeben habe, besonders die Kopie des gefälschten Telegramms. Im Übrigen stellt der Ankläger selbst die Informationen für McCarthy infrage: Man wisse nicht, ob die Angaben, welche Davis gesammelt habe, aufschlussreich gewesen seien.

Auch was die Bedeutung des gefälschten Telegramms im Kampf McCarthys gegen den ehemaligen US-Gesandten in Bern angeht, relativierte der Ankläger: Man wisse nicht, ob sich der Senator bei seinen Anschuldigungen gegen John Carter Vincent auf das Telegramm gestützt habe. Wenn dies die Beweise seien, von denen der Senator glaube, Gebrauch machen zu können, um den behaupteten Verrat von Vincent zu belegen, dann werde man nicht viel geben auf seine Argumente.[780]

Zur Erinnerung: Alles, was McCarthy an Angaben über Vincent von Davis verwendet haben könnte, ist unbedeutend im Vergleich zu dem, was McCarthy sonst angehäuft hatte über die Aktivitäten des FBI gegen Vincent und den Opportunis-

779 Nr. 8 im Aktenverzeichnis des Untersuchungsrichters. Davis hatte bestimmt keine genuin eigenen Angaben über diesen Fall, sondern er gab wohl weiter, was er irgendwo gelesen hatte.

780 Unmittelbar darauf steht im Manuskript eine rhetorische Floskel, welche der Ankläger bei der letzten Vorbereitung durchgestrichen hat. Sie bedeutet eine zusätzliche Relativierung: «Wie man sieht, lohnte es sich auf jeden Fall, die Frage zu stellen», die Frage nämlich ob McCarthy vom Telegramm Gebrauch gemacht habe.

mus seiner Vorgesetzten. Dubois wird gegen Ende der Anklagerede sagen, Davis habe berufsmässig spioniert. Soweit dies richtig ist, trifft es sicher nicht auf die Dienste für McCarthy zu, hingegen – zumindest für die Zeit ab Juli 1950 – für die Arbeit zuhanden staatlicher US-amerikanischer Stellen.

5. Der letzte, vergleichsweise kurze Teil der Anklagerede befasst sich mit der Strafe, mit ihrem Zweck sowie mit der Schuldhaftigkeit der Person, die vor Gericht stand: Die Strafe habe nicht nur den Zweck, den Schuldigen zu bessern, sondern sie müsse auch die Verletzung der Rechtsordnung bestrafen und präventiv wirken. Dubois hob die Vorbeugung als Strafzweck hervor. Das sei besonders wichtig bei Vergehen gegen den Staat, also bei Spionage. Er machte das Gericht darauf aufmerksam, dass zurzeit eine besonders gefährliche Lage herrsche, ein Zustand zwischen Krieg und Frieden. Die Schweiz sei als Kleinstaat eingeklemmt zwischen zwei interkontinentalen fremden Blöcken. Sie könnte zur Drehscheibe werden für weltweite Spionage, als Begleiterscheinung des Kalten Kriegs. Aus diesem Grund sei eine exemplarische Strafe notwendig, die präventiv wirke. Wenn die Gerichte streng gegen Spione und Spitzel vorgehen würden, sei dies zwar nicht das einzige, aber eines der wirkungsvollsten Mittel, um sich des Unwesens der Spionage zu entledigen.

Auch was die Schuld Davis' angehe, sei eine exemplarische Strafe angebracht. Dubois führt dafür folgende, vorwiegend als moralisch zu betrachtende Gründe an:

- Davis habe berufsmässig spioniert. Spionage sei in der Schweiz seine einzige Tätigkeit gewesen. Davon habe er gelebt.[781]
- Er habe Personen überwacht, belauscht und denunziert, die ihn aufgenommen hätten und für seinen Unterhalt aufgekommen seien. Das zeuge von einer völlig skrupellosen Person, der jedes moralische Empfinden abgehe.
- Völlig unschuldige Personen – wie Fuhrmann und den Gesandten Vincent – und die eigenen Landsleute zu denunzieren, das sei die Tat eines völlig verachtenswerten Individuums.
- Bewusst Schritte unternehmen, um den Vertreter seines Landes zu diskreditieren und der Rachsucht seiner Gegner auszusetzen, das sei das Handeln eines gewissen- und skrupellosen Individuums.

Von den hier genannten Taten hatte nur eine ihren Ursprung in der Beziehung zu McCarthy. Die anderen Informationen gelangten an staatliche US-amerikanische Stellen, an das Konsulat, vor allem aber an die Agenten in Paris. Und davon, dass Davis, der laut dem Ankläger «berufstätig» Spionage betrieben hat, für McCarthy gearbeitet und mit dem wenigen, das er dem Senator lieferte, den Lebensunterhalt bestritten habe, kann keine Rede sein. Soweit er von seiner Spitzelei lebte, wahrscheinlich ab Sommer 1950, stammten die Zahlungen von einer staatlichen US-amerikanischen Stelle, nicht von McCarthy. Mit anderen Worten: Was der

781 «Davis a fait métier d'espionnage. Ce fut sa seule activité pendant son séjour en Suisse. Il en a vecu.»

Ankläger dem Angeklagten zur Last legte, widersprach der Beschränkung auf McCarthy als Haupt- oder gar als Alleinempfänger von Davis' gesammelten Informationen. Und zudem hatte der Ankläger selbst in seinem Vortrag darauf hingewiesen: Die ganze Untersuchung habe keinerlei Hinweis zutage gefördert, dass Davis während der ersten sechs Monate seines Aufenthaltes in der Schweiz für den Senator tätig gewesen sei.

Was die weiteren Kriterien zur Bemessung der Schuld angehe, sagte Dubois, vom Vorleben von Davis wisse man kaum etwas. In sittlicher Hinsicht habe man es mit einer sehr uninteressanten Person zu tun.[782] Seine Angaben über die intimen Beziehungen würden ein wenig erfreuliches Licht auf ihn werfen. Man könne sich des Eindrucks nicht erwehren, dass es sich um ein amoralisches und verdorbenes Individuum handle. Zudem sei Davis ein Angeber und Lügner. Er leugne wie er atme. Dubois stellt die rhetorische Frage, ob das Vererbung sei, und er fügt an, er möchte es gerne annehmen können und er wolle es in Betracht ziehen. Zu alledem sei Davis von sehr durchschnittlicher Intelligenz, «was aber nicht heisst, dass er strohdumm ist. Wie alle Leute seiner Sorte – und vielleicht seiner Rasse – fehlt es ihm nicht an Schlauheit. Er ist sogar durchtrieben und manchmal geschickt.» Wie Davis es angestellt habe, um an die Post der geschiedenen Eggenschwyler heranzukommen, zeuge davon.[783] In sozialer Hinsicht sei Davis ebenfalls, sogar noch in höherem Masse, eine armselige Figur. Dubois sagte, dem möchte er bei seinem Strafantrag Rechnung tragen. Der Strafantrag lautete: 15 Monate Gefängnis, mindestens zehn Jahre Landesverweis sowie Kosten zulasten des Angeklagten.

Im Manuskript der Anklagerede ist die Anzahl der Monate nicht eingetragen.[784] Wie Dubois auf die 15 Monate kam, ist nicht auszumachen. Ob er beim Verfassen der Anklageschrift eine bestimmte Zahl im Kopf hatte, ein ursprünglich ins Auge gefasstes Strafmass, das er unter dem Eindruck der Gerichtsverhandlung veränderte, ist nicht bekannt. So lässt sich nicht schlussfolgern, inwieweit er den Umständen Rechnung getragen hat, von denen er beim Vortrag sagte, er wolle sie allenfalls zugunsten des Angeklagten berücksichtigen. Nicht zu eruieren ist auch, inwiefern die Elemente, welche der Verteidiger in seinem *Mémoire de défense* zugunsten des Angeklagten aufführte, auf den Ankläger wirkten. Ich schliesse nicht aus, dass Dubois sich dadurch beeinflussen liess. Für diese Annahme spricht die Tatsache, dass die Anklagerede keine Widerlegung eines der wesentlichen Argumente des Verteidigers findet: Davis sei nicht ernst zu nehmen, das heisse auch, dass niemand durch ihn zu Schaden gekommen sei. Der Ankläger verurteilte die Denunziationen, ausser bei John Carter Vincent, nur moralisch, nicht als Schädigung der denunzierten Personen.[785]

782 Davis behauptete von zwei Frauen, sie seien seine «amie intime» gewesen. Auf Elisabeth Pfister trifft das wohl zu. Frau W. hingegen hat dies in der Einvernahme durch den Untersuchungsrichter bestritten (20. Februar 1951). Dennoch operiert der Ankläger mit dem Plural, gefolgt vom besonders antikommunistischen Teil der Presse.

783 Seltsam ist, dass in der Anklagerede von der Fälschung der Adressänderungsformulare nur die Rede ist zur Illustration von Davis Geschicklichkeit, nicht als strafbare Handlung, auch nicht als Vergehen, welches zur Verhaftung führte.

784 Im Manuskript der Anklagerede steht keine Ziffer für die Anzahl der verlangten Monate. Das Strafmass ist dem Beschlussprotokoll und den Zeitungen zu entnehmen.

785 In der *Arbeiter-Zeitung* vom 17. Oktober 1950 steht im Bericht über die Anklagrede zwar der Satz: «Wenn man weiss, wie die des Kommunismus Verdächtigen in Amerika gesellschaftlich und

251 Klar ist, dass der Ankläger den Fall, trotz der Rede von exemplarischer Strafe und Notwendigkeit der Abschreckung, nicht als «schwer» taxierte. Nach StGB Artikel 272 Ziffer 2 war die Strafe für schwere Fälle das Zuchthaus.

f. Verteidigung und Urteil

1. Neben allerlei «Schlenkern», welche der Pflichtverteidiger Edmond Martin-Achard in seinem Plädoyer darbot, verfolgte er eine relativ klare Strategie: Einerseits stellte er die Bedeutung der Informationen, welche Davis sammelte, und damit die Straftat als unbedeutend dar, andererseits definierte er diese als Handlungen einer teils psychologisch beschädigten, teils erbarmungswürdigen Person. Er verband die beiden Argumentationslinien, indem er die Taten als «Bubenstück» abzutun versucht.[786]

Als Quelle für das Plädoyer stehen nur die Zeitungsberichte zur Verfügung. Im Dossier der Bundesanwaltschaft sind sie zahlreich überliefert und lassen den Vortrag des Verteidigers gut nachvollziehen.[787] Natürlich sind die Berichte nicht einfach reproduzierende Chroniken. Das zeigt sich nicht nur am Artikel der kommunistischen *Voix ouvrière,* sondern auch an den deutsch-schweizerischen sozialdemokratischen Blättern – ganz abgesehen vom allgemeinen antikommunistischen Konsens, der alle Zeitungen, mit Ausnahme der *Voix ouvrière* (und in einem bestimmten Punkt *Die Tat*) daran hindert, Behauptungen des Verteidigers zu problematisieren.

2. Martin-Achard gibt einleitend seinem Erstaunen darüber Ausdruck, dass ein solch geringfügiger Fall vor das Bundgericht gebracht und nicht dem zuständigen kantonalen Gericht zugewiesen wurde. Gegen Ende des Plädoyers sagt er, es gelte den Fall, der durch den Beschuldigten selbst masslos aufgebauscht worden sei, auf die richtigen Proportionen zurückzuführen. Was als Wunsch des Verteidigers beschrieben wurde, bezeichnete ein anderes Blatt aus Genf anerkennend als Faktum: Martin-Achard habe in einem bemerkenswerten Plädoyer den Fall auf die richtigen Verhältnisse reduziert.[788]

Um dies zu erreichen, konzentrierte der Verteidiger seine Aufmerksamkeit zunächst auf die Person des Angeklagten: Ein Schwarzer, der unter der Rassendis-

beruflich erledigt werden, so kann man auch unschwer erraten, dass die von Davis denunzierten amerikanischen Studenten geschädigt wurden.» Dies ist ein Zwischenkommentar des Berichterstatters. Im Manuskript des Anklägers findet sich keine Spur des Gedankens, dass den US-amerikanischen Studenten durch das Spitzeltum Davis' Nachteile erwachsen könnten.

786 «gaminerie» in verschieden Zeitungen zu verschiedenen Passagen des Plädoyers, z. B. in der *Gazette de Lausanne* vom 17. Oktober 1951.

787 Konsultiert habe ich folgende Zeitungen: *Arbeiter-Zeitung* (im *Volksrecht* identischer Artikel, mit anderem Titel und ergänzt durch zwei Agenturmeldungen unter dem Titel «Weltpolitische Hintergründe»), *Berner Tagwacht, Curieux, Le Courrier* (nur im AEGE Dossier Davis vorhanden), *Feuille d'Avis de Lausanne, Gazette de Lausanne, Journal de Genève, National-Zeitung, Journal de Genève, La Sentinelle, La Suisse, und Voix ouvrière,* alle vom 17. Oktober 1951; *Die Tat* vom 17. und 18. Oktober 1951; *Tribune de Genève* vom 16. und 17. Oktober. Wo nicht anders angegeben, stammen alle Zitate in diesem Kapitel aus Zeitungen vom 17. Oktober 1951. Einige Gedanken des Plädoyers finden sich schon im «Mémoire de défense» Martin-Achards.

788 *La Tribune de Genève* vom 16. Oktober 1951 unter dem Titel «Seconde journée du procès Davis», am Schluss des Berichts über das Plädoyer.

kriminierung und unter einem Minderwertigkeitskomplex leide und getrieben sei von einem Geltungsbedürfnis. Man könne eine Erklärung seines absurden Verhaltens im Bedürfnis suchen, etwas darzustellen, sich um jeden Preis zu behaupten, gegen den Minderwertigkeitskomplex seiner Rasse anzukämpfen. Bezeichnenderweise habe er als seinen Beruf Schauspieler angegeben. Das sei er in Wirklichkeit. Er spiele stets Rollen. Dass er sich vor Frauen über seine Beziehungen zu «offiziellen Stellen» gerühmt habe, sei ein Beispiel des Bedürfnisses, eine Rolle zu spielen.[789]

Im Bemühen, Davis' Taten zu minimisieren, qualifiziert der Verteidiger seinen Klienten in einer Weise, welche an den Versuch erinnert, ihn Anfang Dezember 1950, im Lauf der polizeilichen Ermittlung, als psychisch krank, also als unzurechnungsfähig zu deklarieren. Gemäss den Zeitungsberichten schrieb Martin-Achard ihm «geistige Bedürftigkeit» zu, einen konfusen und inkonsistenten Geist sowie psychologisches Elend. Man habe dem Fall eine Bedeutung beigemessen, die weit über die geistig bescheidene Person des Angeklagten hinausgehe. Es handle sich um eine Person ohne Profil, mithin um ein gesichtsloses Wesen.[790]

Sich auf Material des Konsulats berufend meint Martin-Achard, Davis sei ein inkonsistenter Geist.[791] Indem er die Äusserung des Konsulats als Zitat vortrug, gedachte der Anwalt wohl, ihr eine qualifizierte, objektive Bedeutung zuzuschreiben. In Wirklichkeit benutzte er die Dokumente, welche das Konsulat der gerichtlichen Polizei zur Verfügung gestellt hatte, selektiv. Das zeigt sich unter anderem anhand der von ihm verlesenen Feststellung betreffend die «Blödheit» von Davis.[792] Mit dem Authentizität suggerierenden Zitat aus dem genannten Bericht versucht der Verteidiger, die Interpretation von Davis als wirren Geist glaubhaft zu machen.[793] Während der Ankläger das Vorgehen von Davis zum Behändigen der Post des geschiedenen Ehepaares Eggenschwyler-Pfister als Beleg für dessen Geschicklichkeit beizog, diente es dem Verteidiger als Nachweis der Unbedarftheit seines Klienten. Ferner: Davis spielte Schach, offenbar ganz passabel.[794] Und seine Angabe, er habe ein College besucht, wurde weder von einem der Strafverfolgungsorgane noch von den Zeitungsberichterstattern in Zweifel gezogen.

Martin-Achard bezeichnete Davis als naiv, als «grosses Kind». Indem er einzelne Aussagen seines Klienten anführte – zum Beispiel, dass er in Frankreich Maurice Thorez, den Generalsekretär der Kommunistischen Partei, getroffen

---

789 *La Suisse* und *Gazette de Lausanne.*

790 *La Suisse, Journal de Genève, Gazette de Lausanne, Berner Tagwacht, Le Courrier.*

791 *Gazette de Lausanne:* «‹Homme à l'esprit confus donnant des renseignements sans valeur; esprit inconsistent›». Laut *La Suisse* meinte Martin-Achard, die Berichte von Davis, die man gefunden habe, seien Zeugnisse «de sa pauvreté culturelle». Martin-Achard unterliess es nicht, dem Konsulat für seine «spontane» Lieferung des Berichts zu loben und zu betonen, dies zeige, dass der Konsul mit offenen Karten gespielt habe, vgl. *La Tribune de Genève* vom 16. Oktober 1951und *La Sentinelle.*

792 In einem der Berichte steht nämlich auch: «Davis speaks a cultured English.» Vgl. Aktennotiz des Konsulats vom 16. Januar 1950 im Aktenverzeichnis des Untersuchungsrichters, Nr. 14, S. 59.

793 Ähnlich wie oben die *Gazette de Lausanne* auch *La Tribune de Genève* vom 17. Oktober 1951, S. 10: «‹un homme d'esprit confus, donnant des renseignements sans valeur›».

794 Zeugenaussage vom 20. Februar 1951 von H. Heaton, laut Angaben der Genfer Polizei vom 26. Januar 1951 «linguiste à UIT (Union Internationale des Télécommunications)», laut Mitteilung des EPD an den Untersuchungsrichter vom 15. Februar 1951 «reviseur-rapporteur» bei der UIT: Er habe ihn in einem Café getroffen, welches er besuchte, um Schach zu spielen «et j'ai fait plusieurs parties avec Davis».

habe –, suggerierte der Verteidiger, das alles, was Davis von sich gibt, nicht ernst zu nehmen sei.[795] Seine Naivität sei ebenso gross wie seine Angeberei. Davis fehle es, wie der Ankläger zugegeben habe, vollkommen das Zeug zum Spion. Er sei eher das Gegenbeispiel. Seine Behauptung, er habe einen Spionagekurs besucht, sei sicher eine Lüge.[796]

3. Nach dem Versuch, Davis' Tätigkeit und Material anhand der armseligen Persönlichkeit abzuwerten, versucht Martin-Achard die Bedeutungslosigkeit der Informationen sozusagen objektiv zu belegen.[797] Als gewichtigen Zeugen für die Wertlosigkeit der Informationen führt er das Konsulat an. Mit dem oben angeführten Zitat aus einem der Konsulatsberichte betreffend Davis will er die Unbrauchbarkeit des Gesammelten darstellen. Zudem sagt er, was Davis geliefert habe, könne man in den Zeitungen finden – eine Behauptung, die angesichts der Aktenlage, welche dem Verteidiger bekannt war, offensichtlich falsch ist. Davis hat über allerlei private Begegnungen berichtet – Zutreffendes und Falsches –,[798] Denunziationen, welche nicht nur Eingang fanden in die einschlägigen Polizeidossiers, sondern auch in die Anklagerede respektive in das Dossier des Untersuchungsrichters. Diese Akten waren dem Verteidiger alle bekannt. Auch die Denunziation US-amerikanischer Studenten beruhte auf privaten Treffen. Martin-Achards Behauptung, es sei allgemein bekannt, dass gewisse amerikanische Studenten in Genf dem Kommunismus zuneigen würden, ist insofern nicht haltbar, als dass Davis dem allgemein Bekannten noch Details hinzugefügt hatte. Der Verteidiger sagte auch, dass sich die PdA auf die Rolle einer fünften Kolonne vorbereite, sei eine höchst banale Meldung.[799] Dass er dem Gesandten Vincent

795 *Feuille d'Avis de Lausanne* und *Arbeiter-Zeitung*.

796 Allerdings relativiert der Verteidiger diese Annahme, Davis habe nicht das Zeug zum Spion: «Davis n'avait nullement l'ètoffe d'un espion spécialement préparé à sa tâche», *Feuille d'Avis de Lausanne*.

797 «le caractère anodin des actes à la charge de son client», *Le Courrier*.

798 Beispielsweise was Seymour Glagow betrifft; ganz abgesehen davon, was Davis von der angeblichen Versammlung bei Schneebeli erzählt hatte – und in die Anklageschrift aufgenommen wurde.

799 *Arbeiter-Zeitung*. Das ist ein weiter Beleg für die Ambivalenz des Umgangs des Verteidigers, der Anklage und der Presse mit dem, was Davis erzählte: Wenn es passte – zumal, wenn der antikommunistische Konsens bestätigt zu werden schein – war die Neigung gross, Davis' Erzählung affirmativ zu reproduzieren. Kolportiert wurde etwa ohne weiteres, was er über angebliche Sabotagepläne deponiert hatte. Der *Curieux* schrieb unter dem Titel «Charles Davis, espion noir dévoile, à Lausanne, les secrets du double jeu» und dem Untertitel «et les autorités judiciaires s'alarment à juste titre des intrigues communistes sur notre territoire» folgendes: «[N]otre nègre a pu se familiariser avec un sujet fort prisé dans les réunions de partisans de la paix et autres personnages à colombe: on y discutait tout simplement d'action de sabotage à organiser en cas des trouble ou de guerre!» Aber nicht nur irgendwelche Presseorgane äusserten sich im Zusammenhang mit den Gerichtsverhandlungen in dieser Weise, sondern auch der Ankläger, der Davis' Sabotage-Mär auch in der Anklageschrift reproduziert hatte. Laut dem *Journal de Genève* gab Dubois in seiner Réquisition folgendes von sich: «Or, confirme M. Dubois, dans la lutte contre le communisme, le document d'après lequel des militants communistes ont été chargés, en cas de troubles, de détruire certains installations a un intérêt certain.» Die Sabotage-Erzählung von Davis' Gnaden und ihre Aufnahme durch den Ankläger und einen Teil der Presse erscheint in einem besonderen Licht angesichts dieser Feststellung des Chefs der Bundespolizei im Herbst 1950 betreffend das Arbeitsprogramm der PdA: «[...] heimliche Vorbereitungen für landesgefährliche Unternehmungen – polit. Streiks, Sabotage, subversive Volksbewegungen, Unruhen, Waffenlager, politische Morde usw. – sind nicht bekannt und nicht wahrscheinlich», Orientierung für die Inspektoren der Bundespolizei, Rapport vom 25. September 1950, CH-BAR#4320B#1991/61#53*. Für die vom antikommunistischen Konsens Beherrschten jedoch bedeutete Davis Erzählung endlich ein Hinweis auf Vorbereitung zur Sabotage.

ein gefälschtes Telegramm geschickt habe, lasse sich nicht leugnen. Das sei zwar der hässlichste Aspekt des Falles, jedoch ein allzu plumper Streich, als dass das Telegramm ernst genommen werden könne. Niemand habe dies ernst nehmen können.

Als weiteres Argument für die Harmlosigkeit des Falles führt der Verteidiger an: Niemand sei wirklich zu Schaden gekommen, auch der Gesandte Vincent nicht. Der Posten in Tanger sei gleich wichtig wie jener, den er in Bern innegehabt habe.[800] Das ist eine der kühneren Behauptung des Verteidigers, denn Vincent war unter innenpolitischem Druck, befeuert durch McCarthy, aus der Schweiz abberufen und nach Tanger versetzt worden.[801] Davis hatte offenbar – wahrscheinlich angeregt durch den Verteidiger respektive das Konsulat – John Carter Vincent schriftlich um Verzeihung gebeten. Der Gesandte schrieb darauf dem Angeklagten einen Brief, den der Anwalt vorlas, und der zu beweisen scheine, dass Vincent die Sache mit dem Telegramm nicht ernst genommen habe.[802]

Der Verteidiger meinte, auch die amerikanischen Studenten hätten keine Folgen zu spüren bekommen. Das veranlasste einen Berichterstatter zur Zwischenbemerkung: Hier irre Martin. Einzelne dieser Studenten seien in der Heimat von einer Karriere ausgeschlossen und von ihren Familien verstossen worden.[803] Der Verteidiger führte zu Davis' Informationen bezüglich der US-amerikanischen Studenten ferner an, die Konsulate seien ohnehin auf dem Laufenden über die politische Orientierung ihrer Landsleute.[804]

Rhetorisch fragte der Verteidiger: Für wen Davis gearbeitet habe? Laut dem *Journal de Genève* lautet die Antwort, er habe nicht in irgendeinem Auftrag gehandelt, sondern aus eigener Initiative. Und Martin-Achard versteigt sich zur Behauptung, es gäbet keinen Beweis für die Reisen von Davis.[805] Dabei liegt im Dossier eine Liste mit den Einträgen in Davis' Pass – unter anderem mit «Aéroport de Cointrin, sortie 27.10.1950» und «Aéroport d'Orly Paris, sortie 30.10.50» – sowie ein Blatt, auf welchem die Polizei seine Reisestationen zusammengestellt hat, mit

---

800 *Feuille d'Avis de Lausanne.* Laut *La Sentinelle* sprach Martin-Achard gar davon, dass Vincent in Tanger nun «un poste de grand importance» innehabe; ähnlich die *Arbeiter-Zeitung.*

801 Richtig ist zwar, dass Davis' Treiben kaum Einfluss hatte auf den Verlauf der Karriere des Gesandten Vincent, aber das heisst noch lange nicht, dass der Posten in Tanger gleich wichtig war wie jener in der Schweiz.

802 *Gazette de Lausanne.* Das Schreiben Vincents lieg nicht bei den Akten. Dass Vincent die Sache mit dem Telegramm nicht ernst nahm, ist wahrscheinlich. Im Sommer und Herbst 1951 war er mit unvergleichlich bedrohlicheren Widrigkeiten konfrontiert: im August nicht nur mit der erneuten Attacke McCarthys – laut dessen eigenen Angeben gestützt auf Material des FBI oder des *State Department,* sondern des kommunistischen Renegaten Budenz, und zwar vor dem *Senate Subcommittee on Internal Security:* «The attempt to ruin Vincent's career intensified on October 5, 1951, when Louis Budenz made his second appearance before the Senate Internal Security Subcommittee». Vincent schrieb in jenen Tagen an den ihm feindlich gesinnten Vorsitzenden dieses Unterausschusses: «We cannot defend democracy with perfidy or defeat Communism with lies.»

803 *Die Tat.* Zur Toleranz des Anklägers gegenüber dem Argument, es sei – ausser John Carter Davis – durch Davis niemand zu Schaden gekommen, vgl. auch Kapitel IV e, Schluss von Abschnitt 5.

804 *La Sentinelle.* Dass die politische Polizei der USA, um ihre Landsleute auszuforschen andere Quellen erschloss als das *State Department,* und dass die politische Polizei Informationen nicht ohne weiteres mit dem Apparat des Aussendepartementes teilte, mag dem Pflichtverteidiger entgangen sein, trotz seiner genauen Kenntnis des Falles und trotz seines regen Verkehrs mit dem Genfer Konsul.

805 *Journal de Genève.*

einem Abschnitt «juillet – novembre 1950 Voyage entre la France et la Suisse». Dabei unter anderem folgende Einträge: «27.6. au Voyage en France; 6.7. au 9.7. Voyage en France; […] août 1950 Voyage en France, […] 31.8. au 27.9 Voyage en France» und zwei weitere Vermerke zu Reisen nach Paris im Oktober 1950.[806] Der antikommunistische Konsens hatte wahrscheinlich dazu geführt, dass die bürgerliche und die sozialdemokratische Presse diese Leugnung hingenommen haben, obwohl deren Berichterstatter Kenntnis hatten von der Anklageschrift mit ihren einschlägigen Passagen. Sofern sie nicht schon vor Beginn der Verhandlungen darüber unterrichtet waren, dann nach der Verlesung der Schrift am ersten Tag des Prozesses. Selbst in der Anklagerede hatte Dubois noch erwähnt, dass Davis der amerikanischen Botschaft in Paris Informationen hatte zukommen lassen.[807] Die kommunistische *Voix ouvrière* referierte Martin-Achards Umgang mit dem Problem des Auftraggebers mit einer Nuance: «Für wen arbeitete Davis: Eine spannende Frage […]. Aber darum geht es hier nicht.»[808]

Was McCarthy betrifft, meint der Verteidiger, mit den politischen Ränkespielen des Senators habe sich das Gericht nicht zu befassen. Der Ankläger habe McCarthy und dessen Treiben in der Anklagerede zu viel Platz eingeräumt. Im Übrigen sei zweifelhaft, ob es sich beim Liefern von Informationen an den Senator um Handlungen zugunsten einer Organisation im Sinne des Gesetzes gehandelt habe.[809]

Zum Lob von Davis führte Martin-Achard aus, dieser sei ein vorbildlicher Gefangener und ein vorbildlicher Angeklagter gewesen. Er habe das Gerüst geliefert für die Anklageschrift.[810] Ohne seine Aussagen hätten zuerst die Polizei und dann die Justiz nicht viel erfahren über den Fall. Als bemerkenswert hebt der Verteidiger zudem hervor, Davis habe sich auch das Gefängnispersonal sowie die Krankenwärter und Wärterinnen zu Freunden gemacht durch sein offenes Wesen.[811] Davon, dass das allgemein gilt, kann keine Rede sein. Es ist nur ein Fall dokumentiert, auf den das zutrifft: Jene Krankenschwester, welche wegen ihres wohlwollenden Umgangs mit Davis von Martin-Achard bei der Genfer Polizei denunziert wurde.[812]

---

806 Passeinträge: Liste vom 26. Januar 1951, im Dossier des Untersuchungsrichters Nr. 39; «Itinéraire de Davis», ohne Datum, Nr. 81 des Dossiers.

807 Manuskript der Anklagerede, S. 5, rezipiert z. B. in der *Gazette de Lausanne*. Und selbstverständlich steht die Feststellung auch in der ausführlichen Urteilsbegründung: «[I]l se rendit plusieurs fois à Paris où il entra en rapport avec des personnes liées à l'ambassade des Etats-Unis», dodis.ch/52771, S. 3 f. Im Übrigen lässt sich auch hier ersehen, wie selektiv der Verteidiger in seinem Vortrag Gebrauch gemacht hat vom Material des Konsulats, das sich im Dossier befand. In der Notiz vom 10. November 1950 über das Gespräch am 5. November – Nr. 17 im Dossier des Untersuchungsrichters, S. 95 – ist zu lesen: «After further questioning, he indicated that he believed that his U.S. Government contact was a member of the Department of Justice residing in Paris.» Nichts dergleichen findet sich bei Martin-Achard.

808 «Pour qui Davis travaillait-t-il? Question qui passionne […] Mais ce n'est pas notre affaire ici!»

809 *Gazette de Lausanne* und *Journal de Genève*.

810 *La Tribune de Genève*, *La Sentinelle* und *La Suisse*. Einmal mehr eine erstaunliche Erklärung, angesichts nicht nur der vielen unvergorenen Dinge, welche Davis erzählte, sondern auch angesichts der Widersprüchlichkeit vieler Aussagen.

811 *La Suisse* und *National-Zeitung* Nr. 479.

812 Siehe Kapitel III d, Abschnitt 5.

Gegenüber dem Kläger Eggenschwyler und der ursprünglichen Klägerin Pfister erlaubte sich der Verteidiger diverse «Schlenker». In Davis' Anstalten, sich der Post des Ex-Ehepaares zu bemächtigen, sah er lediglich einen dummen Streich. Er nutzte das Thema auch, um sich in seinem Plädoyer über das seltsame Verhalten des geschiedenen Ehepaares auszulassen.[813] Im Übrigen betreibe Eggenschwyler laut Davis einen Nachrichtendienst, und im Vergleich zu ihm sei Davis ein «kleines Kind». Indem er diese Aussage von Davis wiedergab, schaffte er in einer gewissen Hinsicht daraus, dass Eggenschwyler einen Nachrichtendienst betreibe, eine Tatsache.[814] Diese Argumentation schloss Martin-Achard mit einem weiteren Schlenker ab. Nachdem er Eggenschwyler so denunziert und attackiert hatte, vermeldete er, dass es ihm nicht darum gehe, hier den linksextremen Parteien den Prozess zu machen, er wolle dies sogar unterlassen, weiterzugreifen und etwa die politischen Organisationen und Parteien der äusseren Linken zu beschuldigen.[815]

Abschliessend bat der Verteidiger um Erbarmen für seinen Klienten. Wenn das Gericht gedenke, daran festzuhalten, dass Davis' Treiben schwerwiegend sei, möge es seine Lage, sein Alter und seine Zukunft nicht vergessen. Er sei ein junger Mann von 23 Jahren, der heute an Tuberkulose leide, woran das Gefängnisregime des früher so gastlichen Saint-Antoine nicht unschuldig sei.[816] Es sei um die Gesundheit des Unglücklichen gegangen, darum habe er fünfmal vergeblich seine Freilassung beantragt, wegen Fluchtgefahr seien die Gesuche abgelehnt worden.[817] Davis habe sich im Spital aufgehalten und sei noch immer nicht gesund. Eine dunkle Zukunft stehe Davis bevor. Es handle sich um einen Kranken, der dringend frischer Luft bedürfe, ein 23-jähriger Knabe, tuberkulosekrank, der Fehler, die er aus Leichtsinn begangen habe, mit 12 Monaten Untersuchungshaft bezahlt habe.[818]

Die Schweizer Gerichte mögen Strenge für jene Fälle reservieren, in denen sie wirklich angebracht sei und nicht «Schwerthiebe ins Wasser» vollführen, indem sie jemanden übertrieben hart bestraften, der es nicht verdiene.[819] Im Übrigen sei Davis zum ersten Mal straffällig geworden.[820] Die Strafe müsse also viel geringer ausfallen, als der Ankläger beantragt habe. Falls nicht ein Freispruch möglich sei, wäre unter den gegebenen Umständen eine Gefängnisstrafe von zwei bis drei Monaten eine hinlängliche Sühne.[821]

---

813 *National-Zeitung* Nr. 479: «[…] vor allem ein dummer Streich». *Feuille d'Avis de Lausanne:* «[…] ne manqua pas d'épiloguer sur l'étrange attitude de ce couple divorcé».

814 *Gazette de Lausanne.* Die sozialdemokratische *Arbeiter-Zeitung* schreibt in diesem Zusammenhang: «[I]m Vergleich zu einem gewissen PdA-Mann, der zu den ‹Opfern› Davis gehört, ist dieser nach Meinung des Verteidigers ein Waisenkind». Aus Denunziation wird Tatsache, *Die Tat* verstärkte diese Transformation zusätzlich, indem sie dem genannten Vergleich zwischen Eggenschwyler und Davis beifügte: «[…] wie überhaupt wohl verschiedene Meldungen des Angeklagten die Bupo interessiert haben dürften».

815 *Berner Tagwacht.* Vgl. auch *La Sentinelle* und *Journal de Genève.*

816 *Le Courrier* und *Die Tat.*

817 *Feuille d'Avis de Lausanne* und *Gazette de Lausanne.* In den Akten sind zwei Gesuche um provisorische Freilassung belegt.

818 *Arbeiter-Zeitung, La Tribune de Genève, Feuille d'Avis de Lausanne* und *La Sentinelle.*

819 *La Suisse:* «Mais qu'ils ne donnent pas des coups de sabre dans l'eau en condamnant avec excès qui ne le mérite pas.»

820 *Gazette de Lausanne*

821 *National-Zeitung* Nr. 479: «Dabei wäre aber der bedingte Vollzug zu gewähren».

257 Ein Journalist leitete seinen Bericht über das Plädoyer wie folgt ein: Angesichts der zurückhaltenden Anklagerede, sei es für Martin-Achard nicht schwierig gewesen, Davis zu verteidigen.[822] Nach dem Plädoyer verzichtete der Ankläger auf eine Replik.[823] Es fällt auf, dass der Ankläger Behauptungen – wie jene, es gebe keine Beweise für Davis' Reisen – nicht entgegengetreten ist. Angesichts des Aufwandes, den Dubois betrieb, um zu beweisen, dass McCarthy eine Organisation oder eine Partei im Sinn von StGB Artikel 272 war, und angesichts dessen, wieviel für die Anklage davon abhing, ob dies zutraf oder nicht, ist es unverständlich, dass Dubois die Zweifel des Verteidigers an dieser These ohne Widerrede stehen liess.[824] Denkbar ist, dass Ankläger und Verteidiger in der übergeordneten Hauptsache übereinstimmten, das FBI rauszuhalten. Vom Konsens ist auch dieses Lob für den Verteidiger inspiriert:

> «Das ausgezeichnete Plädoyer von Anwalt Martin-Achard scheint uns der Ausdruck des gesunden Menschenverstandes zu sein; es gibt das Gefühl aller wieder, welche die Verhandlungen an den zwei Tagen mitverfolgt haben.»[825]

Die grossen Linien, die anerkennend sanktioniert werden, können wie folgt zusammengefasst werden: Die Taten von Davis sind nicht wirklich bedeutend. Nennenswert geschädigt wurde niemand. Die Zivilkläger und die Kreise, welche Davis ausspioniert hat, sind in ein schiefes Licht gerückt. Und das FBI ist kein Thema.

4. Nach dem Plädoyer wird die zweistündige Sitzung vom Dienstagvormittag um 10.30 Uhr geschlossen, da nicht nur der Ankläger auf eine Replik verzichtet, sondern auch der Angeklagte keinen Gebrauch macht von seinem Recht auf das letzte Wort. Noch am späten Nachmittag des gleichen Tages, um 17.30 Uhr, wird das Urteil verkündet, in Anwesenheit der Vertreter und Vertreterinnen der nationalen und internationalen Presse sowie vor zahlreichem Publikum.[826]

4.1. Davis wurde wegen politischen Nachrichtendienstes im Sinn von Artikel 272 StGB, in der Fassung des BRB vom 29. Oktober 1948, verurteilt zu:

- 8 Monaten Gefängnis, getilgt durch die Untersuchungshaft
- 10 Jahre Landesverweis
- Zahlung einer Entschädigung von 150 Franken an den Zivilkläger Eggenschwyler

822 *Le Courrier.*
823 Nur einmal griff er ein, mittels eines Zwischenrufes: Der Verteidiger sagte, man solle doch die Sache Davis vergleichen mit dem Fall Vitianu, dessen Spionagetätigkeit viel gravierender gewesen sei, und dessen Strafe nur 18 Monate betragen habe. Da warf Dubois ein: «De réclusion [Zuchthaus, nicht Gefängnis], peine imfamente [entehrende Strafe]», *Gazette de Lausanne.*
824 Das Gericht erörterte die Problematik und kam zum Schluss, dass das McCarthy-Zudienen unter die Strafnorm falle, da dieser, auch wenn er sich im juristischen Sinn nicht als Partei konstituiert habe, doch «eine andere Organisation» im Sinn des Gesetzes sei, vgl. die ausführliche Urteilsbegründung, dodis.ch/52771, S. 10.
825 *Feuille d'Avis de Lausanne:* «L'excellente plaidoirie de Me Martin-Achard nous a paru l'expression même du bon sens; elle reflète le sentiment de tous ceux qui ont suivi ces débats de deux jours.»
826 *La Tribune de Genève* vom 17. Oktober 1951, Nr. 243.

- Zahlung sämtlicher Kosten für Untersuchung und Verfahren, einschliesslich einer Gerichtsgebühr von 200 Franken

Die Zahlung an den Privatkläger wurde wie folgt begründet: Indem Davis dessen Post umgeleitet habe, habe er eine unerlaubte Handlung begangen.[827] Eggenschwyler habe einen Anwalt beigezogen, der in der Voruntersuchung tätig geworden sei. Es seien ihm daher Kosten entstanden. Zudem habe er wegen der Sache Zeit aufwenden müssen. Der Betrag von 150 Franken sei daher nicht übermässig.

In der ausführlichen Urteilsbegründung wird Davis als skrupelloses Individuum taxiert.[828] Aber das Gericht übernahm nicht nur die Argumentation der Verteidigung und der Anklage, Davis habe nicht das Zeug zum Spion gehabt. Er habe in Wirklichkeit nur Informationen von sehr begrenztem Interesse geliefert. Ein weiteres Argument des Verteidigers übernahm das Gericht explizit: Es sei nicht erwiesen, dass die Informationen ernsthafte Konsequenzen gehabt hätten für die betroffenen Personen.[829] Weiter übernahm das Gericht auch das Argument der Ersttäterschaft zugunsten von Davis, allerdings in einer vorsichtigeren Formulierung als es der Verteidiger vorgetragen hatte: Es sei nichts Nachteiliges bekannt über sein Vorleben.[830]

Die Kosten betrugen total 5274.05 Franken. Den weitaus grössten Teil, über 4900 Franken, machten die Aufwendungen für die Ermittlung, die Voruntersuchung und das Gerichtsverfahren aus. Darin eingeschlossen war das Honorar des Pflichtverteidigers von etwas über 1000 Franken.[831] Die Gerichtskasse hat den von Davis geschuldeten Betrag allerdings nie erhalten.[832]

---

827 «En détournant la correspondance qui lui [Eggenschwyler] était adressée. Davis a commis un acte illicite», ausführliche Begründung des Urteils, dodis.ch/52771, S. 12. Während sonst im Verfahren, insbesondere im Bericht des Untersuchungsrichters und der Anklagerede ausdrücklich davon die Rede ist, Davis haben nur versucht, sich der Post des Ex-Ehepaares zu bemächtigenund dass nicht habe nachgewiesen werden können, dass er Briefe Eggenschwylers behändigt habe, ist hier von der «Umleitung» als Tatsache die Rede. Das ist an dieser Stelle eine Ungenauigkeit in der Redaktion der Urteilsbegründung.

828 Unter ausdrücklichem Verweis auf das Bespitzeln seiner Landsleute und der Personen, welche ihn beherbergten sowie auf das gefälschte Telegramm zur Diskreditierung des US-Gesandten: «En livrant des noms de compatriotes […], il s'est révélé un individu sans scupules», ausführliche Urteilsbegründung, dodis.ch/52771, S. 12.

829 Ob die Übernahme dieses Argumentes Ignoranz oder Verdrängung geschuldet war, sei dahingestellt. Immerhin verweist die ausführliche Urteilsbegründung nicht nur mehr als einmal auf die amerikanischen Studenten als Ziel von Davis' Spitzeltum, sondern zumindest einzelnen auch bürgerlichen Zeitgenossen war offensichtlich bewusst, dass zuhause als Kommunist denunziert zu sein, für US-amerikanische Staatsangehörige ernsthafte negative Folgen haben konnte.

830 Die Bezeichnung Davis als «skrupellos» und die Argumente zu seinen Gunsten finden sich auf S. 12 der ausführlichen Urteilsbegründung (dodis.ch/52771).

831 Rechnung des Pflichtverteidigers im Dossier Davis des Bundesgerichts.

832 Auf Anfrage des Gerichts teilte die Bundesanwaltschaft mit – zu einem Zeitpunkt, da der Angeklagte schon drei Wochen ausser Land weilte –, Davis sei zahlungsunfähig und verfüge in der Schweiz über keine Guthaben. Auf den gerichtsinternen Vorschlag vom 21. November 1951, die Forderung abzuschreiben, entschied Gerichtspräsident Rais, es sei darauf zu verzichten, die Forderung jetzt geltend zu machen, sie sei aber nicht aufzugeben, vgl. das Dossier des Bundesgerichts. Der Hinweis auf Artikel 36 StGB, «Ersatzfreiheitsstrafe» im Ingress zum Urteil war also nutzlos, da Davis nicht mehr in der Schweiz weilte.

259 4.2. Schon die kurze, mit der Verkündung des Urteils öffentlich bekannt gemachte Begründung des Urteils widersprach der These von der Exklusivität des Dienstes von Davis für McCarthy. Die Erläuterung beginnt mit der Feststellung, dass Davis nach seiner Ankunft in der Schweiz mit linksextremen Kreisen in Genf und Zürich Kontakt aufgenommen habe. Das heisst, Davis begann diesen Kreis zu bespitzeln zu einer Zeit, da McCarthy noch nicht mit Davis in Kontakt stand, ganz abgesehen davon, dass sich der Senator wahrscheinlich nicht für linksextreme Aktivisten in der Schweiz oder für angeblich kommunistische US-amerikanische Studenten in der Schweiz interessierte. Im Januar, so fährt die Begründung fort, sei Davis zum ersten Mal und danach öfter beim Konsulat erschienen. Er habe dort ausgesagt oder Berichte abgeliefert über Organisationen und Aktivisten der extremen Linken. Was Paris angeht, schrieb das Gericht in der Kurzbegründung des Urteils, Davis habe auch Verbindung aufgenommen mit Personen, die der Botschaft der Vereinigten Staaten von Amerika in Paris zugeordnet seien. Diesen habe er gleichartige Informationen zukommen lassen wie dem Konsulat in Genf, darunter auch solche über amerikanische Studenten, die sich in der Schweiz aufhielten. [833]

An dieser Stelle ist darauf hinzuweisen, dass je nachdem, wer adressiert wurde, die Klarheit einer Aussage unterschiedlich war. In der öffentlichen Begründung hiess es, Davis habe Verbindung aufgenommen mit den Personen in Paris. Anders in der ausführlichen Urteilsbegründung, welche nur an die Parteien ging; dort vermied es das Gericht, seine Reisen nach Paris zu erwähnen. Die Reisen sind allerdings konkretere Anhaltspunkte und hätten unmittelbarer zum Weiterfragen Anlass geben können.[834]

In der kurzen Begründung wird zudem erwähnt, Davis habe versucht, sich der Post von Eggenschwyler und Pfister zu bemächtigen, um an Informationen heranzukommen. Und er habe seine Dienste auch Senator McCarthy offeriert, mit welchem er entweder direkt oder über Farrand in Verbindung gestanden habe. Ihm habe er ähnliche politische Informationen zukommen lassen und zudem habe er für ihn das diplomatische Personal in der Schweiz

833 «Il entra également en relation avec des personnes se rattachant à l'Ambassade des Etats-Unis d'Amérique à Paris, auxquels il fournit des renseignements identiques à ceux qu'il livra au Consulat de Genève dénonçant les noms des participants à ces réunions politiques, parmi lesquels des étudiants américains en séjour en Suisse.» Davis hatte auch US-amerikanische Studenten bespitzelt, vgl. dazu die ausführliche Urteilsbegründung, dodis.ch/52771, S. 8: «Dans plusieurs rapports, oraux ou écrits, il a prétendu que maintes personnes nommément designées, en particulier des étudiants américains, étaient communistes ou communisantes.» In der Anklageschrift ist den amerikanischen Studenten in der Schweiz ein eigener Absatz gewidmet, beginnend mit der Feststellung: «Il renseigna en outre les agents étrangers sur les tendences politiques de nombreux étudiants américains en Suisse, qu'il dépeignit comme militants ou à [sic!] tout le moins sympathisants du communisme», Anklageschrift, S. 6.

834 Allerdings schwächt auch die ausführliche Begründung in einem wesentlichen Punkt die Möglichkeit ab, ziemlich naheliegende Fragen zu stellen. Sie lehnt sich zwar stark an die Anklageschrift an und spricht immerhin nicht nur von «der Botschaft», sondern von «Personen, die der Botschaft der Vereinigten Staaten von Amerika in Paris zugeordnet sind», vermeidet aber, anders als die Anklageschrift, zu reden von dem, was für einigermassen orientierte Zeitgenossen das FBI meinen könnte, nämlich von «amerikanischen Agenten, die in Frankreich niedergelassen sind» oder gar von «seinen Auftraggebern in Paris», Anklageschrift, S. 5 f.

überwacht.[835] In Absprache mit Farrand habe er dem US-Gesandten ein Telegramm geschickt, versehen mit der gefälschten Unterschrift eines militanten Genfer Kommunisten, um glauben zu machen, dass der Gesandte in der Schweiz Umgang pflege mit Kommunisten. Farrand habe er eine Kopie dieser Fälschung zukommen lassen. Und dann folgte – während des Verfahrens – der suggestive Satz: Davis habe von McCarthy durch den Mittelsmann Farrand Geld erhalten für diese Tätigkeit.[836] Das ist die einzige Stelle, an der in der Kurzbegründung von Geld die Rede ist, als ob es nur in der Beziehung zum Senator um Geld gegangen wäre und das wenige, das er von Farrand erhielt, substanziell zum Lebensunterhalt von Davis beigetragen hätte.

Die Schlussfolgerung der vorgetragenen Begründung verweist ausdrücklich auch auf die staatlichen Stellen, welche mit im Spiel waren, nicht nur auf McCarthy als ausländische Partei oder Organisation: Durch die Taten habe sich Davis zum Nachteil von Personen, die in der Schweiz wohnten, im Sinn von Artikel 272 Ziffer 1 StGB schuldig gemacht der Straftat des politischen Nachrichtendienstes *im Interesse eines fremden Staates* und einer ausländischen Partei oder einer ähnlichen Organisation.

4.3. Wie das Gericht auf die acht Monate Strafe kam, also nur wenig mehr als die Hälfte dessen, was der Ankläger gefordert hatte, ist aus den Akten nicht ersichtlich. Mildernde Umstände im Sinn von Art. 64 StGB zog es wahrscheinlich nicht in Betracht. Im Ingress zum Urteil fehlt ein Verweis auf diesen einschlägigen Artikel.[837] Das Gericht hielt also acht Monate für richtig: Der Richter messe die Strafe nach dem Verschulden des Täters zu; er berücksichtige dabei die Beweggründe, das Vorleben und die persönlichen Verhältnisse des Beschuldigten.[838] Offensichtlich beurteilte das Gericht das Verschulden als nicht gravierend. Das gewählte

835 «[…] surveillant en outre pour celui-ci le personnel diplomatique américain en Suisse». Das ist eine der grossen Übertreibungen in der Darstellung des Falles Davis durch die Strafverfolgungsorgane. Von Überwachung kann keine Rede sein. Neben dem gefälschten Telegramm, das als marginaler Versuch der Überwachung betrachtet werden kann, stehen in den Akten noch eine oder zwei Aussagen, welche Davis über untergeordnete Angehörige des Konsulats machte, Angaben, die aber von den Untersuchungsorganen nicht weiterverfolgt wurden. Nichts ist jedoch zu finden über die höheren Ränge des Konsulats oder gar über irgendwelche Angehörige der Gesandtschaft in Bern. Auch die Bezeichnung «ähnlich» – übernommen aus der Anklageschrift – ist irreführend, indem sie das, was Davis McCarthy zukommen liess, mehr oder weniger mit den Informationen zuhanden der Agenten in Paris gleichsetzt.

836 «Davis a reçu de McCarthy, par l'intermédiaire de Farrand, de l'argent pour cette activité.»

837 Art. 64, mit der Marginalie «Strafmilderung. Mildernde Umstände.» Auch Voraussetzungen, die dort angeführt sind, damit das Gericht «die Strafe mildern» kann, waren offensichtlich nicht gegeben. Was wie ein Versuch aussieht, von einem der Gründe für Strafmilderung zu profitieren, nämlich von «aufrichtige[r] Reue», zeigte also keine Wirkung: Davis hatte sich, wohl angeregt durch den Pflichtverteidiger und/oder das Konsulat, John Carter Vincent einen Brief geschrieben, in welchem er «bedauerte, dem ehemaligen Gesandten Unannehmlichkeiten bereitet zu haben», *La Tribune de Genève* vom 17. Oktober 1951, Nr. 243 und *Volksrecht* vom 17. Oktober 1951, Nr. 244. Dies hatte Vincent am 15. Oktober von Tanger kommend bei seiner Ankunft in den USA erklärt. Nicht nur weil dieses möglicherweise Reue ausdrückende Schreiben Davis' etwas knapp vor dem Prozess verfasst worden war, kam Reue als mildernder Umstand nicht in Frage. Unbereut blieb ja alles andere, das, was nicht Vincent betraf, sondern die zahlreichen denunzierten Personen, einschliesslich der denunzierten US-amerikanischen Staatsangehörigen. Auch dafür, dass er bereut hätte, was das Ex-Ehepaar anging, auf dessen Post er es abgesehen hatte, liegt kein Nachweis vor.

838 StGB Art. 63.

261 Strafmass hatte immerhin den Vorteil, dass Davis direkt ein freier Mann war. Mit der Untersuchungshaft von 331 Tagen war die im Urteil ausgesprochene Strafe verbüsst.

Soweit das Strafmass in der Presse kommentiert wurde, stand die Milde des Urteils im Vordergrund. Ein sehr massvolles Urteil für den amerikanischen Spion, lautete der Titel des abschliessenden Prozessberichts der *Gazette de Lausanne*. Bei der Urteilsverkündung – so vermerkte poetisch die *Gazette* – breitete die Abenddämmerung hinter den hohen Fenstern ihren blauen Schleier über die Bäume aus. Aber dieser Herbstabend mochte Charles Davis nicht verdriesslich erscheinen, konnte er doch die Milde des obersten Schweizer Gerichts erfahren. Präsident Rais wird nämlich ein humanes Urteil verlesen.[839]

Auf einen zusätzlichen Aspekt der Wahrnehmung des Urteils und des ganzen Prozesses verwies ein anderes Blatt: Auf die Enttäuschung jener, die vom Prozess Sensationen – Enthüllungen über Sabotagepläne und Ähnliches – erwartet hatten. Der Prozess sei für die Journalisten und für das Publikum, welche solches erwartet hätten, eine Art Tag der Geprellten gewesen.[840] Fragen zum Urteil hatte kein Presseorgan aufgeworfen, ausser die *Voix ouvrière*. *Die Tat* fasste die wahrscheinlich dominierende Meinung zum Urteil und Prozess so zusammen: «Davis ist damit als das behandelt worden, was er ist: als Amateuragent, der sich in einer Notlage für das Geld für diese schmutzige Arbeit hergab und der seine Aufgabe recht mittelmässig löste.»[841]

Der Fall war juristisch erledigt. Der Vorhang war gefallen, ohne dass US-amerikanische Stellen in ein schiefes Licht gerückt worden waren. Das FBI war kein Thema, zuerst verdrängt durch den Untersuchungsrichter und die Anklage, dann auch durch das Gericht. Das Thema wurde auch von der Öffentlichkeit nicht aufgenommen – z. B. durch die Presse, durch die einheimische ebenso wie durch die ausländischen Agenturen, unter denen die US-amerikanischen am verbreitetsten waren.

Die Presse sanktionierte das «Verschwinden» des FBI und machte es durch die öffentliche Verbreitung der Interpretation des Falles zum Allgemeingut. Sie ignorierte auch die letzten Hinweise auf das FBI, die während des Prozesses – etwa bei der Verlesung der Anklageschrift mit dem Hinweis auf Davis' Reisen nach Paris

839 «Un jugement fort modéré pour l'espion noir américain [...]. Le crépuscule tend sa gaze bleue sur les arbres, derrière les hautes fenêtres. Mais cette soirée d'automne ne paraîtra pas morose à Charles D. [...] qui va connaître la mansuétude de la Cour suprême suisse. En effet, le président Rais va donner lecture d'un jugement humain», *Gazette de Lausanne* vom 17. Oktober 1951.

840 «[L]e procès Davis qui fut, pour les journalistes et le public présumant quelque sensation, une sorte de journée des dupes», *La Tribune de Genève* vom 17. Oktober 1951. Das Wochenblatt *Curieux* fand für sich und seine Leser die Sensation doch; der Hautptitel lautete: «Charles Davis, espion noir, dévoile, à Lausanne, les secrets du double jeu». Im Lead stand: «et les autorités judiciaires suisses s'alarment à juste titre des intrigues communistes sur notre territoire». Das Blatt fügte bei: «[N]otre nègre a pu se familiariser avec un sujet fort prisé dans les réunions de partisans de la paix et autres personnages à colombe: on y discutait tout simplement d'action de sabotage à organiser en cas de guerre!» Für den *Curieux:* Hauptsache antikommunistisch verwertbar.

841 *Die Tat* vom 18. Oktober 1951. Weiter war zu lesen: «Dennoch war die Beachtung, welche diesem Prozess geschenkt wurde, nicht fehl am Platz. Es war ganz gut, sich wieder einmal vor Augen führen zu lassen, dass unser Land nach wie vor Tummelplatz fremder Agenten ist. Denn es ist anzunehmen, dass auch geschicktere Leute als Charles Davis an der Arbeit sind.»

und seinen Verkehr mit den dortigen amerikanischen Agenten – noch fassbar gewesen wären. Auch für die Öffentlichkeit war damit der Fall erledigt.

g. Die US-Presse zum Prozess Davis

1. Der Prozess stiess in den USA auf reges Interesse. Die Presse berichtete vielfach darüber im Zusammenhang mit der US-amerikanischen Innenpolitik.[842] Der Fall wurde zum Bestandteil im Streit um Senator McCarthy und er wurde herangezogen als Beweis für die Zweifelhaftigkeit der Aktivitäten des Senators.[843]

Erste Beispiele von Zeitungsartikeln über den Prozess übermittelte die Schweizer Gesandtschaft aus Washington am 19. Oktober. Sie meldete, der Prozess habe in den USA grossen Widerhall gefunden: Der Pressedienst habe nicht weniger als 100 Zeitungsartikel aus allen Teilen des Landes zugestellt. Ursache des Interesses seien wohl die Beziehungen zwischen Davis und Senator McCarthy. Besondere Aktualität habe die Angelegenheit dadurch erhalten, dass gegenwärtig vor dem *Senate Rules Committee* eine vom demokratischen Senator Benton verlangte Untersuchung gegen McCarthy geführt werde, welche darauf abziele, ihn wegen seiner politischen Tätigkeit im Allgemeinen und wegen verschiedener Verstösse im Besonderen aus dem Senat auszuschliessen.[844]

2. Eine erste Serie von Artikeln erschien bereits vor dem Prozess, einige davon auf der ersten Seite oder gar als Leitartikel.[845] Der Inhalt der Anklageschrift diente, wie später die Aussagen während der Gerichtsverhandlung, dazu, in der Presse die Zweifelhaftigkeit der Aktivitäten des Senators zu demonstrieren. In einem umfangreichen Text, mit längeren Zitaten aus der Anklageschrift, schilderte die

842 Auch die schweizerische Presse wies vor dem Prozess auf das Echo hin, welches der Fall Davis in den USA wegen der Causa McCarthy auslöste vgl. bspw. *Der Bund* vom 4. Oktober 1951, Nr. 463. Der Beitrag in der belgischen Zeitung *Le Soir* zeigt, dass der Fall auch andernorts vermerkt wurde. Ausgewertet habe ich die Presseausschnitte, welche von der Schweizer Gesandtschaft in den USA gesammelt, an das EPD übermittelt, der Bundesanwaltschaft zugestellt und im Dossier Davis abgelegt wurden, ungefähr 50 an der Zahl. Überflogen habe ich im Juli 2015, was im Internet an Artikeln zum Prozess Davis zugänglich ist. Davon verwende ich einen einzigen Artikel, der nicht dem Dossier Davis abgelegt ist, jenen aus der *Capital Times*, Madison Wisconsin, vom 15. Oktober 1951 mit ihrem singulären Akzent in Sachen FBI und Agent West. Robert Griffith beschreibt den Streit um McCarthy detailliert, nicht zuletzt die Virulenz der Auseinandersetzung im Sommer und Herbst 1951: Robert Griffith, The Politics of Fear. Joseph R. McCarthy und the Senate, Lexington 1970, S. 152–164.

843 «McCarthy Spy» – so oder ähnlich lauteten die Titel vieler Artikel («Spy» manchmal in Anführungszeichen). In der Sendung der Schweizer Gesandtschaft vom 24. Oktober 1951 kommen in den Titeln aller sechs Artikel die Wörter «McCarthy» und «Spy» vor.

844 Dem Schreiben lagen Artikel bei aus dem *Milwaukee Journal* vom 11. Oktober und jener aus der *New York Times* vom 18. Oktober 1951. Die Gesandtschaft vermerkte: «Im Allgemeinen kommt in allen hier vorliegenden Presseartikeln eine deutliche Genugtuung über die Art und Weise der Erledigung dieser Angelegenheit durch die Schweizerischen Gerichtsbehörden zum Ausdruck. Auch im Staatsdepartement hat das schweizerische Gerichtsurteil Befriedigung ausgelöst.»

845 Die von der Schweizer Gesandtschaft überlieferten Ausschnitte wirken insofern homogen, als sie alle mehr oder weniger eindeutig gegen McCarthy Stellung beziehen. Wie die McCarthy-freundliche Presse mit dem Fall Davis dem Prozess gegen ihn umging, lässt sich aus dem Dossier der Bundesanwaltschaft nicht erkennen. Möglicherweise hat die McCarthy wohlgesinnte Presse die Angelegenheit zu ignorieren versucht. Zur US-Presse und McCarthy vgl. Griffith 1970, S. 62 ff., S. 139–142 und das *bibliographical Essay* auf S. 328 f.

Associated Press (AP) mit ihrem Genfer Korrespondenten Lynn Heinzerling, aus dieser Optik den Fall.[846] Unter Davis' Tun im Dienst von McCarthy wurde besonders das Sammeln von Informationen über den amerikanischen Gesandten in der Schweiz, John Carter Vincent, betont, den McCarthy beschuldigte, eine kommunistische Linie zu verfolgen oder verfolgt zu haben.[847] Zu diesem Punkt wurde in den Artikeln ausführlich die Schilderung der Anklageschrift reproduziert, insbesondere die Behauptung, Davis habe seine Dienste McCarthy offeriert und er sei von einem Vertrauensmann des Senators nach Paris beordert worden. Der habe ihm den Auftrag gegeben, das diplomatische Personal der USA in der Schweiz und besonders John Carter Vincent im Auge zu behalten. Aus der Anklagerede wurde der folgende Passus zitiert, der die Rolle des FBI aufgreift: «‹McCarthy übermittelte einen Teil der Informationen dem amerikanischen Federal Bureau of Investigation›». Es wurde darauf verwiesen, was McCarthy Mitte Februar erklärt hatte, als in der Presse zum ersten Mal vom Fall Davis die Rede war: Davis' Informationen seien nicht sehr bedeutsam gewesen, dennoch hätte er sie dem FBI ausgehändigt und dem CIA zugänglich gemacht.[848]

In einem Leitartikel vom 11. Oktober wird mit dem Titel «McCarthy in the Spy Business» nebenbei auch der aussenpolitische Aspekt erwähnt. Es ist die Rede von der unglaublichen Entwicklung, welche McCarthy in ein Geflecht von internationaler Spionage, der Schweizer Regierung und einem mysteriösen Charles E. Davis verwickelt sehe. Die Schweizer Regierung habe betont, dass Davis' Treiben die Souveränität des Landes verletze. Das sei eine Situation, welche wohl keine Parallele in der amerikanischen Geschichte habe: Ein einzelner Senator der Vereinigten Staaten benütze in einem fremden Land einen Spion, um die offiziellen Repräsentanten seines eigenen Landes in jenem Land auszuspionieren. Senator Benson hätte darauf hingewiesen, dass diese Aktivitäten die Beziehungen zwischen der Schweiz und den USA gefährden würden. Und dass die Kommunisten, vor allem in Europa, zweifellos Nutzen ziehen würden aus den Enthüllungen, welche der Gerichtsfall Davis mit sich bringe. Senator Benton habe hingewiesen auf

> «the use that the Communists, particularly in Europe, will undoubtedly make of the revelations that the Davis trial are certain to bring. No wonder members of the senate rules subcommittee, both Republicans and Democrats, voted unanimously this week to make the requested investigations of McCarthy's activities.»[849]

---

846 Heinzerling hatte offenbar Zugang zur Anklageschrift, wohl eher über US-Stellen in der Schweiz als über Davids Pflichtverteidiger, Martin-Achard: Die Bundesanwaltschaft hatte die Anklageschrift dem US-amerikanischen Gesandten einige Tage vor dem Prozess ausgehändigt, im Beisein eines Mitarbeiters des EPD. Vgl. das Schreiben der Bundesanwaltschaft an die Abteilung für Politische Angelegenheiten des EPD vom 21. Januar 1952 und Kapitel III c. Zu Heinzerling vgl. die Akkreditierung für den Prozess vom 15. Oktober 1951 im Dossier Davis des Bundesgerichts.

847 Zu John Carter Vincent vgl. May 1983, zu Davis vgl. S. 181–184.

848 Unter dem Zwischentitel «FBI given Information» folgt: «‹McCarthy transmitted a part of the information to the (United States) Federal Bureau of the Information›, the charge said», Cleveland, Ohio, *Plain Dealer* vom 10. Oktober 1951.

849 *Milwaukee Journal* vom 11. Oktober 1951, im Leitartikel: «The fantastic development which finds Wisconsin's Senator McCarthy tangled with international espionage, the Swiss government and mysterious Charles E. Davis, now jailed in Switzerland […] Here is a situation which probably has no parallel in American history: An individual United States senator employing a spy in a foreign land to spy on the official representative of his own government in that foreign land.» Senator Benton Benton, einer der schärfsten Kritiker McCarthys, hatte Anfang August 1951 im Senat den

Im Übrigen wird Davis' Tätigkeit für McCarthy ausdrücklich als «Auslandnachrichtendienst» bezeichnet.[850] Dass Davis «linksextreme» Schweizerinnen und Schweizer und US-Bürgerinnen und -Bürger bespitzelt hatte, kommt in den Artikeln, die vor dem Prozess erschienen sind, nicht vor, obwohl ein grosser Teil der Anklageschrift davon handelt. Von den Adressfälschungen, durch die der Fall ausgelöst wurde, ist nur am Rande und nur in vereinzelten Zeitungsausschnitten die Rede. Hingegen wird in mehreren Artikeln zur weiteren Belastung McCarthys behauptet, Davis habe einen kommunistischen Hintergrund. Zudem wird an einen Zeitungsartikel vom Februar 1951 angeknüpft und kolportiert, Davis habe die letzten Monate in der Gefangenenabteilung eines Genfer Tuberkulose-Spitals verbracht.[851]

3. Vom Prozess berichteten die Zeitungen ab dem 15. Oktober, dem Tag, an dem die Verhandlungen begannen. Sie stützten sich dabei weitgehend auf die Korrespondentin bzw. den Korrespondenten der Agenturen *United Press* und *Associated Press.*[852] Nachdem das Urteil gefällt worden war, kommentierten einzelne Blätter die Angelegenheit in Leitartikeln. Die Gerichtssitzungen wurden mit dem gleichen Augenmerk und im gleichen Tonfall behandelt, wie sie vor dem Prozess zu erkennen waren. «Spy Trial Reveals McCarthy Agents Sent Fake Message About Reds to U.S. Envoy»[853], lautet eine der Überschriften. Die Schlagworte «McCarthy», «Agent», «Spion» oder «Informant» kommen in fast allen Titeln vor.

Die Schilderung des ersten Verhandlungstages beschränkt sich in fast allen Beiträgen, die im Dossier Davis überliefert sind, auf die Einvernahme von Davis und auf einige Angaben zu seinem Lebenslauf. Themen ausserhalb der Verbindung zwischen Davis und McCarthy werden kaum berücksichtigt und noch seltener Aussagen der Zeuginnen und Zeugen, welche am gleichen Verhandlungstag einvernommen wurden, sowie die Adressfälschung, weshalb Davis verhaftet worden war.[854]

Antrag eingebracht, das *Rules Committe* möge eine Untersuchung durchführen, um zu entscheiden, ob der Ausschluss McCarthys aus dem Senat ins Auge zu fassen sei: «whether or not it should initiate action with a view toward the expulsion from the United States Senate of […] Joseph McCarthy.» Ende September behandelte das *Subcommittee on Privileges and Elections* Bentons Antrag. Der Streit um den Antrag – einschliesslich der publizistischen Begleitung – war zur Zeit des Prozesses Davis in vollem Gange und zog sich hin bis Januar 1953. Benton war inzwischen (November 1952) als Senator abgewählt worden, vgl. Griffith 1970, S. 157–184 und 194 f.

850 Im Leitartikel unter dem Titel «McCarthy in the Spy Business» und unter dem Zwischentitel «Foreign Intelligence Service» steht im *St. Louis Post-Dispatch* vom 10. Oktober 1951: «In supplying information to McCarthy, he was acting in the interests of a foreign intelligence service.» McCarthy sammle als Sprecher oder Repräsentant der Opposition Informationen mit dem Ziel, eine Art Einverständnis zwischen dem diplomatischen und konsularischen Korps der Truman Administration und den Kommunisten zu beweisen.

851 *Milwaukee Journal* vom 10. Oktober 1951.

852 Korrespondentin für UP und für *British United Process* war Miss Dudley Harmon. Ihre Anmeldung als Prozessberichterstatterin liegt im Dossier des Bundesgerichts.

853 «Spy Trial Reveals McCarthy Agents Sent Fake Message About Reds to U.S. Envoy», *Madison [Wisconsin] Capital Times* vom 15. Oktober 1951.

854 Die Ausführlichkeit und die breitere Optik der europäischen Ausgabe der *New York Herald Tribune* vom 16. Oktober 1951, gestützt auf UP respektive deren Korrespondentin Dudley Harmon unterschiedet sich von den meisten anderen Artikeln.

265 Es dominiert die bereits erwähnte Erzählung von der Verbindung zwischen Davis und McCarthy über Farrand, mit dem gefälschten Telegramm an den US-Gesandten in Bern. Dazu wird die – aus Sicht der von McCarthy abgeneigten Presse – entscheidende Dialogpassage wörtlich wiedergegeben Der vorsitzende Richter habe Davis gesagt, dass seine Absicht offensichtlich darin bestanden hätte, den Gesandten in Bern zu kompromittieren. Davis hat das nicht bestritten.[855] Weitere Frage des Vorsitzenden wurden durch das Drängen der Anklage auf die Schuldhaftigkeit der Kontakte zwischen McCarthy und Davis unter dem Gesichtspunkt der US-amerikanischen Innenpolitik von der US-Presse wiedergegeben: Ob Davis nicht wisse, dass Senator McCarthy eine Kampagne gegen Präsident Truman und die US-Administration führe und ob McCarthy für oder gegen Staatssekretär Acheson sei. Und auf eine Frage nach der Rolle McCarthys in der US-Politik meinte Davis, er nehme an, dass dieser einer der führenden Personen in der Republikanischen Partei sei.[856]

Davis widersprach den Vorhaltungen betreffend McCarthy nicht. Ganz anders betreffend Zusammenarbeit mit der Botschaft in Paris: Das Liefern von Informationen an das Konsulat blieb unbestritten und wurde von der US-Presse nebenbei vermerkt, während sie heraushob, dass Davis energisch bestritt, für die US-Botschaft in Paris gearbeitet zu haben. Mit West, Grey und Martin habe er nur gesellschaftlich verkehrt.[857] Während die *New York Post* dieses Abstreiten unkommentiert stehen liess, hob es die *Madison Capital Times* nicht nur typografisch hervor, sondern sie vermerkte auch, dass der Ankläger darauf verwies, dieses Leugnen widerspreche einer Aussage, welche Davis gegenüber der Polizei gemacht habe: Er habe Informationen gesammelt für Jack West, einen Attaché des FBI bei der Botschaft in Paris.[858] Das ist in der genannten Sammlung von Presseausschnitten die einzige Stelle, an der das FBI genannt wird. Sonst kommt es nur in der mannigfach referierten Behauptung McCarthys vor, er habe alle Informationen, die er von Davis erhalten habe, dem FBI ausgehändigt und einige dem CIA.[859]

Versetzt man sich in den Spätherbst 1951, mit dem virulenten Antikommunismus in den USA, so fällt ein Unterschied zwischen den Artikeln, die sich auf UP

---

855 *Washington Star* vom 15. Oktober 1951: «Your intention apparently was to compromise the minister in Bern?» – «Yes. That is true.»

856 *New York Post* vom 15. Oktober 1951.

857 *New York Post* vom 15. Oktober 1951. Davis hatte offenbar am Ende der Befragung von sich aus diese Erklärung abgegeben. Auch die *New York Times* vom 17. Oktober 1951 geht diesem Widerspruch nicht nach, sondern sanktioniert die Leugnung, indem sie Davis in extenso zitiert. Wie es möglich sei, dass eine Figur von der Art Davis «gesellschaftlichen Kontakt» mit einem Attaché und anderen Angehörigen der US-Botschaft in Paris pflegen konnte, fragte der Richter offensichtlich nicht und auch die US-Presse warf die Frage nicht auf.

858 *Madison Capital Times* vom15. Oktober 1951. Der Artikel ist gezeichnet von Dudley Harmon, welche für United Press schrieb. Der Unterschied zwischen der *Madison Capital Times* und der *New York Post*, beide auf dem Bericht der UP-Korrespondentin beruhend, ist eines der Beispiele dafür, wie die Redaktionen diesen Stoff bearbeiteten, den die Agenturen lieferten. Der Artikel der *Madison Capital Times* vom 15. Oktober findet sich nicht unter den Presseausschnitten des Dossiers Davis der Bundesanwaltschaft, sondern unter https://newspaperarchive.com/madison-capital-times-oct-15-1951/?tag=spy+trial+reveals+mccarthy+agents&rtserp=tags/?pc=17236&psi=103&pci=7&pt=20100&ndt=ex&pd=15&pm=10&py=1951&pep=spy-trial-reveals-mccarthy-agents/ (abgerufen am 14. April 2017).

859 *New York Times* vom 18. Oktober 1951.

stützen und jenen, die auf AP beruhen, auf: Berichte, die auf UP zurückgehen, nennen im Zusammenhang mit den Informationen, welche Davis dem Konsulat in Genf lieferte, die Namen Seymour und Sylvia Glagow sowie Harvey Adelson. Der AP-Korrespondent verzichtete offenbar auf diesen Grad von Detailliertheit, welche die Betroffenen gefährdete. In seiner Formulierung ist nur die Rede von den Namen einiger Amerikaner in der Schweiz, welche beschuldigt würden, Kommunisten zu sein. Als besonders gravierend sollte sich erweisen, was gemäss einer der Zeitungen Ankläger Dubois ausserhalb des Gerichtssaales gesagt hatte: Alex Jordan, dessen Namen im gefälschten Telegramm vorkam, sei ein «amerikanischer Neger und linker Student in Genf».[860]

4. Am 18. Oktober, einen Tag nach den Presseberichten zum Urteil gegen Davis, veröffentlichte die *New York Times* ein grosses Foto, welches Davis beim Betreten des Gerichtssaales zeigt, unter dem in Grossbuchstaben gesetzten Titel: «MCCARTHY INFORMANT CONVICTED AS A SPY IN SWITZERLAND».[861] Das Foto war platziert über einem Artikel aus Washington: Benton habe gesagt, neue Beweise gegen den verurteilten Spion würden die Anschuldigung stützen, dass McCarthy ungeeignet sei für den Senat. Senator Benton hatte einen Tag nach dem Urteil im Unterausschuss *Privileges and Elections,* der sich auf seinen Antrag mit der Frage befasste, ob McCarthy ungeeignet sei für den Senat, einen Brief des Staatsdepartements zitierend erklärt, dass ein persönlicher Spion McCarthys, den dieser bezahlt habe, ein gestehender homosexueller Ex-Kommunist gewesen sei, der versucht habe, mit einem gefälschten Telegramm einen amerikanischen Diplomaten zu verleumden. Benton rief in Erinnerung: Die Verhaltensmuster, von denen er gesagt habe, dass sie McCarthys Aktivitäten zugrunde lägen, würden sich anscheinend auch auf die Leute erstrecken, welche dieser beschäftige und es zeige sich, dass deren unmoralische Taten von ihm gutgeheissen würden.[862]

5. Nach dem Urteil erschienen mehrere Leitartikel. Einleitende Sätze zeigen mit aller Deutlichkeit, worauf die Verfasser abzielten: Eine der gravierendsten Anklagen, denen Senator McCarthy nun gegenüberstehe, stamme nicht von der Untersuchungskommission des Senats, sondern von einem Gericht, das in der Schweiz tage. Indem ein Schweizer Bundesgericht Charles E. Davis wegen politischer Spionage schuldig gesprochen habe, würde es in Wirklichkeit einen Schuldspruch gegen den Senator McCarthy fällen. Der Fall von Senator McCarthy und seinem schweizerischen Spion stelle für die Leute der USA einen der wichtigsten Aspekte des McCarthy- Problems dar.[863]

Unter dem Titel «Private Spionage» heisst es in einem der Artikel, es gehe um mehr als nur um eine technische Beteiligung des Senators, die darin bestünde, dass er Davis für Informationen bezahlt habe, so wie er viele hierzulande und im

---

860 *New York Herald Tribune* vom 16. Oktober 1951 (europäische Ausgabe).

861 *Associated Press* vom 18. Oktober 1951.

862 Die *Madison Capital Times* vom 17. Oktober 1951 in einem auf der ersten Seite platzierten Artikel über Bentons Stellungnahme mit dem Untertitel: «[Benton] Says Wisconsins Senator Condones Conduct of Man Tried By Swiss».

863 Jeweils der erste Satz der Leitartikel im *Boston Herald* vom 17. Oktober 1951, in der *Washington Post* vom 18. Oktober und im *Milwaukee Journal* vom 20. Oktober 1951.

Ausland bezahle. Vielmehr: Ein Vertreter einer grossen Demokratie wie die USA sei verpflichtet, sich auf eine respektvolle, demokratische Art zu verhalten und nicht wie ein drittklassiger Polizeifunktionär hinter dem Eisernen Vorhang. Wenn der Senator ein so unkontrollierbares Verlangen nach Spionageoperationen habe, solle er zurücktreten aus der wichtigsten beratenden Versammlung der Nation.

Anderswo steht, das Gericht in der Schweiz sei, was McCarthy angehe, zum gleichen Schluss gekommen wie im vergangenen Jahr der Unterausschuss des Senats: Dass er sich des Betrugs und der Lüge schuldig gemacht habe. Die Lüge im Ausland sei noch hässlicher gewesen als jene zuhause, weil sie eine Fälschung umfasse mit der Absicht, den Ruf des US-Gesandten in der Schweiz zu zerstören. Im Übrigen sei es übel, dass man sich auf die Schweiz stützen müsse, was diese Tatsachen über einen US-Senator angehe.

Unter der Überschrift «Wer könnte dann noch sicher sein?» warnt ein Leitartikel – ausgehend vom Versuch, John Carter Vincent mit dem gefälschten Telegramm zu verleumden –, ob es nicht klar sei, wohin ein solcher Betrug, eine solche Unehrenhaftigkeit, eine solche Perversion aller ethischen Begriffe führen könne. Jedes Individuum mit solchen Absichten könne einen skrupellosen Charakter finden, der für Geld gefälschte Dokumente produziere, um den aufrechten Beamten oder Bürger zu diskreditieren. Und der Ruf und die Karriere einer Person könne über Nacht ruiniert werden.

Ein Leitartikel meint sarkastisch, man sage nicht, man solle Davis nicht an einen Psychiater verweisen, sondern jemand im Land, vorzugsweise eine Gruppe des Kongresses, sollte die Rolle untersuchen, welche Senator McCarthy in dieser Angelegenheit gespielt habe. Sie solle McCarthy unter Eid befragen. Wenn der Senator dann ohne Schuld sei, solle er die Gelegenheit benützen, um zumindest diesen Fleck von seinem Schild zu entfernen. Ähnlich ein weiterer Artikel: «Das erstaunlichste am erstaunlichen Gerichtsverfahren gegen Charles E. Davis, der beschuldigt ist zugunsten von Senator Joseph McCarthy einen amerikanischen Gesandten ausspioniert zu haben, besteht darin, dass niemand verlangte, dass Davis in Washington aussage». Davis werde nun nach Amerika zurückgebracht. Was er zu sagen habe, solle angehört werden vom Ausschuss des Senats, der sich mit der Frage zu befassen habe, ob McCarthy weiterhin geeignet sei, dem Senat anzugehören.[864]

6. Dubois' Drang, ab dem Frühjahr 1951 das FBI aus dem Spiel zu nehmen, lässt McCarthy als «Brückenkopf» von Davis' nachrichtdienstlicher Tätigkeit erahnen. Mit den Berichten über McCarthys (erneutem) Angriff auf John Carter Vincent gegen Mitte August, nährt die US-Presse diese Tendenz, die Schuld ganz auf den Senator zu schieben. Dubois übernahm diese Haltung. Was in der Anklageschrift Ende Juli also noch an untergeordneter Stelle erschien, dominiert nun Dubois'

864 Es handelt sich um Zitate bzw. indirekt referierte Ausführungen aus dem *Boston Herald* vom 17. Oktober 1951: «Private Espionage»; der *Washington Post* vom 18. Oktober 1951: «Another Hoax»; dem *Milwaukee Journal* vom 20. Oktober 1951: «Who Would Then Be Safe?»; dem *Boston Traveler* vom 18. Oktober 1951: «The Other Foot»; der *Pittsburgh Post-Gazette* vom 18. Oktober 1951: «A McCarthy O.S.S.?» O.S.S. steht für *Office of Strategic Services*. Dieses Büro war der US-amerikanische Ausland-Nachrichtendienst bis 1945 und in gewissem Sinn der Vorläufer des CIA.

Denken. So reagiert er nach den Berichten nicht nur hektisch, sondern auch unprofessionell, indem er dem Gericht zu verfahrensrechtlicher Unzeit neues Beweismaterial zusandte, das sich alles auf McCarthy bezog. In der Gerichtsverhandlung lässt er das FBI ganz verschwinden, um McCarthy allein als Partner von Davis' gesetzeswidrigem Handeln und als Teilhaber an dessen Missetaten darzustellen. Diese Interpretation bildete reichlich Stoff für jenen Teil der US-amerikanischen Presse, welche McCarthy kritisierte. Sie «nährte» ihre Berichterstattung von Dubois' Hinlenkung auf den Senator. Und Dubois selbst hatte sich dann der Artikel der US-amerikanischen Presse bedient, beginnend ab Mitte Februar 1951.

Dritte Nebenbemerkung: Das Janusgesicht der Bundesanwaltschaft

Im Fall Davis bestanden offensichtlich Interferenzen zwischen der Bundesanwaltschaft in ihrer Funktion als Anklägerin und in ihrer Polizeifunktion, das heisst, als gerichtspolizeilich ermittelndes Organ sowie als politische Polizei respektive als Organ des Staatsschutzes.

Was letztlich dazu führte, dass der Fall Davis nicht erledigt wurde durch die Ausweisung aus der Schweiz, die gegen Mitte Dezember 1950 vollzugsbereit vorbereitet war – Flugbillett inklusive –, ist nicht vollständig klar.[865] Eine entscheidende Rolle spielte wahrscheinlich die Einschätzung, dass Davis eine nützliche Quelle für den Staatsschutz sein könnte. Der in Genf domizilierte Inspektor der Bundespolizei meldete seinen Vorgesetzten, «[e]s ist festzuhalten, dass Davis zweifellos auf dem Laufenden ist über vieles, was die Organisation und die Mitglieder der kommunistischen Partei, besonders jener der Schweiz und allgemein der anderen europäischen Länder.» Die Bundesanwaltschaft machte den Vorsteher des EJPD, der dem Gesamtbundesrat Antrag zu stellen hatte für den Entscheid über Ausweisung oder Strafverfolgung, darauf aufmerksam, dass Davis der Polizei noch nicht alles gesagt habe, was er wisse:

> «Die Ermittlungen sind, unter dem Gesichtspunkt der «politischen Polizei» und der Tatbestände (objektive und subjektive Elemente) noch nicht abgeschlossen. Es wäre angebracht durch den Beschuldigten eine Menge von Einzelheiten präzisieren zu lassen betreffend unsere Linksextremisten, mit denen er über längere Zeit in Beziehung stand. […] Eine sofortige Ausweisung würde es verhindern, diese Anregung zu verwirklichen.»[866]

Was immer letztlich den Ausschlag dafür gab, dass Davis nicht ausgewiesen, sondern strafrechtlich verfolgt wurde, es steht fest, dass es nicht zur Strafverfolgung gekommen wäre, wenn er nicht als Quelle für die politische Polizei betrachtet worden wäre.[867]

Ohne die Bedürfnisse der Bundesanwaltschaft als politische Polizei, in ihrer präventiv gedachten Funktion des Staatsschutzes, hätte es kein Strafverfahren gegen Davis gegeben. Das ist der eine Aspekt, unter dem sich die Nicht-Unab-

---

865 Vgl. dazu Kapitel I c, Abschnitte 1 und 2.

866 Meldung von Ritschard an die Bundesanwaltschaft vom 6. Dezember und Schreiben der Bundesanwaltschaft an den Vorsteher des EJPD vom 11. Dezember 1950, dodis.ch/52798.

867 Ohne die Absicht und ohne die Aussicht von Davis mehr zu erfahren «sur nos extremistes de gauche», wäre es nicht zum grossen Verhör vom 19./20. Dezember 1950 gekommen. Das Verhör war, wie der Fragekatalog zeigt, nicht zuletzt darauf angelegt, mehr über die als latent staatsfeindlich geltenden angeblichen oder wirklichen Bekannten Davis' zu erfahren – ein Ziel, das erreicht wurde.

hängigkeit der beiden Grundfunktionen der Bundesanwaltschaft im Fall Davis manifestiert. Der andere Aspekt betrifft die Interferenz während des Verfahrens: der Einfluss der Bundesanwaltschaft in ihrer Funktion als politische Polizei – einschliesslich ihrer Aussenbeziehungen – auf die Funktion als anklagende Instanz. Wie unten in der Schlussbetrachtung zusammenfassend darlegt wird, ist der Verlauf und das Ergebnis des Strafverfahrens entscheidend beeinflusst worden durch Rücksichten, welche der Bundesanwaltschaft in ihrer Funktion als Bundespolizei und speziell als politische Polizei inhärent waren. Als international verflochtene Polizei, welche durch das übergeordnete Ziel, die Bekämpfung des internationalen Kommunismus, dem ausländischen Partner verpflichtet war.

Die grundlegende Problematik der Vermischung der Funktionen war seit der Neuordnung der Bundesanwaltschaft 1889 ein Thema, wurde aber erst hundert Jahre später so virulent, dass sich eine Lösung aufdrängte. «Jedenfalls widerspricht die Stellung des Staatsanwalts als Oberpolizeiinspektor dem Princip der Gewaltentrennung», sagte einer der Teilnehmer an einer Tagung, welche 1890 dem Thema der Stellung des Bundesanwalts gewidmet war.[868] Ausführlichere Diskussionen über die Entflechtung der Funktionen wurden im Parlament 1958 nach dem Selbstmord von Bundesanwalt Dubois geführt, 1960 anhand des Postulats Guisan und zwischen 1973 und 1975 aufgrund der parlamentarischen Initiative Webers.[869] Aber erst in der Folge des sogenannten «Fichenskandals» wurde die Sache von der Mehrheit des Parlaments und der Exekutive so ernst genommen, dass einige Jahre danach eine neue Ordnung auch gesetzlich feststand.

Kronzeugen des Bundesrates und der jeweiligen Mehrheit des Parlaments für die Beibehaltung des Status quo, für dessen Rechtmässigkeit und Zweckmässigkeit, waren die jeweils amtierenden und pensionierten Bundesanwälte selbst. Dabei wurde die Gewaltenteilung relativiert bis hin zur Aussage, «dass der Grundsatz der Gewaltentrennung in der schweizerischen Bundesverfassung nirgends ausdrücklich aufgenommen ist».[870] Da machte beispielsweise die Feststellung eines Parlamentariers, der als Strafverteidiger in Bundesstrafsachen über einschlägige Erfahrung verfügte, es bestehe eine gewisse Gefahr, dass der polizeiliche Teil der Bundesanwaltschaft gelegentlich überwuchern könne, noch 1975 auf die Mehrheit des Nationalrates und auf den Bundesrat keinen Eindruck.[871] Aber es wurden auch Begründungen für die «bewährte» Regelung angeführt, die – unabhängig von ideologischen Hintergründen – schon in der Zeit, da sie vorgebracht wurden, nicht unbedingt stichhaltig waren. Etwa, dass der Bundesanwalt nicht

---

868 Zeitschrift für schweizerisches Recht, NF IX., S. 539. Zur Schaffung der Bundesanwaltschaft 1889, das heisst im Wesentlichen in der Form, wie sie um 1950 bestand, vgl. Lüthi, Werner, Betrachtungen zur Bundesstrafrechtspflege, in: Schweizerische Zeitschrift für Strafrecht, 67 (1952), S. 414.

869 Übersicht bei Kreis et al. 1993, S. 195–206. Vergleiche zusätzlich die Diskussion über die Ernennung eines besonderen Bundesanwalts für die Leitung des Staatsschutzes im Jahr 1943, Müller, Martin, Die Entwicklung der Bundespolizei und ihre heutige Organisation, Zürich 1949, S. 202.

870 Müller 1949, S. 61. Der Bundesrat vertrat, zumindest zeitweise, eine ähnliche Meinung, gestützt auf eine Stellungnahme von Franz Stämpfli, Bundesanwalt von 1917 bis 1948. Vgl. auch den Bericht des Bundesrates an die Bundesversammlung über die Vorkommnisse, die mit dem Hinschied von Bundesanwalt Dubois in Zusammenhang standen und zur Verurteilung des Bundespolizei-Inspektors Max Ulrich führten, 23. August 1958, BBl 1958 II, S. 699.

871 Nationalrat Schürch in der Diskussion über die parlamentarische Initiative Weber vom 3. Juni 1975, Amtliches Bulletin NR 1975, S. 648.

eigentlich der Bundespolizei vorgesetzt sei, denn für die Handhabung der politischen Polizei sei weitgehend der Chef der Bundespolizei verantwortlich. Oder es wird wiederholt damit hantiert, dass der Bundesanwalt nicht selbst als Ankläger auftrete, sondern in der Regel sein Stellvertreter. Ausserdem solle, die überwiegende Zahl der Bundesstrafsachen an kantonale Gerichte delegiert werden – aber eben nur «in der Regel», nur «die meisten» oder «weitgehend».[872] Zudem war der Bundesanwalt bei der Anklage involviert, auch wenn er den Fall nicht selbst vor Gericht vertrat. Im Dossier Davis finden sich nicht nur zahlreiche Dokumente, welche der Bundesanwalt zur Kenntnis erhielt, sondern auch etliche, die er verfasste oder unterzeichnete. Letztlich wurden die bestehenden Verhältnisse verteidigt mit dem Hinweis auf Effizienz oder damit, dass – entsprechend der damals vorherrschenden öffentlichen und amtlichen Meinung – im Zweifelsfall Effizienz wichtiger war als strenge Rechtsstaatlichkeit.

Im Übrigen fällt auf, dass den kantonalen Gerichten von Anfang 1949 bis zum Frühjahr 1954 26 Fälle politischer Straftaten zugewiesen wurden, dem Bundesstrafgericht lediglich deren sechs.[873] Diese sechs Fälle betrafen alle Straftaten bezüglich Nachrichtendienst, die entweder in Zusammenhang mit kommunistischen Staaten begangen wurden, oder, wie im Fall Davis, in denen es um Informationen über Kommunisten und «Linksextreme» ging.

Bevor ich anhand der Diskussion über das Postulat Guisan nochmals die grundlegende Argumentation für die Trennung der polizeilichen und der auf die Anklage bezogenen Funktionen der Bundesanwaltschaft illustriere, ist ein letzter Hinweis auf die Gründe angebracht, welche aufgrund der damals dominierenden «Abwehr-Ideologie» für das Beibehalten des Status quo vorgebracht wurden. Der Gedanke an die politischen Delikte dominiert alles: Über die Verfolgung politischer Vergehen entscheidet der Bundesrat. Darum müsse auch die polizeiliche Ermittlung durch den Bundesanwalt – mit seinen Mitteln der Polizei – geleitet werden.[874] Das bedeutet meines Erachtens, dass nicht nur der Entscheid darüber, ob ein solches Delikt verfolgt werden soll oder nicht, von der Exekutive unter politischen Gesichtspunkten zu fällen sei, sondern dass auch die polizeilichen Ermittlungen unter diesen geführt werden sollten.

Die Debatten der Jahre 1960 und 1975 über die Kumulation polizeilicher und anwaltschaftlicher Kompetenzen gleichen sich in den wesentlichen Punkten. Das zuständige Regierungsmitglied verteidigt in uneingeschränkter Identifikation mit der Bundesanwaltschaft den Status quo aus «Zweckmässigkeitserwägungen». Die Regelung sei praktisch und habe sich bewährt. Sie erlaube, jeweils rasch zu handeln. Diese Zweckmässigkeitserwägungen beruhten auf der Prämis-

---

872 Vgl. auch den Bericht des Bundesrates an die Bundesversammlung über die Vorkommnisse, die mit dem Hinschied von Bundesanwalt Dubois in Zusammenhang standen und zur Verurteilung des Bundespolizei-Inspektors Max Ulrich führten, 23. August 1958, BBl 1958 II, S. 702. Die in Anführungszeichen gesetzten Begriffe werden vielfach verwendet von jenen, welch den Status quo beibehalten wollten, bis hin zu den Materialien und zur Debatte über die parlamentarische Initiative Weber im Sommer 1975.

873 Vgl. Lüthi, Werner, Zur neueren Rechtsprechung über Delikte gegen den Staat, in: Schweizerische Zeitschrift für Strafrecht, 69 (1954), S. 299 f.

874 Stellungnahme des Vorstehers des EJPD zum Postulat Guisan, Protokoll des Nationalrates der Sommersession 1960, S. 804 f.

se, dass der Staatsschutz die Hauptaufgabe der Bundesanwaltschaft bilde.[875] Und der Staatsschutz, so wie er um 1950 verstärkt worden war, galt den Behörden und der Mehrheit des Parlaments als unantastbar, sodass Zweckmässigkeitserwägungen gegenüber grundsätzlichen Bedenken ohne Weiteres die Oberhand behielten. Das fällt nicht zuletzt auf bei der Behandlung des Postulats von Nationalrat Guisan, eines bürgerlichen Parlamentariers aus der französischsprachigen Schweiz.[876] Wesentliche Argumente für seine Forderung, Bundespolizei und Bundesanwaltschaft seien voneinander zu trennen, lauteten etwa, dass die Unterordnung der gerichtlichen Polizei eine Gefahr für die Freiheit der Anklagefunktion bedeute:

> «Wenn der Bundesanwalt, wie einwandfrei seine persönlichen Qualitäten auch sein mögen [...] gänzlich involviert ist in die polizeiliche Phase eines Falles, dann, so glauben wir, hat der Bundesanwalt nicht mehr die geistige Unabhängigkeit, welche notwendig ist um vor dem Bundesgericht die Anklage zu vertreten. [...] Man kann mit dem gegenwärtigen System vom Bundesanwalt nicht verlangen, dass er die beiden Phasen trennt, die polizeiliche zuerst und dann jene der Justiz. In seinem Innern bilden die beiden Phasen eine Einheit, und wenn er die zweite in Angriff nimmt, ist er unvermeidlich voravisiert.»[877]

Die Anhänger des Status quo setzten sich mit diesen Argumenten kaum auseinander. Es genügte, dass der Vertreter der Regierung auf die «Zweckmässigkeit» der geltenden Regelung hinwies, um das Postulat Guisan abzulehnen. Die grundsätz-

---

875 Im Votum des zuständigen Regierungsmitglieds gegen das Postulat Guisan wird diese Auffassung den Parlamentariern in heute beinahe penetranter wirkender Weise eingehämmert. Vgl. Protokoll des Nationalrates der Sommersession 1960: «im Interesse des Staatsschutzes» (S. 785); «dass der Bundesanwalt von jeher als Mann galt, der dem Bundesrat für den Staatsschutz verantwortlich ist» (S. 796); «die Koordination aller Staatsschutztätigkeit auf der Ebene des Bundesanwaltes» (S. 797); «die grossen nachteiligen Konsequenzen, die eine solche Trennung [von Bundesanwaltschaft und Bundespolizei] für den Staatsschutz hätte»; «der Bundesanwalt für die Erfüllung seiner Hauptaufgabe, nämlich des Staatsschutzes» und «»absolute Notwendigkeit der laufenden Information bei der Ausübung des Staatsschutzes» (S. 801); Trennung der Bundespolizei von der Bundesanwaltschaft für den «Staatsschutz eine verhängnisvolle Schwächung» (S. 802); «dass ein Mann, der Bundesanwalt, dem Bundesrat für den Staatsschutz verantwortlich ist» (S. 804). Ähnlich bei der Diskussion über das Postulat am 21. September 1960: «Die Bundespolizei ist [...], geschaffen worden im und durch das Spitzelgesetz vom Jahre 1935 zur Verstärkung des Staatsschutzes, und diese primäre Zweckbestimmung hat sich seither nicht verändert.» Eine Entflechtung der Funktionen würde «die Tätigkeit der zuständigen Organe behindern und lähmen [...], gerade auf Gebieten, wo heute wie je nicht bloss Wachsamkeit geboten ist, sondern, wo es darum geht, ein rasch zugreifendes und schlagkräftiges Instrument in der Hand der Bundesbehörden zu wissen», Protokoll des Nationalrats der Herbstsession 1960, S. 122 f.).

876 Postulat vom 18. Dezember 1958 (Geschäftsnummer 7778) mit dem Begehren der «Trennung von Bundesanwaltschaft und Bundespolizei.» Das Postulat war mitunterzeichnet von etwa 25 Nationalräten, ausnahmslos bürgerlichen Fraktionen angehörend, nämlich der radikaldemokratischen, der katholisch-konservativen und der liberal-demokratischen Fraktion, und zwar – mit Ausnahme eines Angehörigen der liberal-demokratischen Fraktion aus dem Kanton Basel-Stadt – alle aus der französischsprachigen Schweiz. Erste Erörterung am 30. Juni 1960, Diskussion und Entscheid am 21. September. Das Postulat wurde abgelehnt im Stimmenverhältnis 3 : 2, nämlich mit 62 zu 42 Stimmen. Die Initiative Weber, welche im Wesentlichen der gleichen Absicht entsprang wie das Postulat Guisan, wurde fünfzehn Jahre später, am 3. Juni 1975, im Stimmenverhältnis 3 : 1 abgelehnt, mit 97 zu 31 Stimmen (Bulletin NR 1975 654).

877 Protokoll des Nationalrats der Herbstsession 1960, S. 115: «Totalement impliqué dans la phase policière d'une affaire, nous croyons que le procureur général, quelles que soient ses qualités personnelles – [...] nous croyons que le procureur général n'a plus l'indépendance d'esprit nécessaire pour réquerir devant le Tribunal fédéral. [...] Or, on ne peut pas, dans le système actuel, demander au procureur général de dissocier ces deux phases: policière d'abord, judiciaire ensuite. Au-dedans de lui-même, ces deux phases forment un tout et lorsqu'il aborde la seconde, il ne peut manquer d'être prévenu par la première.»

lichen Einwände von Nationalrat Guisan wurden angesichts des «Bewährten» gar nicht ernsthaft in Betracht gezogen. Sie hatten für jene, welche die Entflechtung der Funktionen nicht für notwendig hielten, kein Gewicht.

Hat man den Fall Davis vor Augen, gewinnt ein weiterer Einwand Guisans gegen den Status quo an Gewicht, nämlich, dass der Bundesanwalt nicht nur generell an anwaltschaftlicher Unabhängigkeit verliere durch sein polizeiliches Wirken, sondern es ergäben sich auch Komplikationen dadurch, dass die beiden polizeilichen Aufgabengebiete – gerichtspolizeiliche Ermittlungstätigkeit und präventiv agierende politische Polizei – nicht so ohne Weiteres voneinander zu trennen seien. Er fragte: «In welchem Moment geht man von einer Überwachung über zur Ermittlung?»[878]

Die Aussicht, Davis im Sinn der politischen Polizei als nützliche Quelle zu nutzen, spielte eine bedeutende Rolle beim Entscheid, ihn strafrechtlich zu verfolgen. Das ist der erste Aspekt der Interferenz zwischen Funktion der Bundesanwaltschaft als politische Polizei und ihren übrigen Funktionen. Der zweite Aspekt, unter welchem der Fall Davis die Problematik der Kumulation polizeilicher und anwaltschaftlicher Funktion zeigt, betrifft den Einfluss der Bundesanwaltschaft als Informationsdienst, besonders die notwendige Verknüpfung dieses Informationsdienstes mit ausländischen Partnerdiensten. Die Parlamentarische Untersuchungskommission zu den Vorkommnissen im EJPD formulierte als erste Hauptforderung die Trennung der Funktionen des Bundesanwalts als Ankläger und als Chef einer polizeilichen Präventiv- und Ermittlungsbehörde.[879] Im Bericht steht, dass die Bundesanwaltschaft den Auftrag habe, Nachrichten zu beschaffen. Dazu arbeite sie auch mit Nachrichtendiensten des Auslandes zusammen. Der Austausch und die Bearbeitung von Nachrichten könnten mit Rücksichtnahmen und Geheimnisverpflichtungen verbunden sein. Dies sei aber nicht zu vereinbaren mit der Funktion des öffentlichen Anklägers, welcher strikt dem Gesetz verpflichtet bleiben müsse. Und dann wurde auf Mohamed Shakarchi verwiesen: Er sei einerseits nachrichtendienstlich tätig gewesen, andererseits seien die Voraussetzungen für die Eröffnung eines gerichtspolizeilichen Ermittlungsverfahrens wegen Verdachts auf Widerhandlung gegen das Betäubungsmittelgesetz gegeben gewesen, wobei der Bundesanwalt weder Ermittlungen durchgeführt noch solche von den Kantonen verlangt habe. Das wirkliche Motiv der unterlassenen gerichtspolizeilichen Ermittlungen liesse sich naturgemäss nicht feststellen. Bei der Doppelfunktion des Bundesanwaltes sei aber der (allenfalls auch unberechtigte) Verdacht nicht von der Hand zu weisen, dass ein Zusammenhang zwischen der nachrichtendienstlichen Tätigkeit von Mohamed Shakarchi und den unterlassenen Ermittlungen bestehe. Der Fall Davis illustriert eine Variante der Problematik dieser «Rücksichtnahmen» und «Geheimnisverpflichtungen», der Einwirkung der Funktion der politischen Polizei auf die Funktion des Anklageorgans: Ein Verfahren, das unter dem ausdrücklichen Hinweis auf die Involviertheit eines ausländischen Dienstes eröffnet wurde, geriet auf eine Bahn, welche die kompromittierende Tätigkeit dieses Diensts verschwinden liess.

878 Protokoll des Nationalrats der Sommersession 1960, S. 782.

879 Bericht der parlamentarischen Untersuchungskommission vom 22. November 1989 (Geschäftsnummer 89.006), BBl 1990 I 637–878.

Der Angeklagte Charles Davis während der Verhandlung im Spionageprozess am Bundesgericht in Lausanne, 16. Oktober 1951 (Jean-Pierre Grisel, StAAG/RBA1-1-17959_6)

Der Gerichtssaal während des Spionageprozesses gegen Charles Davis am Bundesgericht in Lausanne, 16. Oktober 1951 (Jean-Pierre Grisel, StAAG/RBA1-1-17959_1)

Spionageprozess gegen Charles Davis am Bundesgericht in Lausanne, 16. Oktober 1951
(Jean-Pierre Grisel, StAAG/RBA1-1-17959_3)

Der Angeklagte Charles Davis während der Verhandlung im Spionageprozess am Bundesgericht in Lausanne, 16. Oktober 1951 (Jean-Pierre Grisel, StAAG/RBA1-1-17959_5)

Der wegen Spionage angeklagte Charles Davis in Polizeibegleitung während des Prozesses am Bundesgericht in Lausanne, 16. Oktober 1951 (Jean-Pierre Grisel, StAAG/RBA1-1-17959_9)

Der wegen Spionage angeklagte Charles Davis in Polizeibegleitung während des Prozesses am Bundesgericht in Lausanne, 16. Oktober 1951 (Jean-Pierre Grisel, StAAG/RBA1-1-17959_8)

V. Nach dem Prozess

a. Davis' Ausreise und Fabelei

1. Am frühen Dienstagabend des 16. Oktober 1951 war Davis nach der Verlesung des Urteils strafrechtlich betrachtet ein freier Mann. Er blieb aber vorerst noch in Polizeigewahrsam, denn sein Pass lag noch bei den Bundesbehörden.[880] Daher wurde er am Abend der Verkündigung des Urteils nach Genf zurückgebracht. Erst am 20. Oktober sorgte die Polizei für die Rückreise mit einem Linienflug über Paris nach New York. «Zwei Schweizer Detektive eskortierten Davis zum Flugzeug. Um ihn zu verabschieden waren auch der Vizekonsul Charles Thomas und Edmond Martin-Achard, Davis' Verteidiger, zu Stelle.»[881] Das Geld für die Reisekosten schoss das Konsulat vor. Davis verfasste zuhanden der Schweizer Behörden eine Erklärung: Er verlasse die Schweiz freiwillig und bitte die Behörden, ihn ausreisen zu lassen.[882] Ob äussere Gründe – zum Beispiel der Flugplan – dazu führten, dass von der Urteilsverkündung bis zur Ausreise vier Tage vergingen, sei dahingestellt.

Es ergibt sich aus den Akten, dass die Genfer Polizei während dieser Zeit die US-amerikanische Bundespolizei kontaktierte. Das lässt sich aus dem letzten Satz des Berichts über die Ausreise schliessen: «Davis Charles [...] zur Zeit in New York, wo er sich der Einvernahme durch den FBI zu unterziehen hat.»[883] Es handelt sich um den ersten direkten Kontakt zwischen Vertretern des FBI und Davis seit knapp einem Jahr und seiner letzten Reise nach Paris vom 7. bis 11. November 1950.[884] Es wird sich, da Davis durch ein schweizerisches Gericht verurteilt worden war, wohl eher um eine gewöhnliche polizeiliche Befragung gehandelt haben. Dennoch lag es in der Natur der Sache, dass Davis auch als Informationsquelle für das FBI nützlich war. Als Beleg dafür kann die Anfrage der US-amerikanischen Stellen im Jahr 1952 betreffend Tanner angesehen werden, den Davis gegenüber dem Konsulat denunziert

---

880 Bericht von Inspektor Gerbex an den Vorsteher des Genfer Justiz- und Polizeidepartements vom 18. Oktober 1951, AEGE 16151: «Il a été écroué administrativement jusqu'à ce que son passeport ait été transmis à nos services par les autorités fédérales.»

881 *Baltimore Sun* vom 21. Oktober 1951, Meldung von *Associated Press,* das heisst von Lynn Heinzerling.

882 Bericht der Inspektoren Menu und Gerbex vom 21. Oktober 1951 über die Ausreise. Siehe auch die Sendung des Genfer Justiz- und Polizeidepartements an die Bundesanwaltschaft vom 24. Oktober 1951.

883 «Davis Charles [...] actuellement à New York où il doit être entendu par le F.B.I.»

884 Vgl. dazu «Itinéraire de Davis» (Inventar des Untersuchungsrichters Nr. 81und die Liste der Passeinträge vom 26. Januar 1951.

hatte.[885] Angesichts der Beteiligung des FBI an den Machenschaften gegen John Carter Vincent, den US-Gesandten in Bern von 1947 bis 1951, dürfte sich die US-amerikanische Bundespolizei für diesen Aspekt besonders interessiert haben, obwohl sich der einzige Beleg, der Vincent belastete, nämlich das Telegramm, inzwischen polizeilich und gerichtlich anerkannt als Fälschung erwiesen hatte. Und so, wie schon das Konsulat Davis während seiner Untersuchungshaft beeinflusst hatte, dürfte das FBI ihm unmittelbar nach der Rückkehr in die USA Ratschläge gegeben und Regeln für das künftige Verhalten nahegelegt haben.[886]

2. Davis wurde also bei seiner Ankunft in den USA vom FBI vernommen. Davon stand nichts in den Zeitungen. Hingegen verbreiteten sie Meldungen der US-amerikanischen Nachrichtenagenturen: «Charles Davis wurde nach seiner Ankunft in New York am Sonntag auf dem Flugplatz während vier Stunden von Beauftragten eines Unterausschusses des Senats einvernommen. […] Der Unterausschuss des Senats befasst sich gegenwärtig mit einem Resolutionsentwurf, welcher den Ausschluss McCarthys aus dem Senat fordert.» In einer anderen Meldung heisst es, ein Vertreter des Unterausschusses habe Davis am Sonntagabend eine Vorladung übergeben. Ein Datum sei in der Vorladung nicht enthalten. Sie ordne jedoch an, Davis müsse sich auf Abruf bereithalten. Der Vertreter des Unterausschusses reise mit Davis im Flugzeug, das in New York erwartet werde.[887]

3. McCarthy liess sich zum Prozess ebenfalls vernehmen. Er wiederholte, dass Davis ihm «gewisse Informationen» über John Carter Vincent zukommen liess; Informationen, die er, McCarthy, an das FBI weitergeleitet habe. Die Frage, ob er Davis Geld gegeben habe, beantwortete der Senator mit Nein.[888]

Auch das FBI liess aus Anlass des Prozesses von sich hören. In einer Meldung aus Washington, welche die Frage aufwarft, was die Urheber mit der Mitteilung bezweckten, heisst es: Das FBI sei in Besitz des gefälschten Telegramms, das an John Carter Vincent, den ehemaligen amerikanischen Gesandten in der Schweiz, gerichtet war und das belegen sollte, dass dieser Verbindungen zu Kommunisten

885 Es sei denn, die schweizerische Bundespolizei habe die Angaben betreffend Tanner den Kollegen in den USA zukommen lassen.
886 Wie in der ersten Zwischenbetrachtung dargelegt, lautet meine These, dass Davis in der Schweiz im Wesentlichen in Verbindung mit dem FBI tätig war. Im Übrigen habe ich mich weiter als bis zu dem, was ich in diesem Unterkapitel beschreibe, nicht um Davis gekümmert. Wie bereits erwähnt habe ich die US-amerikanischen Quellen zur Sache Davis, unter denen jene des FBI gewiss ergiebiger wären als jene des *State Department,* nicht konsultiert.
887 *National-Zeitung* vom 23. Oktober 1951, Nr. 488, gestützt auf AFP, auf *Reuter* aus New York, auf die *Neue Zürcher Zeitung,* Morgenausgabe vom 23. Oktober, Nr. 2302, auf *Le Démocrate* vom 22. Oktober 1951, Nr. 245, nach AFP-Meldung aus Boston. Ich habe gewisse Zweifel an diesen Darstellungen. Davis kam wohl am Nachmittag oder gegen Abend auf dem Flughafen in New York an. Dass er von einem Beauftragten des Unterausschusses gleich bei seiner Ankunft am Sonntagabend, angehört wurde, würde eine Dringlichkeit voraussetzen, die ich nicht für wahrscheinlich halte. Für noch ungewisser halte ich, dass ein Vertreter des Unterausschusses Davis im Flugzeug von Europa in die USA zurückbegleitet hat. Hingegen ist denkbar, dass ihn ein Vertreter des FBI von Paris nach New York eskortiert hat. Die Notiz der Genfer Polizei «Davis […] à New York où il doit être entendu par le F.B.I.» ist erheblich plausibler als die teilweise kurios anmutenden Agentur-Aussendungen.
888 *La Suisse* vom 17. Oktober 1951, Nr. 290, gestützt auf *United Press,* Washington.

hatte. Dies würden zuverlässige Quellen in der amerikanischen Hauptstadt bestätigen.[889]

4. Damit war das an den Prozess anschliessende medial verbreitete Gerede noch nicht zu Ende. Einzelne Agenturen respektive deren Journalisten schienen Davis an den Lippen zu hangen. «Der Spion Davis möchte Senator McCarthy weiter dienen», überschrieb eine Schweizer Zeitung die UP-Meldung. Davis sei am Donnerstag – gemeint ist wohl der 26. Oktober 1951 – in Washington eingetroffen und habe Senator McCarthy sprechen wollen. Dieser sei jedoch nicht da gewesen. Davis erklärte dann «gegenüber Pressevertretern [...], er habe während den Monaten August, September und Oktober 1950 für seine Tätigkeit zugunsten Senator McCarthy einen Betrag zwischen 600 und 1000 Dollar erhalten». Er sei bereit, «auch weiterhin als ein Mitglied des Stabes McCarthys tätig zu sein». Die Agentur fügte dieser windigen Aussage immerhin bei, McCarthy habe wissen lassen, dass Davis nie auf seiner Lohnliste gestanden habe.[890]

Die übertrieben Aufmerksamkeit, welche die Presse Davis als Vehikel zur Diskreditierung von McCarthy zugemessen hatte, trieb ihre letzten Blüten im Januar und Februar 1952. Gestützt auf US-amerikanische Agenturen, verbreitet auch durch die schweizerische Depeschenagentur, Davis habe «gegen den republikanischen Senator Joseph McCarthy Klage wegen ‹Verleumdung und Vertragsbruch› erhoben; er verlangt Schadenersatz im Betrage von 100'000 Dollar.» Ausserdem habe er «am 25. September 1949 mit Senator McCarthy mündlich vereinbart, dem Senator ‹bestimmte, für den Senator wertvolle Informationen› über Angestellte des State Departements in Europa zu liefern. Er habe bis November 1950, als er in Genf verhaftet worden sei, seinen Teil der Vereinbarung erfüllt.» Davis habe zudem erklärt, der Senator habe ihn verleumdet, indem er ihn bei verschiedenen Anlässen als Kommunist bezeichnet habe. Wegen dieser Beschuldigung fände er in den USA keine Stelle.[891]

Mitte Februar meldete die Agentur AFP die gleiche Sache nochmals. Allerdings hiess es jetzt: «Davis [...] *will* gegen Senator McCarthy auf Schadenersatz klagen und eine Entschädigung von 100'000 Dollars verlangen.» Bei dieser Gelegenheit gab Davis von sich, dass seine Arbeitsweise denkbar einfach gewesen sei. Er habe sich in den verschiedenen Ländern in die amerikanischen diplomatischen Vertretungen begeben, um dort persönliche Beziehungen zu knüpfen. Seine Mission sei hauptsächlich gegen das Personal in Paris gerichtet gewesen. Er habe seine

889 *Journal de Genève* vom 16. Oktober 1951 (AEGE 16151): «Le ‹Federal Bureau of Investigation› (F.B.I.) est en possession d'un faux télégramme adressé à M. John Carter Vincent, ancien ministre des Etats-Unis en Suisse, et destiné à démontrer que ce diplomate avait des attaches communistes, confirme-t-on des source autorisé dans la capitale fédérale américaine à la suite d'une enquête dans plusieurs capitales européennes.» Im Nachhinein, mit dem Wissen, dass der FBI aktiv nach Material suchte, das Vincent belasten konnte, stellt sich die Frage, was es bedeutet, dass ein Zusammenhang hergestellt wird zwischen dem Besitz des Dokuments und Nachforschungen in verschieden europäischen Hauptstädten.

890 *Basler-Nachrichten* vom 2. November 1951, Nr. 466.

891 SDA-Meldung vom 3. Januar 1952, gestützt auf Reuter; *Gazette de Lausanne* vom 3. Januar 1952, gestützt auf United Press. Die kuriose Meldung wurde auch auf Davis' Staatsschutzfiche registriert, unter dem 5. Januar 1951 als Meldung der Depeschenagentur und unter dem 11. Januar unter Bezug auf diverse Presseartikel.

Berichte regelmässig in die Wohnung von Senator McCarthy in Washington gesandt.[892]

Dass Davis fabulieren konnte, war nicht neu. Dass aber renommierte Agenturen solches leicht als Schwindel zu erkennendes Geschwätz quasi ungefiltert abdruckten und etablierte Medien es ohne Überprüfung weiterverbreiteten, lässt sich nur verstehen als Folge der Instrumentalisierung von Davis im innenpolitischen Streit der USA – im Kampf gegen McCarthy. Und ohne die McCarthy-Erzählung der Anklage und des Gerichts wäre solcher Unsinn in der Schweiz wohl nicht ungeprüft und ohne kritische Anmerkungen verbreitet worden. Die Verwendbarkeit des Falles Davis im inneramerikanischen Zwist und die Konzentration der Schweizer Strafverfolgungsorgane auf den McCarthy-Aspekt des Falles verhinderten die kritische Prüfung von Davis Äusserungen.

Zur Erinnerung: Die Schweizer Presse, welche das Gerichtsverfahren im Herbst 1951 mitverfolgte, hatte aus dem Mund des Anklägers vernommen, dass es für die ersten sechs Monaten von Davis' Aufenthalt in der Schweiz keinerlei Hinweis auf einen Kontakt zwischen ihm und McCarthy gebe. Dass Dubois als verantwortliche Person für das Dossier die erste Meldung von Davis angeblicher Klage vom 3. Januar 1952 neunfach abgelegt hat oder ablegen liess, zeigt, wie die Anstrengung, McCarthy ins Zentrum des Falles Davis zu rücken, über das Ende des Prozesses hinaus Folgen hatte.

b. Retrospektive Wertung durch die Bundesanwaltschaft

1. Der Fall Davis hinterliess in Verlautbarungen der Vertreter der Bundesanwaltschaft und des EJPD sowie als Präzedenzfall kaum Spuren. Rückblickend auf das Jahr 1951 hielt der Chef der Bundespolizei fest:

> «In Spionagesachen haben wir etwas mehr Erfolge zu buchen, als in den vorhergehenden Jahren; und zwar hatten wir grössere Strafsachen von beiden Seiten zu behandeln. Das ‹macht sich gut› für unsere Neutralität. Aber der Streitfall des amerikanischen Negers war juristisch und menschlich uninteressant; das Urteil hat nun aber doch gute Auswirkungen in den Vereinigten Staaten: gegen die verantwortungslosen Treibereien des Senators McCarthy.»[893]

Der Fall Davis diente also zunächst als Exempel für die Neutralität der Schweiz, ein Aspekt, der schon eine Rolle gespielt hatte bei der Vorbereitung des Beschlusses zur Strafverfolgung.[894] Andererseits bestätigte Balsiger mit dem zweiten Gesichtspunkt, den er betont, die Konvergenz zwischen der Übertreibung der Involvierung von McCarthy – identisch mit dem Verdrängen einer Beteiligung des

---

892 SDA-Meldung vom 13. Februar 1952, Washington (AFP); kürzere Version in der *Gazette de Lausanne* vom14. Februar 1952; ähnlich in *La Suisse* vom gleichen Tag. Auch die Meldung von Mitte Februar fand Eingang in Davis' Fiche, unter dem 14. und 18. Februar 1952.

893 Auszug aus den Ausführungen des Chefs der Bundespolizei am Rapport vom 7. Januar 1952, AfZ: NL Werner Balsiger, Schachtel 7, Vorträge und Publikationen 1952–1953.

894 Vgl. auch die Antwort des Schweizerischen Bundesrates vom 24. November 1953 auf die Kleinen Anfragen Grütter und Vincent. Dort dient der Fall Davis ebenfalls als Beleg für die Neutralität in Sachen Umgang mit unerlaubtem politischem Nachrichtendienst: «Der Bundesrat schreitet jedes Mal energisch ein und trifft die nötigen Massnahmen, wenn diese [scil. die zulässigen] Grenzen überschritten, d.h. wenn durch irgendwelche Personen nach schweizerischem Recht strafbare Handlungen begangen werden. Wie die abgeurteilten Fälle Gerber und Davis zeigen geschieht dies ohne Rücksicht auf die ausländischen Nutzniesser einer verbotenen nachrichtendienstlichen Tätigkeit», dodis.ch/9546.

FBI – durch die Schweizer Strafverfolgungsorgane und den innenpolitischen Auseinandersetzungen in den USA. Der Chef der schweizerischen Bundespolizei hielt in seinem Rückblick auf das Jahr 1951 den Einfluss dieser Angelegenheit auf die US-amerikanische Innenpolitik für das Wichtigste im Fall Davis.

Im Geschäftsbericht des Bundesrates respektive des EJPD sind dem Fall Davis vier Sätze gewidmet, einschliesslich der Feststellung: «Davis hat für Amtsstellen und hochgestellte politische Persönlichkeiten des Auslandes in der Schweiz linksgerichtete Kreise bespitzelt.»[895] Ähnlich, wenn auch den Anteil von US-Stellen schon weniger prominent erwähnend und deren Rolle durch den McCarthy-Beisatz relativierend, schrieb der Bundesanwalt später: «Davis hatte in der Schweiz für amerikanischen Amtsstellen Linksextremisten bespitzelt und für den Senator McCarthy die Verbindungen des amerikanischen diplomatischen und konsularischen Korps überwacht.»[896]

Nebulösere Varianten finden sich in weitern Bewertungen des Falles. Der Chef der Bundespolizei formulierte – aus heutiger Sicht eher verbrämend – in einem «Bericht über angebliche amerikanische Spionagetätigkeit in der Schweiz» Folgendes: «Was den Straffall des amerikanischen Negers *Davis* […] anbelangt, so ergibt sich, dass Davis nicht für eine amerikanische Nachrichtenstelle in der Schweiz gearbeitet hat.» Der Bericht hatte den Zweck, die Behauptung Emil Arnolds, des Redaktors des Vorwärts, zu widerlegen, «die Schweiz sei das Zentrum amerikanischer Spionage- und Agententätigkeit». Er kann also als eine Art Verteidigungsschreiben aufgefasst werden. Balsiger schreibt darin auch, Davis habe sich beim amerikanischen Konsulat in Genf gemeldet und «anfänglich dieser Stelle von sich aus Berichte politischer Natur erstattet» und fügt an, das Konsulat habe die Berichte der Bundesanwaltschaft zur Verfügung gestellt und sich von Davis' Tätigkeiten distanziert. «In der Hauptsache leistete Davis Nachrichtendienst aus Auftrag und gegen Entgelt für einen amerikanischen Senator und seine Beauftragten.» Kein Wort von den US-amerikanischen Stellen in Paris, von US-amerikanischen Stellen überhaupt – nichts als ein indirekter Hinweis: Davis habe *nicht* für eine amerikanische Nachrichtenstelle *in der Schweiz* gearbeitet.[897] Und das «in der Hauptsache» verweist ohne Weiteres darauf, dass noch etwas anders im Spiel.

Schliesslich stellte das Konsulat die Berichte von Davis der Bundesanwaltschaft zu. Allerdings übergab das Konsulat nicht alle Berichte und lieferte sie erst, nachdem Davis verhaftet worden war, also etwa ein Jahr nachdem er dem Konsulat erstmals Material zugestellt hatte. Zwischen der Verhaftung und der Sendung der Berichte an die Bundesanwaltschaft besteht ein Kausalzusammenhang. Solange Davis nicht verhaftet war, behielt das Konsulat die Informationen für sich respektive leitete sie weiter an die ihm vorgesetzte Behörde, das *State Department*.

---

895 Bericht des Schweizerischen Bundesrates an die Bundesversammlung über seine Geschäftsführung im Jahr 1951, S. 186.

896 Lüthi, Werner, Zur neueren Rechtsprechung über Delikte gegen den Staat, in: Schweizerische Zeitschrift für Strafrecht 69 (1954), S. 298–334, hier: S. 325.

897 Bericht von Balsiger vom 24. November 1951, CH-BAR#E4320B#1984/29#330*.

In einem weiteren Papier der Bundespolizei war zu lesen: «In nachrichtendienstlicher Hinsicht ist der Fall des amerikanischen Negers *Davis* [...] erwähnenswert. Davis arbeitete aber nicht für den offiziellen amerikanischen Nachrichtendienst, sondern war vielmehr Agent des republikanischen Senators *Joseph McCarthy* in Wisconsin. Davis war mit der Überwachung des amerikanischen diplomatischen Korps und ihres allfälligen Kontaktes mit Linkskreisen beauftragt.»[898] Hier wurden die «amerikanischen Stellen» vollständig weggelassen. Auch die im Geschäftsbericht als primäres Ziel der Spitzelei genannten «linksgerichteten Kreise» sind verschwunden. Sie erscheinen nur noch unter dem Gesichtspunkt allfälliger Kontakte des amerikanischen diplomatischen Korps zu ihnen. Die Formel, die vom Wesentlichen ablenkte, lautete wie folgt: «Davis lieferte politische Nachrichten, die er in der Schweiz in kommunistischen Kreisen einzog, u. a. dem amerikanischen Senator McCarthy.»[899] Zur Erinnerung: In der Kurzbegründung des Urteils, öffentlich verlesen am Ende der Gerichtsverhandlung, heisst es unübersehbar, Davis habe sich des politischen Nachrichtendienstes schuldig gemacht «im Interesse eines fremden Staates und einer ausländischen Partei oder einer ähnlichen Organisation des Auslandes.»[900]

2. Juristisch völlig uninteressant war der Fall auch für die Bundesanwaltschaft nicht. Balsiger selbst erörterte in einem Aufsatz das Problem, ob die Informationen, welche Davis McCarthy geliefert hatte, unter StGB Artikel 272 fallen und ob McCarthy als Repräsentant einer Partei oder einer ähnlichen Organisation gelte. Bei seinen Erwägungen der Frage zitiert Balsiger eine längere Passage aus der ausführlichen Begründung des Urteils mit der Argumentation, welche das Gericht zum Schluss führte, McCarthy sei als eine ähnliche ausländische Organisation zu betrachten.[901]

Im Übrigen figuriert die Strafsache Davis in der «Sammlung grundsätzlicher Fragen», welche die Bundesanwaltschaft angelegt hatte. Sie datiert vom 27. Dezember betreffend die «Frage: Ausweisung oder Strafverfahren» und unter einer Stelle, die auf den 3. August 1951 datiert ist, steht: «Eine Strafsache dieser Art ist bis zu Beginn der Verhandlungen vor Bundesstrafger[icht] geheim. Anklageschrift darf somit der Gesandtschaft der USA nicht ausgeliefert werden; mündl[iche] Mitteilungen sind gestattet.»[902]

3. Beim Rückgriff auf das Dossier durch René Dubois im Frühjahr 1953 und beim – abgelehnten – Ersuchen des Verteidigers von Emil Arnold um Zugang zum Dos-

---

898 Bericht von Inspektor Eberle in Sachen Amerika und England vom 4. April 1952, CH-BAR#E4320B#1990/266#430*.

899 Balsiger, Werner, Der Verbotene Nachrichtendienst, in: Schweizerische Zeitschrift für Strafrecht 68 (1953), S. 47–58, hier: S. 56.

900 «Davis s'est rendu coupable de l'infraction de service de renseignements *d'un Etat étranger* [Hervorhebung J. Z.] et d'un parti étranger ou d'un organisme semblable de l'étranger».

901 Balsiger 1953, S. 56 f. Auch der Bundesanwalt Werner Lüthi hob diesen Aspekt hervor, vgl. Lüthi 1954, S. 325. Im Verfahren gegen André Bonnard, Präsident des *Mouvement suisse des partisans de la paix* und des *Comité suisse d'aide à la Grèce démocratique*, der beschuldigt wurde, im Interesse einer ausländischen Organisation gehandelt zu haben, wird ebenfalls auf das Urteil gegen Davis verwiesen, Bericht des EJPD an den Bundesrat vom 12. Juli 1952, dodis.ch/9004.

902 Sammlung grundsätzlicher Fragen, 1950: Nr. 206, 1951: Nr. 86, CH-BAR#E4327#1991/237#35*.

sier ging es wohl weniger um den Gebrauch der Dokumente als Präzedenzfall, als vielmehr darum, einzelne Informationen daraus zu gewinnen.[903]

c. Verschiedene Entwicklungen

1. Im Frühjahr 1953 musste John Carter Vincent seinen Dienst im *State Department* quittieren. Der Staatssekretär, John Foster Dulles, hatte ihm mitgeteilt, falls er nicht um Entlassung bitte, werde ihm sofort gekündigt und er verliere den Anspruch auf die Pension.[904] Nicht McCarthy hatte ihn zu Fall gebracht, und von einem Beitrag Davis' zu Vincents Entlassung kann auch keine Rede sein. Am Schluss war der Opportunismus von Dulles ausschlaggebend für den Entscheid. Er stand allerdings unter Druck. Das *Loyalty Review Board* des *State Department* hatte im Dezember 1952 mit drei zu zwei Stimmen befunden, es bestünden «begründete Zweifel» an Vincents Loyalität.[905] All dies stützte sich auf teilweise höchst zweifelhafte Informationen, welche nicht zuletzt das FBI, unter spezieller Initiative von Chef Hoover, aktiv zusammengetragen und an die Gremien weitergeleitet hatte, die sich mit Vincents angeblicher Illoyalität und Kommunistenfreundlichkeit befassten. Und noch 1955, nachdem das Oberste Gericht dem *Loyalty Review Bord* in einem Fall gesetzeswidriges Handeln bescheinigt hatte, meinte das FBI, die Informationen seien «zu ihrer Zeit zutreffend» gewesen.[906]

2. Bei den Akten der Bundesanwaltschaft – nicht bei jenen des Bundesgerichts – liegt ein Telegramm der *Daily People's World*, der Zeitung der kommunistischen Partei der Westküste der USA. Sie verlangt, es möge den Gerichtsakten beigefügt werden, dass Davis nie Korrespondent der Zeitung war oder in irgendeiner Verbindung zu ihr stand. Damit reagierte der Manager des Blattes auf Zeitungsberichte, nach denen Davis vor Gericht gesagt hätte, er sei nach Europa gereist, um für linksgerichtete Zeitungen zu schreiben, für den *California Eagle* und *The People's World*.[907]

Es verwundert doch sehr, dass diese Behauptung von Davies nicht geprüft wurde. Einerseits hat er sich selbst diametral widersprüchlich dazu geäussert, ob er für die beiden Zeitungen gearbeitet habe oder nicht. Andererseits hätte eine

903 Beide Vorgänge sind dokumentiert im Dossier Davis des Bundesgerichts (6./9. März 1953, respektive 24. Januar 1952). Zum Fall Arnold vgl. den Geschäftsbericht des Bundesrates 1953, S. 204, zu Arnolds Anschuldigungen in Sachen amerikanischer Spionage den Bericht von Balsiger vom 24. November 1951, CH-BAR#E4320B#1984/29#330*.

904 May 1979, S. 273–276.

905 Ebd., S. 257: «Thus, by a vote of three to two, the review board determined there was a reasonable doubt of Vincent's loyalty an recommended his dismissal from government service.»

906 Zum Sammeln von Informationen, die Vincent angeblich belasteten, durch das FBI im Jahr 1950 siehe May 1979, S. 176–178 und 206 f., im Jahr 1951 S. 234 f.; im Jahr 1955, S. 286: «Such documentation referring to the findings of the Loyalty Review Board were accurate at the time utilized». Hoover beschäftigte sich mit Vincent seit 1947, vgl. ebd., S. 174. Zu den Quellen, aus denen das FBI schöpfte, gehörte auch der ehemalige Chef des Geheimdienstes von Chiang Kai-shek, vgl. ebd., S. 173 f.

907 «Please incorporate official court records case Davis that he never was correspondent Daily Poeople's World or ever connected with us. Harry Kramer Manager Daily People's World.» Zur Behauptung von Davis vgl. die *New York Post* vom 16. Oktober 1951. In der Anklageschrift steht, Davis habe gesagt, die Reise nach Europa sei von zwei amerikanischen Zeitungen kommunistischer Tendenz bezahlt worden, vom *California Eagle* und von *The People's World*.

Anfrage an eine der Zeitungen oder eine Erkundigung über die zuständige politische Polizei wohl ohne unverhältnismässigen Aufwand die Sache klären können. Der Ankläger hat sich weder um Auskunft bei einer der Zeitungen bemüht, noch von Davis eine eindeutige Aussage gefordert. Vielmehr übernahm er die eine Version und reproduzierte sie in der Anklageschrift, sodass die unwahre Behauptung durch die US-amerikanische Presse hunderttausendfach verbreitet wurde.

Das ist meines Erachtens ein weiterer Hinweis darauf, wie leicht es den Strafverfolgungsorganen in jenen Jahren unter den gegebenen Umständen fiel, weiterzuverbreiten, was «linksextreme» Kreise diskreditierte. Der Ankläger akzeptierte Davis' Dementierung, was seine Beziehung zum FBI anging, und nahm auch seine Behauptung, für die oben genannten Zeitungen gearbeitet zu haben, für bare Münze. Dubois hat also eine Wahl getroffen: Was den FBI angeht, wählte er aus den sich widersprechenden Aussagen die negierende, hinsichtlich der Zeitungen «mit kommunistischer Tendenz» entschied er sich für die affirmative. Das Ergebnis dieser Wahl hatte zur Folge, dass der FBI aus dem Blickfeld gerückt ist in einer wichtigen Frage des Falles Davis', nämlich, wer seine Überfahrt bezahlt habe. Mit der Reproduktion der Falschaussage, die Zeitungen seien für die Reise aufgekommen, kam das FBI als Geldgeber nicht mehr in Frage.

3. Wenn die US-amerikanischen Gesandtschaft im Dezember 1951 nicht nur die Anklageschrift und das Urteil, sondern auch Auszüge aus der Untersuchung verlangte, dann ging es den US-amerikanischen Behörden gewiss nicht nur ums Archivieren, sondern auch um zusätzliche Informationen, unter anderem über Personen und Gruppen von Personen, für welche sich die politische Polizei interessierte.

4. Ich habe nur für Alexander Jordan, Seymour und Sylvia Glagow sowie Carlyle Tanner zu eruieren versucht, inwiefern für sie die Denunziation durch Davis Folgen hatten. Angesichts der zahlreichen Einträge auf Staatsschutzfichen, welche ihre Registrierung dem Fall respektive Davis selbst verdanken, und angesichts der damals vorherrschenden Weltanschauung darf man auch angesichts der nachgewiesenen Fälle annehmen, dass mehrere Personen später durch das, was sich im Fall Davis abspielte, zu Schaden kamen.

5. Zwei Einträge auf Davis' Fiche sind zu erwähnen, die auf die Überwachung des Post-, Telefon- und Telegrafenverkehrs von Jean Vincent zurückzuführen sind:

- In einem Telegramm vom 17. Oktober 1951 an Telepress Prag berichtete Jean Vincent über den Fall Davis und er kritisiere das milde Urteil.
- Der Aufzeichnung eines abgehörten Telefongesprächs zwischen Vincent und Jacqueline Zurbrügg kann entnommen werden, dass sich die beiden über den Prozess gegen Davis unterhielten und Zurbrügg erklärte, sie sei im Verlaufe dieses Prozesses beschimpft worden. Sie fragte, ob es möglich sei, beim Gericht dagegen zu protestieren.[908]

---

908 Einträge vom 20. und 30. Oktober 1951, CH-BAR#E4320-01C#1996/203#116*.

287 d. Die Angelegenheit Jordan

1. Am Abend des 22. Oktober zwischen 19 und 20 Uhr gab Alexander Jordan im Büro der Hauptpost beim Bahnhof Cornavin in Genf einen als dringlich markierten Brief an die Bundesanwaltschaft auf.[909] Er erklärte am 16. Oktober, dass er bei der Lektüre des Berichts über den Prozess Davis in der europäischen Ausgabe der *New York Herald Tribune* zum ersten Mal erfahren habe, dass sein Name mit dem Fall Davis in Verbindung gebracht worden sei. Darauf habe er beim Konsulat und bei der Genfer politischen Polizei die folgende Erklärung abgegeben:

> «I am not nor have I ever been a Communist, radical, or Left-Wing person. I have never attended any sort of Communist or Left-Wing demonstration or meeting, public or private while I have been here in Switzerland or in America. I do not belong to the Communist Party or to any radical or Left-Wing group neither here in Switzerland nor in the United States. [...] I am totally innocent of the implications that this man has made by means of the telegram and by listing my name as one of a group of Left-Wing students [...] and now I write you because I want to declare my innocence to the Federal authorities [...]. Having never had any sort of black mark against my name and fully realizing the tremendous amount of damage that could be brought to my career, I have energetically striven to clear myself of this man's implications.»

Jordan, ein schwarzer US-amerikanischer Medizinstudent an der Universität Genf im 9. Semester,[910] hat sich wirklich energisch um die Rehabilitation seines Rufes nach der Diffamation, welche von Davis ausging und durch die Strafverfolgungsorgane aufgenommen und verbreitet wurde, gekümmert. Jordan deponierte seine Erklärung zuerst beim Konsulat, ging dann auf Anraten eines Konsulatsbeamten zur politischen Polizei in Genf, verlangte – erfolgreich – von der Redaktion der Zeitung *La Suisse* eine Richtigstellung und von der Vertreterin und dem Vertreter der US-amerikanischen Presseagenturen UP und AP bei den Vereinten Nationen in Genf eine Richtigstellung in der US-amerikanischen Presse.[911] Zudem nahm er mit Davis Kontakt auf, erwirkte von ihm ein Dementi und er verfasste und spedierte das oben zitierte Schreiben an die Bundesanwaltschaft.

2. Schlimmer gemacht wurde die Sache für Jordan durch einen Zeitungsbericht, der eine angebliche oder wirkliche Äusserung des Anklägers wiedergab. Laut der oben genannten Nummer der *New York Harald Tribune* hatte Dubois ausserhalb des Gerichtssaales gesagt, bei Jordan handle es sich um einen «amerikanischen Neger und linksgerichteten Studenten in Genf».[912]

Im erwähnten Schreiben an die Bundesanwaltschaft fragte Jordan unter Hinweis auf die Zeitung, «warum der staatliche Ankläger, Herr René Dubois, zitiert wird mit der ausserhalb des Gerichtssaales gemachten, auf mich bezogenen Be-

---

909 Das Schreiben datiert vom 21. Oktober, der Eingangsstempel der Berner Briefausgabe vom 23. Oktober.

910 Vgl. Jordans Erklärung vor der Genfer Polizei vom 18. Oktober 1951.

911 Die Richtigstellung in *La Suisse* erschien schon am 20. Oktober 1951: «En marge de l'affaire Davis. M. Alex Jordan, dont il a été fait mention au cours de l'affaire Davis qui s'est déroulée récemment devant la Cour pénale fédérale, nous prie de dire que, contrairement à ce qui a été avancé par l'accusé au cours d'une des auditions du procès, il n'est nullement communiste.» Der Zeitungsausschnitt wurde der Bundesanwaltschaft von der Genfer Polizei zugestellt und liegt bei den Akten.

912 «The Alex Jordan referred to was identified outside court by prosecutor René Dubois as an American Negro Left-wing student in Geneva.» So stand es in der genannten Zeitung, die sich auf *United Press* stützte.

zeichnung als ein amerikanischer Neger und linksgerichteter Student in Genf». Dubois antwortete Jordan mit Schreiben vom 29. Oktober. Er habe gefragt, warum der Vertreter der Bundesanwaltschaft beim Prozess – angeblich – vor amerikanischen Journalisten erklärt habe, er sei ein Linksextremist. Die Antwort lautete: «A ceci, je réponds qu'il doit manifestement s'agir d'un malentendu, car je n'ai évidemment pas pu vous traiter de: ‹American Negro Left-Wing student›, ce qui eut été contraire à mes connaissances du dossier.» Im Übrigen könne er selbstverständlich von dieser Erklärung Gebrauch machen. Das hatte Jordan zweifellos beruhigt und hätte ihm im Zweifelsfall auch bei allfälligen Nachfragen der US-amerikanischen politischen Polizei geholfen.[913]

Formal mag das Dementi des Anklägers stimmen. Möglicherweise hat er die Bezeichnung «American Negro Left-wing student» nicht verwendet. Nicht ganz überzeugend wirkt, gerade angesichts der Aktenlage, seine Argumentation, er könne dies nicht gesagt haben, weil das seiner Kenntnis des Dossiers widerspreche. Die Wurzeln der Diffamation liegen zwar bei Davis. Ihre Verbreitung geht jedoch auf die von Dubois verfasste, weitergeleitete und – von wem auch immer – etlichen Presseorganen zugänglich gemachte Anklageschrift zurück. Dort zitiert er den Text des gefälschten, an John Carter Vincent adressierten Telegramms – «Auskünfte über Herrn Alex Jordan senden» – und verweist dabei auf jene Stelle der Schrift, in welcher Jordan angeführt wird als einer jener amerikanischen Studenten, die Davis als kommunistische Aktivisten oder zumindest mit dem Kommunismus sympathisierend bezeichnet hatte. Der Zusammenhang ergibt, dass Jordan eine «linksgerichtete» Person sein musste.[914] So hat auch die Presse die Anklageschrift verstanden.[915] Im Übrigen ist zu bemerken, dass die Vertreterin von *United Press*, Dudley Harmon, deren Bericht mit der Äusserung des Anklägers die *New York Harald Tribune* wiedergegeben hatte, nicht irgendeine Journalistin war, sondern eine erfahrene Berufsfrau, die unter anderem 1946 über die Nürnberger Prozesse berichtet hatte und seit 1948 bei den Vereinten Nationen in Genf akkreditiert war.[916] Das Dementi von René Dubois mag formell korrekt gewesen sein, materiell, das heisst bezogen auf das, was zu Jordan im Dossier dokumentiert

913 Es mag nicht unnütz gewesen sein, dass von Jordans Schreiben an die Bundesanwaltschaft auch Balsiger, der Chef der Bundespolizei und damit Partner des FBI, Kenntnis erhielt, vgl. Begleitzettel der Bundesanwaltschaft zum Schreiben Jordan vom 21. Oktober 1951, Eingangsstempel der Bundesanwaltschaft datiert vom 23. Oktober mit Sichtvermerk Balsigers vom gleichen Tag. Vgl. auch den Eintrag auf der Staatsschutzfiche Jordans vom 29. Oktober 1951, CH-BAR#E4320-01C#1990/134#74*: «a[n] J[ordan]: Der Ausspruch, dass es sich bei ihm um einen ‹American Negro-Left-Wing Student› handelt, wurde im Verlauf des Davis Prozesses nie gebraucht. Es wird ihm erlaubt, von dieser Erklärung Gebrauch zu machen.»

914 Anklageschrift S. 8 mit Verweis auf S. 6, erster Absatz. Es ging darum, den US-Gesandten in Bern zu diskreditieren, indem er vom «militant linksextremen» gefälschten Absender Stämpfli um Auskünfte über eine andere «linksgerichtete» Person gebeten wurde, und so scheinbar zu belegen, dass Vincent Verbindung hatte zu «linksgerichteten» Kreisen. Dazu wurde Stämpfli ins Spiel gebracht und Jordan, den Davis vom Sehen kannte (siehe unten), über dessen politische Ansichten er aber absolut nichts wusste. Auch auf der Staatsschutzfiche war Jordan «Kommunist», Eintrag zum 26.12.1950, gestützt auf Information von Inspektor Ritschard über die Einvernahme Davis: «Hat über die polit. Tätigkeit des J. an das FBI in Paris berichtet. Kommunist.» Der Eintrag ist unter anderem mit dem Kürzel von Dubois versehen.

915 Betreffend Jordan und Stämpfli ist z.B. in der «New York Post» vom 15. Oktober 1951 zu lesen: «The indictment described both Stampfli and Jordan as extreme left-wingers.»

916 Vgl. http://asteria.fivecolleges.edu/findaids/sophiasmith/mnsss92.html (abgerufen am 21. Januar 2017).

ist – von der Anklageschrift bis und mit der Gerichtsverhandlung –, überzeugt es nicht. Und natürlich war das Dementi risikofrei: Jordan war heilfroh, rehabilitiert zu sein, und was in den Akten stand, wusste er ja nicht.

3. Die Sache mit Jordan widerlegt die Annahme des Gerichts, das in diesem Punkt dem Pflichtverteidiger folgte:[917] Die Informationen, welche Davis gesammelt und weitergeleitet hatte, und seine Denunziationen hätten niemandem wirklich geschadet. Aber noch in anderer Hinsicht illustriert die Episode mit Jordan einen charakteristischen Aspekt des Falles Davis. Sie zeigt, wie die Strafverfolgungsorgane mit dem, was Davis erzählte, umgegangen sind. Das Bild, das sie von Jordan zeichneten, fundierte auf Davis' Erzählungen. Die gerichtliche Polizei erkundigte sich im grossen Verhör vom 19./20. Dezember 1950 nach den amerikanischen Staatsangehörigen, die er laut seiner Behauptung vom November in einem seiner Berichte nach Paris gemeldet habe. Davis antwortete, er könne sich nicht mehr an alle Namen erinnern. Einige nannte er doch, darunter Alex Jordan. «Die Informationen zu jedem dieser Namen betraf ihre jeweilige Aktivität in der Kommunistischen Partei in Genf.»[918] Diese Behauptung machte Jordan für die politische Polizei zum «Kommunisten».[919] Verstärkt wurde diese Überzeugung auch aufgrund der Äusserung, dass er die Personen nicht näher kenne, ihnen aber bei einem Treffen von Medizinstudenten begegnet sei. Dieses Treffen habe eindeutig politischen Charakter gehabt und die Diskussion hauptsächlich den verschiedenen progressiven Studentenorganisationen in den verschiedenen Ländern gegolten.[920]

Jordan stellte – vermittelt durch das Konsulat oder den Pflichtverteidiger – am 18. Oktober 1951 Davis zur Rede und fragte ihn, warum er seinen Namen verwendet habe. Laut Jordan antwortete Davis sinngemäss: «Ich benötigte einfach jeman-

917 Der Ankläger teilte diese Meinung wohl, vgl. dazu Kapitel IV e, Abschnitt 5. Von Beeinträchtigung durch die Denunziationen sprach er nur in Zusammenhang mit John Carter Vincent. Auf jeden Fall bemühte er sich in keiner Weise darum, dem Gericht die Beeinträchtigung durch die Denunziation als «Kommunist» zu vermitteln. Das Gericht übernahm die Rede von deren Unschädlichkeit vom Pflichtanwalt – und das in einer Zeit, da in der Schweiz die Bundesverwaltung und die Bundesbetriebe «gesäubert» wurden, da die Sicherheitsverordnung zur Inkraftsetzung bereitgestellt wurde.

918 Protokoll des Verhörs vom 19./20. Dezember 1951, Frage und Antwort 48.

919 Der Eintrag auf der Staatsschutzfiche von Jordan reproduziert die Aussage von Davis in der Antwort 48 des Verhörs als Faktum. Gegenüber dem Untersuchungsrichter wiederholte er die Behauptung: Er habe der Botschaft in Paris Informationen überliefert «sur des étudiants communistes ou communisants de nationalité américaine. Il s'agissait notamment des Glagow […], Schuster, Jordan, Adelson, Tenner, Jones et Howard.» Protokoll vom 23. Januar 1951, Antwort 10 j.

920 Offenbar hatte Jordan noch aufgrund eines andern, nicht weniger fragwürdigen Berichts die Aufmerksamkeit der politischen Polizei gefunden. Auf seiner Staatsschutzfiche findet sich, gestützt auf Angaben des Chefs der Genfer Polizei zum 26.12.1950 der Eintrag: «Genannt im Bericht über Noverraz Henri […] hat Beziehungen zu diesem.» Auch diese «Feststellung» wurde falsifiziert, jedoch erst nach dem Prozess. Nach seiner Erklärung gegenüber der Genfer Polizei am 18. Oktober 1951 wurde Jordan von einem der Inspektoren gefragt, ob er einen Henri Noverraz kenne. Jordan antwortete: «Der Name sagt mir nichts.» Zu dieser Frage und Antwort existiert ein Eintrag in die Fiche von Noverraz: «Bericht über Einvernahme Jordan Alexander […] i. S. Davis […]. Jordan will N. nicht kennen», Fiche Noverraz: CH-BAR#E4320-01C#1996/203#384*, Eintrag vom 26.10.1951, Quelle Justiz- und Polizeidepartement Genf. Auf der Fiche Noverraz findet sich zum 26.12.1950 der folgende Eintrag: «[…] Ausführlicher Bericht über N. und dessen Beziehungen zu ausl. Studenten und versch. Genfer Friedenspartisanen.» Die Einträge auf Noverraz Fiche beginnen im April 1949, da er vermerkt wird als Mitglied des *Mouvement des intellectuelles suisses pour la paix*.

den».[921] Und die Strafverfolgungsorgane übernahmen Davis' Erfindung – «weil es passte». Weil es passte, unterliessen sie es auch, Jordan zu befragen. Weder der Untersuchungsrichter, noch der Ankläger, noch das Gericht hörten Jordan an oder befragten ihn als Zeugen.[922]

Befremdlich wirkt die Angelegenheit wegen des affirmativen Umgangs der Strafverfolgungsorgane mit Davis' Denunziation. Unappetitlich erscheint sie angesichts dessen, was Jordan über die Begegnung mit Davis berichtete. Er sei ihm in der Stadt mehrmals begegnet, habe ihn nur vom Sehen gekannt und nicht gewusst, wie er heisse. Aber da sie beide schwarze Amerikaner seien, habe er ihn freundschaftlich angesprochen.[923] Getroffen habe er ihn jeweils nur zufällig. Gesehen habe er ihn auch im Kantonsspital, wo in der Abteilung für Magen- und Darmkrankheiten gearbeitet und zwei Gefangene behandelt habe, die sich in der gleichen Zelle befunden hatten wie Davis.

Für US-amerikanische Staatsangehörige war es um das Jahr 1950 nicht gefahrlos, als Kommunist oder etwas Ähnliches denunziert oder bezeichnet zu werden.[924] Jordan, der seine Denunziation als existenziell bedrohlich für seine berufliche Laufbahn wahrnahm, reagierte darauf, indem er mit grösster Dringlichkeit und grösster Umsicht alle Schritte unternahm, um den Schaden abzuwenden, der ihm drohte.[925]

So wird die Meinung des Gerichts, es sei nicht erwiesen, dass die Informationen, welche Davis geliefert habe, «ernsthafte Konsequenzen gehabt haben für die betroffenen Personen», selbst innerhalb des Dossiers Davis widerlegt.[926]

---

921 In der oben erwähnten Erklärung von Jordan gegenüber der Genfer Polizei vom 18. Oktober 1951: «Il fallait bien quelqu'un.»

922 Der Untersuchungsrichter wusste spätestens am 20. Februar 1951, dass das Telegramm eine Fälschung war, vgl. das Protokoll des Verhörs, Antwort 12.

923 «[…] mais comme nous sommes tous deux des noirs américains, je l'ai interpellé amicalement», Erklärung vom 18. Oktober 1951.

924 Vgl. Kapitel IV f, *Die Tat* vom 17. Oktober 1951 und Kapitel IV e, Abschnitt 5, *Arbeiter-Zeitung* vom 17. Oktober 1951.

925 Es ist anzunehmen, dass Jordan als «Kommunist» später weder ein erfolgreicher Arzt in den USA noch «President of Rheumatology Association of America, Eastern Region» geworden wäre, vgl. www.legacy.com/obituaries/lohud/obituary.aspx?n=alexander-boyd-jordan&pid=148669530 (abgerufen am 31. Januar 2017).

926 Vgl. die ausführliche Begründung des Urteils, dodis.ch/52771, S. 12.

Quellen

Die Kern-Dossiers

Drei substanzielle Dossiers entstanden bei Behörden in der Schweiz zum Fall Charles Davis, nämlich bei der Kantonspolizei Genf, der Bundesanwaltschaft und beim Bundesgericht (Bundesstrafgericht):

- Archives de l'Etat de Genève (AEGE), 1994 va 35.48, dossier 16151 (zitiert: AEGE 16151).
- Schweizerisches Bundesarchiv (CH-BAR), CH-BAR#E4320B#1990/133#1971* und CH-BAR#E4320B#1990/133#1972* (das heisst von Ablieferung 1990/133 Schachtel 102 und Teil von Schachtel 103, Dossier C.12.5032).
- Archiv des Bundesgerichts (Bundesstrafgericht), Dossier C.6164.

Zu einem eher geringen Teil sind die Inhalte der drei Dossiers identisch. Identische Dokumente sind beispielsweise Durchschläge von abgehenden Schreiben, Kopien zur Kenntnisnahme oder fotomechanisch hergestellte Kopien.

Das umfangreichste Dossier, jenes der Bundesanwaltschaft, umfasst etwa eineinhalb Schachteln, bestehend aus drei Einheiten:

1. Die Akten der Bundesanwaltschaft im engeren Sinn, einschliesslich eines kleinen Ordners mit Zeitungsberichten zum Prozess sowie der undatierten Materialien, die der Ankläger zur Vorbereitung der Anklageschrift zusammengetragen hatte.
2. Eine ziemlich lückenhafte Kopie des Dossiers, welches der eidgenössische Untersuchungsrichter zum Abschluss der Voruntersuchung erstellte.
3. Ein gehefteter Faszikel, den der Untersuchungsrichter einige Jahre nach Abschluss des Verfahrens der Bundesanwaltschaft zustellte und der vor allem Kopien seiner ausgehenden Schreiben enthält, vereinzelt auch Originale eingehender Schreiben, welche in den oben genannten Dossiers fehlen, man kann auch sagen, diesen faktisch entzogen wurden.

Datum und allenfalls Nummern der Zeitungen, aus denen ich zitiere, sind grösstenteils wiedergegeben nach den Presseausschnitten, die in den Akten abgelegt sind. Ich habe die dortigen Angaben nicht überprüft, sie nur bei offensichtlichen Fehlern korrigiert. In vereinzelten Fällen habe ich Zeitungsartikel konsultiert, die nicht in den Dossiers überliefert sind.

Im Dossier zu Charles Davis des Eidgenössischen Politischen Departements EPD (CH-BAR#E2001E#1969/121#852*) findet sich Material, welches das Dossier der Bundesanwaltschaft ergänzt. Das Gleiche gilt für das Dossier des Generalsekretariats des EJPD (CH-BAR#E4001C#1000/783#191*).

Im Dossier des Archivs des Bundesgerichts finden sich neben den Akten über die vorbereitenden Schritte des Gerichts, den Prozess im engeren Sinn und dem Urteil die vollständigen Originalakten des Dossiers des Untersuchungsrichters. Faszikel I und II dieses Dossiers dokumentieren die strafrechtlichen Aspekte, Faszikel III die zivilrechtlichen. Die Kopie dieses Dossiers in den Akten der Bundesanwaltschaft weist grosse Lücken auf. Ich habe diese Lücken nicht analysiert. Ich nehme an, dass es einst vollständig kopiert wurde und einzelne Stücke nach Abschluss des Prozesses nicht beseitigt, sondern je nach Bedarf für andere Dossiers verwendet wurden.

Die Akten der Genfer Kantonspolizei dokumentieren wichtige Aspekte des Falls, die in den Dossiers der beiden andern Behörden nicht erscheinen, vor allem die Verhandlungen, die vor Ort mit Vertretern der USA geführt wurden mit dem Ziel, die sofortige Ausweisung von Davis zu ermöglichen.

Was die Dokumente im Dossier des Untersuchungsrichters betrifft, arbeitete ich vorwiegend mit den Kopien, die sich im Dossier der Bundesanwaltschaft befinden, soweit sie eben dort vorhanden waren. Dabei gilt, was ich unten zur Nennung der Belegstellen anführe für CH-BAR#E4320B#1990/133#1971* und CH-BAR#E4320B#1990/133#1972*.

Der Nachlass des Chefs der Bundespolizei, Dr. Werner Balsiger (AfZ: NL Werner Balsiger), befindet sich im Archiv für Zeitgeschichte der ETH in Zürich. Für einzelne Punkte bot er wichtige Erkenntnisse.

Um mehr zu erfahren über Raymond Jeanprêtre, den eidgenössischen Untersuchungsrichter im Fall Davis, habe ich ein kleines Dossier über ihn eingesehen in den Archives d'Etat du canton de Neuchâtel. Für einzelne Fragen konsultierte ich Dossiers im Stadtarchiv Zürich und im Staatsarchiv Zürich. Schriftliche Auskunft erteilten mir freundlicherweise die Archives de la Ville de Genève, Archives adminiatgreatives et patriomoniales de l'Université de Genève, Bibliothèque de Genève, Archives de l'Hôpital universitaire et cantonal de Genève, Stadtarchiv Bern, Archives de la Ville de Lausanne, Staatsarchiv Basel-Stadt, SBB-Historic – Stiftung Historisches Erbe der SBB, Bibliothek und Archiv Schweizerischer Gewerkschaftsbund, Archiv der Neuen Zürcher Zeitung, Historisches Archiv und Bibliothek PTT sowie Paris, Préfecture de la Police, Départtement patrimonial, section Archives.

Ich danke allen Archivmitarbeiterinnen und Archivmitarbeitern, die mir behilflich waren, insbesondere jenen des Bundesarchivs sowie des Bundesgerichtsarchivs und des Staatsarchivs Genf, für Ihre freundliche Unterstützung. Marc Perrenoud, seinerzeit Mitarbeiter der Forschungsstelle Diplomatische Dokumente der Schweiz (Dodis), verdanke ich die Identifizierung von Unterschriften auf Originaldokumenten des EPD.

293 Belegstellen

Zu Aussagen aus Quellen, die sich in den oben genannten Hauptdossiers des Bundesarchivs befinden (E4320B#1990/133#1971* und E4320B#1990/133#1972*), führe ich die Belegstelle nicht an. Es ergäbe sich sonst ein Wust von gleichlautenden Fussnoten. Dasselbe gilt für Zitate aus Quellen, die im Dossier C.12.5032 der Bundesanwaltschaft abgelegt sind.

Weitere Dossiers, die ich benutzt habe oder aus denen mir freundlicherweise Auskunft erteilt wurde, nenne ich in der allgemein üblichen Weise. Angaben, die ich allgemein bekannten Nachschlagewerken entnommen habe, einschliesslich jährlich erscheinender Amtsdrucksachen, wie z. B. des Staatskalenders der Schweizerischen Eidgenossenschaft, sind in der Regel wiedergegeben ohne Quellenangabe.

Verweise auf das Inventar der Akten des Untersuchungsrichters beziehen sich, falls nicht ausdrücklich anders vermerkt, auf das Verzeichnis zum strafrechtlichen Teil des Dossiers. Für den zivilrechtlichen Teil liegt ein separates Verzeichnis vor.

Bibliografie

Balsiger, Werner, Der Verbotene Nachrichtendienst, in: Schweizerische Zeitschrift für Strafrecht 68 (1953), S. 47–58.

Bourdieu, Pierre & Chartier, Pierre, Le sociologue et l'historien, Paris 2010.

Büschi, Markus, Fichiert und archiviert. Die Staatsschutz-Akten des Bundes 1960–1990, in: Studien und Quellen 24 (1998), S. 319–380.

Burri, Boris, Notrechtliches Vorgehen gegen die Kommunisten, in: Schweizerische Zeitschrift für Geschichte, 54 (2004), S. 158–172.

Cicourel, Aaron V., The Social Organization of Juvenile Justice, London 19952.

United States Senate (ed.), Church-Report II: Intelligence Activities and the Rights of Americans (Report No. 94–755, 94th Congress, 2nd Session), Book II, Final Report of the Select Committee to Study Governemental Operations with Respect to Intelligence Activities, April 26 1976, U. S. Government Printing Office, 1976.

Conley, John M. & O'Barr, William M., Just Words. Law, Language and Power, Chicago 20052.

Corson, William R., Trento, Susan B. & Trento, Joseph J., Maulwürfe. Die geheimen Kriege des KGB gegen die USA, München 1989.

Frei, Daniel, Das Washingtoner Abkommen von 1946. Ein Beitrag zur schweizerischen Aussenpolitik zwischen dem zweiten Weltkrieg und dem Kalten Krieg, in: Schweizerische Zeitschrift für Geschichte 19 (1969), S. 567–619.

Gabriel, Jürg M., The American Conception of Neutrality After 1941 (updated and revised edition), Basingstoke 2002.

Goffman, Erving, The Presentation of Self in Everyday Life, New York 1990.

Griffith, Robert, The politics of fear. Joseph R. McCarthy and the Senate, Lexington (Kentucky) 1970.

Jeanprêtre, Raymond, Hommage à Raymond Jeanprêtre. Recueil de travaux offert par la Faculté de droit et des sciences économiques de l'Université de Neuchâtel, Neuchâtel 1982.

König, Mario, Interhandel. Die schweizerische Holding der IG Farben und ihre Metamorphosen. Eine Affäre um Eigentum und Interessen (1910–1999), Zürich 2001.

Komitee Schluss mit dem Schnüffelstaat (Hrsg.), Schnüffelstaat Schweiz, Hundert Jahre sind genug, Zürich 1990.

Kreis, Georg; Delley, Jean-Daniel; Kaufmann, Otto K. & Wigger, Otmar, Staatsschutz in der Schweiz. Die Entwicklung von 1935–1990. Eine multidisziplinäre Untersuchung, Bern 1993.

Lüthi, Werner, Der Verstärkte Staatsschutz, in: Zeitschrift des Bernischen Juristenvereins 87 (1951), S. 137–164.

Lüthi, Werner, Betrachtungen zur Bundesstrafrechtspflege, in: Schweizerische Zeitschrift für Strafrecht 67 (1952), S. 409–424.

Lüthi, Werner, Zur neueren Rechtsprechung über Delikte gegen den Staat, in: Schweizerische Zeitschrift für Strafrecht 69 (1954), S. 298–334.

May, Gary, China scapegoat. The diplomatic ordeal of John Carter Vincent, Washington D. C, 1979.

Müller, Martin, Die Entwicklung der Bundespolizei und ihre heutige Organisation, Aarau 1949.

Peter, Markus, Die Bundesanwaltschaft als Staatsanwaltschaft des Bundes, Zürich 1972.

Schaller, André, Schweizer Neutralität im Ost-West-Handel. Das Hotz-Linder Agreement vom 23. Juli 1951, Bern 1987.

Schmid, Niklaus, Strafprozessrecht. Eine Einführung auf der Grundlage des Strafprozessrechtes des Kantons Zürich und des Bundes, Zürich 20044.

Stamm, Konrad, Der «grosse Stucki». Eine schweizerische Karriere von weltmännischem Format. Minister Walter Stucki (1888–1963), Zürich 2013.

Trachsler, Daniel, Bundesrat Petitpierre. Schweizerische Aussenpolitik im Kalten Krieg 1945–1961, Zürich 2011.

Ungar, Sanford J., FBI. An Uncensored Look Behind the Walls, Toronto 1975.

Van Dongen, Luc, De la place de la Suisse dans la ‹guerre froide secrète› des États Unies, 1943–1975, in: Traverse 2 (2009), S. 55–72.

Von Calstelmur, Linus, Schweizerisch-alliierte Finanzbeziehungen im Übergang vom Zweiten Weltkrieg zum Kalten Krieg. Die deutschen Guthaben in der Schweiz zwischen Zwangsliquidierung und Freigabe (1945–1952), Zürich 1997[2].

Weiner, Tim, CIA. Die ganze Geschichte, Frankfurt a. M. 20094.

Weiner, Tim, Enemies. A History of the FBI, New York 2012.

Abkürzungen

AS	Amtliche Sammlung des Bundesrechts
AEGE	Archives de l'Etat de Genève
AFP	Agence France-Presse
AfZ	Archiv für Zeitgeschichte, Zürich
AP	Associated Press
BAR	Schweizerisches Bundesarchiv
BBl	Bundesblatt
BRB	Bundesratsbeschluss
BS	Bereinigte Sammlung der Bundesgesetze und Verordnungen 1848–1947
BStP	Gesetz über die Bundesstrafrechtspflege vom 15. Juni 1934
Bulletin NR	Amtliches Bulletin des Nationalrates
DDS	Diplomatische Dokumente der Schweiz
EJPD	Eidgenössisches Justiz- und Polizeidepartement
EPD	Eidgenössisches Politisches Departement (ab 1979 EDA, Eidgenösisches Departement für auswärtige Angelegenheiten)
PdA/PdT	Partei der Arbeit/Parti du Travail
POP	Parti ouvrier et populaire (Bezeichnung des PdT in den Kantonen Waadt und Neuenburg)
SDA	Schweizerische Depeschenagentur
StGB	Schweizerisches bürgerliches Strafgesetzbuch
UP	United Press

Nachruf zu Josef Zwicker (1944–2017)

Der unerwartete Tod von Josef Zwicker im Mai 2017 hinterlässt nicht nur in der Familie und im Freundeskreis eine grosse Lücke. Die Schweizer Archivarinnen und Archivare haben einen hochgeschätzten Kollegen verloren, das Archivwesen einen seiner herausragendsten Vertreter.

Während seiner 16-jährigen Amtszeit von 1992 bis 2007 und darüber hinaus prägte Josef Zwicker als Staatsarchivar nicht nur nachhaltig das Staatsarchiv Basel-Stadt, sondern trug gesamtschweizerisch wesentlich zur Professionalisierung des Berufsstandes bei, insbesondere im Bereich des Archivrechts sowie in der fachlichen Aus- und Weiterbildung angehender Archivarinnen und Archivare. Mit seinem wachen und kritischen Geist, seinem weiten intellektuellen Horizont und seinem profunden Fachwissen war er – auch über den engeren Fachbereich hinaus – im besten Sinne des Wortes eine Instanz.

Geboren am 6. Oktober 1944 in Andwil (St. Gallen), wuchs Josef Zwicker in einer Grossfamilie mit 12 Kindern auf. Nach bestandener Maturität studierte er zunächst Philosophie in Leuven (Belgien), dann ab 1966 in Basel allgemeine Geschichte, Philosophie, Schweizergeschichte und historische Hilfswissenschaften. Nach dem Lizentiat im Jahr 1970 (Thema «Roger II. und Byzanz») setzte er seine Studien in Giessen und Wien fort. 1987 promovierte er in Basel in Allgemeiner Geschichte als Hauptfach und Schweizergeschichte und Philosophie als Nebenfächern mit einer Dissertation über die Franziskanerprovinz Burgund bei Frantisek Graus. Bereits 1977 hatte Josef Zwicker in Bern eine Stelle als Sekretär der Bundesversammlung, Protokollführer von Sitzungen parlamentarischer Kommissionen, Redaktor des amtlichen Bulletins und als Übersetzer übernommen. Weil ihm diese reproduzierende Tätigkeit langfristig nicht zusagte, wandte er sich nach drei Jahren wieder der Historie zu und bewarb sich 1980 erfolgreich im Staatsarchiv Basel-Stadt. Sein Teilzeitpensum in Bern, seit 1980 auch als Protokollführer und Übersetzer beim Nationalrat, gab er 1985 zugunsten einer Ausweitung der Stelle in Basel auf. 1986 absolvierte er einen längeren Stage bei den *Archives Nationales* in Paris. Kurz nach seiner Rückkehr beauftragte ihn Staatsarchivar Andreas Staehelin mit der Revision der Archivverordnung – woraus das Archivgesetz von 1996 erwachsen sollte – und dem Bereich der elektronischen Datenträger. Kurze Zeit später übernahm er ebenfalls von Staehelin dessen Lehrveranstaltung zum Archivwesen und zur Verwaltungsgeschichte am Historischen Seminar der Universität Basel. Die Einführung von Geschichtsstudierenden ins Archiv und in die Hilfswissenschaften – insbesondere Fotografie, Film und Tonträger als eigenständige Quellen der Geschichte – war ihm ein stetes Anliegen, das heute mit einem rotierenden Lehrauftrag am Departement Geschichte der Universität Basel optimal verwirklicht ist. Zugleich war er als Präsident einer Arbeitsgruppe des Vereins Schweizerischer Archivarinnen und Archivare (VSA) an der Neuauflage des *Repertoriums der handschriftlichen Nachlässe in den Bibliotheken und Archiven der Schweiz* beteiligt, das 1992 erschien. Von 1989 bis 1992 war er Mitglied der Koordinationskommission des VSA, die sich mit Bewertungsfragen befasste.

Das Staatsarchiv Basel-Stadt verdankt der Weitsicht, Unabhängigkeit und den profunden Fachkenntnissen von Josef Zwicker wichtige Impulse und Entwicklungen, die das Archiv auch für die Zukunft nachhaltig stärkten. Als Autor des kantonalen Archivgesetzes von 1996 leistete er einen entscheidenden Beitrag zur rechtlichen Verankerung der Archive im modernen demokratischen Rechtsstaat. Das Staatsarchiv Basel-Stadt konnte seine Aufgaben nun auf einer soliden Rechtsgrundlage und im Einklang mit den übrigen gesetzlichen Rahmenbedingungen wahrnehmen. Insbesondere der gesetzlich verankerte Datenschutz und die klar definierten Schutzfristen schufen erstmals einen transparenten und geregelten Zugang zum Archivgut. Mit der ebenfalls im Gesetz verankerten Anbietungspflicht von Behörde und Verwaltung erhielt auch die Überlieferungsbildung – eine der Kernaufgaben der Archive – erstmals eine solide Legitimation durch den Gesetzgeber.

Unmittelbaren Nutzen aus Josef Zwickers Kenntnissen der juristischen Theorie und Praxis im Bereich Archivrecht zog auch die Schweizer Archivlandschaft, sei es, dass er Kollegen und Kolleginnen bei den zahlreichen neu zu schaffenden Archivgesetzen beratend zur Seite stand, sei es im Rahmen der archivischen Aus- und Weiterbildung. Über viele Jahre hinweg war er Dozent im Einführungskurs des VSA, von 2000 bis 2002 zudem Dozent in der Berufslehre der Informations- und Dokumentationsassistenten. Ab 1995 war er mehrfach auf internationaler Mission, so etwa im Rahmen der Osteuropahilfe des Bundes und unter der Aufsicht des *International Council on Archives* als leitender Delegierter mit einer Gruppe von Archivarinnen und Archivaren in Polen und in Albanien. 1997 wurde er vom internationalen Archivrat in Paris in den Ausschuss für Archivrecht, das *Committee on Archival Legal Matters* (CALM), gewählt, dem er bis 2005 angehörte. Aus dieser breit gefächerten Tätigkeit im kantonalen, nationalen und internationalen Kontext entstand eine Reihe von Aufsätzen, Referaten und einschlägigen Publikationen zum schweizerischen Archivrecht. Auch war er Mitglied verschiedener Stiftungsräte, so unter anderem der 2000 begründeten archiveigenen *Dr. H. A. Vögelin-Bienz-Stiftung*, der *Stiftung pro Klingentalmuseum* und von 2000 bis 2017 der *Carl Schlettwein Stiftung*. Ferner trug er wesentlich dazu bei, dass Basel-Stadt 2008 Mitglied der Stiftung der *Archives de l'ancien Évêché de Bâle* wurde. Zwischen 2001 und 2005 vertrat Josef Zwicker den VSA im Gesellschaftsrat der *Schweizerischen Gesellschaft für Geschichte* (SGG). Sein profundes Wissen kam auch in diesem Gremium sowie in weiteren Arbeitsgruppen und Hintergrundgesprächen zum Tragen und hat die Archivpolitik der SGG massgeblich und konstruktiv geprägt. Seine Publikationen zum Archivrecht fanden mehrfach Eingang in die Stellungnahmen der Gesellschaft, zuletzt im Mai 2017 in ein Schreiben an den Gesamtbundesrat betreffend die Verordnungsentwürfe zum Nachrichtendienstgesetz.

Die Bedeutung der Informatik für die Zukunft der Archive erkannte Josef Zwicker frühzeitig. Dabei hatte er den Mut, für damalige Verhältnisse auch unkonventionelle Wege zu gehen. Das Informatik-Gesamtkonzept des Staatsarchivs wurde 1996 in Zusammenarbeit mit einer externen IT-Firma erarbeitet. Aus dieser Zusammenarbeit entstand das erste Archivinformatiksystem des Staatsarchivs, das ab 2000 produktiv eingesetzt und sich danach zu einem im deutschen Sprachraum weit verbreiteten Standardprodukt entwickelte. Im Bewusstsein, dass nur gemeinsam und im gesamtnationalen Austausch mit anderen Archiven das notwendige Know-how erworben und die Herausforderungen der Digitalisierung gemeistert werden können, unterstützte Josef Zwicker die Begründung der *Schweizerischen Koordinationsstelle für die dauerhafte Archivierung elektronischer Unterlagen* (KOST).

Mit seinem wachen und kritischen Geist verstand es Josef Zwicker, die Rolle der Archive im Kontext der grossen gesellschaftlich relevanten Themen und Fragestellungen zu situieren und die Debatte mit pointierten Stellungnahmen voranzutreiben. Fokussiert auf den Nutzen der Archive für die Gesellschaft, vertrat er eine dezidiert offene Archivpolitik: Gewährleistung von Transparenz und Nachvollziehbarkeit des staatlichen Handelns für die Öffentlichkeit und die Verwaltung einerseits und die Zugänglichkeit des Archivguts für alle unter Berücksichtigung des Datenschutzes andererseits. Die Schaffung eines niederschwelligen Zugangs zum Archiv und die aktive Vermittlung der Inhalte betrachtete er als einen grundlegenden Bestandteil des Kulturauftrags des Archivs und als Beitrag zu einem «einigermassen rationalen Umgang mit der Vergangenheit» – wie er zu sagen pflegte.

Die Unvoreingenommenheit und Eigenständigkeit des Denkens, insbesondere in der Auseinandersetzung mit der Geschichte, hielt er für die Voraussetzung für einen freieren Umgang mit der Gegenwart. Die Unabhängigkeit im Denken war ein Anspruch, den er mit seiner Person gewissermassen verkörperte. Als vielseitig interessierter und aufmerksamer Zeitgenosse war er zudem ein fast legendärer Zeitungsleser, passionierter Radiohörer, Musik- und Filmliebhaber, ausgestattet mit einem fundierten Wissen über ein enorm breites Themenspektrum und einem eigenen, vitalen Zugang zur Kunst. Ein bleibendes Zeugnis davon ist der 2001 von Rémy Zaugg (1943–2005) gestaltete Weg zum Staatsarchiv mit dem Titel: «Ein Zugang zum Archiv im Werden».

In den Jahren nach seiner Pensionierung widmete sich Josef Zwicker vermehrt seiner Familie, reiste viel, vertiefte sich weiter ins Studium der chinesischen Sprache. Daneben wandte er sich wieder der Wissenschaft zu und beschäftigte sich intensiv mit einem Spionagefall aus der Zeit des Kalten Krieges.

Esther Baur

Erschienen in der Schweizerischen Zeitschrift für Geschichte, 67 (2017/3), S. 417–419.

Quaderni di Dodis

Band 1
Antoine Fleury und Sacha Zala (Hg.)
Wissenschaft und Aussenpolitik

Band 2
Bernd Haunfelder (Hg.)
Aus Adenauers Nähe

Band 3
Timothée Feller
Le Collège des Diplomates

Band 4
Bernd Haunfelder (Hg.)
Österreich zwischen den Mächten

Band 5
Dominik Matter
«SOS Biafra»

Band 6
Christiane Sibille
«Harmony Must Dominate the World»

Band 7
Ivo Rogic
Diplomazia e «rivoluzione»

Band 8
Thomas Bürgisser
Wahlverwandtschaft zweier Sonderfälle im Kalten Krieg

Band 9
Thomas Bürgisser und Sacha Zala (Hg.)
«Die Revolte der Jungen»

Band 10
P.-Y. Donzé, C. Hauser, P. Lottaz et A. Maître (éd.)
«Journal d'un témoin»

Band 11
Josef Zwicker
Der Fall Charles Davis

Für weitere Bände der Reihe | Pour d'autres volumes de la série
Per altri volumi della collana: dodis.ch/quaderni

Made in the USA
Monee, IL
08 November 2026

68156255R00166